现代经济增长导论

Introduction to Modern Economic Growth

（下册）

［美］达龙·阿西莫格鲁 著
Daron Acemoglu

唐志军 徐浩庆 谌莹 译　徐浩庆 谌莹 校

中信出版集团 | 北京

下册

目 录

第五篇 随机增长

第 16 章 随机动态规划 639
- 16.1 附加预期的动态规划 639
- 16.2 随机动态规划定理的证明* 648
- 16.3 随机欧拉方程 655
- 16.4 一般化到马尔科夫过程* 658
- 16.5 随机动态规划的应用 660
- 16.6 小结 669
- 16.7 参考文献 670
- 16.8 习题 671

第 17 章 随机增长模型 676
- 17.1 布洛克 – 米尔曼模型 677
- 17.2 不确定性条件下的均衡增长 682
- 17.3 应用：真实商业周期模型 691
- 17.4 完全竞争市场下的增长：比利模型 695
- 17.5 不确定性下的叠代模型 699
- 17.6 风险、多元化和增长 702
- 17.7 小结 720
- 17.8 参考文献 721
- 17.9 习题 722

第六篇　技术扩散、国际贸易和技术依存

第 18 章　技术扩散······729
18.1　生产率差异与技术······729
18.2　技术扩散的基本模型······732
18.3　技术扩散与内生增长······739
18.4　适宜、非适宜技术和生产率差异······744
18.5　合同制度和技术采用······752
18.6　小结······766
18.7　参考文献······768
18.8　习题······769

第 19 章　贸易和增长······775
19.1　增长和金融资本流动······775
19.2　为什么资本不会从富国流入穷国？······781
19.3　赫克歇尔-俄林框架下的经济增长······783
19.4　贸易、专业化和世界收入分布······793
19.5　贸易、技术扩散和产品周期······806
19.6　贸易和内生技术变化······811
19.7　干中学、贸易和增长······813
19.8　小结······818
19.9　参考文献······819
19.10　习题······821

第七篇　经济发展与经济增长

第 20 章　结构变化与经济增长······833
20.1　不平衡增长：需求方······833
20.2　非平衡增长：供给方······840
20.3　农业生产率和工业化······854
20.4　小结······859
20.5　参考文献······861

20.6 习题 ·· 862

第 21 章　发展中的结构转型和市场失灵 ·············· 867

21.1 金融发展 ··· 867
21.2 生育率、死亡率和人口变化 ··· 872
21.3 迁移、城市化和二元经济 ·· 879
21.4 和前沿的差距以及生产组织的变化 ································ 888
21.5 来自总需求外部性和大推进的多重均衡 ·························· 898
21.6 不平等、不完全信贷市场和人力资本 ····························· 904
21.7 发展和增长理论能够统一吗？ ······································ 912
21.8 小结 ··· 916
21.9 参考文献 ··· 917
21.10 习题 ·· 919

第八篇　增长的政治经济学

第 22 章　制度、政治经济学及增长 ························ 929

22.1 制度对长期发展的影响 ··· 929
22.2 简单社会的分配冲突以及经济增长 ································ 933
22.3 有分配冲突的标准柯布 – 道格拉斯模型 ·························· 942
22.4 分配冲突和竞争 ·· 943
22.5 子博弈完美均衡与马尔科夫完美均衡 ····························· 949
22.6 无效率的经济制度：首次尝试 ······································ 954
22.7 异质性偏好、社会选择以及中间选民* ··························· 957
22.8 分配冲突与经济增长：异质性和中间选民 ······················· 967
22.9 公共品的提供：弱势国家（政府）和强势国家（政府） ····· 971
22.10 小结 ·· 977
22.11 参考文献 ··· 978
22.12 习题 ·· 980

第 23 章　政治制度和经济增长 ································ 988

23.1 政治制度和经济增长 ·· 988

23.2 政治制度和增长促进型政策 ⋯⋯⋯⋯⋯⋯⋯⋯⋯⋯⋯⋯⋯⋯⋯⋯⋯ 991
23.3 动态权衡 ⋯⋯⋯⋯⋯⋯⋯⋯⋯⋯⋯⋯⋯⋯⋯⋯⋯⋯⋯⋯⋯⋯⋯⋯⋯ 995
23.4 理解内生政治变迁 ⋯⋯⋯⋯⋯⋯⋯⋯⋯⋯⋯⋯⋯⋯⋯⋯⋯⋯⋯⋯ 1011
23.5 小结 ⋯⋯⋯⋯⋯⋯⋯⋯⋯⋯⋯⋯⋯⋯⋯⋯⋯⋯⋯⋯⋯⋯⋯⋯⋯⋯⋯ 1018
23.6 参考文献 ⋯⋯⋯⋯⋯⋯⋯⋯⋯⋯⋯⋯⋯⋯⋯⋯⋯⋯⋯⋯⋯⋯⋯⋯ 1019
23.7 习题 ⋯⋯⋯⋯⋯⋯⋯⋯⋯⋯⋯⋯⋯⋯⋯⋯⋯⋯⋯⋯⋯⋯⋯⋯⋯⋯⋯ 1020

后记 经济增长的机制和原因 ⋯⋯⋯⋯⋯⋯⋯⋯⋯⋯⋯⋯⋯⋯⋯⋯⋯ 1024

第九篇 数学附录

附录 A 实分析拾零及其在优化中的应用 ⋯⋯⋯⋯⋯⋯⋯⋯⋯⋯⋯ 1043

附录 B 常微分方程综述 ⋯⋯⋯⋯⋯⋯⋯⋯⋯⋯⋯⋯⋯⋯⋯⋯⋯⋯⋯ 1091

附录 C 动态博弈简介 ⋯⋯⋯⋯⋯⋯⋯⋯⋯⋯⋯⋯⋯⋯⋯⋯⋯⋯⋯⋯ 1111

定理目录 ⋯⋯⋯⋯⋯⋯⋯⋯⋯⋯⋯⋯⋯⋯⋯⋯⋯⋯⋯⋯⋯⋯⋯⋯⋯⋯ 1124

参考文献 ⋯⋯⋯⋯⋯⋯⋯⋯⋯⋯⋯⋯⋯⋯⋯⋯⋯⋯⋯⋯⋯⋯⋯⋯⋯⋯ 1129

第五篇　随机增长

本书的这一篇研究随机增长模型，并简要介绍了随机动态规划的基本工具。基于两个相关的原因，随机增长模型非常有用。首先，一系列有趣的增长问题涉及加总的不确定性或者与投资决策和增长过程互动的个体层面重要的不确定性。其中几个模型在第 17 章讨论。第二，随机的新古典增长模型广泛应用于宏观经济学以及动态经济分析的其他领域。在接下来的两章，我们将探讨随机新古典增长模型的诸多方面。研究随机模型要求我们把第 6 章和第 7 章学过的动态最优化工具扩展到回报率或者约束条件不确定的环境（由概率分布决定）。[①] 不幸的是，不确定的动态最优化比非随机优化问题困难得多。将连续时间方法推广到随机最优化需要用到测度论以及随机微分方程的诸多高级工具。尽管连续时间随机优化方法异常强大，但它们在宏观经济学和经济增长文献中用得并不多，因而此处我更加关注离散时间随机模型。所以第 16 章直接把第 6 章介绍的离散时间动态规划技术扩展到随机环境。完整又严格的扩展随机动态规划理论需要在数学上花费更大的力气，这超出了典型的宏观和经济增长教程要求的必要知识。为了避免在数学工具上费太多力气（特别是，在本书这个阶段详细地阐述测度论），第 16 章将阐述随机动态规划的基本知识而不涉及测度论。

[①] 全文始终对风险和不确定性不作区分。有些经济学家遵循弗兰克·奈特的思想区分了风险和不确定性。风险是指事件的概率分布已知的情形，而不确定性是指无法识别其概率分布的情形。尽管奈特式的不确定性可能在一系列经济问题中很重要，然而考虑到我们此处研究的所有模型，沿用标准的做法，把不确定性等价于风险也无可厚非。

第 16 章　随机动态规划

本章介绍了基本的随机动态规划。为了避免在本文主体部分使用测度论，我首先讨论的是随机变量取有限可能值的经济体，这个限制使我们可以使用马尔科夫链而非马尔科夫过程来表征不确定性。由于许多常用的随机过程，如基于正态或一致分布的随机过程都不在这个范围内，我介绍了如何将这些结果扩展到随机变量可以被连续随机变量或者混合连续以及离散随机变量代表的情形。自始至终，我的目的是帮助读者基本能够理解随机动态规划的工具以及这些工具如何应用在宏观经济模型中。为此，我做了很多明智的选择，而非试图给出最普遍的结论。从头到尾，我集中考虑稳态问题，也就是等价于第 6 章的问题 6.2 和问题 6.3 的问题。在随机状态下使用第 6 章中的相同变量，可以得出与定理 6.11 和定理 6.12 类似的定理，而这两个定理适用于不确定状态下的非稳态优化问题。为了节省篇幅，我略去了这些结果。

16.1　附加预期的动态规划

我使用一个类似于第 6 章用到的符号。首先引入随机变量 $z(t) \in \mathcal{Z} \equiv \{z_1, \cdots, z_N\}$，其中 $z_1 < z_2 < \cdots < z_N$。请注意集合 $\mathcal{Z}$ 是有限的因而是紧的，这个假定极大地简化了分析。令 t 期的即时效用函数为

$$U(x(t), x(t+1), z(t)) \tag{16.1}$$

其中对于 $K \geq 1$，有 $x(t) \in X \subset \mathbb{R}^K$ 以及 $U: X \times X \times \mathcal{Z} \to \mathbb{R}$。（16.1）式直接扩展了第 6 章形式为 $U(x(t), x(t+1))$ 的收益函数，使收益函数直接成为随机变量 $z(t)$ 的函数。和往常一样，回报以贴现因子 $\beta \in (0, 1)$ 折现，$x(t)$ 仍然表示 t 时期的状态变量（状态向量），$x(t+1)$ 表示控制变量（或控制向量）。状态变量和随机变量的初始值 $x(0)$ 和 $z(0)$ 是给定的。

与第 6 章问题 6.2 的另一个区别是对 $x(t+1)$ 施加的约束不再是 $x(t+1) \in G(x(t))$。相反，约束包含了随机变量 $z(t)$，表达式如下

$$x(t+1) \in G(x(t), z(t))$$

其中 $G(x, z)$ 仍然表示集值映射（对应）：

$$G : X \times \mathcal{Z} \rightrightarrows X$$

假定随机变量 $z(t)$ 服从（一阶）马尔科夫链。[①] 马尔科夫假设隐含的重要特征是 $z(t)$ 的当期值仅取决于上一期的值 $z(t-1)$。其数学表达式为

$$\Pr[z(t) = z_j \mid z(0), \ldots, z(t-1)] \equiv \Pr[z(t) = z_j \mid z(t-1)]$$

马尔科夫链表示的不确定性下经济模型的最简单例子是随机变量取多个有限值，且其分布独立于时间。在此情形下，显然 $\Pr[z(t) = z_j \mid z(0), \cdots, z(t-1)] \equiv \Pr[z(t) = z_j]$，马尔科夫特征轻易得到满足。更一般的情形下，马尔科夫链能让我们就随机变量与时间相关的经济环境建立模型。马尔科夫链广泛运用于研究随机过程的概率论以及动态经济分析的各个领域。尽管马尔科夫链理论比较容易理解，但对于随机动态规划的处理而言，并不需要大量这类理论。

马尔科夫特征不仅能够简化经济模型的数学结构，也能让我们使用简洁的符号刻画随机变量 $z(t)$ 的概率分布。我们也可以把马尔科夫链表示为：对任意 $j, j' = 1, \cdots, N$，有

$$\Pr[z(t) = z_j \mid z(t-1) = z_{j'}] \equiv q_{jj'}$$

其中对所有 j, j'，$q_{jj'} \geq 0$ 成立，并且对任意 $j' = 1, \cdots, N$，下式成立

$$\sum_{j=1}^{N} q_{jj'} = 1$$

这里 $q_{jj'}$ 也被称为转移概率（transition probability），表示随机状态从 $z_{j'}$ 转移到 z_j 的

[①] 我采用标准的术语，当 $z(t)$ 取有限(可数)值时，服从马尔科夫链；当分布函数为连续或者混合连续函数和离散函数时，服从一般的马尔科夫过程。

概率。我将在下一节的证明中使用这个记号。

为了理解这种把随机因素引入动态最优化的特殊方式如何应用于经济问题中,让我们从一个简单的例子开始,这样也利于引入某个其他记号。

例 16.1 回顾最优增长问题,目标是最大化

$$\mathbb{E}_0 \sum_{t=0}^{\infty} \beta^t u(c(t))$$

和往常一样,$c(t)$ 代表 t 期的人均消费,$u(t)$ 表示即时效用函数。这个问题的最大值与迄今为止研究的问题不同,仅仅是因为出现了期望算子 $\mathbb{E}_0$,表示以 $t=0$ 期可得信息为条件的期望值。这里的期望值是必要的,因为人均消费的未来值是随机的(当其依赖于未来 z 的实现值)。具体地,假定(人均)生产函数采取如下形式

$$y(t) = f(k(t), z(t))$$

其中 $k(t)$ 表示资本劳动比,$z(t) \in \mathcal{Z} \equiv \{z_1, \cdots, z_N\}$ 表示一个随机变量,这个随机变量影响给定投入情况下有多少产出。在这个框架下,对 $z(t)$ 最自然的解释就是将它看作随机全要素生产率项。资源约束(写成等式的形式)采取如下形式

$$k(t+1) = f(k(t), z(t)) + (1-\delta)k(t) - c(t) \tag{16.2}$$

给定 $k(t) \geqslant 0$,(16.2)式对所有 $k(0) > 0$ 成立。δ 依然表示折旧率。这个表达式说明消费水平 $c(t)$ 一旦被选定,随机变量 $z(t)$ 也会实现。因此,$c(t)$ 取决于 $z(t)$ 的实现值,实际上是取决于 $z(t)$ 的整个历史值。具体地,我们定义

$$z^t \equiv (z(1), \ldots, z(t))$$

为到 t 期为止 $z(t)$ 的历史。作为传统,这个历史值不包含 $z(0)$,因为 $z(0)$ 被看作既定的,这样就能保证 z^t 确实有 t 个元素。特别是,令 $\mathcal{Z}^t \equiv \mathcal{Z} \times \cdots \times \mathcal{Z}$($t$ 倍乘积空间),使 $z^t \in \mathcal{Z}^t$。给定 $k(0)$,t 期的消费水平可以大致表示为

$$c(t) = \tilde{c}[z^t]$$

这仅仅表示 t 期的消费是那一时点观察到的整个随机变量序列的函数。显而易见 t

期的消费不可能依赖于随机变量的未来实现值——那些值还未曾实现。因此$c(t)=\tilde{c}[z^t]$的函数形式非常自然。当然,并非所有的函数$\tilde{c}[z^t]$都可以当作可行规划,因为这样可能违反资源约束(稍后我将回到额外约束以确保可行性)。现在假设消费水平是资本存量历史的函数也没什么意义,因为这是由消费水平的历史以及随机变量的实现值内生决定的。(当我们处理这个问题的递归形式时,我们把消费写成当前资本存量以及随机变量当期值的函数。)就(16.1)式而言,此处$x(t)=k(t)$,所以

$$\begin{aligned} x(t+1) &= k(t+1) \\ &= f(k(t), z(t)) + (1-\delta)k(t) - \tilde{c}[z^t] \\ &\equiv \tilde{k}[z^t] \end{aligned}$$

其中第二行简单地用到了等号形式的资源约束,第三行定义了函数$\tilde{k}[z^t]$。使用这个记号,可行性很容易表达,因为根据定义,

$$k(t+1) \equiv \tilde{k}[z^t]$$

只依赖于到t期为止的随机冲击的历史值,而不依赖于$z(t+1)$。此外,从资源约束可得如下表达式:对于所有的$z^{t-1} \in \mathcal{Z}^{t-1}$和$z(t) \in \mathcal{Z}$,有

$$\tilde{k}[z^t] = f(\tilde{k}[z^{t-1}], z(t)) + (1-\delta)\tilde{k}[z^{t-1}] - \tilde{c}[z^t] \tag{16.3}$$

于是,最大化问题可被表示为

$$\max_{\{\tilde{c}[z^t], \tilde{k}[z^t]\}_{t=0}^{\infty}} \mathbb{E}_0 \sum_{t=0}^{\infty} \beta^t u(\tilde{c}[z^t])$$

约束条件为(16.3)式,对所有$z^t \in \mathcal{Z}^t$以及$t=0, 1, \cdots$,$\tilde{c}[z^t] \geq 0$和$\tilde{k}[z^t] \geq 0$,成立,且初始条件为$\tilde{k}[z^{-1}] = k(0)$和$z(0)$。也可以利用(16.1)式引入的即时收益函数$U(x(t), x(t+1), z(t))$描述这一最大化问题。在这种情况下,最大化问题采取如下形式:

$$\max_{\{\tilde{k}[z^t]\}_{t=0}^{\infty}} \mathbb{E}_t \sum_{t=0}^{\infty} \beta^t U(\tilde{k}[z^{t-1}], \tilde{k}[z^t], z(t)) \tag{16.4}$$

其中 $U(\tilde{k}[z^{t-1}], \tilde{k}[z^t], z(t)) = u(f(k(t), z(t)) - k(t+1) + (1-\delta)k(t))$。

请读者注意标注时间的惯例:$\bar{k}[z^{t-1}]$ 是 t 期的资本存量值,该值来自 $t-1$ 期的投资,因此依赖于到 $t-1$ 期为止的随机冲击的历史,即 z^{t-1}。而 $\tilde{k}[z^t]$ 是直到 t 期的随机冲击历史 z^t 已知的条件下,(在 t 期做出的)下一时期的资本存量选择。

这个例子也可以用来表明同样的最大化问题如何以递归形式表达。既然 $z(t)$ 遵从马尔科夫链,$z(t)$ 的当前值既包含可获得的用于消费及未来资本存量的信息,也包括 $z(t+1)$ 随机分布的信息。因而,我们自然会预期决定下一期资本存量的策略函数采取如下形式:

$$k(t+1) = \pi(k(t), z(t)) \tag{16.5}$$

同理,递归表达式采取如下形式:

$$V(k, z) = \sup_{y \in [0, f(k,z)+(1-\delta)k]} \{u(f(k, z) + (1-\delta)k - y) + \beta \mathbb{E}[V(y, z') \mid z]\} \tag{16.6}$$

其中 $\mathbb{E}[\,\cdot\,|z]$ 表示以 z 的当前值为条件的期望值,同样也包含了随机变量 z 服从马尔科夫链的事实。要注意的是,这个表达式与(16.4)式不同,在(16.4)式中,期望值包含了 z 的全部未来值,而(16.6)式的期望值只包含 z 的下一期值,即 z'。因而,我们可能希望通过 $\mathbb{E}^{z'}[V(y, z') \mid z]$ 的形式区分这种期望值。但是因为这个符号比较烦琐,而且我们设定的情形清楚地区分了期望值究竟是包含了全部未来值还是只包含下一期的值,因此我不使用这个符号。

让我们假定这个规划有解,也就是说,从资本劳动比 k 和随机变量 z 出发,存在一个可行规划能够达到值 $V(k, z)$。因此,下一期能够达到最大值的资本存量集合可以表示为一个对应集合 $\Pi(k, z)$,其中 $k \in \mathbb{R}_+$,$z \in \mathcal{Z}$。对于任意 $\pi(k, z) \in \Pi(k, z)$,我们有

$$V(k, z) = u(f(k, z) + (1-\delta)k - \pi(k, z)) + \beta \mathbb{E}[V(\pi(k, z), z') \mid z]$$

如果该对应集合 $\pi(k, z)$ 的取值是单一的,则具有唯一定义,下一期资本存量的最优选择可以表示为(16.5)式。

例 16.1 已经揭示了一个随机优化问题如何表示为序列形式,并提示我们如何以递归形式表达这个问题。现在我将更加系统地处理这个问题。另一个规划用 $\tilde{x}[z^t]$ 表示。这个规划规定了 $t+1$ 期的向量 $x \in \mathbb{R}^K$ 对于任意 $z^t \in \mathcal{Z}^t$ 的值(即 x

$(t+1) = \tilde{x}[z^t])$。使用和第 6 章同样的符号,序列问题采取如下形式:

问题 16.1

$$V^*(x(0), z(0)) = \sup_{\{\tilde{x}[z^t]\}_{t=0}^{\infty}} \mathbb{E}_0 \sum_{t=0}^{\infty} \beta^t U(\tilde{x}[z^{t-1}], \tilde{x}[z^t], z(t))$$

约束条件为:给定 $\tilde{x}[z^{-1}] = x(0)$,

$$\tilde{x}[z^t] \in G(\tilde{x}[z^{t-1}], z(t))$$

于所有 t≥0 成立。

$t=0$ 期的期望值记为 $\mathbb{E}_0$,以 $z(0)$ 和所有可能的无限序列 $(z(1), z(2), z(3),\cdots)$ 为条件。$\mathbb{E}_0$ 和 $\mathbb{E}[\cdot \mid z(0)]$ 始终可以交替使用。对这个问题,在本章其余部分以及后续各章中,我按照惯例,记 $\tilde{x}[z^{-1}] = x(0)$ 以及 $z^0 = z(0)$,对序列 $\{\tilde{x}[z^t]\}_{t=0}^{\infty}$ 写出最大化问题(把 $\tilde{x}[z^{-1}] = x(0)$ 当作给定的)。函数 V^* 以 $x(0) \in \mathbb{R}^K$ 为条件,因为这是已知向量 x 的初始值,也以 $z(0)$ 为条件,因为 $x(1)$ 的选择是根据 $z(0)$ 做出的(期望值也以 $z(0)$ 为条件)。最后,问题 16.1 的第一个约束条件保证了序列 $\{\tilde{x}[z^t]\}_{t=0}^{\infty}$ 是可行的。

类似于例 16.1 的 (16.6) 式,对应于该问题递归形式的泛函方程可以表示为如下形式:

问题 16.2

$$V(x, z) = \sup_{y \in G(x,z)} \{U(x, y, z) + \beta \mathbb{E}[V(y, z') \mid z]\} \tag{16.7}$$

对所有 $x \in X$ 以及 $z \in \mathcal{Z}$ 成立。

此处 $V: X \times \mathcal{Z} \to \mathbb{R}$ 是一个实值函数,$y \in G(x,z)$ 是约束条件,表示下一期的状态变量是随机变量 z 实现值的函数。问题 16.2 直接把第 6 章问题 6.3 的贝尔曼方程扩展到随机动态规划框架。我们可以把问题 16.2 写成如下表达式

$$V(x, z) = \sup_{y \in G(x,z)} \left\{ U(x, y, z) + \beta \int V(y, z') Q(z, dz') \right\}$$

对所有 $x \in X$ 以及 $z \in Z$ 成立,其中 $Q(z, \cdot)$ 表示状态转移函数,给出了 z 的当期

值在既定情形下 z'（明天的状态变量）的分布，$\int f(z')Q(z,dz')$ 表示给定 z 的当前值，函数对于马尔科夫过程的勒贝格积分。这个符号很有用，它强调了期望值只不过是勒贝格积分（因而包含了常规的加法运算）。记住期望值和积分之间的等价性非常重要，这既有助于恰当地理解理论，也有利于我们清楚地认识随机方法应用可能存在哪些困难。[①] 用清晰的勒贝格积分取代期望值不论在严谨性还是洞察力方面几乎没有任何益处，因而除非绝对必要，我不会采用勒贝格积分。

和第 6 章一样，我们首先引入从初始值 $x(t)$ 和随机变量的值 $z(t)$ 出发的可行规划的集合：

$$\Phi(x(t),z(t)) = \{\{\tilde{x}[z^s]\}_{s=t}^{\infty} : \tilde{x}[z^s] \in G(\tilde{x}[z^{s-1}],z(s)) \text{ 对于 } s=t,t+1,\ldots\}$$

我们用 $\mathbf{x} \equiv \{\tilde{x}[z^t]\}_{t=0}^{\infty}$ 表示 $\Phi(x(0),z(0))$ 的一个元素。与第 6 章相反，$\Phi(x(0),z(0))$ 的元素不是 $\mathbb{R}^K$ 的无限向量序列，而是可行规划 $\tilde{x}[z^t]$ 的无限序列，该规划对任意历史值 $z^t \in Z^t$，任意 $t=0,1,\cdots$ 赋予一个值 $x \in \mathbb{R}^K$。我们感兴趣的是使用问题 16.2 的形式刻画问题 16.1 的解，因此我们将研究（1）什么时候问题 16.2 的解 $V(x,z)$ 与解 $V^*(x,z)$ 重合，以及（2）什么时候最大化规划 $\Pi(x,z) \subset \Phi(x,z)$ 的解也会产生问题 16.1 的最优可行规划（假定两个问题都有能够达到上确界的可行规划）。回顾一下，我们定义的最大化规划 $\Pi(x,z)$ 的集合使对于任意 $\pi(x,z) \in \Pi(x,z)$，都有

$$V(x,z) = U(x,\pi(x,z),z) + \beta \mathbb{E}[V(\pi(x,z),z') | z] \tag{16.8}$$

现在引入类似于第 6 章的假设 6.1 至假设 6.5，并对定理 6.1 至定理 6.6 作适当推广。

假设 16.1 对所有 $x \in X$ 以及 $z \in \mathcal{Z}$，对应集合 $G(x,z)$ 是非空的。而且对所有 $x(0) \in X$，$z(0) \in \mathcal{Z}$ 和 $\mathbf{x} \in \Phi(x(0),z(0))$，期望贴现效用的极限 $\lim_{n \to \infty} \mathbb{E}[\sum_{t=0}^{n} \beta^t U(\tilde{x}[z^{t-1}],\tilde{x}[z^t],z(t)) | z(0)]$ 存在且有限。

假设 16.2 X 是 $\mathbb{R}^K$ 的紧子集，G 是非空值、紧值、连续的。并且令 $\mathbf{X}_G = \{(x,y,z) \in X \times X \times \mathcal{Z} : y \in G(x,z)\}$，假定 $U: \mathbf{X}_G \to \mathbb{R}$ 是连续的。

注意假设 16.2 只要求 X 的紧性，因为考虑到 $\mathcal{Z}$ 由有限元素组成，故它一定是

[①] 尤其是，当我们需要换算极限和期望值时会遇到潜在的困难。

紧的。而且，U 在 (x, y, z) 内的连续性等价于在 (x, y) 的连续性，既然 $\mathcal{Z}$ 是有界集合，所以我们赋予它离散拓扑空间，因而连续能够自动得到保证（见附录A 的事实 A.12）。和第 6 章一样，这些假设能够让我们建立一系列关于问题 16.1 和问题 16.2 之间的等价性以及上述动态优化解的有用结论。此处我列举出这些结论而不给予证明。部分证明见第 16.2 节，其余的留做习题。

第一个结论是第 6 章的定理 6.1 的一般化。

定理 16.1（值的等价性） 令假设 16.1 成立，对任意 $x \in X$ 以及 $z \in \mathcal{Z}$，问题 16.1 的解 $V^*(x, z)$ 也是问题 16.2 的解。而且，问题 16.2 的解 $V(x, z)$ 同时也是问题 16.1 的解，即对所有的 $x \in X$ 以及 $z \in \mathcal{Z}$，均有 $V^*(x, z) = V(x, z)$。

下一条定理确立了随机问题的最优性原则。正如第 6 章一样，最优性原则能够把最优规划的回报分成两部分：当前回报以及预期的持续回报。

定理 16.2（最优性原则） 令假设 16.1 成立。对于 $x(0) \in X$ 以及 $z(0) \in \mathcal{Z}$，令 $\mathbf{x}^* \equiv \{\tilde{x}^*[z^t]\}_{t=0}^{\infty} \in \Phi(x(0), z(0))$ 是能够达到问题 16.1 的最优解 $V^*(x(0), z(0))$ 的可行规划。则对 $t = 0, 1, \cdots$，我们有

$$V^*(\tilde{x}^*[z^{t-1}], z(t)) = U(\tilde{x}^*[z^{t-1}], \tilde{x}^*[z^t], z(t)) + \beta \mathbb{E}[V^*(\tilde{x}^*(z^t), z(t+1)) \mid z(t)] \tag{16.9}$$

而且，如果 $\mathbf{x}^* \in \Phi(x(0), z(0))$ 满足（16.9）式，则该值也是问题 16.1 的最优值。

下一结论确保了值函数的唯一性以及解的存在性。

定理 16.3（解的存在性） 令假设 16.1 和假设 16.2 成立，则存在一个唯一满足（16.7）式的函数 $V: X \times \mathcal{Z} \to \mathbb{R}$。对于任何 $z \in \mathcal{Z}$，函数 V 对 x 是连续有界的。进而，对任意 $x(0) \in X$ 以及 $z(0) \in \mathcal{Z}$，存在一个最优规划 $\mathbf{x}^* \in \Phi(x(0), z(0))$。

接下来的结果和第 6 章的结论一样，需要额外的假设来保证值函数的凹性、单调性以及可微性。

假设 16.3 U 是凹的。也就是说，对任何 $z \in \mathcal{Z}$，$\alpha \in (0, 1)$ 和 $(x, y, z), (x', y', z) \in \mathbf{X}_G$，有

$$U(\alpha x + (1-\alpha)x', \alpha y + (1-\alpha)y', z) \geq \alpha U(x, y, z) + (1-\alpha)U(x', y', z)$$

此外，如果 $x \neq x'$，则有

$$U(\alpha x+(1-\alpha)x', \alpha y+(1-\alpha)y', z) > \alpha U(x,y,z)+(1-\alpha)U(x',y',z)$$

另外，$G(x,z)$ 对 x 是凸的。也就是说，对任何 $z\in\mathcal{Z}$、$\alpha\in[0,1]$ 以及满足 $y\in G(x,z)$ 和 $y'\in G(x',z)$ 的 $x, x', y, y'\in X$，有

$$\alpha y+(1-\alpha)y' \in G(\alpha x+(1-\alpha)x', z)$$

假设 16.4 对任意 $y\in X$ 以及 $z\in\mathcal{Z}$，$U(\cdot, y, z)$ 对于前 K 个自变量严格递增；G 对 x 是单调的，因为 $x\leqslant x'$ 意味着 $G(x,z)\subset G(x',z)$ 对任意 $z\in\mathcal{Z}$ 成立。

假设 16.5 $U(x,y,z)$ 在定义域 $\mathbf{X}_G$ 的内部对 x 连续可微。

定理 16.4（值函数的凹性） 令假设 16.1—16.3 成立，对任意 $z\in\mathcal{Z}$，满足 (16.7) 式的唯一值函数 V 是 x 的严格凹函数。进而，最优规划可表示成 $\tilde{x}^*\begin{bmatrix}z^t\end{bmatrix}=\pi(x^*(t),z(t))$，这里 $\pi: X\times\mathcal{Z}\to X$ 是一个连续的策略函数。

定理 16.5（值函数的单调性） 令假设 16.1、假设 16.2 和假设 16.4 成立，令 $V: X\times\mathcal{Z}\to\mathbb{R}$ 为 (16.7) 式的唯一解，则对任意 $z\in\mathcal{Z}$，V 对 x 是严格递增的。

定理 16.6（值函数的可微性） 令假设 16.1、假设 16.2、假设 16.3 和假设 16.5 成立，并令 π 表示上述定义的策略函数，同时假定 $x'\in\text{Int}X$，以及对任意 $z\in\mathcal{Z}$，$\pi(x',z)\in\text{Int}G(x',z)$，则 $V(x,z)$ 在 (x',z) 可微，且对 x 的梯度由下式决定：

$$D_x V(x',z) = D_x U(x', \pi(x',z), z) \tag{16.10}$$

这些定理在第 6 章有准确的对应。既然现在值函数取决于随机变量 z，可以得到另一个单调性结果。让我们引入如下假设：

假设 16.6

1. G 对 x 是单调的，也就是说，$z\leqslant z'$ 意味着 $G(x,z)\subset G(x,z')$ 对任意 $x\in X$ 以及 $z, z'\in\mathcal{Z}$ 且 $z\leqslant z'$ 成立。

2. 对于任意 $(x,y,z)\in\mathbf{X}_G$，$U(x,y,z)$ 是 z 的严格增函数。

3. z 的马尔科夫链是单调的，也就是说，对任意非递减函数 $f: \mathcal{Z}\to\mathbb{R}$，$\mathbb{E}[f(z')|z]$ 对 z 也是非递减的（z' 是 z 的下一期值）。

为了解释这个假设的第三点，假定当 $j<j'$ 时，有 $z_j\leqslant z_{j'}$。这个条件能够满足，当且仅当对任意 $\bar{j}=1, \cdots, N$ 以及任意 $j''>j'$，$\sum_{j=\bar{j}}^{N} q_{jj''} \geqslant \sum_{j=\bar{j}}^{N} q_{jj'}$ 成立（见习题 16.1）。

定理 16.7（值函数的单调性 II） 若假设 16.1、假设 16.2 以及假设 16.6 成立，令 $V: X \times \mathcal{Z} \to \mathbb{R}$ 是（16.7）式的唯一解，则对于任意 $x \in X$，V 对 z 是严格递增的。

16.2 随机动态规划定理的证明*

本小节将证明定理 16.1 至定理 16.3。定理 16.5 至定理 16.7 的证明类似于第 6 章相应定理的证明，留做习题。

在证明上一节给出的定理之前，我们先要引入某个额外的定义。对任何可行的 $\mathbf{x} \equiv \{\tilde{x}[z^t]\}_{t=0}^{\infty}$ 以及任何初始条件 $x(0) \in X$ 以及 $z(0) \in \mathcal{Z}$，定义

$$\bar{U}(\mathbf{x} \mid x(0), z(0)) \equiv \mathbb{E}\left[\sum_{t=0}^{\infty} \beta^t U\left(\tilde{x}[z^{t-1}], \tilde{x}[z^t], z(t)\right) \Big| z(0)\right]$$

请注意，对任意 $x(0) \in X$ 以及 $z(0) \in \mathcal{Z}$，有

$$V^*(x(0), z(0)) = \sup_{\mathbf{x} \in \Phi(x(0), z(0))} \bar{U}(\mathbf{x} \mid x(0), z(0))$$

鉴于假设 16.1 保证了所有解都是有界的，因而 V^* 一定满足对于所有的 $\mathbf{x} \in \Phi(x(0), z(0))$

$$V^*(x(0), z(0)) \geq \bar{U}(\mathbf{x} \mid x(0), z(0)) \tag{16.11}$$

并且对任意 $\varepsilon > 0$，一定存在

$$\mathbf{x}' \in \Phi(x(0), z(0)) \tag{16.12}$$

使

$$V^*(x(0), z(0)) \leq \bar{U}(\mathbf{x}' \mid x(0), z(0)) + \varepsilon$$

V 成为问题 16.2 的解的条件也是类似的。对于任意 $x(0) \in X$，$z(0) \in \mathcal{Z}$ 以及任意 $y \in G(x(0), z(0))$，有如下不等式

$$V(x(0), z(0)) \geq U(x(0), y, z) + \beta \mathbb{E}[V(y, z(1)) \mid z(0)] \tag{16.13}$$

而且对任意 $\varepsilon > 0$，存在

$$y' \in G(x(0), z(0)) \tag{16.14}$$

使

$$V(x(0), z(0)) \leq U(x(0), y', z(0)) + \beta \mathbb{E}[V(y', z(1)) \mid z(0)] + \varepsilon$$

下一条引理是第 6 章引理 6.1 的一般化表示。

引理 16.1 令假设 16.1 成立，则对于任意 $x(0) \in X$, $z(0) \in \mathcal{Z}$ 以及 $\mathbf{x} \equiv \{\tilde{x}[z^t]\}_{t=0}^{\infty} \in \Phi(x(0), z(0))$，有

$$\bar{\mathbf{U}}(\mathbf{x} \mid x(0), z(0)) = U(x(0), \tilde{x}[z^0], z(0)) + \beta \mathbb{E}[\bar{\mathbf{U}}(\{\tilde{x}[z^t]\}_{t=1}^{\infty} \mid \tilde{x}[z^0], z(1)) \mid z(0)]$$

证明 见习题 16.2。

定理 16.1 的证明 假定对任意 $x(0) \in X$, $z(0) \in \mathcal{Z}$, $V^*(x(0), z(0))$ 是问题 16.1 的解（因而 (16.11) 式和 (16.12) 式成立），则 (16.12) 式意味着已知 $x(1) \in X$ 时，对于每个 $\varepsilon > 0$ 以及 $z(1) = z_j$ ($j = 1, 2, \cdots, N$)，必定存在 $\mathbf{x}_\varepsilon^j \in \Phi(x(1), z_j)$ 使

$$V^*(x(1), z_j) \leq \bar{\mathbf{U}}(\mathbf{x}_\varepsilon^j \mid x(1), z_j) + \varepsilon$$

于是，令 j' 使 $z(0) = z_{j'}$，我们得到

$$\mathbb{E}[V^*(x(1), z(1)) \mid z(0)] = \sum_{j=1}^{N} q_{jj'} V^*(x(1), z_j)$$

$$\leq \sum_{j=1}^{N} q_{jj'} \bar{\mathbf{U}}(\mathbf{x}_\varepsilon^j \mid x(1), z_j) + \varepsilon$$

$$= \mathbb{E}[\bar{\mathbf{U}}(\mathbf{x}_\varepsilon^j \mid x(1), z_j) \mid z(0)] + \varepsilon$$

其中第二行用到事实 $\sum_{j=1}^{N} q_{jj'} = 1$，第三行用了条件期望值 $\mathbb{E}[\cdot \mid z(0)]$ 的定义。接下来，令 $\mathbf{x}_\varepsilon \equiv (\mathbf{x}_\varepsilon^1, \cdots, \mathbf{x}_\varepsilon^N)$，则 (16.11) 式、引理 16.1 以及上述不等式意味着如下结果：

$$V^*(x(0), z(0)) \geq U(x(0), \tilde{x}'[z^0], z(0)) + \beta \mathbb{E}[\bar{\mathbf{U}}(\mathbf{x}_\varepsilon \mid x(1), z_j) \mid z(0)]$$
$$\geq U(x(0), \tilde{x}'[z^0], z(0)) + \beta \mathbb{E}[V^*(x(1), z(1)) \mid z(0)] - \beta\varepsilon$$

由于对任意 $\varepsilon > 0$，最后一个不等式都成立，函数 V^* 必然满足（16.13）式。

下一步，任取 $\varepsilon > 0$。根据（16.12）式，一定存在一个替代规划 $\mathbf{x}_\varepsilon = (\tilde{x}_\varepsilon[z^0], \tilde{x}_\varepsilon[z^1], \cdots) \in \Phi(x(0), z(0))$ 使

$$\bar{\mathbf{U}}(\mathbf{x}_\varepsilon \mid x(0), z(0)) \geq V^*(x(0), z(0)) - \varepsilon$$

条件（16.11）式表明对任意 $z(1) \in \mathcal{Z}$，

$$V^*(\tilde{x}_\varepsilon[z^0], z(1)) \geq \bar{\mathbf{U}}(\{\tilde{x}_\varepsilon[z^t]\}_{t=1}^\infty \mid \tilde{x}[z^0], z(1))$$

于是根据引理 16.1，对任意 $\varepsilon > 0$，

$$V^*(x(0), z(0)) - \varepsilon \leq U(x(0), \tilde{x}_\varepsilon[z^0], z(0)) + \beta \mathbb{E}[\bar{\mathbf{U}}(\{\tilde{x}_\varepsilon[z^t]\}_{t=1}^\infty \mid \tilde{x}[z^0], z(1)) \mid z(0)]$$
$$\leq U(x(0), \tilde{x}_\varepsilon[z^0], z(0)) + \beta \mathbb{E}[V^*(\tilde{x}_\varepsilon[z^0], z(1)) \mid z(0)]$$

所以 V^* 也满足（16.14）式。这个论述保证了问题 16.1 的任何解都满足（16.13）式和（16.14）式，因而也是问题（16.12）式的解。

为了证明该逆命题，注意（16.13）式隐含着对任意 $\tilde{x}[z^0] \in G(x(0), z(0))$，有

$$V(x(0), z(0)) \geq U(x(0), \tilde{x}[z^0], z(0)) + \beta \mathbb{E}[V(\tilde{x}[z^0], z(1)) \mid z(0)]$$

现在对于 $n \in \mathbb{N}$，递归替换掉 $V(\tilde{x}[z^0], z(1))$，$V(\tilde{x}[z^1], z(2))$，$\cdots$，$V(\tilde{x}[z^{n-1}], z(n))$ 并取期望值，得到

$$V(x(0), z(0)) \geq \mathbb{E}\left[\sum_{t=0}^n \beta^t U(\tilde{x}[z^{t-1}], \tilde{x}[z^t], z(t)) \mid z(0)\right]$$
$$+ \beta^{n+1} \mathbb{E}[V(\tilde{x}[z^n], z(n+1)) \mid z(0)]$$

根据定义，我们有

$$\lim_{n\to\infty} \mathbb{E}\Big[\sum_{t=0}^{n} \beta^t U\big(\tilde{x}[z^{t-1}], \tilde{x}[z^t], z(t)\big) \mid z(0)\Big] = \bar{\mathbf{U}}(\mathbf{x} \mid x(0), z(0))$$

并且根据假设 16.1，有

$$\lim_{n\to\infty} \beta^{n+1} \mathbb{E}[V(\tilde{x}[z^n], z(n+1)) \mid z(0)]$$
$$= \lim_{n\to\infty} \mathbb{E}\Big[\lim_{m\to\infty} \sum_{t=n+1}^{m} \beta^t U\big(\tilde{x}[z^{t-1}], \tilde{x}[z^t], z(t)\big) \mid z(0)\Big] = 0$$

这就证明了（16.11）式。

下一步，令 $\varepsilon > 0$。根据（16.14）式，对于任意 $\varepsilon' = \varepsilon(1-\beta) > 0$，有 $\tilde{x}_\varepsilon[z^0] \in G(x(0), z(0))$ 使得

$$V(x(0), z(0)) \leq U(x(0), \tilde{x}_\varepsilon[z^0]) + \beta \mathbb{E}[V(\tilde{x}_\varepsilon[z^0], z(1)) \mid z(0)] + \varepsilon'$$

令 $\tilde{x}_\varepsilon[z^t] \in G(\tilde{x}_\varepsilon[z^{t-1}], z(t))$，定义 $\mathbf{x}_\varepsilon \equiv (\tilde{x}_\varepsilon[z^0], \tilde{x}_\varepsilon[z^1], \tilde{x}_\varepsilon[z^2], \cdots)$。再次递归替换掉 $V(\tilde{x}[z^0], z(1))$，$V(\tilde{x}[z^1], z(2))$，$\cdots$，$V(\tilde{x}[z^{n-1}], z(n))$ 并取期望值得到

$$V(x(0), z(0)) \leq \mathbb{E}\Big[\sum_{t=0}^{n} \beta^t U\big(\tilde{x}_\varepsilon[z^{t-1}], \tilde{x}_\varepsilon[z^t], z(t)\big) \mid z(0)\Big]$$
$$+ \beta^{n+1} \mathbb{E}[V(\tilde{x}_\varepsilon[z^n], z(n+1)) \mid z(0)] + \varepsilon' + \varepsilon'\beta + \cdots + \varepsilon'\beta^n$$
$$\leq \bar{\mathbf{U}}(\mathbf{x}_\varepsilon \mid x(0), z(0)) + \varepsilon$$

其中最后一步成立用到了 $\varepsilon = \varepsilon' \sum_{t=0}^{\infty} \beta^t$ 以及

$$\lim_{n\to\infty} \mathbb{E}\Big[\sum_{t=0}^{n} \beta^t U\big(\tilde{x}_\varepsilon[z^{t-1}], \tilde{x}_\varepsilon[z^t], z(t)\big) \mid z(0)\Big] = \bar{\mathbf{U}}(\mathbf{x}_\varepsilon \mid x(0), z(0))$$

这就确保了 V 满足（16.12）式，证毕。

定理 16.12 的证明　假设

$$\mathbf{x}^* \equiv (\tilde{x}^*[z^0], \tilde{x}^*[z^1], \tilde{x}^*[z^2], \ldots) \in \Phi(x(0), z(0))$$

651

是一个能实现问题 16.1 的解的可行规划。令 $\mathbf{x}_t^* \equiv (\tilde{x}^*[z^t], \tilde{x}^*[z^{t+1}], \cdots)$ 是从 $t \geq 1$ 期开始延续该规划。

我们首先证明对任意 $t \geq 0$，$\mathbf{x}_t^*$ 达到了从 $\tilde{x}^*[z^{t-1}]$ 以及任意 $z(t) \in \mathcal{Z}$ 出发的上确界，换言之

$$\bar{\mathbf{U}}(\mathbf{x}_t^* \mid \tilde{x}^*[z^{t-1}], z(t)) = V^*(\tilde{x}^*[z^{t-1}], z(t)) \tag{16.15}$$

证明采用归纳法。无疑这个假说对于 $t=0$ 是满足的，因为根据定义，$\mathbf{x}_0^* = \mathbf{x}^*$ 能够实现 $V^*(x(0), z(0))$。

下一步假定该表达式对 t 成立，以至于 $\mathbf{x}_t^*$ 达到了从 $\tilde{x}^*[z^{t-1}]$ 和任意 $z(t) \in \mathcal{Z}$ 出发的上确界。则（16.15）式对于 t 和 $z(t) \in \mathcal{Z}$ 成立。现在运用这个关系，我们将证明（16.15）式对于 $t+1$ 成立，$\mathbf{x}_{t+1}^*$ 达到了从 $\tilde{x}^*[z^t]$ 和任意 $z(t+1) \in \mathcal{Z}$ 出发的上确界。

首先，注意到（16.15）式隐含着

$$V^*(\tilde{x}^*[z^{t-1}], z(t)) = \bar{\mathbf{U}}(\mathbf{x}_t^* \mid \tilde{x}^*[z^{t-1}], z(t)) \tag{16.16}$$
$$= U(\tilde{x}^*[z^{t-1}], \tilde{x}^*[z^t], z(t))$$
$$+ \beta \mathbb{E}[\bar{\mathbf{U}}(\mathbf{x}_{t+1}^* \mid \tilde{x}^*[z^t], z(t+1)) \mid z(t)]$$

令 $\mathbf{x}_{t+1} = (\tilde{x}^*[z^{t+1}], \tilde{x}[z^{t+2}] \cdots) \in \Phi(\tilde{x}^*[z^t], z(t+1))$ 为从状态向量 $\tilde{x}^*[z^t]$ 和随机变量 $z(t+1)$ 出发的任意可行规划。据定义，$\mathbf{x}_t = (\tilde{x}^*[z^t], \mathbf{x}_{t+1}) \in \Phi(\tilde{x}^*[z^{t-1}], z(t))$。既然根据假设 $V^*(\tilde{x}^*[z^{t-1}], z(t))$ 是从 $\tilde{x}^*[z^{t-1}]$ 和 $z(t)$ 出发的上确界，我们也可得到

$$V^*(\tilde{x}^*[z^{t-1}], z(t)) \geq \bar{\mathbf{U}}(\mathbf{x}_t \mid \tilde{x}^*[z^{t-1}], z(t))$$
$$= U(\tilde{x}^*[z^{t-1}], \tilde{x}^*[z^t], z(t)) + \beta \mathbb{E}[\bar{\mathbf{U}}(\mathbf{x}_{t+1} \mid \tilde{x}^*[z^t], z(t+1)) \mid z(t)]$$

对任意 $\mathbf{x}_{t+1}$ 成立。将这个不等式与（16.16）式结合得到

$$\mathbb{E}[\bar{\mathbf{U}}(\mathbf{x}_{t+1}^* \mid \tilde{x}^*[z^t] z(t+1)) \mid z(t)] \geq \mathbb{E}[\bar{\mathbf{U}}(\mathbf{x}_{t+1} \mid \tilde{x}^*[z^t], z(t+1)) \mid z(t)] \tag{16.17}$$

对所有 $\mathbf{x}_{t+1} \in \Phi(\tilde{x}^*[z^t], z(t+1))$ 成立。

最后一步是反证法。假定 $\mathbf{x}_{t+1}^*$ 没有达到从 $\tilde{x}^*[z^t]$ 和任意 $z(t+1) \in \mathcal{Z}$ 出发的上确界。则对于一些 $z(t+1)=\hat{z}$（以正的概率），一定存在 $\hat{\mathbf{x}}_{t+1} \in \Phi(\tilde{x}^*[z^t], z(t+1))$ 使

$$\bar{\mathbf{U}}(\mathbf{x}_{t+1}^* | \tilde{x}^*[z^t], \hat{z}) < \bar{\mathbf{U}}(\hat{\mathbf{x}}_{t+1} | \tilde{x}^*[z^t], \hat{z})$$

如果 $z(t) \neq \hat{z}$，构建序列 $\hat{\mathbf{x}}_{t+1}^* = \mathbf{x}_{t+1}^*$，如果 $z(t+1) = \hat{z}$，构建序列 $\hat{\mathbf{x}}_{t+1}^* = \mathbf{x}_{t+1}$，既然 $x_{t+1}^* \in \Phi(\tilde{x}^*[z^t], \hat{z})$ 以及 $\hat{\mathbf{x}}_{t+1} \in \Phi(\tilde{x}^*[z^t], \hat{z})$，也可得到 $\hat{\mathbf{x}}_{t+1}^* \in \Phi(\tilde{x}^*[z^t], \hat{z})$。则不失一般性地，取 $z(t)=z_{j'}$ 以及 $\hat{z}=z_1$（当 $q_{1j'}>0$）可得

$$\mathbb{E}[\bar{\mathbf{U}}(\hat{\mathbf{x}}_{t+1}^* | \tilde{x}^*[z^t], z(t+1)) | z(t)] = \sum_{j=1}^{N} q_{jj'} \bar{\mathbf{U}}(\hat{\mathbf{x}}_{t+1}^* | \tilde{x}^*[z^t], z_j)$$

$$= q_{1j'} \bar{\mathbf{U}}(\hat{\mathbf{x}}_{t+1} | \tilde{x}^*[z^t], z_1) + \sum_{j=2}^{N} q_{jj'} \bar{\mathbf{U}}(\mathbf{x}_{t+1}^* | \tilde{x}^*[z^t], z_j)$$

$$> q_{1j'} \bar{\mathbf{U}}(\mathbf{x}_{t+1}^* | \tilde{x}^*[z^t], z_1) + \sum_{j=2}^{N} q_{jj'} \bar{\mathbf{U}}(\mathbf{x}_{t+1}^* | \tilde{x}^*[z^t], z_j)$$

$$= \mathbb{E}[\bar{\mathbf{U}}(\mathbf{x}_{t+1}^* | \tilde{x}^*[z^t], z(t+1)) | z(t)]$$

与（16.17）式矛盾。这就完成了归纳法的步骤，并保证了 $\mathbf{x}_{t+1}^*$ 达到了从 $\tilde{x}^*[z^t]$ 和任意 $z(t+1) \in \mathcal{Z}$ 出发的上确界。（16.15）式也隐含着

$$V^*(\tilde{x}^*[z^{t-1}], z(t)) = \bar{\mathbf{U}}(\mathbf{x}_t^* | \tilde{x}^*[z^{t-1}], z(t))$$

$$= U(\tilde{x}^*[z^{t-1}], \tilde{x}^*[z^t], z(t)) + \beta \mathbb{E}[\bar{\mathbf{U}}(\mathbf{x}_{t+1}^* | \tilde{x}^*[z^t], z(t+1)) | z(t)]$$

$$= U(\tilde{x}^*[z^{t-1}], \tilde{x}^*[z^t], z(t)) + \beta \mathbb{E}[V^*(\tilde{x}^*(z^t), z(t+1)) | z(t)]$$

这就构成了（16.9）式，因而也完成了定理前半部分的证明。

对于第二部分，假设对于 $\mathbf{x}^* \in \Phi(x(0), z(0))$，（16.9）式成立。反复替代 $\mathbf{x}^*$ 得到

$$V^*(x(0), z(0)) = \sum_{t=0}^{n} \beta^t U(\tilde{x}^*[z^{t-1}], \tilde{x}^*[z^t], z(t)) + \beta^{n+1} \mathbb{E}[V^*(\tilde{x}^*(z^n), z(n+1)) | z(0)]$$

既然 V^* 有界，$\lim_{n\to\infty}\beta^{n+1}\mathbb{E}[V^*(\tilde{x}^*(z^n),z(n+1))\mid z(0)]=0$，从而

$$\bar{U}(\mathbf{x}^*,z(0)) = \lim_{n\to\infty}\sum_{t=0}^{n}\beta^t U(\tilde{x}^*[z^{t-1}],\tilde{x}^*[z^t],z(t))$$

$$= V^*(x(0),z(0))$$

因而 $\mathbf{x}^*$ 达到了问题 16.1 的最优值。证毕。

现在我运用问题 16.2 中的值函数 V 证明定理 16.3。另一个替代的证明直接应用问题 16.1，将在习题 16.3 阐述。

定理16.3 的证明 考虑问题 16.2。根据假设 16.1 和假设 16.2，一定存在某个 $M<\infty$，使 $|U(x,y,z)|<M$ 对所有 $(x,y,z)\in\mathbf{X}_G$ 成立，则对所有 $x\in X$ 以及 $z\in\mathcal{Z}$，$|V^*(x,z)|\leq M/(1-\beta)$ 成立。现在考虑函数 $V^*(\cdot,\cdot)\in\mathbf{C}(X\times\mathcal{Z})$，其中 $\mathbf{C}(X\times\mathcal{Z})$ 表示定义在 $X\times\mathcal{Z}$ 上的连续函数的集合，其中 X 被赋予上确界范数 $\|f\|=\sup_{x\in X}|f(x)|$，$\mathcal{Z}$ 被赋予离散拓扑（回顾附录 A 的事实 A.12）。$\mathbf{C}(X\times\mathcal{Z})$ 的所有函数都是有界的，因为它们是连续的并且 X 和 $\mathcal{Z}$ 都是紧的。

现在将算子 T 定义为

$$TV(x,z) = \max_{y\in G(x,z)}\{U(x,y,z)+\beta\mathbb{E}[V(y,z')\mid z]\} \qquad (16.18)$$

假定 $V(x,z)$ 连续且有界。则 $\mathbb{E}[V(y,z')\mid z]$ 也是连续且有界的，因为它仅仅由下式决定

$$\mathbb{E}[V(y,z')\mid z]\equiv\sum_{j=1}^{N}q_{jj'}V(y,z_j)$$

定义 j' 使 $z=z_{j'}$。而且 $U(x,y,z)$ 在 $\mathbf{X}_G$ 上是连续有界的。因而，(16.18) 式右侧的最大化问题就是一个定义在紧集合上的最大化问题，据威尔斯特拉斯定理（Weierstrass Theorem，即定理 A.9），该问题有（有界）解。因而，算子 T 定义良好，把定义在集合 $X\times\mathcal{Z}$ 上的连续有界函数空间 $\mathbf{C}(X\times\mathcal{Z})$ 映射到自身。可以验证，算子 T 满足压缩的布莱克威尔（Blackwell）充分条件（定理 6.9）。因此，应用定理 6.7 可知，(16.18) 式的一个唯一的不动点 $V\in\mathbf{C}(X\times\mathcal{Z})$ 存在，而且是问题 16.2 的唯一解。

现在考虑问题 16.2 的最大化问题。既然 U 和 V 都是连续的，而且 $G(x,z)$ 是

紧值的，我们可以再次应用威尔斯特拉斯定理得到结论：一定存在 $y \in G(x,z)$ 能够达到极大值。这就定义了问题 16.2 的极值集合 $\Pi(x,z) \subset \Phi(x,z)$。令 $\mathbf{x}^* \equiv (\tilde{x}^*[z^0], \tilde{x}^*[z^1], \tilde{x}^*[z^2], \cdots) \in \Phi(x(0), z(0))$，其中 $\tilde{x}^*[z^t] \in \Pi(\tilde{x}^*[z^{t-1}], z(t))$ 对于所有 $t \geq 0$ 及任意 $z(t) \in \mathcal{Z}$ 成立。则根据定理 16.1 和定理 16.2，$\mathbf{X}^*$ 也是问题 16.1 的最优解。

定理 16.4 至定理 16.6 的证明与第 6 章定理 6.4 至定理 6.6 的证明类似，留做习题（见习题 16.4 至习题 16.6）。定理 16.7 的证明类似于定理 16.5，留做习题 16.7。

16.3 随机欧拉方程

第 6 章中，欧拉方程和横截性条件起到核心作用。而现在，我们必须掌握随机欧拉方程，而非标准的欧拉方程。尽管与标准的欧拉方程相比，随机欧拉方程在概念上并不涉及更多内容，但它并不是很好运用。有时候可以直接运用随机欧拉方程，正如在下文第 16.5 节中研究的持久收入假说模型中所示。而在其他时候，我们可以结合随机欧拉方程以及合适的横截性条件刻画最优规划的定性特征。

我们沿用第 6 章的处理方式并基于第 16.1 节的结论。使用星号（*）和 D 分别表示最优值和梯度。应用假设 16.1 和定理 16.6，我们可以把内部最优规划的必要性条件表示为

$$D_y U(x, y^*, z) + \beta \mathbb{E}[D_x V(y^*, z') \mid z] = 0 \tag{16.19}$$

其中 $x \in \mathbb{R}^K$ 表示状态向量的当前值，$z \in \mathcal{Z}$ 表示随机变量的当前值，$D_x V(y^*, z')$ 表示值函数在下一期状态向量 y^* 处的梯度。现在使用动态规划包络引理的随机等价公式并将（16.8）式对状态向量求导，可得如下结果：

$$D_x V(x, z) = D_x U(x, y^*, z) \tag{16.20}$$

因为该等式以随机变量的实现值 $z \in \mathcal{Z}$ 为条件，所以不包含期望值。请注意，此处 y^* 是 $\pi(x, z)$ 的简写。使用这个记号并结合（16.19）式和（16.20）式，我们得到了随机欧拉方程的经典形式

$$D_y U(x, \pi(x,z), z) + \beta \mathbb{E}[D_x U(\pi(x,z), \pi(\pi(x,z), z'), z') \mid z] = 0$$

其中，和第 6 章一样，$D_x U$ 表示 U 对前 K 个变量的梯度向量，$D_y U$ 表示 U 对第二组 K 个变量的梯度向量。用这个记号表示该方程与该问题的序列版本更具一致性，随机欧拉方程采取如下形式：

$$D_y U(\tilde{x}^*[z^{t-1}], \tilde{x}^*[z^t], z(t)) + \beta \mathbb{E}[D_x U(\tilde{x}^*[z^t], \tilde{x}^*[z^{t+1}], z(t+1)) \mid z(t)] = 0 \tag{16.21}$$

对于 $z^{t-1} \in \mathcal{Z}^{t-1}$ 成立。

在这种情形下，我们如何表述横截性条件？横截性条件仍然要求当规划期界趋于无穷时，贴现后的状态变量边际回报趋于零。显然，在随机环境中我们必须观察期望回报。目前只要期望条件于 $t=0$ 时刻的可得信息就足够了，也就是 $z(0) \in \mathcal{Z}$。结果，与随机欧拉方程相关的横截性条件如下

$$\lim_{t \to \infty} \beta^t \mathbb{E}[D_x U(\tilde{x}^*[z^{t-1}], \tilde{x}^*[z^t], z(t)) \cdot \tilde{x}^*[z^{t-1}] \mid z(0)] = 0 \tag{16.22}$$

下一条定理把第 6 章的定理 6.10 推广到不确定性的环境。特别是，该定理表明横截条件和（16.21）式中变形后的欧拉方程是问题 16.1 以及问题 16.2 求解的充要条件。

定理 16.8（欧拉方程及横截性条件） 令 $X \subset \mathbb{R}_+^K$，并假定假设 16.1—16.5 成立，则给定 $x(0)$ 以及 $z(0) \in \mathcal{Z}$，当且仅当该序列满足（16.21）式和（16.22）式，且对任意 $z(t) \in \mathcal{Z}$ 以及 $t = 0, 1, \cdots$，有 $\tilde{x}^*[z^t] \in \text{Int } G(\tilde{x}^*[z^{t-1}], z(t))$ 时，可行规划的序列 $\{\tilde{x}^*[z^t]\}_{t=0}^{\infty}$ 对问题 16.1 是最优的。

证明 证明类似于第 6 章中定理 6.10 的证明。

（充分性） 考虑任意 $x(0) \in X$ 以及 $z(0) \in \mathcal{Z}$，令 $\mathbf{x}^* \equiv \{\tilde{x}^*[z^t]\}_{t=0}^{\infty} \in \Phi(x(0), z(0))$ 为满足（16.21）式和（16.22）式的可行规划。对任意 $\mathbf{x} \equiv \{\tilde{x}[z^t]\}_{t=0}^{\infty} \in \Phi(x(0), z(0))$ 以及任意 $z^{\infty} \in \mathcal{Z}^{\infty}$，定义

$$\Delta_{\mathbf{x}}(z^{\infty}) \equiv \lim_{T \to \infty} \inf \sum_{t=0}^{T} \beta^t [U(\tilde{x}^*[z^{t-1}], \tilde{x}^*[z^t], z(t)) - U(\tilde{x}[z^{t-1}], \tilde{x}[z^t], z(t))]$$

为可行序列 $\mathbf{x}^*$ 和 $\mathbf{x}$ 的目标函数实现值的差。

根据假设 16.2 和假设 16.5，U 是连续、凹的以及可微的，所以对于任意 $z^{\infty} \in \mathcal{Z}^{\infty}$ 以及 $x \in \Phi(x(0), z(0))$，有

$$\Delta_{\mathbf{x}}(z^{\infty}) \geqslant \lim_{T \to \infty} \inf \sum_{t=0}^{T} \beta^{t} \big[D_{x} U\big(\tilde{x}^{*}[z^{t-1}], \tilde{x}^{*}[z^{t}], z(t)\big) \cdot \big(\tilde{x}^{*}[z^{t-1}] - \tilde{x}[z^{t-1}]\big)$$
$$+ D_{y} U\big(\tilde{x}^{*}[z^{t-1}], \tilde{x}^{*}[z^{t}], z(t)\big) \cdot \big(\tilde{x}^{*}[z^{t}] - \tilde{x}[z^{t}]\big) \big]$$

因为该不等式对任意 $z^{\infty} \in \mathcal{Z}^{\infty}$ 都成立，两边取期望值得到

$\mathbb{E}[\Delta_{\mathbf{x}}(z^{\infty}) \mid z(0)]$

$$\geqslant \lim_{T \to \infty} \inf \mathbb{E}\big[\sum_{t=0}^{T} \beta^{t} D_{x} U\big(\tilde{x}^{*}[z^{t-1}], \tilde{x}^{*}[z^{t}], z(t)\big) \cdot \big(\tilde{x}^{*}[z^{t-1}] - \tilde{x}[z^{t-1}]\big) \big| z(0) \big]$$
$$+ \lim_{T \to \infty} \inf \mathbb{E}\big[\sum_{t=0}^{T} \beta^{t} D_{y} U\big(\tilde{x}^{*}[z^{t-1}], \tilde{x}^{*}[z^{t}], z(t)\big) \cdot \big(\tilde{x}^{*}[z^{t}] - \tilde{x}[z^{t}]\big) \big| z(0) \big]$$

对 $z(0) \in \mathcal{Z}$ 成立。重新排列前一个表达式得到

$\mathbb{E}[\Delta_{\mathbf{x}}(z^{\infty}) \mid z(0)] \geqslant$

$$\lim_{T \to \infty} \inf \mathbb{E}\big[\sum_{t=0}^{T} \beta^{t} D_{y} U\big(\tilde{x}^{*}[z^{t-1}], \tilde{x}^{*}[z^{t}], z(t)\big) \cdot \big(\tilde{x}^{*}[z^{t}] - \tilde{x}[z^{t}]\big) \big| z(0) \big]$$
$$+ \lim_{T \to \infty} \inf \mathbb{E}\big[\sum_{t=0}^{T} \beta^{t+1} D_{x} U\big(\tilde{x}^{*}[z^{t}], \tilde{x}^{*}[z^{t+1}], z(t+1)\big) \cdot \big(\tilde{x}^{*}[z^{t}] - \tilde{x}[z^{t}]\big) \big| z(0) \big]$$
$$- \lim_{T \to \infty} \sup \mathbb{E}\big[\beta^{T+1} D_{x} U\big(\tilde{x}^{*}[z^{T}], \tilde{x}^{*}[z^{T+1}], z(T+1)\big) \cdot \tilde{x}^{*}[z^{T}] \big| z(0) \big]$$
$$+ \lim_{T \to \infty} \inf \mathbb{E}\big[\beta^{T+1} D_{x} U\big(\tilde{x}[z^{T}], \tilde{x}[z^{T+1}], z(T+1)\big) \cdot \tilde{x}[z^{T}] \big| z(0) \big]$$

由于 $\mathbf{x}^{*} \equiv \{\tilde{x}^{*}[z^{t}]\}_{t=0}^{\infty}$ 满足（16.21）式，第一行和第二行中的各项均为零。而且，由于 $\mathbf{x}^{*} \equiv \{\tilde{x}^{*}[z^{t}]\}_{t=0}^{\infty}$ 也满足（16.22）式，第三行也等于零。最后，因为 U 对 x 是递增的，$D_{x}U \geqslant 0$，且 $x \geqslant 0$，所以第四行是非负的，这就确保了对任意 $\mathbf{x} \in \Phi(x(0), z(0))$，有 $\mathbb{E}[\Delta_{\mathbf{x}}(z^{\infty}) \mid z(0)] \geqslant 0$。因而，相对于任意可行的 $\mathbf{x} \in \Phi(x(0), z(0))$，$\mathbf{x}^{*}$ 取到的值更大，因而是最优的。

（必要性） 必要性的证明与定理 6.10 中必要性的证明如出一辙。特别是，和定理 6.10 一样，再次定义 $\Delta_{\mathbf{x}}'$。考虑一个可行方案 $\mathbf{x} \in \Phi(x(0), z(0))$，使 $\tilde{x}[z^{t}] = \tilde{x}^{*}[z^{t}] + \varepsilon a[z^{t}]$，其中某个扰动 $a[z^{t}] \in \mathbb{R}^{K}$ 对于每一个 $z^{t} \in \mathcal{Z}^{t}$ 以及足够

小的 ε>0 成立（x 是可行的，因为 $x^* \equiv \{\tilde{x}^*[z^t]\}_{t=0}^{\infty}$ 是内部的）。这就保证了随机欧拉方程（16.21）式的必要性。选择一个可行规划 $\tilde{x}[z^t] = (1-\varepsilon)\tilde{x}^*[z^t]$，并应用（16.21）式得到

$$\mathbb{E}[\Delta'_\mathbf{x}(z^\infty) \mid z(0)] =$$
$$-\varepsilon \lim_{T\to\infty}\inf \mathbb{E}[\beta^{T+1}D_xU(\tilde{x}^*[z^T], \tilde{x}^*[z^{T+1}], z(T+1)) \cdot \tilde{x}^*[z^T] \mid z(0)]$$
$$+ \lim_{T\to\infty}\sum_{t=0}^{T}\beta^t o(\varepsilon, t)$$

如果违背了（16.22）式，第一项的值可能为负并且当 ε→0 时，该值仍然为负数。这就与 $\mathbf{x}^* \equiv \{\tilde{x}^*[z^t]\}_{t=0}^{\infty}$ 是最优规划相矛盾，从而证明了定理的必要性。

16.4 一般化到马尔科夫过程*

如果 z 不是取有限多值会怎样？例如，z 可以表示为一般的马尔科夫过程，在紧的度量空间取值。最简单的例子就是一维随机变量 $z(t)$，由过程 $z(t) = \rho z(t-1) + \sigma \varepsilon(t)$ 决定，其中 $\varepsilon(t)$ 服从标准正态分布。某种意义上，我们关心的大多数结果都可以概括为这样的情形。另一方面，我们更加应该关注如何构建这些问题，不管是问题 16.1 的序列形式还是问题 16.2 的递归形式。在此情形中，主要困难是如何保证有适当定义的可行规划，针对当时的可得信息集合要求这些规划是可以测度的。为了避免在测度论上花过多的篇幅，我假定 $\mathcal{Z}$ 和 X 都是紧的，并对收益函数和约束条件施加足够的连续性（保证可测最优规划的存在性）。在这些假设下，我将介绍一般马尔科夫过程下的随机动态规划的主要定理。自始至终，我使用期望值符号代替明确的积分形式。

首先，我们把 $\mathcal{Z}$ 定义为 $\mathbb{R}$ 的紧子集，$\mathbb{R}$ 包含了由有限数量的元素构成的 $\mathcal{Z}$，特殊情形下，$\mathcal{Z}$ 也可以对应于一个闭区间。假定 $z(t) \in \mathcal{Z}$ 代表该设定下的不确定性，并假定它服从马尔科夫过程，也就是说

$$\Pr[z(t) \mid z(0), \ldots, z(t-1)] \equiv \Pr[z(t) \mid z(t-1)]$$

马尔科夫过程也可以用上文定义的状态转移函数 $Q(z, \cdot)$ 表示。再次用符号 $z^t \equiv (z(1), \cdots, z(t))$ 表示随机变量实现值的历史。目标函数和约束集合的表示

方法和第 16.1 节一样,在此用 $\tilde{x}[z^t]$ 表示可行规划,该规划相对于由每个 $z^t \in \mathcal{Z}^t$ 产生的信息集合也必须是可测的。将 z^t 以后的可行规划集表示为 $\Phi(\tilde{x}[z^{t-1}], z(t))$。于是起始于 $z(0)$ 的可行规划记为 $\Phi(x(0), z(0))$。同样,当函数 V 是问题 16.2 的解时,我们将 $\Pi(x,z) \subset \Phi(x,z)$ 定义为满足下面方程的所有 $\pi(x,z)$ 的集合

$$V(x,z) = U(x, \pi(x,z), z) + \beta \mathbb{E}[V(\pi(x,y), z') | z]$$

最后,和第 16.1 节中同样的假设也是必要的。此外,我们现在要求相关函数对适当的信息集合是可测的,并且对所有 $x(t) \in X$ 和 $z^t \in \mathcal{Z}^t$,对应 $\Phi(x(t), z(t))$ 存在一个可测选择。然而假设 16.1 和假设 16.2 施加的连续性足够保证可测性。我们唯一需要补充的额外假设如下〔有时被称为"菲勒"性质(Feller Property)〕:

假设 16.7 马尔科夫过程 $Q(z, \cdot)$ 是这样的:对任意有界和连续的 $f: \mathcal{Z} \to \mathbb{R}$,$\mathbb{E}[f(z')|z] \equiv \int f(z') Q(z, dz')$ 是 z 在 $\mathcal{Z}$ 上的有界连续函数。

当 Q 是马尔科夫链时(仅仅是赋予 $\mathcal{Z}$ 离散拓扑),这个假设自动满足。

定理 16.9(解的存在性) 假定假设 16.1、假设 16.2 和假设 16.7 成立,则问题 16.2 的解 $V(x,z)$ 恰好与问题 16.1 的解 $V^*(x,z)$ 一致。而且,如果 $\Pi(x,z)$ 对所有 $(x,z) \in X \times \mathcal{Z}$ 是非空的,则由 $\pi(x,z) \in \Pi(x,z)$ 产生的任何解都能达到 $V^*(x,z)$。

这个定理对问题 16.1 和问题 16.2 隐含地施加了很多结构限制。特别是,假设 16.1 保证了 $\Phi(x,z)$ 是非空的以及对任意 $\mathbf{x} \in \Phi(x(0), z(0))$,$\mathbb{E}[\sum_{t=0}^{T} \beta^t U(\tilde{x}[z^{t-1}], \tilde{x}[z^t], z(t)) | z(0)]$ 定义良好,且值有界。此外,运用与定理 16.3 的证明同样的论点,假设 16.2 保证了 $\Pi(x,z)$ 是一个上半连续的对应,因此对任意 $z \in \mathcal{Z}$ 以及 $x \in X$,存在一个可测选择项(也因此对于任意 $x(0) \in X$ 以及 $z(0) \in \mathcal{Z}$,$\Phi(x(0), z(0))$ 存在一个可测选择项)。

定理 16.10(值函数的连续性) 令假设 16.1、假设 16.2 以及假设 16.7 成立,存在满足 (16.7) 式的唯一的值函数 $V: X \times \mathcal{Z} \to \mathbb{R}$。而且 V 是连续有界的。最后对任意 $x(0) \in X$ 以及 $z(0) \in \mathcal{Z}$,存在一个最优规划 $\mathbf{x}^* \in \Phi(x(0), z(0))$。

定理 16.11(值函数的凹性) 令假设 16.1 至假设 16.3 和假设 16.7 成立,

对任意 $z \in \mathcal{Z}$，则满足（16.7）式的唯一的值函数 V 是 x 的严格凹函数。进而，最优规划可以表示成 $\tilde{x}^*[z^t] = \pi(x(t), z(t))$，这里，对任意 $z \in \mathcal{Z}$，策略函数 π: $X \times \mathcal{Z} \to X$ 对 x 是连续的。

定理 16.12（值函数的单调性） 在假设 16.1、假设 16.2、假设 16.4 以及假设 16.7 成立的条件下，满足（16.7）式的唯一的值函数 $V: X \times \mathcal{Z} \to \mathbb{R}$ 对任意 $z \in \mathcal{Z}$，对 x 是严格递增的。

定理 16.13（值函数的可微性） 在假设 16.1、假设 16.2、假设 16.3、假设 16.5 和假设 16.7 成立的条件下，令 π 表示上述定义的策略函数，并假定 $x' \in \text{Int}X$，以及对任意 $z \in \mathcal{Z}$，$\pi(x', z) \in \text{Int}G(x', z)$。则 $V(x, z)$ 在 x' 连续可微，且对 x 的梯度由下式决定：

$$D_x V(x', z) = D_x U(x', \pi(x', z), z)$$

这些定理的证明并不困难，但比较冗长需要多加小心。斯托基、卢卡斯和普雷斯科特（Stokey, Lucas and Prescott, 1989，第 9 章）给出了这些定理的证明，他们也建立了必要的测度理论以及某些一般马尔科夫过程理论，来表述这些定理的稍微更一般化的版本。

最后请注意，定理 16.8 在此情形仍然适用，因为定理的表述或证明并没有用到 z 服从马尔科夫链的事实。

16.5 随机动态规划的应用

下面，我将主要介绍随机动态规划法的若干应用。此外，涉及随机增长和不完全市场增长的一些最重要的应用，将留待下一章展开。在每一项应用中，我会指出使用递归公式和随机动态规划方法将如何简化分析。

16.5.1 持久收入假说

解决收入不确定家庭的平滑消费问题，是随机动态优化的最重要应用之一。这一问题最早由欧文·费雪（1930）探讨，之后米尔顿·弗里德曼在其关于消费理论的经典著作中首次引入了系统分析。然后通过罗伯特·霍尔（Robert Hall, 1978）对动态消费行为的开创性研究，持久收入假说成为最著名的宏观经济模型之一。

考虑一个最大化其终生效用贴现值的家庭，即

$$\mathbb{E}_0 \sum_{t=0}^{\infty} \beta^t u(c(t))$$

其中 $c(t) \geq 0$ 通常表示消费。首先，假设效用函数 $u(\cdot)$ 严格递增，连续可微，并且是凹函数，其导函数表示为 $u'(\cdot)$。

该家庭可以通过恒定的利率 $r > 0$ 自由借贷，因此其生命周期预算约束可以表示为

$$\sum_{t=0}^{\infty} \frac{1}{(1+r)^t} c(t) \leq \sum_{t=0}^{\infty} \frac{1}{(1+r)^t} w(t) + a(0) \tag{16.23}$$

其中 $a(0)$ 表示其初始资产，$w(t)$ 表示劳动收入。假设 $w(t)$ 在集合 $\mathcal{W} = \{w_1, \cdots, w_N\}$ 中随机取值，这一设定对应的是，总冲击或单个冲击引发的家庭劳动收入的潜在波动。为简化分析，我们假定 $w(t)$ 服从跨期独立分布，并且 $w(t) = w_j$ 的概率为 q_j（自然也有 $\sum_{j=1}^{N} q_j = 1$）。最终（16.23）式的生命周期预算约束将成为随机约束，因此，我们要求这一约束几乎是完全确定的（即概率为1），从而避免约束外的样本路径具有正的概率。

生命周期预算约束的随机性具有重要的经济含义。特别是，虽然没有明确的借贷约束，但是生命周期预算约束概率必定为1的事实，意味着内生的借贷约束。例如，假设 $w_1 = 0$ 和 $q_1 > 0$（这一设定对应失业和零劳动收入）。其次，对于任何一个小于无穷的时间序列，即 $T < \infty$，该家庭收入为零的概率都是正值。然后，如果家庭持有资产曾经为负，即 $a(t) < 0$，那么即便它将后期的消费减少至0，它违背生命周期预算约束的概率仍将为正。因此，将存在一个内生的借贷约束，其形式如下

$$a(t) \geq -\sum_{s=0}^{\infty} \frac{1}{(1+r)^s} w_1 \equiv -b_1$$

其中 w_1 表示集合 $\mathcal{W}$ 中 w 的最小值。

我们首先把消费平滑问题看作序列问题来解决，即寻求一个可行的消费序列 $\{\tilde{c}[w^t]\}_{t=0}^{\infty}$。这一过程可以直接通过构建拉格朗日函数完成。需要强调的是，尽管生命周期预算约束（16.23）式是唯一的，但这并不意味着我们应该设置单一

的拉格朗日乘子 λ。这是因为消费规划的产生，是以截止到特定时期的所有事项的实现情况为前提的。具体地说，t 期的消费是以到当期为止的一切冲击，即 $w^t \equiv (w(0), w(1), \cdots, w(t))$ 为条件的。事实上，本书使用符号 $\tilde{c}[w^t]$ 的目的在于强调 t 期的消费是该期之前的收入实现情况，即 w^t 的映射。在这一基础上，由于还有额外的信息反映家庭收入和支出，我们可以自然地联想到，作为揭示财产边际效用的拉格朗日乘子，同样取决于截止到 t 期的冲击 w^t。所以，我将拉格朗日乘子写作 $\tilde{\lambda}[w^t]$。

这个问题的一阶条件可表示为

$$\beta^t u'(\tilde{c}[w^t]) = \frac{1}{(1+r)^t} \tilde{\lambda}[w^t] \tag{16.24}$$

这一条件要求消费边际效用的贴现值等于收入边际效用 $\tilde{\lambda}[w^t]$ 的贴现值，且两者都由序列 w^t 决定。尽管一阶条件具有经济含义，但是只有在收入边际效用 $\tilde{\lambda}[w^t]$ 的运动轨迹已知的情况下，它才具有意义。该运动轨迹并不能通过一阶条件直接导出。在对序列问题的一个替代方程中，消费取决于所有相关的时间序列，并引入所有可能促成消费的价格。这一方程更加可行，并且能够给出类似于下文递归分析的结果。第 17 章将分析具有不确定性的新古典增长模型的竞争均衡，届时我将引入这一或有索取权（contigent claims）方程。

现在我们使用递归方法解决问题，这能保证结果足够清晰。流量预算约束可以表示为

$$a' = (1+r)a + w - c$$

其中 a' 表示下一期的资产持有量。此外，上式隐含着 $c = (1+r)a + w - a'$。然后由于家庭价值取决于当期资产持有量 a 和当期收入 w，那么其方程可表示为

$$V(a, w) = \max_{a' \in [-b_1, (1+r)a+w]} \{u((1+r)a + w - a') + \beta \mathbb{E} V(a', w')\}$$

其中因为 w 具有跨期独立分布的性质，所以延拓值的期望值并不以 w 的即期实现为条件。类似于第 6 章例 6.5 中对本问题非随机情形的讨论，我们有必要对可行资产集合加以限定，以便应用本章第一节中的定理 16.1—16.6。具体来说，本书取 $\bar{a} \equiv a(0) + w_N/r$，其中 w_N 是劳动收入的最大值。然后我们可以施加 $a(t) \in$

$[0, \bar{a}]$ 的限定，并再次验证使这一限定不影响结果的条件（尤其是使 $a(t)$ 总在集合之内的条件。详见习题 16.11）。

这一最大化问题的一阶条件为

$$u'(c(t)) = \beta \mathbb{E}_t \frac{\partial V(a(t+1), w(t+1))}{\partial a} \qquad (16.25)$$

其中 $\mathbb{E}_t$ 表示考虑 t 期所有信息的期望值。我们注意到 $\partial V(a', w')/\partial a$ 同样表示收入的边际效用，因此（16.25）式与（16.24）式是相似的。这一引申的命题得自定理 16.6 中的包络条件（16.10）式，具体结论为

$$\frac{\partial V(a(t), w(t))}{\partial a} = (1+r)u'(c(t))$$

将上式与（16.25）式合并，我们就能在持久收入假说下得到著名的随机欧拉方程，也就是

$$u'(c(t)) = \beta(1+r)\mathbb{E}_t u'(c(t+1)) \qquad (16.26)$$

值得注意的是，上式右边包含 $t+1$ 期的消费边际效用的期望值。

如果即期效用函数是二次形式，那么该方程将更加简单，并且可能有更深刻的含义。比如，我们取效用函数

$$u(c) = \phi c - \tfrac{1}{2}c^2$$

其中 ϕ 充分大，保证 $u(\cdot)$ 在相关区间内随 c 单调递增。将这一二次式方程代入（16.26）式，我们将得到霍尔提出的著名的随机方程

$$c(t) = (1-\kappa)\phi + \kappa \mathbb{E}_t c(t+1) \qquad (16.27)$$

其中 $\kappa \equiv \beta(1+r)$。上式的一个重要预测是，当期收入或过去收入这样的变量无法预测将来的消费增长。大量的经验研究文献着重进行过度敏感性检验，研究这一现象适用于总量数据还是个体数据。结果显示，未来消费对当期收入的依赖支持了过度敏感性的论断，从而证伪了（16.27）式。这一否定的结果也被视为支持信贷约束（作为上述内生借贷约束的补充）的依据。然而，如果效用函数不是二次式的，过度敏感性依然可以在没有信贷约束的条件下存在（参见 Zeldes，

1989；Caballero，1990）。

当 $\beta = (1+r)^{-1}$，即贴现率等于毛利率的倒数时，（16.27）式将更加简单。在这种情况下，$\kappa = 1$，$c(t) = \mathbb{E}_t c(t+1)$ 或者 $\mathbb{E}_t \Delta c(t+1) = 0$，所以未来消费的期望值将与当期消费相同。最后一条性质有时被称为"鞅性质"。试回想，如果随机变量 $z(t)$ 和信息集合 Ω_t 满足条件 $\mathbb{E}[z(t+1) | \Omega_t] = z(t)$，那么可以说 $z(t)$ 是 Ω_t 的鞅；如果 $\mathbb{E}[z(t+1) | \Omega_t] \geq z(t)$，那么 $z(t)$ 是 Ω_t 的次鞅；如果 $\mathbb{E}[z(t+1) | \Omega_t] \leq z(t)$，那么 $z(t)$ 是 Ω_t 的上鞅。因此，利率和贴现率的相对值，决定了消费是鞅、次鞅或者上鞅。习题 16.8 和习题 16.11 将更深入地探讨（16.27）式的含义。

16.5.2 搜寻创意

下面将介绍应用动态规划方法解决的另一个经济问题。另外，关于本书第四篇提出的技术内生性问题，这个例子也可以为我们提供一种兼具替代性和补充性的思考角度。

考虑一个风险中性的企业家，其目标函数可表示为

$$\sum_{t=0}^{\infty} \beta^t c(t)$$

该企业家的消费由当期创造的收入决定（不存在储蓄和借贷）。如果该企业家使用质量为 $a(t)$ 的企业家才能，其 t 期[1]的收入将等于

$$y(t) = a(t)$$

在 $t = 0$ 时，该企业家的初始状态为 $a(0) = 0$。在之后的每一个时期，他或者将自己发现的技术投入生产，或者利用当期搜寻新的技术。我们假设在该企业家从事技术搜寻的每一个时期，他都可以从一个定义在闭区间 $[0, \bar{a}]$ 上的时间不变分布函数 $H(a)$ 中，得到一个独立的结果。

所以在每一个时期，该企业家都要决定，或是搜寻新的技术，或是利用截止到当期的所得技术进行生产。由于不存在储蓄和借贷，他只能简单地消费完其当期收入，即 $c(t) = y(t)$。

---

[1] 这里用 a 表示创意的质量，而不是之前作为个人的资产持有，应该不会造成混淆。

关于本书中已经讨论过的某些观点，搜寻创意的问题给出了一个稍微不同的视角。到目前为止，在我们研究的内生技术变化模型中，企业家都要做出一个影响其可用技术的重要选择：搜寻相对于前期生产是一笔昂贵的支出，但也可能改善企业家的可用技术集合。而且，这一经济决策也关系到技术进步和技术采纳两个标准模型之间的权衡：或者使用现有技术进行生产，或者把新一轮的搜寻作为一项投资，以期发掘更优的技术。在内生技术模型中，这个权衡对投资新技术的激励是一种补充。

这里我将应用动态规划方法分析搜寻创意的问题。首先，我们要把企业家面临的最大化问题写成一个序列问题。第一步是明确行为人的决策规则的阶次。具体来说，令 $\mathbf{a}^t \in \mathbf{A}^t \equiv [0, \bar{a}]^t$ 为该企业家在过去 t 期观测到的技术序列，如果他在 s 期从事生产，那么 $a(s) = 0$。于是我们得到 $a^t = (a(0), \cdots, a(t))$。然后该企业家的决策规则可以表示为

$$q(t): \mathbf{A}^t \to \{a(t)\} \cup \{\text{search}\}$$

这表示行为人在 t 期的行为：或是利用其前期已得到的技术 $a(t)$ 进行生产，或者选择 $q(t) =$ "搜寻"，即利用当期搜寻一项新的技术。令 ρ_t 为从 $\mathbf{A}^t$ 到 $a(t) \cup$ {搜寻} 的函数集，而 $\mathcal{P}^\infty$ 为上述函数的无穷序列集。于是，该企业家面临的搜寻新技术的问题，最一般的表达形式为

$$\max_{\{q(t)\}_{t=0}^\infty \in \mathcal{P}^\infty} \mathbb{E} \sum_{t=0}^\infty \beta^t c(t)$$

约束条件为：对于某个 $s \leq t$ 以及 $a(s) = a$，如果 $q(t) =$ "搜寻"，则 $c(t) = 0$，反之，如果 $q(t) = a$，则 $c(t) = a$。$\mathbb{E}$ 表示期望算子。将问题表达成这一形式，自然会使它看起来复杂，甚至令人生畏。这样做的目的是为了表明，对于某些模型，即便序列问题看似相当复杂，我们依然可以较容易地使用动态规划方法进行处理。

为了说明这一点，我现在使用动态规划方法，递归地表示这个优化问题。我们将通过两个观察结果（都将在习题 16.12 中得到证明），简化这个问题的递归形式。首先，因为问题是静态的，所以我们可以摒弃当期以外的所有技术，于是，企业家价值的自变量就可以被简化为当期技术 a，即 $V(a)$。其次，我们假设一旦企业家使用某一技术 a 进行生产，他将永久沿用这一技术，而不是在未来

某个时期搜寻新技术。在问题的静态条件下，这一观察同样是直观的：如果该企业家愿意在 t 期使用技术 a 进行生产，而不是搜寻新技术，那么他在 $t+1$ 期会做出同样的选择。后一个观察表明，如果企业家选择在 t 期使用技术 a 进行生产，那么对于所有 $s \geq t$，它的消费为 $c(s)=a$。最终我们将获得，接受技术 α 的企业家的价值为

$$V^{\text{accept}}(a) = \frac{a}{1-\beta}$$

所以，我们得到

$$\begin{aligned} V(a') &= \max\left\{V^{\text{accept}}(a'), \beta \mathbb{E} V\right\} \\ &= \max\left\{\frac{a'}{1-\beta}, \beta \mathbb{E} V\right\} \end{aligned} \qquad (16.28)$$

其中

$$\mathbb{E} V = \int_0^{\bar{a}} V(a) dH(a) \qquad (16.29)$$

是不使用现有技术生产的延拓值的期望值。(16.28) 式的含义是，无论企业家选择生产还是继续搜寻新技术，目的都是增进自身的效用。继续搜寻新技术的企业家的价值由 (12.29) 式给出，这可根据定义推导出来。在下一期，该企业家从分布 $H(a)$ 中选取 a 以获得价值 $V(a)$，正如 (12.28) 式所示，然后对其积分得到 $\mathbb{E} V$。由于 $H(a)$ 的密度函数可能是非连续的，所以该积分被写成勒贝格形式。

题外浅议[*] 尽管搜寻问题的特殊结构使应用动态规划能够直接得到答案，但通过第 6 章第 6.4 节中介绍的方法解得最优策略还是有一定意义的。对此，我们可以结合之前的两个方程，得到

$$\begin{aligned} V(a') &= \max\left\{\frac{a'}{1-\beta}, \beta \int_0^{\bar{a}} V(a) dH(a)\right\} \\ &= TV(a') \end{aligned} \qquad (16.30)$$

其中第二行定义了映射 T。布莱克威尔的充分性定理（定理 6.9）直接适用于 (16.30) 式，并表明 T 是收缩的，因为它单调并且满足贴现。

下面令 $V \in \mathbf{C}([0, \bar{a}])$，这是一个定义在区间 $[0, \bar{a}]$ 上的实值连续（而有界的）函数集，并且 $[0, \bar{a}]$ 是具有上确界的完备度量空间。于是，收敛映射定理（定理 6.7）表明存在一个唯一的价值函数 $V(a)$。因此，动态规划方法能够立刻证明序列化的搜寻问题有解（并且是最优策略，下面将说明）。

此外，如果令 S' 为定义在 $[0, \bar{a}]$ 上的非减连续函数的值域，定理 6.8 同样适用，其中 S' 是 $\mathbf{C}([0, \bar{a}])$ 的封闭子集。因此 $V(a)$ 是非减函数。事实上，我们同样可以使用定理 6.8 证明 $V(a)$ 是分段线性函数，并且在第一段呈水平之后上升。令这些函数的值域为 S''，它也是 $\mathbf{C}([0, \bar{a}])$ 的子空间（不一定是闭的）。在这种情况下，定理 6.8 的第二部分是适用的，因为对于任何一个非减函数 $V(a)$，$TV(a)$ 都是分段线性函数。所以该定理表明唯一且固定的函数 $V(a)$，也必然具有该属性。

以上"题外浅议"使用定理 6.8 证明了 $V(a)$ 是分段线性函数。事实上，由于 $V(a)$ 是一个常函数和一个线性函数的最大值，所以这一属性也可从（16.30）式直接导出。因此，$V(a)$ 必定是个分段线性函数，并且其第一段是水平的。

下一步我们要做的是，使用问题 16.2 中的递归公式确定最优策略。函数 $V(a)$ 的水平部分后面是线性的（且严格递增），这表明最优策略遵循截断法则（cutoff rule），也就是说，存在一个技术水平分水岭 R，企业家接受高于 R 的所有技术，而一旦 $a < R$，企业家将选择弃用并继续搜寻新技术。$V(a)$ 之所以具有截断法则的属性，是因为它在某一水平之上严格递增。在这种情况下，一旦某一技术 a' 被企业家接受，所有满足 $a > a'$ 的技术也将被接受。

另外，截断法则必须满足如下等式：

$$\frac{R}{1-\beta} = \int_0^{\bar{a}} \beta V(a) dH(a) \tag{16.31}$$

这意味着企业家在接受技术 $a = R$ 与再等一期之间没有区别。然后，因为符合 $a < R$ 的技术被否决，那么对于所有 $a < R$，我们可以得到

$$V(a) = \beta \int_0^{\bar{a}} V(a) dH(a)$$
$$= \frac{R}{1-\beta}$$

并且对所有 $a \geq R$，有

$$V(a) = \frac{a}{1-\beta}$$

用这些观察结果可以推导出

$$\int_0^{\bar{a}} V(a)dH(a) = \frac{RH(R)}{1-\beta} + \int_{a \geq R} \frac{a}{1-\beta}dH(a)$$

将这个等式与（16.31）式联立，我们得到

$$\frac{R}{1-\beta} = \beta \left[\frac{RH(R)}{1-\beta} + \int_{a \geq R} \frac{a}{1-\beta}dH(a) \right] \tag{16.32}$$

经过整理，这个等式变为

$$R = \frac{\beta}{1-\beta H(R)} \int_R^{\bar{a}} adH(a)$$

这种形式便于体现截断法则 R。（16.32）式可以变换成另外一种形式，并且更加直观。稍加整理，可以得到如下形式

$$\frac{R}{1-\beta} = \beta \left[\int_{a<R} \frac{R}{1-\beta}dH(a) + \int_{a \geq R} \frac{a}{1-\beta}dH(a) \right]$$

等号两边各减去

$$\frac{\beta R}{1-\beta} = \frac{\beta R}{1-\beta} \int_{a<R} dH(a) + \frac{\beta R}{1-\beta} \int_{a \geq R} dH(a)$$

我们得到

$$R = \frac{\beta}{1-\beta} \int_R^{\bar{a}} (a-R)dH(a) \tag{16.33}$$

等号左边最好被看作前期使用技术 R 进行生产的成本，而右边是新一轮搜寻的期望收益。在截断阈值（cutoff threshold）处，这两项必然相等，因为企业家在开始生产和继续搜寻之间一定是无差异的。

我们现在把（16.33）式的右边，即新一轮搜寻的期望收益，定义成

$$\gamma(R) = \frac{\beta}{1-\beta} \int_R^{\bar{a}} (a-R) dH(a)$$

同时假定 H 的密度函数是连续的，用 h 表示。那么 γ 是可微的，且其微分为

$$\gamma'(R) = -\frac{\beta}{1-\beta}(R-R)h(R) - \frac{\beta}{1-\beta}\int_R^{\bar{a}} dH(a) = -\frac{\beta}{1-\beta}[1-H(R)] < 0$$

这样（16.33）式就具有唯一解。容易验证，通过使企业家更有耐心，我们可以增大 β，进而提高截断阈值 R。

16.5.3 其他应用

随机动态规划还有许多其他应用。除了在第 17 章将要研究的四个增长模型外，以下问题也是值得注意的。

1. 资产定价：根据卢卡斯（1978）的观点，我们可以考虑在一个经济体中，一组相同的行为人对一组给定资产("树木")的随机收益索取权进行交易。每个行为人都需要解决一个类似第 16.5.1 节中的消费平滑问题，最大的不同是他（她）的储蓄收益是随机的，而不是（或除了）固定利率。当资产的总供给等于总需求时，市场将会出清。于是，均衡价格必定使每个行为人都愿意根据这些资产的回报保持适当数量的索取权。考虑到得自递归公式的消费边际效用，这些资产是可以定价的。习题 16.14 将会考虑这种情况。

2. 不确定性下的投资：第 7 章的第 7.8 节探讨了成本调整投资模型，我们通过引入企业未来需求或生产能力的不确定性，可以使这一模型得到扩展，并拓宽它在宏观经济学和产业组织理论上的应用。习题 16.15 将会考虑这种情况。

3. 最优停止问题：第 16.5.2 节中讨论的搜寻模型是最优停止问题的一个例子。还有更多的最优停止问题可以被设置成为随机动态规划问题，并得到分析。习题 16.16 将会考虑一个最优停止问题的例子。

16.6 小结

本章的内容就其性质而言是技术性的，而且，它的应用价值要大于它本身的价值。本章的内容可以广泛应用于宏观经济学和经济增长，第 17 章介绍随机新古典增长模型时，将会运用本章阐述的各种方法。

除了介绍随机动态规划的基本方法外，本章还引用了两个重要的经济模型。第一个是随机持久收入假说模型，作为最著名的宏观经济模型之一，它在理论和经验上都得到了大量研究。早期的经验研究文献着重检验过度敏感性，第16.5.1节也使用加总数据对此进行了探讨。稍后的文献关注微观和面板数据，目的是得到关于个人消费行为的更清晰的结果。

本章介绍的另一个重要模型，是第16.5.2节中的搜寻创意模型，这一模型变换自麦考尔（1970）的劳动力市场搜寻模型。麦考尔的模型是大部分现代失业均衡理论的基础。尽管这一模型在本章以搜寻创意的形式存在，但是读者可以毫不费力将它应用于失业，并把它作为均衡失业理论的入门模型（见习题16.13）。此外，上文提到过的一些其他应用［包括以卢卡斯（1978）的理论为基础的资产定价模型和不确定性下的投资模型］，将会在习题中出现。在宏观经济学的其他领域，这些模型也得到了广泛应用。

16.7 参考文献

第6章中的大部分参考文献也和随机动态规划相关。读者可能想了解霍华德（1960）、布莱克威尔（1965）和普尔曼（1994）的高级应用。斯托基、卢卡斯和普雷斯科特（1989）的研究最完整地讨论了贴现的随机动态规划问题。本章的内容与斯托基、卢卡斯和普雷斯科特的研究也有相同之处，不同之处是技术水平略低。特别地，笔者在不引入度量理论的情况下，介绍了随机动态规划的所有主要结果。透彻研究随机动态规划需要深入钻研这些处理方法。读者应该参考斯托基、卢卡斯和普雷斯科特（1989，第8—13章）的研究，其中介绍了更侧重于度量理论的研究方法，并阐述了有关马尔科夫过程的必备内容。

至于讨论马尔科夫过程使用的度量理论的基本定义和结果，读者也可以参考鲁丁（Rudin，1976）的研究，或者威廉姆斯（Williams，1991）的处理方法，后者非常生动且可读性强。对于笔者在本章中多次非正式引用的勒贝格积分，上述两份文献也有标准定义。罗伊登（Royden，1994）的研究包含了一个关于测度理论的更高级且更出色的处理方法。关于第16.5节中提到的鞅，威廉姆斯（1991）也介绍了一个很好的入门级处理方法。

富蒂亚（Futia，1982）为处理马尔科夫过程提供了一种非常好的简单方法，并把马尔科夫过程应用到动态随机模型中。季克曼和斯科罗霍德（Gikhman and

Skorohod，1974）的研究或者艾西尔和库尔茨（Ethier and Kurtz，1986）的研究，对马尔科夫过程进行了更高级、更全面的处理。

基尔查（Zilcha，1978）和上东贵志（Takashi Kamihigashi，2003）更加翔实地介绍了随机横截性条件（定理16.8）的必要性和充分性。

对消费问题的最好研究来自迪顿（Deaton，1992）。布朗宁和克罗斯利（Browning and Crossley，2011）回顾了最近的研究。习题16.11 建立在张伯伦和威尔逊（Chamberlian and Wilson，2000）的研究之上，读者可以根据这篇论文解决一些微妙的数学问题：当贴现因子等于毛利率的倒数时，确定随机消费分布的限制性行为，将引发这些问题。第16.5.2 节中关于搜寻创意的例子，变换自麦考尔（1970）的劳动力市场搜寻模型。据我所知，科图姆（Kortum，1997）提出了关于技术选择的第一个搜寻理论模型，他的模型比第16.5.2 节中介绍的模型更加丰富且深刻。林奎斯特和萨金特（Ljungqvist and Sargent，2005）出色地引入了一个基本的麦考尔模型。皮萨利德斯（2000）的研究以及罗杰森、夏默与赖特（Rogerson、Shimer and Wright，2004）非常好地综述了应用于劳动力市场问题的搜寻理论方面的研究。

16.8　习题

16.1　证明：对于任何 $j'' > j'$ 与 $\bar{j} = 1, \cdots, N$，当且仅当 $\sum_{j=\bar{j}}^{N} q_{jj''} \geq \sum_{j=\bar{j}}^{N} q_{jj'}$ 时，假设 16.6 的第三部分成立。这个条件意味着给定 $z_{j''}$ 条件分布 z 和给定 $z_{j'}$，条件分布 z 之间有什么关系？

*16.2　证明引理 16.1。

*16.3　本题为定理 16.3 提供了一种新的证明方法。

(a) 选择一个关于 $\mathcal{Z}$ 的合适的拓扑结构，使 U 在 $X \times X \times \mathcal{Z}$ 上连续。

(b) 使用附录 A 中的定理 A.12，证明问题 16.1 中的目标函数的积拓扑是连续的；使用定理 A.13 和引理 A.2 证明约束空间是紧的；使用定理 A.9 和定理 A.16 证明函数 $V^{*}(x(0), z(0))$ 在 $X \times \mathcal{Z}$ 上定义良好、连续并且有界。

(c) 使用定理 16.1 推导出函数 $V(x(0), z(0))$ 的相同结果。

*16.4　证明定理 16.4。

*16.5　证明定理 16.5。

*16.6　证明定理16.6。

*16.7　证明定理16.7。

16.8　考虑第16.5节中的随机永久收入假说模型，其中$u(c)$表示一般性的瞬时效用函数。请指出在什么条件下，即便满足随机欧拉方程（16.26）式，过度敏感性检验依然不成立？[提示：可能需要考虑具体的CRRA。]

16.9　(a) 考虑第16.5节中的一个随机持久收入假说模型，并假设利率r不再是常数，而是t的函数$r(t)>0$。求解这种情况下对应于（16.26）式的结果。证明在这种情况下过度敏感性检验同样适用。

(b) 现在假设$r(t)$是一个随机变量，在一个充分大且数量有限的集合$r_1,\cdots,r_N$中取值，并且为了简化分析，假设利率的取值跨期独立。求解这种情况下对应于（16.26）式的结果。证明这种情况下过度敏感性检验同样适用。

16.10　考虑第16.5节中介绍的随机性永久收入假说模型。假设$w(t)$不再是独立分布，而是遵循一个马尔科夫链。证明（16.26）式依然成立。现在假设$u(c)$取二次型，并假设计量经济学家误认为$w(t)$独立分布，这样家庭相对于计量经济学家具有信息优势。证明消费增长基于过去收入实现的回归系数仍然是0（这样过度敏感性检验才成立）。[提示：利用期望的迭代法则，即如果Ω是一个比Ω'更好的信息集合，并且z是一个随机变量，那么有$\mathbb{E}[\mathbb{E}[z\mid\Omega]\mid\Omega']=\mathbb{E}[z\mid\Omega']$。]

*16.11　在第16.5节的随机性永久收入假说模型中，假设：$c(t)\geq 0$；$u(\cdot)$二阶可微，处处严格凹，并且严格递增；$u''(\cdot)$单调递增。此外，假设$w(t)$具有非退化的概率分布，且该分布的左边界为0。

(a) 证明消费永远不可能收敛到一个常数。

(b) 证明：如果$u(\cdot)$取CRRA的形式，并且$\beta<(1+r)^{-1}$，那么存在$\bar{a}<\infty$，使得对所有t满足$a(t)\in(0,\bar{a})$。

(c) 证明：如果$\beta\leq(1+r)^{-1}$，那么不存在一个$\bar{a}<\infty$，使得对所有t满足$a(t)\in(0,\bar{a})$。[提示：首先假设$u(\cdot)$取CRRA形式，考虑$\beta=(1+r)^{-1}$的情形；然后对一个任意大的时期数量，选

取一个满足 $w(t)=w_N$ 的随机序列，且该序列概率为正。然后把这一结果扩展到 $\beta \leqslant (1+r)^{-1}$ 的情形。]

(d) 假设 $u''(\cdot)$ 是非减的。证明：如果 $\beta \leqslant (1+r)^{-1}$，消费的边际效用服从一个（非退化的）上鞅，所以消费一定收敛到无穷。[提示：注意（16.26）式说明了 $u'(c(t)) \geqslant \mathbb{E} u'(c(t+1))$，并且我们可以用这个等式证明消费"平均来看"是递增的。]

(e) 如果 $u''(\cdot)$ 是递减的，(d) 中的分析将有何变化？

16.12 考虑第 16.5.2 节中的搜寻创意模型。假设企业家可以使用他在过去发掘的所有技术，并在任何时间点进行生产，同样地，他也可以在任何时间停止生产并从事搜寻工作。

(a) 将企业家面临的最大化问题表示成递归公式。

(b) 证明：如果企业家在时期 t 拒绝用某项技术 a' 生产，那么他在 $t+s$ 期同样不会接受这一技术，其中 $s>0$（即他在 t 到 $t+s$ 之间的任何生产活动中，都不会使用这一技术）。

(c) 证明：如果该企业家在 t 期接受技术 a'，他将在所有满足 $s \geqslant t$ 的时期继续使用这一技术，而不是停止生产并重新搜寻新技术。

(d) 使用本题的 (a) 和 (b)，证明企业家面临的最大化问题可以改写成没有任何一般性损失的形式。

(e) 现在假设如果企业家不生产，他将接受收入 b。写出这种情形的递归方程，并证明随着 b 增加，截断阈值 R 也会增加。

16.13 把第 16.5.2 节中的问题表示成一个失业工人的抽样工资之一，且其抽样工资由一个静态的工资分布函数 $H(w)$ 外生给定。工人的目标是最大化其工资净现值。假设一旦该工人接受了一份工作，他的工资将保持恒定。

(a) 假设该工人找到了一份永不放弃的工作，将他面临的动态最大化问题表示成递归形式。

(b) 证明工人永远不会放弃他曾经接受的工作。

(c) 证明工人使用一份保留工资 R。

(d) 计算工人失业的期望持续时间。

(e) 假设分布 $H(w)$ 的所有工资由企业提供，并且所有工人完全相同，证明除提供工资 $w=R$ 的企业外，其他所有企业都实现了利润最大化。

16.14 考虑一个由相同家庭组成的经济体：每个家庭的偏好用 $\mathbb{E}[\sum_{t=0}^{\infty} \beta^t u(c(t))]$ 表示，其中 $u(\cdot)$ 符合严格递增、严格凹和二阶可微的条件。将经济中的行为人指标（measure of agent）标准化为 1。每个家庭各自拥有唯一的树，且它在 t 期提供 $z(t)$ 单位的消费物品。假设 $z(t)$ 是从集合 $\mathcal{Z} \equiv \{z_1, \cdots, z_N\}$ 取值的随机变量，并服从马尔科夫链（所有的树产出相同，因此不存在多样化）。每个家庭都可以卖掉自己的树的任意部分，也可以购买新树的任意部分，但是不能卖光（即不允许持有负的资产）。如果当期的 $z(t)$ 为 z，那么假设一棵树的价格由函数 $p: \mathcal{Z} \to \mathbb{R}_+$ 确定。没有其他资产可以用来跨期转移资源。

(a) 证明：给定一个价格函数 $p(z)$，一个代表性家庭的流量预算约束可以表示为

$$c(t) + p(z(t))x(t+1) \le [z(t) + p(z(t))]x(t)$$

其中 $x(t)$ 表示该家庭在 t 时期持有的树的数量。并解释这一约束。

(b) 证明：给定一个价格函数 $p(z)$，且代表性家庭的最大化问题受约束于流量预算约束和 $c(t) \ge 0$ 与 $x(t) \ge 0$，那么这个问题可以表示成如下递归形式：

$$V(x,z) = \sup_{y \in [0, p(z)^{-1}(z+p(z))x]} \{u((z+p(z))x - p(z)y) + \beta \mathbb{E}[V(y,z') \mid z]\}$$

(c) 应用第 16.1 节的结果，证明 $V(x,z)$ 对 x 满足递增、严格凹和可微的性质（在其定义域内部）。

(d) 求解这个最大化问题对应的随机欧拉方程。

(e) 现在假定市场出清，这意味着对于所有 t，有 $x(t)=1$。解释为什么这是市场出清的充分且必要条件。

(f) 在市场出清的情况下，推导出均衡市场价格关于当期 z 的函数 $p(z)$。

(g) 现在假设家庭也可以交易无风险债券（均衡条件下，债券的净供给为 0）。求解无风险债券的价格。

16.15 考虑第 7.8 节中投资模型的离散随机形式：一个企业最大化其利润

的净现值，其中贴现因子为 $(1+r)^{-1}$，即期回报为

$$f(K(t), z(t)) - I(t) - \phi(I(t))$$

$f(K(t), z(t))$ 作为企业的收益或利润函数，其自变量为资本存量 $K(t)$ 和随机变量 $z(t)$，后者表示生产能力或需求。与第 7.8 节相同的是，$I(t)$ 是投资，$\Phi(I(t))$ 代表调整成本。

(a) 假设 $z(t)$ 的分布遵循马尔科夫链。列出企业最大化问题的序列形式。

(b) 列出企业最大化问题的递归形式。

(c) 列出使上述两个问题结果相同的条件。

(d) 解出企业投资决策的随机欧拉方程，并与第 7.8 节中的结果进行比较。

*16.16 考虑一个一般性的停止问题，其中个人的目标是最大化 $\mathbb{E}[\sum_{t=0}^{\infty} \beta^t u(y(t))]$。随机变量 $z(t)$ 服从马尔科夫链，且在任意时间 t，个人都可以"停止"这一过程。如果个人未曾停止，令 $y(t)=0$；如果对于某个 $s \leq t$，个人停止了这一过程，则令 $y(t)=z(s)$。

(a) 将个人的这一问题表示成随机动态规划形式。对于某个 R^*，如果在时间 t 满足 $z(t) \geq R^*$，那么个人将停止马尔科夫过程，列出 R^* 存在的充分性条件。

(b) 假设：$z(t)$ 在 t 期服从一个取自 $H(z \mid \zeta(t))$ 的分布，$\zeta(t)$ 服从一个马尔科夫链，且该过程从一个有限集合 $\mathcal{Z}$ 中取值。将这个问题改写成随机动态规划形式。证明：存在一个函数 $R^*: \mathcal{Z} \to \mathbb{R}_+$，使个人在 $z(t) \geq R^*(\zeta(t))$ 时停止该过程，其中 $\zeta(t)$ 表示当期状态。解释为何停止规则从来不是恒定的。关于习题 16.13 中讨论的失业工人接受工作的决策问题，当工资分布因市场萧条与繁荣而变动时，上述结果对工人的决策有何意义？

第 17 章 随机增长模型

在本章，我将介绍四个随机增长模型，这四个模型着重考虑增长与不确定性之间相互影响的不同方面。第一个是加入了随机生产率冲击的（完全市场条件下的）基本新古典增长模型，该模型最早由布洛克和米尔曼（Brock and Mirman, 1972）提出。它不仅是第 8 章基本新古典增长模型的一般化扩展，还是颇有影响力的真实商业周期模型的开端，而真实商业周期模型广泛应用于研究一系列中短期宏观经济问题。我将在下面三个小节介绍这个模型及其影响。从家庭和企业可以用任何阿罗－德布鲁商品进行交易的角度看，基本新古典增长模型考虑的是完全市场。由于存在不确定性，完全市场意味着全部或有索取权都可以被竞争性地交易。比如，家庭可以在一个特定历史时期之后支付 1 单位的最终产品购买一种资产。完全市场的存在，或者说全部或有索取权的存在，意味着家庭完全可以自己防范非系统性风险。在这些模型中，总量冲击是重大不确定性的来源。因此，不确定情形下的标准新古典增长模型甚至根本就没有引入异质性冲击（就算提到，也常常避而不谈）。

以上讨论说明了或有索取权在不确定性情形下的基本新古典模型中的重要性。此外，在不确定情形下，或有索取权的可交易是代表性家庭这一假设得以成立的充分必要条件。第 17.4 节，引入了家庭不能交易或有索取权而只能交易无风险债券的模型，来说明上述结论。这个模型基于比利（Bewley）在 20 世纪 70 年代和 80 年代的开创性研究，而且明确设定家庭之间不能分担风险，因此具有"不完全竞争市场"的特点，对宏观经济问题来说，尤其重要的市场不完全就是异质性风险不能被分摊或被分散。家庭面临着劳动收入的随机变化，并且只能通过"自我保险"来平滑消费，也就是说通过以市场利率借入或贷出来平滑消费。正如第 9 章的叠代模型，比利模型并不接受代表性家庭的假设。该模型不仅对阐述不确定情形下的或有索取权有十分重要的作用，而且对研究与风险、收入波动和政策相关的许多宏观经济问题也十分有用。因此，大约过去 10 年以来，它已经成为宏观经济分析的又一个主力模型。

最后的第 17.5 节和第 17.6 节将介绍随机叠代模型。第 17.5 节呈现的是一个包含了随机因素的标准叠代模型的简单扩展。

第 17.6 节说明为何随机增长模型有助于我们理解从低增长起飞到持续增长（阶段）的过程，第 1 章对此也有过讨论。从许多社会的长期经验来看，一个显著特征是，经济发展的早期阶段人均收入几乎停滞不前，而且经济危机频繁。起飞的过程不仅使增长提速，而且使增长过程更为稳定（波动更小）。研究这些问题需要用到随机增长模型。第 17.6 节介绍了一个模型，它为分析经济表现的波动和起飞提供了统一的分析框架。其中的关键特征是，对投资于有风险的活动和投资于相对安全的低回报活动进行权衡取舍。在发展的早期阶段，社会并没有足够的资源充分投资于多种经济活动以获得多样性，从而不得不承受较高的风险。为了降低风险，人们也会投资于一些回报相对安全的低回报活动，比如一项存储技术或者安全技术以及低回报的农产品。最后达到一个均衡过程，这个过程具有长时期的缓慢增长或者无增长特征，其经济表现大起大落。一个经济体可以避免这一发展阶段并起飞到持续增长阶段，只要其风险投资在一些连续时期都是成功的。当这一过程发生时，该经济体就会更多元化，而且可以通过更发达的金融市场更好地管理风险。更多元化会降低风险并使该经济体投资于更高回报的活动，提高其生产率和增长率。因此，这个简单的随机增长模型对一个经济从不稳定的低增长起飞到可持续的稳定增长提供了典型的解释。我用来阐述这些观点的模型，兼具简单的随机增长和内生的不完全市场这两个特点。因此，我不仅用这个模型说明为什么马尔科夫过程的一些简单观点可以用来描述动态经济的随机均衡路径，而且强调该模型在内生的不完全市场条件下会出现潜在的低效率问题。最后，这个模型为我们观察金融增长和经济增长之间的关系提供了一个切入点，这个问题我们将在第 21 章更深入地讨论。

17.1 布洛克-米尔曼模型

布洛克和米尔曼在 1972 年的论文中最早对随机冲击下的经济增长进行了系统分析。布洛克和米尔曼专注于最优增长问题，并在伴有不确定性的动态新古典环境中求解社会规划者的最大化问题。由于在竞争且完全的市场中第一和第二福利定理都成立，所以均衡增长路径等同于最优增长路径。不过，对均衡增长的分析更为复杂，还需要引入几个新的概念。我将从布洛克-米尔曼（Brock-Mirman）方法开始，然后在下一节探讨不确定性条件下的竞争均衡增长问题。

该经济体类似于第 6 章和第 8 章研究的基本新古典增长模型。时间是离散的，总生产函数表示为

$$Y(t) = F(K(t), L(t), z(t)) \tag{17.1}$$

其中 $z(t)$ 表示随机总生产率，它关系到使用给定的资本和劳动组合生产唯一最终产品的效率高低。让我们假定 $z(t)$ 遵循马尔科夫链，其取值范围是集合 $\mathcal{Z} \equiv \{z_1, \cdots, z_N\}$。对确定性下的这一新古典增长模型的很多应用也假设随机冲击是劳动扩张型的生产率项，于是总生产函数形如 $Y(t) = F(K(t), z(t)L(t))$，若不是为了方便此处的分析，我们不需要施加这个额外的限制条件。假定生产函数 F 满足第 2 章的假设 1 和假设 2，同时将人均产出和人均生产函数定义为

$$y(t) \equiv \frac{Y(t)}{L(t)}$$

$$\equiv f(k(t), z(t))$$

其中 $k(t) \equiv K(t)/L(t)$ 再次表示资本劳动比。百分比 δ 表示现有资本存量在每个时期的贴现率。最后，还假设数字 $z_1, \cdots, z_N$ 以升序排列，$j > j'$ 意味着对于所有 $k \in \mathbb{R}_+$，都有 $f(k, z_j) > f(k, z_{j'})$。该假设说明就所有资本劳动比而言，能够带来更高生产率的随机冲击 z 具有更高的价值。此外，让我们假设 $z(t)$ 遵循一个（如假设 16.6 定义的）单调的马尔科夫链，因此今天价值较高的 z 在未来也更有可能创造更高的价值。

在偏好方面，该经济体存在一个具有瞬时效用函数 $u(c)$ 的代表性家庭，而且这一效用函数满足第 8 章的假设 3。该代表性家庭无弹性地提供 1 单位劳动，于是 $K(t)$ 和 $k(t)$ 可以交换使用。总消费 $C(t)$ 和人均消费，这里用 $c(t)$ 表示，也可以交换使用。最后，在观察到 t 期的随机冲击 $z(t)$ 出现时，代表性家庭做出 t 期的消费和储蓄决策。

社会规划者最大化代表性家庭预期效用问题的另一个版本可以写为

$$\max \mathbb{E}_0 \sum_{t=0}^{\infty} \beta^t u(c(t)) \tag{17.2}$$

约束条件为

$$k(t+1) = f(k(t), z(t)) + (1-\delta)k(t) - c(t), \quad \text{和} \quad k(t) \geq 0 \tag{17.3}$$

其中 $k(0)>0$。表示资源约束的（17.3）式必须在随机冲击 t 的每个状态和每段历史下都满足（为了使初始问题的公式保持简单，我没引入过去冲击产生的影响）。

为了运用排序问题描述最优增长路径，我们需要定义可行的规划，具体地，在第 16 章介绍的映射 $\tilde{k}[z^t]$ 和 $\tilde{c}[z^t]$，其中 $z^t \equiv (z(0), \cdots, z(t))$ 仍然表示到 t 期为止（总）的冲击历史。我们不再重复这些步骤，而是直接观察该规划的递归版本，表示如下

$$V(k, z) = \max_{k' \in [0, f(k,z)+(1-\delta)k]} \{u(f(k,z) + (1-\delta)k - k') + \beta \mathbb{E}[V(k', z') \mid z]\}$$

(17.4)

其中我用到了"max"而非"sup"，因为这种最大化问题一定有解。具体地，第 16 章的主要理论可以直接应用于该问题，并且获得以下结论。

命题 17.1 在上述随机最优增长问题中，价值函数 $V(k,z)$ 是唯一定义的，它对其两个自变量都是严格递增的，对 k 严格凹，在 $k>0$ 可微。此外，存在一个唯一定义的策略函数 $\pi(k,z)$，于是 $t+1$ 期的资本存量表示为 $k(t+1) = \pi(k(t), z(t))$。

证明 这里只需要证明第 16 章中的假设 16.1 至假设 16.6 是满足的，于是定理 16.1 至定理 16.7 可以适用。为此，首先定义 $\bar{k}$ 满足 $\bar{k} = f(\bar{k}, z_N) + (1-\delta)\bar{k}$，同时证明资本劳动比开始于 $k(0)$，之后总是保持在紧集 $[0, \max\{k(0), \bar{k}\}]$ 中。

此外，可以得出下列命题：

命题 17.2 在上述随机最优增长问题中，下一期资本存量的策略函数 $\pi(k, z)$ 对两个自变量都是严格递增的。

证明 根据假设 3，u 是可微的，根据命题 17.1，V 对 k 是可微的。于是，对于 $k>0$，我们可得

$$u'(f(k,z) + (1-\delta)k - k') - \beta \mathbb{E}[V'(k', z') \mid z] = 0$$

其中 V' 表示函数 $V(k,z)$ 对其第一个自变量的导数。因为根据命题 17.1，V 对 k 是严格凹的，这个等式只有当 k 或 z 增加且 k' 也增加时，才能成立。例如，k 的增加会使第一项减少（因为 u 是严格为凹的），于是 k' 的增加是第一项增大同时第二项减小的必要条件（基于 V 是凹性）。z 的增加对各项的影响也类似。证毕。

对不确定性下的新古典增长模型推导其随机欧拉方程也很简单。为此，让我们先将消费的策略函数定义为

$$\pi^c(k,z) \equiv f(k,z) + (1-\delta)k - \pi(k,z)$$

其中 $\pi(k,z)$ 是在命题 17.1 中决定的下一期资本存量的最优策略函数。根据这个定义，随机欧拉方程可以表示为

$$u'(\pi^c(k,z)) = \beta \mathbb{E}\big[(f'(\pi(k,z),z') + (1-\delta))u'(\pi^c(\pi(k,z),z')) \mid z\big] \quad (17.5)$$

其中 f' 表示人均生产函数对资本劳动比 k 的导数。从这个形式看，欧拉方程比较复杂。这个方程的另一种略微不同的表示方法看起来更为简单和直观：

$$u'(c(t)) = \beta \mathbb{E}_t\big[p(t+1)u'(c(t+1))\big] \quad (17.6)$$

其中 $\mathbb{E}_t$ 表示由 t 期可得信息决定的期望值，$p(t+1)$ 是资本在 $t+1$ 期的随机边际资本产出（包括原始资本）。这种表示随机欧拉方程的形式也可以用来和竞争均衡进行比较，因为 $p(t+1)$ 等同于 t 期投资的单位资本（在 $t+1$ 期）的随机红利。最后，我们还可以将最优规划下的横截性条件表示为

$$\lim_{t \to \infty} \mathbb{E}\big[\beta^t(f'(k(t),z(t)) + (1-\delta))u'(c(t))k(t) \mid z(0)\big] = 0 \quad (17.7)$$

已知 $z(0) \in \mathcal{Z}$，其中为了简化表述，我又一次用到了 $c(t) = \pi^c(k(t), z(t))$ 和 $k(t) = \pi(k(t-1), z(t-1))$。很容易证明定理 16.8 也适用于这个情况，这也意味着（17.6）式和（17.7）式足以求出此处最优增长问题的解。

尽管命题 17.1 确定了价值函数和策略函数的形式，其中仍然存在两个不足之处：第一，它没能给我们提供非随机新古典增长模型的类似"收费公路理论"（见第 6.8 节）。尤其是，它没能描述不确定性条件下的新古典增长模型的长期行为。第二，尽管命题 17.1 的描述得出了一些关于价值函数和策略函数的定量分析结论，但它并未给出比较静态方面的结果。

完整分析随机增长模型的长期行为将使我们远远超越马尔科夫分析过程。然而，几个简单的观察有助于我们理解本模型中资本劳动比的随机运动规律的一些显著特点。$t+1$ 期的资本存量由策略函数 π 给出，于是

$$k(t+1) = \pi(k(t), z(t)) \quad (17.8)$$

该式定义了一个一般马尔科夫过程,[①] 因为在实现 $z(t)$ 之前,$k(t+1)$ 是随机变量,其运动法则由最后一期 $k(t)$ 的价值和 $z(t)$ 的实现值决定。当 $z(t)$ 具有非退化分布时,$k(t)$ 并不会明显地收敛于一个唯一值(见习题 17.4)。相反,它收敛于一个不变的有限分布。我们可以证明事实的确如此。马尔科夫过程(17.8)式定义了一个性状良好(well-behaved)的随机过程,它开始于任意 $k(0)$,收敛于一个唯一的不变有限分布,这意味着当我们观察足够远的范围时,k 的分布应该是独立于 $k(0)$ 的。此外,不变有限分布中 $k(t)$ 的平均值和 $T\to\infty$ 时的时间平均值 $\{k(t)\}_{t=0}^{T}$ 相同(因此资本存量的随机过程是遍历性[②]的)。于是,现在的稳态均衡不是资本劳动比和人均产出的具体值,而是不变有限分布。当随机变量 $z(t)$ 在一个足够小的集合取值,该有限不变分布将围绕着某个具体值徘徊,我们一般将这种情况称为资本劳动比的"准稳态"值,因为即使均衡资本劳动比也可能不会收敛于该值,只是回归到该值的附近。但是通常来说,有限分布的范围将宽得多。

为了更好地理解不确定性下新古典增长模型的表现,接下来我将介绍一个简单的例子,该例允许我们获得策略函数 π 的封闭解。

例 17.1 假定 $u(c)=\log c$,$F(K,L,z)=zK^{\alpha}L^{1-\alpha}$ 且 $\delta=1$。随机冲击 z 仍然满足集合 $\mathcal{Z}\equiv\{z_1,\cdots,z_N\}$ 下的马尔科夫链,其变化可能性用 $q_{ij'}$ 表示。令 $k\equiv K/L$。由随机欧拉方程(17.5)可知

$$\frac{1}{zk^{\alpha}-\pi(k,z)}=\beta\mathbb{E}\left[\frac{\alpha z'\pi(k,z)^{\alpha-1}}{z'\pi(k,z)^{\alpha}-\pi(\pi(k,z),z')}\bigg|z\right] \tag{17.9}$$

这是一个相对简单的单一函数 $\pi(\cdot,\cdot)$ 的泛函函数。尽管简单,该函数方程仍很难解,除非我们大致知道其解是什么样的。在这里,幸运的是,我们可以"假设然后证实"该泛函方程的解。让我们假定

$$\pi(k,z)=B_0+B_1 zk^{\alpha}$$

将其代入(17.9)式,可得

[①] 马尔科夫过程是一类随机过程,该过程具有如下特性:在已知目前状态(现在)的条件下,它未来的演变(将来)不依赖于它以往的演变(过去)。——译者注

[②] 遍历性又称各态历经性,是指可以从过程的一个样本函数中获得它的各种统计特性;具有这一特性的随机过程称为具有各态历经性的随机过程。——译者注

$$\frac{1}{(1-B_1)zk^\alpha - B_0} = \beta \mathbb{E}\left[\left.\frac{\alpha z'(B_0 + B_1 zk^\alpha)^{\alpha-1}}{z'(B_0 + B_1 zk^\alpha)^\alpha - B_0 - B_1 z'(B_0 + B_1 zk^\alpha)^\alpha}\right| z\right] \quad (17.10)$$

很容易证实当 $B_0 \neq 0$，该式不能成立（见习题17.5）。接着令 $B_0 = 0$ 且用 $z = z_j$ 明确表示期望值，（17.10）式变为

$$\frac{1}{(1-B_1)z_{j'}k^\alpha} = \beta \sum_{j=1}^{N} q_{jj'} \frac{\alpha z_j (B_1 z_{j'} k^\alpha)^{\alpha-1}}{z_j (B_1 z_{j'} k^\alpha)^\alpha - B_1 z_j (B_1 z_{j'} k^\alpha)^\alpha}$$

将该求和的每一项都简化，可得

$$\frac{1}{(1-B_1)z_{j'}k^\alpha} = \beta \sum_{j=1}^{N} q_{jj'} \frac{\alpha}{B_1(1-B_1)z_{j'}k^\alpha}$$

现在，将 $z_{j'}$ 和 k 从求和中剔除，同时运用根据定义有 $\sum_{j=1}^{N} q_{jj'} = 1$ 的事实，我们可以简化剩余项并得到 $B_1 = \alpha\beta$，于是不考虑 z 的精确马尔科夫链，最优政策规则是

$$\pi(k, z) = \alpha\beta zk^\alpha$$

读者可以证明该结果和第6章例6.4的结果相同，其中 z 相当于非随机生产率项。于是，在这种情况下，随机元素并没有改变最优策略函数。习题17.6说明，当 z 满足一般马尔科夫过程而非马尔科夫链时，也能得到相同的结果。

根据这个例子，我们可以完整地分析资本劳动比和人均产出的随机行为。实际上，该经济体中资本劳动比的随机行为等同于第17.5节分析的叠代模型的随机行为，同时该节的图17.1也完全可以适用于此例。关于这些问题更详细的讨论留到习题17.7。不幸的是，例17.1是新古典增长模型得出封闭解的罕见例子之一。具体而言，当资本存量的折旧率 δ 不等于1时，不确定性条件下的新古典增长模型的解没有明确的表达形式（见习题17.8）。

17.2 不确定性条件下的均衡增长

让我们现在考虑不确定性条件下的新古典增长模型的竞争均衡。其条件和前

一节的一样，z 相当于影响所有生产单位的总生产率冲击。我们继续假设 z 满足马尔科夫链。将阿罗－德布鲁商品定义为标准形式，即根据历史时期 z^t，对不同产品的不同实现方式编号，这是一个具有可数且有限商品的经济体。第二福利定理（第 5 章的定理 5.7）适用，这说明前一节描述的最优增长路径可以是分散决策的竞争均衡（见习题 17.9）。该结果说明（人们）常常关注随机增长模型中的最优增长问题是有其原因的。

这里，我将简要地探讨该经济体的竞争均衡的明确表达式，一方面更清楚地说明完全市场中最优增长问题和均衡增长问题之间的相似性，另一方面介绍一些与或有索取权在不确定性条件下的竞争均衡中如何定价相关的重要思想。不确定性条件下的完全市场假设意味着，理论上说任意商品，包括任何或有索取权，都可以竞争性交易。然而，正如第 5.8 节的分析，实际上没有必要设定或者交易所有这些商品，而且可获得商品的子集也足以为家庭和企业提供必要的交易机会。本节的分析还说明商品或者或有索取权的子集足以确保完全市场的均衡。具体地，我先介绍当全部商品都可交易且所有交易都发生在 $t=0$ 期时，不确定性条件下的竞争均衡。接下来，我将说明，在序贯交易且或有索取权的子集较小，即在阿罗证券的情况下，如何得到竞争均衡的等价表达式（请回忆第 5.8 节）。在两种公式化的表达方法中，描述竞争均衡的关键步骤在于为市场出清条件以及由此导致的无套利条件写出公式。

17.2.1　全部商品的竞争均衡

偏好和技术都和第 16 章的一样。请回忆该经济体有一个代表性家庭，且生产方可以由一个代表性企业表示（定理 5.4）。让我们先考虑代表性家庭的问题。该家庭最大化（17.2）式给出的目标函数，约束条件是生命期界（从 $t=0$ 期开始表示）。

为了表示该家庭的生命周期预算约束，令 $\mathcal{Z}^t$ 为随机变量 z^t 到 t 期为止的所有可能历史集合，$\mathcal{Z}^\infty$ 为无限历史集合。虽然有滥用表示符号之嫌，但我还是用 $z^t \in \mathcal{Z}^\infty$ 表示长度为 t 的可能历史。对于任意 z^t，令 $p_0[z^t]$ 为 0 期的最终产品，根据历史 z^t 在 t 期的唯一价格。令 $c[z^t]$ 为家庭根据历史 z^t 在 t 期的消费。令 $w_0[z^t]$ 为该家庭的工资及总劳动收入，用 0 期开始的历史 z^t 的最终产品表示。最后，令 $R_0[z^t]$ 为状态 z^t 之后的一单位资本的价格。注意此处的 $R_0[\cdot]$ 是指资本品的价格，而非租赁价格（然而，在决定论式的增长模型中，R 是资本的租赁价格）。这个

惯例只是为了表述方便，没有任何实质影响（见下面）。根据这个表述，该家庭的生命周期预算约束可以表示为

$$\sum_{t=0}^{\infty} \sum_{z^t \in Z^{\infty}} p_0[z^t]c[z^t] \leq \sum_{t=0}^{\infty} \sum_{z^t \in Z^{\infty}} w_0[z^t] + R_0[z(0)]k(0) \qquad (17.11)$$

该生命期界预算还有几个值得注意的特征。[①] 第一且最重要的是，不考虑预期。这是因为该经济体有完全市场，意味着家庭在该经济体的初始时期，即 $t=0$ 期，其所有阿罗 - 德布鲁商品都是以良好定义（well - defined）的价格向量完成（生命期界）交易的。结果，生命预算约束等价于标准一般均衡理论的静态预算约束。更明确地说，家庭根据不同的"或有"消费束购买商品。这些消费束之所以是或有的，是因为它们取决于总状态变量（随机冲击）z^t 的历史，于是，它们是否能实现取决于随机冲击的次序。比如，$c[z^t]$ 表示当历史 z^t 实现时，分配给 t 期的最终产品的消费数量。如果不同的历史 z^t 实现，就不会出现这样的消费。这种表示生命期界预算约束的方法再次强调了按照阿罗 - 德布鲁商品思考的重要性。

第二，根据这一解释，左侧部分仅仅是将所有可能情况（例如，全套 $p_0[z^t]$）下的价格当作已知的家庭总支出。右侧有着相似的解释，除了它表示家庭的劳动力收入而非支出。右侧的最后一项 $R_0[z(0)]k(0)$ 是该家庭初始资本存量（将初始状态 $z(0)$ 当作已知）的价值。

最后，(17.11) 式的右侧也包括赋予该家庭的利润（正如第 5 章的定义 5.1）。总生产函数体现了与完全竞争市场相关的不变规模效应，这一事实说明均衡利润等于 0。这使我们可以不失一般性地忽略代表性家庭预算约束的额外利润。

该家庭在 $t=0$ 期的目标函数也可以更加明确地写成

$$\sum_{t=0}^{\infty} \beta^t \sum_{z^t \in Z^{\infty}} q[z^t \mid z^0] u(c[z^t]) \qquad (17.12)$$

其中 $q[z^t \mid z^0]$ 是在 $t=0$ 期，z^t 将在 t 期出现的概率。我用这种条件概率的形式表达，以此在所有交易都发生在时期 $t=0$ 的模型和序贯交易模型之间构建起联

[①] 此处 $c[z^t]$ 可以解释为对应于随机变量在可能历史的消费水平，这在第 16 章中被定义为 $\bar{c}[z^t]$。我在本章使用更简单的表达式 $c[z^t]$，一是为了简化表述，二是突出目标函数是在时期 $t=0$ 时出现 z^t 之后的"或有消费权益"。

系。注意在这个目标函数中不再有期望因子。相反,用之前引入的概率为权重加总所有的可能事件。①

为了从时期 $t=0$ 时的交易描述竞争均衡,最简便的方法是考虑约束条件为(17.11)式的(17.12)式的最大化,而非用递归方式设定此问题,这是第17.2.2 节采用的方法。假设存在内点解,对所有 t 和所有 z^t 的一阶条件为

$$\beta^t q[z^t \mid z^0] u'(c[z^t]) = \lambda p_0[z^t] \tag{17.13}$$

其中 λ 是(17.11)式的拉格朗日乘数因子,相当于时期 $t=0$ 时的收入边际效用(见习题 17.11 关于为何此例中生命界预算约束的唯一乘子是充分的)。将两个不同的历史 z^t 和 $\hat{z}^t$(对于 t 期)的一阶条件结合起来得到

$$\frac{u'(c[\hat{z}^t])}{u'(c[z^t])} = \frac{p_0[\hat{z}^t]/q[\hat{z}^t \mid z^0]}{p_0[z^t]/q[z^t \mid z^0]}$$

这说明右侧是对应不同历史 z^t 和 $\hat{z}^t$ 的相对消费价格。将历史 z^t 和 z^{t+1} 下的一阶条件结合可知 $z^{t+1} = (z^t, z(t+1))$,于是我们得到

$$\frac{\beta u'(c[z^{t+1}])}{u'(c[z^t])} = \frac{p_0[z^{t+1}]/q[z^{t+1} \mid z^0]}{p_0[z^t]/q[z^t \mid z^0]} \tag{17.14}$$

因此,右侧相当于,时期 t 和 $t+1$ 之间的或有利率。取决于历史 z^t(和历史 z^{t+1} 的出现与否)。尽管这些表达式是直观的,它们还是不能用来描述均衡或投资序列,除非我们知道更多有关价格 $p_0[z^t]$ 的信息。我们可以从代表性企业的利润最大化问题推导出价格。

接下来,让我们将该企业在 $t=0$ 期的价值写为如下形式:

$$\sum_{t=0}^{\infty} \beta^t \sum_{z^t \in Z^\infty} \{p_0[z^t](F(K^e[z^t], L[z^t], z(t))$$
$$+ (1-\delta)K^e[z^t]) - R_0[z^t]K^e[z^t] - w_0[z^t]L[z^t]\}$$

请回忆其中 $R_0[z^t]$ 是资本价格,$w_0[z^t]$ 是历史 z^t 下的工资率,$K^e[z^t]$ 和 $L(z^t)$ 分

---

① 实际上,更一般地,我们将用整个商品集定义代表性家庭的偏好,即函数 $U(C[z^t]_{z^t \in Z^\infty})$。这种表述强调了代表性家庭最大化的是以不同商品定义的效用,这里对应于不同时期和不同状态下的消费品。(17.12)式利用并强调了代表性家庭对这些不同商品的偏好是可加且可分的事实。

别是代表性企业在历史 z^t 下资本和劳动力的雇用水平。我们专门引入上标"e"旨在强调 $K^e[z^t]$ 是代表性企业在历史 z^t 后使用的资本量（而不是代表性家庭在历史 z^t 后通过储蓄形成的资本）。代表性企业要实现利润最大化意味着

$$p_0[z^t]\left(\frac{\partial F(K^e[z^t], L[z^t], z(t))}{\partial K^e} + (1-\delta)\right) = R_0[z^t]$$

$$p_0[z^t]\frac{\partial F(K^e[z^t], L[z^t], z(t))}{\partial L} = w_0[z^t]$$

利用规模报酬不变性质并将所有表达式做人均处理，这些一阶条件可以写为

$$p_0[z^t](f'(k^e[z^t], z(t)) + (1-\delta)) = R_0[z^t] \quad (17.15)$$
$$p_0[z^t](f(k^e[z^t], z(t)) - k^e[z^t]f'(k^e[z^t], z(t))) = w_0[z^t]$$

其中 f' 表示人均生产函数对资本劳动比的导数 $k^e \equiv K^e/L$。第一个方程式将最终产品的价格和资本品价格以及资本的边际生产率联系起来，第二个方程式则根据最终产品的价格和劳动的边际（实物）产出确定了工资率。（17.15）式也可以解释为单位资本品在历史 z^t 后的价格。$R_0[z^t]$ 等于该单位资本支付的股息价值，包括未贴现资本（如，最终产品的价格 $p_0[z^t]$）乘以资本的边际产品 $f'(k^e[z^t]z(t))$ 加上 $(1-\delta)$ 未贴现资本和根据 t 期的最终产品返还给资本品持有者的资本。构建竞争均衡模型并写出（17.15）式的一个可行方法是假定资本品被企业租用而非购买，于是引入资本品的一个租赁价格序列。习题 17.12 表明这一可选的竞争均衡模型将导出相同的结果。这并不奇怪，因为在完全市场中，今天购买 1 单位的资本，明天出售 $1-\delta$ 单位的或有索取权就相当于租赁。在你使用的表达式中，资本品无论是企业购买的还是租赁的，都只关乎便利性和侧重点的问题。

描述竞争均衡的关键步骤是对市场出清条件的设定。对劳动力而言，这很直观，要求对于所有 z^t，有

$$L[z^t] = 1 \quad (17.16)$$

为了表示资本的市场出清条件，请回忆历史 z^t 下人均产出表示为 $f(k^e[z^t]z(t)) + (1-\delta)k^e[z^t]$，并且将这一人均产出在消费 $c[z^t]$ 和储蓄 $k[z^t]$ 之间分配。在 $t+1$ 期使用的资本（在历史 z^{t+1} 基础上）必须等于 $k[z^t]$，因为这是在 $t+1$ 期

的开端可获得的资本量。资本市场出清意味着对任意 $z^{t+1}=(z^t,z(t+1))$，有

$$k^e[z^{t+1}]=k[z^t] \qquad (17.17)$$

因为 t 期可获得的资本量是固定的，和 $z(t+1)$ 的实现无关。对于任意 $z^{t+1}=(z^t,z(t+1))$ 资本市场出清条件可以表示为

$$c[z^t]+k[z^t] \leqslant f(k[z^{t-1}],z(t))+(1-\delta)k[z^{t-1}] \qquad (17.18)$$

无套利条件是描述竞争均衡必需的，它将 z^{t+1} 条件下的资本价格（$R_0[z^{t+1}]$）和 t 期的最终产品价格（$p_0[z^t]$）联系起来，然后直接由资本市场出清条件表示。具体而言，考虑以下无风险套利：某家庭在历史 z^t 后购买了 1 单位最终产品并将其储蓄作为 $t+1$ 期的资本。① 同时，该家庭在每个历史 $z^{t+1}=(z^t,z(t+1))$ 卖出对资本品的索取权。这些关联交易没有风险，因为基于历史 z^t 的每单位最终产品包含了任意历史 $z^{t+1}=(z^t,z(t+1))$ 后支付 1 单位资本品的责任。结果，这种交易不盈也不亏，也就意味着无套利条件为

$$p_0[z^t]=\sum_{z(t+1)\in\mathcal{Z}}R_0[(z^t,z(t+1))] \qquad (17.19)$$

竞争均衡可以按标准方式定义为决定消费、储蓄和资本水平 $\{c[z^t],k[z^t],k^e[z^{t+1}]\}_{z^t\in\mathcal{Z}^t}$ 以及价格序列 $\{p_0[z^t],R_0[z^t],w_0[z^t]\}_{z^t\in\mathcal{Z}^t}$ 的可行策略，可使家庭最大化其效用（如，满足（17.13）式），企业最大化其利润（如，满足（17.15）式和（17.19）式），同时劳动力和资本市场出清（如满足（17.16）式、（17.17）式和（17.18）式）。

为了描述该均衡路径，让我们将（17.15）式和（17.19）式代入（17.13）式给出的消费一阶条件，并重新整理可得

$$u'(c[z^t])=\sum_{z(t+1)\in\mathcal{Z}}\frac{\lambda p_0[z^{t+1}]}{\beta^t q[z^t\mid z^0]}(f'(k[z^t],z(t+1))+(1-\delta)) \qquad (17.20)$$

---

① 这里假定家庭本身可以将当前产出储蓄为下一期的资本。由于 t 期和 $t+1$ 期的产品是不同的阿罗-德布鲁商品，我们也可以引入企业将 t 期的产品转换为 $t+1$ 期的产品，而且在这个例子中，无套利条件等同于这些企业的利润最大化条件。无论是否引入这些企业，余下的分析都不受影响。

在 $t+1$ 期使用（17.13）式，我们也可以得到

$$\beta u'(c[z^{t+1}]) = \frac{\lambda p_0[z^{t+1}]}{\beta^t q[z^{t+1} \mid z^0]} \tag{17.21}$$

$$= \frac{\lambda p_0[z^{t+1}]}{\beta^t q[z^{t+1} \mid z^t] q[z^t \mid z^0]}$$

其中第二行简单地利用了以下事实：根据迭代期望法则，$q[z^{t+1} \mid z^0] = q[z^{t+1} \mid z^t]q[z^t \mid z^0]$。将此代入（17.20）式可得

$$u'(c[z^t]) = \beta \sum_{z(t+1)\in \mathcal{Z}} q[z^{t+1} \mid z^t](f'(k[z^t], z(t+1)) + (1-\delta))u'(c[z^{t+1}])$$

$$= \beta \mathbb{E}[(f'(k[z^t], z(t+1)) + (1-\delta))u'(c[z^{t+1}]) \mid z^t] \tag{17.22}$$

这和（17.6）式一样。由于根据定理 16.8，随机欧拉方程（17.6）式和横截性条件（17.7）式是最优增长的充分条件，如果考虑到生命期界预算约束（17.11）式和代表性家庭的横截性条件引出的（17.7）式，不确定性下的最优增长和均衡增长是等价的。

为了证明这个论断，首先请注意，根据类似于第 8.6 节的一个论点，代表性家庭的生命期界预算约束（17.11）式等同于

$$\lim_{t\to\infty}\left[\sum_{z^{t-1}\in \mathcal{Z}^{t-1}} p_0[z^{t-1}]k[z^{t-1}]\right] \geqslant 0 \tag{17.23}$$

此处 $k[z^{t-1}]$ 表示该代表性家庭在历史 z^{t-1} 持有的资产（资本），且 $p_0[z^{t-1}]$ 是该历史阶段之后最终产品的价格。当这个表达式为负时，该家庭将积累债务并破坏非庞氏骗局条件下的随机等效（stochastic equivalent），于是可得到（17.11）式。此外，该家庭的横截性条件（或局部非餍足）意味着（17.23）式也必须保持恒等。现在将此和 $t-1$ 期的（17.21）式相联系，并注意 $\lambda > 0$，我们得到

$$\lim_{t\to\infty}\left[\beta^{t-1}\sum_{z^{t-1}\in \mathcal{Z}^{t-1}} q[z^{t-1} \mid z^0]u'(c[z^{t-1}])k[z^{t-1}]\right] = 0$$

接下来，利用（17.22）式以及 $q[z^t \mid z^0] = q[z^t \mid z^{t-1}]q[z^{t-1} \mid z^0]$ 的事实，该方程式可以被表示为

$$\lim_{t\to\infty}\left[\beta^t \sum_{z^t\in\mathcal{Z}^t} q[z^t\mid z^0](f'(k[z^{t-1}],z(t))+(1-\delta))u'(c[z^t])k[z^{t-1}]\right]=0$$

这等同于（17.7）式。据此可以构建以下命题：

命题 17.3 在上述经济体中，最优增长和竞争性增长路径刚好重合。

证明 见习题 17.13。

17.2.2 序贯交易下的竞争均衡

通过考虑和序贯交易类似情形下的均衡问题，并使用合适的阿罗证券，而不是所有交易都发生在初始时期 $t=0$，我们可以获得一个补充观点。为此，我们可以略微改变一下代表性家庭的预算约束。第一，将每一期的最终产品价格都标准化为 1（请回忆第 5.8 节的讨论）。$a[z^t]$ 现在表示只在某种自然状态才支付的（基础）阿罗证券。更明确地说，$a[z^t]$ 表示在历史 z^t 条件下以 t 期的最终产品计算的家庭资产。我们将 $\{a[z^t]\}_{z^t\in\mathcal{Z}^t}$ 解释为家庭已经购买的一组或有索取权，当历史 z^t 发生后，在 t 期支付 $a[z^t]$ 单位最终产品。我们还用 $\bar{p}[z(t)\mid z^{t-1}]$ 表示历史 z^{t-1} 发生后在 $t-1$ 期支付 1 单位 $a[z^t]$ 的价格，这里 $z^t=(z^{t-1},z(t))$。该家庭购买的证券数量可以直接表示为这些证券的利息或股息 $a[(z^{t-1},z(t))]$。于是，该家庭的流动预算约束可表示为

$$c[z^t]+\sum_{z(t+1)\in\mathcal{Z}}\bar{p}[z(t+1)\mid z^t]a[(z^t,z(t+1))]\leq w[z^t]+a[z^t]$$

其中 $w[z^t]$ 表示历史 z^t 后的均衡工资率，用 t 期的最终产品表示，于是右侧是该家庭在历史 z^t 后可获得的总资源数量，该资源将用于消费 $c[z^t]$，以及在下一期购买最终产品的或有索取权 $a[(z^t,z(t+1))]$。在这些索取权上的总支出等于 $\sum_{z(t+1)\in\mathcal{Z}}\bar{p}[z(t+1)\mid z^t]a[(z^t,z(t+1))]$。

根据这个表达式，我们可以重新写出将该家庭最优化问题的序贯版本。为了节省篇幅，让我们直接写出递归表达式，把该问题的序贯交易版本留到习题 17.14 处理。

为了写出递归表达式，令 a 表示代表性家庭当前持有的资产（按照上述定义，你可以将它想象为某个历史 z^t 发生后的当前资产）。于是，该家庭的流动预算约束可以表示为

$$c + \sum_{z' \in \mathcal{Z}} \bar{p}[z'|z] a'[z'|z] \leq w + a$$

其中 $\bar{p}[z'|z]$ 表示或有索取权的价格（给定当前状态 z 的下一期状态 z'），且 $a'[z'|z]$ 表示相应的资产持有量。令 $V(a,z)$ 表示家庭将其持有的 a 单位最终产品作为资产时的价值函数，同时随机变量目前为 z。该家庭的选择变量是下一期的未定资产持有量，用 $a'[z'|z]$ 表示；今天的消费用 $c[a,z]$ 表示。让我们用 $q[z'|z]$ 表示随机变量的当前值为 z 而下一期为 z' 的概率。于是，把均衡价格 $\bar{p}$ 的序贯看作给定，代表性家庭的价值函数为

$$V(a,z) = \max_{\{a'[z'|z]\}_{z' \in \mathcal{Z}}} \left\{ u\left(a + w - \sum_{z' \in \mathcal{Z}} \bar{p}[z'|z] a'[z'|z]\right) + \beta \sum_{z' \in \mathcal{Z}} q[z'|z] V(a'[z'|z], z') \right\} \tag{17.24}$$

定理 16.1 至定理 16.7 可以再次用于该价值函数（见习题 17.15）。当前消费的一阶条件现在可以表示为

$$\bar{p}[z'|z] u'(c[a,z]) = \beta q[z'|z] \frac{\partial V(a'[z'|z], z')}{\partial a} \tag{17.25}$$

对于任意 $z' \in \mathcal{Z}$ 成立，其中 $c[a,z]$ 表示最优消费，它取决于资产持有量 a 和随机变量 z。

描述该均衡的关键仍是资本市场出清条件。给定 z 的当前值，该代表性家庭的储蓄额可表示为 $k[z]$，它是在下一期的随机冲击 z' 实现之前决定的。资本市场出清要求

$$a'[z'|z] = R[z'|z] k[z] \tag{17.26}$$

对于所有 $z' \in \mathcal{Z}$ 成立。换句话说，总的来看，下一期的所有状态将显示相同的储蓄金额，于是，给定最后时期的状态 z，状态 z' 时对最终产品的总需求必须由储蓄额乘以资本价格 $R[z'|z]$ 给出。

资本市场出清条件（17.26）式再次给出了关键的非套利条件，其形式如下：

$$\sum_{z' \in \mathcal{Z}} \bar{p}[z'|z] R[z'|z] = 1 \tag{17.27}$$

其中 $R[z'\mid z]$ 是当前状态为 z' 且最后时期的状态为 z 时的资本品价格。直观地看，每单位最终产品的成本现在为 1，必须等于该家庭存储该商品作为下一期资本而获得的回报。当未来状态为 z' 时，未来商品的毛回报率为 $R[z'\mid z]$，且未来商品和今天商品的相对价格为 $\bar{p}[z'\mid z]$。总结未来所有的可能状态，总回报率必须为 1，才能确保无套利（见习题 17.16）。让我们现在将（17.25）式与包络条件相结合，

$$\frac{\partial V(a,z)}{\partial a} = u'(c[a,z])$$

于是，对（17.25）式两边乘以 $R[z'\mid z]$ 并加总所有的 $z' \in \mathcal{Z}$，可得该家庭的一阶条件为

$$u'(c[a,z]) = \beta \sum_{z' \in \mathcal{Z}} q[z'\mid z] R[z'\mid z] u'(c[a',z'])$$
$$= \beta \mathbb{E}[R[z'\mid z] u'(c[a',z']) \mid z]$$

它等同于（17.6）式。在第 17.2.1 节中一个类似的论断为该最优增长问题提供了横截性条件，（17.7）式在该竞争均衡中再次得到满足。结果，这一基于序贯交易的方法也可以得出和最优增长问题之解相同的竞争均衡配置。

第 17.2.1 节和第 17.2.2 节的分析说明了（不确定性下的）最优增长问题和（完全市场的）竞争均衡配置是等价的。已知这种等价，且直接依据第二福利定理（定理 5.7）以及前一个问题要简单得多的事实，很多文献都关注最优增长问题而不是清楚地描述不确定性下的竞争均衡。真实变量的（随机）均衡路径可以从这个最优增长问题中得出，且均衡价格由拉格朗日乘数给定。比如，资本品的价格 $R[z'\mid z]$ 由（17.5）式和（17.6）式给出，它既是最优增长路径中的资本边际产品，也给出了关键的资本品跨期价格。

17.3 应用：真实商业周期模型

不确定性下的新古典增长模型在过去 25 年的最重要应用之一是对短期和中期波动的分析。该方法最早出现在基德兰德和普雷斯科特（Kydland and Prescott，1982）的重要论文中，被称为真实商业周期理论（RBC）。它用到了总生产效率冲击下的新古典增长模型，为我们分析宏观经济波动提供了一个框架。真实商业

周期理论在 20 世纪 90 年代是最活跃的宏观经济研究领域之一，也是最具争议的理论之一。一方面，其概念简单，而且在给定（合理选择下）总生产效率冲击序列的情况下，可以较好地匹配某些时候的就业、消费和投资波动，这吸引了大批追随者。另一方面，由于缺乏货币因素和需求冲击，凯恩斯经济学的传统核心理论以及早期对宏观经济波动的研究引发了激烈的批评，使人们开始讨论真实商业周期理论的优点。不过，真实商业周期理论的优点和我们在这里关注的内容无关，而且偏离了经济增长的关键问题。然而，在这里简要介绍经典的真实商业周期模型主要有两个原因：第一，它构成了不确定性下新古典增长模型最重要的应用之一，并且在过去 25 年里，已经成为宏观经济研究的主力模型。第二，它阐述了将劳动力供给选择引入不确定性下的新古典增长模型如何产生了新思想。到目前为止，我已经假设，除了第 8 章的习题 8.33，劳动力供给都是无弹性的。因为劳动力供给在宏观经济的很多问题中都至关重要，简要分析新古典增长模型的劳动力供给是十分有用的。

分析情境类似于第 17.1 节和第 17.2 节，唯一的区别是代表性家庭的瞬时效用函数采用以下形式：

$$u(C, L)$$

其中 C 表示消费，L 表示劳动力供给。我用大写字母是为了和接下来的分析保持一致。我假定 u 对其两个自变量都是联合为凹且可微的，并且对 C 严格递增，对 L 严格递减。我还假设 L 属于某个凸紧集 $[0, \bar{L}]$。

已知最优增长等价于竞争均衡配置，这里重点考察最优增长表达式，它要对下式求最大化：

$$\mathbb{E} \sum_{t=0}^{\infty} \beta^t u(C(t), L(t))$$

约束条件为流动性资源约束

$$K(t+1) \leq F(K(t), L(t), z(t)) + (1-\delta)K(t) - C(t)$$

其中，总生产效率冲击 $z(t)$ 依然符合单调的马尔科夫链。

该社会规划者的问题可以被递归表示为

$$V(K, z) = \sup_{\substack{L \in [0, \bar{L}] \\ K' \in [0, F(K, L, z) + (1-\delta)K]}} \{u(F(K, L, z) + (1-\delta)K - K', L) + \beta \mathbb{E}[V(K', z') \mid z]\}$$

(17.28)

以下命题仍然是定理 16.1 至定理 16.7 的直接结果。

命题 17.4 （17.28）式中定义的价值函数 $V(K, z)$ 是连续的且对 K 严格为凹，对 K 和 z 严格递增，同时在 $K > 0$ 是可微的。存在唯一的政策函数（policy function）$\pi^k(K, z)$ 和 $\pi^l(K, z)$，它们决定了下一期的资本存量和今天的劳动力供给量是当前资本存量 K 和随机变量 z 的函数。

证明 见习题 17.17。

在假设内点解存在的前提下，可以从合适的乘数获得相应的价格，同时标准一阶条件描述了均衡的形式。具体地，两个关键的一阶条件决定了消费和劳动力供给的均衡水平随时间的变化。将 u 函数对其第一和第二个自变量的导数分别表示为 u_c 和 u_l，F 函数的导数表示为 F_k 和 F_l，同时将消费的政策函数定义为

$$\pi^c(K, z) \equiv F(K, \pi^l(K, z), z) + (1-\delta)K - \pi^k(K, z)$$

这些一阶条件采用如下形式

$$u_c(\pi^c(K, z), \pi^l(K, z))$$
$$= \beta \mathbb{E}\left[R(\pi^k(K, z), z') u_c(\pi^c(\pi^k(K, z), z'), \pi^l(\pi^k(K, z), z')) \mid z\right]$$
$$w(K, z) u_c(\pi^c(K, z), \pi^l(K, z))$$
$$= -u_l(\pi^c(K, z), \pi^l(K, z)) \tag{17.29}$$

其中

$$R(K, z) = F_k(K, \pi^l(K, z), z) + (1-\delta), \quad \text{且 } w(K, z) = F_l(K, \pi^l(K, z), z)$$

分别表示资本总回报率和均衡工资率。请注意（17.29）式的第一个条件基本等同于（17.5）式，其中第二个是决定均衡（或者最优）劳动供给的静态条件。第二个条件不考虑预期，因为它是以当前资本存量 K 的价值和当前总生产率变量 z 为条件的。

为什么这个框架有利于分析宏观波动呢？答案在于以下事实，沿着第 3 章描绘的思路，对全要素生产率的估计表明它是顺周期的，即波动显著而且在产出处

于上升期而失业率很低的时期更高。于是，让我们考虑 z 很低的时期。显然，当劳动力供给没有补偿变化时，产出较低，于是我们可以称该时期为"萧条"。此外，在标准假设下，工资率 $w(K, z)$ 和均衡劳动力供给减少。① 于是，低就业率和低产出并存。一个负的生产率冲击会导致衰退时期的两个重要特征。此外，当马尔科夫链（或更一般地称之为马尔科夫过程）持续不断地控制着 z 的变化情况时，产出在接下来的时期仍会低迷，进而产出和雇员人数都呈现持续波动。最后，如果总生产函数 $F(K, L, z)$ 采用低产出和低资本边际产出相关联的形式，未来低产出的预期将会明显地减少储蓄和未来的资本存量水平（这取决于效用函数的形式，而效用函数还调整消费平滑的意愿以及收入与替代效应之间的平衡）。

这个简单的讨论说明了有总生产率冲击和劳动力供给选择的新古典增长模型产生了商业周期的某些主要定性特征。真实商业周期文献认为，该模型在合适的假设条件下，也会产生主要的定量特征，例如产出、投资和雇员的相互关系。大多数关于真实商业周期的争论集中在如下几个方面：（1）该模型是否和数据中的周期性时刻匹配，（2）这些经验分析的目标（empirical object，例如，而非不同频率的雇员和产出持续时间）是不是值得观察，以及（3）一个由总生产率外生变化引起波动的框架是否回避了一个更有趣的问题：引起经济衰退的冲击为什么会存在。客观地说，尽管真实商业周期之辩在今天并不像 20 世纪 90 年代那样活跃，但对这些问题并未达成共识。与此同时，标准真实商业周期模型已经在这里介绍的最基本版本之上有了很多拓展。

这里介绍的模型考虑的是无外生技术进步的新古典增长问题。习题 17.18 将外生技术进步引入该模型，并说明这个分析基本上是不变的。下一个例子考虑的是一个十分简单的真实商业周期模型，可以得出闭式解（不过这样做的代价是放弃该模型的某些有趣特征）。

例 17.2 考虑一个类似于例 17.1 中研究的经济体。具体地，假设 $u(C, L) = \log C - \gamma L$，$F(K, L, z) = zK^\alpha L^{1-\alpha}$ 且 $\delta = 1$。生产率 z 满足集合 $\mathcal{Z} \equiv \{z_1, \cdots, z_N\}$ 下的单调马尔科夫链，其变化可能性用 q_{ij} 表示。和前例一样，让我们假设

---

① （理论界）关于工资是否的确是顺周期的并没有达成一致意见。平均工资的变化似乎并不是顺着商业周期的，但是这也许是因为选择偏差，那些在萧条时期丢失工作的人使劳动力的构成随着商业周期而变化的事实和普通工人（的情况）有着显著差别。根据我们如何纠正这种潜在的偏差，工资既可以当作顺周期的也可以被当作逆周期的。比如，见 Bils（1985）；Solon, Barsky and Parker（1994）以及 Abraham and Haltiwanger（1995）。

$$\pi^k(K, z) = BzK^\alpha L^{1-\alpha}$$

消费的随机欧拉方程（17.29）式说明

$$\frac{1}{(1-B)zK^\alpha L^{1-\alpha}} = \beta \mathbb{E}\left[\frac{\alpha z'(BzK^\alpha L^{1-\alpha})^{-(1-\alpha)}(L')^{1-\alpha}}{(1-B)z'(BzK^\alpha L^{1-\alpha})^\alpha (L')^{1-\alpha}}\bigg| z\right]$$

其中 L' 表示下一期的劳动供给。在该预期中取消常量并且采用不含 z' 的表达式，该方程式可以简化为

$$\frac{1}{zK^\alpha L^{1-\alpha}} = \beta \mathbb{E}\left[\alpha(BzK^\alpha L^{1-\alpha})^{-1}\bigg| z\right]$$

其中 $B = \alpha\beta$。该资本存量下的政策函数则为

$$\pi^k(K, z) = \alpha\beta zK^\alpha L^{1-\alpha}$$

这相当于例 17.1 中的结果。下面，劳动的一阶条件说明

$$\frac{(1-\alpha)zK^\alpha L^{-\alpha}}{(1-B)zK^\alpha L^{1-\alpha}} = \gamma$$

于是劳动的政策函数可以表示为

$$\pi^l(K, z) = \frac{(1-\alpha)}{\gamma(1-\alpha\beta)}$$

这意味着劳动供给是恒定不变的。这是因为根据这里的对数偏好，收入和替代效应都被抵消。于是由总生产率变化引起的工资增长对劳动供给并没有影响。习题 17.19 说明当函数 h 递减且凹时，效用函数采用 $u(C, L) = \log C + h(L)$ 的形式可以得出相同的结论。总体而言，真实商业周期模型的简化版认为产出、消费和投资之间存在正相关关系，但是这并不会导致劳动供给的波动。

17.4 完全竞争市场下的增长：比利模型

现在，我再介绍一个完全不同的经济增长模型，模型中的经济体不存在代表性家庭，而且非系统性风险没有得到分散。该模型最早由杜鲁曼·比利（Truman

Bewley，1977，1980）提出并研究。接着，该模型被重新发掘、扩展并应用于很多新问题，包括艾亚加里（Aiyagari，1994），克鲁塞尔和史密斯（Krusell and Smith，1998，2005）研究的最优财政政策框架、经济周期波动和资产定价问题。许多经济学家相信，这个框架总体上比完全市场的新古典增长模型更贴近现实。不过，常常被称为"比利经济"的这个模型比基本新古典增长模型要复杂得多。此外，如下文讨论的，关于个人收入波动没有保险的假设——除了个人保险之外，积累资产以备不时之需的过程——是极端的，而且会限制当前模型在增长环境下的应用。

该经济由连续统为1的家庭组成，家庭的集合用$\mathcal{H}$表示。每个家庭的偏好由(17.2)式给出，劳动供给缺乏弹性。模型还假设该效用函数的二阶导数$u''(\cdot)$是递增的。相对于基本新古典增长模型，每个家庭的劳动供给的有效单位随时间发生变化。具体地，每个家庭$h\in\mathcal{H}$在时间t的劳动禀赋为$z^h(t)$，其中$z^h(t)$是来自集合$\mathcal{Z}\equiv[z_{\min},z_{\max}]$（$0<z_{\min}<z_{\max}<\infty$）的一个独立集，因此最小劳动禀赋为$z_{\min}$。模型假设每个家庭的劳动禀赋是定义域为$[z_{\min},z_{\max}]$的分布函数$G(z)$的独立同分布。

该经济的生产方类似于确定性下的规范新古典增长模型的生产方，用一个满足假设1和假设2（见第2章）的总生产函数表示，如（17.1）式所示。唯一的区别是现在的$L(t)$是所有行为人的异质劳动禀赋之和（总体），可表示为

$$L(t)=\int_{h\in\mathcal{H}}z^h(t)dh$$

根据大数型自变量（large number-type argument），$L(t)$在每个时期都是不变的且标准化为1。于是该经济体的人均产出可以表示为

$$y(t)=f(k(t))$$

其中$k(t)=K(t)$。请注意这里不再有任何总生产率冲击。不确定性仅来自异质性（在单个家庭层面的）。于是，尽管（单个）家庭的劳动收入和消费经历了很多波动，我们仍旧可以想象是一个稳定的静态均衡，在这个均衡中，各个总量在不同时期都是不变的。在这一节，我将着重分析这种静态均衡。特别是，在该静态均衡中，工资率w和资本毛回报率R是不变的（当然为了保证均衡，其水平是内生决定的）。让我们首先将这些价格看作给定的，然后观察典型家庭$h\in\mathcal{H}$的行为（我使用了"典型"家庭这个词，尽管不是代表性家庭，但该家庭和经济

体的所有家庭都面临同一个问题)。典型家庭要求解以下最大化问题:对于所有 t,根据以下约束条件最大化 (17.2) 式

$$a^h(t+1) \leq Ra^h(t) + wz^h(t) - c^h(t)$$

其中 $a^h(t)$ 是家庭 $h \in \mathcal{H}$ 在 t 期持有的资产。消费不能为负,于是 $c^h(t) \geq 0$。此外,尽管我们没有提及任何外生借贷约束,和永久收入预期模型中的理由(见前一章的第 16.5.1 节)一样,任何时期的家庭都必须满足其生命期限预算约束的要求给出了内生借贷约束

$$a^h(t) \geq -\frac{z_{\min}}{R-1} \equiv -b \tag{17.30}$$

对所有 t 成立(见习题 17.20)。然后,我们可以把家庭 $h \in \mathcal{H}$ 的最大化问题递归表示为

$$V^h(a, z) = \max_{a' \in [-b, Ra+wz]} \{u(Ra + wz - a') + \beta \mathbb{E}[V^h(a', z') \mid z]\} \tag{17.31}$$

运用标准的论证过程可以证明以下命题。

命题 17.5 (17.31) 式定义的价值函数 $V^h(a, z)$ 是唯一的,对 a 是连续且严格为凹的;对 a 和 z 是严格递增的;在区间 $a \in (-b, Ra+wz)$ 是可微的。此外,决定下一期资产持有量 $\pi(a, z)$ 的策略函数是唯一的,对 a 连续的,并且对 a 和 z 非递减。

证明 见习题 17.21。

该经济的总资本存量可以通过加总该经济中所有家庭的资产持有量获得。于是,我们可以得到静态均衡

$$k(t+1) = \int_{h \in \mathcal{H}} a^h(t) dh$$

$$= \int_{h \in \mathcal{H}} \pi(a^h(t), z^h(t)) dh$$

该方程式整合了所有家庭,将他们的资产持有量和随机冲击当作给定的。它表明根据静态均衡的定义,无论是当前资产持有量的平均数还是未来资产持有量的平均数都必然相等。为了理解这个条件,请回忆,如同在新古典增长模型中一样,

政策函数 $a' = \pi(a, z)$ 定义了一个马尔科夫过程。在很弱的假设下，该马尔科夫过程承认（存在）一个唯一的不变分布。否则，该经济体会有多重均衡或者问题根本就无解。为了达成我们的目的，我们可以忽略这种复杂性，假设存在唯一的不变分布，用 $\Gamma(a)$ 表示，于是静态均衡的资本劳动力比为

$$k^* = \int \int \pi(a, z) d\Gamma(a) dG(z)$$

这里用了如下事实，即 z 在不同家庭、不同时期是满足独立同分布的。

再看生产方，要素价格在确定性条件下的新古典增长模型中是相同的，即

$$R = f'(k^*) + (1-\delta), \quad 且 \quad w = f(k^*) - k^* f'(k^*)$$

请回忆第 6 章和第 8 章，完全市场且不考虑不确定性的新古典增长模型意味着存在唯一的稳态，其中 $\beta R = 1$，即有

$$f'(k^{**}) = \beta^{-1} - (1-\delta) \tag{17.32}$$

其中 k^{**} 是指确定性下的新古典增长模型的资本劳动比。

在比利经济中，(17.32) 式不再成立。

命题 17.6 在比利经济的任意静态均衡中，静态均衡的资本劳动比 k^* 可使

$$f'(k^*) < \beta^{-1} - (1-\delta) \tag{17.33}$$

且有

$$k^* > k^{**} \tag{17.34}$$

其中 k^{**} 是确定性下的新古典增长模型的资本劳动比。

证明 假设 $f'(k^*) \geq \beta^{-1} - (1-\delta)$。则习题 16.11 的结论说明每个家庭的预期消费是严格递增的。于是，确定性条件下人口的平均消费，是严格递增且趋向无限的。从假设 2 来看这是不可能的，它认为总资源总是有限的。这个论据证明了 (17.33) 式。已知这个结论，可以根据 (17.32) 式和 $f(\cdot)$ 的严格凹性（假设 1）得出 (17.34) 式。

直观地看，完全市场经济体中的利率要低于确定性下的新古典增长模型的利率，因为后者的每个家庭都有一份额外的自我保险，或者预防性储蓄。这些额外

储蓄提高了资本劳动比，降低了均衡利率。有趣的是，像第 9 章的叠代增长模型一样，比利经济得出了比标准新古典增长模型更高的生产资本密度。在两种情况下观察，代表性家庭的缺乏对该结果有着重要影响。

尽管比利模型是宏观经济分析的一个重要主力模型，它依然存在两个潜在的弱点。第一，正如在叠代模型中已经提出过的，引致无效率的资本过度积累在解释跨国人均收入差异时显得不够充分。于是，比利模型不够有说服力，因为它产生了更大的资本劳动比。相反，它的重要性主要体现在描述经济体是如何达到静态均衡的，其中各总量都是稳定的，而家庭消费和收入是不确定的，会有波动。该模型还强调了新古典增长模型中非系统性风险的作用。正如后面的第 17.6 节和第 21 章所示，个人承担的风险问题在经济发展的背景中十分重要。第二，该模型中的完全市场假设可能是一个极端假设。实际上，当家庭的收入很低时，他们也许会接受转移支付，或许是因为他们参加了某种形式的私人保险或者是政府提供的社会保险。相反，当前的模型外生地假设不存在保险的可能性。缺乏保险机会的模型是从微观基础中推导出来的（比如，由于道德风险或者逆向选择）或者一系列更好的方法是使用那种活跃市场被内生决定的模型。尽管道德风险或逆向选择导致的有限保险模型超出了本书的讨论范围，我将在第 17.6 节介绍一个具有内生不完全市场的经济增长模型。

17.5　不确定性下的叠代模型

让我们现在简单考虑一个第 9.3 节的递归叠代模型的随机版本。时间是离散且无穷的。每个家庭存续两期。假设和第 9.3 节一样，t 期家庭的效用表示为

$$U_t\left(c_1(t), c_2(t+1)\right) = \log c_1(t) + \beta \log c_2(t+1) \tag{17.35}$$

人口增长率恒定为 n，于是

$$L(t) = (1+n)^t L(0) \tag{17.36}$$

其中 $L(0)$ 是第一代规模。和第 9.3 节一样，总生产技术是柯布-道格拉斯形式的，不过现在考虑了总随机冲击 z，并假定它满足马尔科夫过程。因此，t 期的总产出表示为

$$Y(t) = z(t)K(t)^\alpha L(t)^{1-\alpha}$$

将该式表示为人均情况 $y(t)=z(t)k(t)^a$。为了简化该表达式，还要假设资本完全折旧（$\delta=1$）。要素价格仅仅取决于 z 的现值和资本劳动比 k：

$$R(k,z) = \alpha z k^{\alpha-1}, \quad 且 \quad w(k,z) = (1-\alpha)zk^\alpha \tag{17.37}$$

t 代家庭的消费欧拉方程，采用下列形式

$$\frac{c_2(t+1)}{c_1(t)} = \beta R(t+1) = \beta R(k,z)$$

其中 $R(k,z)$ 由（17.37）式确定。t 期的总储蓄则由 $s(t)=s(k(t),z(t))$ 给出，于是

$$s(k,z) = \frac{\beta}{1+\beta}w(k,z) \tag{17.38}$$

正如在递归叠代模型和索洛增长模型中一样，该式对应于一个常数储蓄率 $\beta/(1+\beta)$。

结合（17.38）式和（17.36）式以及事实 $\delta=1$，下一期的资本存量 $k(t+1)$ 可以表示为

$$\begin{aligned}
k(t+1) &= \pi(k,z) \\
&= \frac{s(k,z)}{(1+n)} \\
&= \frac{\beta(1-\alpha)zk^\alpha}{(1+n)(1+\beta)}
\end{aligned} \tag{17.39}$$

显然，当 $z=\bar{z}$，该方程有一个唯一的稳态，其资本劳动比为

$$k^* = \left[\frac{\beta(1-\alpha)\bar{z}}{(1+n)(1+\beta)}\right]^{\frac{1}{1-\alpha}} \tag{17.40}$$

然而，当 z 具有非退化分布时，（17.39）式描述了一个随机一阶差分方程。如同在不确定性下的新古典增长模型中，该模型的长期均衡对应于资本存量的不变分布。在这个特殊的例子中，（17.39）式为我们提供了一种易处理的随机运动法则，以及关于均衡行为（equilibrium behavior）可以通过图解分析获得更深入的洞见。

假定 z 的分布支撑集为 $[z_{\min}, z_{\max}]$,我们可以通过描画出与(17.39)式相关联的随机反应,分析该经济体的行为,如图 17.1 所示。该随机反应描绘了给定价值 $k(t)$ 下 $k(t+1)$ 可能值的整体范围。上面较粗的曲线是 $z_{\max}$,下面的粗线是 $z_{\min}$。中间的直线式 $z=\bar{z}$。注意 $z_{\min}$ 和 $z_{\max}$ 两条线都开始于 45°线的上方,这是由柯布-道格拉斯技术下的稻田条件决定的,所谓稻田条件是指当资本存量接近于零时,资本的边际产出无限大。随机反应有助于对特定随机模型进行简单的动态分析。例如,图 17.1 描绘了该经济体中资本劳动比的一条样本路径,它开始于 $k(0)$,先是因受到相当有利的生产率冲击,移动至 $k(1)$。接着,在另一个比较温和且有利的生产率刺激下,移动至 $k(2)$。然而,在接下来的时期,随机变量的冲击十分不利,以至于资本劳动比和人均产出陡然下跌。该图描绘了可能出现的动态变化类型。下一节更为复杂的模型将运用相似的方法。

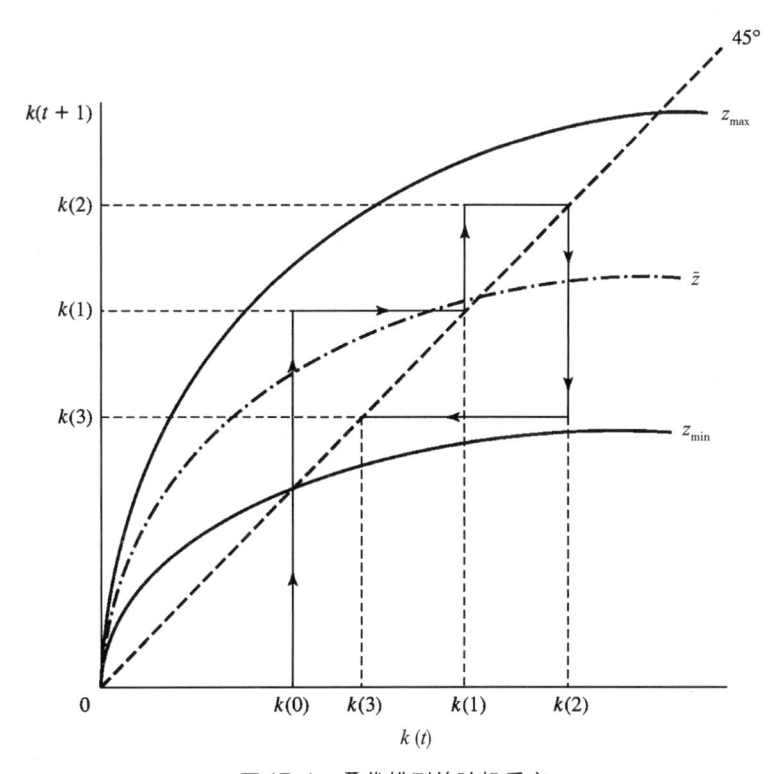

图 17.1 叠代模型的随机反应

注:下一期的资本劳动比有可能位于 $z_{\min}$ 和 $z_{\max}$ 这两条曲线之间。路径 $k(0) \to k(1) \to k(2) \to k(3)$ 表示特定的样本路径。

该模型另一个值得注意的特征是,它与习题 17.3 讨论的随机索洛模型以及例 17.1 中新古典增长模型的具体形式一起，提供了一个比不确定性下的新古典增长模型简单得多的随机增长模型。在（对数形式的）叠代模型和索洛模型中，这是因为短视的储蓄决策，而且不受随机冲击的分布甚至现实冲击的影响。于是，对一系列宏观经济问题，这些更为短视的模型或者例 17.1 中简单的新古典模型都可以成为易处理的替代模型，以替代不确定性下完整的新古典增长模型。

17.6　风险、多元化和增长

这一节将基于我和齐利博蒂（1997）的研究介绍一个长期增长随机模型。该模型主要用于两个目的：第一，因为它比不确定性下的基本新古典增长模型要简单，可以用它完整地描述随机动态增长，并说明源于马尔科夫过程理论的简单思想如何应用于经济增长的研究之中。第二点也是更重要的一点，该模型介绍了许多长期增长理论中的问题。具体来说，到目前为止我关注的都是具有均衡增长和性状良好的转移动态（transitional dynamics）。过去几千年的经济增长经验远不如这些模型显示的有规律。直到 200 年前，人均收入的增长都相对较少。人均收入的持续增长是更近时期才出现的现象。在跨越到持续增长之前，人类社会经历的增长时期常常伴随着大萧条和大危机。我和齐利博蒂（1997）、因姆斯和瓦奇亚格（Imbs and Wacziarg, 2003）、科伦和滕雷罗（Koren and Tenreyro, 2007）提出，即使在今天，相对富裕国家比欠发达经济体有更稳定的增长，后者深受增长率波动过大之苦。从很多方面看，这种较高风险的增长和较低生产率的模式往往伴随着资本深化、金融发展的过程，且更好的风险管理是经济增长史的一个主要特征。著名的经济史学家费尔南·布罗代尔（Fernand Braudel, 1973, 第 11 页）是这样描述西欧经济增长开端的：

> 进步的发生长期以来十分缓慢，而且被剧烈的衰退打断。只有几个幸运的国家在 18 世纪找到了正确的道路并坚持该道路。因此，在 1750 年甚至 1800 年之前，前进的步伐仍然受到意外事件甚至灾难的影响。

我介绍的这些模型中，这些经济增长的模式都是内生的，因为一个经济体能够在多大程度上通过投资于不完全相关的活动分散风险，取决于它拥有的资本量。当资本量增加时，该经济体就能实现更好的多元化并面临较少的风险。在早期发展中，由此产生的均衡过程则带来了更大的波动和风险，当该经济体成功进入持续增长时，这些风险就显著减少。此外，家庭对规避风险的愿望使它们在发展的早期投资于较低回报、较低风险的活动，于是该经济体的增长率在起飞前期是受到内生限制的。另外，在这个模型中，经济发展与金融发展是分不开的，因为资本扩张使得通过资产市场实现更好的风险分担成为可能。最后，因为该模型是内生不完全市场模型之一，它也有助于我们证明价格接受行为本身不足以保证帕累托最优。我们将看到，无论就实质还是就方法论的角度而言，该经济体的无效率均衡都值得关注。

17.6.1 偏好、技术和市场结构

考虑一个人口存续两期的叠代模型。该模型中不存在人口增长，每一代人口的规模标准化为1。生产方由两个部门组成。第一个部门按照以下柯布-道格拉斯生产函数生产最终产品：

$$Y(t) = K(t)^\alpha L(t)^{1-\alpha} \tag{17.41}$$

和以往一样，$L(t)$表示总劳动，$K(t)$表示t期可获取的总资本存量。资本在使用后完全折旧（根据我们前面的表述有$\delta=1$）。

第二个部门在$t-1$期将储蓄转化为t期要使用的资本。这个部门由中间产品连续统[0, 1]构成，随机元素只影响这个部门。具体地，让我们还用单位"区间（interval）"来表示可能的自然状态，并假设中间部门$j \in [0, 1]$只有在状态j才会获得正回报，而在其他状态下不会有任何回报。该表达式说明对一个部门的投资相当于购买仅在一种自然状态才有回报的（基本）阿罗证券。由于（假设）存在一个部门的连续统，单个部门具有正回报的可能性为零，但如果一个家庭投资于[0, 1]的子集$\bar{J}$，则获得正回报的概率是集合$\bar{J}$的（勒贝格）测度①回报。这还意味着每个中间产品部门（从事的）都是风险活动，但家庭（特别是该经济体中的代表性家庭）可以通过投资于多个部门分散风险。特别是，如果某个家庭打算投资于所有部门，则它可以获得概率为1的正回报。在该模型中，使经济互动的重要之处在于，因为潜在的非凸性问题，（家庭）并非在任何时期都可以投资于所有部门。更具体地说，让我们假设每个部门有一个最小规模要求（minimum size requirement），表示为$M(j)$，只有当该部门总投资超过$M(j)$

---

① 数学上，勒贝格测度是赋予欧几里得空间的子集一个长度、面积或者体积的标准方法。它广泛应用于实数分析，特别是用于定义勒贝格积分。——译者注

的时候才能实现正回报。

根据这一描述，令 $I(j, t)$ 为中间产品部门 j 在 t 期的总投资。当状态 j 实现且 $I(j, t) \geq M(j)$ 时，该投资产生的 $t+1$ 期资本为 $QI(j, t)$，否则不会形成任何资本。于是，中间产品部门的总投资超过最小规模要求是获得正回报的必要条件。

除了风险部门，还有一个安全的中间产品部门使 t 期的 1 单位储蓄在 $t+1$ 期变成 q 单位资本。假设

$$q < Q \tag{17.42}$$

于是，安全的选择也是减少生产。

对 $I(j, t) \geq M(j)$ 的要求是基于如下事实：在状态 j 储蓄 $I(j, t)$ 获得的资本量为 $QI(j, t)$，这意味着只有在满足最小规模要求 $M(j)$ 时，所有中间产品部门才具有线性技术。对于任意 $I(j, t) < M(j)$，产出为零。为了简化表述和计算，让我们采用一个中间产品部门的最小规模要求的简单分布。

$$M(j) = \max \left\{ 0, \frac{D}{(1-\gamma)}(j-\gamma) \right\} \tag{17.43}$$

上式表明，中间产品部门 $j \leq \gamma$ 没有最小规模要求，于是任意规模的总投资都可以出现在这些部门。对于其余部门，最小规模要求线性增长。图 17.2 表示最小规模要求（粗线）。该图用来表示一旦均衡投资被确定，开放部门集是如何确定的。

值得注意的是，迄今为止我已经介绍了三个重要特征：

1. 风险投资比无风险投资有更高的期望回报，这通过假设 $Q > q$ 表示。

2. （中间产品部门）风险投资的产出是不完全相关的，因此投资越多元化意味着风险越低。

3. 这里的数学公式表明了投资和回报之间的简单关系。正如之前暗示，如果家庭持有的资产均等投资(I)于所有部门 $j \in \bar{J} \subseteq [0, 1]$，同时集合 $\bar{J}$ 的（勒贝格）测度为 p，则该资产组合将以概率 p 获得 QI 的回报，并以概率 $1-p$ 获得零回报。

前两个特征表明，当（例如因为 $D = 0$）该经济体的总生产集为凸性时，所有家庭将对所有中间产品部门投资相同金额，并通过分散所有风险而不会牺牲任何高回报。然而，当存在非凸性时，正如最小规模要求表明的，我们需要在保险和高生产率之间权衡。

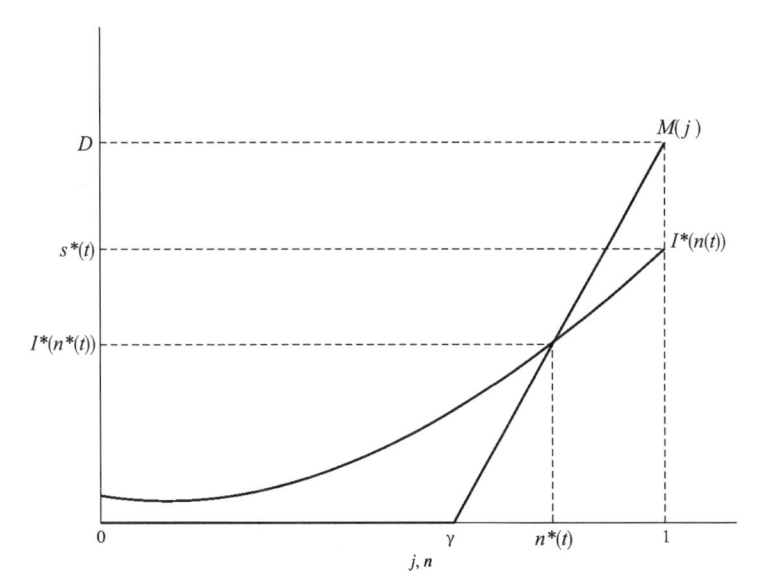

图 17.2　不同部门的最小规模要求 $M(j)$ 和资产需求 $I^*(n)$

让我们接下来（分析）家庭的偏好。请记住每一代的规模被规范化为 1。考虑一个在 t 期出生的家庭。该家庭的偏好表示为

$$\mathbb{E}_t U_t(c_1(t), c_2(t+1)) = \log(c_1(t)) + \beta \int_0^1 \log c_2(j, t+1) dj \quad (17.44)$$

其中 $c_1(t)$ 是该家庭在生存期限的第一期（t 期）消费的最终产品，c_2 是指该家庭在第二期的消费。$\mathbb{E}_t$ 是期望算子，因为第二期消费是有风险的，所以需要用到期望算子。这可以表示为（17.44）式的右边，其中 $c_2(j, t+1)$ 表示在 t 期状态 j 的消费。积分代替了期望算子，这是基于所有状态出现的可能性都相等这一事实。正如典型的叠代模型，每个家庭在年轻时都有 1 单位劳动，在年老时劳动禀赋为零。于是，该经济的总劳动供给为 1。此外，在他们生命期限的第二期，家庭将来自储蓄的回报也用于消费。可供进一步参考的是，用 $\mathcal{H}_t$ 表示 t 期的年轻家庭集合，图 17.3 描述了一个代表性家庭的生命周期和各种决策，强调了不确定性会影响他们的储蓄以及他们在生命期限的第二期将会拥有的资本数量。

总资本存量取决于自然状态的实现，这决定了 t 期有多少不同中间产品部门的投资会转变为资本。$t+1$ 期的资本存量取决于自然状态的实现和年轻家庭的投资构成。具体地，在状态 j，总资本存量为

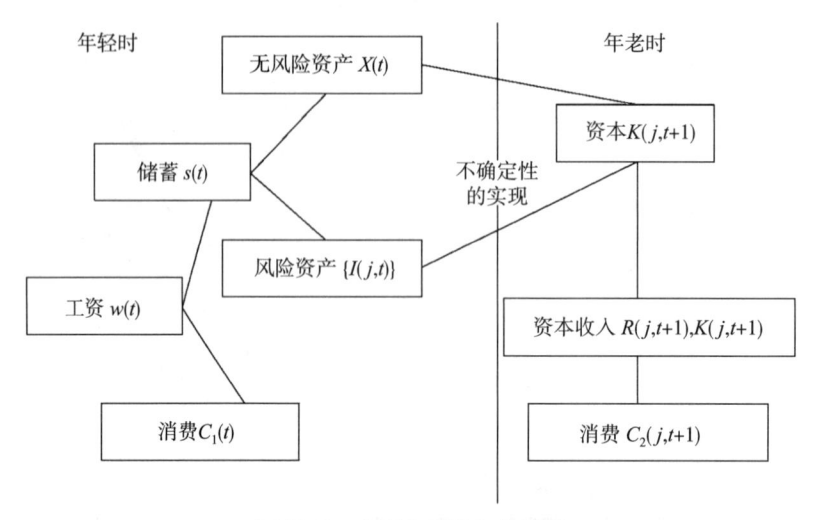

图 17.3 典型家庭的生命周期

$$K(j, t+1) = \int_{h \in \mathcal{H}_t} (qX^h(t) + QI^h(j,t))dh$$

其中 $I^h(j,t)$ 是部门 j 的家庭 $h \in \mathcal{H}_t$ 在 t 期的储蓄投资，$X^h(t)$ 是无风险中间产品部门的投资额。

由于资本存量是随机的，产出和要素价格也是如此。具体地，劳动力和资本都在竞争性市场上交易，于是均衡要素价格通过其（实现的）边际产品确定。因为 $t+1$ 期状态 j 下的总资本存量等于1，这些价格可以表示为

$$\begin{aligned} w(j, t+1) &= (1-\alpha)K(j, t+1)^{\alpha} \\ &= (1-\alpha)\left(\int_{h \in \mathcal{H}_t}(qX^h(t) + QI^h(j,t))dh\right)^{\alpha} \end{aligned} \quad (17.45)$$

和

$$\begin{aligned} R(j, t+1) &= \alpha K(j, t+1)^{\alpha-1} \\ &= \alpha\left(\int_{h \in \mathcal{H}_t}(qX^h(t) + QI^h(j,t))dh\right)^{\alpha-1} \end{aligned} \quad (17.46)$$

为了完整地描述这一情形，让我们设定该中间产品部门的市场结构。假定家

庭通过金融中介机构投资于不同的中间产品部门。金融中介业务是可以自由进入的（既可以是大量企业，也可以是家庭本身）。任何一个金融中介机构可以无成本地形成资本并为特定部门调配资金。也就是说，该金融中介机构可以筹集资金，将资金投资于一个特定的中间产品部门，并且对其投资者提供相应的阿罗证券。重要的条件是，为了能够投资，任何金融中介机构必须筹措能够应对最小规模要求的足够资金量。现在，假设每个金融中介机构只能在一个部门开展业务，这就排除了一个可以再管理所有投资的庞大金融中介机构。[1] 我将在第17.6.5节再回过头来讨论这个问题。

让我们将中间产品部门 j 在 t 时期对应的证券价格表示为 $P(j, t)$。注意 $P(j, t) < 1$ 不可能达到均衡，因为1单位证券需要1单位最终产品，所以 $P(j, t) < 1$ 会导致损失。那么 $P(j, t) > 1$ 呢？进入门槛为零的假设排除了这种情况。我假设一个特定金融中介以满足 $P(j, t) > 1$ 的价格提供证券 j，并筹集了足够资金使该中间产品部门的总投资 $I(j, t)$ 大于最小规模要求 $M(j)$。不过，在这种情况下，其他金融中介机构也可以进入，提供更低的证券价格，吸引所有资金，原本这些资金会被第一个金融中介机构吸引。这个讨论表明，$P(j, t) > 1$ 也是不可能的，因此，均衡行为使所有金融中介机构的证券价格是 $P(j, t) = 1$。

17.6.2　均衡

我现在开始探讨第17.6.1节描述的均衡问题。请回忆前一段的两个要点。第一，不是所有中间产品部门在每个时期都是开放的，这说明只有中间产品部门中的一部分在任意时期有证券。令时期 t 的中间产品部门集合为 $J(t)$。第二，根据第17.6.1节最后的讨论，对于任意 $j \in J(t)$，金融中介业务的自由进入意味着 $P(j, t) = 1$。这两个要点使我们把时期 t 的价格和可获得证券当作已知，然后设置代表性家庭 $h \in \mathcal{H}_t$ 的问题。这个问题可以表述为

$$\max_{s(t), X(t), [I(j,t)]_{0 \leq j \leq 1}} \log c(t) + \beta \int_0^1 \log c(j, t+1) dj \tag{17.47}$$

---

[1] 为了简化表述和论点，我依然不使用严格的数学方法。由于存在部门的连续统，所有（均衡）陈述都将伴随着诸如"几乎每处"这类词语。这意味着投资于一个部门（或实际上一个[0, 1]部门的可数集合）都可能偏离最优。此外，纯粹的数理分析要求每个金融中介机构都能对应一系列 $\varepsilon > 0$ 的中间产品部门，还要考虑 $\varepsilon \to 0$ 的极端情况。我始终忽略这些情况，并要求对每个部门的投资都满足均衡，而且我还假设每个金融中介机构只对应于一个部门。

约束条件为

$$X(t) + \int_0^1 I(j,t)dj = s(t) \tag{17.48}$$

$$c(j, t+1) = R(j, t+1)(qX(t) + QI(j,t)) \tag{17.49}$$

$$I(j,t) = 0, \quad \forall j \notin J(t) \tag{17.50}$$

$$c(t) + s(t) \leq w(t) \tag{17.51}$$

其中我省略了上标 h 以简化表述。这里（17.47）式是该家庭的预期效用。（17.48）式至（17.51）式是该最大化问题的约束条件。（17.48）式要求安全的中间产品部门的投资和所有其他证券的投资等于该家庭的总储蓄 $s(t)$。（17.49）式表示 $t+1$ 期状态 j 的消费。有两个特征值得注意：第一，请回忆家庭只在年轻的时候才提供劳动，在年老的时候只消费资本收入。于是，该家庭的第二期消费等于其资本持有量乘以资本回报率 $R(j, t+1)$，由（17.46）式确定。该回报率的条件基于状态 j（$t+1$ 期），因为资本量以及资本的边际产品随状态的变化而不同。第二，该家庭可获得的资本量来自其安全投资的回报 $qX(t)$，加上状态 j 的阿罗证券回报 $QI(j,t)$。（17.50）式概括了家庭行为的主要约束：它强调该家庭不能投资于那些市场并不供给的证券。具体地，请回忆 $I(j,t) \geq M(t)$ 是中间产品部门开放的必要条件，所以，在均衡时，有些部门可能是不开放的，其证券也不能交易。约束条件（17.50）式保证了该家庭不能投资于非交易证券。最后，（17.51）式要求总消费额和储蓄少于或等于该家庭的收入，该收入仅由工资收入构成，由（17.45）式给出。

我们现在可以开始定义均衡。（这里的）静态均衡是指 t 期的均衡，将 t 期可获得的资本量 $K(t)$ 当作已知的，于是工资 $w(t)$ 也是已知的。以下方程

$$\langle s^*(t), X^*(t), [I^*(j,t)]_{0 \leq j \leq J^*(t)}, J^*(t), [P^*(j,t)]_{0 \leq j \leq J^*(t)}, w^*(j,t), R^*(j,t) \rangle$$

是一个静态均衡，如果在已知 $[P^*(j,t)]_{0 \leq j \leq J^*(t)}$，$J^*(t)$，$\omega^*(j,t)$ 和 $R^*(j,t)$，且 $\omega^*(j,t)$ 和 $R^*(j,t)$ 由（17.45）式和（17.46）式给定的前提下，$s^*(t)$，$X^*(t)$，$[I^*(j,t)]_{0 \leq j \leq 1}$ 是最大化问题（17.47）式的解，约束条件为（17.48）式至（17.51）式。此外，$J^*(t)$ 和 $[P^*(j,t)]_{0 \leq j \leq J^*(t)}$ 使得对于所有 j

$\in J^*(t)$，$P^*(j, t) = 1$ 和集合 $J^*(t)$ 都是由金融中介业务自由进入决定的，因为当某个 $j' \notin J^*(t)$ 以价格 $P(j', t) \geqslant 1$ 供给时，基于约束条件（17.48）式至（17.51）式的最大化问题（17.47）式的解将包含 $I(j', t) < M(j)$（换句话说，再没有中间产品部门可以开放并吸纳足够资金以满足最小规模要求）。动态均衡是静态均衡的一个序列，这些静态均衡在给定状态 $j(t)$（$t = 1, 2, \cdots$）实现的情况下，通过（17.45）式相互关联。

因为（17.47）式的偏好是对数形式的，所以所有家庭的储蓄率是不变的，正如典型的叠代模型所示。结果，无论在风险和回报之间如何权衡，以下储蓄规则都可以适用：

$$s^*(t) \equiv s^*(w(t)) = \frac{\beta}{1+\beta} w(t) \tag{17.52}$$

根据这个结论，家庭最优化问题可以分解为两部分：第一，确定储蓄额；其次，确定最优投资组合。该最优化问题的分解之所以特别有用，是基于两点原因：

1. 对于任意 j 有 $j' \in J(t)$，$I^*(j, t) = I^*(j', t)$。直观地看，因为所有被交易的对称阿罗证券对每个家庭来说价格是相同的，对每种证券家庭愿意购买相同的份额，从而达到均衡资产组合（见习题17.23）。

2. 对于某个 $n(t) \in [0, 1]$，t 期的开放项目集合采取 $J^*(t) = [0, n^*(t)]$ 的形式。直观地看，只有一个项目子集在均衡中可以成为开集时，最小规模要求较低的中间产品部门将比那些最小规模要求较高的中间产品部门更早成为开集。结果，当中间产品部门 j^* 成为开集时，所有部门 $j \leqslant j^*$ 必然也是开集（见习题17.24）。

以上两点也说明，我们可以将 t 期的自然状态划分为两个集合：集合 $[0, n(t)]$ 的状态是"好"的，此时社会是幸运的，而且其风险投资都获得了正回报；状态 $(n(t), 1]$ 是"坏"的，此时社会是不幸的，而且其风险投资回报为零。显然，资本回报率（工资率）在这两种状态集合中取值不同。我们用 $R^G(t+1)$ 表示好状态下的资本回报率，而在坏状态下，该回报率是 $R^B(t+1)$——这些回报属于 $t+1$ 期，因为它们在 $t+1$ 期支付。根据这一框架，代表性家庭的最大化问题可以用更简单的形式表示为：

$$\max_{X(t), I(t)} n^*(t) \log[R^G(t+1)(qX(t) + QI(t))] + (1 - n^*(t)) \log[R^B(t+1)qX(t)]$$

$$\tag{17.53}$$

约束条件为

$$X(t) + n^*(t)I(t) \leq s^*(t) \tag{17.54}$$

其中 $n^*(t)$，$R^G(t+1)$ 和 $R^B(t+1)$ 被代表性家庭当作已知，$s^*(t)$ 由（17.52）式给出。显然，根据（17.46）式，当状态为 $j > n^*(t)$ 且不存在风险投资回报时，

$$R^B(t+1) = \alpha(qX(t))^{\alpha-1}$$

是坏状态下资本的边际产出，而

$$R^G(t) = \alpha(qX(t) + QI(t))^{\alpha-1}$$

适用于好状态的情况（例如，当状态为 $j \in [0, n^*(t)]$ 时）。

基于约束条件（17.54）式，最大化（17.53）式可以得出唯一解

$$X^*(t) = \frac{(1-n^*(t))Q}{Q - qn^*(t)} s^*(t) \tag{17.55}$$

且

$$I^*(j,t) = \begin{cases} I^*(n^*(t)) \equiv \frac{Q-q}{Q-qn(t)} s^*(t), & \text{对于 } j \leq n^*(t) \\ 0 & \text{对于 } j > n^*(t) \end{cases} \tag{17.56}$$

需要注意的是，（17.56）式表明每个子集的需求（或对每个中间产品部门的投资）都随着开放部门的增多而增加，也就是说，$I^*(n)$ 严格随 n 增加。这是因为当可得的证券越多时，风险分散机会就越大，家庭就越愿意减少对安全资产的投资而增加对风险项目的投资。这是一股重要的经济力量。对高生产率部门的投资减少，因为相比于安全的部门，高生产率部门的风险较大。但是因为存在"数量上的安全性"（比如，从多元化得到的一阶回报），当存在更多的金融资产（或开放部门）时，总体来说每个家庭都愿意投资更多的风险资产。这种可贸易资产集合与投资之间的互补性在以下描述的动态经济发展中起到了重要作用。

（17.52）式、（17.55）式和（17.56）式描述了在已知中间产品部门集合为开集时，代表性家庭的效用最大化行为。为了完整地描述该均衡，我们需要找到

开放部门的集合。这相当于寻找一个临界部门 $n^*(t)$，使得所有 $j \leq n^*(t)$ 都能达到其最小规模需求，同时没有其他部门可以再进入并筹措到足以达到其最小规模要求的资金。通过描绘每个部门在（17.56）式确定的均衡投资组合下的投资水平，以及（17.43）式给出的最小规模要求 $M(j)$，我们可以用图形的方式找到该临界值。第一条曲线可以简单地解释为金融市场中的资产需求，与（17.43）式对应的曲线可以被理解为资产的供给。两条曲线和它们的交点如图 17.2 所示。该图显示两条曲线有唯一的交点。然而，由于两条曲线都是向上倾斜的，一般来说，出现一个以上交点并非不可能。可以证明，$Q \geq (2-\gamma)q$ 是确保唯一交点的充分条件（见习题 17.25）。如果该条件不能满足，还可能出现多重解，对应于多重均衡。这些均衡涉及不同数量的开放部门。如果不存在开放部门，家庭会将很大一部分资源投资于安全资产，在均衡中，只有少数风险部门可以运行。相反，当存在很多开放的风险部门时，每个家庭会将其资源的很大一部分投资于风险资产。这使更多部门得以开放，从而便于家庭分散其风险。当这种多重均衡存在时，有更多开放部门的均衡将为所有家庭带来更高的事前效用。尽管说明那些起作用的力量是一件有趣的事情，但人们会预期金融中介机构在避免协调失灵方面更为成功。基于这个理由，让我们重点观察参数空间，其中 $Q \geq (2-\gamma)q$。在这种情况下，静态均衡是唯一定义的，下列命题总结了该均衡。

命题 17.7 假设 $Q \geq (2-\gamma)q$。已知 $K(t)$，存在唯一的 t 期均衡，其中所有 $j \leq n^*(t) = n^*[K(t)]$ 部门都是开放的，而 $j > n^*[K(t)]$ 是封闭的，当 $K(t) \leq D^{1/\alpha}\Gamma^{-1/\alpha}$ 时，

$$n^*[K(t)] = \frac{(Q+q\gamma) - \{(Q+q)^2 - 4q[D^{-1}(Q-q)(1-\gamma)\Gamma K(t)^\alpha + \gamma Q]\}^{1/2}}{2q}$$

(17.57)

且当 $K(t) > D^{1/\alpha}\Gamma^{-1/\alpha}$ 时，有 $n^*[K(t)] = 1$，其中 Γ 被定义为 $\Gamma \equiv (1-\alpha)\beta/(1+\beta)$。在这个均衡中，

$$s^*(t) = \frac{\beta}{1+\beta}(1-\alpha)K(t)$$

且 $X^*(t)$ 和 $I^*(j, t)$ 分别由（17.55）式和（17.56）式给出，其中 $n^*(t) = n^*[K(t)]$。

证明 见习题 17.26。

均衡临界点部门 $n^*[K]$ 随着 K 递增：当资本更多时，该经济可以开放更多的中间产品部门，并更好地分散风险，鼓励更多的资金投资于风险活动见（17.56）式。

17.6.3 动态均衡

让我们接下来开始描述动态均衡。已知命题 17.7 中给定的静态均衡，可以直接描述完整的随机均衡过程。资本市场 $K(t)$ 的运动法则将由简单的马尔科夫过程确定。请回忆当资本存量为 $K(t)$ 时，在风险部门投资的成功概率为 $n^*[K(t)]$，投资失败的概率则为 $1-n^*[K(t)]$。这将下列资本存量的随机运动法则简化表示为

$$K(t+1) = \begin{cases} \frac{q(1-n^*[K(t)])}{Q-qn^*[K(t)]} Q\Gamma K(t)^\alpha & \text{概率为 } 1-n^*[K(t)] \\ Q\Gamma K(t)^\alpha & \text{概率为 } n^*[K(t)] \end{cases} \quad (17.58)$$

其中 $n^*[K(t)]$ 由（17.57）式给出，根据 $\Gamma \equiv (1-\alpha)\beta/(1+\beta)$。请注意，（17.58）式的第一行总是小于第二行，因为第二行是指投资于中间产品部门获得成功的情况。

（17.58）式是一个特别简单的马尔科夫过程，因为给定 $K(t)$，$K(t+1)$ 只能取两个值。[①] 对该马尔科夫过程的动态分析尤其给人启发。图 17.4 描绘了（17.58）式的随机马尔科夫过程，并且类似于图 17.1。主要的区别是，在图 17.1 中，$z_{\min}$ 和 $z_{\max}$ 两条曲线之间的取值都是可能（存在）的。相反，在这里只有精确位于该图两条曲线上的取值才是可能的。上一条曲线对应于 $Q\Gamma K(t)^\alpha$。如果家庭遵循（17.55）式和（17.56）式给定的均衡投资策略，该曲线将是资本存量的值，而且在每个时期，该经济体都是幸运的，于是家庭的投资总是有正回报。下面那条倒 U 形曲线则对应于表达式 $q(1-n^*[K(t)])Q\Gamma K(t)^\alpha/(Q-qn^*[K(t)])$，适用于当该经济在每一时期都是不幸的情况。两条线都开始于 45°线零点上方附近，原因和图 17.1 中的情况一样（因为总生产函数（17.41）式满足稻田条件）。该经济位于上面那条曲线的概率是 $n^*[K(t)]$，位于下面那条曲线的概率是 $1-n^*[K(t)]$。因此，不仅成功和失败的概率而且平均生产率也随总资本存量变化。为了量化平均生产率的变化，让我们将中间产品部门占比决定的

---

① 这是一个马尔科夫过程但不是一个马尔科夫链，因为对于不同的 $K(t)$ 值，$K(t+1)$ 的可能取值属于 $\mathbb{R}_+$。

期望全要素生产率定义为：

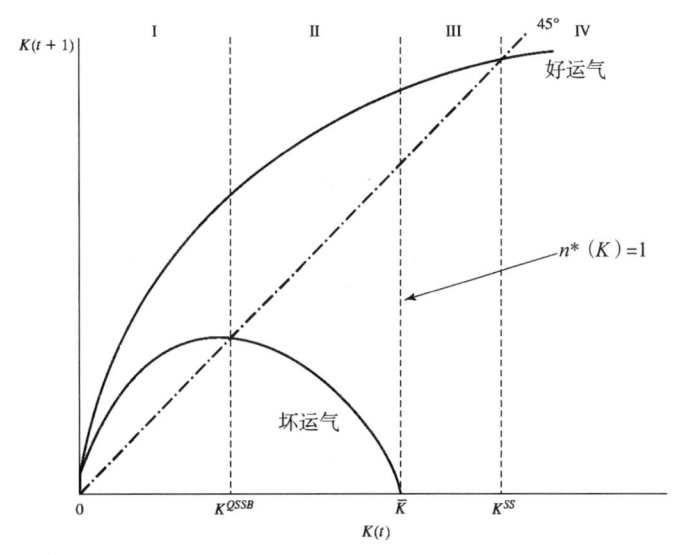

图 17.4 资本存量对应的随机解

$$\sigma^e(n^*[K(t)])) = (1 - n^*[K(t)])\frac{q(1-n^*[K(t)])}{Q - qn^*[K(t)]}Q + n^*[K(t)]Q \quad (17.59)$$

直接求导可以发现 $\sigma^e(n^*[K(t)])$ 对 $n^*[K(t)]$ 是严格递增的。因此，当该经济体得到发展和设法开放了更多中间产品部门时，其生产效率将会内生增长。由于 $n^*[K]$ 随 K 递增，这意味着平均生产效率随该经济体的资本存量递增。

命题 17.8 该经济体的全要素生产率期望值 $\sigma^e(n^*[K])$ 随 n^* 递增，也随 K 递增。

图 17.4 的检验还说明以下两种水平的资本存量是特殊且对分析有用的：

1. K^{QSSB} 是指经济总是处于不幸运状态的"准稳态"。当某个经济根据（17.55）式和（17.56）式投资时，它将收敛于该准稳态，但是这些部门从来不会在坏运气下获得正回报。

2. K^{QSSG} 是指经济总是有好消息的"准稳态"，也就是说该经济总是处于图 17.4 的上面那条曲线。

这两种资本存量水平都如图 17.4 所示，并且可以很容易地计算出

$$K^{QSSB} = \left[\frac{q(1-n^*[K^{QSSB}])}{Q - qn^*[K^{QSSB}]}Q\Gamma\right]^{\frac{1}{1-\alpha}}, \text{且 } K^{QSSG} = (Q\Gamma)^{\frac{1}{1-\alpha}} \quad (17.60)$$

K^{QSSG}的形式尤其值得一提，由于它是指该经济体绝不会面对任何风险的情形，因此很像标准新古典增长模型。具体而言，当该经济体处于均衡状态时，$n^*[K^{QSSG}]=1$，则K^{QSSG}变成一个真正的稳态，而且该经济体一旦达到就会继续保持该资本存量。这是因为一旦该经济体积累了充足的资本后开放所有中间产品部门，它消除了所有风险，并且总是处于图17.4中的上面那条曲线。

（17.57）式和（17.60）式说明，这个良好的稳态能够存在的条件（如，$n^*[K^{QSSG}]=1$）是对应于K^{QSSG}的储蓄水平足以确保所有中间产品部门的均衡投资组合至少为D。我们可以很容易地证明以下条件是充分条件：

$$D < \Gamma^{\frac{1}{1-\alpha}} Q^{\frac{\alpha}{1-\alpha}} \tag{17.61}$$

于是，当（17.61）式成立时，良好的准稳态确实会产生足够的资本以开放所有部门，并消除所有风险，从而形成真正的稳态。在这种情况下，我们用K^{SS}表示K^{QSSG}。在假定（17.61）式成立的前提下，图17.4表示$n^*[K^{SS}]$。现在回到图17.4，我们可以更好地理解均衡随机动态均衡。该图将资本存量的范围划分为四个区域。区域Ⅰ，资本存量相当低以至于代表好运气和坏运气的两条曲线都处于45°线上方，于是在此区域内，无论是实现了好的还是坏的生产率，该经济体都增长了。下面来看区域Ⅱ，从很多方面来看，（该区域）都是最有趣的。当获得正向冲击时，位于该区域的经济会增长，而投资失败则会遭遇经济危机。在这两个区域之间是坏运气下的准稳态K^{QSSB}。图17.4之所以将这个水平的资本存量称为术语"准稳态"，是因为当$K<K^{QSSB}$时，该经济体朝着K^{QSSB}增长。当$K>K^{QSSB}$时，该经济体可能增长也可能收缩。然而，如上所示，因为$n^*[K]$随K递增，在K^{QSSB}右侧部分，该经济体收缩的可能性最大（在K^{QSSB}的左侧，负面冲击并不会导致该经济体收缩）。

对于合理的参数值，该经济体大部分时候都处于区域Ⅱ。我和齐利博蒂（1997）提供了不少例子，说明经济体可以在任意多个时期处于区域Ⅰ和Ⅱ。然而，当经济体获得了利好消息带来的结果时，它将最终出现在区域Ⅱ并且进入区域Ⅲ。划分这两个区域的资本存量$\bar{K}$被定义为$n^*[\bar{K}]=1$。这意味着一旦经济体达到了资本存量$\bar{K}$，它将有足够的资本，从而可以开放所有部门。结果，在区域Ⅲ所有风险都被分散了，动态趋势和不确定性下的标准叠代模型完全一样。最后，经济体在区域Ⅲ的任意位置开始，朝着稳态K^{SS}发展，处于区域Ⅲ和区域Ⅳ之间。从另一方面看，在区域Ⅳ经济体持有的资本是如此之多，以至于即便在正冲击之下，也会收缩。自然，除非在区域Ⅳ开始，否则经济体永远不会进入区域Ⅳ。

这个讨论和图17.4一起，完整地描述了随机均衡增长路径。具体地，开始的时候经济体中的资本存量足够低，它会先经历增长，但是接着会在成功时期和严重的危机时期之间长期摇摆不定。最终，一连串的好时期会将经济引向一个很多（在这里指的是所有风险）风险都能被分散的资本存量水平。在这个资本存量水平上，我们可以将经济体看作已经达到了第1章中罗斯托所述的起飞阶段。起飞之后，该经济体将成功地分散所有风险，因此从这时开始的增长稳步推进，而不像在区域Ⅱ一样受制于显著的波动。此外，命题17.8意味着总（劳动和全要素）生产率随资本水平递增。因此与起飞相伴随的是经济活动的波动减少和生产率的提高。

还需要注意的是，当经济体通过积累更多资本实现增长时，它将获得更高的生产率而且能更好地分散和管理风险。后者表现为更多部门的开放，这相当于更高程度的金融中介。于是，在该模型中金融发展和经济增长并驾齐驱，在均衡中共同被确定（而不是其中一个"引致"另外一个）。

一个自然的问题是，经济体是否能达到区域Ⅲ和区域Ⅳ。下一个命题回答了该疑问。

命题17.9 假设（17.61）式成立。随机过程 $\{K(t)\}_{t=1}^{\infty}$ 以概率1收敛于点 K^{ss}。

证明 见习题17.27。

该命题说明该经济体中增长的波动将最终下降（实际上会消失）。但是你也许想知道经济波动幅度是否和资本存量水平或者经济体的产出呈系统性相关。答案是相关性很高，正如已经讨论过的，因为通过（横向）跨部门和（纵向）时间序列比较，我们都会发现更贫穷的国家遭遇了更严重的经济波动。为了回答该问题，需要观察的自然变量是全要素生产率的条件方差（其期望值被定义在（17.59）式）。将 $\sigma(n^*[K(t)])$ 定义为随机变量，分别以概率 $(1-n^*[K(t)])$ 和 $n^*[K(t)]$ 取值 $q(1-n^*[K(t)])Q/(Q-qn^*[K(t)])$ 和 Q。正如（17.59）式定义的，该随机变量的期望值为 $\sigma^e(n^*[K(t)])$。然后取对数，我们可以把（17.58）式重写为

$$\triangle \log(K(t+1)) = \log \Gamma - (1-\alpha) \log(K(t)) + \log(\sigma(n^*[K(t)])) \quad (17.62)$$

根据（17.62）式可知，在剔除由标准新古典效应引起的决定性收敛效应之后，资本（和产出）增长的波动取决于随机元素 σ。用 V_n 表示 σ 的条件方差（由 n^*

[$K(t)$]确定$K(t)$），我们可以表述出以下命题。

命题 17.10 令

$$\mathcal{V}_n \equiv Var(\sigma(n^*) \mid n^*) = n^*(1-n^*)[Q(Q-q)/(Q-qn^*)]^2$$

当$\gamma \geq Q/(2Q-q)$时，则$\partial \mathcal{V}_n/\partial K \leq 0$对于所有$K \geq 0$成立。当$\gamma < Q/(2Q-q)$时，存在$\tilde{K}$使$n^*(\tilde{K}) = Q/(2Q-q) < 1$，且$\dfrac{\partial \mathcal{V}_n}{\partial K} \leq 0$对于所有$K \geq \tilde{K}$成立，而$\dfrac{\partial \mathcal{V}_n}{\partial K_t} > 0$对于所有$K < \tilde{K}$成立。

证明 见习题17.28。

该命题中的增长波动源于两种力量的相互影响：第一，伴随着经济的发展，更多储蓄被投资于风险资产；第二，当更多部门开放时，非系统性风险更好地得到分散。该命题说明，当$\gamma \geq Q/(2Q-q)$时，第二种效应总是占主导地位，于是，越富有的国家风险越小。当$\gamma < Q/(2Q-q)$时，对于足够低的资本存量水平，第一种效应占主导，而一旦资本存量达到临界阈值$\tilde{K}$的水平，第二种效应又会占主导地位。因此，除非资本水平足够低，增长率的波动总是随着该经济的收入水平递减。

17.6.4 效率

第17.6.3节描述了经济体的随机均衡。该均衡是否满足帕累托效率？因为所有家庭都是价格接受者，或许我们会认为这一问题的答案一定是肯定的。而此处我将证明事实并非如此。尽管一开始会很令人惊讶，不过实际上这个答案是直观而有趣的。首先，它是由经济学意义上的货币外部性导致的。其次，从一般均衡理论的观点看，这个答案是说得通的：尽管所有家庭都是价格接受者，这也不是阿罗－德布鲁经济，因为交易品的集合由零利润条件内生决定。为了用最浅显的方式描述这些问题，我忽略了所有（导致）跨期无效的潜在原因（即那些我们从第9章提到的，也许会出现在叠代经济中的问题）。接下来，我将基于储蓄水平$s(t)$（或者资本存量$K(t)$），研究储蓄在经济体的不同部门之间进行配置的方式是否（约束）有效。考虑该社会规划者在给定$s(t)$下对代表性家庭预期效用的最大化问题：

$$\max_{n(t), X(t), [I(j,t)]_{0 \leq j \leq n(t)}} \int_0^{n(t)} \log(qX(t) + QI(j,t))dj + (1-n(t))\log(qX(t))$$

(17.63)

约束条件为

$$X(t) + \int_0^{n(t)} I(j,t)dj \leq s(t)$$

该社会规划者选择的开放部门集合用 $[0, n(t)]$ 表示；投资于安全部门的资金表示为 $X(t)$；开放部门之间的资金配置表示为 $[I(j,t)]_{0 \leq j \leq n(t)}$。理论上，该社会规划者本可以选择非 $[0, n(t)]$ 时间段的形式，但是和习题 17.24 相同的论据可以确保采取这种形式并不会损失一般性。该约束条件确保了在安全部门和风险部门的投资总和少于该规划者可获得的储蓄额。该最优规划和代表性家庭的最大化问题（17.47）式之间的主要区别是，尽管代表性家庭将可获得的资产集合是已知条件，而社会规划者需要选择 $n(t)$。社会规划者的配置（以及帕累托最优配置）由最大化问题的解决定。下一个命题描述了这个解。

命题 17.11 令 $n^*[K(t)]$ 由（17.57）式给定，而 $s(t)$ 和 $K(t)$ 代表该社会规划者当前可获得的储蓄和资本存量水平。则（17.63）式中最大化问题的唯一解如下所示。对于所有 $s(t) < D$，开放部门集合为 $[0, n^S[K(t)]]$，其中 $n^S[K(t)] > n^*[K(t)]$。安全部门的投资额是 $X^S(t)$，其中 $X^S(t) < X^*(K(t))$。最后，存在 $j^*(t) \in (0, n^S[K(t)])$ 可使每个家庭在风险部门的资产组合采取下列形式：

$$\begin{aligned}
I^S(j,t) &= M(j^*) > M(j) &&\text{对于 } j < j^*(t) \\
I^S(j,t) &= M(j) &&\text{对于 } j \in [j^*(t), n^S[K(t)]] \\
I^S(j,t) &= 0 &&\text{对于 } j > n^S(K(t))
\end{aligned} \quad (17.64)$$

对于所有 $s(t) \geq D$，有 $n^S[K(t)] = n^*[K(t)] = 1$，且对于所有 $j \in [0,1]$，有 $I^S(j,t) = s(t)$。

证明 见习题 17.29。

该命题说明，当经济体尚未达到完全多元化时，社会规划者开放的部门将多于分散均衡时开放的部门。他将以偏离均衡资产组合的方式，为这些额外开放的部门融资，这往往是均衡配置的一个特征。换句话说，社会规划者会对没有最小规模要求的部门减少投资。该资金的帕累托最优配置如图 17.5 所示。

偏离均衡资产组合说明社会规划者对最小规模要求较高的部门进行隐性交叉补贴，这种做法是以牺牲规模要求较低或者完全没有规模要求的部门为代价的。

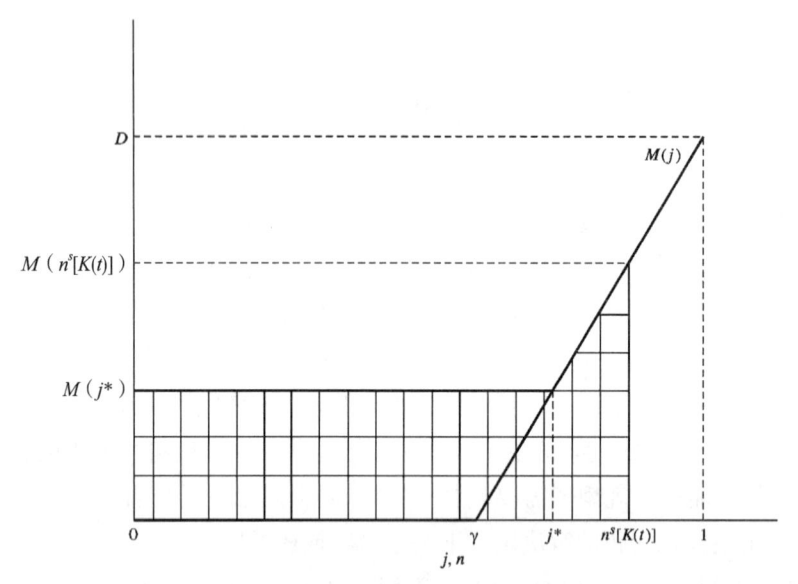

图 17.5 帕累托最优资产配置

这是因为,从均衡资产组合开始,少量地开放更多部门总是能够使所有家庭受益,它们能够更好地分散风险。社会规划者能够做到这一点,是因为他对规模要求较低或者没有规模要求(因此投资较低的投资)的部门隐形征税,然后补贴最小规模要求较高的边际部门。

为什么分散均衡不能获得相同的配置呢?有两种补充方法可以对此(问题)提供一些直观解释。第一种方法是,在某个最小规模要求较高的部门中,家庭的投资边际回报会产生货币外部性,因为这种投资使该部门变得积极,并为所有其他家庭更好地分散风险提供了可能。然而,每个家庭将均衡价格当作已知的,忽视了这种货币外部性,并且往往在最低规模要求较高的边际部门投资不足。因此,低效率的原因之一是每个家庭都忽视了自己对其他多元化机会的影响。对于这一结果的第二个直观认识也是相关的。因为家庭将价格集合看作已知,而且当均衡 $P(j, t) = 1$ 对所有开放部门都成立时,家庭将永远持有一个非平衡资产组合。然而,帕累托最优配置都涉及非平衡资产组合的跨部门交叉补贴。市场价格并不能引导各个家庭持有合适的资产组合。

对此,读者也许会奇怪为什么第一福利定理不适用于这一情形(尤其是当所有家庭都是价格接受者时)。原因在于,这里的均衡并不是阿罗-德布鲁均衡。具体而言,对一个经济体来说,这是一个有着内生不完全市场的均衡,其中开放市场集合由零利润(自由进入)条件决定。所有在均衡中交易的商品都是竞争性定价的，但是非交易品并没有采用竞争性定价。相反，在阿罗－德布鲁均衡中，即使是那些在均衡中不会交易的所有商品都被定价，而且事实上只有价格等于零，潜在商品才不会在均衡中被交易，而且在价格为零的时候，会出现超额供给。从这个意义上说，这里描述的均衡并非阿罗－德布鲁均衡。事实上，可以证明，在一个有着内生不完全市场的经济中，阿罗－德布鲁均衡并不存在，因为该经济体的生产可能性集合是非凸的。相反，这里使用的均衡概念是一种更为自然的竞争均衡概念：它要求所有在均衡中交易的商品都是竞争性定价的，而且通过自由进入条件决定可交易商品集。我们将在下一节的参考文献中讨论这一均衡概念。

17.6.5 有另一种市场结构的无效率

通过某个金融机构协调家庭的投资决策，能否有助于克服资产组合选择时的市场失灵问题？我们可以想象这样一种情况，所有家庭都是独立行动的，不考虑其决策的相互影响，并通过金融中介机构配置资金。该金融中介机构能够汇集所有储蓄并且为每位储户提供一种（不同于阿罗证券的）复杂保险，可以为储户在每个时期 j 带来 $QI^s(j,t) + qX^s(t)$ 的回报，其中 $I^s(j,t)$ 和 $X^s(t)$ 与最优资产组合中的相同。持有这种证券可使每个家庭相对于均衡状态都得到改善。

即便根据这一讨论，这里出现的无效率似乎也不足以促成更复杂的金融机构出现，事实并非如此。显然，除非对金融中介能够提供的合同做出更强的假设，金融中介机构之间的竞争导致的均衡配置才会和命题17.7中的均衡配置一样。完整地分析该问题已经超出了我们当前的议题，不过我们可以通过一个简单的讨论窥探一二。让我们构建一个名为"金融中介联盟"的更复杂的金融中介，它是家庭的各种集合，它们把储蓄汇集到一起，投资于某个中间产品部门的特定资产组合。这种联盟可能由某个特定的家庭组织，如果对其他参与联盟的家庭而言是有利可图的，该联盟的组织者就可以收取额外费用（或参会费），以此获利。让我们假设可以自由进入该金融中介组织或联盟，于是只要存在获利机会，任意家庭都会利用这样的机会。接着，让我们对金融中介的运行情况以及家庭该如何参与不同联盟的问题赋予某个结构，同时，采用以下假设：

1. 联盟在任何时点都将最大化其成员的加权效用。尤其是，一个联盟在博弈期间的行动路径不能违背其成员的利益。

2. 联盟不能反对其他家庭投资于某个项目。

以下结论来自我和齐利博蒂（1997）的研究。

命题 17.12 以上所述金融中介博弈的均衡集永远不会是空集，而且所有均衡的结构都与第 17.6.2 节和命题 17.7 描述的结构相同。

我不会证明该命题，因为正式表述和证明还需要其他条件。但是直观的解释是显而易见的：正如命题 17.11 所示，帕累托最优配置包含了非平衡资产组合与跨部门的交叉补贴。于是，即使每个部门的投资成本等于 1（以 t 期的最终产品而言），投资于某些部门的影子价格将会高于另一些部门。于是，这些影子价格差异形成了不平衡的资产组合。请记住，在规模要求不存在或者较低的部门，有隐形税收。这类交叉补贴难以维系，因为每个家庭都可以减少投资于从事交叉补贴的联盟或中介，还可以悄悄地投资于不存在最低规模要求或最低规模要求不高的部门，使其资产组合变得更平衡，从而偏离均衡。最后，只有无交叉补贴的配置，即命题 17.7 中的配置，才能达到均衡。

该结论最重要的含义是，即使存在不受限制的金融中介或联盟，也无法避免内生不完全市场中的无效率。其关键经济因素是每个家庭都会因为持有一种不平衡的资产组合而产生正的货币外部性，不过在分散均衡中，每个家庭都希望而且很容易朝着均衡资产组合移动，同时逐步减少维持有效配置的努力。

17.7 小结

本章介绍了几个不同的随机增长模型。我挑选的主题是为了达到两个目标：第一，我介绍几种宏观经济学的基本模型，比如不确定性下的新古典增长模型和基本的比利模型。这些模型不仅可以用来分析经济增长，而且在宏观经济学文献中有广泛的应用。

第二，第 17.6 节的模型证实了随机模型如何大大丰富了对经济增长和经济发展的分析。具体而言，该模型说明了我们的标准模型的一个简单扩展如何产生均衡路径，其中各经济体在很长时期都处于低生产效率阶段并且频繁遭遇危机。一旦受到一系列有利的外来冲击，它们（的经济）开始起飞并进入持续且稳定的增长阶段。该起飞过程不仅减少了波动，而且加速了增长，不过仍然与更好的风险控制和更大的金融发展相联系。尽管西欧很多国家增长表现各异，但第 17.6 节的模型还是可以相当近似地反映这些国家近 700 年左右的经济增长过程。该模型还强调运气在起飞的时机甚至在决定哪些国家将较早进入工业化进程方面可能都起到了重要作用。因此，该模型为第 4 章讨论的"幸运假说"提供了一个颇有吸引力的公式化表达。不过，在该模型中，均衡背后的基础是一组市场制度，正是它们让竞争性市场中的交易和投资成为可能。因此，我的解释是，当前这个模型说明，即使一个国家具备了现代增长的主要先决条件，对于其经济起飞的时间而言，随机因素和运气是多么重要。这不仅可以解释当前的一部分跨国收入差距，还可以对如何开始持续增长过程提供重要的洞见。然而，制度因素——决定了现代增长的这些先决条件能否得到满足——对于理解为何部分国家并未在19世纪起飞也没有走上持续而稳定的增长路径十分重要。这些主题我们将在本书余下各章探讨。

第17.6节还介绍了几个有关不完全市场的重要观点。第17.4节介绍的比利模型是一种典型的不完全市场模型，而且与文献中大多数不完全市场模型一样，它采用的是一组开放的市场。相反，第17.6节的模型用到了内生不完全市场。自由进入条件下的均衡决定了这组开放的市场（一组可交易商品集），这一事实可能会因为货币外部性问题而导致新的帕累托无效率（即使所有家庭都把价格看作已知的）。尽管这种类型的帕累托无效率不同于目前为止强调的，该模型中开放市场数量不足的现象和第13章的基本内生技术变化模型中机器种类太少之间有一些重要的相似之处。

17.8 参考文献

布洛克和米尔曼（1972）最早分析了第17.1节介绍的不确定性下的新古典增长模型。因为该最优增长问题比不确定性下均衡增长问题的研究要简单得多，文献中的大部分分析都集中于最优增长问题和第二福利定理。斯托奇、卢卡斯和普雷斯科特（Stokey、Lucas and Prescott，1989）为这一研究方法提供了一个例子。该模型完整的随机动态分析需要更详细地讨论马尔科夫过程的一般理论。因为篇幅限制，我就不逐一介绍这些工具了。必要的资料可以从斯托奇、卢卡斯和普雷斯科特（1989，第8章、第11章、第12章和第13章）的文献中找到，或者读者可以参考富蒂亚（Futia，1982）更为精炼的方法。更先进和完整的方法则由吉克曼和思科罗霍德（Gikhman and Skorohod，1974）或者埃塞尔和库尔茨（Ethier and Kurtz，1986）提出。斯托奇、卢卡斯和普雷斯科特（1989）使用的工具足以证明不确定性下的新古典增长模型中资本劳动比的最优路径收敛于唯一的不变分布，而且这些工具也可以用来证实比利经济中存在静态均衡。

最早对不确定性下的竞争均衡进行系统分析的是卢卡斯和普雷斯科特（1971）。扬奎斯特和萨金特（Ljungqvist and Sargent，2005，第12章）提出了一种经典的教科书式的方法。第17.2节的内容类似于扬奎斯特和萨金特的方法，只是更详细一些。

真实商业周期方面的文献很多，第17.3节只做了浅显的介绍。这类文献的经典论文包括基德兰德和普雷斯科特（1982）以及朗和普洛瑟（Long and Plosser, 1983）。扬奎斯特和萨金特（2005）还另外做了很好的介绍。库利（Cooley, 1995）的文集是一个很好的起点，为理论分析和定量分析提供了很多工具。布兰查德和费希尔（1989）总结了对真实商业周期方法的各种批判。感兴趣的读者也可以参考普雷斯科特和萨默斯（Prescott, 1986; Summers, 1986）之间的交流，还有更晚些的金和雷贝洛（King and Rebelo, 1999）。

第17.4节介绍的不完全市场模型最早由比利（1977, 1980）提出。该模型已经成为宏观经济学最基本的模型之一，而且用于对商业周期、收入分配、最优财政政策、货币政策和资产定价的动态分析。艾亚加里（1994）提出了更现代的方法，尽管该论文的公开发行版本并不包含主要结论的证明过程。读者可以参考比利（1977, 1980）以及艾亚加里的工作论文（1993），作为对第17.4节某些命题的细节补充和静态均衡存在性的证明。克鲁塞尔和史密斯（Krusell and Smith, 1998, 2005），还有其他一些经济学家使用该模型进行商业周期分析，并且为不完全市场经济的研究提供了新的定量分析工具。

第17.6节是基于我和齐利博蒂（1997）的研究，那里有更多关于本节所述结论的细节讨论。我和齐利博蒂等人（Acemoglu and Ziliboti, 1997; Imbs and Wacziarg, 2003; Koren and Tenreyro, 2007）证明了有关经济增长和波动之间的关系。还有学者（Ramey and Ramey, 1995）也给出了相关的证明。该模型使用的分散均衡概念并不是阿罗-德布鲁均衡。相反，它对所有开放市场都设定了价格接受行为，而且通过自由进入条件决定了一组开放市场。该均衡概念是合乎情理的，而且被运用于各种一般均衡理论中，比如，哈特（Hart, 1979）、马科夫斯基（Makowski, 1980）以及艾伦和盖尔（Allen and Gale, 1991）。

17.9 习题

17.1 命题17.2说明$k(t+1)$是随$k(t)$和$z(t)$递增的。给定充分条件可使$c(t)$也随着这些变量递增。

17.2 考虑第17.1节分析的不确定性条件下的新古典增长模型，并假设$z(t)$在$c(t)$和$k(t+1)$确定后实现。

(a) 证明当 $z(t)$ 是跨期独立分布时，经济体对资本存量和消费的选择和不确定性条件下使用修正生产函数的新古典增长模型中的一样。请直观解释此结论。

(b) 现在假定 $z(t)$ 不是跨期独立分布的。构建命题 17.1（在此前提下）的对应命题。经济体中的行为如何不同于第 17.1 节不确定性下的新古典增长模型？

17.3 考虑和第 17.1 节、第 17.2 节中相同的生产结构，不过假定当不考虑资本存量水平和随机变量的实现问题时，每个家庭都将其收入中的固定比率 s 进行储蓄。描述经济体随机运动的法则。经济体中的均衡行为和不确定性条件下经典新古典增长模型中的均衡行为有何不同之处？

17.4 考虑第 17.1 节中不确定性条件下的新古典增长模型。

(a) 已知 $\pi(k,z)$ 对其两个自变量都是严格递增的。

(b) 证明当部分条件满足时，资本劳动比绝不会收敛于一个固定值，除非 z 具有（总是取相同值）退化分布。

17.5 考虑例 17.1。

(a) 证明（17.10）式对任意 $B_0 \neq 0$ 都不能满足。

(b) 假设该例中价值函数采用 $V(k,z) = B_2 + B_3 \log k + B_4 \log z$ 的形式。证明该假设并计算参数 B_2、B_3 和 B_3。

17.6 证明：当 z 符合一般马尔科夫过程而非马尔科夫链时，例 17.1 中的政策函数 $\pi(k,z) = \beta\alpha z k^\alpha$ 是适用的。[提示：不求和，而是采用合理定义的积分符号替代期望符号，并取消积分符号项。]

17.7 (a) 考虑例 17.1 分析的经济体，其中 $0 < z_1 < z_N < \infty$。试描述资本劳动力比的限制性不变分布，并证明该资本存量在随机条件下可以用第 17.5 节中的图 17.1 表示。用该图证明当资本劳动力比率 k 很小时，它总是增加；而当该比率较大时，它总是减小。

(b) 考虑当 z 取值为 z_h 和 z_l 的特殊情况，每个取值的概率都是 $q > 1/2$，而且以 $1-q$ 的概率取值转换。证明当 $q \to 1$ 时，资本劳动比会收敛于不确定性下新古典增长模型中的均衡。

17.8 考虑例 17.1 中的经济体，假设 $\delta < 1$。证明在这种情况下不存在政策函数 $\pi(k,z)$ 的闭式表达式。

17.9 将社会规划者的最大化问题明确表示为序列问题,将不同历史时期的产出、资本和劳动解释为不同的阿罗－德布鲁商品。运用这一形式,仔细证明如果定理5.7的所有条件都满足,则最优增长路径是分散的竞争均衡。

17.10 考虑不确定性下新古典增长模型的扩展版本,于是代表性家庭的瞬时效用函数为$u(c,b)$,其中b是遵循马尔科夫链的随机变量。

(a) 构建并分析该经济体的最优增长问题。证明该最优消费序列满足修正的随机欧拉方程。

(b) 证明定理5.7可以应用于该经济体,而且最优增长路径是分散的竞争增长路径。

17.11 解释在第16章的第16.5.1节中,拉格朗日乘数$\tilde{\lambda}[y^t]$为何以劳动收入实现的完整历史为条件,在具有第17.2节中全部阿罗－德布鲁商品(或有索取权)竞争均衡的形成过程中,存在一个唯一的乘数λ和生命预算约束相联系。

17.12 考虑第17.2节的竞争均衡模型。假定有一个专门租赁资本品的市场,而不是每一种状态($R_0[z^t]$)下购买和销售资本品的价格,然后重新分析不确定性下新古典增长模型的竞争均衡。当随机变量序列为z^t时,用0期的最终产品表示资本品的租赁价格,并令这一价格为$\tilde{R}_0[z^t]$。描述该竞争均衡,并证明它等同于第17.2节的结论。请解释为何这两个表达式有相同的结论。

17.13 证明命题17.3。[提示:使用定理16.8和(17.6)式、(17.22)式,证明生命期限预算约束(17.11)式隐含着(17.7)式。]

17.14 使用该家庭最大化问题的序列(而非递归)表达式下的序贯交易,描述第17.2节分析的不确定性下新古典增长模型的竞争均衡路径。

17.15 证明定理16.1—16.7可以用于(17.24)式定义的$V(a,z)$,并说明$V(a,z)$是连续的,对其自变量是严格递增的、凹的且对a可微。

17.16 推导(17.27)式。

17.17 证明命题17.4。

17.18 考虑第17.3节提出的真实商业周期模型,假设生产函数采用$F(K, zAL)$形式,其中z和A都对应于劳动扩张型的技术生产率项。假定

z 符合马尔科夫链，而且 $A(t+1) = (1+g)A(t)$ 是外生的且决定着生产率增长过程。构建该案例中的社会规划者问题。我们需要对 $u(C, L)$ 施加哪些约束才能确保最优增长路径满足平衡增长路径，其中劳动供给不会（以概率 1）趋于零或者无限？

17.19 在例 17.2 中，假定代表性家庭的效用函数为 $u(C, L) = \log C + h(L)$，其中 $h(\cdot)$ 是连续的、递减的凹函数。证明：该劳动供给的均衡水平是常量且独立于资本存量水平和生产率冲击的实现。

17.20 解释为什么在第 17.4 节的比利模型中，家庭的预算约束必须沿着所有路径都成立。将由此得出的预算约束（17.30）式和第 17.2 节的（17.11）式进行比较。

17.21 证明命题 17.5。

17.22 如果不采用（17.44）式的对数偏好，第 17.6 节的代表性家庭的效用函数采用更一般的形式 $u(c_1(t)) + \mathbb{E}_t u(c_2(t+1))$，将会发生什么？当 $u(\cdot)$ 变得更凹，该经济的增长率能不能变得更高？[提示：注意区分给定储蓄水平下 $u(\cdot)$ 对资产配置的影响和对总储蓄额的影响。]

17.23 在第 17.6 节的模型中，证明代表性家庭的最大化问题，说明对于任意 j，有 $j' \in J(t)$，$I^*(j,t) = I^*(j',t)$。

17.24 在第 17.6 节的模型中，证明当中间产品部门满足 $j^* \in J(t)$ 时，则所有部门 $j \leq j^*$ 也属于 $J(t)$。

17.25 在第 17.6 节的模型中，证明条件 $Q \geq (2-\gamma)q$ 足以确保图 17.2 中（17.43）式和（17.56）式的曲线有一个唯一的交点。

17.26 证明命题 17.7。具体地，试证明：当 $n < n^*[K]$ 时，为之前无法企及的部门供给证券的金融中介存在营利性的偏离，而且当 $n > n^*[K]$ 时，违反了可行性。

17.27 (a) 证明命题 17.9。

(b) 假定条件（17.61）式不能满足。随机过程 $\{K(t)\}_{t=0}^{\infty}$ 会收敛吗？它会收敛于一点吗？

17.28 证明命题 17.10。

17.29 证明命题 17.11。[提示：构建拉格朗日函数，并证明当所有部门都不能开放时，该社会规划者不会选择均衡资产配置。]

*17.30 考虑下列类似于第 17.6 节的两期经济体。有 I 个金融中介不使用任

何资源参与伯特兰竞争。它们以家庭的名义将资金投资于该经济体的任意项目。该经济体有 N 个项目，用 $j=1, 2, \cdots, N$ 排序。项目 j 对投资的最小规模要求为 $M(j)$，在不失一般性的前提下，将这些项目按最小规模升序排列。家庭的连续统标准化为 1，每个家庭的效用函数为 $u(c)+\mathbb{E}v(c')$，其中 c 是现在的消费，c' 是未来的消费，于是 $\mathbb{E}v(c')$ 表示未来消费的预期效用。每个家庭的总资源都等于 w，同时决定消费多少、储蓄多少以及如何配置其储蓄。假定 $u(\cdot)$ 和 $v(\cdot)$ 严格为凹而且递增。现在的资金通过金融中介转化为未来的消费。另外，资金可以投资于一种安全的线性技术，其回报率为 q。令对资产 j 的投资为 $K(j)$，当 $K(j) \geq M(j)$ 时，资产 j 以概率 π 获取回报 $Qk(j)$，从而 $\pi Q > q$。另一方面，当 $K(j) < M(j)$ 时，支出为零。

(a) 用 $p(j)$ 表示将 1 美元投资于项目 j 的"份额价格"，该投资份额以概率 π 获取 Q 美元的回报，否则概率为 0。证明：金融竞争确保了当 $K(j)$，$K(j')>0$ 时，有 $p(j)=p(j')=1$。

(b) 现在假定每个项目的回报都是独立的，即，资产 j 支付 Q 的概率等于 π，这独立于其他项目的回报实现情况。证明：对于所有 j 和 j' 都有 $K(j)=K(j')$。

(c) 描述该经济体的分散均衡。

(d) 证明：当某些项目不活跃时，分散均衡配置也许会导致帕累托无效率。请解释为何分散均衡在某些情况下会制约效率，即使某些项目是不活跃的。

(e) 请描述该有效配置。

(f) 非正式地讨论，当 $M(j)$ 不是最小规模要求而是一个固定成本（因此平均成本是下降的）时，会发生什么。[提示：需要区分两种情况；(1) 线性价格；(2) 价格歧视。]

第六篇　技术扩散、国际贸易和技术依存

截至目前,对本书讨论的模型来说,最主要的缺陷之一是,每个国家都被看成一个不与世界上其他任何国家联系的孤岛。至少由于以下两个原因,这种假设会产生问题。第一个原因与各国家之间的技术依存有关,第二个原因与国际贸易有关(以商品和资产的形式)。在这一篇中,我们将考察技术依存和贸易依存对经济增长过程的影响。

在前文讨论的模型中,技术要么是外生给定的,要么内生于我们要讨论的经济体的边界之内。我们已经看到,考虑技术的内生性如何为我们提供了有关经济增长过程的重要新洞见。但是,我们可以将葡萄牙和尼日利亚的潜在技术差异归因于后者很低的研发水平吗?事实恐怕并非如此。首先,如同大多数欠发达国家或者发展中国家一样,尼日利亚需要从世界其他国家进口很多技术。尽管葡萄牙是一个相当发达的经济体,但它也会进口很多技术,这说明世界上的前沿技术是由美国或其他发达国家首先研发出来,然后由其他追随国家模仿或者采用,这个框架与现实比较接近。因此,为了理解发达国家和发展中国家之间的技术差异,我们不仅要关注这些经济中内生技术形成的不同速率,而且要考虑追随国家关于技术采用和技术高效使用的决策。

虽然第2章和第8章的外生增长模型也具备这个特征,但也同样存在重要缺陷。首先,技术完全是外生给定的,有意义的经济决策仅与物质资本投资有关。不论是从概念的意义上还是从经验的意义上,我们都可以肯定,技术与物质资本(以及人力资本)是有区别的,我们希望了解国家间内生技术差异的来源。因

此，承认采用世界前沿技术的重要性并不等同于接受索洛增长模型或者新古典增长模型是研究国家间收入差异的最好工具。其次，虽然强调技术采用使增长过程与第2章和第8章中讨论的外生增长模型看起来很像，但是世界整体水平的技术进步不大可能是"天赐之物"。相反，世界整体水平的经济增长要么源于所有国家之间的技术采用和研发决策的相互作用，要么源于技术前沿国家的创新。这意味着，如果在一个模型中，世界整体水平的增长率是内生的，并且经济增长与技术应用相互作用（同时也是共存的），那么这样的模型可能更贴近现实，并将给出一个分析经济增长机制的更好框架。在考虑整个世界经济内生增长模型的同时，我们也将看到国际贸易在联结跨国增长的过程中或许能起到同样的作用。

第18章将首先分析技术采用模型，同时考察影响技术采用速度和性质的因素。除了讨论减缓技术扩散的因素和技术转移新壁垒的重要性之外，还将讨论世界前沿技术是否适合发展中国家的需求。回想一下，"技术差异"不仅反映了生产中使用的技术存在差异，同时也体现了影响现有生产要素使用效率的生产组织存在差异。因此，一个有关国家间技术差异的令人满意的理论必须同时考虑技术采用壁垒和生产组织的潜在无效率，这二者共同导致了国家间显著的技术差异。第18章还讨论了一个简单的模型，其中无效率的技术采用源于企业间存在的合同问题。

目前我们的分析中忽略的另一个重要问题是国际贸易和国际资本流动，这些内容将在第19章中讨论。商品和资产的国际贸易同样将世界各国的经济命运联系在一起。例如，资本劳动比低的国家或许可以向国际社会借款，而这将会使均衡动态发生变化。或许更重要的是，向全世界出口某些商品的生产力欠发达国家将会因为相对价格的变化，即贸易条件的变化，而与其他经济体联系在一起。引入这种贸易条件效应也驱使我们构建一个分析框架，其中，虽然世界经济的增长是内生的，但每个国家的增长率都通过贸易关系与其他国家联系在一起。最后我将重点讲述国际贸易与技术采用之间的联系，特别是重点讨论贸易和"国际产品生命周期"如何促进了技术扩散。

相比之前的章节，包括本章在内的余下章节在内容上不会那么详尽。特别是，为了节约篇幅，我将更加严格选择相关模型，关注那些以简单的方式就能提供主要洞见的模型。其他模型和方法将在最后的文献讨论或者习题中给出。另外，我更多地使用了简化的假设，把结果的证明留到习题中，这些结果的证明与之前给出的证明类似，但放松了某些简化假设。

第18章 技术扩散

从很多方面看,对创新问题的建模要难于对技术采用问题的建模。尽管如此,相比技术扩散模型,有关经济增长和经济发展的文献已经在创新模型上获得了更多的进展,比如第13章到第15章中讨论的模型。这部分是因为技术采用过程包含着许多富有挑战的特征。第一,即使仅仅考虑一个国家的情况,我们也将观察到在一个狭义行业中,不同企业使用的技术差异很大。与此相关的第二点是,在我们生活的全球化世界中,很难解释为什么有些国家不能进口并使用那些将会大幅度提高其生产率的技术。本章将着手讨论这些问题。考虑到技术采用壁垒与增长的政治经济分析密切相关,本书的第九篇将再次讨论这些主题。现在的重点是技术依存如何改变了经济增长的机制,进而让我们更好地理解决定长期跨国收入差异和经济增长的潜在根源。

首先我将概述有关国家间和行业间技术采用和技术扩散的经验模式,同时表明这一点对于理解行业内生产率差异可能十分重要。接下来将讨论一个存在技术扩散的标准世界均衡模型,这个简化模型分析了国家间缓慢的技术知识扩散。然后,我将引入研发投资和技术采用,以扩展这个模型。紧接着我将讨论适宜技术的问题,最后将讨论不完全合同对技术采用决策的影响。始终贯穿本章的一点是,国家间相互影响的唯一途径是技术交换,同时不存在商品或者资产的国际贸易。

18.1 生产率差异与技术

让我们首先概述国家内部的生产率和技术差异。这将有助于我们正确理解国家间的生产率和技术差异。这种对国家内部情况的研究给我们带来的最重要的见解就是,即使在同一个国家内部的狭义部门中,企业间的生产率差异和技术差异也是普遍存在的。

18.1.1 狭义部门的生产率和技术差异

大量文献采用纵向微观数据（通常是制造业部门的数据），研究对狭义部门（例如，三位数或四位数制造业部门）中企业间的劳动生产率和全要素生产率差异。对我们的讨论要点来说，从这些研究中得出的最重要一点就是，即使在美国经济的一个狭义部门中，企业之间也存在着巨大的生产率差异，在生产率分布的顶层和底层之间大约有 2—3 倍的差距［比如 Bartelsman and Doms (2000) 对相关研究和估计的综述］。另外，这些生产率差异看起来相当持久（例如 Baily、Hulten and Campbell, 1992）。

对于这些差异产生的原因，学术界几乎没有达成共识。许多研究发现，在企业生产率和企业规模、各种技术测度（特别是信息技术）、资本密集度、劳动力的技能水平、管理实践之间存在着相关关系（例如，Davis and Haltiwanger, 1991；Doms, Dunne and Troske, 1997；Black and Lynch, 2005）。虽然如此，由于这些变量对于企业来说都是选择变量，所以不能将这种相关关系视为因果关系。可以说，企业间生产率差异的决定因素基本上仍然是未知的。就此而言，研究人员对跨国生产率差异的决定因素无一致看法，也就不足为奇了。

虽说如此，但现有证据表明技术差异是决定生产率差异的一个重要因素，至少是一个直接原因。例如，有不少学者（Doms、Dunne and Troske, 1997；Haltiwanger、Lane and Spletzer, 1999）的研究表明，在狭义部门内部的企业之间存在着巨大的技术差异。有趣的是，正如有些学者（Doms、Dunne and Troske, 1997；Caselli and Coleman, 2001a）强调的，虽然采用新技术通常并不一定大幅提升企业雇员的技能水平，但技术采用的一个主要决定因素似乎是企业劳动力的技能水平（用非生产性劳动力的比例作为代理变量）。与第 10 章和第 15 章中讨论的模型一致，这些结果表明，技能和技能工人可得性的差异可能是决定技术采用（以及技术开发）的一个重要因素。

企业间生产率的分布看起来与生产率更高的新企业进入（以及生产率更低的企业退出）相关。例如，与第 14 章中讨论的基本熊彼特经济增长模型一致，巴特尔斯曼等人（Bartelsman and Doms, 2000；Foster、Haltiwanger and Krizan, 2000）的研究表明，新企业的进入对行业生产率的增长有显著贡献。但是企业进入与退出似乎只能解释平均全要素生产率增长的 25%，其他部分则要归功于那些持续经营的企业。这意味着，有关企业持续投资技术和生产率的模型（如第 14.3 节和第 14.4 节中的模型）对于理解企业间的生产率差异可能十分重要，对于跨国生产率差异的研究也很重要。

18.1.2 新技术的扩散

部门研究（sectoral studies）的一个关键含义就是，虽然我们假定可以无成本地获取技术和技能，并且容易应用，但是在经营环境相似的企业之间存在着技术和生产率的巨大差异。此外，生产率更高的新技术一旦出现就会扩散，并逐渐被更多的企业采用。有关技术扩散的文献研究了新技术采用的过程。如同人们预想的一样，技术在国家之间的扩散和技术在企业之间缓慢扩散是并存的。因此让我们简要回顾有关技术扩散研究的主要结论。

这个研究领域中的一篇经典文献来自格里利谢斯（Griliches, 1957）对美国杂交玉米应用的研究。格里利谢斯的研究表明，产出更高的杂交玉米只是缓慢地在美国农业部门中扩散，并且这种扩散受到不同地区经济条件的影响。与目前讨论的理论模型一致，杂交玉米应用的可能性看起来与某个特定地区杂交玉米的生产率贡献、市场规模以及该地区劳动力的技能水平相关。这些因素的重要性也见于其他研究中。格里利谢斯的另一个重要研究结果是发现了著名的S形扩散曲线，也就是说一项特定技术在开始时缓慢扩散，在达到扩散临界水平之后，便开始迅速扩散。最后，一旦目标人群中的大多数人应用了该项技术，技术应用速率再次下降。因此整个模式近似于一条S形曲线，或者说近似于一个Logistic函数。

对我们的研究来说很重要的一个结论是，生产率和技术差异不仅存在于国家之间，而且存在于一国内部。此外，即使在一国内部，更先进的技术也不是马上为所有企业采用。然而，导致一国内部和国家之间生产率和技术差异的原因可能不同，尽管存在着一国内部的生产率和技术差异，但国家之间的巨大差异才是主要谜题。例如，一国内部生产率的差异可能源于管理（企业家）能力的不同，或者与管理者和技术（或者产品）的成功匹配相关。但是，这类解释难以说明为什么许多欠发达国家中的几乎所有企业的生产率都大大低于美国或者其他发达经济体中一般企业的生产率水平，也难以说明为什么企业层面的生产率分布在各国之间的差异如此之大。受到以上讨论的研究证据的启发，下面将讨论两类模型：一类是国家间技术扩散缓慢的模型，另一类是即使在技术扩散和技术采用可以瞬时实现的情况下，生产率差异仍可能保持不变的模型。

18.2 技术扩散的基本模型

18.2.1 一个外生增长模型

本着应用尽可能简单的模型阐述主要观点的精神,我们回到第 2 章的索洛增长模型。假定世界经济中包含着 J 个国家,记为 $j=1,\cdots,J$,每个国家可以用如下总量生产函数生产一单位唯一的最终产品,

$$Y_j(t) = F(K_j(t), A_j(t)L_j(t))$$

其中,$Y_j(t)$ 为国家 j 在 t 期的唯一最终产品的产出,$K_j(t)$ 和 $L_j(t)$ 分别为资本存量和劳动力供给。最后,$A_j(t)$ 为该经济体专有的技术水平且随时间而变化。与第 2 章定理 2.6 中的结果一样,技术变化已被假定为劳动扩张型(哈罗德中性)。此外,生产函数 F 满足标准的新古典假设,即第 2 章中的假设 1 和假设 2。在本章和余下各章中,假定世界经济包含 J 个国家且 J 足够大,那么每个国家相对于整个世界来说都"很小",所以可以忽略一个国家对世界总量的影响。①

使用通常的方法,国家 j 在 t 期的人均收入为

$$\begin{aligned} y_j(t) &\equiv \frac{Y_j(t)}{L_j(t)} \\ &= A_j(t) F\left(\frac{K_j(t)}{A_j(t)L_j(t)}, 1\right) \\ &\equiv A_j(t) f(k_j(t)) \end{aligned}$$

其中第二行应用了生产函数 F 为规模报酬不变(假设 1)的事实,第三行定义了人均生产函数 $f(\cdot)$,国家 j 在 t 期的有效资本劳动比为

$$k_j(t) \equiv \frac{K_j(t)}{A_j(t)L_j(t)}$$

---

① 我们可以将 J 视为一个很大的有限值,或者考虑 $J\to\infty$。或者,我们假定国家数量为一个连续统,而不是可数的数量。本章和下一章的结果都不依赖于国家数量是一个连续统还是一个有限值。我始终假定国家数量是一个有限值以简化表达。

假定在连续时间的情况下，国家 j 的人口增长率 $n_j \geq 0$ 为常数，同时国家 j 的外生储蓄率为 $s_j \in (0,1)$，资本折旧率为 $\delta \geq 0$，因此每个国家的资本运动法则为

$$\dot{k}_j(t) = s_j f(k_j(t)) - (n_j + g_j(t) + \delta) k_j(t) \tag{18.1}$$

其中

$$g_j(t) \equiv \frac{\dot{A}_j(t)}{A_j(t)} \tag{18.2}$$

为国家 j 在 t 期的技术增长率（参见习题 18.1）。初始条件为，对于每个 $j = 1, \cdots, J$ 有 $k_j(0) > 0$ 和 $A_j(0) > 0$。

作为讨论的开始，我们首先以简化形式构建技术扩散模型。假定世界技术前沿为 $A(t)$，不变的外生增长率为

$$g \equiv \frac{\dot{A}(t)}{A(t)} > 0$$

其初始条件为 $A(0) > 0$。$A(t)$ 有时被称为"世界技术"，有时被称为"世界技术前沿"。它代表任何国家都可以获得的最高知识水平，因此对于所有的 j 和 t，有 $A_j(t) \leq A(t)$。每个国家的技术进步都源于学习世界的技术知识。特别是，我们假定每个国家的技术运动法则为

$$\dot{A}_j(t) = \sigma_j (A(t) - A_j(t)) + \lambda_j A_j(t) \tag{18.3}$$

其中对于所有的 $j = 1, \cdots, J$，有 $\sigma_j \in (0, \infty)$ 和 $\lambda_j \in [0, g)$。（18.3）式意味着每个国家都以某个外生技术吸收速率 σ_j 学习世界技术。实际上，技术吸收不仅指直接吸收现有技术，还包括使某个特定国家的现有技术适应其国内的普遍情况，进而使这些技术可以与其他技术和实践相匹配。该参数在各国间存在差异是因为它们的人力资本和其他投资并不相同（见下面内容），另外一个原因是技术采用存在制度或者政策壁垒。用这个参数乘以技术差异 $A(t) - A_j(t)$，是因为这个差异正是相关国家需要吸收的技术，换言之，如果 $A(t) = A_j(t)$，则该国便不需要从世界技术前沿获取技术。虽然看起来很自然，但是（18.3）式有着重要的经济含义。特别是，（18.3）式意味着那些相对"落后"的国家（就该国的技术水平 $A_j(t)$ 相对于世界前沿水平较低而言）倾向于更快地增长，因为这些国家还有更多技术要吸收或者还有更多追赶空间。这种相对落后经济体的潜在优势在确保稳

定的跨国收入分配方面起着重要作用,同时也表达了格申克龙(Gerschenkron,1962)在《经济落后的历史视角》(*Economic Backwardness in History Perspective*)一书中阐述的观点,即相对落后国家的迅速追赶对于理解跨国增长模式来说十分重要。

(18.3)式同时也意味着技术进步同样可以在本地产生,也即以国家j的知识存量$A_j(t)$为基础。参数λ_j刻画了这种技术进步的速度。因此,(18.3)式包括了一个特定国家经历的两种技术进步:从世界技术前沿吸收技术,以及本地的技术进步。为简化起见,我们用函数形式表达这两种技术进步。

需要指出的是,(18.3)式回避了在本章开头提出的一个重要问题:虽然假定信息可以相对自由地在全世界范围流动,但国家之间的技术转移却是一个缓慢的过程。假设$\sigma_j < \infty$刻画了这个特点。特别是,由于$\sigma_j < \infty$,$A_j(t) < A(t)$意味着$A_j(t+\Delta t) < A(t+\Delta t)$,至少对于足够小的$\Delta t > 0$来说是如此。因此,那些只能获取世界现有的一部分生产技术的国家不会立即掌握所有它们现在还无法获取的全部知识。

为了继续分析这个模型,让我们定义

$$a_j(t) \equiv \frac{A_j(t)}{A(t)}$$

为国家j与世界技术差距的倒数,或者也可以看作国家j与前沿的距离(与世界技术前沿的距离)的倒数。可以将上述等式写为(参见习题18.3)

$$\dot{a}_j(t) = \sigma_j - (\sigma_j + g - \lambda_j)a_j(t) \tag{18.4}$$

显然,初始条件$A(0) > 0$和$A_j(0) > 0$给定了上述关于a_j:$a_j(0) \equiv A_j(0)/A(0) > 0$的微分方程的唯一初始条件。

给定上述经济环境,世界人均收入水平和技术的动态变化由$2J$个微分方程决定。对于每个j来说,各有一个(18.1)式和(18.4)式成立。这些方程刻画了世界经济中的技术和人均收入分布的稳态及转移动态。使这个世界均衡分析相对简单的原因是微分方程组的区块递归性(block recursiveness),该方程组决定了各国的人均收入和技术水平。国家j的运动法则(18.4)式仅取决于$a_j(t)$,因此求解(18.4)式不需要使用关于$k_j(t)$和$\{k_{j'}(t), a_{j'}(t)\}_{j' \neq j}$的运动法则方程。一旦解出(18.4)式,那么(18.1)式就变为只包含一个变量的一阶非自治微分方程。由(18.1)式右侧的$g_j(t)$导致的非自治可表示为

$$g_j(t) = \frac{\dot{a}_j(t)}{a_j(t)} + g$$

一旦我们解出了 $a_j(t)$ 的运动法则,则(18.1)式就只是时间的函数,从而成为一个简单的非自治微分方程。

我们首先分析世界均衡的稳态。一个世界均衡被定义为对所有的 $j = 1, \cdots, J$ 和 t,满足(18.1)式和(18.4)式的配置 $\{[k_j(t), a_j(t)]_{t \geq 0}\}_{j=1}^{J}$,其初始条件为 $\{k_j(0), a_j(0)\}_{j=1}^{J}$。因此,世界均衡的稳态被定义为这个均衡路径的稳态,即对于所有的 $j = 1, \cdots, J$,满足 $\dot{k}_j(t) = \dot{a}_j(t) = 0$ 的均衡。本章讨论的都是保持常数增长的稳态均衡,因此也可称之为"平衡增长路径均衡"。为保持一致,本章将一律使用"稳态均衡"这个概念。①

命题 18.1 在以上讨论的模型中,存在一个唯一的稳态世界均衡,其中所有国家的人均收入增长率都为 $g > 0$。此外,对于所有的 $j = 1, \cdots, J$,有

$$a_j^* = \frac{\sigma_j}{\sigma_j + g - \lambda_j} \tag{18.5}$$

并且 k_j^* 由下式唯一决定

$$s_j \frac{f(k_j^*)}{k_j^*} = n_j + g + \delta$$

从任何严格为正的初始值 $\{k_j^*, a_j^*\}_{j=1}^{J}$ 出发,均衡路径 $\{k_j(0), a_j(0)\}_{j=1}^{J}$ 都收敛于 $\{k_j(t), a_j(t)\}_{j=1}^{J}$,就此意义而言,稳态世界均衡 $\{k_j^*, a_j^*\}_{j=1}^{J}$ 是全局稳定的。

证明 对所有的 $j = 1, \cdots, J$,首先解出(18.1)式和(18.4)式,稳态条件为 $\dot{k}_j(t) = \dot{a}_j(t) = 0$。由此将得出唯一解,这就证明了稳态均衡的唯一性。接下来通过标准分析可以证明关于 $a_j(t)$ 的微分方程中的稳态 a_j^* 是全局稳定的。应用这个结果可以立即得到关于 $k_j(t)$ 的微分方程的稳态也是全局稳定的。习题 18.4 要求你完成整个证明。

有关这个世界均衡有几点值得注意:第一,稳态世界均衡是唯一的并且是全局稳定的。这使我们可以进行简单的比较静态和比较动态分析(参见习题 18.5)。第二点也是最重要的一点是,尽管各国的储蓄率和技术吸收率不同,但

---

① 在下文中,我有时用 $[k_j(t), a_j(t)]_{t \geq 0}$ 代替 $[k_j(t), a_j(t)]_{t=0}^{\infty}$ 以简化表述。

所有经济体的人均收入增长率却是相同的，均等于世界技术前沿增长率 g。(18.3) 式解释了其中的原因：如果世界技术前沿与一个特定国家的技术水平差距较大，则技术扩散（吸收）率较高。因此，存在着一种将落后国家推向技术前沿的力量，而且在稳态时这种力量大到足以保证所有国家的增长率都相同。

这是否意味着所有国家都将收敛于一个相同的人均收入水平？答案显然是否定的。国家间不同的储蓄率和技术吸收率会转变为收入水平差异（而不是增长率差异）。例如，σ_j 水平较低的国家在初期的增长率会低于其他国家，直到该国落后于世界技术前沿足够多。此时该国的增长率与世界增长率 g 相同。这个讨论表明正是一国与世界技术前沿的内生技术差距确保了所有国家的增长率为 g。因此，那些不能成功吸收世界技术的国家，那些设置壁垒使技术扩散变得缓慢（即较低的 σ_j）的国家，以及那些在发展自己的当地技术方面创新能力不足（即较低的 λ_j）的国家将更加贫穷。此外，如同基本索洛模型一样，那些储蓄率低的国家同样更加贫穷。下面的命题对这些结果进行了总结。

命题 18.2 国家 j 的稳态人均收入水平可以写作 $y_j^*(t) = \exp(gt) y_j^*$，其中 y_j^* 关于 σ_j、λ_j 和 s_j 是递增的，关于 n_j 和 δ 是递减的。对于任意 $j' \neq j$，它不依赖于 $\sigma_{j'}$、$\lambda_{j'}$、$s_{j'}$ 和 $n_{j'}$。

证明 参见习题 18.7。

上面讨论的均衡有一个特别便利但也受到限制的特点是，虽然在世界均衡中存在技术扩散和技术依存，但国家间并没有相互影响。每个国家的稳态人均收入（进而人均收入的路径）仅取决于世界技术前沿和其自身参数。在本章后面的内容中，我们将会讨论包含更多的各国决策相互影响的模型。

18.2.2 家庭最大化行为

可以直接将家庭最大化行为引入这个基本技术转移模型中。特别是，现在假定每个国家都包含一个代表性家庭，在 $t=0$ 期代表性家庭的偏好为

$$U_j = \int_0^\infty \exp(-(\rho - n_j)t) \frac{c_j(t)^{1-\theta} - 1}{1-\theta} dt \tag{18.6}$$

其中 $c_j(t) \equiv C_j(t)/L_j(t)$ 为国家 j 在 t 期的人均消费，并假定所有国家都有相同的贴现率 ρ。后面这个假设是为了简化分析，习题 18.9 将这里的结果一般化为一个贴现率不同的世界经济。这个一般化分析非常重要，因为它表明一个稳定的世界收入分布不依赖于国家间相同的贴现率或者相同的储蓄率。

如同新古典增长模型，资源约束为

$$\dot{k}_j(t) = f(k_j(t)) - \tilde{c}_j(t) - (n_j + g_j(t) + \delta)k_j(t)$$

其中 $\tilde{c}_j(t) \equiv c_j(t)/A_j(t) \equiv C_j(t)/(A_j(t)L_j(t))$ 是按有效单位劳动标准化的消费。这个等式现在替代（18.1）式作为国家 j 的有效资本劳动比的运动法则。

除了现在的消费决策最大化该国代表性家庭的效用之外，世界均衡和稳态世界均衡将按相似的方式定义。与第 8 章相同的分析将导出如下命题。

命题 18.3 考虑包含家庭最大化行为的上述模型，其偏好由（18.6）式给出，并假设对所有的 $j = 1, \cdots, J$，有 $\rho - n_j > (1 - \theta)g$。那么将存在一个唯一的稳态世界均衡，其中对于每个国家 j 来说，a_j^* 由（18.5）式给出，k_j^* 由下面的方程唯一决定

$$f'(k_j^*) = \rho + \delta + \theta g$$

同时，每个国家的人均消费增长率都为 $g > 0$。

此外稳态世界均衡是全局鞍轨路径稳定的：从任何严格为正的初始值 $\{k_j(0), a_j(0)\}_{j=1}^{J}$ 出发，均衡路径 $\{k_j(t), a_j(t), \tilde{c}_j(t)\}_{j=1}^{J}$ 收敛于 $\{k_j^*, a_j^*, \tilde{c}_j^*\}_{j=1}^{J}$，其中 $\tilde{c}_j^*$ 为经济体 j 的稳态消费与有效劳动之比。

证明 首先证明不需使用任何其他变量，a_j^* 就能由微分方程（18.4）式得出，且满足（18.5）式。考虑到稳态 $g_j(t) = g$ 满足时，消费的欧拉方程和资本积累的动态学与基本新古典增长模型相同。为完成对这个命题的证明，需要证明 a_j^* 的稳定性，然后考虑 $g_j(t)$ 的情况，我们必须应用与第 8 章相同的分析证明 k_j^* 的鞍轨路径稳定性，由于资本积累的微分方程不是自治的，所以这里的证明要稍微复杂一些。习题 18.8 要求你完成对这些细节的证明。

这个命题表明，不论我们是否假设常数储蓄率或者动态的家庭最大化行为（只要能够确保增长率不是太高，以致效用无限大且违反横截性条件），基准技术扩散模型的所有定性结果都成立。自然地，现在的均衡不仅包括 $\{k_j(t), a_j(t)\}$ 的路径，还包括消费-有效劳动比的时间路径 $\tilde{c}_j(t)$。因此，恰当的稳定概念为鞍轨路径稳定，也即满足命题 18.3 的均衡。

18.2.3 人力资本在技术扩散中的作用

上述模型在一定种程度上受到第 10 章中所述的纳尔逊和菲尔普斯（Richard Nelson and Edmund Phelps, 1966）经典论文的启发。回想一下，贝克尔和明赛尔

的观点强调了人力资本是如何提高了个体劳动时间的生产率。虽然这种方法允许人力资本在不同工作中的作用不同，但在给定生产性工作集合的情况下，大多数研究都假设更多的人力资本将会在所有或者大多数工作中转化为更高的生产率。相比之下，纳尔逊和菲尔普斯（以及西奥多·舒尔茨）强调了人力资本在促进新技术应用和适应环境变化中的作用。

从上述模型的角度来讲，刻画这种观点的最简单方法便是假定参数 σ_j 是劳动力的人力资本的函数。劳动力的人力资本越大，经济体的技术吸收能力就越强。如果是这样，拥有较高人力资本的国家将会更富有，因为如命题 18.2 所述，σ_j 越高的经济体，稳态收入水平越高。

虽然这种修改没有改变模型的数学形式，但是这对我们看待不同人力资本水平的国家的增长经验，在理论上与贝克尔和明赛尔方法有着大为不同的含义（或者至少与贝克尔和明赛尔方法的最简单形式不同）。后一种方法意味着我们可以通过仔细考察人力资本在总生产函数中的作用，近似地看待人力资本在经济发展中的作用。反过来，这种作用也可以通过估计劳动力市场中个人的教育回报和人力资本其他方面的回报体现出来。此外，纳尔逊、菲尔普斯和舒尔茨的观点意味着即使人力资本在常规生产活动中对生产率的贡献是有限的，缺乏人力资本也可能减缓技术扩散的过程。

18.2.4 技术应用的壁垒

如第 8 章所述，对于新古典增长模型的一个主要批评就是无力解释跨国人均收入的巨大差异。许多经济学家认为这与基本新古典增长模型没有解释技术差异的事实相关。这节给出了一个有关跨国技术差异的简化模型，这个模型使我们可以改进索洛模型或者新古典增长模型。但是这个模型只有在关键参数，如 σ_j 和 λ_j，能够得到数据支持的时候才有用武之地。第 18.2.3 小节讨论了将参数 σ_j 和人力资本联系起来的思想。另外一种情况由帕伦特和普雷斯科特（Parente and Prescott, 1994）提出，他们将 σ_j 和技术应用壁垒联系起来。帕伦特和普雷斯科特修改了新古典模型，使投资能够影响技术吸收，同时各国在企业技术吸收路径上设置的壁垒有所不同。从此处简化模型的角度看，帕伦特和普雷斯科特的方法可以看作将 σ_j 视为产权制度的函数或者其他制度或政策特征的函数。

这种观点的有用之处体现在它为我们思考各国之间 σ_j 可能不同的原因提供了一种具体方法。然而，这种观点在以下两方面仍不尽如人意：第一，我们仍然难以了解这些制度究竟是如何影响技术采用的。更重要的是第二点，为什么有些国家选择设置技术采用壁垒,而其他国家则没有设置壁垒,这个问题仍然悬而未决。下一节将讨论包含内生技术决策的技术扩散模型,该模型将弥补上述第一方面的不足。本书的第八篇将讨论为什么有些国家会阻碍技术采用的问题。

18.3 技术扩散与内生增长

在上一节中,从企业不进行研发或者投资型活动的意义上说,技术扩散是外生的。本节将引入这些以改进技术为导向的有目的的活动。这一节分为两小节:第一小节中的世界增长率是外生给定的,第二小节中的世界增长率是内生的。

18.3.1 外生的世界增长率

为了尽可能保持形式上的简洁,我将使用第 13 章第 13.1 节中给出的包含扩展机器类别和实验室设备的基本内生技术变化模型,第 13 章中多次提到了该模型。显然,可以将不同类型的内生技术变化模型应用于相同的研究目的。

经济体 $j = 1, \cdots, J$ 在 t 期的总生产函数为

$$Y_j(t) = \frac{1}{1-\beta} \left(\int_0^{N_j(t)} x_j(v,t)^{1-\beta} dv \right) L_j^\beta \qquad (18.7)$$

其中 L_j 为总的劳动投入,并假定为常数;$N_j(t)$ 代表国家 j 在 t 期拥有的机器种类的数量(度量);$x_j(v,t)$ 为 t 期使用的 v 类机器的总量。再次假定每个 x 在使用之后完全折旧。和第 13 章一样,国家 j 的每类机器都由一个技术垄断者所有,该垄断者以利润最大化的(租金)价格 $p_j^x(v,t)$ 售出包含这种技术的机器。该垄断者可以用 $\psi \equiv 1 - \beta$ 单位的最终产品生产出 1 单位机器,其中再次引入标准化处理以简化表达。

由于不存在国际贸易,一国的企业只能使用由其国内技术垄断者提供的技术。该假定引入了不同国家知识存量的潜在差异。

每个国家的代表性家庭都具有如(18.6)式给出的相同偏好,但不存在人口增长,即对于所有的 j,有 $n_j = 0$。新类型的机器仍通过投资产生,因此在每个时期每个国家的资源约束为

$$C_j(t) + X_j(t) + \zeta_j Z_j(t) \leq Y_j(t) \qquad (18.8)$$

其中 $X_j(t)$ 为 t 期在投入品上的投资或支出,$Z_j(t)$ 为 t 期在技术采用上的支出,

这种支出可能采取研发的形式，也可能采取比如购买或租赁包含新技术的机器的形式。参数 ζ_j 表示决定国家间技术采用成本差异的潜在原因，可能是源于帕伦特和普雷斯科特（1994）强调的创新的制度壁垒，也可能是由于对研发和技术的补贴或者其他税收政策，还要可能是国家 j 的劳动力拥有的人力资本的函数，即纳尔逊和菲尔普斯（1966）强调的人力资本在技术采用中的作用。

这里的模型与第 13 章中的框架有一个主要区别，即创新可能性边界现在采用如下形式：

$$\dot{N}_j(t) = \eta_j \left(\frac{N(t)}{N_j(t)}\right)^\phi Z_j(t) \tag{18.9}$$

其中对于所有的 j，有 $\eta_j > 0$，$\phi > 0$，所有经济体的 ϕ 相等。这种形式的创新可能性边界与（18.3）式的基本思路一致，但现在重要的不是绝对技术差异而是技术差异的比例。采用这种函数形式是出于简便的考虑。假定每个经济体的初始技术存量为 $N_j(0) > 0$。最后，如上所述，不同种类的世界技术边界的外生扩张速度为 $g > 0$，即

$$\dot{N}(t) = gN(t) \tag{18.10}$$

第 13 章中的分析意味着经济体 j 中的一个技术垄断者在 t 期的利润流为 $\pi_j(t) = \beta L_j$。假定存在一个稳态（平衡增长路径）均衡，其中利率 $r_j^* > 0$ 为某个常数。那么一台新机器的净贴现值为

$$V_j^* = \frac{\beta L_j}{r_j^*}$$

如果在稳态时各国的增长率相同，那么 $N_j(t)$ 的增长率也为 g，因此 $N_j(t)/N(t)$ 保持不变，比如说为某个常数 μ_j^*。在这种情况下，增加 1 单位的技术支出将产生的利润为 $\eta_j(\mu_j^*)^{-\phi}V_j^*$，成本为 ζ_j。那么自由进入条件（存在生产活动的情况下）要求

$$\mu_j^* = \left(\frac{\eta_j \beta L_j}{\zeta_j r^*}\right)^{1/\phi} \tag{18.11}$$

这里仍然应用了如下事实：给定（18.6）式表示的偏好，各国之间相同的增长率

意味着各国的利率水平也相同（等于 $r^* = \rho + \theta g$）。

由于更高的 μ_j 意味着国家 j 有更高的技术水平，因而相比其他国家也会更富有，所以（18.11）式表明那些有着更高的创新可能性（由参数来代表 η_j）和更低研发成本（对应着更低的 ζ_j）的国家将会在技术上更先进，并且更富有。如同标准的内生技术变化模型一样，这个方程也包含着规模效应，因此劳动力更丰富的国家将会更富有。这与基本内生技术变化模型中更多的劳动力将导致更快增长的道理是相同的：更多的劳动力意味着对机器更高的需求，因此研发的利润就更高。

命题 18.4 考虑上面给出的内生技术采用模型。假设 $\rho > (1-\theta)g$，那么将存在一个唯一的稳态世界均衡，其中相对技术水平由（18.11）式给定，同时所有国家有相同的增长率 $g > 0$。

此外，从下面的意义上说，这个稳态均衡是全局鞍轨路径稳定的，即从任何初始条件严格为正向量的 $N(0)$ 和 $(N_1(0), \ldots, N_J(0))$ 出发，均衡路径 $(N_1(t), \ldots, N_J(t))$ 均收敛于 $(\mu_1^* N(t), \ldots, \mu_J^* N(t))$。

证明 首先证明这个特定稳态均衡是唯一的稳态均衡，在该均衡中所有国家的增长率相同。然后如同第 13 章一样，考虑每个国家中的技术垄断者的价值函数，并证明每个国家的机器种类数量的增长率必定渐进地为 g。习题 18.11 要求读者完成这个证明。

这个结果和上述分析表明，内生化的技术采用投资导致的均衡模式类似于上一节的情况。主要的区别在于我们现在可以确定影响技术采用速率的因素，并将这些因素与企业的利润激励联系起来。一个明晰的技术决策模型还可以让我们分析技术投资的成本差异如何影响跨国技术差异和收入差异（参见习题 18.12）。

18.3.2 世界的内生增长

在第 18.3.1 节的模型中，世界增长率是外生的，因此是个简化模型。一个更合适的模型将从每个国家的技术采用和研发行为中推导出世界增长率。由于包含着国家之间更多的相互影响，因此一般来说，这种模型更加复杂。此外，还需要花费一定的精力确保世界经济以一个常数内生增长率增长，同时仍然存在一些力量确保国家之间的增长率趋同。很自然地，人们也可能想要建立各国的长期增长率永久不同的模型（比如第 13 章中的习题 13.7）。第 1 章中的事实意味着如果我们思考过去 200 年或者 500 年的情况，则这种长期增长率的差异是存在的，但是在过去大约 60 多年的时间里，持续增长率的差异更小（也就是说二战后世界收入分布的变化很小）。因此，关于跨国长期增长率差异存在与否是一个模型选择问题，该问题部分取决于要考虑一个由长期过渡导致的巨大收入差异模型，还是考虑将过去 200 年或者 500 年近似地看作一种稳态行为。鉴于许多模型都明确探讨了这种增长率差异（包括迄今为止讨论的所有内生技术模型，还可以参考习题 13.7），因此这部分内容将集中讨论在有世界内生技术变化的情况下，使各国增长率趋同的力量。

这里的模型与第 18.3.1 节中的模型有一个主要区别，即不再使用将外生世界增长率水平设定为 g 的世界增长方程（18.10）式，而是使用将世界技术进步与各国技术进步联系起来的方程。特别是，我们将采用最简单的方法加总不同国家的技术，其算数平均值为

$$N(t) = \frac{1}{J} \sum_{j=1}^{J} N_j(t) \tag{18.12}$$

在这个新方程中，$N(t)$ 不再代表世界技术前沿。相反，现在它代表世界的平均技术水平，同时由于国家之间存在着某些差异，因此至少对某些国家 j 来说，很自然地有 $N_j(t) > N(t)$。尽管如此，将世界技术等同于各国的平均技术也是对本章观点的一个自然的一般化。这种做法意味着每个国家对世界技术的贡献都是相同的，这是其缺陷之一。习题 18.18 讨论了另外一种将各国技术加总成一个世界技术项的情况，并证明此处的定性结果不依赖于（18.12）式设定的形式。除了（18.12）式之外，第 18.3.1 小节中所有其他的方程仍然成立。

本小节的主要结论就是跨国增长方式与第 18.3.1 小节中的情况类似，但本节的世界经济增长率 g 是内生的，这种内生性源于各国企业的技术投资。假定存在一个稳态世界均衡，其中每个国家的增长率均为 g。那么（18.12）式就意味着世界技术 $N(t)$ 的增长率也为 g。国家 j 的一台新机器的净贴现值仍然为 $\beta L_j / r^*$，同时研发投资的无套利条件意味着对于给定的 g，每个国家 j 的相对技术 μ_j^* 应满足（18.11）式。但是现在将（18.12）式的两边同除以 $N(t)$ 意味着稳态世界均衡必须满足

$$\frac{1}{J} \sum_{j=1}^{J} \mu_j^* = 1$$

$$\frac{1}{J} \sum_{j=1}^{J} \left(\frac{\eta_j \beta L_j}{\zeta_j (\rho + \theta g)} \right)^{1/\phi} = 1 \tag{18.13}$$

其中第二行应用了（18.11）式给出的关于 μ_j^* 的定义，并且将相同的利率 r^* 作为世界增长率的函数。在（18.13）式中唯一的未知参数是 g。此外，该左边对 g 明显是严格递减的，因此 g 最多只有一个值，比如说 g^*，满足这个方程。下面是确保世界增长率为正值的充分必要条件（参见习题18.14）：

$$\frac{1}{J}\sum_{j=1}^{J}\left(\frac{\eta_j \beta L_j}{\zeta_j \rho}\right)^{1/\phi} > 1 \tag{18.14}$$

命题 18.5　假定（18.14）式成立，并且（18.13）式的唯一解 g^* 满足 $\rho > (1-\theta)g^*$。那么将存在唯一的稳态世界均衡，其中世界增长率为 g^*，并且所有国家的增长率也为 g^*。该增长率是内生的，并由每个国家的技术和政策决定。特别是，对于任何国家 $j=1,\cdots,J$ 来说，更高的 η_j 或者 L_j，更低的 ζ_j 将提高世界增长率。

证明　参见习题18.15。

关于这一均衡有几个特点值得关注。第一，给定世界增长率，均衡的结构类似于命题18.4中的情形。因此，所有国家有相同的增长率，创新可能性边界 η_j 在各国之间的差异、劳动规模 L_j 以及技术投资 ζ_j 潜在扭曲的程度，将导致国家间的收入水平差异，这些都有着类似于命题18.4的直观感受。更有趣的是，本质上与第18.3.1节中相同的模型现在给出的是一个内生的世界经济增长率。特别是，从每个国家的积累行为将决定世界增长率的意义上说，虽然每个国家的增长看起来是外生的，但是世界的增长率是内生的，并且源于各国企业的投资。因此这个模型为分析世界增长过程提供了一个相比于纯粹的外生增长模型和纯粹的内生增长模型都更令人满意的框架。在现在的模型中，技术进步和经济增长是世界各国投资的结果，但在世界经济中存在着足够强大的力量（通过技术溢出）使相对落后的国家接近世界平均水平，确保所有国家的长期增长率相同。自然地，各国相同的增长率仍然与国家之间巨大的收入水平差异同时存在（参见习题18.12）。

命题18.5应用了一系列简化假设。首先，各国有相同的贴现率。这只是出于简化的目的，习题18.13考察了各国贴现率不同的情况。其次，命题18.5只是描述了稳态均衡。由于区块递归性在此动态系统中不存在，因此转移动态更加复杂。我们需要同时对刻画所有国家均衡路径的微分方程进行分析，但仍然能够证明稳态世界均衡的局部稳定性，习题18.16对此进行了证明。

18.4 适宜、非适宜技术和生产率差异

从世界知识存量到各国生产中使用的技术集合，目前本章讨论的模型都明确指出了技术扩散是一个缓慢的过程。这是由于存在某些高成本（且缓慢的）技术吸收过程或者技术采用壁垒。但是如本章开头所说的，在我们生活的这个高度全球化的世界中，信息技术和信息流动使技术蓝图很容易为世界上大多数个人和企业获得，因此我们有望看到国家间技术转让的速度会很快。那么，为什么创意的迅速扩散并没有消除全部或者至少大部分国家间的技术差异呢？稍后将讨论阻碍技术扩散的制度或政策壁垒，本节和下一节将集中讨论即使在创意自由流动的条件下，仍然会存在巨大的技术差异和收入差异。

第一种可能性是，即使所有的技术差异都消失了，生产率差异仍然会继续存在，其原因是各国生产的组织方式不同，生产中无效率的程度也有差别。下一节将会讨论这种可能性。另一个重要的思想是，世界技术前沿中的技术可能与特定国家的需求不符，因此引进最先进的前沿技术难以确保所有国家的生产率都处于同一水平。从某种程度上说，这一思想既简单又有吸引力。各种技术和技能都包含着种种互补的特性集合，而且不同国家的这种集合是不同的，因此在给定技能和能力的情况下，不能保证在美国或者瑞士可以很好地发挥作用的新技术在尼日利亚或者土耳其也能很好地发挥作用。但是如果不能明确指出使某些技术在某些国家可以很好地发挥作用，而在其他国家不能很好地发挥作用的这些特征，那么这种思想就没有什么解释力。本节将讨论这种思想的三个可能具有理论和经验吸引力的版本。首先，我将讨论外生（比如地理）条件上的差异如何使相同的技术集合在不同地区产生不同的生产率。其次，我将证明国家间资本密集度的差异可能会改变不同类型技术的适用性。最后，各国技能供给的差异会影响前沿技术对发展中国家的适用性，本节的大部分内容将讨论这种影响。在此背景下，我将证明技术适宜性的程度可能在世界均衡中内生决定，同时我会给出一个值得特别关注的经济增长模型，其中劳动被配置于不同的部门。

18.4.1 非适宜技术

可以通过一个医疗创新的例子恰当地解释非适宜技术的概念。假定国家 j 在 t 期的生产率为 $A_j(t)$，它是一国是否拥有某种有效疗法以治疗其人口所患的某种疾病的函数。假定存在两种不同的疾病：心脏病和疟疾。国家 $j = 1, \ldots, J'$ 的人

口患有疟疾而没有心脏病，而国家 $j = J' + 1, \ldots, J$ 的人口则患有心脏病而没有疟疾。如果国家 j 无法治愈其人口所患的疾病，那么此国家的生产率为 $A_j(t) = \underline{A}$，如果出现了治疗这种疾病的方法，则为 $A_j(t) = \overline{A}$。现在假定出现了治愈心脏病的一种新疗法，并且对于所有国家来说，这种治疗方法都是免费的。此时，国家 $j = J' + 1, \ldots, J$ 的生产率由 $\underline{A}$ 提高到 $\overline{A}$，但是国家 $j = 1, \ldots, J'$ 的生产率仍然为 $\underline{A}$。这个简单的例子解释了世界前沿技术可能与某些国家的需求不相适应（在这个例子中，有 J' 个国家的人口患有疟疾）。实际上在这个极端例子中，世界上所有国家都可以免费获得的技术进步提高了部分国家的生产率，同时导致国家间产生了收入差异。

我们有理由认为这个问题很重要吗？答案可以是肯定的，也可是否定的。我们可以顺理成章地认为，新技术应该最好地适应 OECD 国家的条件和需求，因为这些国家不仅是新技术最大的市场，而且是世界上新知识的生产者（参见下面的第 18.4.3 小节）。虽然如此，与预防疾病的问题不同，导致这种不适宜性的很多明显且固定的国家特征并不存在。相反，适宜技术更有可能在如下背景下成为重要问题，即通过工艺创新和产品创新提高生产率的新技术是否能在要素密集度不同的情况下很好地发挥作用。第 18.4.2 小节和第 18.4.3 小节集中讨论了在不同的资本劳动比和技能劳动与非技能劳动比的情况下，相比最初的设计目标，发达国家研发的技术是否能够得到有效使用。

18.4.2 资本劳动比和非适宜技术

阿特金森和斯蒂格利茨（Atkinson and Stiglitz，1969）的一篇经典论文讨论了一种实用的技术变化建模方法，他们在给定资本劳动比的情况下，将技术变化视为移动的等产量线（提高了生产率）。例如，存在一个使用某种特定机器，比如说某种拖拉机的农场，并且农场中只有一个工人，该农场可能会发现提高工人生产率的办法。任何使用同型号拖拉机并雇用一个工人的农场都可以使用这个创新。但是，对于使用耕牛或者比较落后的拖拉机的农场来说，这种创新没有什么价值，甚至对于那些使用更先进的拖拉机的农场来说，也是如此。因此，技术变化对应着某些特定的资本劳动比，面对不同的资本劳动比，技术变化带来的收益也不同。这个事实对于理解跨国收入差异具有重要意义。如果研发的新技术是面向生产过程具有高资本密集度的 OECD 成员国，那么这些技术对那些劳动力资源丰富的欠发达国家来说可能没有什么价值，相比 OECD 成员国，这些欠发达国家大部分生产活动的资本劳动比更低。巴苏和韦尔（Basu and Weil，1998）在一个索洛增长模型的框架下讨论了这个问题,下面将给出其论证的一个简化版本。

假定一国工人的人均产出为

$$y \equiv \frac{Y}{L} = A(k \mid k')k^{1-\alpha}$$

其中为了简化符号省略了时间和国家下标,$k \equiv K/L$ 为该国的资本劳动比,$A(k \mid k')$ 为原本设计成与资本劳动比 k' 相适应的技术的(全要素)生产率,但实际的资本劳动比为 k。假设一项设计成与资本劳动比 k' 相适应的技术被用于资本劳动比较低的情况中,此时便存在着效率损失。特别地,对于某个 $\gamma \in (0,1)$,我们假定

$$A(k \mid k') = A \min \left\{ 1, \left(\frac{k}{k'} \right)^\gamma \right\}$$

同时假定新技术由具有更高资本劳动比的较富裕国家研发出来。那么一个资本劳动比为 $k < k'$ 的欠发达国家的生产率为

$$y = A(k \mid k')k^{1-\alpha} = Ak^{1-\alpha+\gamma}(k')^{-\gamma} \tag{18.15}$$

由(18.15)式容易知道,即便使用相同的技术进行生产,欠发达国家的生产率也要低于发达国家的生产率。此外,这些国家与技术发达国家之间生产资本密集程度的差距越大,这种生产率上的劣势就越大。依赖于参数值 γ 的大小,这种非适宜技术的影响对于理解跨国收入差异可能非常重要。与第 2 章和第 3 章一样,我们认为 $\alpha \approx 2/3$。在这种情况下,如果各国可以获得相同的技术并且不存在非适宜技术的问题,那么一个资本劳动比比另一个国家高 8 倍的国家,其收入仅仅是另一个国家的 2 倍。但是如果 $\gamma = 2/3$,并且拥有较高资本劳动比的国家掌握着由方程 $A(k \mid k')$ 确定的前沿技术水平 k',那么将产生 8 倍的收入差距,而不是忽略技术适宜问题的模型得出的 2 倍的收入差距。因此,即使所有国家都可以获得相同的技术,非适宜技术也可能会提高相应的跨国收入差异。习题 18.20 给出了有关这个模型的更多细节。

18.4.3 内生技术变化和适宜技术

第 18.4.2 节中讨论的阿特金森和斯蒂格利茨以及巴苏和韦尔的方法强调了富国和穷国之间的资本密集度差异。第 18.1 节中讨论的证据表明,人力资本的差异对技术采用来说可能尤为重要。此外,在过去 30 年中,不管是发达国家还

是许多发展中国家都引进了一系列技能偏向型技术。鉴于这种情况，前沿技术要求的技能与欠发达国家工人技能的错配可能要比资本密集度差异更为重要。在这一小节中我将概述我和齐利博蒂（Acemoglu and Zilibotti，2001）的模型，该模型强调了发达国家研发的技术与欠发达国家的劳动力技能错配的影响。此外，该模型使我们可以在跨国生产率差异的背景下采用第15章给出的与定向技术变化相关的观点，同时为我们提供了一个容易分析的多部门增长模型。

世界经济由两组国家组成，即北方国家和南方国家，并与第15章一样，经济体中存在着技能和非技能两类工人。在北方国家和南方国家之间存在着两点差异：第一，所有研发和创新都出现在北方国家（因此北方国家近似于OECD成员国，或者是美国等其他发达经济体）。南方国家只是简单地模仿北方国家的技术。由于南方国家缺乏对知识产权的保护，所以北方国家的企业才是新技术的主要市场。第二，北方国家相比南方国家拥有更多的技能；特别有

$$H^n/L^n > H^s/L^s$$

其中 H^j 代表国家 j 拥有的技能工人的数量，L^j 为非技能工人的数量。用 $j = n$ 或 s 代表北方国家或南方国家，并假定存在大量的北方和南方国家。这些国家中不存在人口增长，也没有贸易往来。自始至终假定所有国家都可以获得相同的技术集合，因此也不存在技术扩散缓慢的问题。所有的生产率差异都源于技术和技能的潜在错配。

关于偏好，假定所有国家都存在一个具有标准偏好的代表性家庭，比如（18.6）式给出的偏好，同时由于没有人口增长，因此 $n_j = 0$。与第14章第14.4节中的（14.59）式一样，各国使用1单位的中间产品按柯布–道格拉斯总量生产函数生产最终产品，具体表示为

$$Y_j(t) = \exp\left(\int_0^1 \log y_j(i,t) di\right) \tag{18.16}$$

其中 $Y_j(t)$ 为国家 j 在 t 期拥有的最终产品数量，$y_j(i,t)$ 为中间产品的产出。照例，总产出被用于消费 $C_j(t)$、中间产品支出 $X_j(t)$，以及北方国家的研发支出 $Z_j(t)$。南方国家不进行研发活动，但可以应用北方国家开发的技术。

假定在 t 期国家 j 用于生产中间产品的技术为

$$y_j(i,t) = \frac{1}{1-\beta}\left(\int_0^{N_L(t)} x_{L,j}(i,v,t)^{1-\beta}dv\right)((1-i)l_j(i,t))^\beta \quad (18.17)$$
$$+ \frac{1}{1-\beta}\left(\int_0^{N_H(t)} x_{H,j}(i,v,t)^{1-\beta}dv\right)(i\omega h_j(i,t))^\beta$$

这一中间产品生产函数有几点值得注意。首先，每种中间产品都可以通过两种技术生产出来，与一种技术匹配的是技能工人，与另外一种技术匹配的是非技能工人。此处 $l_j(i,t)$ 是 t 期国家 j 进行中间产品 i 生产的非技能工人的数量。方程 $h_j(i,t)$ 的定义与此类似。第二，技能和非技能工人在不同行业中有不同的生产率，包括跨国比较优势的形式。特别地，生产函数（18.17）式中的 $1-i$ 和 i 项意味着技能工人在有上标的（higher indexed）中间产品生产上更有效率，而非技能工人在有下标的（lower indexed）中间产品生产上具有比较优势。第三，技能工人同样具有绝对优势，这体现在参数 ω 上，且被假定为大于1。第四，如包含机器类别的标准模型一样，$x_{L,j}(i,v)$ 代表与非技能工人一起用于生产 v 类机器的数量，$x_{H,j}(i,v)$ 的定义与此类似。这部分生产函数与第15章中使用的生产函数相同。与技能工人和非技能工人相匹配的机器类别的数量不同，且分别为 $N_L(t)$ 和 $N_H(t)$。这里的重点是这些数量并不用标示 j，因为一切技术可以为所有国家获得。因此我们忽略了技术扩散缓慢的问题，而把注意力集中在纯粹由非适宜技术导致的差异上。最后，按通常做法，引入 $1/(1-\beta)$ 项是为了便于标准化。

我们假定最终产品部门和劳动力市场都是竞争性的。与第13章和第15章中的情况相同，一个技术垄断者生产这些机器的边际成本为 ψ。用 $p^x_{L,j}(v,t)$ 和 $p^x_{H,j}(v,t)$ 代表这些机器的价格，即 t 期国家 j 在两个部门中使用的 v 类机器的价格。注意由于这些机器不是部门专用的机器，所以这些价格都不依赖于 i。与第13章和第15章一样，最终产品生产者的利润最大化行为会产生如下对机器的需求：

$$x_{L,j}(i,v,t) = \left[p_j(i,t)((1-i)l_j(i,t))^\beta / p^x_{L,j}(v,t)\right]^{1/\beta}$$
$$x_{H,j}(i,v,t) = \left[p_j(i,t)(i\omega h_j(i,t))^\beta / p^x_{L,j}(v,t)\right]^{1/\beta}$$

其中 $p_j(i,t)$ 是 t 期国家 j 中以最终产品（设定为每个国家的计价物）衡量的中间产品 i 的相对价格。北方国家的技术垄断者发明出各类机器，所以这里的分析与第13章和第15章的分析相同。此外，为了确保北方国家和南方国家具有相同的经济状况，假定在每个南方国家中有一个技术企业应用（模仿）了由北方国家发明的新机器（零成本），同时作为垄断供给方向本国生产者提供机器。此外，南方企业生产机器的边际成本与北方国家发明者的生产成本相同，等于 $\psi > 0$。

照例，对机器需求的不变弹性意味着技术垄断者利润最大化的价格是边际成本之上的一个常数加成，并将这个边际成本标准化为 $\psi \equiv 1 - \beta$。北方国家和南方国家的对称性意味着机器的价格，进而机器的需求对所有国家来说都具有相同形式。特别地，我们得到任意国家 j 的部门的产出为

$$y_j(i,t) = \frac{1}{1-\beta} p_j(i,t)^{(1-\beta)/\beta} \left[N_L(t)(1-i)l_j(i,t) + N_H(t)i\omega h_j(i,t) \right] \quad (18.18)$$

对于每个国家来说，$N_L(t)$ 和 $N_H(t)$ 为状态变量。给定这些变量后就可以直接刻画均衡。特别是，下面的命题确定了每个国家的均衡结构。

命题 18.6 在任意国家 j 中，给定世界技术 $N_L(t)$ 和 $H_H(t)$，存在一个临界部门 $I_j(t) \in [0,1]$，使技能工人仅在部门 $i > I_j(t)$ 中工作，即对于所有的 $i < I_j(t)$，有 $h_j(i,t) = 0$，同时对于所有的 $i > I_j(t)$，有 $l_j(i,t) = 0$。

此外，各部门价格和劳动的配置满足对于所有的 $i < I_j(t)$，有

$$p_j(i,t) = P_{L,j}(t)(1-i)^{-\beta} \text{ 和 } l_j(i,t) = L_j/I_j(t)$$

同时对于所有的 $i > I_j(t)$，有

$$p_j(i,t) = P_{H,j}(t)i^{-\beta} \text{ 和 } h_j(i,t) = H_j/(1-I_j(t))$$

其中正的 $P_{L,j}(t)$ 和 $P_{H,j}(t)$ 可以被分别解释为劳动密集型中间产品和技能密集型中间产品的价格指数。

证明 参见练习 18.21。

应用命题 18.6，给定世界技术 $N_L(t)$ 和 $N_H(t)$，就可以直接刻画出均衡。特别是，(18.16) 式给出的最终产品部门的技术意味着国家 j 在 t 期的价格指数必须满足

$$\frac{P_{H,j}(t)}{P_{L,j}(t)} = \left(\frac{N_H(t)\omega H_j/(1-I_j(t))}{N_L(t)L_j/I_j(t)} \right)^{-\beta} \quad (18.19)$$

此外，t 期国家 j 的临界部门 $I_j(t)$ 对于使用技能工人进行生产和非技能工人（以及

749

技术）进行生产是没有区别的，因此有 $P_{L,j}(t)(1-I_j(t))^{-\beta} = P_{H,j}(t)I_j(t)^{-\beta}$。将此表达式与（18.19）式合并得到

$$\frac{P_{H,j}(t)}{P_{L,j}(t)} = \left(\frac{N_H(t)}{N_L(t)}\frac{\omega H_j}{L_j}\right)^{-\beta/2} \quad (18.20)$$

同时均衡临界部门 $I_j(t)$ 由下面的方程唯一确定

$$\frac{I_j(t)}{1-I_j(t)} = \left(\frac{N_H(t)}{N_L(t)}\frac{\omega H_j}{L_j}\right)^{-1/2} \quad (18.21)$$

合并这两个方程，可以推导出国家 j 的总产出水平为

$$Y_j(t) = \exp(-\beta)\left[(N_L(t)L_j)^{1/2} + (N_H(t)\omega H_j)^{1/2}\right]^2 \quad (18.22)$$

同时技能溢价为

$$\frac{w_{H,j}(t)}{w_{L,j}(t)} = \omega\left(\frac{N_H(t)}{N_L(t)}\right)^{1/2}\left(\frac{\omega H_j}{L_j}\right)^{-1/2} \quad (18.23)$$

（参见习题18.22）。从（18.22）式中显然可以看出该均衡的一个有趣特点，即在这个多部门模型的均衡配置中，产出水平与一个替代弹性为2的固定替代弹性生产函数相同。实际上更常见的情况是，通过改变不同部门中技能工人和非技能工人的比较优势模式，可以得到替代弹性不同的总生产函数。

上面刻画的均衡已经表明，两类技术 $N_L(t)$ 和 $N_H(t)$ 对拥有不同要素比例的国家有不同的生产率影响。例如，考虑极端情况 $H^s = 0$，也即在南方国家中不存在技能工人。因此 $N_H(t)$ 的上升会提高北方的生产率，但对南方国家没有影响。自然地，如果北方国家和南方国家中都存在技能和非技能工人，两种技术变化的影响就没有那么极端，此时一般化的原则仍然成立：$N_H(t)$ 相对于 $N_L(t)$ 的上升给技能丰富的北方国家带来的好处要多于缺乏技能的南方国家。反之，$N_L(t)$ 的上升会给南方国家带来更多的好处。因此问题就变成世界技术是与北方国家的需求更一致，还是与南方国家的需求更一致。此时，由北方国家开发新技术以及在南方国家对北方国家研发技术的知识产权没有保护这两个特征就变得十分重要。这些特征意味着新技术是按照北方国家的需求而开发设计的。

应用第15章的定向技术变化模型中的最简单版本（如第15.3节中的实验室设备模型）并假定

$$\dot{N}_L(t) = \eta Z_L(t) \text{ 和 } \dot{N}_H(t) = \eta Z_H(t) \quad (18.24)$$

为了简便，假定 η_L 和 η_H 相等，除此之外，上式与第 15.3 节中的创新可能性前沿相同。均衡和平衡增长路径的定义均与通常情况一样。根据第 15.3 节的分析，并给定相关市场的规模 H^n 和 L^n（因为研究企业只能将其技术出售给北方国家的企业），会得到以下命题。

命题 18.7 给定（18.24）式中给出的定向技术变化中的实验室设备型创新这一设定，同时在南方国家中不存在知识产权保护，包含北方国家相对价格的唯一平衡增长路径为

$$\frac{P_H^n}{P_L^n} = \left(\frac{\omega H^n}{L^n}\right)^{-\beta}$$

世界相对技术比率为

$$\left(\frac{N_H}{N_L}\right)^* = \frac{\omega H^n}{L^n} \quad (18.25)$$

此外，北方国家的临界部门满足

$$\frac{1 - I^{n*}}{I^{n*}} = \frac{\omega H^n}{L^n}$$

同时技能溢价为

$$\left(\frac{w_H^n}{w_L^n}\right)^* = \omega$$

这个唯一的平衡增长路径是全局（鞍轨路径）稳定的。

证明 参见习题 18.23。

为理解定向技术变化对跨国生产率差异的影响，我们引入三个简单概念：净产出、人均收入、有效劳均收入，分别为

$$Y_j^N \equiv Y_j - X_j, \; y_j \equiv \frac{Y_j}{L_j + H_j} \text{ 和 } y_j^{\text{eff}} \equiv \frac{Y_j}{L_j + \omega H_j}$$

这些变量是劳动供给和相对技术，即 N_H/N_L 的函数。为了简化符号，我对这些方

程进行了简化处理。

下面的结果表明,稳态技术完全适合北方国家的情况(要素比例),因此出现了北方国家和南方国家之间的内生收入差异。

命题 18.8 考虑上面讨论的模型,有

1. 平衡增长路径技术比率 $(N_H/N_L)^*$ 如下:给定不变的 N_H+N_L,北方国家的净产出达到唯一的最大化水平 Y_n^N,且该产出水平是相对技术 N_H/N_L 的函数。

2. 对于稳态均衡技术比率 $(N_H/N_L)^*$,有 $y_n>y_s$ 以及 $y_n^{\text{eff}}>y_s^{\text{eff}}$。

证明 参见习题 18.24。

这个命题给出了两个重要结果。第一,稳态均衡技术与北方国家的需要完全相符。这是一个直观的结果,因为科研企业的活动定位于北方国家市场(特别是有关北方国家技能的供给)。此外,存在着唯一的最大值 Y_n^N(给定全部技术为 N_H+N_L),这也意味着给定相似的表达式,南方国家的净产出 Y_s^N 不能通过 $(N_H/N_L)^*$ 实现最大化。该命题第二个结果的实质就是,由于技术由北方国家研发出来(现实中大体对应的就是 OECD 国家),同时这些技术是按北方国家的需求设计的,因此不符合南方国家的需求。所以,北方国家的人均收入和有效劳均收入都要高于南方国家。因此定向技术变化过程扩大了国家间收入不平等的程度。应用一个简单校准,我和齐利博蒂(2001)证明,通过这种渠道,技术和技能的错配可能会导致国家间产生巨大的收入差异和生产率差异。

18.5 合同制度和技术采用

技术差异和技术采用差异的一个重要决定因素是国家间的制度差异。第 18.2 节模型中的参数 σ_j 在各国之间不同的原因可以被解释为各国不同的政策和制度导致的技术采用壁垒。很自然地,将 σ_j 与这种技术壁垒联系起来是一种相当简化的形式。为进一步理解该问题,我们需要更多有关为什么存在技术采用壁垒以及这些技术壁垒如何影响技术选择的微观模型。本书的第八篇将讨论某些团体想对引进新技术设置壁垒的原因,同时也将讨论哪些因素影响了生产组织的效率。但是在讨论这些模型之前,有必要考察企业与其供给企业(或者其他企业和工人)订立合同的能力差异,这种差异可能对技术采用决策有着第一位的影响。接下来我将简要地讨论一个内生技术应用模型,该模型同样以第 13 章中建立的框架为基础。讨论这个模型的目的是为了阐明合同问题如何导致了各国生产率和技术采用模式的差异。这个模型是我和两位合作者(Acemoglu、Antras and Helpman, 2007) 的模型的一个简化版本。这里讨论的焦点是合同制度如何影响生产企业和供给企业的关系，并进而改变了技术采用的盈利能力。

18.5.1 偏好、技术与市场结构

简便起见，考虑一个静态的世界并集中讨论一个国家。存在一个 $z \in [0,M]$ 的最终产品 $q(z)$ 的连续统，其中，M 代表最终产品的数量（在这里使用 M 的原因是 N 代表技术选择）。所有家庭具有相同的固定替代弹性偏好

$$u = \left(\int_0^M q(v)^\beta dv \right)^{1/\beta} - \psi e, \ 0 < \beta < 1 \tag{18.26}$$

其中 e 为单个家庭的全部工作量，ψ 代表以实际消费衡量的工作成本。参数 $\beta \in (0,1)$ 决定了需求的弹性，同时意味着最终产品之间的替代弹性 $1/(1-\beta)$ 大于 1。(18.26) 式中给出的固定替代弹性偏好意味着需求方程为

$$q(v) = \left(\frac{p(v)}{p^I} \right)^{-1/(1-\beta)} \frac{A}{p^I}$$

对于每个生产者 $v \in [0,M]$ 成立，其中 $p(v)$ 为产品 v 的价格，A 为总支出，并且

$$p^I \equiv \left(\int_0^M p(v)^{-\beta/(1-\beta)} dv \right)^{-(1-\beta)/\beta}$$

为理想的价格指数，将上式作为计价物并满足 $p^I = 1$。所以每个最终产品生产者都面临着一个形式为 $q = Ap^{-1/(1-\beta)}$ 的需求方程，其中 q 为需求数量，p 为价格，由于集中讨论的是单个企业的决策，所以忽略了关于 z 的条件。因此企业的收入函数可以写为

$$R = A^{1-\beta} q^\beta \tag{18.27}$$

生产依赖于企业的技术选择，记为 $N \in \mathbb{R}_+$。更先进的技术需要数量更多的一系列投入品（中间产品），这些投入品由不同的供给企业提供。生产企业和供给企业的交易导致了合同关系。对于每个 $j \in [0,N]$，令 $X(j)$ 为投入品 j 的数量。企业的生产函数同样采用标准的固定替代弹性形式

$$q = N^{\kappa+1-1/\alpha}\left(\int_0^N X(j)^\alpha dj\right)^{1/\alpha} \tag{18.28}$$

其中 $\alpha \in (0,1)$,因此投入品之间的替代弹性 $\varepsilon \equiv 1/(1-\alpha)$ 总是大于 1。此外,$\kappa > 0$。对固定替代弹性总生产函数的标准设定不包含 $N^{\kappa+1-1/\alpha}$ 项(比如隐含地设定 $\kappa = 1/\alpha - 1$)。在这种情况下,与第 12 章中的第 12.4 节一样,当 $X(j) = X$ 时,总产出为 $q = N^{1/\alpha}X$,并且投入品之间的替代弹性和产出对技术变化 N 的弹性都取决于参数 α。在积分前引入 $N^{\kappa+1-1/\alpha}$ 项区分了这两种弹性。

能够生产必要投入品的利润最大化的供给企业大量存在。假定每个供给企业有相同的外部选择权 $w_0 > 0$。暂且假定 w_0 为给定的,同时假定每种投入品都由不同的供给企业生产,而生产企业需要与该供给企业订立合同(参见习题 18.31 中对这种外部选择权的内生化)。负责生产某种投入品的供给企业需要对 1 单位(对称的)经济活动进行关系专用型投资。每项经济活动的边际成本 ψ 由 (18.26) 式给出。投入品的生产函数为柯布-道格拉斯形式,并且在所有经济活动中都是对称的,即

$$X(j) = \exp\left(\int_0^1 \log x(i,j) di\right) \tag{18.29}$$

其中 $x(i,j)$ 为投入品 j 的供给企业在经济活动 i 上的投资水平。(18.29) 式使合同的不完备性易于参数化,合同的不完备是指生产必需的一组投资是无法验证的,因而无法订立合同。最后我们假定采用技术 N 的成本 $\Gamma(N)$ 满足:

1. 对于所有的 $N > 0$,$\Gamma(N)$ 二阶可导,$\Gamma'(N) > 0$ 且 $\Gamma''(N) > 0$。
2. 对于所有的 $N > 0$,$N\Gamma''(N)/[\Gamma'(N) + w_0] > [\beta(\kappa+1) - 1]/(1-\beta)$。第二个假定引入了足够的凸性以确保内部解。

生产企业和供给企业之间的关系要求双方订立的合同能够确保供给企业提供的是合乎要求的投入品。令对供给企业 j 的支付包括两部分:投资 $x(i,j)$ 之前的事前支付 $\tau(j) \in \mathbb{R}$,投资之后的支付 $s(j)$。因此包括供给企业外部选择权在内的供给企业 j 的利润为

$$\pi_x(j) = \max\left\{\tau(j) + s(j) - \int_0^1 \psi x(i,j) di, w_0\right\} \tag{18.30}$$

类似地,生产企业的利润为

$$\pi = R - \int_0^N [\tau(j) + s(j)]dj - \Gamma(N) \qquad (18.31)$$

其中 R 为营业收入，等式右边的其他两项为成本。将（18.28）式和（18.29）式代入（18.27）式，营业收入可以表示为

$$R = A^{1-\beta} N^{\beta(\kappa+1-1/\alpha)} \left[\int_0^N \left(\exp\left(\int_0^1 \log x(i,j)di \right) \right)^\alpha dj \right]^{\beta/\alpha} \qquad (18.32)$$

18.5.2 完备合同时的均衡

作为基准，考虑完备合同的理想情形，其中生产企业能够完全控制其投资，同时向每个供给企业给予其外部选择权。因此，完备合同对应着完全市场的情形，同时所有（质量不同的）投入品都能以准竞争的方式买卖。截至目前本书中讨论的大多数模型都假定了完备合同。虽然对于许多商品来说这是一个很好的近似，但是完备合同（或者对应的完全市场）并不总是能刻画生产企业与其供给企业之间的真实关系，尤其是合同制度存在缺陷时更是如此，此时用法庭或其他法律手段制裁那些违反合同的企业，成本可能很高。

在分析不完备合同时的技术采用之前，首先考虑一个博弈，其中生产企业选择的技术水平为 N，且对每个投入品 $j \in [0, N]$ 的合同要价为 $[\{x(i,j)\}_{i \in [0,1]},\{s(j),\tau(j)\}]$。如果供给企业接受有关投入品 j 的合同，那么就有义务按合同规定提供 $\{x(i,j)\}_{i \in [0,1]}$，进而获得收入 $\{s(j),\tau(j)\}$。该博弈的子博弈完美均衡（SPE）是一个满足供给企业最大化（18.30）式和生产企业最大化（18.31）式的生产企业和供给企业的策略组合。子博弈完美均衡也可以表示为下式的一个解：

$$\max_{N, \{x(i,j)\}_{i,j}, \{s(j), \tau(j)\}_j} R - \int_0^N (\tau(j) + s(j))dj - \Gamma(N) \qquad (18.33)$$

上式的约束条件为（18.32）式，同时，供给企业的参与约束为对于所有的 $j \in [0, N]$，有

$$s(j) + \tau(j) - \psi \int_0^1 x(i,j)di \geq w_0 \qquad (18.34)$$

由于生产企业不需要向供给企业支付租金，因此其支付的 $s(j)$ 和 $\tau(j)$ 使

(18.34）式以等式成立。此外，完备合同使 $s(j)$ 和 $\tau(j)$ 为完全替代品，因此重要的是两者之和 $s(j) + \tau(j)$。

此外，由于生产企业的目标函数（18.33）式对投资水平 $x(i, j)$ 是（联合）凹的，并且这些投资的成本都是相同的，因此，对于所有经济活动，生产企业选择对所有投入品进行相同的投资 x。现将（18.34）式代入（18.33）式中，我们得到如下更简单的无约束的生产企业最大化问题：

$$\max_{N,x} A^{1-\beta} N^{\beta(\kappa+1)} x^\beta - \psi N x - \Gamma(N) - w_0 N \quad (18.35)$$

该最大化问题的一阶条件意味着

$$(N^*)^{\frac{\beta(\kappa+1)-1}{1-\beta}} A\kappa \beta^{1/(1-\beta)} \psi^{-\beta/(1-\beta)} = \Gamma'(N^*) + w_0 \quad (18.36)$$

$$x^* = \frac{\Gamma'(N^*) + w_0}{\kappa \psi} \quad (18.37)$$

可以通过递归方法求解（18.36）式和（18.37）式。上面对函数 Γ 的限制条件确保了（18.36）式将得到 N^* 的唯一解，将这个解代入（18.37）式将得出 x^* 的唯一解。

如果所有的投资水平都相同且为 x，那么产出为 $q = N^{\kappa+1} x$。由于投入生产过程中的投入品数量为 $NX = Nx$，对生产率的一个自然度量就是用产出除以全部投入品，即 $P = N^\kappa$。在完备合同的情况下，这个生产率水平为 $P^* = (N^*)^\kappa$，该生产率随技术水平的递增而递增。下面的命题总结了这个分析。

命题 18.9 考虑上面讨论的模型，给定 A，并假定合同是完备的，那么将存在一个唯一的子博弈完美均衡，其中技术水平 $N^* > 0$ 和投资水平 $x^* > 0$ 分别由（18.36）式和（18.37）式给出。在这个子博弈完美均衡中还有

$$\frac{\partial N^*}{\partial A} > 0, \frac{\partial x^*}{\partial A} \geq 0 \text{和} \frac{\partial N^*}{\partial \alpha} = \frac{\partial x^*}{\partial \alpha} = 0$$

证明 参见习题 18.27。

在完备合同的情况下，由于更大的市场规模使供给企业和生产企业的投资收益更高，因此市场规模（从个体企业为外生的角度来说对应着 A）对投入品供给企业的投资和生产率有正向影响。该命题另一个值得注意的含义是，在完备合同的情况下，技术水平进而生产率都不依赖于投入品之间的替代弹性 $1/(1 - \alpha)$。

18.5.3 不完备合同时的均衡

接下来在相同的经济环境下讨论不完备合同。我们对合同制度的不完备性建模，首先假定存在 $\mu \in [0,1]$，满足对于每种投入品 j，投资行为 $0 \leq i \leq \mu$ 是可观察的、可验证的，因而也是可订立合同的，而对经济活动的投资行为 $\mu < i \leq 1$ 则不能订立合同。因此，合同规定了对 μ 种可订立合同的经济活动的投资水平 $x(i,j)$，但没有规定对余下的 $1 - \mu$ 种不能订立合同的经济活动的投资水平。相反，供给企业选择在不能订立合同的经济活动上进行投资，以期获得事后的收入，并且供给企业可能不向生产企业提供有关这些经济活动的服务。在合同制度不完善的国家，μ 较低，因此只有一小部分交易是可以订立合同的，而在合同制度更加健全的国家，μ 比较高。

事前不能订立合同的经济活动产生的事后收入分配取决于生产企业与其供给方之间的多边讨价还价。明确的讨价还价协定决定了供给企业的投资激励以及生产企业投资的利润率。首先考虑各种事件的时序：

- 生产企业采用技术 N 并且对每种投入品 $j \in [0,N]$ 给出的要约为 $\left[\{x_c(i,j)\}_{i=0}^{\mu}, \tau(j) \right]$，其中 $x_c(i,j)$ 为某个可订立合同的经济活动的投资水平，$\tau(j)$ 是对供给企业 j 的提前支付。参数 $\tau(j)$ 可以为正，也可为负。
- 潜在供给企业决定是否接受合同。接着生产企业选择 N 个供给企业，每个企业生产一种投入品 j。
- 对所有的 $i \in [0,1]$，所有供给企业 $j \in [0,N]$ 同时选择投资水平 $x(i,j)$。供给厂商在可订立合同的经济活动 $i \in [0,\mu]$ 中的投资为 $x(i,j) = x_c(i,j)$。
- 供给企业和生产企业针对收入分配讨价还价，并在这个阶段中供给企业可以拒绝向不能订立合同的经济活动提供服务。
- 产品生产出来后被出售，同时收入 R 按照讨价还价的协议进行分配。

假定讨价还价协议将导致沙普利值（Shapley value），对于这个多边讨价还价博弈来说，沙普利值是一个自然解的概念（第 18.5.4 节将进一步讨论这一概念）。给定这个讨价还价结果，我们现在可以刻画出这个博弈的对称子博弈完美均衡。

对称子博弈完美均衡行为可以表示为一个元组 $\{\tilde{N}, \tilde{x}_c, \tilde{x}_n, \tilde{\tau}\}$,其中 $\tilde{N}$ 代表技术水平,$\tilde{x}_c$ 代表对可订立合同的经济活动进行的投资,$\tilde{x}_n$ 代表对不可订立合同的经济活动进行的投资,$\tilde{\tau}$ 代表对每个供给企业的提前支付。也就是说,对于每个 $j\in[0,\tilde{N}]$,提前支付为 $\tau(j)=\tilde{\tau}$;对于 $i\in[0,\mu]$,投资水平为 $x(i,j)=\tilde{x}_c$;对于 $i\in(\mu,1]$,投资水平为 $x(i,j)=\tilde{x}_n$。请允许我在此冒着滥用术语的风险将对称子博弈完美均衡记为 $\{\tilde{N}, \tilde{x}_c, \tilde{x}_n\}$。

如同扩展型完全信息博弈中的情况一样,对称子博弈完美均衡可以用逆向归纳法刻画。首先,考虑博弈的倒数第二个阶段,其中 N 为技术水平,x_c 代表供给企业对可订立合同的经济活动的投资水平。同时假定除 j 以外的每个供给企业对不可订立合同的经济活动的投资水平为 $x_n(-j)$(所有投资水平都相同,因为这里要构建的是一个对称均衡),供给企业 j 对所有不可订立合同的经济活动的投资水平为 $x_n(j)$。给定这些投资水平,供给企业和生产企业就参与多边讨价还价中。将供给企业 j 从这个讨价还价中获得的收益记为 $\bar{s}_x[N, x_c, x_n(-j), x_n(j)]$。供给企业 j 的最优投资意味着,必须选择 $x_n(j)$ 使下面两者之差最大化:不可订立合同的经济活动的收入 $\bar{s}_x[N, x_c, x_n(-j), x_n(j)]$ 与成本 $(1-\mu)\psi x_n(j)$。在一个对称均衡中有 $x_n(j)=x_n(-j)$;也就是说,x_n 必须是下式给出的一个固定点

$$x_n \in \arg\max_{x_n(j)} \bar{s}_x(N, x_c, x_n, x_n(j)) - (1-\mu)\psi x_n(j) \tag{18.38}$$

(18.38)式可以被看作一个包含着额外对称条件的激励相容约束。将该式写为包含"$\in$"的形式是考虑到该式右边的表达式可能有不止一个最大值,但是这里的模型结构确保了只存在一个最大值,因此可以用"$\in$"来代替等号"$=$"。

在一个对称均衡中,技术为 N,对可订立合同的经济活动的投资为 x_c,对不可订立合同的经济活动的投资为 x_n,生产企业的营业收入由 $R = A^{1-\beta}(N^{\kappa+1}x_c^\mu x_n^{1-\mu})^\beta$ 给定。此外,令 $s_x(N, x_c, x_n) = \bar{s}_x(N, x_c, x_n, x_n)$。那么作为剩余的生产企业夏普利值为

$$s_q(N, x_c, x_n) = A^{1-\beta}(N^{\kappa+1}x_c^\mu x_n^{1-\mu})^\beta - N s_x(N, x_c, x_n)$$

现在考虑生产企业从申请池中选出 N 个供给企业的阶段。如果供给企业预期收入小于其外部选择权 w_0,那么这个申请池为空。因此,为了使生产得以进行,最终产品生产者提供的合同必须满足不完备合同情况下的供给企业的参与约束,即对于满足(18.38)式的 x_n,有

$$\bar{s}_x(N, x_c, x_n, x_n) + \tau \geqslant \mu\psi x_c + (1-\mu)\psi x_n + w_0 \tag{18.39}$$

也就是说，给定 N 和 (x_c, τ)，每个供给企业 $j \in [0, N]$ 都会预期其沙普利值与提前支付之和可以覆盖对可订立合同和不可订立合同的经济活动的投资成本与外部选择权的价值之和。

生产企业的最大化问题可以表示为

$$\max_{N, x_c, x_n, \tau} s_q(N, x_c, x_n) - N\tau - \Gamma(N)$$

约束条件为（18.38）式和（18.39）式。对 τ 不施加限制条件，参与约束（18.39）式以等式成立；否则生产企业可以在不违反（18.39）式的情况下降低 τ，同时提高其利润。因此可以使用这个约束条件确定提前支付 τ，并可将其代入生产企业的目标函数中。这将使最大化问题简化为

$$\max_{N, x_c, x_n} s_q(N, x_c, x_n) + N\left[\bar{s}_x(N, x_c, x_n, x_n) - \mu\psi x_c - (1-\mu)\psi x_n\right] - \Gamma(N) - w_0 N \tag{18.40}$$

约束条件为（18.38）式。

对称子博弈完美均衡 $\{\tilde{N}, \tilde{x}_c, \tilde{x}_n\}$ 为该问题的解，并且相应的提前支付满足

$$\tilde{\tau} = \mu\psi\tilde{x}_c + (1-\mu)\psi\tilde{x}_n + w_0 - \bar{s}_x(\tilde{N}, \tilde{x}_c, \tilde{x}_n, \tilde{x}_n) \tag{18.41}$$

存在不完备合同的关键问题是生产企业对供给企业的提前支付是通过事后的讨价还价决定的，而不是通过合同安排决定的。如上所述，供给企业和生产企业之间不同的讨价还价协定会导致结果略有不同。在当前的情况下最自然的选择是沙普利值，因为沙普利值为多边讨价还价问题提供了一个可行且易于分析的分配规则。对这些结果来说，（18.41）式的推导不是必不可少的，因此我将完整的推导过程放到本节末尾。下面的命题给出了这个讨价还价的解。

命题 18.10 假定供给企业 j 对其不可订立合同的经济活动的投资为 $x_n(j)$，其他供给企业对其不可订立合同的经济活动的投资为 $x_n(-j)$，每个供给企业对可订立合同经济活动的投资为 x_c，同时技术水平为 N。那么供给企业 j 的沙普利值为

$$\bar{s}_x(N, x_c, x_n(-j), x_n(j)) = (1-\gamma)A^{1-\beta}\left(\frac{x_n(j)}{x_n(-j)}\right)^{(1-\mu)\alpha} x_c^{\beta\mu} x_n(-j)^{\beta(1-\mu)} N^{\beta(\kappa+1)-1} \tag{18.42}$$

其中

$$\gamma \equiv \frac{\alpha}{\alpha+\beta} \tag{18.43}$$

证明 参见第 18.5.4 节。

（18.42）式有几点值得注意。第一，式中推导出的参数 $\gamma \equiv \alpha/(\alpha+\beta)$ 代表生产企业讨价还价的能力，且随 α 递增，随 β 递减。投入品之间更大的替代弹性，即更高的 α 将提高生产企业讨价还价的能力，因为它会使所有供给企业对生产的重要性降低，因此将提高分配给生产企业的收入份额。相反，最终产品需求的更高弹性，即更高的 β 将降低生产企业讨价还价的能力，因为对于任何联盟来说，更高的 β 都会降低生产企业对联盟收益的边际贡献。

第二，均衡时所有供给企业对所有不可订立合同的经济活动进行的投资都是相同的，即 $x_n(j) = x_n(-j) = x_n$，因此

$$s_x(N, x_c, x_n) = \bar{s}_x(N, x_c, x_n, x_n) = (1-\gamma)A^{1-\beta}x_c^{\beta\mu}x_n^{\beta(1-\mu)}N^{\beta(\kappa+1)-1} = (1-\gamma)\frac{R}{N} \tag{18.44}$$

其中 $R = A^{1-\beta}x_c^{\beta\mu}x_n^{\beta(1-\mu)}N^{\beta(\kappa+1)}$ 为生产企业的总收入。因此供给企业的沙普利值之和 $Ns_x(N,x_c,x_n)$ 等于收入除以 $1-\gamma$，生产企业获得收入中余下的 γ 部分，因此

$$s_q(N, x_c, x_n) = \gamma A^{1-\beta}x_c^{\beta\mu}x_n^{\beta(1-\mu)}N^{\beta(\kappa+1)} = \gamma R \tag{18.45}$$

（18.45）式是一个有关生产企业与其供给企业之间分配收入的相对简单的规则。

最后，如果 α 更小，则 $\bar{s}_x[N, x_c, x_n(-j), x_n(j)]$ 关于 $x_n(j)$ 更凹，这是因为对于两种投入品相对使用量的给定变化来说，投入品之间更强的互补性意味着该变化对其相对边际产品有更大的影响。另一方面，参数 β 会影响收入关于产出的凹度（参见（18.27）式），但不会影响 $\bar{s}_x$ 的凹度，这是因为在供给企业有一个连续统的情况下，单个供给企业对产出的影响为无穷小。

为刻画一个对称子博弈完美均衡，我们首先使用（18.38）式和（18.42）式推导出激励相容约束：

$$x_n = \arg\max_{x_n(j)} (1-\gamma)A^{1-\beta}\left(\frac{x_n(j)}{x_n}\right)^{(1-\mu)\alpha} x_c^{\beta\mu}x_n^{\beta(1-\mu)}N^{\beta(\kappa+1)-1} - \psi(1-\mu)x_n(j)$$

相比第 18.5.2 节中讨论的生产企业的最优（完全）合同，这里有两点不同。第

一，$(1-\gamma)$ 项意味着供给企业对其不可订立合同的经济活动的投资回报没有完全的剩余索取权，因此对这些经济活动的投资不足。第二，如上所述，多边讨价还价扭曲了私人收益相对于社会收益的可感知凹度。应用该问题的一阶条件，并通过代入 $x_n(j) = x_n$ 求解固定点，将得到唯一的 x_n：

$$x_n = \bar{x}_n(N, x_c) \equiv [\alpha(1-\gamma)\psi^{-1} x_c^{\beta\mu} A^{1-\beta} N^{\beta(\kappa+1)-1}]^{1/(1-\beta(1-\mu))} \quad (18.46)$$

（18.46）式意味着在不可订立合同的经济活动中的投资随 α 递增。这是因为 $\alpha(1-\gamma) = \alpha\beta/(\alpha+\beta)$ 随 α 递增。可以用两种相反的力量对这种关系进行经济学上的解读。供给企业在收入中的份额 $(1-\gamma)$ 随 α 递减，这是因为投入品之间更强的替代性会降低供给企业事后讨价还价的能力。但是更高水平的 α 同样会降低 $\bar{s}_x(\cdot)$ 关于 x_n 的凹度，提高进一步投资不可订立合同的经济活动的边际报酬。由于后面这种影响居主导地位，所以 x_n 随 α 递增。

另一个有趣的特点是，可订立合同和不可订立合同的经济活动是互补的，特别是，$\bar{x}_n(N, x_c)$ 随 x_c 递增。最后，N 对 x_n 的影响是不确定的，因为当 $\beta(\kappa+1) < 1$ 时，在不可订立合同的经济活动中的投资随技术水平递减，而当 $\beta(\kappa+1) > 1$ 时，在不可订立合同的经济活动中的投资随技术水平递增。这是因为 N 的上升对供给企业的投资激励具有两种相反的影响：由于（18.28）式中的技术蕴含着"种类偏好"，所以更多种类的投入品会提高投资的边际产品，但同时供给企业讨价还价获得的份额 $(1-\gamma)/N$ 随 N 递减。如果 κ 的值很大，则前一种影响居主导地位；如果 κ 的值很小，则后一种影响居主导地位。

现在应用（18.44）式、（18.45）式和（18.46）式，生产企业的最优化问题（18.40）式可以表示为关于 N 和 x_c 的最大化问题

$$A^{1-\beta}(x_c^\mu \bar{x}_n(N, x_c)^{1-\mu})^\beta N^{\beta(\kappa+1)} - \psi N \mu x_c - \psi N(1-\mu)\bar{x}_n(N, x_c) - \Gamma(N) - w_0 N \quad (18.47)$$

其中 $\bar{x}_n(N, x_c)$ 由（18.46）式定义。将（18.46）式代入（18.47）式中，并求其关于 N 和 x_c 的微分将得到两个一阶条件，并将得到（18.47）式的唯一解 $(\tilde{N}, \tilde{x}_c)$：

$$\left(\tilde{N}^{\frac{\beta(\kappa+1)-1}{1-\beta}} A\kappa\beta^{\frac{1}{1-\beta}} \psi^{-\frac{\beta}{1-\beta}}\right) \left(\frac{1-\alpha(1-\gamma)(1-\mu)}{1-\beta(1-\mu)}\right)^{\frac{1-\beta(1-\mu)}{1-\beta}} \left(\beta^{-1}\alpha(1-\gamma)\right)^{\frac{\beta(1-\mu)}{1-\beta}}$$
$$= \Gamma'(\tilde{N}) + w_0 \quad (18.48)$$

$$\tilde{x}_c = \frac{\Gamma'(\tilde{N}) + w_0}{\kappa \psi} \tag{18.49}$$

如完备合同时的情况一样，这两个条件递归地决定了均衡。首先，(18.48) 式给出了 $\tilde{N}$，同时在给定 $\tilde{N}$ 之后 (18.49) 式给出了 $\tilde{x}_c$。此外，应用 (18.46) 式、(18.48) 式和 (18.49) 式意味着在不可订立合同的经济活动中进行的投资水平为

$$\tilde{x}_n = \frac{\alpha(1-\gamma)(1-\beta(1-\mu))}{\beta(1-\alpha(1-\gamma)(1-\mu))} \left(\frac{\Gamma'(\tilde{N}) + w_0}{\kappa \psi} \right) \tag{18.50}$$

比较 (18.37) 式和 (18.49) 式，我们发现对于给定的 N，在不完备合同的情况下，对可订立合同的经济活动的投资水平 $\tilde{x}_c$，等于在完备合同的情况下对可订立合同的经济活动的投资水平 x^*。这突出了以下事实，即在这些经济环境下对可订立合同的经济活动进行的投资差异仅源于技术应用的差异。实际上，通过比较 (18.36) 式和 (18.48) 式，我们发现 $\tilde{N}$ 与 N^* 不同仅仅是由于 (18.48) 式左边的第二个和第三个括号中的项。这些项代表了生产企业和其供给企业之间讨价还价而导致的扭曲。直观上说，技术应用被扭曲的原因在于不完备合同使对不可订立合同的经济活动进行的投资水平低于对可订立合同的经济活动进行的投资水平，这种投资不足降低了具有较高 N 的技术的利润率。随着 $\mu \to 1$（并且随着合同不完备性消失），(18.48) 式左边的第二个和第三个括号中的项都将趋于 1，同时 $(\tilde{N}, \tilde{x}_c) \to (N^*, x^*)$。

接下来我将在不完备合同的情况下，给出几个对称子博弈完美均衡的比较静态结果，并将它们与完备合同情况下的均衡进行比较。通过应用均衡的整体递归结构可以方便地分析比较静态结果：使 (18.48) 式左边任何 A、μ 或 α 的变化都会提高 $\tilde{N}$，而对 $\tilde{x}_c$ 和 $\tilde{x}_n$ 的影响可以从 (18.49) 式和 (18.50) 式中得出。下面的命题给出了这些主要结果。

命题 18.11 考虑上述不完备合同情况下的模型，同时假定对 Γ 的限制条件成立。那么在不完备合同的情况下，将存在由 (18.48) 式、(18.49) 式和 (18.50) 式刻画的唯一的对称子博弈完美均衡 $\{\tilde{N}, \tilde{x}_c, \tilde{x}_n\}$。此外 $\{\tilde{N}, \tilde{x}_c, \tilde{x}_n\}$ 满足 $\tilde{N}, \tilde{x}_c, \tilde{x}_n > 0$，并有

$$\tilde{x}_n < \tilde{x}_c$$

$$\frac{\partial \tilde{N}}{\partial A} > 0, \quad \frac{\partial \tilde{x}_c}{\partial A} \geq 0, \quad \frac{\partial \tilde{x}_n}{\partial A} \geq 0$$

$$\frac{\partial \tilde{N}}{\partial \mu} > 0, \quad \frac{\partial \tilde{x}_c}{\partial \mu} \geq 0, \quad \frac{\partial (\tilde{x}_n/\tilde{x}_c)}{\partial \mu} > 0$$

$$\frac{\partial \tilde{N}}{\partial \alpha} > 0, \quad \frac{\partial \tilde{x}_c}{\partial \alpha} \geq 0, \quad \frac{\partial (\tilde{x}_n/\tilde{x}_c)}{\partial \alpha} > 0$$

证明 参见习题 18.28。

这个命题表明供给企业对不可订立合同的经济活动进行的投资少于对可订立合同的经济活动进行的投资。特别地，根据（18.49）式和（18.50）式，以及 $\alpha(1-\gamma) = \alpha\beta/(\alpha+\beta) < \beta$（回想（18.43）式），我们有

$$\frac{\tilde{x}_n}{\tilde{x}_c} = \frac{\alpha(1-\gamma)[1-\beta(1-\mu)]}{\beta[1-\alpha(1-\gamma)(1-\mu)]} < 1 \tag{18.51}$$

这个结果的直观意义在于：生产企业对可订立合同的经济活动的投资回报具有完全的剩余索取权，同时生产企业在合同中确定这些投资。相比之下，对不可订立合同的经济活动进行投资的决策是由供给企业做出的，而供给企业对这些投资的回报没有完全的剩余索取权（回想（18.44）式），因此对这些经济活动的投资不足。

另外，可订立合同和不可订立合同的经济活动的技术水平和投资都随着市场规模、可订立合同的比例（即合同制度的质量）以及投入品之间的替代弹性递增。市场规模的作用是直观的：更大的 A 将使生产的利润更高，进而提高投资和均衡技术。另一方面，更好的合同制度意味着将有更多的经济活动获得更高的投资水平 $\tilde{x}_c$ 而不是 $\tilde{x}_n < \tilde{x}_c$。这使采用一项更先进的技术更有利可图。反过来，更高的 N 将会提高进一步投资 $\tilde{x}_c$ 和 $\tilde{x}_n$ 的利润率。更好的合同制度也会缩小 $\tilde{x}_c$ 和 $\tilde{x}_n$ 之间的（比例）差距，这是因为当可订立合同的经济活动的比例更高时，投资于不可订立合同的经济活动将获得更高的边际收益。

更高的 α（投入品之间更低的互补性）也将提高对先进技术的选择和投资。其原因与第 18.5.2 节中的讨论有关，即更高的 α 会降低每个供给企业的收入份额，但同时也会降低 $\bar{s}_x(\cdot)$ 的凹度。由于后一种效应居主导地位，更低程度的互补性将会提高供给企业的投资，同时使采用更先进技术的利润更高。

上述分析的一个重要含义是，合同摩擦将导致对质量的投资不足，并将因此阻碍技术应用，同时降低生产率。下面的命题总结了这个结果。注意，不完备合同情况下的生产率为 $\tilde{P} = \tilde{N}^{\kappa}$，而在完备合同的情况下，生产率为 $P^* = (N^*)^{\kappa}$。

命题 18.12 令 $\{\tilde{N}, \tilde{x}_c, \tilde{x}_n\}$ 为不完备合同情况下的唯一对称子博弈完美均衡，令 $\{N^*, x^*\}$ 为完备合同情况下的唯一均衡。那么有

$$\tilde{N} < N^* \text{ 和 } \tilde{x}_n < \tilde{x}_c < x^*$$

证明 参见习题 18.29。

由于不备全合同会导致生产企业选择相对落后（更低的 N）技术，同样也会降低生产率以及对可订立合同和不可订立合同的经济活动的投资。阿西莫格鲁等人（Acemoglu、Antras and Helpman，2007）也证明了合同制度相对较小的差异可以导致很大的技术和收入差异。因此将合同制度和技术应用联系起来为我们提供了一个理论上可能导致国家间出现显著技术差异的机制。

18.5.4 沙普利值及命题 18.10 的证明*

沙普利值的概念是由沙普利（Shapley，1953）首次提出的，这个概念不仅具有直观上的吸引力，同时还有理论上的吸引力。在一个参与者数量有限的讨价还价博弈中，每个参与者的沙普利值是他对所有联盟的贡献的平均值，在所有可行组合中，排序在此参与者之下的参与者构成了这些联盟。更确切地说，在一个包含着 $K+1$ 个参与者的博弈中，令 $g = \{g(0), g(1), \ldots, g(K)\}$ 为 $0, 1, 2, \ldots, K$ 的一个组合，其中参与者 0 为生产企业，参与者 $1, 2, \ldots, K$ 为供给企业，同时令 $z_g^j = \{j' \mid g(j) > g(j')\}$ 为组合 g 中排序在 j 之下的参与者集合。将所有可行组合的集合记为 G，将 $K+1$ 个参与者所有子集的集合记为 S，对于包含了 $K+1$ 个参与者的子集构成的联盟，其值记为 $v: S \to \mathbb{R}$。那么参与者 j 的沙普利值为

$$s_j = \frac{1}{(K+1)!} \sum_{g \in G} [v(z_g^j \cup j) - v(z_g^j)]$$

现在我们推导由奥曼和沙普利（Aumann and Shapley，1974）提出的渐进沙普利值，该推导过程考虑了随参与者数量趋于无限时上述表达式的极限。假定存在 K 个供给企业，每个企业控制着一个系列 $\xi = N/K$ 的投入品连续统。由于对称，所有供给企业从事数量为 x_c 的可订立合同的经济活动。对不可订立合同的经济活动来说，考虑如下情况，其中供给企业 j 在从事每种不可订立合同的经济活动时，其供给数量为 $x_n(j)$，而其他 $K-1$ 个供给企业的供给数量相同，标记为 $x_n(-j)$（注意这里再次应用了对称性）。

为了计算这个特定供给企业 j 的沙普利值，我们需要确定该供给企业对某个给定行为人联盟的边际贡献。如果供给企业 j 在联盟中，则一个包含 n 个供给企业和生产企业的联盟获得的销售收入为

$$F_{\text{IN}}(n, N; \xi) = A^{1-\beta} N^{\beta(\kappa+1-1/\alpha)} x_C^{\beta\mu} [(n-1)\xi x_n(-j)^{(1-\mu)\alpha} + \xi x_n(j)^{(1-\mu)\alpha}]^{\beta/\alpha}$$

如果供给企业 j 不在联盟中，则销售收入为

$$F_{\text{OUT}}(n, N; \xi) = A^{1-\beta} N^{\beta(\kappa+1-1/\alpha)} x_C^{\beta\mu} [n\xi x_n(-j)^{(1-\mu)\alpha}]^{\beta/\alpha}$$

注意，即使 $n < N$，$N^{\beta(\kappa+1-1/\alpha)}$ 项也会保留下来，这是因为该项代表了影响产出的技术的一个特征，即技术独立于供给企业提供的投入品数量和质量。另一方面，由于方括号中的项更低，生产率因此更低。

由此，参与者 j 的沙普利值为

$$s_j = \frac{1}{(K+1)!} \sum_{g \in G} [v(z_g^j \cup j) - v(z_g^j)] \quad (18.52)$$

对于每个 i 来说，企业排序组合中出现 $g(j) = i$ 的比例为 $1/(K+1)$。如果 $g(j) = 0$，则有 $v(z_g^j \cup j) = v(z_g^j) = 0$，这是因为在此情况下企业的排序必定在 j 的后面。如果 $g(j) = 1$，则企业以概率 $1/K$ 排在 j 之前，以概率 $1 - 1/K$ 排在 j 之后。在前一种情况下有 $v(z_g^j \cup j) = F_{\text{IN}}(1, N; \xi)$，在后一种情况下，则有 $v(z_g^j \cup j) = 0$。因此，给定 $g(j) = 1$，则 $v(z_g^j \cup j)$ 的条件期望值为 $F_{\text{IN}}(1, N; \xi)/K$。按照相似的推理，$v(z_g^j)$ 的条件期望值为 $F_{\text{OUT}}(0, N; \xi)/K$。对 $g(j) = i > 1$ 重复这种分析，给定 $g(j) = i$，$v(z_g^j \cup j)$ 的条件期望值为 $iF_{\text{IN}}(i, N; \xi)/K$；$v(z_g^j)$ 的条件期望值为 $iF_{\text{OUT}}(i-1, N; \xi)/K$。然后根据（18.52）式有

$$s_j = \frac{1}{(K+1)K} \sum_{i=1}^{K} i[F_{\text{IN}}(i, N; \xi) - F_{\text{OUT}}(i-1, N; \xi)]$$

$$= \frac{1}{(N+\xi)N} \sum_{i=1}^{K} i\xi[F_{\text{IN}}(i, N; \xi) - F_{\text{OUT}}(i-1, N; \xi)]\xi$$

将 F_{IN} 和 F_{OUT} 的表达式代入上式中有

$$s_j = \frac{A^{1-\beta}N^{\beta(\kappa+1-1/\alpha)}x_c^{\beta\mu}}{(N+\xi)N}\sum_{i=1}^{K}i\xi\{i\xi x_n(-j)^{(1-\mu)\alpha} + \xi[x_n(j)^{(1-\mu)\alpha} - x_n(-j)^{(1-\mu)\alpha}]\}^{\beta/\alpha}\xi$$

$$- \frac{A^{1-\beta}N^{\beta(\kappa+1-1/\alpha)}x_c^{\beta\mu}}{(N+\xi)N}\sum_{i=1}^{K}i\xi[i\xi x_n(-j)^{(1-\mu)\alpha} - \xi x_n(-j)^{(1-\mu)\alpha}]^{\beta/\alpha}\xi$$

现在应用一阶泰勒展开式（参见附录 A 中的定理 A.22），有

$$s_j = \frac{A^{1-\beta}N^{\beta(\kappa+1-1/\alpha)}x_c^{\beta\mu}(\beta/\alpha)\xi x_n(j)^{(1-\mu)\alpha}}{(N+\xi)N}\sum_{i=1}^{K}(i\xi)[i\xi x_n(-j)^{(1-\mu)\alpha}]^{(\beta-\alpha)/\alpha}\xi + o(\xi)$$

其中 $o(\xi)$ 满足 $\lim_{\xi\to 0}o(\xi)/\xi = 0$。整理上式并除以 $o(\xi)$，有

$$\frac{s_j}{\xi} = \frac{A^{1-\beta}N^{\beta(\kappa+1-1/\alpha)}(\beta/\alpha)\left(\frac{x_n(j)}{x_n(-j)}\right)^{(1-\mu)\alpha}x_c^{\beta\mu}x_n(-j)^{\beta(1-\mu)}}{(N+\xi)N}\sum_{i=1}^{K}(i\xi)^{\beta/\alpha}\xi + \frac{o(\xi)}{\xi}$$

取 $K\to\infty$ 时的极限（等价于极限 $\xi = N/K\to 0$，其中 $\lim_{\xi\to 0}o(\xi)/\xi = 0$）将得到黎曼积分（回忆附录 B 中的 B.2 节）：

$$\lim_{K\to\infty}\left(\frac{s_j}{\xi}\right) = \frac{A^{1-\beta}N^{\beta(\kappa+1-1/\alpha)}(\beta/\alpha)\left(\frac{x_n(j)}{x_n(-j)}\right)^{(1-\mu)\alpha}x_c^{\beta\mu}x_n(-j)^{\beta(1-\mu)}}{N^2}\int_0^N z^{\beta/\alpha}dz$$

解出这个积分将得到（18.42）式，证毕。

18.6 小结

本章讨论了有关国家间技术差异的模型。虽然诸如第四篇中讨论的基本内生增长模型有助于理解科研企业研发新技术的动机，同时这些模型可以得出不同经济体的不同技术变化速率，但是两个方面的因素表明还需要从另外一个不同的角度理解国家间的技术差异。第一，技术差异和生产率差异不仅存在于国家之间，而且在一国内部也极为常见。即使在一些狭义部门中的企业之间，也存在着显著的生产率差异，同时这种差异中只有一小部分可以通过生产中的资本密集度差异来解释。这种一国内部的模式意味着企业的技术采用和使用决策是相当复杂的，同时新技术只能在企业之间缓慢扩散。这种模式为我们了解决定国家间生产率和技术差异的潜在原因提供了一些线索，还意味着国家间的技术扩散是一个缓慢过程的说法可能并不是毫无根据的。第二，虽然可以将美国、德国或者日本这样的

国家看成通过研发过程发展了属于自己的技术,但世界上的大多数国家都是技术进口国而不是技术领导者。这并不是否认这些国家中存在着一些从事研发的企业,也不意味着一些重要的技术,特别是那些与绿色革命相关的技术不是由发展中国家研发出来的。虽然存在这些例外情况,但是对于发展中国家的大多数企业来说,应用已经存在的前沿技术看起来要比研发全新技术更为重要。这种观点也意味着,详细分析技术扩散和技术采用决策对于更好地理解国家间生产率差异和技术差异来说是十分必要的。

从本章的讨论中可以得出以下几点重要结论:第一,通过假定国家间技术转移是一个缓慢的过程,我们能够在理解国家间技术差异和生产率差异方面取得巨大进步。采用这种方式使我们得到一个易于分析的有关国家间技术差异的模型。大多数技术扩散模型的一个重要特点是,那些技术上相对落后的国家(或企业)有一种内在优势:由于它们与需要追赶的技术之间差距较大,因此缩小差距对它们来说便相对容易。这种落后国家的追赶优势确保了缓慢的技术扩散将导致收入水平的差异,而不一定是增长率的差异。也就是说,经典的技术扩散模型意味着那些存在技术扩散壁垒的国家(或者由于其他原因使应用新技术缓慢的国家)将会更加贫穷,但这些国家最终会收敛于前沿国家的经济增长率。因此,对技术扩散的研究可以使我们建立一个有关世界收入分布的模型,其中每个国家在世界收入分布中的位置取决于它从世界技术前沿国家吸收新技术的能力。这个理论框架同样有助于建立如下框架,其中虽然每个国家都可能作为一个新古典外生增长经济体从世界技术前沿国家引进技术,但是整个世界经济却类似一个内生增长经济体,而且其增长率取决于世界上所有企业对研发的投资。如果我们想要考虑世界增长的整体过程和跨国的世界收入分布,那么这类模型就尤为实用。基本新古典增长模型将每个国家都看作一个孤岛,不与世界上的其他国家进行任何联系,这样就埋没了许多创意,而这也是本章的模型要强调的一点。国家间的技术依赖意味着我们需要时时考虑世界均衡,而不是简单地考虑每个国家自身的均衡。

虽然有关国家之间现有技术缓慢扩散的观点是合理的,但是在我们今天生活的全球化世界中,企业可以愈发容易地采用那些已经在世界其他地区尝试过、使用过的技术。一旦我们考虑相对快速的技术扩散,那么还有国家间技术或者生产率差异持续存在的原因吗(除了物质和人力资本的差异之外)?本章第二节的分析针对这个问题给出了肯定的答案,同时表明这与影响技术采用(以及生产率)的技术适宜性和合同制度的差异有关。

技术适宜性问题意味着一项给定技术对生产率的影响在国家之间有所不同,

这是因为相比其他国家，该项技术可能与某些国家的条件或者要素比例更加匹配。对技术（非）适宜性来说，一个特别重要的途径就是世界前沿技术与技术采用国劳动力技能之间的（错配）匹配。技术和技能的错配可以导致巨大的内生生产率差异。如果对世界前沿技术类型的研发是随机的，那么由技术和技能错配导致的富国与穷国之间巨大差距的可能性就很小，仅仅是一种可能。但是，鉴于世界技术市场的组织结构，有理由怀疑技术和技能错配的作用可能更大。有两点至关重要：第一，大多数前沿技术都是由几个富裕国家研发的。第二，缺乏有效的知识产权保护意味着发达国家的技术企业在研发时都定位于满足自身市场需求。这就产生了一种巨大的力量，使新技术（设计成）符合发达国家的需要，并因此往往与发展中国家的要素比例不匹配。特别地，新技术往往过于偏向技能，因此发展中国家难以有效采用新技术。这种非适宜技术可以导致国家间巨大的内生技术差异和收入差异。

最后，本章同样强调了生产率差异不仅源于在不同生产技术应用方面的差异，也与世界各国生产组织上的差异有关。导致这种差异的一个关键原因是世界不同地区的制度和政策差异。本章的最后一节表明，契约制度会影响企业与其供给企业签订的合同类型，并对企业的技术采用决策产生重大影响，进而影响国家间的生产率差异。合同制度只是众多可能影响均衡生产率的国家间潜在制度差异的一种。其他导致生产组织和技术差异的原因将在第 21 章中讨论。

18.7 参考文献

第 18.1 节讨论了大量有关企业间生产率和技术差异以及技术扩散模式的论文，并给出了相关的参考文献。第 18.2 节讨论了简化的技术扩散模型，这一模型受到格申克龙（1962）的论文以及纳尔逊和菲尔普斯（1966）开创性论文（以及 Schultz，1975）的启发。近期的许多论文也应用了第 10 章中详细讨论的纳尔逊和菲尔普斯的方法。贝哈鲍比和斯皮格尔（Benhabib and Spiegel，1994）根据纳尔逊和菲尔普斯有关人力资本的观点重新阐释并修改了巴罗式的增长回归模型。阿吉翁和豪伊特（1998）对增长回归进行了类似的重新阐释。格林伍德等人（Greenwood and Yorukoglu 1997；Caselli，1999；Galor and Moav，2000；Aghion、Howitt and Violante，2004）给出的模型都受到纳尔逊、菲尔普斯和舒尔茨有关人力资本观点的启发，并应用这些模型解释了最近在美国和其他 OECD 国家出现的技能回报上升。

第 18.3 节的模型受到豪伊特（2000）研究的启发，但在几个重要方面有所不同。豪伊特构建的是一个熊彼特增长模型，而不是第 18.3 节中的扩展投入品种类模型，他还引入了多种类型的技术外部性。第 18.3 节中的模型是用于分析世界水平的内生增长模型之一，是一个比豪伊特模型更简单的基本模型。

索尔特等人（Salter，1960；David，1975；Stewart，1977）讨论了第 18.4 节中的适宜技术。阿特金森和斯蒂格利茨（1969）的经典论文提出了一个简洁有力的模型，该模型讨论了技术变化如何实现本地化，并进而难以从一个生产单位转移到另一生产单位（或从一个国家转移到另一个国家）。巴苏和韦尔（1998）将阿特金森和斯蒂格利茨的观点引入一个增长模型，第 18.4 节中的一个模型即以此模型为基础。该节最后一部分内容参考了我和齐利博蒂（2001）的论文，该论文也表明这些效应在数量上可能很大，同时部门差异的模式与这种技术和技能错配的重要性是一致的。

第 18.5 节讨论的模型参考了阿西莫格鲁等人（Acemoglu、Antras and Helpman，2007）的论文。其他一些模型也能够以生产组织上的差异为基础，得出国家之间的内生生产率或技术差异的结论。第 21 章将讨论相关模型。

18.8 习题

18.1 推导（18.1）式。

18.2 证明如果放松第 18.2 节中的限制条件 $\lambda_j \in [0, g)$，那么将违反 $A_j(t) \leq A(t)$ 要求。

18.3 推导（18.4）式。

18.4 完成对命题 18.1 的证明。

18.5 推导 λ_j 上升对 $a_j(t)$ 和 $k_j(t)$ 的运动法则（分别由（18.4）式和（18.1）式给出）的影响。这种影响与 σ_j 上升的影响有何不同？解释为什么这两个参数对技术和资本存量的动态变化有不同影响。

18.6 在第 18.2 节的模型中，证明如果 $g=0$，那么所有国家都将收敛于相同的技术水平。详细解释 $g>0$ 将导致稳态技术差异的原因，而当 $g=0$ 时，这种差异将消失。

18.7 证明命题 18.2。

18.8 （a）为什么 $\rho - n_j > (1-\theta)g$ 是命题 18.3 的必要条件？

（b）完成对命题 18.3 的证明。

(c) 第 18.2.2 节的世界均衡问题假定福利经济学第二定理对每个国家成立。给定这个假定，谨慎定义均衡路径。解释该假定的意义。

(d) 现在不应用福利经济学第二定理讨论世界均衡问题。解释为什么此时的数学问题与（a）中的相同。

18.9 在第 18.2.2 节的家庭最优化模型中，假定国家 j 的偏好为

$$U_j = \int_0^\infty \exp(-(\rho_j - n_j)t)[(c_j(t)^{1-\theta} - 1)/(1-\theta)]dt$$

其中各国的 ρ_j 不同。

(a) 证明此时仍然存在唯一的稳态世界均衡，同时所有国家的增长率为 g。

(b) 虽然各国的贴现率不同，但增长率相同，试给出一个直观解释。

(c) 证明该稳态均衡是全局鞍轨路径稳定的。

*18.10 考虑第 18.2 节中的模型，其中 F 为单个企业 j 的生产函数（这样会略有滥用下标之嫌）。令（18.3）式与企业技术的运动法则 $\sigma_j = \sigma(h_j)$ 一致，其中，h_j 为企业 j 中工人的平均人力资本，σ 是一个严格递增并且可微的函数。为简化分析，假定每个企业只雇用一名工人。

(a) 推导人力资本为 h_j 的工人的工资。[提示：工资包括工人生产的边际产品价值与企业生产率增长之和，这种生产率的增长源于企业的技术进步。]

(b) 证明（在任何时刻）g 上升会导致工资上升。推导 g 变化对人力资本回报的影响。将 g 上升导致的人力资本回报上升与第 15 章中的情况进行比较。

18.11 完成对命题 18.4 的证明。

18.12 考虑第 18.3.1 节中的模型，同时假定所有国家的劳动力规模都为 $L_j = 1$，且有 $\eta_j = \eta$，唯一不同的就是 ζ_j 项。假定各国的 ζ_j 与第 8 章新古典增长模型定量分析中使用的相同。

(a) 对于不同的 ϕ 值，分析这些不同的 ζ_j 对跨国技术和收入差异的影响。

(b) 如果要使 ζ_j 的 4 倍差异导致人均收入出现 30 倍差异，那么 ϕ 值应为多少？

第 18 章　技术扩散

(c) 解释这样的一个 ϕ 值的经济含义。这是一个比新古典增长模型更令人满意的有关跨国技术和收入差异的模型吗？

*18.13　考虑第 18.3.1 节和第 18.3.2 节的模型。假定偏好为

$$U_j = \int_0^\infty \exp(-\rho_j t)[(c_j(t)^{1-\theta} - 1)/(1-\theta)]dt$$

其中各国的 ρ_j 不同。证明命题 18.4 和命题 18.5 等价，都存在一个唯一的全局鞍轨路径稳定的世界均衡，其中所有国家的增长率都相同。

18.14　证明（18.14）式是第 18.3.2 节中世界增长率为正的模型的充分必要条件。当不满足这个条件时，写出刻画世界均衡的条件。

18.15　证明命题 18.5。

*18.16　分析命题 18.5 中稳态世界均衡的局部动态。［提示：将稳态时的微分方程系统线性化。］

*18.17　考虑各国的 ρ_j 不同时的命题 18.5。证明这时仍然存在唯一的稳态世界均衡，其中所有国家的增长率相同。

18.18　在第 18.3.2 节中的模型中，将（18.12）式替换为

$$N(t) = G(N_1(t), \ldots, N_J(t))$$

其中 G 对其所有变量递增，并为一次齐次函数。

(a) 在这种情况下将命题 18.5 中的结论一般化，同时推导出隐含地决定世界增长率的方程。

(b) 如果 $N(t) = \max_j N_j(t)$，推导这种特定情况下世界增长率的一个显式方程（explicit equation）。

18.19　(a) 证明在第 18.3.2 节的模型中，如果每个国家的人口增长率都为某个常数 $n > 0$，那么稳态均衡将不存在。

(b) 根据第 13 章第 13.3 节的半内生增长模型改写这个模型，其中不存在强规模效应，同时长期增长率为常数（当每个国家的人口增长率为 $n > 0$ 时）。［提示：修改（18.9）式使 $\dot{N}_j(t) = \eta_j N(t)^\phi N_j(t)^{-\tilde{\phi}} Z_j(t)$，在这里 $\tilde{\phi} > \phi$。］

(c) 在问题 (b) 的条件下，完整地刻画稳态世界均衡。

18.20　考虑第 18.4.2 节中的模型。假定世界上存在两个国家，其人口相

同且为常数，同时常数储蓄率为 $s_1 > s_2$。假定每个国家的生产函数由（18.15）式给定，其中 k' 为任一国家达到的迄今为止最高的资本劳动比。不存在技术进步，并且两个国家的初始资本劳动比相同。

(a) 刻画稳态世界均衡（比如两个国家的稳态资本劳动比）。

(b) 刻画两个国家的人均产出动态。γ 的上升对这些动态有何影响？

(c) 证明两个国家隐含的（稳态时）人均收入差异关于 γ 递增。解释这个结果。

(d) 你认为这个模型为解释国家间巨大的收入差异提供了一个合理的机制吗？用理论或经验证据证实你的回答。

18.21 完成对命题 18.6 的证明。推导出 t 期国家 j 的临界部门 $I_j(t)$ 和技能溢价 $w_{H,j}(t)/w_{L,j}(t)$ 的表达式。

18.22 推导（18.20）式至（18.23）式。

18.23 证明命题 18.7。〔提示：在稳态时，拥有一台技能互补型机器的利润与拥有一台非技能互补型机器的利润是相同的。〕

18.24 证明命题 18.8。

18.25 考虑第 18.4.3 节中的适宜技术模型。

(a) 假定科研企业可以将其机器出售给世界上的所有生产企业，包括南方国家的生产企业，同时可以收取相同的价格加成。推导这些情况下的稳态均衡。〔提示：假定北方国家和南方国家的最终产品的价格相同。〕

(b) 将你的答案与课文中的分析进行比较，推导南方国家的知识产权保护对均衡技术的影响。这对于北方国家和南方国家的人均收入差异有什么影响？

(c) 根据你在问题（a）和问题（b）中的答案，是否可能存在如下情况：南方国家更偏好知识产权保护的缺失，而不是完全的知识产权保护？〔提示：区分世界上只存在一个南方国家和存在多个南方国家的情况。〕

(d) 南方国家的知识产权保护对北方国家的产出和福利有什么影响？

*18.26 与第 18.4.3 节中的多部门模型相反，假定产出由如下形式的总生产函数给定

$$Y(t) = \left[\gamma Y_L(t)^{\frac{\varepsilon-1}{\varepsilon}} + (1-\gamma)Y_H(t)^{\frac{\varepsilon-1}{\varepsilon}}\right]^{\frac{\varepsilon}{\varepsilon-1}}$$

Y_L和Y_H与第15章第15.3节中的给定方式完全一样。和第18.4.3节一样，假定新技术由北方国家研发，并且只针对北方国家的市场。

(a) 刻画这个经济体的稳态（平衡增长路径）均衡。[提示：使用与第18.4.3节相同的分析。]

(b) 证明如果 $\sigma \equiv \varepsilon - (\varepsilon-1)(1-\beta)$ 的值为2，则结论与第18.4.3节相同。

(c) 证明命题18.7和命题18.8是等价的。

(d) 当 σ 上升时，非适宜技术的影响是变得更加重要还是相反？

18.27 证明命题18.9。

18.28 证明命题18.11。

18.29 证明命题18.12。

*18.30 考虑第18.5节中的模型。假定总人口为 L。假设每个人可以将供给 M 种产品中的一种作为其工作，或者可以在技术采用过程中工作。技术采用成本为 $\Gamma(N) \equiv w\Gamma_0(N)$，其中 w 为工资率，对应着每个供给方的外部选择权。

(a) 对某些给定的产品 M 来说，通过将 A 内生化，刻画经济的一般均衡。特别是，证明均衡时满足市场出清条件 $M(\Gamma_0(N^*) + N^*) = L$（其中 N^* 为均衡技术选择，因此是供给方的数量）。

(b) μ 上升对均衡 N^* 有何影响？解释这个结果。

(c) 现在假定 M 种产品的替代弹性不同，特别地，每种产品的 α 不同，各种产品的 α 的分布由方程 $G(\alpha)$ 给定，定义域为 $[0, 1]$。对于参数为 α 的产品来说，令 $N^*(\alpha)$ 为均衡技术选择（供给方的数量）。证明现在的市场出清条件为

$$M\int_0^1 [\Gamma_0(N^*(\alpha)) + N^*(\alpha)]dG(\alpha) = L$$

(d) 在这种情况下，μ 上升对均衡有什么影响？

(e) 如何使 M 内生化？M 的内生化将使我们获得什么见解？

18.31 考虑第18.5节的模型。如果合同制度是不完备的（比如 μ 很小），

那会出现何种组织形式？特别地，讨论垂直一体化和供给企业与生产企业之间反复的互动行为将如何改变第 18.5 节中的结果。如何对这些情况建模？

第 19 章 贸易和增长

前面的章节讨论了国家之间的技术联系和技术采用决策如何导致国家之间相互依存的增长模式。本章将研究有国际金融资产或者产品贸易的世界均衡。我将从可以在国际上借贷的经济体的增长入手,探讨国际借贷如何影响跨国收入差异和动态增长。接着,我将研究国际产品贸易对增长的影响。

我们的第一个任务是构建同时具有国际产品(或中间产品)贸易和经济增长特征的世界均衡模型。准确地说,贸易和增长的相互作用取决于相关国家的贸易性质。我尝试概括性地描述这些不同的相互作用。我首先讨论赫克歇尔-俄林贸易模型,也就是说贸易只源于跨国要素丰裕程度的差异,且增长源于资本积累。接着,我将转而研究李嘉图模型,其中贸易由技术的比较优势驱动。这两种模型的主要区别在于一国为世界供应产品的价格是否受其生产和资本积累决策的影响。这些模型解释了国家之间的相互依存模式,也说明了分析一国增长不能脱离世界其他国家的增长经历。

本章的第二个任务是贸易和增长文献的核心议题:国际贸易能否促进经济增长。该问题的答案也严格取决于贸易是如何被建模的,以及经济增长的源泉到底是什么(具体而言是干中学还是创新)。我们的重点始终都放在考虑世界均衡而非孤立封闭经济体的均衡。

19.1 增长和金融资本流动

在全球化经济中,当不同国家具有不同的资本回报率时,我们认为资本会流向回报率相对较高的地域。这个简单的认知对增长理论有几个重要的影响。第一,它意味着金融一体化世界具有独特的经济增长模式。在这一节中,我们的首要任务是描述国际资本流动对经济增长的影响,并说明国际资本流动如何显著改变了基本新古典增长模型中的动态变化。我们的第二个任务是在考虑国际资本流动的前提下,分析经济增长可以得出哪些新的经验教训。考虑国际资本流动问题会产生几个疑问，最著名的是由卢卡斯（1990）提出的：“为什么资本不会从富国流向穷国？”这个简单的问题有助于我们思考经济增长和经济发展中的一系列重要问题。尽管资本在全世界自由流动的模型是一个好的研究起点，现实世界却并不完全符合这种自由流动。尤其是，资本自由流动会得出一种看似违背现实的增长模式。此外，从费尔德斯坦和堀冈（Feldstein and Horioka，1980）开始，大量的国际金融文献表明，资本从具有高储蓄率国家净流动至低储蓄率国家的情况比无摩擦力下国际资本市场理论认为的要少得多。在下一节，我将简要讨论为何资本的跨国流动会受到阻碍，以及这种情况会对跨国增长动态产生什么影响。

考虑一个由 j 个国家组成的世界经济，编号为 $j = 1, \ldots, J$，每个国家可以通过总生产函数生产唯一的一种最终产品：

$$Y_j(t) = F(K_j(t), A_j(t)L_j(t))$$

其中 $Y_j(t)$ 表示国家 j 在 t 期生产的这种唯一最终产品的产出；$K_j(t)$ 和 $L_j(t)$ 分别是资本存量和劳动供给量；$A_j(t)$ 也是该国特定的哈罗德中性技术表达式。生产函数 F 满足第 2 章的假设 1 和假设 2。和第 18 章一样，每个国家都是"小国"，它对世界总体的影响可以忽略不计。不同国家之间的技术变化都以不变的速率发生，尽管技术水平上可能存在差异，即

$$A_j(t) = A_j \exp(gt)$$

其中 g 是世界技术的共同增长率。

假定每个国家都有一个代表性家庭，该家庭在 $t = 0$ 期有标准偏好，用下式表示

$$U_j = \int_0^\infty \exp(-(\rho - n)t) \frac{c_j(t)^{1-\theta} - 1}{1-\theta} dt \qquad (19.1)$$

其中 $c_j(t)$ 是国家 j 在 t 期的人均消费，而且我已经假设所有国家拥有相同的时间贴现率 ρ 和相同的人口增长率 n。假设所有国家在 $t = 0$ 期有相同的人口，我们可以不失一般性地将人口标准化为 1，则有 $L_j(0) = 1$，其中 $j = 1, \ldots, J$，同时对于每个 j 有 $L_j(t) = L(t) = \exp(nt)$。此外，如果能够继续满足第 8 章的假设 4，则有 $\rho - n > (1 - \theta)g$。

该经济体的关键特征是国际借贷的出现。和个人消费决策的永久收入假说相一致，借贷有助于平滑每个国家的家庭消费（尤其是对于典型家庭而言）。不过，由

于对平滑消费的渴望是用来解释为何资本存量不会立即调整至平衡增长路径值的原因之一，国际金融交易机会将影响资本积累和增长的动态路径。

更具体地，令 $B_j(t) \in \mathbb{R}$ 表示国家 j 在 t 期的净借款。令 $r(t)$ 表示世界利率。自由资本流动意味着该利率与哪个国家在借款以及一国是借款者还是贷款者都不相关。此外，和我们的假设一致，相对于世界而言每个国家都是小国，所有国家都是国际金融市场的价格接受者，于是他们能够以该利率借入或者贷出足够的金额。因此，每个国家的资源约束条件采取以下形式

$$\dot{k}_j(t) = f(k_j(t)) - \tilde{c}_j(t) + b_j(t) - (n + g + \delta)k_j(t) \tag{19.2}$$

和以往一样，$k_j(t) \equiv K_j(t)/(A_j(t)L_j(t))$ 表示国家 j 在 t 期的有效资本劳动比，$\tilde{c}_j(t) \equiv C_j(t)/(A_j(t)L_j(t))$ 是消费-有效劳动之比，以及

$$y_j(t) \equiv \frac{Y_j(t)}{L_j(t)} \equiv A_j(t)f(k_j(t))$$

是人均收入，而

$$b_j(t) \equiv \frac{B_j(t)}{A_j(t)L_j(t)}$$

表示用有效劳动标准化的净借款（国际转移支付）。（19.2）式最重要的特征是，相对于所有其他资源约束，它不要求国内消费和投资等于国内产出。相反，世界剩余资源可以转移到一国，因此 $B_j(t)$ 或 $b_j(t)$ 可以被用于消费或者投资。相应地，该国也可以将资源转移到世界其余地方，这样它的消费和投资会少于其产出。自然，一旦我们允许国际借贷，就必须确保每个国家（同理每个家庭）都满足国际预算约束。为此，用 $\mathcal{A}_j(t)$ 表示国家 j 在 t 期的国际资产头寸。当 $\mathcal{A}_j(t)$ 为正时，该国是净借出者，对其他国家生产的产品有正的求偿权；而当该值为负时，该国就成了一个净借入者。国家 j 在 t 期的流动预算约束可以写为

$$\dot{\mathcal{A}}_j(t) = r(t)\mathcal{A}_j(t) - B_j(t) \tag{19.3}$$

这表明该国现有的资产持有量 $\mathcal{A}(t)$ 可以获得世界利率水平 $r(t)$（或者当资产持有量为负时，积累更多的债务），并且可以额外从世界其他国家获得 $B(t)$ 的转移支付［或者当 $B(t)$ 为负时，支付给世界其余地方］。如果来自世界其余地方的

转移支付超过当前资产获取的收益,该国的资产头寸恶化,即 $\dot{\mathcal{A}}_j(t) < 0$。(第 8 章中的)非庞氏博弈条件现在适用于每个国家的代表性家庭,从而间接地适用于一国的国际资产头寸。该条件要求,对于每个 $j = 1, \ldots, J$,有

$$\lim_{t \to \infty} \left[\mathcal{A}_j(t) \exp\left(-\int_0^t r(s)ds\right)\right] = 0$$

该表达式的直观认识和第 8 章的(8.16)式非庞氏博弈条件相同。

使用其他变量,很容易用有效劳动单位表示该国的净资产头寸,让我们定义

$$\mathrm{a}_j(t) \equiv \frac{\mathcal{A}_j(t)}{A_j(t)L_j(t)}$$

这说明(19.3)式可以被重写为

$$\dot{\mathrm{a}}_j(t) = (r(t) - g - n)\mathrm{a}_j(t) - b_j(t) \tag{19.4}$$

同时非庞氏博弈条件变为

$$\lim_{t \to \infty} \left[\mathrm{a}_j(t) \exp\left(-\int_0^t (r(s) - g - n)ds\right)\right] = 0 \tag{19.5}$$

自然,全世界的借贷必须平衡。因此在所有时期 t,世界资本市场的出清条件

$$\sum_{j=1}^J B_j(t) = 0$$

都必须成立。现在对每一项除以 $L_j(t)$ 并乘以 $A_j(t)$,并记得对于所有 j,$A_j(t) = A_j \exp(gt)$ 和 $L_j(t) = L(t)$ 成立,则世界资本市场的出清条件可以写为

$$\sum_{j=1}^J A_j b_j(t) = 0 \tag{19.6}$$

上式对于所有 $t \geq 0$ 成立。

在可以进入国际资本市场的前提下,每个国家的代表性家庭的问题是最大化(19.1)式,其约束条件为(19.2)式、(19.4)式和(19.5)式。

现在,世界均衡被定义为每个国家标准化的消费水平、资本储量和资产头寸

路径 $\{[k_j(t), \tilde{c}_j(t), a_j(t)]_{t \geq 0}\}_{j=1}^{J}$，以及世界利率的时间路径 $[r(t)]_{t \geq 0}$，于是每个国家的配置会最大化每个国家的代表性家庭的效用，世界金融市场达到出清［也就是说（19.6）式得到满足］。稳态世界均衡被定义为：每个国家中 $k_j(t)$ 和 $\tilde{c}_j(t)$ 都是恒定的，且产出以固定比率增长。正如之前章节所示，我们也可以将这种配置称为均衡增长路径而非稳态均衡。

我们可以直观地描述资金自由流动下的世界经济均衡。不过，有必要先给出几个简单的中间结论以强调几个重要的经济学观点。

命题 19.1 在资本自由流动的世界经济均衡中，有

$$k_j(t) = k(t) = f'^{-1}(r(t) + \delta)$$

对所有 $j = 1, \ldots, J$ 都成立，其中 $f'^{-1}(\cdot)$ 是 $f'(\cdot)$ 的反函数，$r(t)$ 是世界利率。

证明 见习题 19.1。

如果资本可以自由流动，只有当每个国家的边际产出等于其机会成本时，每个企业才会停止借入资本，这取决于世界融资利率（世界利率加上贴现率）。因此，各国间有效资本劳动比都相等。然而值得注意的是，这种相等并不意味着资本劳动比的均等化。由于两个国家 j 和 j' 具有不同的生产率水平，$A_j(t)$ 和 $A_{j'}(t) \neq A_j(t)$，它们的资本劳动比不会而且也不应该均等化。下面我还会谈及这个重要的论断。

下面的命题是关于稳态世界均衡的。

命题 19.2 假定满足第 2 章的假设 4，那么在资本自由流动的世界经济中，存在一个唯一的稳态世界均衡，其中各国的人均产出、资本和消费都以 g 的速率增长，同时有效资本劳动比由下式给出

$$k_j^* = k^* = f'^{-1}(\rho + \delta + \theta g)$$

它对所有 $j = 1, \ldots, J$ 成立。此外在稳态均衡中，对于所有 $j = 1, \ldots, J$，有

$$\lim_{t \to \infty} \dot{a}_j(t) = 0$$

证明 见习题 19.1。

该结论是很直观的：在资本自由流动下，世界经济是一体化的。类似于标准新古典增长模型中的情况，这种一体化的世界经济具有唯一的稳态均衡。这种稳态均衡不仅决定了有效资本劳动比及其增长率，而且决定了世界经济中的可得资本在不同国家之间的分布。虽然该命题是直观的，其证明仍然需要注意防止一些

国家陷入庞氏骗局。要避免出现庞氏骗局就要求每个国家（以及每个国家的每个家庭）的标准化资产头寸变化 $\dot{a}_j(t)$ 对每个 j 都趋近于零。当扩展该模型使各国具有不同的贴现率（见习题 19.2）时，这最后一个特征将不成立。

接下来让我们考虑该世界经济的动态变化。由于世界是一个不可分割的经济整体而非互相独立的经济体的集合，所以我们可以简化对动态变化的分析（见习题 19.2）。

命题 19.3 在资本自由流动的世界经济均衡中，存在着唯一的均衡路径 $\{[k_j(t),\tilde{c}_j(t),a_j(t)]_{t\geq 0}\}_{j=1}^J$，它收敛于稳态世界均衡。沿着该均衡路径，对于任意两个国家 j 和 j'，有 $k_j(t)/k_{j'}(t) = 1$ 以及 $\tilde{c}_j(t)/\tilde{c}_{j'}(t) =$ 常量。

证明 见习题 19.3。

直观地看，该一体化世界经济的行为就好像它有一个唯一的新古典总生产函数的情形，因此第 8 章中关于动态均衡路径和动态变化的描述在这里也是适用的。此外，命题 19.1 意味着 $k_j(t)/k_{j'}(t)$ 是常数，而且消费欧拉方程意味着 $\tilde{c}_j(t)/\tilde{c}_{j'}(t)$ 也必须为常量。因此，每个国家的生产函数和消费函数是同步增长的。然而，需要注意命题 19.3 并没有表明 $\tilde{c}_j(t) = \tilde{c}_{j'}(t)$（即使 $k_j(t) = k_{j'}(t)$）。这是因为，尽管不同国家的人均 GDP 和人均产出趋于均等，国民生产总值（GNP）并不需要相等，因为不同的国家可以有不同的资产头寸。习题 19.2 会更深入地探讨这个问题。

下面是命题 19.3 的一个重要推论。

推论 19.1 考虑资本自由流动下的世界经济。假定在 t 期，国家 j 中 λ 比例的资本存量被破坏，那么资本立即流入该国（$\dot{a}_j(t) \to -\infty$）以确保对所有 $t' \geq t$ 和所有 $j' \neq j$，有 $k_j(t')/k_{j'}(t') = 1$。

证明 该推论是命题 19.1 和命题 19.3 的直接应用。后一个命题意味着存在唯一的全球稳态均衡，而前一个命题说明对所有 t，都有 $k_j(t)/k_{j'}(t) = 1$。只有当资本立即流入国家 j 时，这才是可能的。

该结论说明在资本自由流动的世界经济中，只存在世界经济总体的动态变化，不存在每个国家独立的动态变化（特别是，$k_j(t)/k_{j'}(t) = 1$ 对于所有 t 和任意 j 和 j' 成立）。这是非常直观的，由于国际资本流动确保了每个国家有相同的资本劳动比，所以源自缓慢资本积累的动态变化就不存在了。该推论说明，任何理论如果强调转型动态在解释跨国收入差异演变中的作用，就必定隐含地假定国际资本流动程度或速度是受到限制的。关于这一点的证据含混不清。但是，世界经济中的资本流动总量巨大，下面将要讨论的"费尔德斯坦恩和堀冈之谜"强调了具有更多储蓄的国家通常也会进行更多投资。其原因之一也许是那些从世界金融市场借入了大量债务的国家面临主权债务违约风险。习题19.4讨论了这一问题。

尽管该推论对跨国收入差异模式的影响尚存争议，但它对跨区域趋同的影响十分清晰：如同基本新古典增长模型，跨区域趋同模式与缓慢的资本积累无关（见习题19.5）。

19.2 为什么资本不会从富国流入穷国？

前一节研究的模型为我们提供了一个框架，用以回答上文提出的问题和本节标题提出的问题。在基本索洛模型和新古典增长模型中，跨国收入差异的关键原因是资本劳动比。比如，我们考虑一个世界经济，其中所有国家都能获取相同的技术，且不存在人力资本差异，一国比另一国富裕的唯一原因是资本劳动比。不过，当两个具有相同生产可能性集的国家具有不同的资本劳动力比时，富国的资本回报率将会更低，而且资本有激励从富国流入穷国。我现在开始讨论为何资本不会从资本劳动比较高的社会流入那些资本更稀缺的社会。

19.2.1 完全国际资本市场下的资本流动

对上述问题的一个潜在答案已由上一节的分析给出。在完全的国际资本市场中，资本流动将使有效资本劳动比趋于均等。但是，这并不意味着资本劳动比的绝对均等。这一结论直接来自上一节的分析，它可以用下一个命题表述。请注意，该结论并没有完全回答我们的问题，因为它给定了跨国生产率差异。不过它解释了在给定这些生产率差异时，并不存在令人信服的理由说明资本会从富国流向穷国。

命题 19.4 考虑一个世界经济，它的各成员国有相同的新古典偏好，且资本可以自由流动。假定各国有不同的生产率，表示为 A_js。于是，存在唯一的稳态均衡，其中各国的资本劳动比不同（具体地，有效资本劳动比 k_js 是相等的）。

证明 见习题19.7。

因此，没有理由认为资本会因为各国的生产率差异而流动。生产率越高的国家，资本劳动比也越高。从某种意义上说，国家 j 和国家 j' 有不同的生产率水平，即 $A_j(t)$ 和 $A_{j'}(t) > A_j(t)$，它们的资本劳动比不应该均等化；相反国家 j' 应该比 j 有更高的资本劳动比。因此，资本不需要从富国流向穷国。这一解释类似于卢卡斯（1990）提出的观点，除此以外，卢卡斯还将 A_js 的差异和人力资本差异（尤其是人力资本外部性）联系起来。相反，命题19.4 强调任何导致 A_js 出现差异的原因都会得出这种模式。

这只是上述问题的一个近似答案，读者在这点上否定它是正确的，因为该答案并未解释为什么生产率会存在跨国差异。不过命题19.4 还是有用的，因为它对资本为什么无法从富国流向穷国的问题提供了一系列解释，它与世界金融体系无关，而与生产率的跨国差异相关。在理解生产率跨国差异的潜在原因方面我们已经取得了一定进展，而且随着理解的加深，我们就能更好地揭示为何资本无法从富国流向穷国（为何现实中资本有时候反而会从穷国流向富国）。

19.2.2 不完全国际金融市场下的资本流动

除了命题19.4，为何资本不从富国流入穷国的问题还有其他原因。尽管穷国的资本收益率可能较高，但是金融市场分散或者主权风险也许会阻碍资本流动。比如，放贷人也许会担心资产头寸为负的国家可能会向国际社会宣布破产，并不肯偿付其债务。另外，发展中国家内部的金融问题（第21章讨论）也许会阻止或者减缓资本从富国流向穷国。无论哪种原因，如果国际金融市场是不完全的，资本就无法自由地从富国流向穷国，各国的资本收益很可能会出现较大差异。[①]

该问题的现有证据模棱两可，可以归结为有三种不同类型的相关证据。第一，包括第3章讨论的特雷夫勒（Trefler, 1993）的重要著作以及卡塞利和费雷尔（Caselli and Feyrer, 2007）近期著作在内的几项研究，认为资本收益的跨国差异是相对有限的。这些估计直接关系到跨国资本收益是否存在显著差异，但它们都假设现实并不总是如此（特雷夫勒的研究使用了贸易的要素含量数据，并且如同第3章讨论的，就贸易对要素价格的影响做了一系列假设；另外，卡塞利和费雷尔则比较精确地测量了经质量调整后的跨国资本存量差异，并假设不存在调整成本）。

第二点和总体结论有些相悖，一些论文使用微观数据，例如，班纳吉和迪弗洛（Banerjee and Duflo, 2005）提出在某些欠发达国家的企业中，新增投资的回报率会高达100%。然而即使从表面上看，这一论据也不足以说明存在很强的激励促使资本从富国流向穷国，这是由于这些较高的回报率可能是由不完全的国内

[①] 对资本流动的限制也许还会扩大生产率差异（比如，通过减少生产率提高型的投资），进而间接减少对资本流动的需求。

信贷市场导致的。具体而言，也许在一些信贷配给的企业，（资本）回报率较高，但是各种激励问题会导致国内或者国外的金融机构不可能以比较优惠的条件向这些企业提供贷款。如果这些发展中经济体准备接受国外资本的注入，（资本）回报率将不再取决于信贷配给企业，而是取决于非信贷配给企业的回报率，因而也许会低得多。结果，资本从富国流向穷国的激励或许会比命题19.4要弱得多。

最后，费尔德斯坦和堀冈（1980）指出，跨国储蓄率差异和投资率差异是高度相关的。费尔德斯坦和堀冈根据以下形式的回归得出了上述结论：

$$\Delta\left(\frac{I_j(t)}{Y_j(t)}\right) = \alpha_0 + \alpha_1 \Delta\left(\frac{S_j(t)}{Y_j(t)}\right)$$

其中 $\Delta(I_j(t)/Y_j(t))$ 表示某个之前的时期和 t 期之间国家 j 的投资与GDP之比的变化，$\Delta(S_j(t)/Y_j(t))$ 是储蓄-GDP之比的变化。假定在不同的国家和时期，由于对储蓄率的冲击或者其他原因，所以有不同的储蓄-GDP之比。在资本自由流动的世界，我们可以认为储蓄变化不会影响投资，因此我们可以假定储蓄和投资的相关系数为 $\alpha_1 \approx 0$。相反，费尔德斯坦和堀冈估计OECD各经济体的相关系数接近于1（大约是0.9）。其他国家的例子也得出了类似的结果，尽管其他研究认为加入一些其他控制变量可以解释这个谜题。费尔德斯坦和堀冈以及随后的很多文献都解释了投资和储蓄之间的这种正相关恰好是资本非自由流动的证据。自然，事实上在我们得出明确的结论之前需要考虑计量和经济问题。比如，习题19.6说明了在不考虑国际金融市场的不完全时，投资和储蓄之间的相关性是如何产生的（因为国家间的主要区别在于投资机会）。不过，费尔德斯坦和堀冈说明在实践中主权风险问题也许很重要，而且可能会成为资本跨国自由流动的障碍。

19.3 赫克歇尔-俄林框架下的经济增长

目前为止我们已经着重探讨了贸易对金融资产增长的影响，这种影响会使国家改变其消费的时间安排（time profile）。更重要的也许是产品的国际贸易，它有助于国家利用其比较优势（来源于技术或要素禀赋差异）。现在，我将介绍一个简单的增长模型，该模型中有一些开展产品贸易的国家。我的分析基于文图拉（Ventura, 1997）的研究，他构建了一个实用的赫克歇尔-俄林世界贸易均衡模型。

该赫克歇尔-俄林模型假定各国有相同（或者类似）的技术，导致贸易的主要原因是要素禀赋的不同，例如，相对于其他国家，一些国家具有更多的物质和人力资本。显然，对这些问题的分析要求模型设定中必须存在既可以用于消费也可以作为中间产品投入生产的复合产品。为了更具体地说明这个问题（但不失一般性），我选择第二种，使之与第13章和第15章的模型具有连贯性。

假定每个国家的总生产函数为

$$Y_j(t) = F(X_j^K(t), X_j^L(t)) \tag{19.7}$$

其中 $Y_j(t)$ 是 t 期国家 j 的最终产品，$X_j^L(t)$ 和 $X_j^K(t)$ 分别是劳动和资本密集型中间产品（投入品）。我用字母 "X" 表示这些投入，因为它们是用于生产的投入品数量而不是由国家 j 生产的投入品数量。在国际贸易的情况下，这两个数量会明显不同。在（19.7）式中，F 表示规模收入不变的生产函数且仍然满足第2章的假设1和假设2（除了它被定义为两种中间产品而非劳动力和资本投入）。注意假设2也包含了稻田条件。该最终产品的生产是竞争性的。

国际贸易理论是一个得到充分发展的领域，它可以就生产和贸易结构提供有用的结论。在这里，我的目的并非只是回顾这些结论，而是要研究赫克歇尔-俄林式的国际贸易对经济增长的影响。因此，我采用了最简单的设置，其中每种中间产品只由一种要素生产。具体地，

$$Y_j^L(t) = A_j L_j(t) \text{ 和} \tag{19.8}$$

$$Y_j^K(t) = K_j(t) \tag{19.9}$$

这里用 Y 替代 X 是为了强调这些量是指本地中间产品的产出，而非使用量。同样，和以往一样，$L_j(t)$ 是国家 j 在 t 期的总劳动投入，其供给是无弹性的，而 $K_j(t)$ 是该国的总资本存量。这些中间产品的生产函数有一个值得关注的特征：在劳动密集型产品的生产中存在潜在的生产率跨国差异，而资本密集型产品的生产中却不存在。这和文图拉（1997）的假设相同。习题19.11说明了资本密集部门的生产率差异产生的影响。现在，注意该假设能够得出性状良好的世界均衡，而且只允许存在基本新古典模型中的劳动扩张型技术进步。你也许还会假设 A_j 的差别反映了劳动力中蕴含的人力资本差异。最后，还要注意这里不存在技术进步。为了再次简化表述，习题19.13扩展了本节的模型，考虑了劳动扩张型技术

进步。

本章始终假设产品（也即中间产品）的国际贸易是自由的。该假设比较极端，因为国际贸易包含成本，而且很多国际贸易的分析都会考虑运输和关税的实际成本。然而该假设对简化分析和强调国际贸易如何影响跨国增长模式十分有用。该假设最重要的一个影响是所有国家的贸易产品（这里指中间产品）的价格都等于其世界价格，由这些产品的世界供给和需求决定。让我们用 $p^L(t)$ 和 $p^K(t)$ 表示 t 期的劳动密集型和资本密集型中间产品的世界价格。这两类中间产品的价格都用世界市场的最终产品表示，最终产品被视为计账单位，其价格被标准化为 1。[①]

给定（19.8）式和（19.9）式的生产技术，竞争性的要素市场意味着 t 期国家 j 的工资率和资本利率可表示为

$$w_j(t) = A_j p^L(t) \text{ 和 } R_j(t) = p^K(t)$$

这两个等式总结了此模型最重要的经济学观点。在封闭经济模型中，要素价格形成了对资本积累的激励，它们取决于该经济体的资本劳动力比（请回忆第 8 章）。相反，这里的要素价格取决于世界价格。特别是，因为资本只用于资本密集型中间产品的生产，且中间产品是自由贸易的，于是每个国家的资本利率取决于资本密集型中间产品的世界价格。类似的理论也适用于工资率，唯一的区别是，由于存在劳动生产率的跨国差异，工资率并不会均等化，相反有效工资率 $w_j(t)/A_j$ 是均等化的。根据特雷夫勒（1993）的论述，我们将这种模式称为"有条件的跨国要素价格均等化"，意思是，一旦我们考虑了要素的内在生产率差异，各国的要素价格就会出现均等化。有条件的要素价格均等化不如国际贸易理论中著名的要素价格均等化那么严格，后者要求各国的 $w_j(t)$ 都趋于均等。相反，这里只要求 $w_j(t)/A_j$ 趋于均等。

在这个模型中，有条件的要素价格均等化是自由和无成本产品贸易的结果，因为每种要素只在单一的可贸易中间产品的生产中使用。然而，有条件的要素价格均等化比这里的特定结构更具一般性。在国际贸易理论术语中，当产品可以自由贸易时，存在着一个多样化锥（cone of diversification），使当不同国家的要素

[①] 在此模型中，即使不存在最终产品的贸易，假设每个国家最终产品的价格为 1 也不会丧失一般性。这是因为所有产品都参与贸易，而且不考虑生活成本（购买力平价）的跨国差异。在下一节研究的模型中，情况就不是如此了。

比例在该范围内时，就会出现（条件）要素价格均等化。这里假设劳动力被用于生产劳动力密集型的中间产品，资本被用于生产资本密集型中间产品（国际贸易是无成本的），以确保该多样化锥足够大，能够包容任何可能的跨国资本和劳动存量的分布结构。

有条件的要素价格均等化很重要，因为它意味着每个国家的要素价格都完全独立于其资本存量和劳动（假设相对于世界其余国家，问题中的国家比较小；请回忆第18章的脚注1）。本节的模型最特别的地方是要素价格和资本积累决策之间的不相关性。[1]

因为资本的贴现率还是 δ，所以国家 j 在 t 期的利率为

$$r_j(t) = R_j(t) - \delta = p^K(t) - \delta \tag{19.10}$$

接下来让我们讨论资源约束。虽然产品存在国际自由贸易，但不存在跨期交易。因此我们考虑前两节讨论的国际借贷。这使我们可以用最简单可行的方式将国际贸易的影响分离出来。没有国际借贷意味着在每一时期，每个国家都必须维持一个均衡的国际贸易。因此，下述贸易均衡方程

$$p^K(t)[X_j^K(t) - Y_j^K(t)] + p^L(t)[X_j^L(t) - Y_j^L(t)] = 0 \tag{19.11}$$

必须对所有 j 和 t 成立。该方程是直观的，它要求对于每个国家（每个时期），资本密集型产品的净销售额都由其劳动密集型产品的净采购额构成。例如，如果 $X_j^K(t) - Y_j^K(t) < 0$，该国就是资本密集型产品的净供应方（例如，它在最终产品部门使用的资本密集型产品要少于它生产的），同时它又是劳动密集型产品的净采购方（如，$X_j^L(t) - Y_j^L(t) > 0$）。

除了该贸易均衡方程外，还有影响每个国家的资源约束条件，通常采用下述形式

$$\dot{K}_j(t) = F(X_j^K(t), X_j^L(t)) - C_j(t) - \delta K_j(t) \tag{19.12}$$

它对于所有 j 和 t 成立。此外，世界市场出清要求

---

[1] 这个特征符合很多赫克歇尔-俄林贸易模型，但不是全部符合，而有条件的要素价格均等化也在其他贸易模型中成立。

$$\sum_{j=1}^{J} X_j^L(t) = \sum_{j=1}^{J} Y_j^L(t) \text{ 和} \sum_{j=1}^{J} X_j^K(t) = \sum_{j=1}^{J} Y_j^K(t) \text{对于所有 } t \text{ 成立} \quad (19.13)$$

此处有一个重要的特征，也即消费品和资本品都用相同的技术生产，该技术表现为一单位最终产品可以转变为一单位消费品或者一单位资本品（或投资品）。在下一节，我们将看到在国际贸易和增长模型中，消费品和资本品的要素密集度会有多大差异。不过就我们的目的而言，简单地假定消费品和投资品具有相同的要素密集度就足够了。

最后，在偏好方面，我仍然假定每个国家都有代表性家庭，其标准偏好为

$$U_j = \int_0^\infty \exp(-(\rho - n)t) \frac{c_j(t)^{1-\theta} - 1}{1-\theta} dt \quad (19.14)$$

其中 $c_j(t) \equiv C_j(t)/L_j(t)$ 是 t 期国家 j 的人均消费，所有国家都有相同的时间贴现率 ρ，还有相同的人口增长率。在不失一般性的情况下，让我们假定每个国家的所有决策都由该国的代表性家庭做出，而且 $\rho > n$ 确保了贴现率为正以及生命期界内效用是有限的（详见第 8 章假设 4′）。为了简化分析，让我们再次假定对于每个 $j = 1, 2, \ldots, J$，有 $L_j(0) = L$，与普通人口增长假设一起，这意味着

$$L_j(t) = L(t) \text{ 对于每个 } j = 1, 2, \ldots, J \text{ 成立} \quad (19.15)$$

习题 19.12 探讨了跨国人口差异的情况。

和第 8 章一样，关键是生产中偏资本的中间产品和偏劳动的中间产品之比。因此，让我们定义

$$x_j(t) \equiv \frac{X_j^K(t)}{X_j^L(t)}$$

于是

$$\begin{aligned} Y_j(t) &= F(X_j^K(t), X_j^L(t)) \\ &= X_j^L(t) F\left(\frac{X_j^K(t)}{X_j^L(t)}, 1\right) \\ &\equiv X_j^L(t) f(x_j(t)) \end{aligned} \quad (19.16)$$

其中第三行定义了人均生产函数 $f(\cdot)$（利用 F 体现了规模收益不变的事实）。$x_j(t)$ 指"国家 j 的资本中间产品密集度"，$k_j(t) \equiv K_j(t)/L_j(t)$ 仍然是资本劳动比。

世界均衡可以表述为每个国家的消费、资本积累和资本中间产品密集度的决策路径以及世界价格路径 $[\{c_j(t),k_j(t),x_j(t)\}_{j=1}^J, p^K(t), p^L(t)]_{t \geq 0}$，使给定的世界价格 $[p^K(t), p^L(t)]_{t \geq 0}$，在约束条件（19.11）式和（19.12）式下，$[c_j(t), k_j(t), x_j(t)]_{t \geq 0}$ 能最大化国家 j 的代表性家庭的效用，且世界价格 $[p^K(t), p^L(t)]_{t \geq 0}$ 可以令世界市场出清（即（19.13）式成立）。类似地，稳态世界均衡被定义为所有这些数量都稳定的均衡。

下一个命题描述了世界范围内的生产配置。

命题 19.5 考虑上述模型。在任意世界均衡中，

$$x_j(t) = x_{j'}(t) = \frac{\sum_{j=1}^J k_j(t)}{\sum_{j=1}^J A_j}$$

对于任意 j、j' 和任意 t 成立。

证明 已知 t 期的世界价格，每个国家的代表性家庭最大化 $F(X_j^L(t), X_j^K(t))$，约束条件为（19.11）式。用 F_L 和 F_K 表示该函数的导数，该问题意味着对于任意 j 和 t，有

$$\frac{F_K(X_j^K(t), X_j^L(t))}{F_L(X_j^K(t), X_j^L(t))} = \frac{p^K(t)}{p^L(t)}$$

根据（19.16）式的定义和 F 的一次齐次性，该方程可以表示为

$$\frac{f'(x_j(t))}{f(x_j(t)) - x_j(t)f'(x_j(t))} = \frac{p^K(t)}{p^L(t)}$$

对于任意 j 和任意 t 成立，其中左边部分对 $x_j(t)$ 严格递减，在已知世界价格比率时，可以确定一个唯一的 $x_j(t)$。由于各国的 $x_j(t)$ 相等，它们全部等于世界资本密集型中间产品和劳动密集型中间产品之比，于是

$$x_j(t) = \frac{\sum_{j=1}^J K_j(t)}{\sum_{j=1}^J A_j L_j(t)}$$

对于所有 $j = 1,\ldots,J$ 成立。利用事实 $k_j(t) = K_j(t)/L_j(t) = K_j(t)/L(t)$（因为

(19.15) 式），即可证明该命题。

这个命题表明，尽管各国的资本劳动比存在差异，各国生产的资本密集型和劳动密集型中间产品的比率是相等的。这种最终产品生产过程中资本密集度和劳动密集度之比的均等化使我们可以加总不同国家的产出和资本存量，以获得世界总体的行为。具体地，令 $c(t)$ 表示世界平均的人均消费，$k(t)$ 表示世界平均资本劳动比，二者分别有以下表达式

$$c(t) \equiv \frac{1}{J} \sum_{j=1}^{J} c_j(t) \text{ 和 } k(t) \equiv \frac{1}{J} \sum_{j=1}^{J} k_j(t)$$

下一个命题表明，世界总量符合类似于标准新古典封闭经济体中的运动法则。

命题 19.6 考虑上述模型。在任意世界均衡中，世界平均的人均消费满足下列运动法则：

$$\frac{\dot{c}(t)}{c(t)} = \frac{1}{\theta}\left(f'\left(\frac{k(t)}{A}\right) - \delta - \rho\right)$$

$$\dot{k}(t) = Af\left(\frac{k(t)}{A}\right) - c(t) - (n+\delta)k(t)$$

其中 $r(t) = p^K(t)$ 是 t 期的世界利率，且

$$A = \frac{1}{J} \sum_{j=1}^{J} A_j$$

是平均劳动生产率。

证明 利用 (19.11) 式、(19.12) 式和命题 19.5，国家 j 的资本存量运动法则可以表示为

$$\dot{K}_j(t) = p^K(t)K_j(t) + p^L(t)A_jL(t) - C_j(t) - \delta K_j(t)$$

现在定义

$$K(t) \equiv \frac{1}{J} \sum_{j=1}^{J} K_j(t)$$

对 $j = 1,\ldots,J$ 求和，并根据 $p^K(t)$ 和 $p^L(t)$ 的定义、命题 19.5 和 F 的一次齐次性可得

$$\sum_{j=1}^{J} \dot{K}_j(t) = F\left(\sum_{j=1}^{J} K_j(t), \sum_{j=1}^{J} A_j L(t)\right) - \sum_{j=1}^{J} C_j(t) - \delta \sum_{j=1}^{J} K_j(t)$$

两边同除以 $JL(t)$, 并再次利用定理 2.1 可得

$$\frac{\dot{K}(t)}{L(t)} = Af\left(\frac{K(t)}{AL(t)}\right) - c(t) - \delta \frac{K(t)}{L(t)}$$

现在根据 $k(t)$ 的定义可得该命题的二阶微分方程。

为了获得 $c(t)$ 的微分方程, 对每个国家的欧拉方程 $\dot{c}_j(t)/c_j(t) = (r(t) - \rho)/\theta$ 求和。证毕。

该命题的结果并不令人吃惊。在有条件的要素价格均等化之下, 世界经济作为一个整体运行, 因此遵循两个重要的新古典模型微分方程。现在利用前面的两个命题, 我们可以描述稳态世界均衡的形式。

命题 19.7   考虑上述模型。存在一个唯一的稳态世界均衡, 可使

$$f'(x_j^*) = f'\left(\frac{k^*}{A}\right) = \rho + \delta \tag{19.17}$$

对于所有 j 成立, 其中

$$x_j^* = x^* = \frac{\sum_{j=1}^{J} K_j(t)}{L(t) \sum_{j=1}^{J} A_j} \text{ 且 } k^* = \frac{\sum_{j=1}^{J} K_j(t)}{JL(t)} \tag{19.18}$$

此外,

$$p^{K*} = \rho + \delta \tag{19.19}$$

证明   该证明基于命题 19.6。假设 2 的稻田条件排除了持续增长的可能性。因此稳态时, 世界平均的人均消费必然保持常量, 且利率必须满足 $r^* = p^{K*} - \delta = \rho$。命题 19.5 和命题 19.6 则得到了 (19.17) 式和 (19.18) 式。证毕。

由命题 19.7 可知稳态世界均衡采取了一种十分简单的形式, 其中资本密集型中间产品相对于劳动密集型中间产品的比率完全由总生产函数 F (或者它的变形 f) 以及全世界的总资本与总劳动供给之比决定。稳态生产结构取决于世界资本和劳动供给的理由是: 当 (有条件的) 要素价格均等化成立, 世界经济有效地变成一个整体。我们已经在前两节观察到资本流动是如何使世界经济一体化的。本节的分析表明赫克歇尔-俄林贸易 (以及有条件的要素价格均等化) 也会

得出相同的结论。

尽管稳态均衡结构非常直观,不过世界经济的转移动态要复杂得多。实际上,单个经济体的行为可以非常丰富且复杂。然而,世界经济作为一个整体遵循新古典增长模型的方程式,这确保稳态世界均衡也是全局稳定的。

命题19.8 考虑上述世界经济。命题19.7中描述的是全球稳态均衡满足全局鞍轨稳定。

证明 根据命题19.6的证明中的观点,对于任意世界价格路径 $[p^L(t), p^K(t)]_{t \geq 0}$,每个国家 j 在任意时期 t 的代表性家庭问题满足下列微分方程:

$$\frac{\dot{c}_j(t)}{c_j(t)} = \frac{1}{\theta}(p^K(t) - \delta - \rho)$$

$$\dot{k}_j(t) = [p^K(t) - (n+\delta)]k_j(t) + p^L(t)A_j - c_j(t)$$

把第8章的标准论证应用于命题19.6的世界平均人均消费,可得世界平均人均消费收敛于唯一的世界稳态均衡以及 $[p^K(t)]_{t \geq 0}$ 收敛于 $\rho + \delta$。于是,人均消费和每个国家的资本劳动比收敛于其稳态值。当 $p^{K*} = \rho + \delta$,该收敛必然落在唯一的稳态世界均衡上。证毕。

迄今为止的分析表明,由参与赫克歇尔-俄林贸易(在条件要素价格均等化的前提下)的各经济体构成的世界经济会产生一种类似于第8章中的增长模式,其中每个国家收敛于一个唯一的稳态。不过,这里有一个重要的区别。在前一节的国际借贷模型中,转移动态的本质和封闭经济体的新古典增长模型大不相同。在这里,尽管国际资本缺乏流动,各国的资本回报率是均等的。不存在转移动态,因为一个拥有更高资本回报率的国家比其他国家能够更快地积累资本。这个模型也强调了使用封闭经济的增长模型分析产出和资本的跨国家和跨地区动态变化的潜在缺陷。习题19.10比较了这里的均衡和相同模型中封闭经济的均衡。

然而,转移动态的这些结果也许是受现有模型的一些影响,而这些影响不太引人关注。本章的主要目的之一是阐述国际贸易的出现如何改变了封闭经济增长模型的结论。当前的框架已经指出这是如何发生的。请注意,当世界经济具有满足假设1和假设2的标准新古典技术时,每个国家面临着 AK 技术,因为该技术下无论累积了多少资本都不会降低(资本要素的)回报率(只要该国足够小)。具体地,对于 t 期的每单位额外资本,一国可以获得 $p^K(t)$ 的回报,该回报独立于其自身的资本存量。那么,为何世界不会产生内生增长?答案是当每个国家都面临着 AK 技术,而且当资本密集型中间产品的价格很高时,所有国家的积累使本密集型中间产品的价格降到和稳态水平一致。换句话说,资本密集型中间产品的价格将调整至确保稳态均衡的人均资本、产出和消费都是稳定的(见命题 19.8 的证明)。

尽管这一过程描述的是长期动态,它也为描述另一类不同的短期(或中期)动态开启了大门,尤其是对那些与其他国家相比有不同储蓄率的国家。为了用尽可能简单的方法描述这种可能性,考虑下列思想实验。让我们从稳态的世界经济着手,假设其中一个国家的贴现率正从 ρ 下降至 $\rho' < \rho$。此时会发生什么?下一个命题给出了答案。

命题 19.9 考虑上述模型。假定 J 很大而且世界开始于 $t = 0$ 期的稳态,因此国家 1 的贴现率降至 $\rho' < \rho$。变化过后,存在某个 $T > 0$,使得对于所有 $t \in [0, T)$,国家 1 都按以下速率增长

$$g_1 = \frac{\dot{c}_1(t)}{c_1(t)} = \frac{1}{\theta}(\rho - \rho')$$

证明 在稳态,由命题 19.8 和(19.19)式可知 $p^{K*} = \rho + \delta$。只要国家 1 足够小(在某个时间段 $[0, T]$ 这是事实),它面对的价格就是资本的回报率。因此,当 $A = \rho > \rho'$ 时,该国的转移动态和第 11 章(第 11.1 节)AK 经济体的相同。关于增长率不变的这一结论来源于以上分析。

在有条件的要素价格均等化这一前提下,每个国家都面临着 AK 技术,因此可以积累资本,实现经济增长却不会出现要素收益递减的情况。资本密集型中间产品的价格和资本的回报率取决于世界其他国家的贴现率,因此贴现率相对较低的国家 1 有动力比世界其他国家更快地增加储蓄,而且能够获得人均收入的增加(而世界其他国家只能获得固定的人均收入)。

因此,包含赫克歇尔-俄林贸易(而且具备有条件的要素价格均等化这一特点)的经济增长模型可以轻易地把经济的突然迅速增长("增长奇迹")解释为相关国家改变了政策,或是改变了储蓄率(或者贴现率)。文图拉(1997)认为,这个模型可以解释为何从 20 世纪 70 年代开始,亚洲四小龙在经济快速增长的同时,其要素回报率却没有下降。从 70 年代和 80 年代开始,东亚经济体确实比很多其他发展中经济体更多参与国际贸易,并且更快地积累资本(见 Young, 1992, 1995; Vogel, 2006),这个解释的确很具说服力。这说明了国际贸易如何通过快速积累暂时延缓了资本收益率的下降,并且令经济获得持续高速增长。

然而,这种增长却不能永远保持下去。根据假设 2,世界产出并未长期保持

增长。那么，命题 19.9 是如何满足假设 2 的？答案是该命题描述的是中期增长。这就是为何该命题的表述是针对 $t \in [0,T)$ 而言的。从某种意义上说，国家 1 相对于世界其余国家变得如此之大，以至于它拥有了几乎全世界的资本。到这个程度（或者实际上在达到这个程度之前），国家 1 不再是一个小国：其资本累积对资本密集型中间产品的相对价格会产生重要影响。结果，资本回报率最终会下降，于是该国的积累也行将结束。当然，如果在未来某个时期国家 1 的贴现率回增至 ρ，另一种路径的调整可能会发生，因此该世界经济会重新回归稳态。

该讨论得出的重要经验是，尽管当前的模型可以解释增长奇迹，但这只是就中期而言的。这一特征和习题 19.9 强调的结果有关，当各国具有不同的贴现率时，当前模型并不能得出稳态均衡（甚至也无法得出世界收入的良好分布）。换句话说，该模型得出的世界均衡只能依赖于刀锋情形，此时所有国家都有相同的贴现率（而且资本密集型中间产品有相同的生产率；见习题 19.11）。这一结论源于一个事实，在赫克歇尔-俄林模型中，每个国家都很小而且要素价格与国内要素禀赋无关。在下一节，我们将看到没有这些特征的简单李嘉图模型如何使国际贸易和经济增长之间产生不同的相互作用。

19.4 贸易、专业化和世界收入分布

在这一节，我将介绍一个世界经济的模型，因为存在李嘉图特征，即各国的生产率和技术不同，彼此之间会开展中间产品贸易。每个国家在向世界供应产品的时候都会影响产品的价格。这是一个合理的特征。尽管各国通常会将进口产品的价格看作给定，它们还是会常常影响出口产品的世界价格（比如，智利的铜矿，美国的微软系统或者意大利的兰博基尼）。这个特征的主要影响是，每个国家的贸易条件（其出口和进口产品的相对价格）成为内生的，而且取决于其积累资本的速度。结果，国内要素价格也受到资本积累的影响。我们将会发现这种模型比前一节讨论的模型更具灵活性，因为它允许贴现率（和储蓄率）不同，而且使我们能够获得更多的比较静态结果。这里介绍的经济模型基于我和文图拉（2002）的研究。我从该模型的一个简化版开始介绍，其中实物资本是生产的唯一要素。接着我将介绍完整的模型，其中实物资本和劳动共同用来生产消费品和投资品。

本节的模型和前一节的模型的主要区别在于，正如第 18 章第 18.3 节所述，该世界经济呈现内生增长，其增长率取决于所有国家的投资决策。尽管存在世界

层面的内生增长，但国际贸易（无任何技术溢出的情况下）会产生充分的相互作用以确保所有国家都有一个共同的长期增长率。因此，当前的模型证明了国际贸易如何像技术外溢一样产生强大的限制跨国差异的力量。

19.4.1 偏好和技术

考虑一个由 J 个国家组成的世界经济，仍用 $j = 1, \ldots, J$ 标明序号。存在一个中间产品的连续统，用 $v \in [0, N]$ 表示，还有两种最终产品被用于消费品和投资。中间产品之间是自由贸易，最终产品或者资产之间不发生贸易。消费品和投资品之间无贸易的假设使我们可以专注于中间产品贸易。资产之间无贸易也能够排除中间产品借贷的行为。

各国有不同的技术、储蓄和经济政策。例如，国家 j 的特征概括为 (μ_j, ρ_j, ζ_j)，其中指标 μ 表示该国的技术有多先进，ρ 表示该国的时间偏好率（译者注：即指贴现率），ζ 测度的是政策和制度对投资激励的影响。各国的所有这些特征按照一定的分布规律分布，随时间的推移保持稳定。此外，我还将每个国家的人口标准化为 1，不存在人口增长。

所有国家都承认代表性家庭的效用函数为

$$\int_0^\infty \exp(-\rho_j t) \log C_j(t) dt \tag{19.20}$$

其中，$C_j(t)$ 是国家 j 在 t 期的消费。偏好是对数形式的，因此比至今为止使用的典型 CRRA 偏好［例如，就（19.1）式中的偏好而言，包括了 $\theta \to 1$ 的情况］更加特殊化。对数偏好使我们既能够简化表述，又基本不会丧失一般性。然而，值得注意的是，（19.20）式中的偏好比前一节的偏好明显更加灵活，因为它们允许各国有不同的贴现率 ρ_j。我们还假设国家 j 在 $t = 0$ 期的初始状态为 $K_j(0) > 0$。

国家 j 的代表性家庭在 t 期的预算约束为

$$p_j^I(t) \dot{K}_j(t) + p_j^C(t) C_j(t) = Y_j(t) \tag{19.21}$$
$$= r_j(t) K_j(t) + w_j(t)$$

其中 $p_j^I(t)$ 和 $p_j^C(t)$ 是国家 j 在 t 期的投资品和消费品价格（可贸易中间产品的理想价格指数可作为计价单位，详见下文）。除了中间产品可以有国际贸易外，消费品和投资品是不可贸易的，它们的价格在各国或许不同。和通常一样，$K_j(t)$

表示国家 j 在 t 期的资本存量，$r_j(t)$ 是资本的租金率（在不同的国家也不同），$w_j(t)$ 是工资率。(19.21) 式要求投资加上消费支出等于总收入，还要求没有折旧。这个假设是为了简化符号。更重要的特征是投资 $\dot{K}_j(t)$ 乘以 $p_j^I(t)$，而消费乘以 $p_j^c(t)$。这反映了一个事实，投资品和消费品有不同的生产技术，因此有不同的价格。从这方面看，这一节的模型和第 11 章第 11.3 节的模型十分相似。(19.21) 式的第二个等式表明总产出等于资本收入加上劳动收入，其中 $r_j(t)$ 是资本租金率，$K_j(t)$ 是国家 j 的总资本持有量，$w_j(t)$ 表示总劳动收入（因为人口标准化为 1）。

我用最简单的方式引入技术差异导致的李嘉图式专业化：世界经济有 N 种可获得的中间产品，分散在 j 个国家，从而每一种中间产品只能由一个国家生产。这一常被称为"阿明顿偏好"（Armington preferences）的假设或者国际贸易文献中的技术，确保了每个国家的进口市场虽然很小，但它仍然能够通过其出口的产品数量影响其贸易条件。用 μ_j 表示国家 j 生产的产品量，该假设表明

$$\sum_{j=1}^{J} \mu_j = N \tag{19.22}$$

这是根据 (19.22) 式得来的，更高的 μ_j 意味着国家 j 拥有生产更多种类中间产品的技术，于是我们可以将 μ 理解为衡量该国技术有多先进的一个指标。我假定每个国家的所有企业都能获取生产这些中间产品的技术，这保证了所有中间产品都被竞争性地生产。

此外，让我们假定在每个国家，中间产品的生产技术是一单位资本生产出任意一单位该国可以生产的中间产品，而且生产中间产品的行业是自由进入的。这个假设说明生产是竞争性的，且所有国家 j 在 t 期生产的中间产品价格为

$$p_j(t) = r_j(t) \tag{19.23}$$

其中请回忆 $r_j(t)$ 是国家 j 在 t 期的租金回报率。

19.4.2　AK 模型

在介绍完整的模型之前，我们可以从一个简化版开始，其中资本是生产的唯一要素。结果，在 (19.21) 式，$w_j(t) = 0$ 且

$$Y_j(t) = r_j(t) K_j(t)$$

假设消费品和投资品都是使用国内资本和世界上的所有中间产品束（它们是自由贸易的）生产的。具体地，国家 j 的消费品生产函数为

$$C_j(t) = \chi K_j^C(t)^{1-\tau} \left(\int_0^N x_j^C(t,v)^{\frac{\varepsilon-1}{\varepsilon}} dv \right)^{\frac{\tau\varepsilon}{\varepsilon-1}} \qquad (19.24)$$

(19.24) 式有几个值得注意的特征。第一，K_j^C 表示用于消费品部门的国内资本，以指数 $1-\tau$ 进入该生产函数。直观地看，这一项对应于消费品生产使用国内资本存量服务。它代表生产过程的非贸易元素，取决于使用该国资本的非贸易品提供的服务。由于资产没有参与国际贸易，国内资本存量必然被用来供应这些非贸易服务，而且当一国的资本存量相对较低时，资本的相对价格较高，用于生产消费品（和投资品；见第 19.4.3 节）的资本就会较少。第二，圆括号里面的项表示从世界经济中中间产品束。具体地，$x_j^C(t,v)$ 表示中间产品 v 的购买量，是国家 j 在 t 期为了生产消费品而购买和使用的中间产品 v 的数量。该表达式意味着，在消费品生产中，重要的是所有中间产品生产函数是可加总的固定替代弹性函数，其中替代弹性为 ε。我假设 $\varepsilon > 1$，以避免违背事实和违反直觉的"贫困化增长"模式（见习题 19.25）。到目前为止，我们对可加总的固定替代弹性函数并不陌生，它使我们能够得到容易处理的结构。该表达式还清晰地说明，存在一个中间产品的连续统（表示为（19.22）式）。注意，该固定替代弹性加总算子有一个指数 τ，它确保了消费品生产函数有不变的规模报酬。参数 τ 是消费品生产函数对可贸易中间产品的弹性，且决定了 GDP 中的贸易占比（见习题 19.16）。最后，χ 是为了标准化而引入的一个常量（见习题 19.14）。

国家 j 的投资品生产函数为

$$I_j(t) = \zeta_j^{-1} \chi K_j^I(t)^{1-\tau} \left(\int_0^N x_j^I(t,v)^{\frac{\varepsilon-1}{\varepsilon}} dv \right)^{\frac{\tau\varepsilon}{\varepsilon-1}} \qquad (19.25)$$

除了多出 ζ_j 这一项，它和消费品生产函数一样。ζ_j 表明，在各国生产投资品的过程中，生产率可以因为技术或政策的不同而有差异。有关这些差异存在于投资品部门而非消费品部门的假设和之前讨论的投资品相对价格的结论是一致的，这表明在更贫穷的国家投资品相对较贵。按照这里设定的生产函数，我们也许想考虑更高的 ζ_j 对应更大扭曲的情形，因为正如我们将要看到的，更高的 ζ_j 会减少产出并提高投资品的相对价格。在同时考虑资本和劳动的完整模型中，投资品的相对

价格是内生的，取决于技术和贴现率。

资本的市场出清自然会要求

$$K_j^C(t) + K_j^I(t) + K_j^\mu(t) \leq K_j(t) \qquad (19.26)$$

其中 $K_j^\mu(t)$ 是中间产品的生产中使用的资本，$K_j(t)$ 是国家 j 在 t 期的总资本存量。

读者也可以看出为什么该模型被称为"AK 版本"：消费品和投资品的生产都使用了资本和由资本直接生产出来的中间产品。因此，世界资本存量的翻倍会令所有中间产品的产出翻倍，消费品和投资品的产出也是如此。

尽管和很多贸易模型一样，我们可以直接使用消费品和投资品的生产函数（19.24）式和（19.25）式，但是使用单位成本函数更为简单，这种函数表示生产一单位用计价单位 [用中间产品的理想价格指数表示；见（19.32）式] 衡量的消费品和投资品需要支付的成本。习题 19.14 表明，生产函数（19.24）式和（19.25）式等价于以下消费和生产的单位成本函数

$$B_j^C(r_j(t), [p(t,v)]_{v\in[0,N]}) = r_j(t)^{1-\tau} \left(\int_0^N p(t,v)^{1-\varepsilon} dv\right)^{\frac{\tau}{1-\varepsilon}} \qquad (19.27)$$

$$B_j^I(r_j(t), [p(t,v)]_{v\in[0,N]}) = \zeta_j r_j(t)^{1-\tau} \left(\int_0^N p(t,v)^{1-\varepsilon} dv\right)^{\frac{\tau}{1-\varepsilon}} \qquad (19.28)$$

其中 $p(t,v)$ 是中间产品 v 在 t 期的价格，同时（19.24）式和（19.25）式中的 χ 是适当选择的常量（见习题 19.14）。注意，这些价格没有按照 j 标序，因为中间产品是自由贸易的，所以所有国家都面临着相同的中间产品价格。对单位成本函数的设定简化了分析。

世界均衡按照每个国家的价格、资本存量水平和消费水平的路径来定义，所以所有市场得以出清，同时每个国家的代表性家庭在给定价格路径下能够最大化其效用。这可以表示为

$$\left[\{p_j^C(t), p_j^I(t), r_j(t), K_j(t), C_j(t)\}_{j=1}^J, [p(t,v)]_{v\in[0,N]}\right]_{t\geq 0}$$

注意，尽管不同国家的消费品和投资品价格以及资本回报不同，但是其中间产品价格并非如此。稳态世界均衡也可以定义为通常的模式，具体而言，要求所有价格都是固定的（如前所示，"稳态"均衡包含了平衡增长）。

由于采用的是 AK 技术（和对数偏好），该情形中对世界均衡的描述显得相对简单。具体而言，该代表性家庭的最大化，即对每个 j，以（19.21）式为约束条件对（19.20）式求最大化，可以得出下列一阶条件：

$$\frac{r_j(t)+\dot{p}_j^I(t)}{p_j^I(t)}-\frac{\dot{p}_j^C(t)}{p_j^C(t)}=\rho_j+\frac{\dot{C}_j(t)}{C_j(t)} \qquad (19.29)$$

对于每个 j 和 t，横截性条件

$$\lim_{t\to\infty}\left[\exp(-\rho_j t)\frac{p_j^I(t)K_j(t)}{p_j^C(t)C_j(t)}\right]=0 \qquad (19.30)$$

对于每个 j 成立（见习题 19.15）。

（19.29）式是消费欧拉方程。该式乍一看和标准欧拉方程略有不同，但是它和第 11 章第 11.3 节（具体参照（11.31）式）的两部门模型中的欧拉方程相同。和标准欧拉方程的区别主要源于一个事实：我们现在可以使用不同技术生产消费品和投资品。因此，延迟消费的家庭必须考虑消费品和投资品的相对价格变化，这也解释了（19.29）式中 $\dot{p}_j^I(t)/p_j^I(t)-\dot{p}_j^C(t)/p_j^C(t)$ 项的含义。从这个角度说，（19.29）式显然只要求（净）资本回报率等于时间贴现率加上消费路径的斜率。等式（19.30）式为横截性条件。

合并该预算约束并利用欧拉方程和横截性条件，我们可以得到一个异常简单的消费函数

$$p_j^C(t)C_j(t)=\rho_j p_j^I(t)K_j(t) \qquad (19.31)$$

它可以被解释为家庭在每一期将比例为 ρ_j 的财富用于消费［请回忆，在这个简化模型中，不存在劳动收入，而且 $p_j^I(t)K_j(t)$ 是以当前价格衡量的家庭财富］。

迄今为止的分析已经描述了每个国家的中间产品价格、消费行为以及资本存量。让我们接下来确定该世界经济中消费品和投资品的价格，以及中间产品的相对价格。第一步，我把该世界经济的计价单位定义为一篮子所有（可贸易）中间产品的理想价格指数。由于中间产品总是以固定替代弹性的形式出现，相应的理想价格指数可以简单地表示为

$$1 = \left(\int_0^N p(t,v)^{1-\varepsilon} dv\right)^{\frac{1}{1-\varepsilon}} \tag{19.32}$$

$$= \sum_{j=1}^{J} \mu_j p_j(t)^{1-\varepsilon}$$

其中，第一行定义了理想价格指数，第二行用到了一个事实，即国家 j 生产 μ_j 单位的中间产品。正如（19.23）式确定的那样，这些中间产品都有相同的价格 $p_j(t) = r_j(t)$。

这样选择计价单位还有另一个便利的含义。我们假设每个国家很小，意味着每个国家实际上出口了其所有的中间产品，并且从世界经济进口了理想的一篮子中间产品。因此，$p_j(t) = r_j(t)$ 不仅是国家 j 生产的中间产品价格，也是其贸易条件，被定义为一国出口产品的价格除以进口产品的价格。

接着，利用（19.32）式的价格标准化，单位成本函数（19.27）式和（19.28）式意味着国家 j 在 t 期的消费品和投资品均衡价格为

$$p_j^C(t) = r_j(t)^{1-\tau} \text{ 和 } p_j^I(t) = \zeta_j r_j(t)^{1-\tau} \tag{19.33}$$

（19.33）式用资本回报率描述所有价格。为了计算资本回报率，我们必须要求每个国家的资本市场是出清的。此外，我们还要列出每个国家的贸易平衡方程。然而，根据瓦尔拉斯法则，这些方程式中有一个是多余的。结果证明使用贸易平衡方程更为便利，它可以被表示为

$$Y_j(t) = \mu_j r_j(t)^{1-\varepsilon} Y(t) \tag{19.34}$$

其中 $Y(t) \equiv \sum_{j=1}^{J} Y_j(t)$ 是 t 期的世界总收入。为了明白（19.34）式为什么能够确保均衡贸易，请注意每个国家将其收入的 τ 比例用于中间产品，而且由于每个国家都很小，这意味着其收入的 τ 比例被用于进口。与此同时，世界的其他国家在国家 j [因为对中间产品进行了固定替代弹性加总，而且注意 $p_j(t)$ 是国家 j 的中间产品的相对价格，有 μ_j 单位的中间产品] 生产的中间产品上花费了其总收入的 $\tau \mu_j p_j(t)^{1-\varepsilon}$。请注意，世界总收入为 $Y(t)$，且 $p_j(t) = r_j(t)$，由此我们可以得出（19.34）式。习题 19.16 要求读者根据资本市场出清的（19.26）式推导（19.34）式，从而验证瓦尔拉斯法则。

迄今为止推导出来的（19.23）式、（19.31）式、（19.33）式和（19.34）

式，以及资源约束（19.21）式，完整地描述了该世界均衡。

我们开始描述该世界经济的状态，可以用资本存量在 J 个国家之间的分布来表示（这些是仅有的内生状态变量）。我们一方面可以通过联合（19.21）式、（19.31）式和（19.33）式，另一方面联合（19.21）式和（19.34）式，来求得资本存量的运动法则。具体地，对于每个 j 和 t，该资本存量的运动法则可以被描述为以下微分方程组：

$$\frac{\dot{K}_j(t)}{K_j(t)} = \frac{r_j(t)^\tau}{\zeta_j} - \rho_j \tag{19.35}$$

$$r_j(t)K_j(t) = \mu_j r_j(t)^{1-\varepsilon} \sum_{i=1}^{J} r_i(t)K_i(t) \tag{19.36}$$

这两个等式完整地描述了世界均衡。从 t 期的跨部门资本存量 $\{K_j(t)\}_{j=1}^{J}$ 开始，（19.36）式给出了跨部门贸易条件和利率 $\{r_j(t)\}_{j=1}^{J}$。已知该跨部门利率，（19.35）式准确地描述了跨部门资本存量是如何演变的。

这些运动法则的简洁性值得注意。第一，（19.35）式决定了每个国家的资本存量增长都是其自身参数 ζ_j、投资品生产部门的扭曲、贴现率 ρ_j 以及均衡租金率的函数。第二，（19.36）式将每个国家的租金率都表示为其他国家租金率和资本存量的函数。

从（19.35）式和（19.36）式中，我们可以立刻得出如下重要结论。

命题 19.10 存在一个唯一的稳态世界均衡，其中

$$\frac{\dot{K}_j(t)}{K_j(t)} = \frac{\dot{Y}_j(t)}{Y_j(t)} = g^* \tag{19.37}$$

对于 $j = 1, \ldots, J$ 成立，且世界稳态增长率 g^* 是下式的唯一解

$$\sum_{j=1}^{J} \mu_j [\zeta_j(\rho_j + g^*)]^{(1-\varepsilon)/\tau} = 1 \tag{19.38}$$

该稳态资本租金率和国家 j 的贸易条件表示为

$$r_j^* = p_j^* = [\zeta_j(\rho_j + g^*)]^{1/\tau} \tag{19.39}$$

该唯一的稳态世界均衡是全局鞍轨稳定的。

证明 根据定义，稳态世界均衡中的价格是恒定的，r_j^* 是常数。因此在任意稳态，对于每个 $j=1,\ldots,J$，$\dot{K}_j(t)/K_j(t)$ 必然以某个固定的增长率 g_j 增长。假定国家 j 和国家 j' 的这一增长率并不相等，分别写出这两个国家的（19.36）式，两式相比，会推出一个矛盾的结论，这就证明了 $\dot{K}_j(t)/K_j(t)$ 对所有国家都是常量。（19.34）式说明，所有国家也是按照这个共同的增长率，比方说 g^* 增长的。给定该共同增长率，从（19.35）式立刻可以得出（19.39）式。将此代入（19.36）式可得（19.38）式。该稳态世界均衡是唯一的，因为这些方程式都是唯一决定的，而且（19.38）式对 g^* 严格递减，因此只有一个唯一解。

要保证全局稳定，只需注意（19.36）式表明 $r_j(t)$ 对 $K_j(t)$ 递减即可。因此，当一个国家相对于世界其他国家有较高的资本存量时，其资本回报率会比较低，根据（19.35）式，这会减缓资本的积累。该过程保证了世界经济和所有经济体会朝着唯一的稳态世界均衡移动。习题 19.17 要求读者对稳定性给出正式的证明。

该命题总结的结果很值得注意。首先，尽管各经济体之间具有高度的互动，但仍然存在着唯一一个全局稳定的稳态世界均衡。其次，该均衡采用了相对简单的形式。此外还有最重要的一点是，在该均衡中，所有国家都有相同的增长率 g^*。第三个特征令人吃惊，因为每个经济体都能够获得 AK 技术，于是，在缺乏国际贸易的情况下（例如，当 $\tau=0$ 时，或者见习题 19.18），每个国家将有不同的增长率（例如，那些具有较低的 ζ_j 或 ρ_j 的国家将具有更高的长期增长率）。国际贸易过程强有力地使各国紧密结合在一起，并让它们长期保持相同的增长率。换句话说，国际贸易以及贸易条件效应，促成了稳定的国际收入分布。

为什么？答案和（19.36）式包含的贸易条件效应有关。为了了解（19.36）式的影响，让我们考虑一种特殊情况：所有国家都有相同的技术参数，即 $\mu_j = \mu$ 对于所有 j 成立。再假设某个国家，比如国家 j 的 ζ_j 和 ρ_j 比其他国家的小，则（19.35）式说明，该国将比其他国家积累更多的资本。但是（19.36）式表明，事实并非总是如此，由于国家 j 比世界平均水平更为富裕，该国的资本回报率会相对较低。这一较低的回报率最终会降低国家 j 积累资本的激励，于是该国的资本积累速度会趋近于和世界其他国家相同的水平。

直观地看，每个国家在给世界提供产品方面都具有"市场势力"：当它出口更多的某种产品时，该产品的价格会下降以确保世界消费者购买更多的该种产品。于是，当一个国家比世界其他国家积累更快的时候，其出口供给相对于其他国家的出口供给来说也有所提高，这会使其贸易条件恶化。这种贸易条件的负效应将减少该国的收入和资本回报率［回顾（19.23）式］，并且降低资本积累的速度。这一机制可以保证在稳态均衡所有国家都按照相同的速率积累和增长。

因此，该模型说明了纯贸易联系如何保证本来有增长率的国家互相制约，使它们的增长率趋同，最后产生了稳定的世界收入分布。通过比较此处的均衡和封闭经济体的均衡可以更清晰地观察贸易的作用，参见习题19.18。

自然，相同的增长率并不意味着不同特征的国家有相同的收入水平。正如在前面章节的技术相互依赖模型中的情形一样，指标更好（比如更高的 μ_j，较低的 ζ_j 和 ρ_j）的国家和世界其他国家具有相同的增长率，但是比其他国家更富有。这一点用下式表示就再清楚不过了，它总结了世界收入分布。令 $y_j^* \equiv Y_j(t)/Y(t)$ 为国家 j 在稳态的相对收入。则由（19.34）式和（19.39）式可得

$$y_j^* = \mu_j [\zeta_j(\rho_j + g^*)]^{(1-\varepsilon)/\tau} \tag{19.40}$$

上式表明，具有更好技术（较高的 μ_j）、较低扭曲（较低的 ζ_j）和较低贴现率（ρ_j 较低）的国家将会相对富裕。(19.40) 式也强调了收入相对于 ζ_j 和 ρ_j 的弹性取决于中间产品之间的替代弹性 ε 和开放程度（它是 τ 的函数；见习题19.16）。当 ε 较高而 τ 较低时，ζ_j 和 ρ_j 的微小差异将会导致跨国收入的巨大差异。这个观察结果之所以有趣还有另一个原因：请回忆第2章和第3章，索洛增长模型得出了一个类似的方程，该方程将世界收入分布与储蓄率和技术之间的差异相联系。具体地，请回忆在一个有柯布-道格拉斯总生产函数同时没有人力资本差异的世界里，索洛模型意味着

$$y_j^* = A_j \left(\frac{s_j}{g^*}\right)^{\alpha/(1-\alpha)} \tag{19.41}$$

其中 A_j 是国家 j 的相对劳动扩张型生产率，s_j 是该国的储蓄率，g^* 仍是世界增长率，α 是该柯布-道格拉斯生产函数的资本指数（它也等同于资本在国民收入中的份额）。(19.40) 式表明，这个有贸易的世界经济与索洛增长模型的含义十分相似，除了（1）该国的技术能力起到了劳动扩张型技术的作用，这决定了哪些产品具有比较优势；（2）贴现率 ρ_j 起到了储蓄率的作用，政策参数影响的是投资品生产的扭曲 ζ_j；（3）不同于资本在国民收入中的份额，中间产品的替代弹性和贸易开放程度影响了世界收入分布的具体格局。习题19.19深入探讨了这几点。

19.4.3 一般模型

第 19.4.2 节介绍的模型有几个值得注意的含义，最重要的就是，即便不考虑各国内生增长的可能性，世界相对价格的调整路径也会保持世界收入分布的稳定。结果，偏好和技术的跨国差异表现为稳定的收入分布中的收入水平差异，而非永久增长率的差异。不过读者也许想知道这个结论是否具有一般性。该结论是以一组 AK 经济体为背景推导出来的。我将证明该结论可以一般化地应用于既使用资本也使用劳动的经济体。为了维持该模型的实用性（实际上，为了得到和第 19.4.2 节大体相同的方程式），我利用了第 11 章第 11.3 节分析的雷贝洛（1991）模型中的生产结构。其中资本品的生产只使用资本，而消费品的生产同时使用资本和劳动。尽管此处精确的数学推导依赖于这些特别的假设，但是一般化的论点却不需要。

更具体地，偏好、人口、中间产品和投资品的生产函数都和第 19.4.2 节的相同，主要区别在于消费品的生产函数现在变成了

$$C_j(t) = \chi K_j^C(t)^{(1-\tau)\gamma} L_j(t)^{(1-\tau)(1-\gamma)} \left(\int_0^N x_j^C(t,v)^{\frac{\varepsilon-1}{\varepsilon}} dv \right)^{\frac{\tau\varepsilon}{\varepsilon-1}}$$

对于某个 $\gamma \in (0,1)$ 成立，同时 $L_j(t)$ 是国家 j 的消费部门在 t 期使用的劳动。由于不论是中间产品的生产还是投资品的生产都不使用劳动，人口总量为 1，我们可知 $L_j(t) = 1$。因此，在（19.21）式中，$w_j(t)$ 既代表单位劳动的工资率，也代表总劳动收入。消费品的相应单位成本函数为

$$B_j^C(w_j(t), r_j(t), [p(t,v)]_{v \in [0,N]}) = w_j(t)^{(1-\tau)(1-\gamma)} r_j(t)^{(1-\tau)\gamma} \left(\int_0^N p(t,v)^{1-\varepsilon} dv \right)^{\frac{\tau}{1-\varepsilon}}$$

使用相同的价格标准化表示，即（19.32）式，中间产品价格仍然由（19.23）式给出，国家 j 在 t 期的投资品价格仍然表示为 $p_j^I(t) = \zeta_j r_j(t)^{1-\tau}$。消费品价格也可以用类似的方法求得

$$p_j^C(t) = w_j(t)^{(1-\tau)(1-\gamma)} r_j(t)^{(1-\tau)\gamma} \tag{19.42}$$

除了该家庭获得的劳动收入之外，每个国家代表性家庭的最大化问题基本上不变。该最大化问题又可得到由（19.29）式和（19.30）式确定的充分必要条件。联合（19.29）式和（19.30）式，我们还可以求得作为该家庭生命期界总

财富一部分的消费支出，该支出由资本价值和未来劳动收入的贴现值之和构成（见习题 19.20）：

$$p_j^C(t)C_j(t) = \rho_j \left(p_j^I(t)K_j(t) + \int_t^\infty \exp\left(-\int_t^z \frac{r_j(s) + \dot{p}_j^I(s)}{p_j^I(s)}ds\right)w(z)dz \right) \tag{19.43}$$

我们可以很容易地证明（19.34）式仍然给出了每个国家必要的贸易平衡式。

我们最后需要加上的条件是劳动力市场出清。请回忆，对劳动的需求主要来自消费品部门，在给定柯布-道格拉斯假设下，该需求是 $(1-\gamma)(1-\tau)$ 乘以消费支出 $p_j^C C_j$，除以工资率 w_j。于是国家 j 在 t 期的劳动力市场出清条件为

$$1 = (1-\gamma)(1-\tau)\frac{p_j^C(t)C_j(t)}{w_j(t)} \tag{19.44}$$

因为（19.44）式表明劳动收入 $w_j(t)$ 总是消费支出的一定比例，最优消费规则（19.43）式可简化为

$$p_j^C(t)C_j(t) = \frac{\rho_j}{1-(1-\gamma)(1-\tau)}p_j^I(t)K_j(t) \tag{19.45}$$

家庭仍然会消费固定比例的资本存量价值，不过该比例不仅取决于其贴现率 ρ_j，还取决于技术参数 τ 和 γ。根据这一推导，下面两个命题可以描述该世界均衡。

命题 19.11 在附带劳动力的一般模型中，每个 j 和 t 的世界均衡被描述为（19.35）式和以下两个额外的方程式：

$$r_j(t)K_j(t) + w_j(t) = \mu_j r_j(t)^{1-\varepsilon}\sum_{i=1}^J [r_i(t)K_i(t) + w_i(t)] \tag{19.46}$$

$$\frac{w_j(t)}{r_j(t)K_j(t) + w_j(t)} = \frac{(1-\gamma)(1-\tau)\rho_j}{[\gamma+(1-\gamma)\tau]\zeta_j^{-1}r_j(t) + (1-\gamma)(1-\tau)\rho_j} \tag{19.47}$$

证明 见习题 19.21。

该结论的推导和直观解释源于第 19.4.2 节的内容。在给定跨部门资本存量的情况下，（19.46）式和（19.47）式决定了跨部门租金率和工资率；在给定跨部门租金率的情况下，（19.35）式决定了世界经济资本存量分布的演变。

下一个命题表明，世界均衡结构基本上和第 19.4.2 节的相同。

命题 19.12 在包含劳动的一般模型中，存在一个唯一的稳态世界均衡。在该均衡中，每个国家的资本存量和产出都以（19.37）式的稳定速率 g^* 增长，世界稳态增长率 g^* 是（19.38）式的唯一解。该唯一的稳态均衡是全局稳定的。

证明 见习题 19.22。

该命题说明，有关稳定的收入分布的结论在更一般的模型中也适用。此外，（19.40）式还给出了稳态世界均衡中的世界收入分布。

然而，这个更一般化的模型不只是复制相对简单的 AK 模型的结论。一个重要的含义与投资品和消费品的相对价格有关。正如之前讨论的，已有的经验证据表明，穷国的投资品和消费品相对价格更高。很多模型都采用了退化形式的方法检验其经验规律，认为这必定是因为摩擦影响了穷国的投资部门。然而，要搞清楚这些相对价格差异的来源，我们需要一个允许贸易存在且消费品和投资品有不同生产函数的模型。当前的模型具备这些特征，因此产生了相对价格模式。以上对均衡的推导说明

$$\frac{p_j^g(t)}{p_j^C(t)} = \zeta_j \left(\frac{r_j(t)}{w_j(t)} \right)^{(1-\gamma)(1-\tau)}$$

因此，投资品的相对价格在那些具有较高 ζ_j 和较低工资的国家更高。该结论的第一部分，即 ζ_j 较高的国家（其投资品部门的扭曲更严重），投资品的相对价格通常也更高，这是合乎常情的，而且和文献的推定一致。然而（19.47）式表明，技术更落后（较低的 μ_j）和贴现率更高的（较高的 ρ_j）国家，通常工资率也较低，而且根据这一机制，其投资品的相对价格会更高。因此，当前模型还得出了跨部门投资品和消费品的相对价格，这和我们在数据中观测的模式一致。它强调投资品的相对价格在各国有所不同的原因并非投资部门的扭曲，因此，在类似前述文献使用的单部门或是封闭经济模型的环境下，当我们用到这些相对价格变化时，要特别小心。

归纳本节内容，我们可以回过头去比较这里强调的经济力量和第 19.3 节的经济力量。请回忆，在第 19.3 节，每个国家在积累资本的同时不会遇到规模回报递减的问题。相反，本节的模型强调了一国资本积累如何提高世界的产品供应，其中因为专业化分工产生了很强的贸易条件效应。这些贸易条件效应令长期世界收入分布趋于稳定，同时增长较快的国家有助于提高世界其余国家的增长率。这两节的不同方法能够调和吗？我想答案是肯定的。一种调和的办法是将它们看作与不同发展阶段和不同产品种类相适应。试想，比如一个世界的某些产品

是标准化的，可以在任何国家生产。当一国生产这些产品时，它并不会遇到贸易条件效应，而且可以在积累资本的同时不会遭遇资本回报率下降。正如第19.3节讨论的，这或许与亚洲四小龙在20世纪七八十年代经历过的情形很相似，当时它们专业化生产中等技术产品（也可参见Vogel，2006）。然而，当这些国家变得富裕时，它们开始生产更具差异化的产品，开始遭遇贸易条件效应。结果，当一国处于生产更多差异化产品的发展阶段时，资本不断积累会因为贸易条件效应导致回报率递减。构建结合这两种力量的模型会是一个很有趣的研究领域。

19.5 贸易、技术扩散和产品周期

第18章强调了理解跨国收入差异时技术扩散的重要性。但是，这一分析的前提是世界由封闭经济体构成。国际贸易的出现丰富了技术扩散的过程，因为它提出了国际产品生命周期的可能性，也就是说，随着之前在技术发达国家生产的某些产品转移到在欠发达国家生产，技术也随之扩散。国际产品生命周期的观点最早由弗农（Vernon，1966）提出。这里，我将介绍一个最早由克鲁格曼（1979）提出的简单模型。该模型的主要优点是十分简洁，因此它可以广泛应用于有关宏观经济、国际贸易和经济发展领域的各种不同问题的研究。

19.5.1 劳动力的国际分工

考虑两组国家构成的世界经济，南方和北方。就本节的分析而言，南方和北方可以只有一个国家，也可以由多个国家组成。双方自由贸易，且没有交易成本。

所有国家的全部家庭都有相同的固定替代弹性偏好，偏好产品多样性，该多样性有一个产品指数定义。国家 $j \in \{n,s\}$ 在 t 期的消费指数为

$$C_j(t) = \left(\int_0^{N(t)} c_j(t, v)^{\frac{\varepsilon-1}{\varepsilon}} dz \right)^{\frac{\varepsilon}{\varepsilon-1}} \qquad (19.48)$$

其中 $c_j(t,v)$ 是国家 $j \in \{n,s\}$ 在 t 期对第 z 种产品的消费，$N(t)$ 是该世界经济在 t 期的总产品数量，它是内生决定的，并且可以自由贸易，$\varepsilon > 1$ 是这些产品之间的替代弹性。自然地，如果没有自由贸易的假设，国家 j 的家庭消费产品范围不会是 $N(t)$，而是它们可以获得的那些产品的子集。

每个国家都有代表性家庭，这个家庭有动态偏好，其动态消费定义为消费流

$C_j(t)$。就我们的目的而言，无须规定这些动态偏好是什么，不过为了更具体些，读者可能想假设这些偏好由（19.1）式的标准 CRRA 偏好给定。

该模型的关键假设是产品分为两类：新产品在北方发明，并且只在北方生产；过去发明的旧产品和它们的生产技术已经被南方模仿，因而既可以在南方也可以在北方生产。

生产技术是简单的：一个工人可以生产一单位该国可获得的任意产品。北方的工人可以生产所有产品，南方的工人只能生产旧产品。值得强调的是，对于旧产品的生产，北方的工人并没有生产优势。他们唯一的优势（和技术的唯一差异）在于可以生产更多的产品类别。

假定北方的总劳动供给在所有时期都为 L^n，南方的劳动供给为 L^s。所有劳动都是无弹性供应的。像以往一样，我们将均衡定义为所有产品的价格路径和劳动的跨产品配置。

对于环境的描述意味着存在两种类型的均衡：

1. 均等化均衡：在这类均衡里，由于新产品非常少，南方和北方的工人都生产一部分旧产品。下面我们将会看到这类均衡中新产品和旧产品的价格相同，且南北方的收入是相等的。这就是"均等化均衡"的含义。

2. 专业化均衡：这种类型的均衡中，南方专业化生产旧产品，而北方则专业化生产新产品。

让我们首先研究在给定新旧产品集合 $N^n(t)$ 和 $N^o(t)$ 时，劳动力的国际分工，此处总产品数量为 $N(t) = N^n(t) + N^o(t)$。由于北方能够生产所有产品，尽管南方只能生产旧产品，比率 $N^n(t)/N^o(t)$（或者 $N(t)/N^o(t)$）可以被看作北方和南方技术差距的测度。

在开始分析之前，让我们再假设这个世界正处于专业化均衡状态。显然，所有新产品的价格是相等的，且所有旧产品的价格也是均等化的。将这两组价格表示为 $p^n(t)$ 和 $p^o(t)$。令北方的工资率为 $w^n(t)$，南方为 $w^s(t)$。因为一单位劳动力可以生产一单位产品，且市场是完全竞争的，在此专业化均衡中可知

$$p^n(t) = w^n(t)$$
$$p^o(t) = w^s(t)$$
(19.49)

必然有 $w^n(t) \geq w^s(t)$，不然北方的工人会更愿意生产旧产品。因此，专业化均衡只有当所有旧产品都在南方生产的时候才出现，而且意味着南方的均衡工资率要低于北方。我们可以很容易求出这一条件成立。（19.48）式设定的固定替代弹性

偏好说明，效用最大化要求新旧产品的消费比率必须满足

$$\frac{c^n(t)}{c^o(t)} = \left(\frac{p^n(t)}{p^o(t)}\right)^{-\varepsilon} \quad (19.50)$$

专业化意味着南方的所有劳动力都生产旧产品的，而北方的所有劳动力都是生产新产品的。于是我们得到

$$c^n(t) = \frac{L^n}{N^n(t)} \text{ 和 } c^o(t) = \frac{L^s}{N^o(t)} \quad (19.51)$$

结合（19.49）式、（19.50）式和（19.51）式可得下列相对工资、劳动供给以及技术之间的简单关系：

$$\frac{w^n(t)}{w^s(t)} \equiv \omega(t) = \left(\frac{N^n(t)}{N^o(t)} \frac{L^s}{L^n}\right)^{1/\varepsilon} \quad (19.52)$$

注意，（19.52）式的右侧由 t 期预先确定的（或常数）量组成。这样，它们确定了北方和南方之间唯一的相对工资。专业化均衡仅当 $\omega(t)$ 的比率大于或等于 1 时才会达到。当它小于 1 时，专业化均衡不存在；相反，该均衡的形式为均等化均衡。在均等化均衡中，北方和南方的工资是均等化的，一部分旧产品也在北方生产。具体地，假定 $\omega(t)$ 按照（19.52）式的定义严格小于 1。那么存在唯一的均等化均衡，其中新产品和旧产品定价相同，且有相同的消费量。于是我们可得

$$c^n(t) = \frac{\phi L^n}{N^n(t)} \text{ 和 } c^o(t) = \frac{L^s + (1-\phi)L^n}{N^o(t)}$$

其中选择 $\phi \in (0,1)$ 的值可以使 $c^n(t) = c^o(t)$。我们知道这样一个 $\phi \in (0,1)$ 是存在的，因为 $\omega(t) < 1$，这意味着在 $\phi = 1$，有 $c^n(t) > c^o(t)$。

对该均衡的描述如图 19.1 所示。该图表明，北方的相对劳动供给 L^n/L^s 和北方的超额收益 $\omega \equiv w^n/w^s$ 之间的相互关系是一条向下倾斜的直线。该图还表明当 $L^n/L^s = N^n(t)/N^o(t)$ 时，两者的关系在 $w^n/w^s = 1$ 时变为（与横轴）平行的曲线，因为在这种情况下，北方的劳动相对供给量非常大，使我们进入了均等化均衡的范围。

该均衡的一个有趣结论是，即使北方和南方之间存在技术差距，二者的收入也会均等化。只有当技术差距比较大而且南方的劳动供给 L^s 很大的时候，南北方的收入差距才会很大。最后这个特征在当前全球化浪潮的背景下尤为重要，该浪

潮将旧产品的潜在低成本生产者印度和中国卷入世界经济。①

尽管我们可能认为技术差距很大且 L^s 很大的情况（这导致北方和南方收入差距为正）更符合现实，但是这种差距并不存在的可能性也是具有理论意义的，它能够帮助我们理解国际劳动分工对跨国收入差距的影响。乍一看南北方收入有可能均等化显得有些意外，但其直观解释确实是显而易见的。国际贸易确保了南方消费者能够获得那些本国技术无法生产的产品。结果，即使南方的技术落后于北方，它也能够获得相同的消费束和收入水平。这一分析表明国际贸易能够有力地限制跨国收入差距加大（例如，源于技术差异的分化）。这是比较典型的情况，不过也许有些令人吃惊的是，事实并非总是如此。习题 19.30 进一步分析了贸易对跨国收入差距的影响，并表明即使在当前模型下，贸易也有可能导致富国与穷国之间差距变大。

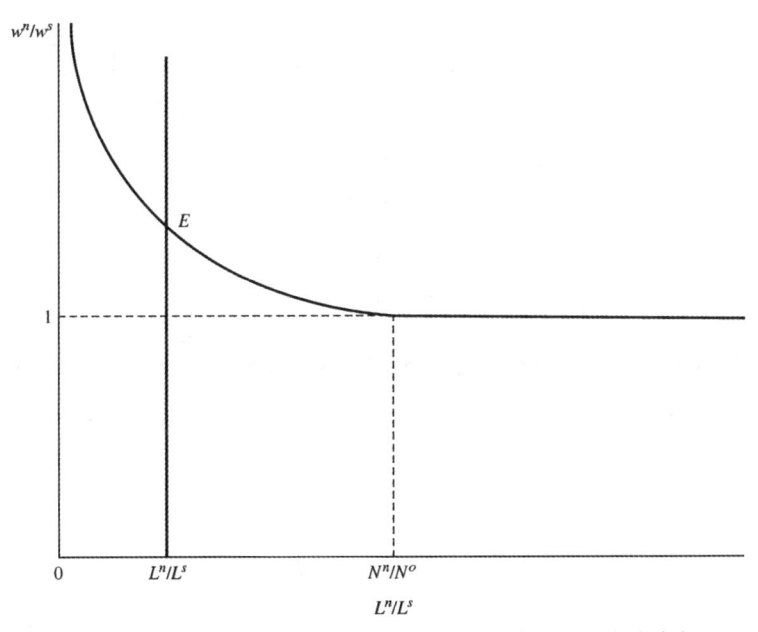

图 19.1　国际产品生命周期模型中北方与南方相对工资的确定

19.5.2　产品生命周期和技术转移

第 19.5.1 节描述的是给定数量的新旧产品的均衡。我们对该模型的主要兴

---

① 但要注意，除了旧产品，印度和中国也会出口某些相对具有较高技术的电子产品和高质量的软件，并且为欧盟和美国公司提供一系列的外包机会。

趣在于，该模型的相对简单性使我们可以将新旧产品的数量内生化，同时得出一组跨国产品生命周期的模型。这里让我们根据克鲁格曼（1979）的研究，使用外生技术变化模型将新旧产品的数量内生化。习题 19.29 讨论了能够内生创造新产品的该模型的另一种版本。

具体地，让我们假定新产品按照以下简单的微分方程在北方制造：

$$\dot{N}(t) = \eta N(t)$$

其初始条件为 $N(0) > 0$，创新参数为 $\eta > 0$。在北方发明的产品可以被南方模仿。和第 18 章技术扩散模型中的情形一样，这一过程被假定是十分缓慢的，而且遵循以下微分方程

$$\dot{N}^o(t) = \iota N^n(t)$$

其中 $\tau > 0$ 是模仿参数。该微分方程具有类似于第 18 章那样的技术扩散动机，并且包含这样一层意思，即南方只能模仿那些至今尚未被模仿的产品集合（在 t 期总共有 $N^n(t)$ 种）。将这些方程与 $N(t) = N^n(t) + N^o(t)$ 相结合，我们可以得到一个唯一的全局稳定的稳态新旧产品比率

$$\frac{N^n(t)}{N^o(t)} = \frac{\eta}{\iota} \tag{19.53}$$

上式很容易理解：当北方的创新率 η 相对于南方的模仿率 τ 较高时，新产品与旧产品的比值也较高。结合（19.53）式与（19.52）式，北方和南方的均衡工资比率是

$$\frac{w^n(t)}{w^s(t)} = \max\left\{\left(\frac{\eta}{\iota}\frac{L^s}{L^n}\right)^{1/\varepsilon}, 1\right\} \tag{19.54}$$

在该表达式中，当最大算子取 1 时，均等化均衡成立。否则，专业化均衡成立。由于比率 $w^n(t)/w^s(t)$ 也对应于北方和南方的收入比率，该方程也意味着北方较高的创新率会令南方变得相对贫穷（不过这并不是绝对的），同时南方较高的模仿率会令其变得相对富裕而北方变穷（见习题 19.28）。根据第 18 章的结论，这些结论并不令人意外。

该稳态均衡的一个有趣的重要特征是产品生命周期。让我们重点关注专业化均衡。在这种情况下，新产品在北方发明，并由获得相对较高工资的当地工人生

产（因为在专业化均衡里，$w^n(t) > w^s(t)$）。一段时期之后，一种新产品被南方模仿，于是它的生产转移到南方，那里的劳动力成本更低。因此，在这个模型中，我们见证了国际产品生命周期，产品的生产开始于劳动力成本较高的北方，接着转移到了生产成本较低的南方。

该产品生命周期模型的一个重要应用是，知识产权的国际保护。模仿率 τ 也可以看作国际知识产权保护的相反举措。于是，正如习题 19.28 所示，在该基本模型中，更强的国际知识产权保护总是会扩大南北方之间的收入差距。不过有趣的是，该习题也表明这种保护并不总能改善北方的福利水平。

19.6 贸易和内生技术变化

贸易对增长率的影响引起了学术界和政策部门的许多关注。大多数经济学家相信，贸易能够促进增长，微观与宏观的证据也与这种观点相吻合。一些文章（例如 Dollar，1992；Sachs and Warner，1995）发现，国际贸易的开放和经济增长之间存在着正相关性。尽管这些研究并不完全令人信服，因为仅靠增长回归很难得出因果结论（请回忆第 3 章的讨论），其他文章的研究也试图通过工具变量策略来克服这些困难。在这一背景下，弗兰克尔和罗默（Frankel and Romer，1999）的一篇著名文章发现了各国的贸易能力差异（由贸易的引力方程决定）是估计贸易对长期收入差异有多大影响的一种变量。被广泛应用于实证贸易文献的引力方程将两国之间的贸易量与其地理特征、经济特征及其相互影响联系起来（如，国家规模、GDP、距离）。弗兰克尔和罗默利用这些引力方程中由地理决定的元素，为预测每个国家的贸易构建了一个衡量指标，并将它用作实际贸易开放的一种工具变量。使用这种方法，他们证明了更多的贸易常常和更高的人均收入（也和更高的长期增长）有关。此外，来自伯纳德等人（Bernard et al，2003；Bernard and Jensen，2004）以及其他人最近的微观经济证据表明，出口企业通常有更高的生产率，这和"出口中学习"有一定的关系，不过这种联系至少有一部分似乎源于选择（Melitz，2003）。类似地，从较发达国家进口机器的发展中国家的企业生产率显得更高，同时，贸易自由化与连续生产和再分配的生产率提高有关（见 Pavcnik，2002）。然而，某些经济学家对贸易的增长效应持怀疑态度。罗德里格兹和罗德里克（Rodriguez and Rodrik，2000）批评了有关贸易促进增长的经验证据。从理论角度来看，几位作者（如 Matsuyama，1992；Young，1991）提出了几个模型，其中国际贸易可能降低某些国家的增长。

811

在本节和下一节，我引入了几个将贸易和增长相联系的最简单模型，以研究国际贸易对经济增长的潜在影响。我将从一个阐述贸易开放可能会改变内生技术变化节奏的模型开始。该模型是格罗斯曼和赫尔普曼（1991b）提出，他们研究了国际贸易和内生技术变化的很多不同的相互关系。简单地说，该模型由两个独立经济体组成，这和第 13 章中投入品种类扩展的基本内生技术变化模型相似。实际上，该模型和第 13.1 节的实验设备模型一样。本模型的优点是不存在知识外溢；因此我们不需要假设知识外溢会如何随着贸易开放而改变。① 我比较了处于均衡的两个国家在没有任何国际贸易和可以无成本地开展贸易（这两种情况下的不同）的创新和增长。自然，更便利的（其中交易费用缓慢下降）在实践中更为常见，但是从自给自足的封闭状态转变为完全贸易一体化这种激进的思想实验能够帮助我们获得有关国际贸易对技术进步影响的主要洞见。

根据第 13 章第 13.1 节的分析，没有必要重复相同的步骤。我们只考虑两个经济体，如 1 和 2，二者具有相同的技术、偏好和标准化为 1 的劳动供给（不考虑人口增长）。偏好和技术也和第 13.1 节的设定相同。于是，将命题 13.1 稍做变化就可以得到以下结论。

命题 19.13 假定条件

$$\eta\beta > \rho \text{ 和 } 2(1-\theta)\eta\beta < \rho \tag{19.55}$$

成立。在自给自足的情况下，只存在唯一的均衡，无论初始的技术水平如何，两个国家都以相同的速率创新和增长：

$$g^A = \frac{1}{\theta}(\eta\beta - \rho) \tag{19.56}$$

证明 见习题 19.31。

下面，让我们分析当这两个经济体开始贸易时会发生什么。贸易的确切影响取决于这两个国家在贸易开放前是否正在生产部分相同的投入要素（请回忆一个可以生产出来的可得投入品的连续统）。一方面，如果它们正在生产某些相同的投入品，那么贸易的静态收益将受到限制。另一方面，如果两个国家正在生产不

---

① 如果不用实验室设备的设定，我们就要用到具有知识外溢的设定，且两个国家生产不同的投入要素集合，我们也需要确定在外国生产的该要素在贸易开放前后是否以及会多大程度地提高本国研发的生产率。习题 19.33 表明，有关知识外溢随贸易开放而变化的假设将影响我们对贸易的增长效应得出的相关结论。

同的投入品，那么就存在更大的静态收益。然而，我们在此的兴趣是贸易开放的动态效应，即贸易开放对经济增长的影响。第 13 章的分析也证实了以下结论。

命题 19.14 假定条件（19.55）式成立。贸易开放后，世界经济和两个国家的创新与增长率为

$$g^T = \frac{1}{\theta}(2\eta\beta - \rho) > g^A$$

其中 g^A 是由（19.56）式决定的自给自足的增长率。

证明 见习题 19.32。

该命题表明，国际贸易的开放促进了技术变化，并提高了世界经济的增长率。其原因很简单：国际贸易有助于每个投入品生产者获得更大的市场，这使发明新的投入品更加有利可图。更大的贸易收益会产生更高的创新率和更快的增长。

这个简单模型刻画的主要影响非常显著，且相当稳健。格罗斯曼和赫尔普曼（1991b）扩展了该模型，并提出了更完善的国际贸易模型（如更多要素）。带来贸易创新收益（innovation gains from trade）的市场规模效应也相当稳健。然而，有几点需要注意。第一，如习题 19.33 所示，如果研发部门与生产部门相竞争，就会产生很强的冲抵效应，因为贸易也会提高对生产工人的需求。在这种情况下，本节的定性分析结果，即贸易开放会提高技术进步率通常是成立的，但是也可以构建各种版本的基本模型，其中这一效应被完全抵消。习题 19.33 也提出了这种极端情况的一个例子，我们应当谨记这一点。第二，习题 19.34 表明，如果不考虑完全规模效应而是重点考虑具有准内生增长的经济体（和第 13 章 13.3 节研究的模型一样），开放贸易会在短期（非长期）内促进创新。

19.7 干中学、贸易和增长

前一节讲述了国际贸易如何通过更快地推动技术进步，提高世界上所有国家的经济增长。除了这种通过技术变化机制促进增长的贸易效应，贸易的静态收益也得到了充分的认识和理解。通过改善世界经济的资源配置，这些静态收益也会促进经济增长。然而，正如第 19.6 节提到的，很多评论家和一些经济学家对国际贸易能促进增长的效应仍持怀疑态度。常被用来证明幼稚产业保护和产业政策

的一种流行观点是，贸易的静态收益是以动态收益为代价的，因为国际贸易会使一些国家更专业化于增长潜力相对较低的行业。在本节，我将介绍一个具有该特征的简单模型。更完整的模型也将得出类似的结论，可以参考扬格（Young，1991）、松山公纪（Matsuyama，1992）、盖勒和芒福德（Galore and Mountford，2008）。还有一些观点基于制度的跨国差异，认为贸易有可能对增长产生负效应，本章的最后将简要讨论这些观点。本小节使用最简单的模型描述贸易的潜在负效应。正如松山公纪和扬格的模型所述，（对于某些国家而言）贸易带来潜在动态损失的机制就是某些部门存在干中学的外部性。

考虑一个世界经济，它由两类国家组成，北方和南方，同时假定每类都由很多相似的国家组成。假定这两类国家从自给自足转向完全的国际贸易一体化。为了简化表述并且突出主要观点，让我们假定所有国家几乎都相同。具体地，每个国家的总劳动力为 1，劳动力可以用于生产两种中间产品之一，其生产函数为

$$Y_j^1(t) = A_j(t) L_j^1(t) \text{ 和 } Y_j^2(t) = L_j^2(t)$$

此时劳动力市场出清条件为

$$L_j^1(t) + L_j^2(t) \leq 1$$

其中 $j \in \{n, s\}$ 表示北方和南方国家。此外让我们假定北方和南方国家的总数量是相等的，世界国家的总数表示为 $2J$。

最终产品的生产是这两种中间产品的固定替代弹性加总生产函数。再次区分中间产品的生产和它们在最终产品部门的应用，我们可以将此总生产函数写为

$$Y_j(t) = \left[\gamma X_j^1(t)^{\frac{\varepsilon-1}{\varepsilon}} + (1-\gamma) X_j^2(t)^{\frac{\varepsilon-1}{\varepsilon}} \right]^{\frac{\varepsilon}{\varepsilon-1}}$$

其中 ε 是两种中间产品之间的替代弹性，假设 $\varepsilon > 1$。$\varepsilon = 1$ 的情况（此时生产函数变为柯布-道格拉斯函数）也很有趣，我将单独分析这种情况。为了简化代数表达和以下的表述，我设 $\gamma = 1/2$。

干中学的模型构建如下：

$$\frac{\dot{A}_j(t)}{A_j(t)} = \eta L_j^1(t) \tag{19.57}$$

于是，当更多的工人被部门 1 雇用时，部门 1 的技术会提高。部门 2 不存在干中

学的机会。因此，我们也许会把部门1看作制造部门或是某种技术水平较高的部门，而部门2为农业部门或是低技术部门（尽管制造业部门比农业部门干中学的机会更大这一点本身是值得商榷的）。和罗默（1986a）的增长模型一样（见第11章），每个生产者都会忽视部门1当前的生产决策对未来生产率产生的正外部性。

北方和南方的唯一区别在于北方在部门1的生产中有很小的比较优势。具体地，假设

$$A_n(0) = 1 \text{ 且 } A_s(0) = 1 - \delta \tag{19.58}$$

其中 $\delta > 0$，它被看作一个很小的数。

在这一框架下，有无国际贸易的均衡就相对比较容易描述了。两种情况的关键在于劳动的边际产品价值（工资率）在两个部门会趋于均等，而两个部门仅有其中之一是活跃的。让我们从封闭经济开始，假定两个部门在 t 期都是活跃的。于是边际产品必须在两个部门均等化，则有

$$p_j^1(t) A_j(t) = p_j^2(t) \tag{19.59}$$

其中 $p_j^1(t)$ 和 $p_j^2(t)$ 表示国家 j 的两种中间产品相对最终产品而言的价格，$A_j(t)$ 代表国家 j 部门1的生产率水平。请注意，价格用 j 标注，因为我们考虑的是封闭经济。对最终产品生产者的利润求最大化很容易得到

$$\frac{p_j^1(t)}{p_j^2(t)} = \left(\frac{X_j^1(t)}{X_j^2(t)}\right)^{-\frac{1}{\varepsilon}} = \left(\frac{A_j(t) L_j^1(t)}{1 - L_j^1(t)}\right)^{-\frac{1}{\varepsilon}}$$

其中 $L_j^1(t)$ 表示国家 j 在 t 期配置于部门1的数量，自然地，配置于部门2的劳动力数量为 $L_j^2(t) = 1 - L_j^1(t)$。将上式与（19.59）式相结合可得

$$L_j^1(t) = \frac{A_j(t)^{\varepsilon - 1}}{1 + A_j(t)^{\varepsilon - 1}} \tag{19.60}$$

部门1的生产率变化由（19.57）式给出。

命题 19.15 考虑上述模型，假定 $\varepsilon > 1$ 且 $\delta \to 0$。于是在无国际贸易的时候，均衡的劳动力配置对所有 j 国和 t 期而言都由（19.60）式决定。具体地，$L_j^1(t=0) = 1/2$ 且 $L_j^1(t)$ 单调地趋近于1。每个国家的增长率 $g_j(t)$ 收敛于 $g^* = \eta$。

815

另一方面，如果 $\varepsilon = 1$，则 $L_j^1(t) = 1/2$ 对于所有 t 成立，每个国家的长期增长率为 $g^{**} = \eta/2$。

证明 见习题 19.35。

下面考虑从时期 $t = 0$ 开始开展自由国际贸易的世界经济。对于每个中间产品，现在只有一个唯一的世界价格，$p^1(t)$ 是产品 1 的价格，$p^2(t)$ 是产品 2 的价格。根据标准观点，这些价格应该满足

$$\frac{p^1(t)}{p^2(t)} = \left(\frac{X_n^1(t) + X_s^1(t)}{X_n^2(t) + X_s^2(t)}\right)^{-\frac{1}{\varepsilon}} = \left(\frac{A_n(t)L_n^1(t) + A_s(t)L_s^1(t)}{2 - L_n^1(t) - L_s^1(t)}\right)^{-\frac{1}{\varepsilon}}$$

其中下缀 n 和 s 代表北方国家和南方国家。

容易证明，作为（19.58）式弱比较优势的结果，在 $t = 0$ 时部门 1 的北方工人的边际产品更高，而且所有的北方劳动力都被部门 1 雇用，同时南方的所有劳动力被部门 2 雇用。此外，所有部门 1 的生产都放在北方国家，部门 2 的生产放在南方。在随后的所有时期，北方工人的生产率在部门 1 变得更高，南方工人的生产率在部门 1 保持不变。下一个命题总结了这一结论。

命题 19.16 考虑上述模型。在能够自由开展国际贸易的情况下，均衡为：对于所有 t，$L_n^1(t) = 1$ 且 $L_s^1(t) = 0$。在该均衡中，

$$\frac{\dot{A}_n(t)}{A_n(t)} = \eta \text{ 且 } \frac{\dot{A}_s(t)}{A_s(t)} = 0$$

世界经济长期增长率趋近于 $g^* = \eta$。北方和南方的收入比率对于所有 t 可表示为

$$\frac{Y_n(t)}{Y_s(t)} = A_n(t)^{\frac{\varepsilon-1}{\varepsilon}}$$

结果，当 $\varepsilon > 1$ 时，北方相对于南方变得相当富裕，于是 $\lim_{t\to\infty} Y_n(t)/Y_s(t) = \infty$。反之，当 $\varepsilon = 1$ 时，北方和南方的相对收入保持不变，于是 $Y_n(t)/Y_s(t)$ 对于所有 t 都是一个常量。

证明 见习题 19.36。

该命题包含的主要结论就是关于当某些部门存在干中学的外部性时，国际贸易如何对某些国家产生不利影响。南方在部门 1 有轻微的比较优势。而当没有贸易的时候，它会将大量资源投入该部门，以实现和北方相同的增长率。然而，如果存在自由贸易，南方会专业化从事部门 2 的生产（因为其轻微的比较劣势在部

门 1），此时会丧失从部门 1 得到的干中学机会带来的益处。因此，该命题刻画了如扬格（1991）和幼稚产业保护论的支持者提出的模型对国际贸易的主要批评。

然而，该命题也表明这些论点存在着一些缺陷。比如，当 $\varepsilon = 1$（或者足够接近于 1）时，部门 2 的专业化不会伤害南方。其原因和第 19.4 节强调的效应密切相关：北方部门 1 的生产率增长会对北方产生负的贸易条件效应。该效应总是出现，不过当 $\varepsilon = 1$ 时，该效应变得如此强大，以至于可以阻止南方的贫困化，即使南方专业化从事较低增长潜力的部门。习题 19.36 强调的另一个问题是：在此描述的世界经济中，幼稚产业保护帮助不了南方。即使在南方有一段 $T > 0$ 的时期为了保护幼稚产业而禁止国际贸易，最终结果也和命题 19.16 相同。

那么，我们将如何解释本节的结论和贸易对增长的影响这个一般性问题？直接的解释为，这里的模型和前面章节的模型共同说明了贸易对增长的影响必定是可以实证检验的。由于有一些模型强调贸易对增长的影响既有正也有负，争论只能通过经验检验来解决。

然而，理论视角仍然有用。有两个问题值得注意。第一，贸易一体化对内生技术进步率的影响也许是有限的，其原因是第 19.6 节最后已经讨论过的因素。比如，只有当贸易开放并没有将最终产品部门的工资水平提升至比研发部门的工资水平更具竞争力时（当研发部门不会争夺最终产品生产部门的工人时会出现这种情况），显著影响才有可能出现。此外，如果不考虑极端的规模效应，贸易开放对创新会产生短暂的刺激，但不一定会改变长期增长率。然而，从事创新的企业在更大的市场规模中获得的收益必然在内生技术变化模型中有一定程度的体现。考虑所有这些因素，我们认为贸易开放会诱导创新。至于这些效应是等于还是大于国际贸易的静态收益，则很难确定。贸易的静态收益很有可能比随之而来的创新收益重要得多。

权衡的另一个方面是在错误的部门从事专业化生产带来的潜在交易成本。本节模型说明了这种可能性。然而，我相信，因为这种"错误"专业化而导致贸易给增长带来的潜在负效应，不应该过分夸大。原因在于：第一，没有很强的证据说明国际贸易会导致实践中出现错误的专业化。第二，国际信息流常常会伴随着贸易开放的增加而增加，这意味着某些国家生产率的提高会影响其他国家的生产率，这些国家一开始并未在某些部门实现专业化生产（例如，韩国一开始是汽车的进口国，而现在成了净出口国，它在汽车部门的生产率伴随着技术转移而提高）。最后，正如本节的主要结论所示，贸易条件效应能够减轻专业化的任何负面影响。

19.8 小结

本章有三个主要目标。第一，强调使用封闭经济模型分析经济增长的跨国或跨区域模式的缺陷。我们已经看到跨期交易和产品交易都能改变封闭经济新古典增长模型的动态路径乃至长期影响。例如，国际资本流动排除了动态变化，因为缺少资本的经济体不需要缓慢地积累资本，而是可以从国际市场借入。当然，可获得的国际借款额是有限制的。国家是主权实体，因此，对于它们而言一旦借款太多，可以相对比较容易地宣布破产。因此，这种主权借款风险可能限制了这些国家利用国际市场平滑消费以及快速增加其投资的能力。即便在这种情况下，一定金额的国际借贷也会发生，这对产出的动态均衡以及资本存量有重要影响。然而，可获得的证据有力地证实了费尔德斯坦-堀冈之谜，该谜是关于为何投资变化和储蓄变化是相关的。为什么尽管存在着显著的总资本流动，但是在平滑国际消费和投资方面，净国际资本流动并未起到更大的作用；总资本流动对经济增长的意义是什么，考察这些问题的是未来研究中的一个有趣领域。

我们进一步看到了国际产品贸易还会改变新古典增长模型的含义。例如，在第19.3节的经济增长模型中，国际产品贸易发挥了和国际借贷相同的作用，它显著地改变了跨国产出的动态变化。因此，即使没有国际借贷，关注整体世界均衡的各种建模方法和那些关注封闭动态经济的建模方法，有着截然不同的含义。李嘉图模型和第19.4节的贸易条件效应也说明了国际贸易对经济增长潜在而剧烈的影响。在该模型中，无贸易往来的国家之间并没有趋同，而国际贸易通过贸易条件效应，强有力地将世界收入联系起来。于是，长期均衡包含了稳定的世界收入分布，短期动态则不同于封闭经济模型。

第二，强调国际贸易的性质如何与经济增长过程相互影响。第19.3节和第19.4节集中讨论此问题。包含赫克歇尔-俄林贸易的经济增长模型说明了经济增长如何因为有条件的要素价格均等化，而提高了每个国家的产出相对于资本的实际弹性。该模型有助于我们理解某些特定的经济体，如亚洲四小龙如何在较长时期保持快速增长，但没有出现要素收益递减问题。然而，我们的分析也表明，有条件的要素价格均等化也会导致极端情况的出现。相反，第19.4节的模型强调了基于技术比较优势的简单李嘉图式贸易如何导致每个国家出现了基于贸易条件效应的收益递减。当一个国家积累了更多的资本时，它会开始出口更多专业化生产的产品。这将恶化其贸易条件，降低下一阶段积累资本的回报率。该分析说明了这种力量如何促使世界收入分布变得更加稳定，其中相对落后的经济体能够和快速增长的经济体增长得一样快。我们该如何调和第 19.3 节和第 19.4 节模型的不同含义呢？一种可能的办法是设想世界由这两节讨论的模型组成。任何国家都有可能生产某些标准化的产品。如果一国生产这些标准化产品，就不存在贸易条件效应。因此，如果一个国家只是通过生产这些产品实现了经济增长，该国就有可能通过参与国际贸易而避免标准的收益递减。这也许比较接近亚洲四小龙在 20 世纪七八十年代经历的情形，那时这几个国家专业化生产中等技术的产品。然而，当一国变得更加富裕时，它也可以生产更为独特的产品，并且可能遭遇贸易条件效应。结果，如果一国处于生产更多差异化产品的发展阶段，那么进一步的资本积累会通过第 19.4 节强调的机制导致收益递减。无论这两种方法强调的力量如何结合，都表明了对世界均衡建模的重要性，以及在国际贸易关系的背景下考虑资本回报率变化的重要性。

本章的第三个目标是研究国际贸易对经济增长的影响。第 19.6 节和第 19.7 节描述了两种不同的方法：一种是强调贸易对增长的有益效应，另一种是潜在的负面效应。这两类模型都能帮助我们分析世界均衡和经济增长。这些模型尽管有用，尽管我们的理论分析已经强调了某些重要的机制，并说明了贸易对增长的负效应可能并不重要，但国际贸易对经济增长的影响说到底是一个经验问题。贸易对技术进步的正面影响是否在数量上足够显著，这还有待研究。很可能贸易的静态收益比动态收益重要得多。然而，对国际贸易的任何分析都必须考虑它对经济增长和技术变化的影响。

19.9 参考文献

本章包括了很多模型。第 19.1 节集中讨论国际金融流动对经济增长的影响。巴罗和萨拉-伊-马丁（2004，第 3 章）在讨论这一问题时，分别考虑有金融流动限制和没有金融流动限制的情形。奥布斯特费尔德和罗高夫（Obstfeld and Rogoff, 1996, 第 1 章和第 2 章）更详细地分析了国际借贷，其著作的第 6 章探讨了国际资本市场不完全的影响。布洛和罗高夫等人（Bulow and Rogoff, 1989a, b; Atkeson, 1991; Kehoe and Perri, 2002; Matsuyama, 2004）的研究也对这些不完全及其影响构建了模型。第 19.1 节讨论的费尔德斯坦-堀冈之谜现在依然是一个很活跃的研究领域。奥布斯特费尔德和泰勒（Obstfeld and Taylor, 2002）就这个问题的很多研究做了综述。泰勒等人（Taylor, 1994; Baxter and Crucini, 1993;

Kraay and Ventura，2007）就费尔德斯坦-堀冈之谜提出了可能的解决方案。

第19.2节受卢卡斯（1990）的经典文章激发。有很多文献探讨资本为何不会从富国流入穷国。奥布斯特费尔德和泰勒（1994）对该领域的研究做了一个综述。上文讨论过的卡塞利和费雷尔（2007）的文章为估计资本边际生产率的跨国差异提供了一种方法，并提出资本收益的跨国差异是有限的。该文支持那些认为是生产率差异导致资本缺乏流动的模型，比如第19.2节提出的模型。基林珂和马利克（Chirinko and Mallick，2007）认为卡塞利和费雷尔（2007）的思路或许会导致错误的结论，因为他们在计算时没有考虑投资的调整成本，而且一旦考虑这些成本，资本的回报将会出现很大的跨国差异。我们还可以参考一些近期研究，包括古兰沙和珍妮（Gourinchas and Jeanne，2006）关于金融一体化下缺乏投资或者增长收益（growth gains）的研究，以及阿尔法罗等人（Alfaro、Kalemli-Ozcan and Volosovych，2005）对制度差异和资本流动之间关系的研究。

本章的其余部分利用了一些基础性的国际贸易理论知识。因篇幅所限，无法做更详细的回顾。读者可以参考标准教科书，如，迪克西特和诺曼（Dixit and Norman，1980）的教科书。第19.3节对文图拉（1997）的模型稍做一般化拓展（考虑更具一般性的规模报酬不变生产函数而非文图拉使用的替代弹性不变生产函数）。斯蒂格利茨（1971）首次分析了一个类似但不够丰富的模型。他没有考虑劳动扩张型的跨国生产率差异，并假定储蓄率是外生的。其他将赫克谢尔-俄林式贸易和经济增长模型联系起来的模型主要来自阿特基森等人（Atkeson and Kehoe，2000；Cunat and Maffezoli，2001）的研究。第19.4节是基于我和文图拉（2002）的研究。该模型使用的偏好结构最早由阿明顿（1969）提出，但主要适用于最终产品的生产而非偏好（又见 Ventura，2005）。

第19.5节的模型基于克鲁格曼（1979）有关产品生命周期的开创性文章。格罗斯曼和赫尔普曼（1991b）就内生技术下的产品生命周期提出了更完善的模型，类似于习题19.29讨论的经济体。安特拉斯（Antras，2005）基于不完备合同的重要性，对产品生命周期提出了一种新的视角。在他的模型中，北方生产者和南方子公司之间的合同问题阻碍了产品从北方转移到南方。只有当产品变得相当标准化时，合同问题才变得不那么严重，生产才能转移到南方。

有大量的实证文献研究贸易对增长的影响。第19.6节一开始讨论了很多有关该主题的著名文献，其余部分则基于里维拉坦-巴特兹和罗默（Rivera-Batiz and Romer，1991）以及格罗斯曼和赫尔普曼（1991b）的研究，不过还使用了第13章第13.1节的公式。格罗斯曼和赫尔普曼（1991b）假定研发需要劳动力，并引入了研发部门和最终产品部门之间的竞争。在这种情况下，知识的溢出效应在贸易影响内生技术进步速率中起到了关键作用。里维拉-巴特兹和罗默（1991）还讨论了创新可能性曲线的形式将如何作用于贸易对技术变化的影响机制。这一点，在习题19.33中有进一步讨论，在阿特基森和伯斯坦（Atkeson and Burstein，2007）的近期研究中也有体现。格罗斯曼和赫尔普曼（1991b）还提出了具有多部门和跨国要素禀赋差异的模型。国际贸易对技术的另一种潜在影响体现在对技术变化方向的影响上。阿西莫格鲁（2003b）详细分析了这个问题，并证明了不完全知识产权的贸易开放可以令新技术相比贸易开放之前变成更技能偏向型的。还有一些学者（Thoenig and Verdier，2003；Epifani and Gancia，2006）分析了类似的模型。

第19.7节介绍的模型受到扬格（1991）和松山公纪（1992）的启发。卢卡斯（1988）、盖勒和芒福德（2008）也提出了类似的模型，其特征是专业化和干中学之间的互动。国际贸易对某些国家来说成本较高的其他模型则诉诸劳动力市场的不完全和制度问题导致的租金差异。纳恩（Nunn，2006）和列夫钦科（Levchenko，2007）的模型证明，贸易会导致创造租金的工作岗位从制度相对落后的国家转移至制度更好的国家，从而贸易对制度相对落后的国家可能是有害的。

19.10 习题

19.1 证明命题19.1和命题19.2。［提示：对于命题19.2，利用（19.5）式以及消费和产出在每个国家都以相同比率增长的事实，证明在稳态时每个国家的最优选择（或者每个国家的每个家庭）是$\dot{a}_j(t) \to 0$。］

19.2 考虑资本自由流动的世界经济，假定每个国家有不同的贴现因子ρ_j。

(a) 证明命题19.1依然成立。

(b) 证明$\dot{a}_j(t) = 0$对于所有j都成立的稳态均衡不存在。对此结果进行直观解释。

(c) 试描述渐进均衡（当$t \to \infty$时的均衡路径）。假定对于所有$j \neq j'$，有$\rho_{j'} < \rho_j$。证明国家j'消费的世界净产出份额趋向于1。这对于各国之间GDP和GNP的关系意味着什么？

(d) 为了使问题（c）中的渐进均衡更接近现实，该如何修改模型？

19.3 该习题要求读者证明命题19.3。

(a) 证明 $\tilde{c}_j(t)/\tilde{c}_{j'}(t)$ 对于所有 j 和 j' 都是不变的。

(b) 证明：给定命题19.1中的结论，证明全球一体化的均衡可以用一个单一加总生产函数表示。[提示：使用一个类似于推导命题19.6的论据。]

(c) 将该结论和命题19.6与第5章的定理5.4相联系。请解释为什么这些汇总结果在资本不能自由流动时不成立。

(d) 已知问题（a）和问题（b）的结果，将类似于基本新古典增长模型中的全局稳态均衡路径的分析应用于在此构建均衡路径的全局稳态。给定全局稳态，证明均衡路径的唯一性。

*19.4 考虑具有国际资本流动的世界经济，但假设由于主权违约风险，一国的借款额不能超过其资本存量的比例 $\phi > 0$。于是，在第19.1节，我们得出限制条件 $\dot{a}_j(t) \leq \phi k_j(t)$。

(a) 描述该世界经济的稳态均衡，并且证明该稳态不会受该约束条件的影响。请仔细解释该结论的直观含义。

(b) 请描述该约束条件下世界经济的动态变迁。证明推论19.1不再成立。

19.5 巴罗和萨拉-伊-马丁（1991，2004）使用增长回归对美国各地区和各州的趋同模式进行了研究。他们发现各地区和各州具有一种缓慢的趋同模式。他们使用新古典增长模型对此进行了解释。试解释为何推论19.1表明该解释是不正确的。相反，（该解释）从另一个角度解释为何跨地区、跨州趋同或许较为缓慢。[提示：我们应该认为技术或资本的跨地区流动会更快吗？]

19.6 考虑第11章研究的基本AK模型，假定各国有相同的生产技术，但贴现率 ρ_j 不同。证明：即便金融跨国流动是自由的，互相关联的国家之间也存在持续的储蓄率和投资率差异。对该结论进行准确的直观解释。请说明为何该模型不能解释费尔德斯坦-堀冈之谜（见第19.2.2节），该谜题并非关于储蓄和投资水平之间的相关性，而是和二者的差异有关。是否可以拓展该模型以解释费尔德斯坦-堀冈之谜？

19.7 证明命题19.4。

19.8 证明：在第19.3节的模型中，资本的跨国自由流动不会影响均衡配置。

19.9 考虑具有跨国贴现率差异的第 19.3 节的模型。证明：不存在稳态均衡。

19.10 描述第 19.3 节模型中的封闭经济均衡，将它与文中讨论的贸易均衡进行比较。

*19.11 考虑第 19.3 节的模型，假设（19.9）式现在被定义为 $Y_j^K(t) = B_j K_j(t)$，其中 B_j 是指潜在的跨国差异。请描述该世界均衡。当该例中存在资本自由流动时，将会怎样？

19.12 (a) 当各国的人口水平存在差异时，请重新用公式表述并证明第 19.3 节的主要结论。[提示：相关价格现在取决于表达式 $\sum_{j=1}^{J} K_j(t) / \sum_{j=1}^{J} AL_j(t)$，而不是 $k(t)/A$。]

(b) 如果每个国家都有不同的人口增长率 n_j，将会发生什么？

*19.13 (a) 证明：如果将（19.14）式的相对风险厌恶偏好修改为任意的严格递增且严格凹的效用函数 $u(c)$，第 19.3 节的稳态描述依然成立。此时，如何分析转移动态？

(b) 现在让我们回到（19.14）式的偏好，不过要假定每个国家的劳动生产率为 $A_j(t) = A_j \exp(gt)$。证明本文得出的所有结论都继续适用，特别是推导出命题 19.6 的等价命题。

(c) 最后，假定（19.7）式的 F 不满足假设 2。这会如何影响分析和结论？

19.14 根据生产函数（19.24）式和（19.25）式推导单位成本函数（19.27）式和（19.28）式。求常数 χ 的价值。

19.15 推导（19.29）式和（19.30）式。

19.16 考虑第 19.4 节的模型。

(a) 根据资本市场出清的表达式（19.26），推导贸易均衡的表达式（19.34）。

(b) 试求作为 τ 的函数的进口与 GDP 之比。

19.17 试严格证明命题 19.10 中的稳态世界均衡的全局（鞍轨路径）稳定。

19.18 描述第 19.4 节模型的封闭经济均衡，其中每个国家仅使用它自己生产的中间产品。将该均衡和文中描述的贸易均衡进行比较。证明：各国在封闭经济均衡中有不同的长期增长率。快速增长国家中的家庭在此均衡中相比于贸易均衡中的情形是否有所改善？

19.19 (a) 请推导（19.40）式和（19.41）式。

(b) 请解释不同的参数在决定跨国收入差异时所起的作用。采用合理的参数值，讨论具有国际贸易的模型是否比新古典增长模型带来更大的跨国人均收入差异。

19.20 请推导（19.43）式。

19.21 证明命题19.11。

19.22 证明命题19.12。

19.23 考虑第19.4节模型中的稳态世界均衡。

(a) 证明：τ 增长不一定会提高（19.38）式给出的稳态世界均衡增长率 g^*。请对该结论做出直观解释。

(b) 证明：即使 τ 不能提高增长率，它还是可以提高世界福利。［提示：为了简化此部分问题的答案，读者可以仅观察稳态福利。］

(c) 根据贸易对增长影响的有关争论，解释问题（b）的结论。

(d) 试给出 τ 的增长也能够提高世界增长率这一命题的充分条件，并解释该条件。

19.24 考虑第19.4节的模型，除了没有采用代表性家庭的效用最大化之外，假定每个国家的储蓄占其收入的比重为常量 s_j。请描述这种情况下的均衡，并证明贸易条件效应会导致稳定的世界收入分布。

*19.25 考虑第19.4节的模型，假定 $\varepsilon < 1$。请描述该均衡。证明：在这种情况下，具有较低贴现率的国家将会比较贫穷。对该结论进行准确的直观解释。请说明为什么假设条件 $\varepsilon < 1$ 可能是不合理的。

*19.26 考虑第19.4节的基础 AK 模型。假设每个国家的生产和分配决策是由特定的社会规划者制定的（他将最大化该国代表性家庭的效用）。

(a) 证明并解释此时配置不再是均衡的。

(b) 试求此种情况下的均衡，并且证明这种情况下所有的定性结果都是适用的。试求命题19.11和命题19.12的更一般性表达。

(c) 证明：这种情况下世界福利要低于文中的均衡状态。

(d) 你认为本题中的均衡或者文中的均衡哪种更合理？请证明你的答案。

*19.27 考虑第19.4节包含劳动的模型。假设各国可以通过投资来创造新的

产品种类。假定某个特定企业生产这个品种,它会成为垄断者,并且索要的加成价格等于对全世界所有消费者制定的垄断价格,直到这一类产品的生产以指数率 $\varepsilon > 0$ 遭到内生破坏。

(a) 证明:在 t 期,国家 j 的这个垄断企业的最优垄断价格表示为 $p_j(t) = \varepsilon r_j(t)/(\varepsilon - 1)$。请解释该方程。

(b) 假定新种类的产品可以通过使用 $1/\eta$ 单位劳动来创造。描述它改变劳动力市场出清条件的方式,并求出自由进入条件。

(c) 将世界均衡增长路径定义为一种均衡,其中所有国家以相同的速率增长。证明:这种均衡是存在的而且是唯一的。请解释导致这种"稳态"均衡存在的经济力量。[提示:证明在此均衡增长路径,每个国家生产的品种数量是稳定的。]

(d) 贴现率 ρ 的上升对一国生产的品种数量有何影响?请解释这一结论。

(e) 当新产品的生产需要劳动和资本相结合,请简要讨论该如何修改分析过程和结论。

19.28 证明:在第19.5节的模型中,τ 的增长总是(较弱地)缩小北方和南方之间的相对收入差距。试求当 τ 增长令北方福利恶化(就减少其真实收入而言)的条件。

19.29 该习题要求读者将第19.5节的模型中的创新决策内生化。假定新产品是由第13章第13.4节的模型中的北方企业的技术创造出来的,直到其发明的产品被南方复制前,这些企业是垄断供应商。生产技术和前面的相同,假设新产品可以使用最终产品的技术 $\dot{N}(t) = \eta Z(t)$ 进行生产,其中 $Z(t)$ 是最终产品的支出。模仿仍然是外生的,以概率 τ 发生。一旦某种产品被模仿,它就可以在南方竞争性生产。

(a) 证明:对于南方尚未复制的某种产品而言,均衡价格是

$$p(t, v) = \frac{\varepsilon}{\varepsilon - 1} w^n(t)$$

(b) 在给定 $N^n(t)$ 和 $N^o(t)$ 的条件下,试求静态均衡。

(c) 计算北方企业的新产品的净现值。为什么该值不同于第13.4节的(13.8)式?

(d) 施加自由进入条件,并推导世界经济的均衡技术变化率。计算世界增长率。

(e) τ 提高对均衡的影响是什么？τ 的提高是否会令南方的福利恶化？请对该结论进行直观解释。

19.30 考虑第 19.5 节产品生命周期模型的一个变形。假定不存在贸易,因此每个国家消费的产品数量都是不同的。

(a) 证明：北方和南方在 t 期的工资和收入分别为

$$w^n(t) = N(t)^{\frac{1}{\varepsilon-1}} \text{ 和 } w^s(t) = N^o(t)^{\frac{1}{\varepsilon-1}}$$

(b) 试求在什么条件下,这种情况下的相对收入差异要小于存在国际贸易模型时的情形。国际贸易为什么会扩大相对收入差异,试给出精确的直观解释。

(c) 如果贸易能够扩大南北方的收入差异,这是否意味着贸易减少了南方的福利？〔提示：如果愿意,你可以再次利用稳态福利水平。〕

19.31 证明命题 19.13。

19.32 证明命题 19.14。

19.33 考虑第 19.6 节的模型,不过要假设新产品是根据第 13 章第 13.2 节的创新可能性边界生产的。假定在贸易之前,知识溢出是世界经济中可获得的全部投入要素所致,即 j 国的创新可能性边界为

$$\dot{N}^j(t) = \eta N(t) L_R^j(t)$$

其中 $N(t) = N^1(t) + N^2(t)$,且 $L_R^j(t)$ 是国家 j 在研发部门工作的工人数量。于是,贸易开放不会改变知识溢出。

(a) 证明：在该模型中,贸易开放对均衡增长率没有影响。对该结果做出准确的直观解释。

(b) 假定在贸易开放前,创新可能性边界的形式为 $\dot{N}^j(t) = \eta N^j(t) L_R^j(t)$。证明：在这种情况下,和命题 19.14 中一样,贸易开放将导致均衡增长率上升。请解释为什么这些结论是不同的。

(c) 问题 (a) 和问题 (b) 的设定哪一个更合理？根据你对此问题

的答案，你认为贸易开放将如何影响经济增长？

19.34 考虑第 19.6 节的模型，但与那里有两个不同。第一，人口在两个国家都以比率 n 增长。第二，国家 j 的创新可能性边界表示为

$$\dot{N}^j(t) = \eta N(t)^{-\phi} Z^j(t)$$

其中 $N(t) = N^1(t) + N^2(t)$。证明：一开始贸易开放将导致更多的创新，但是每个国家的长期增长率保持不变。

19.35 证明命题 19.15。

19.36 (a) 证明命题 19.16。

(b) 解释为什么当 $\varepsilon = 1$ 时，在没有干中学的部门从事专业化生产不会对南方的相对收入产生不利影响。

(c) 当 $\varepsilon < 1$ 时，贸易开放对相对收入的影响是什么？

(d) 如果所有经济体在 $t = T$ 期之前是封闭的，而在 T 期开始参与国际贸易，请求出均衡。该结论对幼稚产业保护的影响是什么？

19.37 考虑第 19.7 节的经济体，假定南方比北方大。具体地，假设

$$(1-\delta)^{-\varepsilon} < L^S/L^N < \varepsilon^{-1} + (1-\delta)^{-\varepsilon} \tag{19.61}$$

(a) 证明：在此情况下，并非所有的南方工人都在部门 2 工作，南方有一些干中学现象。为什么（19.61）式对于此结论是必要的？

(b) 这是如何影响长期均衡的？[提示：请证明 L_s^1 的极限值等于 0。] 为什么（19.61）式对于该结论是必要的？

第七篇
经济发展与经济增长

本书的这一篇要讨论经济发展与经济增长的关系。读者也许会首先提出这样的疑问：为什么经济发展与经济增长之间存在（或者应当存在）区别。鉴于我在第1章已经提出如下观点：当今的富裕（发达）经济体就是那些在过去200年中稳定增长的经济体，而那些贫穷（或欠发达）经济体就是那些未能实现这种稳定增长的经济体，因此，提出这样的疑问尤其合乎情理。这一观点表明，经济发展与经济增长本质上是相同的，也应当同时研究。尽管如此，对经济发展与经济增长加以区分还有两个原因，其一是合情合理的，另一是牵强附会的。合情合理的原因是，尽管经济发展与经济增长是同一过程的两个方面，但经济增长模型与经济发展模型关注的是不同方面。特别是，目前为止研究的模型要么是关注平衡增长，要么关注导致平衡增长的转移动态。尽管书中的很多内容对这些转移动态进行了分析，但是我们的主要兴趣一直在于确保它们将我们带向平衡增长路径。在新古典或内生增长经济中，沿着平衡增长路径，或者在平衡增长路径附近的表现可以为相对发达经济体的表现提供一个极佳的近似。但是，处于经济发展早期的经济增长，其显著特征很难用如此有规律的平衡增长来描绘。事实上，库兹涅茨和其他经济学家已经证明，即使在非常发达的经济体中，经济增长过程的很多方面也与标准新古典增长模型隐含的平衡增长这一基准相去甚远。受这些模式启发，库兹涅茨在其经典著作《现代经济增长》（1966，第1页）中，对经济增长做出如下定义：

我们将一国的经济增长定义为人均或劳均产出的持续增长，这通常伴随着人口的增长和全面的结构变化。在当今时代，这些变化表现为：制造产品和利用资源的产业结构发生了变化，也即从农业生产转向非农生产活动的工业化过程；乡村与城市之间的人口分布发生了变化，也即城市化过程；一国之中按就业状况、产业隶属和人均收入水平等划分的不同群体，其相对经济地位发生了变化；产品在居民消费、资本形成和政府消费之间的分配，以及在这三大类用途的细目之间的分配发生了变化；一国内部以及境外的生产布局发生了变化等。

虽然人们也许对这一定义是否最全面地描述了经济增长持有异议，但是它的确概括了与大多数社会中的经济增长相伴而生的一系列重要变化。然而，目前为止研究的经济增长模型并未妥善处理库兹涅茨描述的复杂过程。它们为解释人均收入或劳均产出的持续增长提供了一个框架。但是，我们的模型并未体现库兹涅茨所说的全面结构变化。

重视发展进程中的市场失灵和贫困陷阱的发展经济学先驱，如赫希曼（Hirschman）、纳斯克（Nurske）和罗森斯坦－罗丹（Rosenstein-Rodan），补充了库兹涅茨的观点。如果这些市场失灵和贫困陷阱是经济表现的重要决定因素，我们也许就可以看到，在越不发达越贫穷的国家，市场失灵和贫困陷阱越普遍。① 因此，人们也许希望看到库兹涅茨所说的结构变化伴随着生产组织变得更高效，经济从生产可能性边界的下方向生产可能性边界移动。我始终用"结构变化"（structural change）这个术语描述产出和职业构成的变化，而用"结构转型"（structural transformation）表示伴随发展过程的生产组织和效率的变化。

因此，一个有益的理论视角也许是考虑经济发展的早期阶段，其间会经历各种结构变化和结构转型。由此我们可以预测，这些变化最终会使经济走向平衡增长，而平衡增长一直是我们关注的焦点。如果这一视角的确有益，我们就希望构建一些模型，它们不仅可以解释早期发展阶段的结构变化和结构转型，而且可以解释后期发展阶段的经济表现，它可以近似地表述为平衡增长。我们也将会理解，为什么有些经济体启动了变革，而其他经济体却未见行动。

---

① 事实上，这些理论视角可以为我们将相对贫穷经济体称为"欠发达"而不是"发展中"提供了正当理由。在接下来的章节中，除非有特别的原因需要使用这些术语之外，我将坚持使用贬低意味较弱的形容词："欠发达的"或"相对贫穷的"。

目前为止给出的部分模型就是按这一方向逐步发展的。例如，第17章第17.6节中的起飞模型从起伏波动的低生产率增长走向持续稳定增长，概括出一类特定的结构转型。此外，第18章中的很多模型强调前沿经济体和技术跟随者之间的不同。尽管如此，我尚未给出一个分析框架，它可以用来妥善处理库兹涅茨和其他发展经济学先驱的观点。这主要因为，现有的增长文献远远没有开发出可以实现这一目标的令人满意的框架。如此看来，区分经济增长和经济发展是必要的，理由如下：由于没有一个统一框架（或者，更准确地说，发展一个统一框架缺乏先决条件），我们需要分别研究长期增长过程的两个方面。根据这一分工，对经济增长的研究聚焦于平衡增长、世界经济的增长表现（growth behavior），以及增长过程中向着相对发达经济体的经济行为趋近的其他方面。另一方面，经济发展就是研究早期发展阶段的结构变化和结构转型，以及这些结构转型的效率含义。因此，经济发展模型将关注产出和消费的结构变化、城市化、人口规模和构成、就业结构，以及生活及社会制度的变化。因此，对经济发展的研究致力于说明这些过程何时、为何及如何出现，这些过程是否有助于欠发达经济体向其生产可能性边界移动。正如库兹涅茨强调的那样，由于相对发达经济体的经济增长也包含重要的结构变化因素，因此我们在经济发展背景下的部分分析也会兼顾比较发达国家的经济增长的性质。这样做将有助于我们理解相对平衡增长为何、如何总是与产出和就业的主要部门构成变化如影随形。

区分经济增长和经济发展的第二个（比较牵强的）原因是，这两个主题都有独立的文献。这两类文献强调的重点差别很大，而且总是提出不同的问题。经济增长文献聚焦于本书已经提出的理论和经验问题。然而，经济发展理论聚焦于对下列问题的经验分析：教育、贫困、歧视、女性的经济和社会地位、儿童的出路（child outcomes）、健康、借贷关系，以及欠发达经济体中的农业。这类文献中的很多内容不是理论性的，而是记录了欠发达经济体中的经济关系如何发挥作用或者识别特定的市场失灵。这些文献为我们理解欠发达经济体中的经济关系提供了大量事实，有时还推动了微观改革使这些经济体的公民生活得到改善。但是，这类文献并未对我在此强调的经济发展过程的多个方面提出问题，也就是说，它们并未提出下述问题：为什么有些国家生产率较低，而且较为贫穷；这些欠发达经济体如何能够承受与现代经济增长相伴而行且不可或缺的结构转型过程。因此，虽然区分经济增长与经济发展的原因可能来自文献，但这样做仍可能是有益的。而且，基于这一区分，将本书阐述的理论工具和有关发展的实证文献收集到的大量证据相结合，我们也许可以弥合发展文献和增长文献之间的鸿沟。这样的结合最终也许会产生一个更令人满意的理论框架，帮助我们理解经济发展过程（尽管不幸的是，受篇幅所限，我在此无法更详尽地研究论述这些议题）。

上述两个原因促使我接受了经济发展与经济增长的标准区分。不过，尽管我接受这一区分，但是我始终强调，库兹涅茨、赫希曼、纳斯克和罗森斯坦-罗丹强调的结构变化和结构转型恰恰就是有助于理解经济发展过程的工具，同样也是有助于理解更有序的经济增长过程的工具。我希望，这一方法能促使人们不仅更努力地开发一个有助于理解经济发展过程的理论框架，而且致力于探索新的理论方法，这些方法既结合又得益于有关实证发展的经验文献中的大量证据。

本篇由两章组成。第20章关注与目前为止研究的平衡增长方法略有差别的模型，同时也会阐述库兹涅茨强调的结构变化。因此，本章的模型可以看作对第8章和第11章中新古典增长模型的扩展，同时也可以处理发展过程中的一些引人注目的重要经验模式。然而，这些模型既没有充分论述库兹涅茨强调的无处不在的结构变化，也没有反映经济发展过程的复杂面貌，与这一发展过程相关的是经济体从生产可能性边界的下方向生产可能性边界移动。第21章给出了研究这一过程不同方面的几个模型，其中包括金融发展、人口转型、城市化和其他社会变化。这些模型还强调可能导致发展陷阱的潜在市场失灵的重要性。它们展示了一系列饶有趣味的问题和不同的建模方法，但是其代价是统一性的下降。每一模型都做了不同的假设集，也远远无法构建统一框架，以分析与发展过程有关的主要结构变迁。第21章的目的并不是提供这样一个统一框架，而是向读者介绍这些有趣的重要问题。同时要注意的是，对这两章的区分并不完美。第21章研究的一些结构变化模型可以看作与第20章的结构变化模型密切相关。而且，一些主题，例如工业化的发端，既可以看作结构变化的过程，也可以看作一个社会解决某些市场失灵的结果。因此，对于某一特定主题，应当将其纳入第20章还是第21章的决定略显随意。

第 20 章　结构变化与经济增长

第 20.1 节和第 20.2 节重点讨论了从农业到制造业，及从制造业到服务业的就业和产出变化。这是一个非常好的起点，不仅因为就业和产出组合的变化是经济发展过程的一个重要组成部分，也因为正如库兹涅茨和其他人强调的那样，即使在平衡增长的情形中，也会出现类似的变化。因此，这两小节侧重于从偏好相关（需求方）和技术相关（供给方）的角度，解释为什么当一个经济体变得更富裕时，我们可以预见到结构变化。这两小节还详述了如何协调这种结构变化与平衡增长之间的关系。第 20.3 节研究了一个相关主题并说明工业化前的农业生产率可能是工业化和经济起飞的一个决定因素。

20.1　不平衡增长：需求方

图 20.1 给出过去 150 年美国经济经历的生产结构的主要变化。如图所示，在 19 世纪初期受雇于农业的劳动力就业比重维持在 90% 左右，只有很小一部分美国劳动力受雇于制造业和服务业。19 世纪下半叶，伴随着农业就业比重的急剧下降，制造业和服务业的就业比重扩大到 20% 以上。在过去的 150 年左右，农业就业比重持续下降，目前已低于 5%，而超过 70% 的美国工人目前任职于服务业。当农业就业比重开始下降时，制造业就业比重开始上升。但在过去的 40 年左右，制造业的就业比重一直保持下降趋势，目前维持在刚过 20% 的比例。我们观察消费比重时，虽然由于相对价格和相对生产率变动（也有部分原因是农产品进口），花在农产品上的消费支出比重仍非常大，但其总体趋势是类似的。18 世纪末英国经济中就业组成的变化与图 20.1 所示的美国模式一致（可参见，Mokyr，1993）。所有 OECD 经济体中也出现了类似的模式。一些欠发达经济体仍以农业为主，但随着时间的推移农业份额不可阻挡地下降。

图 20.1 描绘了部门就业的变化，其中包含显著的不平衡成分。有学者（Kongsamut、Rebelo and Xie，2001，以下简称 KRX）将就业和产出组合的变动

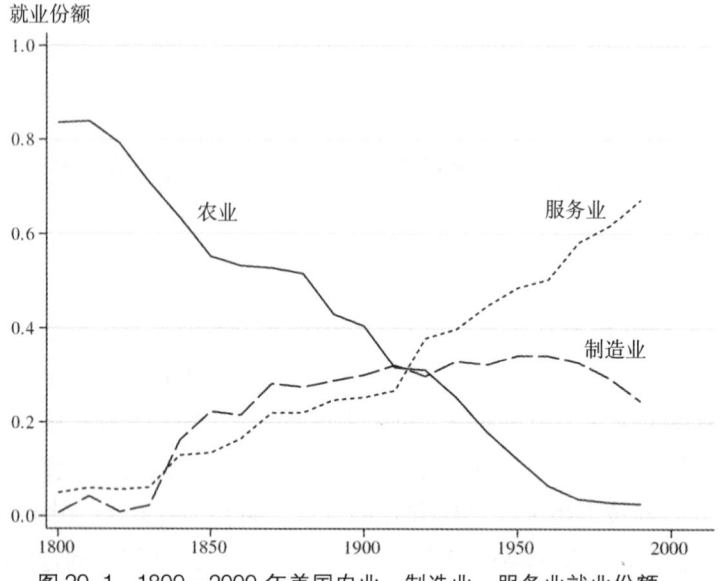

图 20.1 1800—2000 年美国农业、制造业、服务业就业份额

归因于"库兹涅茨事实"。他们利用本书目前为止详述的卡尔多事实,提出了一个易处理的模型协调这种类型的结构变化,所谓的卡尔多事实就是指要素比重和利率相对稳定性。尽管设计这个模型的目的是为了符合卡尔多事实,因而忽略了发展阶段,但该模型的易处理性使它成为一个很好的分析起点。

KRX（2001）的方法主要研究恩格尔定律,即随着家庭收入的增长,对食品（农产品）的消费比重会下降。然而将这个观察结果称为定律可能夸大了其地位。它最早由 19 世纪德国统计学家恩格尔发现,是统计数据中呈现的一种相当稳健的规律性现象。KRX（2001）假定随着家庭变得更富有,它不仅希望减少食品支出,还希望增加服务支出,由此扩展了恩格尔定律。特别是,我们考虑如下无限期界经济体。人口增长率 n 是外生的,因此劳动供给总量为 $L(t) = \exp(nt)L(0)$。在该经济体中有一个代表性家庭,其劳动供给是无弹性的,其偏好为

$$\int_0^\infty \exp(-(\rho-n)t)\frac{c(t)^{1-\theta}-1}{1-\theta} \tag{20.1}$$

其中 $\theta \geq 0$,且 $c(t)$ 表示由农业消费、制造业消费和服务业消费组成的斯通-吉尔里（Stone-Geary）加总人均消费（回顾第 8 章中的习题 8.31）:

$$c(t) = (c^A(t) - \gamma^A)^{\eta^A} c^M(t)^{\eta^M} (c^S(t) + \gamma^S)^{\eta^S} \tag{20.2}$$

其中 $c^A(t) \in [\gamma^A, \infty)$ 表示 t 期的人均农业消费，$c^M(t) \in \mathbb{R}_+$ 表示制造业消费，$c^S(t) \in \mathbb{R}_+$ 表示服务业消费；$\gamma^A, \gamma^S, \eta^A, \eta^M, \eta^S$ 都是正的常数，且 $\eta^A + \eta^M + \eta^S = 1$。利用这种斯通-吉尔里形式，可以非常容易地引入收入弹性和恩格尔定律，其中消费的不同组成部分收入弹性不等于 1。特别是，这种加总意味着有一个最低的农业（食品）消费水平，记为 γ^A，家庭为了维持生存必须消费这个数量的食品。事实上，当家庭没有消费到最低数量的食品时，消费和效用没有定义。当达到食品消费水平后，家庭开始对其他项目产生需求，特别是，制造品（例如，纺织品和耐用品）和服务（例如，卫生、娱乐、批发和零售）。然而，正如我们接下来将看到的那样，γ^S 的出现意味着只有当农业消费和制造业消费已经达到一定的水平后，家庭在服务上才会有正的消费。

假设经济体是封闭的，因此，农业消费、制造业消费和服务业消费必须与国内生产相符。我采用 KRX（2001）的观点，并假设经济体有如下生产函数：

$$\begin{aligned} Y^A(t) &= B^A F(K^A(t), X(t)L^A(t)) \\ Y^M(t) &= B^M F(K^M(t), X(t)L^M(t)) \\ Y^S(t) &= B^S F(K^S(t), X(t)L^S(t)) \end{aligned} \tag{20.3}$$

其中对 $j \in \{A, M, S\}$ 的 $Y^j(t)$ 分别表示 t 期的农业、制造业和服务业的产出；$j \in \{A, M, S\}$ 的 $K^j(t)$ 和 $L^j(t)$ 分别表示 t 期分配给农业、制造业、服务业的资本和劳动；$j \in \{A, M, S\}$ 的 B^j 表示希克斯中性的三部门生产率；最后，$X(t)$ 是影响各部门的劳动扩张型（哈罗德中性）生产率（我使用字母 X 代替 A 来区分农产品）。函数 F 满足一般的新古典主义假设（第 2 章中的假设 1 和假设 2）。(20.3) 式中还有另外两个值得注意的地方：第一，这三个部门的生产函数都是相同的；第二，同样的劳动扩张型技术会影响这三个部门。这两个特征显然是不现实的，但这有助于我们分离出需求方因素导致的结构变化，并将需求方因素与下一节将要讨论的供给方因素加以比较。此外，习题 20.7 表明，这些假设还可以适度放宽。我们取初始人口数量 $L(0) > 0$，初始资本存量 $K(0) > 0$，并假定劳动扩张型技术的增长率是恒定的，即

$$\frac{\dot{X}(t)}{X(t)} = g \tag{20.4}$$

对所有 t，有初始条件 $X(0) > 0$。为确保代表性家庭能满足横截性条件，我施加了一个假设，这个假设与第 8 章的基本新古典增长模型的假设 4 相同（这意味着 $\rho - n > (1-\theta)g$）。

劳动力和资本市场出清条件要求

$$K^A(t) + K^M(t) + K^S(t) = K(t) \tag{20.5}$$

$$L^A(t) + L^M(t) + L^S(t) = L(t) \tag{20.6}$$

其中 $K(t)$ 和 $L(t)$ 分别代表 t 期的资本和劳动总供给。

KRX（2001）的模型有另一个重要假设，这个假设建立在雷贝洛（1991）的基础上，它要求只有制造品被用于生产投资品。因此制造品市场出清采取如下形式

$$\dot{K}(t) + c^M(t)L(t) = Y^M(t) \tag{20.7}$$

这里为简单起见，我忽略了资本折旧（否则会在等式左边增加一项 $\delta K(t)$）。(20.7) 式表明，制造业的总产出在消费和新增资本存量之间分配，而新增资本存量将用于生产农产品、制造品和服务品。由于经济体中有一个代表性家庭，(20.3) 式至 (20.7) 式也可以用于表示代表性家庭的预算约束。

农产品和服务品的市场出清条件为

$$c^A(t)L(t) = Y^A(t) \text{ 和 } c^S(t)L(t) = Y^S(t) \tag{20.8}$$

这两个等式左边乘以 $L(t)$ 可以将人均消费变为总消费。

所有市场都是竞争的。让我们以每期制造品价格为计价物，那么农产品价格为 $p^A(t)$，服务品价格为 $p^S(t)$，要素价格为 $w(t)$ 和 $r(t)$。总消费 (20.2) 式意味着农产品和服务品价格必须满足

$$\frac{p^A(t)\left(c^A(t) - \gamma^A\right)}{\eta^A} = \frac{c^M(t)}{\eta^M} \tag{20.9}$$

$$\frac{p^S(t)\left(c^S(t) + \gamma^S\right)}{\eta^S} = \frac{c^M(t)}{\eta^M} \tag{20.10}$$

竞争的要素市场同时意味着

$$w(t) = \frac{\partial B^M F\left(K^M(t), X(t)L^M(t)\right)}{\partial L^M} \tag{20.11}$$

$$r(t) = \frac{\partial B^M F\left(K^M(t), X(t)L^M(t)\right)}{\partial K^M} \tag{20.12}$$

这里我同样可以用其他部门的边际产品，达到相同的结果。

按照通常的方式，一个竞争均衡定义为：在给定资本和劳动总供给路径 $[K(t),L(t)]_{t=0}^{\infty}$、价格路径 $[p^A(t),p^M(t),w(t),r(t)]_{t=0}^{\infty}$ 下，使利润最大化的部门要素需求路径 $[K^A(t),K^M(t),K^S(t),L^A(t),L^M(t),L^S(t)]_{t=0}^{\infty}$；在给定 $[K^A(t),K^M(t),K^S(t),L^A(t),L^M(t),L^S(t)]_{t=0}^{\infty}$ 的情况下，满足（20.9）式至（20.12）式的价格路径 $[p^A(t),p^M(t),w(t),r(t)]_{t=0}^{\infty}$；以及在给定约束条件（20.3）式至（20.7）式的情况下，使（20.1）式最大化的消费和资本路径 $[c^A(t),c^M(t),c^S(t),K(t)]_{t=0}^{\infty}$。此外，假设

$$B^A F(K^A(0), X(0)L^A(0)) > \gamma^A L(0) \tag{20.13}$$

因此经济体开始有足够的资本和技术知识，生产出超过贫困生存线水平的农业消费。

这个经济体的均衡很容易描述。由于所有三个部门的生产函数都是相同的，所以我们可以立刻得出以下结论：

命题 20.1 假设（20.13）式成立，那么在任何均衡中，对所有 t 都满足以下条件：

$$\frac{K^A(t)}{X(t)L^A(t)} = \frac{K^M(t)}{X(t)L^M(t)} = \frac{K^S(t)}{X(t)L^S(t)} = \frac{K(t)}{X(t)L(t)} \equiv k(t) \tag{20.14}$$

其中最后一个等式将 $k(t)$ 定义为经济体中的总有效资本劳动比，以及对所有 t 满足

$$p^A(t) = \frac{B^M}{B^A} \text{ 以及 } p^S(t) = \frac{B^M}{B^S} \tag{20.15}$$

证明 见习题 20.2。

这个命题的结果非常直观。首先，相同的生产函数意味着三个部门的资本劳动比必须相等。其次，给定（20.14）式，就能得到均衡价格关系式（20.15），这是因为在所有三个部门中资本和劳动的边际产品必须相等。

命题 20.1 并没有用到偏好。将效用最大化应用于代表性家庭（特别是，推导出代表性家庭的标准欧拉方程），然后应用（20.9）式和（20.10）式，我们得到以下附加均衡条件。

命题 20.2 假设（20.13）式成立，那么在任意均衡中，对所有 t，我们有

$$\frac{\dot{c}^M(t)}{c^M(t)} = \frac{1}{\theta}(r(t) - \rho) \qquad (20.16)$$

此外，如果假设 4 成立，那么家庭的效用是有限期界的，且满足横截性条件。与此同时，对所有 t，我们有

$$\frac{B^M(c^A(t) - \gamma^A)}{B^A \eta^A} = \frac{c^M(t)}{\eta^M} \text{ 以及 } \frac{B^M(c^S(t) + \gamma^S)}{B^S \eta^S} = \frac{c^M(t)}{\eta^M} \qquad (20.17)$$

证明 见习题 20.3。

命题 20.3 假设 $\gamma^A > 0$ 和/或者 $\gamma^S > 0$，那么不存在所有部门都以相同速率增长的均衡。

证明 见习题 20.4。

这个结果并不令人惊讶。由于代表性家庭的偏好符合恩格尔定律，家庭总是希望改变其消费结构，这反映在生产结构的变化之中。然而消费（渐进地）以一个恒定速率增长的平衡增长路径仍然存在。我把这种情况称为"稳定增长路径"（CGP），以此说明这个观点考虑了不平衡的部门增长。在稳定增长路径中，消费总量以恒定的速率增长，而三部门中的产出和就业以不同的速率增长。给定（20.1）式中的偏好，消费以恒定速率增长同时也意味着利率必须是恒定的。

命题 20.4 假设（20.13）式成立。那么在上述经济体中，存在（唯一的）稳定增长路径，当且仅当

$$\frac{\gamma^A}{B^A} = \frac{\gamma^S}{B^S} \qquad (20.18)$$

在稳定增长路径中，对所有 t，$k(t) = k^*$，以及

$$\frac{\dot{c}^A(t)}{c^A(t)} = g\frac{c^A(t) - \gamma^A}{c^A(t)}, \frac{\dot{c}^M(t)}{c^M(t)} = g, \frac{\dot{c}^S(t)}{c^S(t)} = g\frac{c^S(t) + \gamma^S}{c^S(t)} \qquad (20.19)$$

$$\frac{\dot{L}^A(t)}{L^A(t)} = n - g\frac{\gamma^A L(t)/L^A(t)}{B^A X(t) F(k^*,1)}, \frac{\dot{L}^M(t)}{L^M(t)} = n, 和$$

$$\frac{\dot{L}^S(t)}{L^S(t)} = n + g\frac{\gamma^S L(t)/L^S(t)}{B^S X(t) F(k^*,1)}$$

对所有 t 成立。此外，在稳定增长路径中，资本在国民收入中的份额不变。

证明 见习题 20.5。

因此，这个模型为我们分析结构变化提供了一个易处理的框架，它对我们理解经济体发展早期的经历以及相对发达国家的增长方式都有所启发。恩格尔定律（因服务需求的高收入弹性而增强）对不平衡增长产生了一个需求方的力量。特别是，随着收入的增加，家庭希望增加服务预算，减少食品（农产品）预算。这种趋势使平衡增长的均衡成为可能。相反，不同部门的增长速率不同，部门间资本和劳动存在再分配。然后命题 20.4 表明在 (20.18) 式下，存在一条稳定增长路径，且在这一均衡中，即使利率和资本在国民收入中的份额不变，结构变化也会发生。因此这个模型的很多特性有助于我们思考长期经济发展的性质，这些性质包括：均衡路径可以与卡尔多事实保持一致，以及存在连续的结构变化过程，即伴随经济发展过程，农业产出比重和就业份额不断下降，服务业比重增加。

另一方面，该模型也有若干潜在缺陷需要我们注意。首先，有人认为这个模型中的结构变化过程没有达到库兹涅茨所说的全面变化。然而我专注于稳定增长路径，它明确地将转移动态结合到模型中。习题 20.6 表明，如果开始时有效资本劳动比低于命题 20.4 中的稳定增长路径值，那么这个模型中会有额外的转移动态与结构变化形成互补。然而，即使这些转移动态也没有达到库兹涅茨所说的全面变化。

其次，三个部门全都有相同生产函数的假设是有局限的。这个假设可以放适度放宽。习题 20.7 讨论了如何做到这一点。也许，三个部门全都只用制造品进行投资这个假设更重要。本质上，这个假设类似于雷贝洛（1991）模型中的资本只用于生产资本（投资）品的假设（回顾第 11 章）。习题 20.10 表明，如果放松这个假设，那么在这个模型中不可能调和库兹涅茨事实和卡尔多事实。

第三，这里给出的模型是为了使制造业拥有一个不变的就业比重。虽然这个模型大体上与过去 150 年间的美国经验相吻合，但是我们注意到在更早期的发展阶段中农业占据了几乎全部就业。因此早期的结构变化也必定包含制造业就业份额的增长。文献中的几个模型还将土地作为额外生产要素引入，以产生上述变化模式。习题 20.8 提供了一个例子，第 21.2 节也给出了人口动态研究中将土地视为主要生产要素的模型。

最后也是最重要的是，稳定增长路径的必要条件（20.18）式是一个非常严格的假设。为什么技术和偏好参数之间的这一特定等式能成立？在最终的分析中，没有充分的论据说明这个条件必定得到满足（见习题20.9）。

20.2　非平衡增长：供给方

上一节证明了广义的恩格尔定律如何推动结构变化过程，即，当家庭变得更富有时，他们意欲改变消费结构。另一种关于不平衡增长成因的理论最早出现在鲍莫尔（Baumol, 1967）的开创性文章中。鲍莫尔认为，由于技术进步率的不同，不同部门以不同的速率增长（例如，制造业中的技术进步可能会比农业或服务业更快），从而"不均匀"的增长（我在这里称之为"不平衡增长"）会成为增长过程的一般特征。虽然鲍莫尔的开创性文章在许多特定假设下才得出这个结论，但是可能有技术上的"供给方"力量推动经济走向不平衡增长这个洞见更具一般性。在这里，我回顾了基于我和合作者（Acemoglu and Guerrieri, 2008）的一些观点，我们强调不平衡增长的技术原因。最后，不论是在经济发展早期还是我们在更发达经济体中见证的多种结构变化，都要求模型将技术因素和偏好因素结合起来。然而，在单独的模型中分离这些因素会更易处理，概念上也会更清晰。因此，在本节中我会着重从恩格尔定律中抽取出不平衡增长的技术原因，只是在习题20.17中才将技术和偏好因素结合起来。

20.2.1　一般观点

在某种程度上，鲍莫尔的不平衡增长理论是不言而喻的，也就是说，如果一些部门有更高的技术进步率，那么均衡中一定有一些不平衡的因素。本小节的首要目的是说明如下观点：与鲍莫尔最初强调的那些因素相比，供给方不平衡增长有更微妙和更令人信服的原因。尤其是大多数增长模型像第20.1节提到的KRX（2001）模型一样，都假设不同部门有相同的生产函数。然而实际上，由于不同产业的资本密集度以及为其所用的其他生产要素密集度不同（例如，比较零售业和耐用品制造业或者运输业），其生产函数也会有很大不同。简而言之，不同产业有不同的要素比例。本节将着重阐述的主要经济观点是：不同部门间要素比例差异与资本深化共同作用，造成了不平衡经济增长。

首先我用一个简单但相当普遍的情形说明这个观点。在这一情形中，有两个部门，每个部门都有规模报酬不变的生产函数，且对产品的偏好是任意的。这两个部门都利用资本 K 和劳动 L。为了强调积累过程的确切性质对结果没有影响，我假定资本和劳动的供给路径 $[K(t),L(t)]_{t=0}^{\infty}$ 为既定，并假设 $K(t)$ 和 $L(t)$ 对时间是可微的。劳动供给无弹性。

偏好用最终产出或第 20.1 节（20.2）式的消费总量定义。无论我们使用的是消费总量的设定，还是利用竞争性中间产品生产最终产品的方程，对结果不会有任何影响。在这个前提下，我们用 Y 表示最终产出，并假定它是两部门产出 Y_1 和 Y_2 的加总，

$$Y(t) = F(Y_1(t), Y_2(t))$$

它也满足假设 1 和假设 2（见第 2 章）。部门生产函数为

$$Y_1(t) = A_1(t) G_1(K_1(t), L_1(t)) \text{ 和} \tag{20.20}$$

$$Y_2(t) = A_2(t) G_2(K_2(t), L_2(t)) \tag{20.21}$$

其中 $L_1(t)$、$L_2(t)$、$K_1(t)$ 和 $K_2(t)$ 代表两部门的劳动和资本，同时假设函数 G_1 和 G_2 满足假设 1 和假设 2 中的等价形式。$A_1(t)$ 和 $A_2(t)$ 是希克斯中性的技术项。

资本和劳动力市场出清意味着在每个 t 上都有

$$K_1(t) + K_2(t) = K(t) \text{ 以及 } L_1(t) + L_2(t) = L(t) \tag{20.22}$$

我不失一般性地忽略了资本折旧。

每一期中我们都将最终产品视为计价物，并分别用 p_1 和 p_2 代表 Y_1 和 Y_2 的价格，用 w 和 r 代表工资和资本租金率（利率）。产品市场和要素市场都是竞争性的，因此产品价格和要素价格满足

$$\frac{p_1(t)}{p_2(t)} = \frac{\partial F(Y_1(t), Y_2(t))/\partial Y_1}{\partial F(Y_1(t), Y_2(t))/\partial Y_2} \tag{20.23}$$

以及

$$\begin{aligned} w(t) &= p_1(t) \frac{\partial A_1(t) G_1(K_1(t), L_1(t))}{\partial L_1} = p_2(t) \frac{\partial A_2(t) G_2(K_2(t), L_2(t))}{\partial L_2} \\ r(t) &= p_1(t) \frac{\partial A_1(t) G_1(K_1(t), L_1(t))}{\partial K_1} = p_2(t) \frac{\partial A_2(t) G_2(K_2(t), L_2(t))}{\partial K_2} \end{aligned} \tag{20.24}$$

给定要素供给路径 $[K(t),L(t)]_{t=0}^{\infty}$，均衡就是产品和要素价格路径 $[p_1(t),p_2(t),w(t),r(t)]_{t=0}^{\infty}$ 以及要素配置 $[K_1(t),K_2(t),L_1(t),L_2(t)]_{t=0}^{\infty}$，使得（20.22）式、（20.23）式和（20.24）式能得到满足。

将两部门中的资本份额定义为

$$\sigma_1(t) \equiv \frac{r(t)K_1(t)}{p_1(t)Y_1(t)}, \quad \sigma_2(t) \equiv \frac{r(t)K_2(t)}{p_2(t)Y_2(t)} \tag{20.25}$$

如果 $\dot{K}(t)/K(t) > \dot{L}(t)/L(t)$，那么 t 期有资本深化。如果 $\sigma_1(t) \neq \sigma_2(t)$，那么 t 期有要素比例差异。最后，如果 $\dot{A}_1(t)/A_1(t) = \dot{A}_2(t)/A_2(t)$，那么 t 期的技术进步是平衡的。注意要素比例差异 $\sigma_1(t) \neq \sigma_2(t)$ 指的是 t 期两个部门间的均衡要素比例。这并不意味着未来必然会出现要素比例差异。接下来的命题表明供给方力量导致了结构变化。

命题 20.5 假设在上述模型中，t 期两部门间存在要素比例差异，技术进步是平衡的，且存在资本深化。那么这个增长就是不平衡的，即 $\dot{Y}_1(t)/Y_1(t) \neq \dot{Y}_2(t)/Y_2(t)$。

证明 首先，将两部门的资本劳动比定义为

$$k_1(t) \equiv \frac{K_1(t)}{L_1(t)} \text{ 和 } k_2(t) \equiv \frac{K_2(t)}{L_2(t)}$$

将人均生产函数（不含希克斯中性技术项）定义为

$$g_1(k_1(t)) \equiv \frac{G_1(K_1(t),L_1(t))}{L_1(t)} \text{ 和 } g_2(k_2(t)) \equiv \frac{G_2(K_2(t),L_2(t))}{L_2(t)} \tag{20.26}$$

根据假设，G_1 和 G_2 是二阶可微的，因此 g_1 和 g_2 也是二阶可微的。用 g'_1、g'_2、g''_1 和 g''_2 代表其一阶导数和二阶导数。

将两部门生产函数求微分，可以得到

$$\frac{\dot{Y}_1(t)}{Y_1(t)} = \frac{\dot{A}_1(t)}{A_1(t)} + \sigma_1(t)\frac{\dot{K}_1(t)}{K_1(t)} + (1-\sigma_1(t))\frac{\dot{L}_1(t)}{L_1(t)}$$

$$\frac{\dot{Y}_2(t)}{Y_2(t)} = \frac{\dot{A}_2(t)}{A_2(t)} + \sigma_2(t)\frac{\dot{K}_2(t)}{K_2(t)} + (1-\sigma_2(t))\frac{\dot{L}_2(t)}{L_2(t)}$$

为简化标记，在其余的证明中我去掉了时间项。

为了用反证法证明上述命题，假设 $\dot{Y}_1/Y_1 = \dot{Y}_2/Y_2$。由于 F 是规模报酬不变的，将 $\dot{Y}_1/Y_1 = \dot{Y}_2/Y_2$ 和（20.23）式联立，意味着

$$\frac{\dot{p}_1}{p_1} = \frac{\dot{p}_2}{p_2} = 0 \tag{20.27}$$

给定（20.26）式的定义，（20.24）式给出了刻画均衡利率和均衡工资的条件：

$$r = p_1 A_1 g_1'(k_1) = p_2 A_2 g_2'(k_2) \tag{20.28}$$

$$w = p_1 A_1 (g_1(k_1) - g_1'(k_1)k_1) = p_2 A_2 (g_2(k_2) - g_2'(k_2)k_2) \tag{20.29}$$

将利率条件（20.28）式对时间求导数，并与（20.27）式联立，得到

$$\frac{\dot{A}_1}{A_1} + \varepsilon_{g_1'}\frac{\dot{k}_1}{k_1} = \frac{\dot{A}_2}{A_2} + \varepsilon_{g_2'}\frac{\dot{k}_2}{k_2}$$

其中

$$\varepsilon_{g_1'} \equiv \frac{g_1''(k_1)k_1}{g_1'(k_1)} \text{ 和 } \varepsilon_{g_2'} \equiv \frac{g_2''(k_2)k_2}{g_2'(k_2)}$$

由于 $\dot{A}_1/A_1 = \dot{A}_2/A_2$，因此

$$\varepsilon_{g_1'}\frac{\dot{k}_1}{k_1} = \varepsilon_{g_2'}\frac{\dot{k}_2}{k_2} \tag{20.30}$$

将工资条件（20.29）式对时间求导数，并与（20.27）式联立，然后做一些代数变换，可以得到

$$\frac{\dot{A}_1}{A_1} - \frac{\sigma_1}{1-\sigma_1}\varepsilon_{g_1'}\frac{\dot{k}_1}{k_1} = \frac{\dot{A}_2}{A_2} - \frac{\sigma_2}{1-\sigma_2}\varepsilon_{g_2'}\frac{\dot{k}_2}{k_2}$$

由于 $\dot{A}_1/A_1 = \dot{A}_2/A_2$，$\sigma_1 \neq \sigma_2$，上式与（20.30）式不一致，因此推出矛盾的结论，命题 20.5 得证。

此结果的直观解释是显而易见的。假设存在资本深化，更具体地说，部门 2 的资本密集度更高（$\sigma_1 < \sigma_2$）。如果资本和劳动始终按固定比例配置给这两个

部门，那么资本密集度更高的部门 2 会比部门 1 增长得更快。在均衡中，部门 2 增长更快，因此会改变均衡价格，而部门 2 相对价格的下降会导致一些资本和劳动被再配置给部门 1。但是这一再配置不会完全抵消部门 2 的产出增长，这是因为如果相抵消，那么刺激资源再配置的相对价格变化就不会发生。因此，平衡增长一定会成为不平衡增长。

在国际贸易中，命题 20.5 和著名的罗伯津斯基定理（Rybczynski Theorem）有关。罗伯津斯基定理是指在一个多样化的开放经济中（其要素价格不依赖于要素禀赋），要素禀赋的变化会被部门间的产出变化抵消。命题 20.5 可以视为封闭经济下的类似情形，也可以视为罗伯津斯基定理的一个推广，它表明即使产品和要素的相对价格随要素禀赋的变动而变化，要素禀赋的变化（资本深化）也会因一个部门比其他部门增长更快而消减掉。

20.2.2 平衡增长和库兹涅茨事实

第 20.2.1 节给出了技术因素如何导致不平衡增长的一般观点。对于资本深化的影响和部门间要素比例差异对不平衡增长的影响，要得到一般结论，就要将命题 20.5 表述成给定（任意）资本和劳动供给路径 $[K(t), L(t)]_{t=0}^{\infty}$ 的情形。然而，如果没有内生的资本积累路径（并给定特定的人口增长模式），我们无法确定依赖于技术因素的模型是否也可以为我们研究库兹涅茨事实提供有用的分析框架，其中的库兹涅茨事实并没有显著偏离相对发达经济体展现的平衡增长模式。

出于此目的，我现加入特定的偏好和生产函数，把第 20.2.1 节的情形变成一个特例，并完整描述一个更简单的经济体。这个经济体也是无限期界的，人口以 $n > 0$ 的外生增长率增长。我们同时假定经济中存在一个代表性家庭，它有 (20.1) 式给出的标准偏好，此外劳动供给无弹性。命题 20.5 强调资本深化的重要性，现在这是外生技术进步的结果。

用第 20.2.1 节中的最终产品代替一般生产函数，我现在假设唯一的最终产品生产函数是固定替代弹性加总型的，

$$Y(t) = \left[\gamma Y_1(t)^{\frac{\varepsilon-1}{\varepsilon}} + (1-\gamma) Y_2(t)^{\frac{\varepsilon-1}{\varepsilon}}\right]^{\frac{\varepsilon}{\varepsilon-1}} \qquad (20.31)$$

这里 $\varepsilon \in [0, \infty)$ 是这两个中间变量的替代弹性，$\gamma \in (0, 1)$ 决定了总产出中两种产品的相对重要性。我们再次忽略资本折旧，并假设最终产品在消费和投资之间分配，

$$\dot{K}(t) + L(t)c(t) \leq Y(t) \tag{20.32}$$

其中 $c(t)$ 是人均消费。

这两个中间量，Y_1 和 Y_2，是由竞争性企业生产的，其总生产函数为

$$Y_1(t) = A_1(t)K_1(t)^{\alpha_1}L_1(t)^{1-\alpha_1} \text{ 和 } Y_2(t) = A_2(t)K_2(t)^{\alpha_2}L_2(t)^{1-\alpha_2} \tag{20.33}$$

我始终假设

$$\alpha_1 < \alpha_2 \tag{20.34}$$

这意味着部门 1 的资本密集度低于部门 2。这个假设不失一般性，由于在 $\alpha_1 = \alpha_2$ 的情况下，没有供给方面的影响，因此不会出现本节关注的问题。

在（20.33）式中，A_1 和 A_2 对应于希克斯中性的技术条件，它是外生的，并潜在地以不同的增长率增长，

$$\frac{\dot{A}_1(t)}{A_1(t)} = a_1 > 0 \text{ 和 } \frac{\dot{A}_2(t)}{A_2(t)} = a_2 > 0 \tag{20.35}$$

劳动力和资本市场出清又要求在每个 t 期，都有

$$L_1(t) + L_2(t) = L(t) \text{ 以及} \tag{20.36}$$

$$K_1(t) + K_2(t) = K(t) \tag{20.37}$$

我们用 $w(t)$ 和 $r(t)$ 分别表示工资和利率（资本租金率），$p_1(t)$ 和 $p_2(t)$ 分别表示两个中间产品的价格。我们再次将每一时期的最终产品价格标准化为 1。均衡以通常的方式被定义为劳动、资本配置和价格的路径 $[K_1(t), K_2(t), L_1(t), L_2(t)]_{t=0}^{\infty}$ 能使价格 $[w(t), r(t), p_1(t), p_2(t)]_{t=0}^{\infty}$ 和资本与劳动总供给 $[K(t), L(t)]_{t=0}^{\infty}$ 给定时的中间部门利润最大化；在价格 $[w(t), r(t), p_1(t), p_2(t)]_{t=0}^{\infty}$ 下，中间产品部门和要素市场出清；并且 $[K(t), c(t)]_{t=0}^{\infty}$ 使给定价格 $[w(t), r(t), p_1(t), p_2(t)]_{t=0}^{\infty}$ 下代表性家庭的效用最大化。

将均衡特征分成静态和动态两部分是非常有用的。均衡的静态部分把经济中的资本存量、劳动供给和技术（K, L, A_1 和 A_2）这些状态变量视为给定，并决定了部门间资本和劳动的配置以及均衡要素价格和中间产品价格。均衡的动态部分决定了内生状态变量 K 的演变。

计价物的选择意味着对所有 t，有

$$1 = \left[\gamma^\varepsilon p_1(t)^{1-\varepsilon} + (1-\gamma)^\varepsilon p_2(t)^{1-\varepsilon}\right]^{\frac{1}{1-\varepsilon}}$$

而最终产品部门的利润最大化意味着

$$p_1(t) = \gamma \left(\frac{Y_1(t)}{Y(t)}\right)^{-\frac{1}{\varepsilon}} \text{ 和 } p_2(t) = (1-\gamma)\left(\frac{Y_2(t)}{Y(t)}\right)^{-\frac{1}{\varepsilon}} \quad (20.38)$$

给定这一设定（以及资本不会贬值的事实），资源的均衡配置把资本和劳动的边际产品平均分配到两部门。下面的方程给出了这些均衡条件，同时也给出了要素价格表达式（见习题 20.12）。均衡条件是

$$\gamma(1-\alpha_1)\left(\frac{Y(t)}{Y_1(t)}\right)^{\frac{1}{\varepsilon}}\frac{Y_1(t)}{L_1(t)} = (1-\gamma)(1-\alpha_2)\left(\frac{Y(t)}{Y_2(t)}\right)^{\frac{1}{\varepsilon}}\frac{Y_2(t)}{L_2(t)} \quad (20.39)$$

以及

$$\gamma\alpha_1\left(\frac{Y(t)}{Y_1(t)}\right)^{\frac{1}{\varepsilon}}\frac{Y_1(t)}{K_1(t)} = (1-\gamma)\alpha_2\left(\frac{Y(t)}{Y_2(t)}\right)^{\frac{1}{\varepsilon}}\frac{Y_2(t)}{K_2(t)} \quad (20.40)$$

而要素价格可以表达为

$$w(t) = \gamma(1-\alpha_1)\left(\frac{Y(t)}{Y_1(t)}\right)^{\frac{1}{\varepsilon}}\frac{Y_1(t)}{L_1(t)} \quad (20.41)$$

以及

$$r(t) = \gamma\alpha_1\left(\frac{Y(t)}{Y_1(t)}\right)^{\frac{1}{\varepsilon}}\frac{Y_1(t)}{K_1(t)} \quad (20.42)$$

描述静态均衡特征的关键是两部门中资本和劳动的使用比例。我们定义 $\kappa(t) \equiv K_1(t)/K(t)$ 以及 $\lambda(t) \equiv L_1(t)/L(t)$。联立 (20.36) 式、(20.37) 式、(20.39) 式和 (20.40) 式，可以得出

$$\kappa(t) = \left[1 + \frac{\alpha_2}{\alpha_1}\left(\frac{1-\gamma}{\gamma}\right)\left(\frac{Y_1(t)}{Y_2(t)}\right)^{\frac{1-\varepsilon}{\varepsilon}}\right]^{-1} \quad (20.43)$$

以及

$$\lambda(t) = \left[1 + \frac{\alpha_1}{\alpha_2}\left(\frac{1-\alpha_2}{1-\alpha_1}\right)\left(\frac{1-\kappa(t)}{\kappa(t)}\right)\right]^{-1} \quad (20.44)$$

从 (20.44) 式可以清楚地看出部门 1 的劳动比重 λ 是部门 1 的资本比重 κ 的单

调递增函数。因此在均衡中资本和劳动被再配置到同一个部门。均衡结构的重要特征是资本和劳动配置如何取决于经济中的可用资本和劳动总供给。下面的命题回答了这个问题。

命题 20.6 在均衡中，下列条件成立：

$$\frac{d\log\kappa(t)}{d\log K(t)} = -\frac{d\log\kappa(t)}{d\log L(t)} = \frac{(1-\varepsilon)(\alpha_2-\alpha_1)(1-\kappa(t))}{1+(1-\varepsilon)(\alpha_2-\alpha_1)(\kappa(t)-\lambda(t))} > 0 \quad (20.45)$$

当且仅当 $(\alpha_2 - \alpha_1)(1-\varepsilon) > 0$ 时，以及

$$\frac{d\log\kappa(t)}{d\log A_2(t)} = -\frac{d\log\kappa(t)}{d\log A_1(t)} = \frac{(1-\varepsilon)(1-\kappa(t))}{1+(1-\varepsilon)(\alpha_2-\alpha_1)(\kappa(t)-\lambda(t))} > 0 \quad (20.46)$$

当且仅当 $\varepsilon < 1$ 时。

证明 见习题 20.13。

（20.45）式表述的是部门间的替代弹性 ε 小于 1 时，配置给资本密集型部门的资本比重会下降（反之，当 $\varepsilon > 1$ 时，配置给资本密集型部门的资本比重增加）。直观地说，如果 K 增加或者 κ 保持不变，那么资本密集型部门，即部门 2 会比部门 1 增长得更快。（20.38）式给出的均衡价格意味着当 $\varepsilon < 1$ 时，资本密集型部门的相对价格会超比例下降，这会导致资本更多地被配置到资本较不密集的部门 1 中。当 $\varepsilon > 1$ 时，相反结果的直观解释也是类似的。

此外（20.46）式意味着当替代弹性 ε 小于 1 时，某一部门技术进步会导致流向该部门的资本比重下降。其直观解释也是相同的：当 $\varepsilon < 1$ 时，一个部门产出的增加会导致其相对价格超比例下降，从而引起资本重新配置到其他部门（当 $\varepsilon > 1$ 时，也适用其相反结果和直观解释）。

联立（20.41）式和（20.42）式，我们还得到相对要素价格为

$$\frac{w(t)}{r(t)} = \frac{1-\alpha_1}{\alpha_1}\left(\frac{\kappa(t)K(t)}{\lambda(t)L(t)}\right) \quad (20.47)$$

且经济中的资本比重为

$$\sigma_K(t) \equiv \frac{r(t)K(t)}{Y(t)} = \gamma\alpha_1\left(\frac{Y_1(t)}{Y(t)}\right)^{\frac{\varepsilon-1}{\varepsilon}}\kappa(t)^{-1} \quad (20.48)$$

命题 20.7 在均衡中，下列条件成立：

$$\frac{d\log(w(t)/r(t))}{d\log K(t)} = -\frac{d\log(w(t)/r(t))}{d\log L(t)} = \frac{1}{1+(1-\varepsilon)(\alpha_2-\alpha_1)(\kappa(t)-\lambda(t))} > 0 \tag{20.49}$$

$$\frac{d\log(w(t)/r(t))}{d\log A_2(t)} = -\frac{d\log(w(t)/r(t))}{d\log A_1(t)} = -\frac{(1-\varepsilon)(\kappa(t)-\lambda(t))}{1+(1-\varepsilon)(\alpha_2-\alpha_1)(\kappa(t)-\lambda(t))} < 0 \tag{20.50}$$

当且仅当 $(\alpha_2-\alpha_1)(1-\varepsilon)>0$ 时,

$$\frac{d\log\sigma_K(t)}{d\log K(t)} < 0 \tag{20.51}$$

当且仅当 $\varepsilon<1$,以及

$$\frac{d\log\sigma_K(t)}{d\log A_2(t)} = -\frac{d\log\sigma_K(t)}{d\log A_1(t)} < 0 \tag{20.52}$$

当且仅当 $(a_2-a_1)(1-\varepsilon)>0$ 时。

证明 结论(20.49)式和(20.51)式来自对(20.47)式求导以及命题20.6。为了证明剩下的部分,我省略了时间变量,写成

$$\left(\frac{Y_1}{Y}\right)^{\frac{\varepsilon-1}{\varepsilon}} = \left[\gamma+(1-\gamma)\left(\frac{Y_1}{Y_2}\right)^{\frac{1-\varepsilon}{\varepsilon}}\right]^{-1} = \gamma^{-1}\left(1+\frac{\alpha_1}{\alpha_2}\left(\frac{1}{\kappa}-1\right)\right)^{-1}$$

利用命题20.6的结果以及(20.48)式中 σ_K 的定义,我们可以得到

$$\frac{d\log\sigma_K}{d\log K} = -\Omega\frac{1-\sigma_K}{\sigma_K}\frac{\alpha_1}{\alpha_2}\frac{(1-\varepsilon)(\alpha_2-\alpha_1)(1-\kappa)/\kappa}{1+(1-\varepsilon)(\alpha_2-\alpha_1)(\kappa-\lambda)} \tag{20.53}$$

以及 $\frac{d\log\sigma_K}{d\log A_2} = -\frac{d\log\sigma_K}{d\log A_1} = \Omega\frac{1-\sigma_K}{\sigma_K}\frac{\alpha_1}{\alpha_2}\frac{(1-\varepsilon)(1-\kappa)/\kappa}{1+(1-\varepsilon)(\alpha_2-\alpha_1)(\kappa-\lambda)}$ (20.54)

其中

$$\Omega \equiv \left[\left(1+\frac{\alpha_1}{\alpha_2}\left(\frac{1}{\kappa}-1\right)\right)^{-1}-\left(\frac{1-\alpha_1}{1-\alpha_2}+\frac{\alpha_1}{\alpha_2}\left(\frac{1}{\kappa}-1\right)\right)^{-1}\right]$$

显然,当且仅当 $\alpha_1<\alpha_2$ 时,$\Omega>0$,考虑(20.34)式,该表达式显然满足。于

是，（20.53）式和（20.54）式隐含了（20.51）式和（20.52）式。

这个命题中最重要的结论就是（20.51）式，它将国民收入中的资本份额和资本存量之间的替代弹性与均衡关系联系起来。由于国民收入中资本的份额和资本存量之间的负相关关系等价于资本和劳动总体上的总互补关系，这个结果也意味着当且仅当 $\varepsilon<1$ 时，资本和劳动间的替代弹性小于1。回忆第15章第15.6节中的讨论，各种经验研究方法表明资本和劳动间的替代弹性小于1，因此在下文中，$\varepsilon<1$ 的情况更有意义。

命题20.7的直观解释对模型的作用方式提供了许多有用的信息。与上述命题20.5中的讨论相一致的是，当 $\varepsilon<1$ 时，经济中资本存量的增加导致相对于资本密集度较低部门的产出来说，资本密集度较高的部门即部门2的产出相对增长（尽管如（20.45）式所示，配置给资本较不密集部门的资本比重增加了）。这就增加了资本相对密集部门的产出，同时降低了资本的相对回报（和资本在国民收入中占的比重）。当 $\varepsilon>1$ 时，结果相反。

回顾第15章第15.2节，当 $\varepsilon<1$ 时，命题20.7中的（20.52）式意味着 A_1 的增加是资本偏向的，而 A_2 的增加是劳动偏向的。对于资本密集型部门生产率的提高是劳动偏向的直观解释也类似（反之亦然）：当两部门间的替代弹性 $\varepsilon<1$ 时，一个部门产出的增加（这次是由于技术变化导致的）会导致其价格超比例降低，从而降低该部门相对密集地使用的要素的相对报酬。当 $\varepsilon>1$ 时，结论相反，且 A_2 的增加是资本偏向的，而 A_1 的增加是劳动偏向的。

接下来我开始描述这个经济体的动态均衡路径的特征。最大化（20.1）式的消费欧拉方程采用了我们熟悉的形式

$$\frac{\dot{c}(t)}{c(t)} = \frac{1}{\theta}(r(t)-\rho) \tag{20.55}$$

由于经济中的代表性家庭的唯一资产是资本，横截性条件采用标准形式

$$\lim_{t \to \infty} \left[K(t) \exp\left(-\int_0^t r(\tau)\,d\tau\right) = 0 \right] \tag{20.56}$$

它和欧拉方程（20.55）式以及资源约束（20.32）式一起，决定了人均消费 c 和资本存量 K 的动态变化。

动态均衡由满足（20.41）式、（20.39）式、（20.42）式、（20.40）式、（20.43）式和（20.44）式的工资、利率、劳动和资本配置决策路径

$[w(t),r(t),\lambda(t),\kappa(t)]_{t=0}^{\infty}$ 给出，且满足（20.55）式和（20.56）式的人均消费和资本存量 $[c(t),K(t)]_{t=0}^{\infty}$。

同时我们引进如下符号表示经济中关键要素的增长率：对 $s=1,2$，有

$$\frac{\dot{L}_s(t)}{L_s(t)} \equiv n_s(t), \frac{\dot{K}_s(t)}{K_s(t)} \equiv z_s(t), \frac{\dot{Y}_s(t)}{Y_s(t)} \equiv g_s(t)$$

以及

$$\frac{\dot{K}(t)}{K(t)} \equiv z(t), \frac{\dot{Y}(t)}{Y(t)} \equiv g(t)$$

当它们存在时，我们也可以将相应的（极限）渐近增长率定义为：对 $s=1,2$

$$n_s^* = \lim_{t\to\infty} n_s(t), z_s^* = \lim_{t\to\infty} z_s(t) \text{ 和 } g_s^* = \lim_{t\to\infty} g_s(t)$$

同样用星号（*）表示渐近资本和劳动配置决策，

$$\kappa^* = \lim_{t\to\infty} \kappa(t), \lambda^* = \lim_{t\to\infty} \lambda(t)$$

用这个术语，可以证明下述有用的命题。

命题 20.8

1. 如果 $\varepsilon < 1$，那么 $n_1(t) \gtreqless n_2(t) \Leftrightarrow z_1(t) \gtreqless z_2(t) \Leftrightarrow g_1(t) \lesseqgtr g_2(t)$。

2. 如果 $\varepsilon > 1$，那么 $n_1(t) \gtreqless n_2(t) \Leftrightarrow z_1(t) \gtreqless z_2(t) \Leftrightarrow g_1(t) \gtreqless g_2(t)$。

证明 省略时间参数并将（20.39）式对时间求导数，得到

$$\frac{1}{\varepsilon}g + \frac{\varepsilon-1}{\varepsilon}g_1 - n_1 = \frac{1}{\varepsilon}g + \frac{\varepsilon-1}{\varepsilon}g_2 - n_2 \qquad (20.57)$$

这意味着 $n_1 - n_2 = (\varepsilon-1)(g_1-g_2)/\varepsilon$，从而证明了命题的第一部分。类似地对（20.40）式求导数，可以得到

$$\frac{1}{\varepsilon}g + \frac{\varepsilon-1}{\varepsilon}g_1 - z_1 = \frac{1}{\varepsilon}g + \frac{\varepsilon-1}{\varepsilon}g_2 - z_2 \qquad (20.58)$$

从而证明了结论的第二部分。

这个命题证明了非常直观但初看违背直觉的结果，即当两部门间的替代弹性小于 1 时，增长更快的部门的资本存量和劳动力的平衡增长率必然低于其他部门。当替代弹性大于 1 时，可以得到相反的结果。直观地看，注意贸易条件（相

对价格）的变化有利于增长更慢的部门。当替代弹性小于 1 时，相对价格的变化要大于产出数量的变化，这鼓励更多的要素被配置到增长更慢的部门中。

命题 20.9 假设渐进增长率 g_1^* 和 g_2^* 存在。如果 $\varepsilon < 1$，那么 $g^* = \min\{g_1^*, g_2^*\}$。如果 $\varepsilon > 1$，那么 $g^* = \max\{g_1^*, g_2^*\}$。

证明 对最终产品生产函数（20.31）式求微分，得到

$$g(t) = \frac{\gamma Y_1(t)^{\frac{\varepsilon-1}{\varepsilon}} g_1(t) + (1-\gamma) Y_2(t)^{\frac{\varepsilon-1}{\varepsilon}} g_2(t)}{\gamma Y_1(t)^{\frac{\varepsilon-1}{\varepsilon}} + (1-\gamma) Y_2(t)^{\frac{\varepsilon-1}{\varepsilon}}} \tag{20.59}$$

上式与 $\varepsilon < 1$ 一起意味着，当 $t \to \infty$ 时，$g^* = \min\{g_1^*, g_2^*\}$。类似地，上式与 $\varepsilon > 1$ 一起意味着，当 $t \to \infty$ 时，$g^* = \max\{g_1^*, g_2^*\}$。

因此，当替代弹性小于 1 时，总产出的渐近增长率是由增长更慢的部门决定的；当 $\varepsilon > 1$ 时，结论相反。

如同前一节，让我们关注稳定增长路径，并将其定义为均衡路径，其人均消费的渐近增长率存在并且是常数，从而 $\lim_{t \to \infty} \dot{c}(t)/c(t) = g_c^*$。我们同时也将总体消费增长率定义为 $\dot{C}(t)/C(t) \equiv g_C^* = g_c^* + n$，这是因为处理总体消费增长率比处理人均消费增长率更为方便。从欧拉方程（20.55）式可以看出，消费增长率或人均消费量的增长率是渐近常数，这一事实意味着利率也必须是渐近常数，即 $\lim_{t \to \infty} \dot{r}(t) = 0$。

为确保稳定增长路径的存在，我施加以下参数约束：

$$\rho - n \geq (1-\theta) \max\left\{\frac{a_1}{1-\alpha_1}, \frac{a_2}{1-\alpha_2}\right\} \tag{20.60}$$

这确保了家庭的效用是有限（finite）的，且横截性条件（20.56）式成立。由于 $a_1/(1-\alpha_1)$ 或 $a_2/(1-\alpha_2)$ 代表技术进步的速率，因此它们自然会出现在均衡中。特别是，请回忆每个部门中也存在与技术进步相关的内生资本深化。对劳动生产率（和产出增长）的总效应取决于资本深化速率推动的技术进步速率。$a_1/(1-\alpha_1)$ 或 $a_2/(1-\alpha_2)$ 项表示这一推动效应，这是由于更高的 α_s 对应于部门（$s = 1, 2$）中更大比重的资本，从而其技术进步速率会高于给定的希克斯中性技术变化速率。在这种情况下，条件（20.60）式意味着技术进步速率必须低到能满足横截性条件（20.56）式。

下面的命题描述了稳定增长路径的特征。与其讨论一般情况，关注参数值更为有用，即

要么 $a_1/(1-\alpha_1) < a_2/(1-\alpha_2)$ 且 $\varepsilon < 1$

要么 $a_1/(1-\alpha_1) > a_2/(1-\alpha_2)$ 且 $\varepsilon > 1$ (20.61)

有了这个条件,我们就能更容易地描述稳定增长路径。特别是,它确保部门1是渐近主导部门,这是因为它要么有较低的技术进步率和 $\varepsilon<1$,要么它有较高的技术进步率和 $\varepsilon>1$。还需要注意的是,基于上述原因,最恰当的比较并不是比较 a_1 和 a_2,而是比较 $a_1/(1-\alpha_1)$ 和 $a_2/(1-\alpha_2)$。习题20.14将这个命题的结论推广到条件(20.61)式逆命题成立的情况。

命题 20.10 假设(20.34)式、(20.60)式和(20.61)式成立。那么,存在唯一的稳定增长路径使

$$g^* = g_C^* = g_1^* = z_1^* = n + g_c^* = n + \frac{1}{1-\alpha_1}a_1 \quad (20.62)$$

$$z_2^* = n - (1-\varepsilon)a_2 + (1+(1-\varepsilon)(1-\alpha_2))\frac{a_1}{1-\alpha_1} < g^* \quad (20.63)$$

$$g_2^* = n + \varepsilon a_2 + (1-\varepsilon(1-\alpha_2))\frac{a_1}{1-\alpha_1} > g^* \quad (20.64)$$

$$n_1^* = n, 且 \ n_2^* = n - (1-\varepsilon)(1-\alpha_2)\left(\frac{a_2}{1-\alpha_2} - \frac{a_1}{1-\alpha_1}\right) < n_1^* \quad (20.65)$$

证明 首先假设 $g_2^* \geq g_1^* > 0$ 以及 $\varepsilon > 1$。那么(20.43)式和(20.44)式意味着 $\lambda^* = \kappa^* = 1$。鉴于此,命题20.9意味着 $g^* = g_1^*$。将这个条件与(20.33)式、(20.57)式和(20.58)式联立,可以求得(20.62)式、(20.63)式、(20.64)式和(20.65)式的唯一解 n_1^*、n_2^*、z_1^*、z_2^*、g_1^* 和 g_2^*。注意,这个解符合 $g_2^* > g_1^* > 0$,这是因为条件(20.34)式和(20.60)式意味着 $g_2^* > g_1^*$ 以及 $g_1^* > 0$。最后,$C(t) \equiv c(t)L(t) \leq Y(t)$、(20.32)式和(20.56)式意味着消费增长率 g_C^* 等于产出增长率 g^*。为说明这一点,假设这最后推断是不正确的;那么随着 $t \to \infty$,$C(t)/Y(t) \to 0$,资源约束(20.32)式意味着可以近似有 $\dot{K}(t) = Y(t)$。整合这个等式,我们得到 $K(t) \to \int_0^t Y(s)ds$,由于 Y 呈指数增长,这意味着资本存量的增长会超过指数增长,从而与横截性条件(20.56)式相矛盾。

接下来,我们可以证明,包含 z_1^*、z_2^*、m_1^*、m_2^*、g_1^* 和 g_2^* 的结论满足横截

性条件（20.56）式。特别是，当

$$\lim_{t \to \infty} \frac{\dot{K}(t)}{K(t)} < r^* \tag{20.66}$$

时，（20.56）式得到满足。其中 r^* 是常数渐进利率。因为从欧拉方程（20.55）式可以得出 $r^* = \theta g^* + \rho$，因此当 $g^*(1-\theta) < \rho$ 时，（20.66）式得到满足。条件（20.60）式确保这个情况下有 $g^* = n + a_1/(1-\alpha_1)$。$g_1^* \geq g_2^* > 0$ 和 $\varepsilon > 1$ 时的论证与此类似，这个论证我们留到习题20.14。

为完成证明，我们需要证明在所有的稳定增长路径中，当 $\varepsilon < 1$ 时，$g_2^* \geq g_1^* > 0$（当 $\varepsilon > 1$ 时 $g_1^* \geq g_2^* > 0$ 的情况也留到习题20.14）。对于以下两种构造：（1）$g_1^* \geq g_2^*$，或者（2）$g_2^* \geq g_1^*$ 但 $g_1^* \leq 0$，我们可以分别应用反证法。

1. 假设 $g_1^* \geq g_2^*$，$\varepsilon < 1$。那么，经过上述相同的推理，当 $\varepsilon < 1$ 时，均衡条件（20.33）式、（20.57）式和（20.58）式的唯一解为

$$g^* = g_C^* = g_2^* = z_2^* = n + \frac{a_2}{1-\alpha_2}$$

$$z_1^* = n - (1-\varepsilon)a_1 + (1+(1-\varepsilon)(1-\alpha_1))\frac{a_1}{1-\alpha_1}$$

$$g_1^* = n + \varepsilon a_1 + (1-\varepsilon(1-\alpha_1))\frac{a_1}{1-\alpha_1} \tag{20.67}$$

且 n_1^* 和 n_2^* 也有类似的表达式。将这几个等式联立，得到 $g_1^* < g_2^*$，这与假设 $g_1^* \geq g_2^* > 0$ 矛盾。$\varepsilon > 1$ 条件下的证明也与此类似。

2. 假设 $g_2^* \geq g_1^*$ 以及 $\varepsilon < 1$。那么用上述相同的步骤可以推出均衡条件（20.33）式、（20.57）式和（20.58）式的唯一解存在，并由（20.62）—（20.65）式给出。但是现在（20.62）式直接与 $g_1^* \leq 0$ 相矛盾。最后，假设 $g_2^* \geq g_1^*$ 以及 $\varepsilon > 1$。那么其唯一解与上述第一部分中的一样。但是在这一情况下，（20.67）式与假设 $g_1^* \leq 0$ 相矛盾，证毕。

命题20.10 有几个值得重视的含义。第一，只要 $a_1/(1-\alpha_1) \neq a_2/(1-\alpha_2)$，那么增长就是不平衡的。这个结论的直观解释与命题20.5 相同。具体来说，假设有 $\varepsilon < 1$ 和 $a_1/(1-\alpha_1) < a_2/(1-\alpha_2)$（这种情况有可能出现，例如，当 $a_1 \approx a_2$ 时）。那么，两部门间资本密集度的差异和经济中的资本深化（它是由技术进步导致的）确保资本密集度更高的部门 2 增长更快。直观地说，如果资本按等比例配置到两部门中，部门 2 会增长得更快。由于价格、资本和劳动的变化会被重新配

置到资本不太密集的部门，部门1的相对就业也会增加。然而，最重要的是，这种再配置不足以完全抵消资本更密集部门实际产出的更快速增长。这个结论也充分说明了命题20.5中平衡型技术进步的假设（在这种情况下对应于 $a_1 = a_2$）对这里的结论并非必要，而且我们只需要排除两部门之间的相对技术进步率完全成比例的刀锋情形，就能确保平衡增长（在这种情况下，$a_1/(1-\alpha_1) = a_2/(1-\alpha_2)$）。

第二，稳定增长路径的增长率相对比较简单，尤其是因为我将关注点放在参数集的设置上，以确保部门1是渐进主导部门（见（20.61）式）。如果再加上 $\varepsilon < 1$，模型会出现许多动态，增长更慢的部门决定了经济体的长期增长率，而在增长更快的部门中，资本和劳动继续流出，但流出率准确地保持在确保其增长率高于经济中其他部门的水平。

第三，在稳定增长路径中，其中一个部门配置到的资本和劳动比重趋于1（例如，当部门1是渐进主导部门时，$\lambda^* = \kappa^* = 1$）。然而，在所有时间点上，所有部门都有正产出，因此这一极限点从未达到过。事实上，在所有时间点上，所有部门的增长率都高于经济中的人口增长率。此外，当 $\varepsilon < 1$ 时，在任何时间点上，资本和劳动比重减少的部门，其增长率都高于经济中的其他部门。因此在均衡中，资本和劳动从该部门的流出率准确地保持在使该部门增长率仍能高于经济中的其余部门。在这个意义上，不平衡增长对经济的影响并非微不足道（其中一个部门会倒闭），它是由两部门不同的正增长率导致的。

最后，我们可以证明，在稳定均衡增长路径中，国民收入中的资本比重和利率都是常数（见习题20.15）。例如，当（20.61）式成立时，$\sigma_K^* = \alpha_1$。反之，当（20.61）式不成立时，$\sigma_K^* = \alpha_2$。因此，国民收入中的渐近资本比重总是反映（渐近）主导部门的资本比重。故而，基于不平衡增长技术来源的这个模型也大体上与卡尔多事实和库兹涅茨事实一致（尽管当经济远离稳定均衡增长路径时，这个模型也显著偏离了卡尔多事实隐含的有序行为）。到目前为止的分析并不能确保稳定增长路径是渐近稳定的。习题20.16会对此进行分析，并提供对命题20.10的另一种证明方法。因此，基于技术因素的模型也对结构变化提出了有用的见解。当然，为理解产出和就业组合中的长期变化，我们必须将偏好和上两节研究的技术因素结合起来。在这个方向上，习题20.17迈出了第一步。

20.3 农业生产率和工业化

虽然第20.1节和第20.2节给出的模型都强调偏好和技术因素如何导致结构

变化（以及结构变化如何与不变的平衡增长路径和卡尔多事实保持一致），但它们并没有着眼于工业化过程。第 1 章表明，工业化过程开始于 18 世纪末的欧洲，是现代经济增长和跨国收入差异的根源。随之产生的一个问题是，为什么工业化只在一部分国家发生并迅速发展，却不在其他国家发生。考虑到第 1 章给出的一般模式（patterns），这个问题可能为当今的跨国人均收入差异提供了重要线索。

因此，如果能对这个问题，提出几种不同的方法并评估其利弊，会非常有用。然而这只是我的目标的一部分，我不会在同一个地方介绍全部这些模型。第一种方法基于我和齐利博蒂（Acemoglu and Zilibotti, 1997）的模型，体现在第 17.6 节的随机增长模型的应用。尽管这个理论关注一般性的起飞，但历史上意义最重大的起飞是工业化。因此第 17.6 节的理论基于不同社会对不同行业的投资成功与否，为工业化的起源提供了可能的解释。特别是，如果一个社会将很大一部分资源投资于不恰当的或者我们事后发现不具生产率的行业，而另一个社会投资于事后证明更成功的行业和项目，那么前者与后者相比就不那么成功。在第 21 章中，我们将会看到工业化起源的另一种解释，它建立在罗森斯坦-罗丹提出的协调失灵和"大推进"观点之上。

在转向增长的市场失灵之前，考虑另一种可以揭示要素推动或加速工业化的方式是非常有用的。经济史文献中的一个普遍观点是，由于 18 世纪英国有很高的农业生产率，所以它特别适合工业化（例如，Nurske, 1958；Rostow, 1960；Mokyr, 1993；Overton, 1996）。其基本思想是，农业生产率高的社会有能力将部分劳动力转移到工业生产中。他们运用源于技术或需求的某类报酬递增，论证将劳动力的关键部分转移到工业中的能力是早期工业化过程的一个重要因素。

本节将提出一个基于松山公纪（Matsuyama, 1992）的模型，证明这种猜想。由于松山公纪的模型是关于结构变化的模型，因此从本质上它完善了本章研究的模型。它将恩格尔定律与工业部门从实践中学习的外部性相结合。该模型不仅为分析农业生产率和工业化间的关系提供了一个易处理的框架，而且还（沿着第 19 章第 19.7 节的模型思路）深刻分析了国际贸易对产业的影响。

经济体处于连续时间之中。人口数量标准化为 1。通过具有如下偏好的代表性家庭，可以建立偏好方的模型

$$\int_0^\infty \exp(-\rho t)\,(c^A(t) - \gamma^A)^\eta c^M(t)^{1-\eta} dt \tag{20.68}$$

这些偏好与（20.1）式中的偏好是类似的：$c^A(t)$ 再次代表农产品消费，$c^M(t)$ 代

表 t 期的制造品消费,参数 γ^A 代表最小（生存）食品需求。此外 ρ 为贴现因子，$\eta \in (0,1)$ 代表效用函数中农产品与制造品的重要性。代表性家庭的劳动供给是无弹性的。在这里我们也关注封闭经济下的情形,将开放经济下的情况留到习题 20.20。

两部门的生产函数如下所示:

$$Y^M(t) = X(t)F(L^M(t)) \text{ 且 } Y^A(t) = B^A G(L^A(t)) \tag{20.69}$$

与之前一样,Y^M 和 Y^A 分别表示制造品和农产品的总产量,L^M 和 L^A 表示两部门雇用的总劳动。在生产函数 F 和 G 中,劳动报酬都是递减的。更正式地说,函数 F 和 G 都可微且严格凹。特别是,$F(0) = 0$, $F'(\cdot) > 0$, $F''(\cdot) < 0$, $G(0) = 0$, $G'(\cdot) > 0$ 且 $G''(\cdot) < 0$。劳动报酬之所以递减,是因为两个部门都使用劳动以及土地或其他一些生产要素。而假设劳动报酬递减比引入其他生产要素更为简便。劳动报酬递减意味着,当劳动价格是竞争的时候,存在均衡利润,且会被重新配置给家庭。

这种工业化模型的主要特点在于农业中不存在技术进步,但是在（20.69）式的制造品生产函数中包括 $X(t)$ 项,它考虑了制造业中存在技术进步的情况。虽然在农业中不存在技术进步,但是各国生产率参数 B^A 是不同的,它既反映了以新农业生产方式表现的技术进步,也反映了土地质量的差异（为简单起见,我只关注单一国家）。现有的证据表明,即使今天,不同国家的劳动生产率和农业活动的全要素生产率也存在巨大差异,因此我们考虑潜在农业生产率差异是合理的。目前的研究还表明,将农业看作不存在技术进步的行业并不准确,事实上,农业经历了相当大的资本对劳动的替代以及重大的技术变革（引进新品种的种子、机械化和组织变化也都影响着生产率）。尽管如此,目前的模型为我们的目标提供了一个很好的起点。

劳动力市场出清要求

$$L^M(t) + L^A(t) \leq 1$$

令 $n(t)$ 代表 t 期制造业的劳动力就业比重。由于这个经济体中存在充分就业,我们有 $L^M(t) = n(t)$,$L^A(t) = 1 - n(t)$。

正如第 11 章罗默（1986a）模型中的干中学外部效应一样,这里的关键也是假设制造品生产率 $X(t)$ 随时间而变化。特别是,假设制造业的技术进步 $X(t)$ 与当前制造业的产量成正比:

$$\dot{X}(t) = \kappa Y^M(t) \tag{20.70}$$

其中 $\kappa > 0$ 测度了干中学效应的程度，$t=0$ 期的初始生产率水平 $X(0) > 0$ 是给定的。正如罗默模型所示，对个别企业来说，干中学对单个企业来说是外部的。这种类型的外部干中学对理解工业部门如何提高生产率而言过于简化。然而，到目前为止，我们的分析清楚地表明，人们可以通过引入垄断竞争将技术选择内生化，且在第四部分的标准假设下，内生技术变化的这一更丰富的模型会产生市场规模效应，并形成一个类似于（20.70）式的方程。习题 20.19 要求读者考虑这样的模型。

在均衡中，每个企业选择在其劳动需求等于工资率 $w(t)$ 的边际产品价值点上进行生产。我们选择农产品作为计价物（因此它的价格被标准化为 1），同时假定均衡是两个部门相互作用的结果。那么在均衡上我们有

$$w(t) = B^A G'(1-n(t)) \text{ 和 } w(t) = p(t)X(t)F'(n(t))$$

其中 $p(t)$ 是制造品的相对价格（以农产品为计价物）。于是市场出清意味着

$$B^A G'(1-n(t)) = p(t)X(t)F'(n(t)) \tag{20.71}$$

（20.68）式中的 $\gamma^A > 0$ 意味着如第 20.1 节一样，经济中的偏好是非位似的，且农产品需求的收入弹性小于 1（而制造品大于 1）。正如我们已经看到的，这是引入恩格尔定律的最简单方法。

假设生产效率高得足以满足全部人口的最低农产品消费需求（这里标准化为 1）：

$$B^A G(1) > \gamma^A > 0 \tag{20.72}$$

如果（20.72）式不成立，那么经济中农业部门的产出将不足以提供全部家庭维持最低生存水平的食品。

最后，在每个时期 t，代表性家庭的预算约束可以写成

$$c^A(t) + p(t)c^M(t) \leq w(t) + \pi(t)$$

其中 $\pi(t)$ 代表每个代表性家庭的利润，这是生产技术的报酬递减导致的。

我们可以用标准方式将这个经济中的均衡定义为两部门消费水平的路径和所有时期两部门间的劳动配置，使得在给定的产品价格和要素价格下，家庭最大化

其效用，企业最大化其利润，从而所有市场都能出清。

最大化（20.68）意味着

$$c^A(t) = \gamma^A + \eta p(t) c^M(t)/(1-\eta) \tag{20.73}$$

由于经济是封闭的，产出必须等于消费，因此有

$$c^A(t) = Y^A(t) = B^A G(1-n(t)) \text{ 和 } c^M(t) = Y^M(t) = X(t)F(n(t))$$

现在将这几个等式与（20.71）式和（20.73）式联立，可以得到

$$\phi(n(t)) = \frac{\gamma^A}{B^A} \tag{20.74}$$

其中

$$\phi(n) \equiv G(1-n) - \frac{\eta G'(1-n) F(n)}{(1-\eta) F'(n)}$$

是严格递减的。此外，$\phi(0) = G(1)$，且 $\phi(1) < 0$。这里 ϕ 可以被解释为制造业相对于农业的总相对需求函数。均衡必须满足（20.74）式。由假设（20.72）式以及函数 ϕ 的性质，我们可以得出结论，均衡条件（20.74）式有唯一的内点解

$$n(t) = n^* \in (0, 1)$$

请注意其重要的含义。尽管目前的模型类似于第 20.1 节和第 20.2 节中的结构变化模型，它只引起产出构成的变化，而农业的劳动力就业比重保持在 $1-n^*$。因此，虽然目前的模型有助于解释工业化的起步，但它不足以解释在过去 150 年或 200 年中，为什么经济中不同部门的就业结构一直在变化。

接下来，利用（20.74）式，两部门间的唯一劳动力均衡配置满足

$$n^* = \phi^{-1}\left(\frac{\gamma^A}{B^A}\right) \tag{20.75}$$

由于 ϕ 是严格递减的，因此它的反函数 ϕ^{-1} 也是严格递减的，制造业的劳动力就业比重 n^* 在 B^A 上是严格递增的。这是该模型的最重要结论，它表明当农业生产率较高时，更多劳动力被配置到制造业中。这个结果非常直观：柯布-道格拉斯效用函数与位似偏好一起意味着两部门间固定的就业配置独立于其劳动生产率。

但在当前模型中，偏好是非位似的，且必须先生产一定量的粮食。当农业生产率 B^A 提高时，相对较小比例的劳动力就足以生产维持生存水平的粮食产量，从而更大比例的劳动力将受雇于制造业。

这一结果与制造业中的干中学理论一起（见（20.70）式），是农业生产率和工业化之间关系的根源。特别是，（20.70）式意味着，制造业产出以恒定速率 $\kappa F(n^*)$ 增长，这也与（20.75）式中的 B^A 呈正相关。因此，当前的模型对常常被作为假说的农业生产率和工业化起源之间的关系得出了一个简单的表达式。

关注该模型的均衡也十分有用，因为制造业和农业的就业比重是不变的，农业部门不存在技术进步，农业产出保持不变。所有的增长都是由制造业增长产生的。然而，由于制造品和农产品是不完全替代的，其相对价格会发生变化，这将会导致农产品支出增加（见习题20.18）。下面的命题总结了这一结论。

命题 20.11 在上述模型中，将干中学和恩格尔定律相结合会产生唯一的均衡，其中制造业就业比重维持在 $n^* \equiv \phi^{-1}(\gamma^A/B^A)$，制造业产出和消费以 $\kappa F(n^*)$ 的速率增长，而且它是农业生产率 B^A 的增函数。

目前为止，我们已描绘了封闭经济体中的均衡。其中一个主要的结论是，更高的农业生产率会导致更快的工业增长，从而提高整体增长率，这是因为更高的农业生产率使经济可以将较大部分劳动力投入到知识型生产部门（这里指制造业）。

当前模型的一个重要优点是它的易处理性。这使我们能很容易用它来分析相关问题，如自由贸易对工业化的影响。习题20.20会要求你证明在封闭经济和开放经济中，农业生产率的作用是有很大不同的。例如，在开放经济中，更高的农业生产率可能会推迟或阻止工业化，而封闭经济中，更高的农业生产率却推动了工业化。其原因与第19章第19.7节中强调过的力量有关：由于部门专有的外部性，基于比较优势的专业化可能会对长期增长造成消极影响。然而，正如那一节讨论的，并无充分证据证明存在大的这类外部性。因此国际贸易在工业化过程中的作用很可能比习题20.20中提到的更加复杂。尽管如此，这道习题还是说明了开放经济模型如何丰富了有关结构变化的研究。

20.4 小结

本章初步分析了经济发展过程中的结构变化。我们的第一步相对适中，着重关注结构变化以及与之相联系的（1）从农业转向制造业和服务业的产出和就业变化，(2) 具有不同资本密集度的部门的变化。第 20.1 节着重研究不平衡增长的"需求方"原因，这是由偏好结构导致的。它将恩格尔定律引入基本的新古典增长模型中，从而随着家庭收入增加，他们会减少农产品的预算。理论上，这个框架非常适合分析跨部门的结构变化，如农业、制造业和服务业。另一方面，第 20.2 节研究了不平衡增长的"供给方"技术原因，最早由鲍莫尔（1967）的经典论文提出。不过，这节阐述了部门间的资本密集度差异如何导致不平衡增长，而不是假设各部门具有不同的外生给定的技术进步率。由于资本劳动比等比例增加，资本密集型部门往往增长得更快。这一特点与经济中的资本深化结合在一起，自然会导致不平衡增长的出现。这种不平衡增长可能会导致农业、制造业和服务业的结构变化，但是当我们着眼于部门间的资本密集度差异时，这种增长变得更加重要。第 20.1 节和第 20.2 节的重点是调和部门间不平衡增长和总体上的相对平衡增长。正如我们在第 2 章提到的，对平衡增长这个术语不必拘泥于字面含义，最多只能达到近似。然而，平衡增长比较接近发达经济体增长过程中的特点：在过去 100 年左右，利率和 GDP 中的资本收入份额是相对稳定的。因此，理解部门间较大幅度的资源再配置与总体更趋于平衡为何并存是非常重要的。第 20.1 节和第 20.2 节的模型对这种情况的成因提供了一些线索，但这里只能提供初步而非确定的答案。

我还讨论了工业化起源的一个简单模型。该模型证明了农业生产率为何会对工业化的时机产生重大影响。工业化过程的研究很重要，这在一定程度上是因为，正如第 1 章讨论的，现有证据表明，工业化的时机和性质对我们今天观察到的国家间收入差异有着重要意义。因此，对经济发展的研究可能需要了解为什么有些国家较早出现工业化，而其他国家的工业化过程被延迟或从未开始。

了解结构变化的来源以及如何协调这些来源与总量层面普遍的平衡增长模式，为研究经济增长与发展进程提供了新的思路。在这个意义上，这节的模型极大地丰富了我们对经济增长的理解。但是，这仅仅是对库兹涅茨强调的全面结构变化研究的一小步，因为我们的研究还没有脱离新古典经济增长理论。特别是，第 20.1 节和第 20.2 节运用了第 8 章的基本新古典增长模型的推广版，第 20.3 节运用了第 11 章罗默（1986a）模型的一个变形。

我们要再次强调，虽然本章讨论的主题与基本新古典增长模型密切相关，却处于前沿研究领域。我们还远未构建出一个令人满意的框架来解释部门间资本和劳动再配置过程、这一过程在不同发展阶段如何变化，以及它如何与总量层面的相对平衡增长和卡尔多事实保持一致。因此我不会试图提供统一的框架，将农业转向制造业、恩格尔定律导致的非位似偏好、引起不平衡增长的技术因素结合在一起。建立这样一个统一模型以及更丰富的不平衡增长模型是未来的研究方向。

20.5 参考文献

关于发展的早期文献包含了许多重要的著作，这些著作记录了发展过程中出现的重大技术变化。虽然早期的发展经济学家，如罗森斯坦-罗丹（1943）、纳斯克（1958）、罗斯托（1960）研究了类似问题，但是，库兹涅茨（1957，1973）和切纳里（Chenery，1960）对大量证据和文献提供了最好概述。图 20.1 利用美国的历史统计数据（Carter et al，2006），总结了这些广泛的变化。

第 20.1 节给出的基于恩格尔定律的不平衡增长模型是由 KRX（2001）提出的。之前墨菲等人（Murphy、Shleifer and Vishny，1989；Echevarria，1997；Laitner，2000）也研究了类似的模型。最近的文献建立在孔萨姆特等人（Kongsamut、Rebeloand Xie，2001；Caselli and Coleman，2001b；Gollin、Parente and Rogerson，2002）的基础上。其中一些模型将土地视为农业生产的另外一个必要因素。最近的文献也更着重研究农业生产率的来源，并着重指出国家间农业生产率差异与部门间农业生产率差异一样大甚至更大。在这方面，戈兰等人（Gollin、Parente and Rogerson，2002）最先进行了研究。

前一段提到的著作，例如我在第 20.1 节提到的模型，援引了恩格尔定律并通过假定（20.2）式提出的斯通-吉尔里偏好对非位似偏好建模。一种更灵活和丰富的方法是允许消费中存在"需求层次"，即家庭以特定的顺序消费不同产品（例如，必须先消费食品，再消费纺织品，之后是电子产品等）。斯托基等人（Stokey，1988；Foellmi and Zweimuller，2002；Matsuyama，2002；Buera and Kaboski，2006）运用这一方法和相关的其他方法构建了更丰富的结构变化模型。虽然它们是对斯通-吉尔里偏好的一个很好的替代，但是受篇幅的限制，这里不能列出这些有关需求层次的模型。

第 20.2 节建立在我和合作者的研究（Acemoglu and Guerrieri，2008）之上。在此之前鲍莫尔（1967）也研究了这个模型，它阐述了不平衡增长中生产率增长差异的重要性。不过，鲍莫尔没有推导出一个包含了部门间资本和劳动再配置的不平衡增长模型，他假设了生产率的不同增长率是外生的。皮萨里德斯等人（Ngai and Pissarides，2006；Zuleta and Young，2006）对鲍莫尔的假说提供了现代版本。相反，第 20.2 节阐述了总体上的资本密集度差异和资本深化相结合，如何内生地导致了不平衡增长。

第20.3节的模型基于松山公纪（1992），它也与第19章第19.7节的模型密切相关。莫克尔等人（Mokyr，1993；Overton，1996；Mundlak，2000）讨论了农业在工业化中的作用。

20.6 习题

20.1 证明（20.2）式中的消费加总能推导出恩格尔定律。提出另一个能产生类似模式的消费加总。

20.2 证明命题20.1。

20.3 （a）建立第20.1节模型中代表性家庭的最优控制问题。
（b）利用欧拉方程和横截性条件，证明命题20.2中的（20.16）式。
（c）利用（20.9）式和（20.10）式推导（20.17）式。

20.4 证明命题20.3。证明平衡增长路径总是存在的（即使所有部门从未有过相同的增长率）。

20.5 （a）证明命题20.4。特别是，证明如果不满足（20.18）式，就不存在稳定增长路径，以及这个条件是存在唯一稳定增长路径的充分条件。
（b）计算出稳定增长路径有效资本劳动比 k^*。

20.6 利用第20.1节中的模型，证明只要满足条件（20.18）式，当经济以一个不同于 k^* 的有效资本劳动比 $K(0)/(X(0)L(0))$ 开始时，稳定增长路径是全局稳定的，且随着 $t \to \infty$，有效资本劳动比单调收敛到 k^*。

*20.7 考虑第20.1节模型的一般化，其中部门生产函数有如下柯布-道格拉斯函数形式：

$$Y^A(t) = K^A(t)^{\alpha^A}(B^A(t)L^A(t))^{1-\alpha^A}$$

$$Y^M(t) = K^M(t)^{\alpha^M}(B^M(t)L^M(t))^{1-\alpha^M}$$

$$Y^S(t) = K^S(t)^{\alpha^S}(B^S(t)L^S(t))^{1-\alpha^S}$$

并假设 $B^A(t)$、$B^M(t)$ 和 $B^S(t)$ 分别以 g^A、g^M 和 g^S 的速率增长。
（a）推导出命题20.1和命题20.2的等价式。

(b) 证明存在条件（20.18）式的一般化，使这个模型存在第 20.1 节中的稳定增长路径。［提示：一般化包括关于技术增长率和偏好的两个独立的条件。］

20.8 考虑第 20.1 节中只存在制造品和农产品的模型。消费加总为 $c(t) = (c^A(t) - \gamma^A)^{\eta^A} c^M(t)^{\eta^M}$，其中 $\gamma^A > 0$。假设农产品和制造品的生产函数分别采用 $Y^A(t) = X(t)(L^A(t))^\zeta (Z)^{1-\zeta}$ 和 $Y^M(t) = X(t)L^M(t)$ 的形式，其中 Z 代表土地。这里没有储蓄或者投资。

(a) 描述该经济体的竞争均衡；

(b) 证明该经济体也展现了结构变化，尤其是，证明制造业的比重随时间推移增加；

(c) 在均衡路径上，土地租金会发生什么情况。

*20.9 在第 20.1 的模型中，假设不满足条件（20.18）式。同时，假设生产函数 F 是柯布-道格拉斯函数形式的，描绘经济中的渐进增长路径（随着 $t \to \infty$，经济的增长路径）。

20.10 考虑第 20.1 节中的模型，但是假设存在以技术 $Y(t) = (Y^A(t) - \gamma^A)^{\eta^A} Y^M(t)^{\eta^M} (Y^S(t) + \gamma^S)^{\eta^S}$ 生产出的最终品。

(a) 证明只要资本品以（20.7）式隐含的 Y^M 生产，那么第 20.1 节中的所有结论都成立。

(b) 接下来假设资本品由最终品生产，从而资源约束变为 $\dot{K}(t) + c(t)L(t) = Y(t)$，其中 $c(t)$ 是最终品的人均消费。证明在这个模型中，不存在稳定增长路径。

20.11 在第 20.2.1 节的模型中，假设总产出由规模报酬不变的生产函数 $Y = F(Y_1(t), Y_2(t), \cdots, Y_N(t))$ 给出。如同（20.25）式将 $\sigma_j(t)$ 定义为部门 $j = 1, \cdots, N$ 的资本份额，证明如果 t 期的 N 个部门之间存在要素比率差异（即存在 i 和 $j \leq N$ 使 $\sigma_i(t) \neq \sigma_j(t)$），$i$ 和 j 之间存在技术进步（即 $\dot{A}_i(t)/A_i(t) = \dot{A}_j(t)/A_j(t)$），且存在资本深化（即 $\dot{K}_i(t)/K_i(t) > \dot{L}_j(t)/L_j(t)$），那么增长是不平衡的，且有 $\dot{Y}_i(t)/Y_i(t) \neq \dot{Y}_j(t)/Y_j(t)$。

20.12 推导（20.39）式、（20.40）式、（20.41）式以及（20.42）式。

20.13 证明命题 20.6。

20.14 (a) 在满足 $\varepsilon > 1$ 和 $g_1^* \geq g_2^* > 0$ 的情形下，完成命题 20.10 的证明。

(b) 阐述并证明当条件（20.61）式的逆命题成立时，它与命题

20.10 的等价。

20.15 证明在命题 20.10 的配置中，渐近利率是常数，并且推导出这个利率的闭式表达式。

*20.16 在本题中，首先请用另一种方法证明命题 20.10，然后描述稳定增长路径附近的局部转移动态。我们始终假设 $\varepsilon < 1$，$a_1/(1-\alpha_1) < a_2/(1-\alpha_2)$ 或者 $\varepsilon > 1$，$a_1/(1-\alpha_1) > a_2/(1-\alpha_2)$。

(a) 利用以下三个变量重新推导均衡方程的表达式：$\varphi(t) \equiv c(t)/(L(t)A_1(t)^{1/(1-\alpha_1)})$，$\chi(t) \equiv K(t)/(L(t)A_1(t)^{1/(1-\alpha_1)})$ 以及 $\kappa(t)$。特别是，证明以下三个微分方程与适当的横截性条件和初始值 $\chi(0)$ 和 $\kappa(0)$ 一起描述了动态均衡：

$$\frac{\dot{\varphi}(t)}{\varphi(t)} = \frac{1}{\theta}[\alpha_1 \gamma \eta(t)^{1/\varepsilon} \lambda(t)^{1-\alpha_1} \kappa(t)^{-(1-\alpha_1)} \chi(t)^{-(1-\alpha_1)} - \rho] - n - \frac{a_1}{1-\alpha_1}$$

$$\frac{\dot{\chi}(t)}{\chi(t)} = \lambda(t)^{1-\alpha_1} \kappa(t)^{\alpha_1} \chi(t)^{-(1-\alpha_1)} \eta(t) - \chi(t)^{-1} \varphi(t) - n - \frac{a_1}{1-\alpha_1} \quad (20.76)$$

$$\frac{\dot{\kappa}(t)}{\kappa(t)} = \frac{(1-\kappa(t))[(\alpha_2-\alpha_1)\frac{\dot{\chi}(t)}{\chi(t)} + a_2 - \frac{1-\alpha_2}{1-\alpha_1}a_1]}{(1-\varepsilon)^{-1} + (\alpha_2-\alpha_1)(\kappa(t)-\lambda(t))}$$

其中 $\kappa(t)$ 和 $\lambda(t)$ 分别由（20.43）式和（20.44）式给出，并且

$$\eta(t) \equiv \gamma^{\frac{\varepsilon}{\varepsilon-1}} \left[1 + \frac{\alpha_1}{\alpha_2}\left(\frac{1-\kappa(t)}{\kappa(t)}\right)\right]^{\frac{\varepsilon}{\varepsilon-1}} \quad (20.77)$$

[提示：利用代表性家庭的欧拉方程和经济体中的资源约束；用 $\kappa(t)$、$\lambda(t)$ 以及（20.77）式中的 $\eta(t)$，重新推导运动法则 $\varphi(t)$ 和 $\chi(t)$ 的表达式；然后对（20.43）求微分。]

(b) 证明横截性条件。

(c) 证明如果一种资源配置方式满足（20.76）式的三个微分方程以及横截性条件，那么它对应于一个均衡路径。

(d) 证明在一个稳定增长路径均衡中，$\varphi(t)$ 必定是常数。利用这一结论，证明稳定增长路径一定有 $\kappa(t) \to 1$，$\chi(t)$ 也一定是常数。利用这些结论，推导出命题 20.10 的另一种证明方法。

(e) 现在，在命题 20.10 中的稳定增长路径附近线性化（20.76）式中的三个方程，并证明线性系统有两个负特征值和一个正特征

值。利用这一事实，证明稳定增长路径是局部稳定的。［提示：证明过程的其中一步是，解释为什么 $\kappa(t)$ 是一个具有初值 $\kappa(0)$ 的状态变量。］

20.17 考虑一个结合了第 20.1 节和第 20.2 节中的供给方和需求方特征的模型。假设消费集为

$$c(t) = (c^S(t) + \gamma^S)^{\eta^S} c^M(t)^{\eta^M}$$

其中 c^S 是服务业消费，c^M 是制造品消费。假设经济体是封闭的，服务业和制造业产品的生产函数都有希克斯中性的外生技术进步率，而且是柯布-道格拉斯函数，但是制造业资本密集度更高。假设如同第 20.1 节的模型那样，投资品只能由制造品生产。描述这个经济体中的均衡。证明随着时间推移，相对价格和服务业的就业比重也会上升。制造品总消费的增长速度是否有可能高于服务品总消费的增长速度？

20.18 考虑第 20.3 中的模型。

1. 证明农产品消费和产出保持恒定

$$B^A G(1 - \phi^{-1}(\gamma^A/B^A)) = \gamma^A + B^A \frac{\eta}{1-\eta} G'(1 - \phi^{-1}(\gamma^A/B^A)) \frac{F(\phi^{-1}(\gamma^A/B^A))}{F'(\phi^{-1}(\gamma^A/B^A))}$$

2. 证明上式在 B^A 是递增的，并给出这个结论的直观解释。

3. 证明农产品支出与总产出以相同的速率增长。［提示：首先描述 $p(t)$ 是如何沿均衡路径变动的。］

*20.19 考虑第 20.3 中的模型，假设制造部门的生产函数由下式给出

$$Y^M(t) = \frac{1}{1-\beta}\Big[\int_0^{N(t)} x(v,t)^{1-\beta} dv\Big] L^M(t)^\beta$$

这与本书第四篇的生产函数类似，其中 $N(t)$ 表示机器的范围，$x(v,t)$ 对应于制造部门使用的 v 类机器的数量。如第四篇一样，假设这些机器由拥有永久专利的技术垄断者提供，且利用制造品以固定的边际成本 $(1-\beta)$ 生产出来。同时假设新机器的生产具有第 15.7 节中设定的实验室设备。描述这个经济体的均衡，并证明它具有与本文模型相同的定性特征。

20.20 考虑开放经济下第 20.3 节的模型。特别是，假设该模型中的经济体与

865

世界其他地方开展贸易的产品价格是给定的。该经济体与世界其他地方一样拥有相同的技术，除了其制造部门初始生产率为 $X^F(0)$，农业部门初始生产率为 B^F。假设实践中不存在溢出效应，因此（20.70）式适用于国内经济，世界其他地方的制造业生产率变动规律由 $\dot{X}^F(t) = \kappa Y^{M,F}(t)$ 给出，其中 $Y^{M,F}(t)$ 为 t 期的外国制造业总产出。

(a) 证明这个经济体中的比较优势可以用比较 $X(0)/B^A$ 和 $X^F(0)/B^F$ 来决定。解释这个结论。

(b) 假设 $X(0)/B^A < X^F(0)/B^F$，因此在农业产出上本国经济具有比较优势。证明本国制造业的初始就业比重 $n^*(0)$ 必须满足

$$\frac{X(0)F'(n^*(0))}{B^A G'(1-n^*(0))} = \frac{X^F(0)F'(n^{F*}(0))}{B^F G'(1-n^{F*}(0))} \qquad (20.78)$$

其中 $n^{F*}(0)$ 为世界其他国家制造业的就业比重。证明这个等式算出的 $n^*(0)$ 严格小于（20.75）式给出的 n^*。

(c) 如本题的问题 (b)，本国经济中制造业的就业比重会有什么变化？[提示：推导任何 t 期的（20.78）式的等价表达式，将它对时间求微分，再利用运动规律 X 和 X^F。]

(d) 解释为什么农业生产率在封闭经济中能加快工业化过程，而在开放经济中会推迟工业化或者限制工业化。

(e) 考虑如同本题前面部分的一个专门从事农业生产的经济体。当这个经济体中存在自由贸易时，$t = 0$ 期的社会福利是否一定会低于无自由贸易的情形？将你的答案与第 19 章第 19.7 节的分析联系起来。

第 21 章　发展中的结构转型和市场失灵

在经济发展的过程中，相比于第 20 章研究的生产结构变化，经济体发生了一种更复杂的转型，除了其他变化外，这一转型还涉及重要的社会变革，而且需要对经济活动进行更广泛的协调。宽泛地说，我们可以考虑一个相对发达的社会，它沿着（或是以任意接近）生产可能性边界运行，同时，另一个欠发达经济体可能处于该"名义"生产可能性边界内部。这或许是因为能使一个经济体达到其生产可能性边界的特定安排需要大量资本或某些特定的技术优势（在这种情况下，即便我们认为社会在其生产可能性边界的内部运行，也不能视之为市场失灵的结果，因此前面的句子才出现了"名义"一词）。另一种情况是，欠发达经济体之所以位于其生产可能性边界的内部，是因为在这些社会中市场失灵问题比较严重。本章将探讨实现经济发展的这些方式。

首先，我将重点讨论结构转型的各个方面以及它如何受社会中的资本数量和可用技术的限制。接着，我将讨论几种方法，这些方法认为欠发达经济体或许因为市场失灵而遭受巨大损失，甚或落入了发展陷阱。由此出发，我也探讨了多重均衡模型和多重稳态模型之间的差异。

本章包括的主题只是卷帙浩繁的文献的一部分。我的目的并不是评判这些文献，而是为了强调作为经济发展过程的一部分，某些重大的结构转型是如何产生的，同时强调了市场失灵在该过程中的潜在重要性。基于这一目标和大量的潜在模型，我对模型的选择是十分审慎的，同时我在这里的处理方式相比于本书其余章节不那么正式。此外，我经常做出简化形式的假设以确保表述的简洁性。

21.1　金融发展

经济发展引起结构转型的一个重要方面是金融关系的变化和金融市场的深化。第 17 章的第 17.6 节介绍了一个模型，其中经济增长伴随着金融深化。然而，该节的模型仅仅强调了金融制度作用的一个具体方面。总的来说，金融发展给经济带来了一些互补性的变化。第一，金融市场的进一步深化可以分散总风险（aggregate risks），这一特征在第 17.6 节模型中也强调过。第二，金融市场的重要作用之一是帮助个体分担风险和平滑消费。根据这一作用，金融发展也有助于分散非系统性风险（idiosyncratic risks）。第 17.6 节表明分散总风险可以改善跨部门或跨项目的资金配置。类似地，分散非系统性风险也许能够改善个体之间的资金配置。第三，金融发展也许可以减少对投资者的信贷约束，从而可以直接令资金转向有机会改善投资的个体。第二条和第三条渠道不仅影响了社会的资源配置，而且影响了收入分配，因为非系统性风险的分散化和信贷市场约束的放松也许会改善收入和风险分担。另一方面，由于存在风险分散安排降低消费风险的可能性，个体或许会采取更冒险的行为，这也会潜在地影响收入分配。

为了简要介绍这些问题，我现在要推荐一个简单的金融发展模型，该模型着重于非系统性风险的分散化并对第 17.6 节的分析做了补充。该模型最早由汤森德（Townsend，1979）、格林伍德和约万诺维奇（Greenwood and Jovanovic，1990）提出。它描述了金融发展如何内生地出现以及它和经济增长如何相互影响；它还提出了一些关于金融发展对收入分配影响的简单见解。虽然这一模型与第 17.6 节的模型类似，但我在这里的处理不那么正式。

我考虑了一个叠代经济体，其中每个个体生存两个时期，具有如下偏好

$$\mathbb{E}_t U_t(c(t), c(t+1)) = \log c(t) + \beta \mathbb{E}_t \log c(t+1) \quad (21.1)$$

其中 $c(t)$ 表示该经济体的唯一最终产品的消费，$\mathbb{E}_t$ 表示 t 期的信息给定时的期望算子。

假定不存在人口增长，每一代的总人口被标准化为 1。让我们假设每个个体的初始劳动禀赋为 l。个人之间的禀赋分布用基于支集 $[\underline{l}, \overline{l}]$ 的分布函数 $G(l)$ 表示，劳动禀赋的分布是常量，且平均有 $L = 1$，所有个体在其生命的第一个时期劳动供给缺乏弹性。在他们生命的第二个时期，个人仅消费其资本收入。

该经济体的总生产函数为

$$Y(t) = K(t)^\alpha L(t)^{1-\alpha} = K(t)^\alpha$$

其中 $\alpha \in (0, 1)$，第二个等式用到了每个时期总劳动供给为 1 的事实。正如第 17.6 节所示，唯一的风险存在于储蓄转化为资本的过程中，因此，个体的生命周期看起来和图 17.3 相似。此外，假定人们既可以使用回报率为 q 的安全技术（就下一期的资本而言）将所有在第一期获得的劳动收入储存起来，也可以将其所有劳动收入都投资于回报率为 $Q + \varepsilon$ 的风险技术，其中 ε 表示均值为零的独立

同分布随机冲击，同时和第 17.6 节一样，我们假设 $Q > q$。因此，风险技术的生产率更高。为了简便，假设有关个体只能选择这两种技术之一而不是将其储蓄分别投资于这两种技术（见习题 21.1）。

尽管该模型看似很像第 17.6 节的模型，但是它们有着关键区别。因为个体之间的 ε 是独立同分布的，如果个体能够集中其资源，他们就可以很好地分散非系统性风险。具体地，当很多个体（一个连续统）将其资源集中到一起，他们可以确保平均回报为 Q。我们假设由于存在标准的信息问题，即除非实施某种金融监管，否则他人并不清楚个体储蓄决策的真实回报，因此上述情况是不可能发生的。我们假设每个人的这类金融监管成本为 $\xi > 0$。于是，通过支付该成本 ξ，每个个体可以加入金融市场（或者用汤森德的说法，个人可以成为"金融联盟"的一部分）。在这种情况下，他的真实收入完全可以被观测到。直观地说，这种成本既包括个人因参与金融市场而必须支付的固定成本，也包括与监管和被监管有关的固定成本。该设定带来的一个直接影响是，参与金融市场对较富有的个体更具吸引力，因为固定成本对他们而言不是那么重要。这一特征是合理的，而且由此得出的预测和微观数据相符，其中我们观察到较富有的个体通常投资于更复杂的金融保险产品。

如果个体不加入金融市场，那么经济体中没有其他行为人能够观测到其储蓄回报的实现过程。在这种情况下，不存在能够分担非系统性风险的金融合同，因为这种合同涉及的个体会将较高的 ε 值（已实现）转移支付给那些运气不好且具有较低已实现 ε 值的人。然而，如果缺乏监管，每个人都会声称自己有较低的 ε 值从而获得事后付款。在缺乏监管的情况下，对这类机会主义行为的预期阻止了任何风险分担行为。

让我们接着假设 ε 的分布为 $\varepsilon = -Q$ 的正概率分布，于是当个体从事高风险投资时，其储蓄全部损失的可能性为正。因此，在缺乏某种风险分散机制时，个体通常会选择安全的项目。这一观察简化了该模型的分析。假定该经济体开始于某个初始资本存量水平 $K(0) > 0$，则具有劳动禀赋 l_i 的个体的劳动收入为 $W_i(0) = w(0)l_i$，其中

$$w(t) = (1 - \alpha)K(t)^\alpha \tag{21.2}$$

是 t 期的竞争性工资率。当劳动收入实现后，个体首先做出储蓄决策，接着选择要投资的资产。(21.1) 式的偏好表明个体将其收入的固定比例 $\beta/(1 + \beta)$ 用于储蓄，而不会考虑其收入水平或是回报率（也就是说，和他们投资于风险资产还

是安全资产毫不相关)。据此，个体 i 在 t 期不参与金融市场的价值是

$$V_i^N(W_i(t), R(t+1)) = \log\left(\frac{1}{1+\beta}W_i(t)\right) + \beta \log\left(\frac{\beta R(t+1)q}{1+\beta}W_i(t)\right)$$

上式考虑了个体生存的第二期中资本回报率是 $R(t+1)$，同时该个体从储蓄 $\beta W_i(t)/(1+\beta)$ 获得的毛回报为 q。下面，假设足够多的其他个体参与金融市场。当个体决定参与金融市场，他的价值为

$$V_i^F(W_i(t), R(t+1)) = \log\left(\frac{1}{1+\beta}(W_i(t)-\xi)\right) + \beta \log\left(\frac{\beta R(t+1)Q}{1+\beta}(W_i(t)-\xi)\right)$$

该式考虑了个体为参与金融市场必须从劳动收入中支付金额 ξ，其净收入只剩下 $W_i(t)-\xi$。接着，他会将收入的 $\beta/(1+\beta)$ 部分用来储蓄，不过作为回报，他必须确保能够获得更高的回报 Q。该个体获取 Q 的理由并非风险回报，而是源于参与了金融市场，每个个体都能完全分散其非系统性风险。这两个表达式之间的比较可以得到临界水平

$$W^* \equiv \frac{\xi}{1-(q/Q)^{\beta/(1+\beta)}} > 0 \tag{21.3}$$

于是，在第一阶段收入大于 W^* 的个体将参与金融市场，收入小于 W^* 的个体则不会。该临界值 W^* 具有一个特殊之处，它和个体生存的第二个时期的资本回报率 R 是不相关的。这个结果受到对 (21.1) 式取对数的影响。

由于个体行为和他们是否参与金融市场有关，让我们接下来通过研究个体收入变化来确定经济体的变化。个人收入取决于两个因素：t 期的劳动禀赋和资本存量，这给出了单位劳动的工资 $w(t)$，和 (21.2) 式中一样。已知 $w(t)$，在 t 期参与金融市场的个体比例 $g^F(t)$，由拥有 $l_i \geq W^*/w(t)$ 的个体占比决定。也就是说，根据劳动禀赋分布给定为 $G(\cdot)$ 的事实，投资于金融市场的个体占比可以表示为

$$g^F(t) \equiv 1 - G\left(\frac{W^*}{w(t)}\right) = 1 - G\left(\frac{W^*}{(1-\alpha)K(t)^\alpha}\right) \tag{21.4}$$

利用 (21.4) 式且定义 $\chi(t) \equiv W^*/(1-\alpha)K(t)^\alpha$，则 $t+1$ 期的资本存量可以表示为

$$K(t+1) = \frac{\beta}{1+\beta}\left[q\int_{\underline{l}}^{\chi(t)} l dG(l) + Q\int_{\chi(t)}^{\bar{l}} l dG(l)\right](1-\alpha)K(t)^\alpha$$

$$\quad - \frac{\beta}{1+\beta}Q[1-G(\chi(t))]\xi \tag{21.5}$$

该表达式考虑了劳动禀赋少于 $\chi(t)$ 的所有个体会选择相对安全的项目，同时从储蓄获得的总回报为 q，而高于该临界值的将花费 ξ 用于监管，并获得更高的回报 Q [（21.5）式的最后一项减去下一期资本存量的监管成本]。可以证明 $K(t+1)$ 随 $K(t)$ 增加，同时当 $K(t)$ 少于资本的稳态水平时，该经济体的资本存量将增加（见习题 21.2）。

对资本积累方程（21.5）式和参与金融市场的阈值规则进行检验，我们得到了一些有趣的结论。

1. 随着 $K(t)$ 的增加，即随着该经济体的发展，（21.4）式表明更多的个体将参与金融市场。结果，更高水平的资本将导致更多的冒险行为，不过这些风险也被更好地分散了。更重要的是，经济发展也导致投资结构的优化，更多的个体开始提高其储蓄的使用效率。因此，在类似于第 17.6 节的机制下，经济发展改善了资金在经济体中的配置并且提高了生产率。结果，该模型和第 17.6 节的类似，表明经济发展和金融发展是相伴相随的。

2. 然而，还有一种不同的解释，认为经济体中的金融发展导致了经济增长。想象各个社会的主要差异表现在它们有不同的 ξ 值，它可以被看作制度性或者技术性监控成本的测度（或和金融交易有关的一些其他成本，这取决于对投资者的保护程度）。具有较低 ξ 值的社会能够更多地参与金融市场，这内生地提高了它们的生产率。因此，尽管金融发展和经济发展的均衡行为是共同决定的，由和 ξ 相关的内生制度性因素驱动的金融发展差异能够潜在地促进经济增长。

3. 正如上面所说，在任意给定时点，更富有的人，即那些拥有更多劳动禀赋的人会加入金融市场。因此，金融市场从一开始就会帮助那些已经富裕起来的人提高其储蓄的回报率。这可以被看作金融市场的非均等化效应。

4. 对金融市场的参与程度和 $K(t)$ 成正比，这一事实也表明随着经济增长，至少在经济发展的早期阶段，金融调节的非均等化效应会变得更强。因此，假定该经济体开始于相对较少的富裕个体，金融市场的首次扩张会提高该经济体中的不平等程度，因为该经济体有更多的人开始获得更大的回报。

5. 当 $K(t)$ 进一步增长，最终该金融市场的均等化效应开始生效。在这一点，参与金融市场并享受更多收益的人口比例稳步增长。当资本存量 K^* 的稳态水平满足 $\underline{l} \geqslant W^*/((1-\alpha)(K^*)^\alpha)$ 时，最终所有个体都会参与金融市场并获得相同的储蓄回报率。

后两个观察结果之所以有趣，部分是因为增长和不平等之间的关系是发展经济学中一个很有趣的话题（对此我将在本章后面的小节中再进行讨论）。在此前提下，最重要的观点之一是库兹涅茨曲线，该观点认为经济增长首先提高而后减少了社会收入的不平等程度。库兹涅茨曲线是否很好地描述了增长和不平等之间的关系是近期尚有争议的话题。尽管很多欧洲社会看似在19世纪已经经历了不平等先扩大后缩小的阶段，20世纪的经验数据则更为复杂。最后，两个观察结果表明以个体之间的风险分散为基础的内生金融发展模型能够得出与库兹涅茨曲线相符的模式。总之，库兹涅茨曲线是否的确存在，以及如果存在，此处强调的这种机制是否对产生这种模式有重要作用，这些问题还有待进一步的理论和经验研究。

21.2 生育率、死亡率和人口变化

第1章强调了人均收入的跨期增长和当前跨国人均收入差异的主要问题。我们迄今为止重点关注的是这些人均收入差异问题。同样引人注目的差异还存在于跨国和跨期的人口水平中。

图21.1使用了来自麦迪森（Maddison, 2002）的数据，展现了过去2 000年来世界不同区域的人口水平和演变过程。该图使用对数形式，所以线性曲线表示稳定的人口增长率。该图表明，从250年前开始，世界很多区域的人口增长率显著提高。这种更快的人口增长在世界大多数地方都在持续，不过更重要的是，在

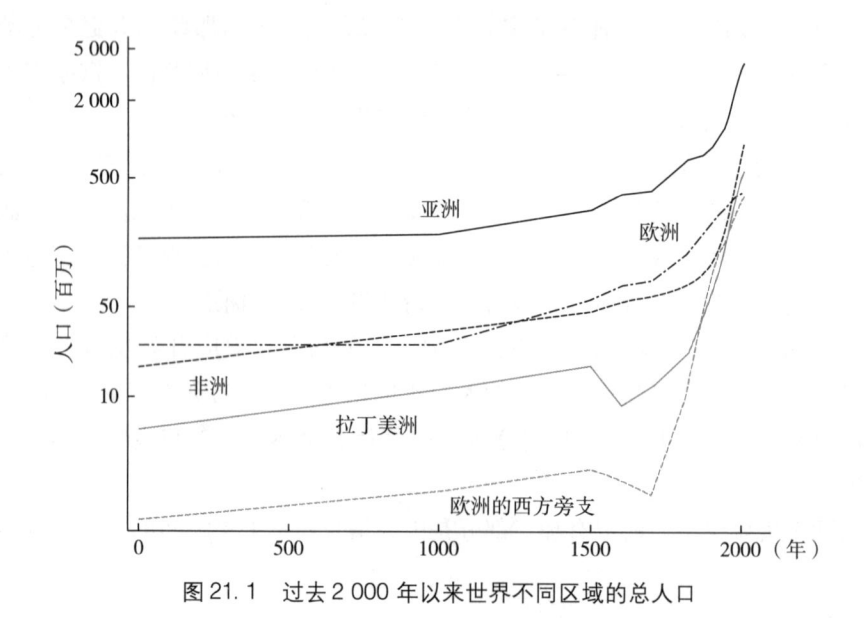

图21.1 过去2 000年以来世界不同区域的总人口

19 世纪的某段时间,西欧的人口增长率有所放缓(不过,因为移民现象,欧洲的西方旁支并没有出现这种放缓现象)。在世界欠发达地区并没有类似的人口增长放缓现象。相反,在很多欠发达国家,人口增长率在过去 50 年左右持续提高。我们已经在第 4 章讨论了这种现象的原因,如世界各地抗生素的普及、基本卫生条件的改善以及其他保健措施的实施降低了原来的高死亡率。然而,同样需要注意的是 19 世纪的人口变化降低了西欧的生育率。为什么在过去的 150 年间,人口增长先是比较缓慢,然后以令人惊讶的速度增长,为什么人口增长率存在着跨国差异,这些都是经济发展的主要问题。

在本节,我介绍了研究人口变化和生育率的最基本方法。首先,我讨论了著名的简化版马尔萨斯模型,接着使用该模型的一个变体来研究人口变化的深层原因。托马斯·马尔萨斯是 19 世纪最耀眼且最具影响力的经济学家,而且可以算作第一代均衡增长模型的创始人之一。第 21.2.1 节介绍了该模型的一个版本。马尔萨斯模型令经济学获得了"黯淡的科学"这一绰号,因为它悲观地预测人口将会增加或者减少(通过生育或死亡)直到所有个体都能够维持生存消费水平为止。然而,这一悲观预测并非马尔萨斯模型中最重要的部分。该模型的核心内容是人均收入和人口之间的负相关关系,而且这种关系本身是内生决定的。就此而言,该模型很接近索洛模型和新古典增长模型,只不过增加了决定人口增长率的行为规则。接下来还会介绍不那么悲观版本的马尔萨斯模型。我将使用加里·贝克尔的理论对该模型进行拓展,这一理论非常重要而且影响深远,它认为我们需要在儿童的数量和质量之间权衡取舍,这一权衡取舍在发展的过程中不断变化。我将用简单的模型说明,在发展的过程中,市场和父母可能会越来越重视后代的质量(人力资本),以及这种评价的变化如何导致特定模式的人口结构变化。

21.2.1 简单的马尔萨斯模型

考虑下列非叠代模型,它开始于 $t = 0$ 期,此时人口为 $L(0) > 0$。生活在 t 期的代表性个体无弹性地供给 1 单位劳动,并有如下形式的效用

$$c(t)^{\beta}[y(t+1)n(t+1) - \tfrac{1}{2}\eta_0 n(t+1)^2] \tag{21.6}$$

其中 $c(t)$ 代表该经济体中个体对唯一最终产品的消费,$n(t+1)$ 表示个体拥有的后代数量,$y(t+1)$ 是每个后代的收入,且有 $\beta > 0$ 和 $\eta_0 > 0$。中括号里的最后一项表示抚育孩子的成本,且假定该成本是凸性的,因为随着孩子数量的增加,(比如,由于父母时间有限)该成本会变得更高(不过,也许有人认为抚养孩子

在一定范围内具有规模收益递增的性质）。显然这些参数包含了几个简化的假设：第一，允许每个个体可以自己决定要多少个孩子，这种假设不太现实，因为没有用自然（生育）规则限制后代的数量，技术也无法将家庭内部的专业化育儿和市场工作整合在一起。第二，这些参数的选择代表了我们在第9章介绍过的利他主义特征，于是父母获取的效用并非来自后代的未来效用，而是来自后代的某些特点。在这里，它是体现在父母效用函数中的后代总收入的一个变换式。第三，育儿成本采用的是"真实值"（utils）而非放弃的收入，当前的消费增加了多要一个孩子的收益和成本。这一特征受平衡增长型推理的推动，意味着对孩子的需求是独立于当前收入的（否则，增长将会自然而然地产生对孩子的更多需求）。以上三个假设都是为了简化而采用的。我还将个体在 t 期拥有的后代数量表示为 $n(t+1)$，因为这可以决定 $t+1$ 期的人口数量。

每个个体拥有一单位劳动，且不存在储蓄。唯一产品的生产函数采用如下形式

$$Y(t) = Z^{\alpha}L(t)^{1-\alpha} \tag{21.7}$$

其中 Z 是生产所需的土地总量，$L(t)$ 是总劳动供给。这里没有资本要素，引入土地是为了使劳动的收益递减，这是马尔萨斯模型的一个重要因素。在不损失一般性的前提下，我将土地总量标准化为 $Z = 1$。此类模型的一个关键问题是土地的回报情况。解决这个问题的最佳方法是在个体之间配置土地产权，并且允许他们将土地遗赠给后代。然而，这带来了另一个层面的复杂性，由于我们在此的目的是描述基本观点，所以我只好采用其他文献经常使用但不太理想的假设，即假定土地被另外一些人所有，在此不考虑他们的行为。

根据定义，$t+1$ 期的人口可表示为

$$L(t+1) = n(t+1)L(t) \tag{21.8}$$

该表达式同时考虑了新生儿的诞生和父母的死亡问题。

劳动力市场是竞争性的，因此 $t+1$ 期的工资为

$$w(t+1) = (1-\alpha)L(t+1)^{-\alpha} \tag{21.9}$$

由于不存在其他收入来源，(21.9) 式也等于生存于 $t+1$ 期的个体的收入 $y(t+1)$。因此，在 t 期收入为 $w(t)$ 的个体在约束条件 $c(t) \leq w(t)$ 和方程 $y(t+1) = (1-\alpha)L(t+1)^{-\alpha}$ 的基础上，求解 (21.6) 式的最大化。自然，根据 (21.8) 式，在均衡的情况下，$n(t+1)$ 必须与 $L(t+1)$ 一致。个人最大化意味着

$$n(t+1) = (1-\alpha)\eta_0^{-1} L(t+1)^{-\alpha}$$

现在用（21.8）式代入并加以整理，我们可以得到

$$L(t+1) = (1-\alpha)^{\frac{1}{1+\alpha}} \eta_0^{-\frac{1}{1+\alpha}} L(t)^{\frac{1}{1+\alpha}} \tag{21.10}$$

该式表明 $L(t+1)$ 是 $L(t)$ 的递增凹函数。实际上，由（21.10）式得到的人口运动法则和索洛增长模型（或者叠代模型）中的资本劳动比的动态规律很相似，见图21.2。该图清楚地表明，开始于任意 $L(0) > 0$，存在着唯一的全局稳态 L^*，表示为

$$L^* \equiv (1-\alpha)^{1/\alpha} \eta_0^{-1/\alpha} \tag{21.11}$$

当该经济体开始于 $L(0) < L^*$，人口将缓慢（并且单调地）朝着该稳态水平调整。此外，（21.9）式表明随着人口的增长，工资会下降。相反，当 $L(0) > L^*$，社会将出现人口减少和实际工资上涨的现象。我们可以很容易将人口的冲击考虑进来，并证明，在这种情况下，经济体会围绕着稳态人口水平 L^* 波动（其分布取决于冲击的分布），同时开始进入马尔萨斯周期式的循环，在人口增长和工资下降的时期之后，随之而来的是人口下降和工资上涨的时期（见习题21.3）。

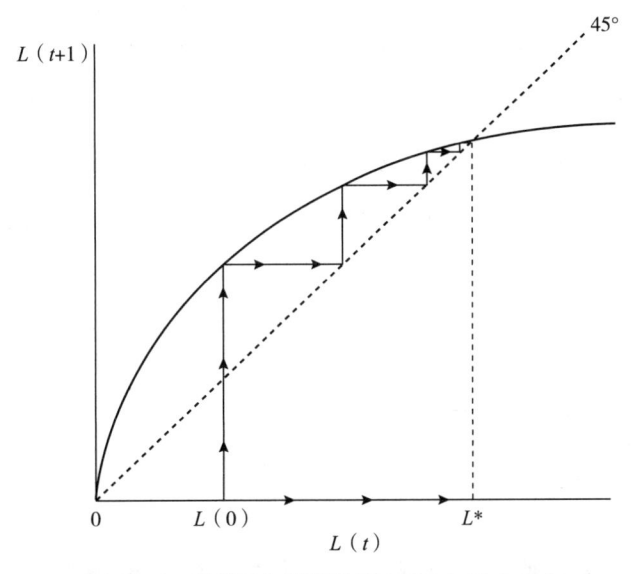

图21.2 简单马尔萨斯模型中的人口动态变化

该模型和最简单（最简陋）版本的马尔萨斯模型之间的主要区别是前者不

考虑生物学意义上维持生存必需的消费水平。消费的稳态水平仅仅反映了技术和偏好，可以表示为

$$c^* = (1-\alpha)(L^*)^{-\alpha} = \eta_0$$

21.2.2 人口变化

为了研究人口变化问题，现在我要介绍一个源于贝克尔的质量和数量权衡问题。假定每对父母可以选择让其子女是否拥有技能。为了使孩子获得技能，父母必须投入额外的精力来抚育，用 $e(t) \in \{0,1\}$ 表示。如果不这么做，他的子女就会成为非技能劳动力。

t 期非技能个体的总数量用 $U(t)$ 表示，有技能个体的总数量用 $S(t)$ 表示，显然我们有

$$L(t) = U(t) + S(t)$$

第二项修正是，现在有两种生产技术可以用来生产最终产品。传统（"马尔萨斯"）技术仍然表示为（21.7）式，可以雇用任何工人使用该技术。现代技术表示为

$$Y^M(t) = X(t)S(t) \tag{21.12}$$

（21.12）式表明现代技术的生产效率是随时间改变的，而且只能雇用技能工人使用这种技术，同时，还要求雇用所有的技能工人使用这种技术。①

为了构建该质量和数量权衡模型，个人偏好从（21.6）式的形式改变为

$$c(t)^\beta \left[y(t+1)n(t+1) - \frac{1}{2}\left(\eta_0(1-e(t)) + \eta_1 X(t+1)e(t)\right)n(t+1)^2 \right] \tag{21.13}$$

该偏好表达式表明，如果个人决定对其子女的技能培养进行（额外）投入，而不是仅花费之前的固定（抚育）成本 η_0，他花费的成本必须和后代学到的如何使用现代技术的知识量 $X(t+1)$ 成比例。假设 η_1 比 η_0 要大得多，特别是，有 $X(0)\eta_1 > \eta_0$，因此，即使在现代技术的初始水平，抚养一个技能型孩子比培养一个非技能型孩子要花费更多的成本。

最后，和罗默（1986a）的文献一样，我假设干中学是外生的，于是

---

① 一般来说，这不需要是真的，因为传统部门的工资也许更高。然而，在均衡中，该种可能性是不会发生的，因为如果子女在传统部门就业，父母不会投入额外的精力培养其子女学习技能。为了保持表达式的简洁（对符号的使用会稍有不当），（21.12）式总是包含一个事实，在均衡状态，所有技能工人都在现代部门。

$$X(t+1) - X(t) = \kappa S(t) \tag{21.14}$$

该表达式说明现代部门的技术提升是该部门所雇技能工人数量的函数。这类简单形式的假设显然是不令人满意的,但是正如第 20 章所说(具体请看习题 20.19),我们可以得出具有市场规模效应特点的内生技术模型的相似结论。该生产函数的另一个重要特征是不使用土地。该假设符合大多数现代生产过程几乎不怎么使用土地,而是依赖技术、实物资本以及人力资本的事实。

传统和现代部门的产出是完全互补的,即二者都生产相同的最终产品。基于所有非技能工人都在传统部门工作而所有技能工人都在现代部门工作的假设,技能工人与非技能工人的工资在 t 期分别表示为

$$w^U(t) = (1-\alpha)U(t)^{-\alpha} \tag{21.15}$$
$$\text{和 } w^S(t) = X(t) \tag{21.16}$$

其中(21.15)式和(21.9)式一致,只是前者只考虑非技能工人而不是全体劳动力。

让我们接下来考虑个体的生育率及质量和数量决策问题。和从前一样,当前收入不会影响生育率及质量和数量决策。于是我们不需要对高技能和低技能的父母区别对待。据此,我们只需考虑当个体选择 $e(t) = 0$ 时所需后代的最优数量。该数量可由下列表达式确定

$$n^U(t+1) = w^U(t+1)\eta_0^{-1} = (1-\alpha)\eta_0^{-1}U(t+1)^{-\alpha} \tag{21.17}$$

其中第二个等式用到了(21.15)式。相反,如果父母决定花费精力 $e(t) = 1$ 用于子女的技能培养,他们将选择的后代数量为

$$n^S(t+1) = \eta_1^{-1}w^S(t+1)X(t+1)^{-1} = \eta_1^{-1} \tag{21.18}$$

(21.17)式和(21.18)式之间的比较说明,除非技能工人的工资很低,否则决定为其后代提供额外技能的个体将选择较少的后代数量。这是因为抚育技能型孩子成本高昂(比如,因为 η_1 比 η_0 要大得多)。因此,这两个等式之间的比较可以体现质量和数量的权衡。

将这些等式代入效用函数(21.13)式,我们可以得出两种策略下的效用(通过消费进行标准化,例如,效用除以 $c(t)^\beta$)为

$$V^U(t) = \tfrac{1}{2}(1-\alpha)^2\eta_0^{-1}U(t+1)^{-2\alpha} \text{ 和 } V^S(t) = \tfrac{1}{2}\eta_1^{-1}X(t+1)$$

对这两个表达式的检验表明,在均衡状态,一些工人必定是技能工人,否则的

话，V^U 会趋于无穷大。因此，在均衡时我们可得

$$V^U(t) \geq V^S(t) \tag{21.19}$$

对于所有 t 成立。该均衡条件说明存在两种可能。第一，$X(0)$ 非常小，因此 (21.19) 式在所有 t 期都是严格的不等式，且所有个体在所有时期都是非技能的。(21.19) 式在 $t=0$ 期为严格不等式的条件是

$$\eta_1^{-1}X(0) < (1-\alpha)^2\eta_0^{-1}L(1)^{-2\alpha}$$

该条件利用了一个事实：当不存在技能工人时，也不存在现代部门的生产，于是 $X(1) = X(0)$。若满足该不等式，在 $t=0$ 期也没有技能型的孩子。然而，只要 $L(1)$ 如 (21.11) 式给定的一样小于 L^*，人口将会增长。因此，在某个情况下 (21.19) 式表现为等式是有可能的。确保等式永远不出现的条件是

$$\eta_1^{-1}X(0) < (1-\alpha)^2\eta_0^{-1}(L^*)^{-2\alpha} \tag{21.20}$$

在这种情况下，(21.19) 式在任何时候都是严格不等式，不存在对技能的投资，人口的运动法则和第 21.2.1 节的一样。我们可以将这种情况看作纯粹的马尔萨斯经济体。

另一方面，当 (21.20) 式不满足时，则至少在某个时点，个体开始投资于其子女的技能培养。从那时起，(21.19) 式必然表现为不等式。将 t 期拥有非技能型小孩的父母的占比表示为 $u(t+1)$。于是，根据定义，满足

$$\begin{aligned}U(t+1) &= u(t+1)n^U(t+1)L(t)\\ &= (1-\alpha)^{2/(1+\alpha)}\eta_0^{-1/(1+\alpha)}u(t+1)^{1/(1+\alpha)}L(t)^{1/(1+\alpha)}\end{aligned} \tag{21.21}$$

和

$$\begin{aligned}S(t+1) &= (1-u(t+1))n^S(t+1)L(t)\\ &= \eta_1^{-1}(1-u(t+1))L(t)\end{aligned} \tag{21.22}$$

此外，为了令 (21.19) 式满足等式，我们需要

$$(1-\alpha)^2\eta_0^{-1}U(t+1)^{-2\alpha} = \eta_1^{-1}X(t+1)$$

重新整理这些表达式可得

$$X(t+1) = (1-\alpha)^{2/(1+\alpha)}\eta_0^{-(1-\alpha)/(1+\alpha)}\eta_1 u(t+1)^{-2\alpha/(1+\alpha)}L(t)^{-2\alpha/(1+\alpha)} \tag{21.23}$$

动态均衡则由（21.21）式至（21.23）式以及（21.16）式共同决定。尽管该动态系统的行为细节只是稍有涉及，总体情况还是很清晰的。最有趣的是，当一个经济体同时具有低水平的 $X(0)$ 和 $L(0)$，但并不满足条件（21.20）式时，则它开始于马尔萨斯模式，只使用传统的技术，不对技能做任何投资。随着人口增长，工资下降，此时父母开始发现对其子女进行技能投资是有益的，企业将会开始使用现代技术。投资于子女技能的父母与养育缺乏技能子女的父母相比，生育子女数较少（因为 η_1 比 η_0 大得多，（21.17）式比（21.18）式要大）。总体人口增长率和生育率在一开始还很高，但随着现代技术的提高和技能需求的增加，越来越多的父母开始对其子女的技能培养进行投资，人口增长率开始下降。最终，人口增长率接近 η_1^{-1}。因此，该模型基于质量和数量权衡给出了人口变化的一个典型说明。

以往的文献有相当多人口变化的模型。比如，有很多方法可以引入质量和数量权衡，在该权衡中引起变化的也许是生产的资本密集度提高，工人工资发生变化或者妇女工资发生变化，这些因素的变化对市场需求和家庭活动都产生了不同影响。然而，总体质量特征和此处模型中介绍的很相似，这些方法中的大多数表明，质量和数量权衡是人口变化的主要原因。尽管强调质量和数量权衡，但是几乎没有什么直接证据证明这种权衡就总体而言是重要的，或者说它会引致人口变化。其他社会科学家认为，社会规范、19 世纪开始的死亡率大幅下降以及对童工的需求下降都是引起人口变化的潜在因素。迄今为止，研究者在人口变化的原因或质量和数量权衡对决定人口动态变化的重要性方面，都尚未达成共识。对人口增长和人口变化的研究是令人兴奋且十分重要的研究领域，对影响生育决策的因素以及它们如何通过与各任务（部门）工人的再配置相互作用等问题进行理论和经验分析，仍然是重要而且值得尝试的有趣问题。

21.3 迁移、城市化和二元经济

另一个在发展过程中出现的主要结构转型同社会和生活安排中的变化有关。例如，随着经济发展，更多的个体从郊区转移到城市，同时社会从分散的小型社区变为更大更缺乏特色的环境的一部分。举例而言，某个社会学家把"个体责任系统"代替"集体责任系统"看作一种重要的社会变革。这种替代显然和个体的生活安排发生变化相关（例如，村庄相对于城市，或者大家庭相对于核心家庭）。该替代还关系到不同类型的合同是否由社会规范执行和社区执行（community enforcement），以及它们是否由法律机构执行。市场的重要性可能也会发生类似变化，因为更多的活动是由价格调整的，而不是发生在家庭内部或者利用大家庭的资源或更广泛的社区的资源。社会变化过程的研究既复杂又十分有趣，但是对文献的详细讨论和对这些问题的可能研究方法超出了本书的范围。

不过，某些社会变化的简要讨论有利于刻画与经济发展更相关的其他多方面结构转型。通过重点分析人口从郊区迁徙到城市这一过程，我说明了一些主要观点。研究迁移和城市化的另一个理由是劳动力从郊区到城区的再配置与二元经济这个流行概念密切相关，在一些发展经济学的旧文献中，这一概念是很重要的主题。根据这个概念，欠发达经济体由现代部门和传统部门组成，但是两个部门之间的联系不那么完美。第20章（第20.3节）的工业化模型中也有传统和现代两个部门，但这些部门可以在完全竞争的市场中进行产品交易和劳动力竞争。二元经济研究法强调传统部门和现代部门平行发挥功能，很少相互影响。此外，通常认为传统部门的效率低于现代部门，因而两个部门之间缺乏相互影响也可能是传统经济屏蔽更有效率的竞争者的方式之一。这一研究方法的一个自然而然的含义就是将发展过程看作低效率的传统部门被高效率的现代部门替代的过程。低发展水平可能反过来使社会无法产生这种再配置。

我先介绍一个基于刘易斯（1954）的迁移模型。一个欠发达经济体被建模为一个二元经济，其中传统部门和乡村对应，现代部门与城市对应。接着，我介绍了一个基于班纳吉和纽曼（Banerjee and Newman，1998）以及我本人和齐利博蒂（1999）的模型，其中，即使现代经济体（城市）促进了更高效技术的使用（和其他二元经济理论相一致），传统部门和郊区经济在社会执法中仍具有比较优势。该模型还描述了传统部门的某些特定方面如何帮助生产率较低的企业抵御来自高生产率企业的竞争，并由此减缓发展过程。最后，沿着第18章第18.4节讨论的模型，我说明了从较发达经济体引进技术也有可能会导致二元经济，这是将技能密集型的现代技术引入欠发达经济体而产生的副产品。

21.3.1 剩余劳动力和二元经济

刘易斯认为欠发达经济体一般都有剩余劳动力，即有失业或未充分就业的劳动力，而且通常在乡村。二元经济可以看作工人得到高效雇用的现代部门和工人未充分就业的传统部门并存。总体而言，欠发达经济体就业人口占总人口的比例较低，这是刘易斯模型要说明的问题之一。该模型的一个关键特征是有一些壁垒阻碍或者减缓了工人从传统部门转向城市区域和现代部门。现在，我将用一个简化模型说明这些观点。

考虑一个连续且无限期界的经济体,它由两个部门或两个区域组成,我称之为"城市"和"郊区"。总人口被标准化为 1。在时期 $t = 0$,$L^U(0)$ 数量的个人位于城区,$L^R(0) = 1 - L^U(0)$ 数量的个人位于郊区。在郊区,唯一的经济活动就是农业,为了简化,假定农业生产函数是线性的。于是,总的农业产出为

$$Y^A(t) = B^A L^R(t)$$

其中 $B^A > 0$。在城区,主要的经济活动是制造业。制造业只能在城区雇用工人,而且雇用了可获得的所有工人。于是其生产函数采用以下形式

$$Y^M(t) = F(K(t), L^U(t))$$

其中 $K(t)$ 是资本存量,其初始条件为 $K(0)$。函数 F 是标准的新古典生产函数,满足假设 1 和假设 2(第 2 章)。我们还假设,为了简化,制造业产品和农产品是完全替代的。城区和郊区的劳动力市场都是竞争性的。两个部门都不存在技术变化。

一个关键的假设是,由于人口迁移存在障碍,即使制造业工资水平远远高于郊区的工资水平,工人从郊区迁移到城区的过程也将非常缓慢。具体地,让我们在简化形式中探究该模型的动态情形,假定资本积累仅源于城区人口的储蓄,于是有

$$\dot{K}(t) = sF(K(t), L^U(t)) - \delta K(t) \tag{21.24}$$

其中 s 是外生储蓄率,δ 是资本的贴现率。(21.24)式隐含的一个重要特征是现代部门的更多产出会给这一部门带来更多的资本积累。另一个在第 20 章第 20.3 节和第 21.3.2 节中也使用过的观点是,现代部门的规模可以直接影响其生产率的增长(例如,由于罗默(1986a)提出的干中学外部性,或者因为内生技术变化取决于该部门要求的市场规模;见习题 20.19)。就此处模型的目的而言,采用哪种选择并不会带来明显影响。

给定竞争性劳动力市场,城区和郊区的工资率为

$$w^U(t) = \frac{\partial F(K(t), L^U(t))}{\partial L}, \quad 且 \quad w^R(t) = B^A$$

让我们假设

$$\frac{\partial F(K(0), 1)}{\partial L} > B^A \tag{21.25}$$

于是，即使在初始资本存量下，所有工人都受雇于制造部门，他们也比在农业部门工作的边际产出更高。

我们假定动态迁移具有以下简化形式：

$$\dot{L}^R(t) \begin{cases} = -\mu L^R(t) & \text{如果 if } w^U(t) > w^R(t) \\ \in [-\mu L^R(t), 0] & \text{如果 if } w^U(t) = w^R(t) \\ = 0 & \text{如果 if } w^U(t) < w^R(t) \end{cases} \quad (21.26)$$

（21.26）式表明，只要城区部门的工资比郊区部门的工资高，就会出现稳定比率的人口迁移。迁移的速度并不取决于工资差距，这只是简化表述的一种假设。我们认为 μ 很小，因此迁移中存在着壁垒，于是即使迁移到城市可以带来很多收益，这种迁移的进程也比较缓慢。如果迁移并不会带来工资性收益，那么迁移根本就不会发生。

现在，（21.25）式说明，在 $t = 0$ 期，存在着从郊区到城区的人口迁移。此外，假设 $K(0)/L^U(0)$ 低于稳态的资本劳动比，工资保持较高水平且继续不断地吸引工人。为了更详细地分析这一过程，让我们定义

$$k(0) \equiv \frac{K(0)}{L^U(0)}$$

为制造业（现代部门）的资本劳动比。和以往一样，我们还是把制造业人均生产函数定义为 $f(k(t))$。显然，$w^U(t) = f(k(t)) - k(t)f'(k(t))$。将（21.24）式和（21.26）式相结合，我们可以发现，只要 $f(k(t)) - k(t)f'(k(t)) > B^A$，该动态资本劳动比可以表示为

$$\dot{k}(t) = sf(k(t)) - (\delta + \mu v(t))k(t) \quad (21.27)$$

其中 $v(t) \equiv L^R(t)/L^U(t)$ 是郊区人口和城区人口之比。注意，当城区工资高于郊区工资时，迁移率 μ 乘以比率 $v(t)$ 和基本索洛模型中的人口增长率起到了同样的作用。相反，当 $f(k(t)) - k(t)f'(k(t)) \leq B^A$，不存在人口迁移，我们得到

$$\dot{k}(t) = sf(k(t)) - \delta k(t) \quad (21.28)$$

我们重点观察前一种情况。令 $\bar{k}$ 为资本劳动比，从而城区和郊区的工资是相等的，由下式确定

$$f(\bar{k}) - \bar{k}f'(\bar{k}) = B^A \quad (21.29)$$

一旦达到这一水平，迁移将停止，且 $v(t)$ 保持不变。在达到该水平之后，动态

均衡由（21.28）式给定。因此，该稳态必然包括

$$\frac{sf(\hat{k})}{\hat{k}} = \delta \tag{21.30}$$

对于动态迁移的分析，是我们在这里关注的要点，有几种情况需要研究。让我们重点关注看起来和许多欠发达经济体的经验最相关的一种情况（其余的留到习题21.4）。具体地，假定下列条件成立：

1. $k(0) < \hat{k}$，该经济体开始于一个低于稳态水平的资本劳动比（在城区部门）。这一假设也说明 $sf(k(0)) - \delta k(0) > 0$。

2. $k(0) > \bar{k}$，这说明 $f(k(0)) - k(0)f'(k(0)) > B^A$；即，一开始城区部门的工资要高于郊区部门。

3. $sf(k(0)) - (\delta + \mu v(0))k(0) < 0$，则给定城区和郊区之间的人口分布，早期的人口迁移将导致资本劳动比下降。

在这种情况下，该经济体在 $t = 0$ 期开始出现城区向郊区的人口转移。由于开始 $v(0)$ 很高，该迁移降低了城区的资本劳动比［该比率按照差分方程（21.27）式变化］。还有两种可能性。第一，资本劳动比绝不会降到低于 $\bar{k}$，因此城区到郊区的迁移总是会以最大可能比率 μ 进行。然而，这种迁移对城区资本劳动比的影响将逐渐减少，因为 $v(t)$ 会随着迁移下降。由于已知 $sf(k(0)) - \delta k(0) > 0$，在某个时点城区的资本劳动比将开始提高，且最终将趋于唯一的稳态水平 $\hat{k}$。然而，这种趋势会持续很长时间，而且需要注意的是，该过程不一定是单调的：资本劳动比和城区工资会先下降，然后再上升。第二种可能性是早期从郊区向城区的迁移浪潮会在某个时点，比如说 t' 期使资本劳动比降至 $\bar{k}$。当这种情况发生时，两个部门的工资都会维持固定的 B^A，同时迁移比率 $\dot{L}^R(t)/L^R(t)$ 会准确地调整到使资本劳动比保持一段时间的 $\bar{k}$ 水平（请回忆，当城区和郊区的工资相等，（21.26）式允许介于零和最大比率 μ 之间任意水平的迁移）。实际上，城区资本劳动比可能在较长的一段时期维持这一水平。在此期间，两个部门的工资都保持停滞。不过，$v(t)$ 最终将再次显著下降以至于城区部门的资本劳动比必然开始提高。一旦发生这种现象，城区工资也会开始上升，迁移的比率将达到最大值 μ，而该经济体又开始缓慢地趋向郊区部门的资本劳动比 $\hat{k}$。

因此，该讨论说明了一个简单的迁移模型如何导致城区和郊区的人口出现动态变化，以及现代部门与传统部门之间的工资差异如何出现动态变化。

上述动态过程，尤其是第一种情况下的动态过程，都现实了二元经济的色

883

彩。城区的劳动工资及其边际产品要高于郊区。同时，如果 μ 比较低，无论城区的工资有多高，工人从城区向郊区的配置都会比较低。因此，二元经济模式可能很显著而且会持续较长时间。还值得注意的是，郊区向城区的迁移提高了该经济体的总产出，因为它使工人被配置到边际产品更高的经济活动中。这一人口迁移过程对该经济体产出水平的提升也比较缓慢，因为迁移的速度比较慢。

以上讨论说明，对于我们已经讨论的参数，二元经济结构不仅影响了该社会的发展前景，使其在很长时期保持着郊区和农业的形态（尤其是当 μ 较小时），而且导致产出要低于能够更快地将劳动力配置到制造业部门的经济体的产出。不过，我们不要随便称之为"市场失灵"，因为我们并没有搞清楚迁移缓慢的原因。

21.3.2 社区执行、迁移和发展

现在，我将以班纳吉和纽曼（1998）、我本人和齐利博蒂（1999）的研究为基础，介绍一个模型。班纳吉和纽曼考虑了一个经济体，其中传统部门生产率较低，但是受到信息不对称的影响较小。因此，个体可以使用较少的监督和激励成本借入或者借出资金。相反，现代部门生产率更高，但是信息不对称会带来更严重的信贷市场问题。班纳吉和纽曼讨论了发展过程如何与经济活动从传统部门向现代部门的再配置相关联，以及这种再配置如何因为传统部门的信息优势而变缓。我本人和齐利博蒂（1999）将发展过程看作信息积累的过程，提出更多的信息能使个体签订更复杂的合同并进入更复杂的生产关系之中。该过程与技术变化、金融关系的变化以及社会转型有关，因为越容易获取信息和越完备的合同越能够使个体摒弃效率较低且信息依赖度较低的社会和生产关系。

本小节的模型比这些论文中的模型要简单，但是具有类似的经济机制特征。生活在郊区的个体需要服从社区执行。因此他们可以介入经济和社会关系而不会受到道德风险问题带来的不必要的影响。当个体迁移到城市，他们可以参与生产率更高的活动，不过需要有其他执行体系以确保（这些活动）符合社会规则、合同以及规范。这些体系通常会产生一定的成本。正如第20章第20.3节的工业化模型所示，假设现代部门会受到干中学外部性的影响。于是，现代部门的生产率优势随着更多个体迁移到城市并在城市工作而不断增强。然而，乡村的社区执行优势在此过程中逐渐弱化。

两个劳动力市场都是竞争性的，总人口标准化为1。该模型和第21.3.1节中的模型有三个主要差别：第一，郊区和城区之间的迁移成本为零。因此，在任意时点，个体都可以从一个部门转换到另一个部门。第二，除了资本积累，还存在

外部性，于是现代部门的产出可以表示为

$$Y^M(t) = X(t)F(L^U(t), Z)$$

其中 $X(t)$ 表示现代部门的生产率，由干中学外部性内生地决定。此外，Z 表示另一个生产要素，其供给是固定的（因此劳动力报酬是递减的），同时生产函数 F 满足假设 1 和假设 2。要素 Z 的回报将被重新分配给个人（而且具体如何分配不会影响结论）。此外，让我们假设现代部门的技术会根据下列微分方程变化

$$\dot{X}(t) = \eta L^U(t)X(t)^\zeta$$

其中 $\zeta \in (0, 1)$。该方程基于罗默（1986a）的思路，建立在干中学外部性的基础之上。$\zeta < 1$ 的事实表明这些外部性比持续增长所需的外部性要小。

最后，我们还假设郊区在社区执行方面具有比较优势。具体而言，个体参与很多社会和经济活动，从金融关系、就业到婚姻以及社会关系。城市中的关系大多是匿名的，通过某种形式的依法监督，并依赖复杂的制度。这样的制度在大多数社会尤其是在欠发达经济体都不能充分发挥作用。相比之下，在郊区居住的个人往往有长期关系。这些长期关系使很多活动都可以运用社区执行。因此，在长期关系下，个体可以用信誉作抵押借钱，获得哪个人最适合某项工作的相关信息，以及确保其他工作或者社会关系中的合作。我将简要介绍这些优势，假设在城区，由于不完全监督和社区执行的缺乏，个人须支付的流动成本（flow cost）$\xi > 0$。

所有个人都会把其一生收入的净现值最大化。由于在城区和郊区之间迁移的成本为零，每个人都会选择在当时具较高净工资的部门工作。因此，在内部均衡（其中郊区和城区部门都是运营的）中必定有

$$w^M(t) - \xi = w^A(t)$$

竞争性劳动力市场则意味着

$$w^M(t) = X(t)\frac{\partial F(L^U(t), Z)}{\partial L} \equiv X(t)\tilde{\phi}(L^U(t))$$

其中第二个等式定义了函数 $\tilde{\phi}$，该函数是严格递减的（根据针对生产函数 F 的假设 1）。将上述关系代入，劳动力市场出清要求 $X(t)\tilde{\phi}(L^U(t)) = B^A + \xi$，或者

$$L^U(t) = \tilde{\phi}^{-1}\left(\frac{B^A + \xi}{X(t)}\right) \equiv \phi\left(\frac{X(t)}{B^A + \xi}\right)$$

其中第二个等式定义了函数 ϕ，根据 $\widetilde{\phi}$（以及 $\widetilde{\phi}^{-1}$）是严格递减的事实，该函数是严格递增的。因此，该经济体的演化可以表示为以下微分方程

$$\dot{X}(t) = \eta \phi \left(\frac{X(t)}{B^A + \xi} \right) X(t)^\zeta$$

该运动法则有几个特征值得注意：第一，$X(t)$ 的典型变化如图21.3所示，具有S形模式。这是因为从较低的初始值 $X(0)$ 开始，均衡的城市就业人数 $\phi(X(t)/(B^A+\xi))$ 在发展的早期阶段是比较低的。因此，存在有限的干中学，且现代部门的技术进展也很缓慢。然而，当 $X(t)$ 增加，$\phi(X(t)/(B^A+\xi))$ 也提高了，这提高了现代部门的技术变化率。不过最后，$L^U(t)$ 不会超过1，于是 $\phi(X(t)/(B^A+\xi))$ 倾向于一个常量，且 X 的增长率下降。因此，该简化模型可以得到现代部门的一个S形技术变化模式，以及一个工人从郊区向城区迁移的模式。

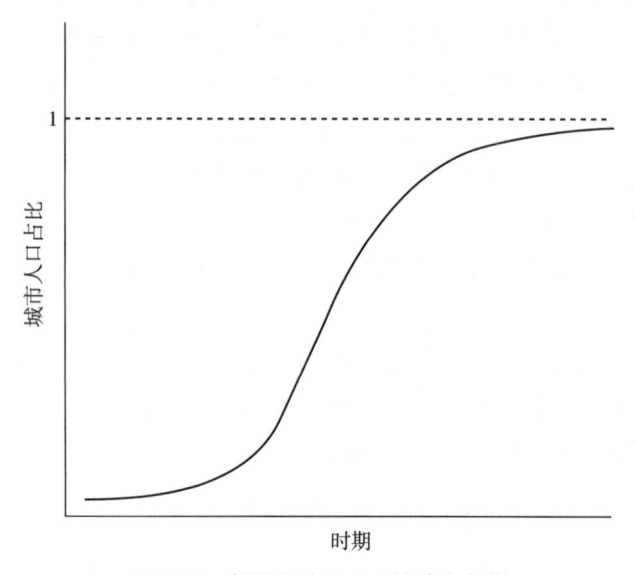

图21.3　郊区和城区人口的动态变化

第二点也是更重要的一点，现代部门的技术变化过程和向城市迁移会由于郊区在社区执行方面有比较优势而变缓。具体地，ξ 越大，技术变化和向城区迁移的速度就越慢。因为城区的就业会产生正的外部性，郊区的社区执行体系延缓了该经济体的整体经济发展过程。因此，我们可以推测，和传统部门较大的社区执行优势相对应的较大的 ξ 值，一般会降低该经济体的增长速度和福利水平。不过存在一种抵消该效应的作用力，即郊区更好的社区执行体系产生的静态收益。较

高的 ξ 会提高该经济体的初始消费水平。结果，该经济体需要权衡不同 ξ 水平的动态和静态福利影响。这一权衡在习题 21.5 中正式讨论。

应该注意的是，和第 21.3.1 节的模型不同，这里并不存在人口迁移壁垒：村庄和城市的工资水平是一样的。然而，该经济体的功能和社会关系结构在两个区域是不同的。尽管村庄和郊区依赖于社区执行，但城市使用现代技术和非人格化的制度约束实施不同的经济和社会安排。结果，在该模型中，社会和经济两方面最终都表现为二元经济体的模式。

21.3.3 不合适的技术和二元经济

现在，我将讨论与第 18 章介绍的适宜和不适宜技术有关的观点如何为该二元经济体的其他重要方面提供有用的线索。请回忆第 18.4 节，欠发达经济体常常从发达经济体引进技术，而且这些技术与欠发达经济体的技术相比，通常要素比例不同。例如，在第 18.4 节，我强调了欠发达经济体的劳动力技能和现代技术的技能要求之间存在潜在错配而产生的影响。然而，在该模型中，均衡一直包含着欠发达经济体的所有工人都使用现代技术这一假设。

这里，假设每种技术都是里昂惕夫型的，于是它需要一定数量的技能和非技能工人。比如，技术 A_h 生产 $A_h L$ 单位的唯一最终产品，其中 L 是非技能工人的数量，但是该技术要求技能工人相对于非技能工人的比率恰好为 h（例如，技能工人是非技能工人的管理者）。假设 A_h 随 h 递增，因此更先进的技术具有更高的生产率。

现在考虑一个欠发达经济体，该经济体能够获得所有的技术 A_h，其中对于某个 $\bar{h} < \infty$，有 $h \in [0, \bar{h}]$。假设该经济体的人口由 H 数量的技能工人和 L 数量的非技能工人组成，且 $H/L < \bar{h}$。该不等式说明，不是所有工人都可以使用最高级的技能密集型技术。那么该经济体的均衡形式是什么样的呢？

为了回答这个问题，想象所有市场都是竞争性的，于是工人分配到各项任务主要依据的原则是实现产出最大化（请回忆第二福利定理，定理 5.7）。则该问题可以写为

$$\max_{[L(h)]_{h \in [0,\bar{h}]}} \int_0^{\bar{h}} A_h L(h) dh \tag{21.31}$$

约束条件为

$$\int_0^{\bar{h}} L(h) dh = L \quad \text{且} \quad \int_0^{\bar{h}} h L(h) dh = H$$

其中 $L(h)$ 是使用 A_h 技术工作的非技能工人的数量。该最大化问题的一阶条件可以表示为对于所有 $\bar{h} \in [0, \bar{h}]$，

$$A_h \leq \lambda_L + h\lambda_H \tag{21.32}$$

其中 λ_L 是和第一个约束条件有关的乘数，λ_H 是和第二个约束条件有关的乘数。一阶条件显示为不等式，因为并不是所有的技术 $h \in [0, \bar{h}]$ 都被用上了，而且那些不常被使用的技术或许满足有着严格不等式的一阶条件。

对该一阶条件的检验表明，当 $A_{\bar{h}}$ 足够大而且 $A_0 > 0$，这一问题的解决有一个简单的特征。所有技能工人都使用技术 $\bar{h}$，同时还有 $L(\bar{h}) = H/\bar{h}$ 的非技能工人使用此技术。剩下的 $L - L(\bar{h})$ 数量的工人使用技术 $h = 0$（见习题21.6）。于是该均衡具有二元经济的特征。生产过程使用两种不同的技术，一种是比较先进的（现代）技术，另一种是相对落后的技术。该二元经济结构的出现是因为非凸性——为了最大化产出，有必要使用最先进的技术，但这会耗尽所有可获得的技能工人，同时意味着还要雇用非技能工人使用那些不需要太多技能投入的技术。这说明，二元经济结构或许源于引进的技术与经济体可提供的技能之间存在着潜在的不匹配。

基于这种适宜技术观点之上的二元经济模型还没有被详细研究过，但是在第18章讨论过的有关适宜技术的文献表明，这类模型在实践中或许很重要。尽管这里的模型会着重分析生产中的二元经济，但我们可以假设更先进的技术通过有现代制度执行的合同安排在城区使用，而乡村或者郊区则使用相对落后的技术，从而使该研究框架更一般化。因此，基于适宜（或者不适宜）技术的模型或许能够解释与二元经济相关的多种情况，包括郊区向城区的迁移和社会安排的变化。

21.4 和前沿的差距以及生产组织的变化

在本节，我将探讨生产结构如何在发展过程中变化，这与企业内部组织特定方面的变化以及经济体增长策略的转变是怎样产生关联的，这里的意思是指，创新或者迁移是不是增长的引擎。我使用了一个基于我本人、阿吉翁和齐利博蒂（2006）的简单模型描述这些观点。因为篇幅有限，我只能介绍该模型的轮廓，主要关注生产方面。

考虑一个滞后于世界技术前沿的经济体。不需要使用国家指数，因为我只关

注其中一个国家,假定世界技术前沿的情况是已知的。时间是离散的,同时该经济体由生存期限为两期的叠代人口构成。总的人口量标准化为1。存在一种唯一的最终产品,该产品也被作为计价单位。其生产过程是竞争性的,生产中使用的一系列机器拥有类似于第14章熊彼特模型中的技术:

$$Y(t) = \int_0^1 A(v,t)^\beta x(v,t)^{1-\beta} \, dv \qquad (21.33)$$

其中$A(v,t)$表示t期机器种类v的生产率,$x(v,t)$是t期用于最终产品生产的该机器种类的数量,且$\beta \in (0,1)$。

每个机器种类由垄断者$v \in [0,1]$以唯一最终产品的单位边际成本生产出来。该垄断者面临着一小撮竞争性的模仿者,他们可以抄袭垄断者的技术并以生产率$A(v,t)$生产类似的机器,不过这么做的成本为$\chi > 1$单位的最终产品。这种竞争者的存在迫使该垄断者制定限制性的价格:

$$p(v,t) = \chi > 1 \qquad (21.34)$$

当χ不太高因而该垄断者可以设置非限制性的垄断价格时,该限制性价格可以是一种均衡价格。其条件为

$$\chi \leq 1/(1-\beta)$$

假定该条件始终成立。参数χ同时包含了技术要素以及与竞争政策相关的政府规制。较高的χ表示市场竞争较弱。已知(21.33)式的最终产品技术隐含的需求,以及(21.34)式的均衡限制性价格,均衡垄断利润可以简单地表示为

$$\pi(v,t) = \delta A(v,t) \qquad (21.35)$$

其中

$$\delta \equiv (\chi - 1)\chi^{-1/\beta}(1-\beta)^{1/\beta}$$

是对垄断程度的测度。具体而言,可以证明对于所有χ,$\chi \leq 1/(1-\beta)$随着δ递增。

在该模型中,经济增长过程不是由资本积累推动的(某些早期模型较为强调这一因素),而是由技术进步推动的,即由$A(v,t)$的增长推动的。假设每个垄断者$v \in [0,1]$可以通过两种互补的过程增加其$A(v,t)$:(1)模仿(采用已有的技术)和(2)创新(发现新的技术)。该模型中关键的经济权衡源于一个事实,

（关于企业组织和经济增长策略的）不同经济安排会导致不同数量的模仿和创新。

为了阐述这一点，我们将该经济体在 t 期的平均生产率定义为

$$A(t) \equiv \int_0^1 A(v,t)dv$$

令 $\bar{A}(t)$ 表示世界技术前沿的生产率。该经济体滞后于世界技术前沿的事实意味着对于所有 t，$A(t) \leq \bar{A}(t)$ 成立。该世界技术前沿按照以下差分方程发展

$$\bar{A}(t) = (1+g)\bar{A}(t-1) \tag{21.36}$$

其中，世界技术前沿的增长率为

$$g \equiv \underline{\eta} + \bar{\gamma} - 1 \tag{21.37}$$

下文会进一步定义 $\underline{\eta}$ 和 $\bar{\gamma}$。

假设模仿和创新的过程会导致每个垄断者的生产率遵循以下运动法则：

$$A(v,t) = \eta \bar{A}(t-1) + \gamma A(t-1) + \varepsilon(v,t) \tag{21.38}$$

其中 $\eta > 0$，$\gamma > 0$ 且 $\varepsilon(v,t)$ 是均值为零的随机变量，它表示跨企业和跨部门的创新表现存在差异。

在（21.38）式中，$\eta \bar{A}(t-1)$ 表示采用前沿技术（因此取决于前沿的生产率水平 $\bar{A}(t-1)$）带来的生产率优势，而 $\gamma A(t-1)$ 表示源于创新的生产率提高 [基于 $t-1$ 期该经济体现有知识存量 $A(t-1)$]。我们再定义

$$a(t) \equiv \frac{A(t)}{\bar{A}(t)}$$

为该国在 t 期与技术前沿差距的（逆向）测度。

在区域 $v \in [0,1]$ 对（21.38）式求积分，由于 $\varepsilon(v,t)$ 均值为零，两边同除以 $\bar{A}(t)$，同时利用（21.36）式可以得到一国在 t 期与技术前沿 $a(t)$ 之间的差距以及该国在 $t-1$ 期与前沿 $a(t-1)$ 之间的差距：

$$a(t) = \frac{1}{1+g}(\eta + \gamma a(t-1)) \tag{21.39}$$

（21.39）式和第 18.2 节的技术赶超方程（18.4）式很相似。它表明模仿和创新的过程如何有可能导致收敛过程。尤其是，只要 $\gamma < 1+g$，（21.39）式表明 $a(t)$ 最终会收敛于 1。该式还表明模仿和创新的相对重要性取决于该经济体离技术前沿的距离。具体地，当 $a(t)$ 较大（这意味着该国和前沿很接近）时，创新

γ 会带来更多的增长。相反，当 $a(t)$ 较小（这说明该国离前沿还很远）时，模仿 η 会相对更为重要。

为了加深认识，我们现在使用简化方法将 η 和 γ 内生化。根据我本人、阿吉翁和齐利博蒂（2006）的分析，我在模型中把参数 η 和 γ 设定为企业家投资以及企业与企业家之间合同安排的函数。关键的一点是将企业家分为两种类型：高技能型和低技能型。当一个企业家开始做一项业务时，他的技能水平是未知的，只能通过其接下来的表现逐步显现。因此，可能有两类"增长策略"。第一类强调选择高技能的企业家替代技能水平较低的企业家。这一增长策略意味着一个很高度的更迭过程（创造性破坏）和大量的年轻企业家（因为年长却不成功的企业家被新的年轻企业家取代）。在第二类策略中，有经验的企业家保留原位，即使他们的技能水平较低。因此，该策略意味着一些企业会依赖于长期关系（这里是指企业家和信贷市场之间的关系），强调经验和收入的积累以及较少的创造性破坏行为。尽管低技能的企业家比高技能的企业家生产率低，还是有潜在的理由选择经验相对丰富的低技能企业家，而非新的年轻企业家。比如，经验有可能会提高生产率，至少在一些特定的工作中。此外，我本人、阿吉翁和齐利博蒂（2006）还提出由于信贷市场的不完全，年长企业家的留存收益可以为其在信贷市场带来优势（因为他可以利用已有收益筹措更多的资金，并通过增加投资获得更高的生产率）。我用 $R = 0$ 表示基于该选择的策略，而用 $R = 1$ 表示经验丰富的企业家保留原位的策略。

在这里，关键的简化假设为，当该过程是指对世界技术前沿进行模仿这种相对"日常"的工作时，经验丰富的企业家（或是源于其经验值或是源于其留存收益）更善于提高其公司的生产率。而另一方面，高技能的企业家更具创新性，能通过创新带来更高的增长。因此，$R = 1$ 和 $R = 0$ 之间的权衡以及有关组织形式间的权衡可以归结为对世界技术前沿进行技术模仿与创新之间的权衡问题。为此，我将第一种策略称为"基于模仿的增长策略"，将第二种策略称为"基于创新的增长策略"。在这些观点的推动下，我们假设，反映（一国）和技术前沿距离的运动法则的方程式（21.39）采取如下形式

$$a(t) = \begin{cases} \frac{1}{1+g}(\bar{\eta} + \underline{\gamma} a(t-1)) & \text{如果 } R(t) = 1 \\ \frac{1}{1+g}(\underline{\eta} + \bar{\gamma} a(t-1)) & \text{如果 } R(t) = 0 \end{cases} \quad (21.40)$$

接下来假设以下条件成立：

$$\bar{\eta} > \underline{\eta}, 且 \underline{\gamma} < \bar{\gamma} < 1 + g \tag{21.41}$$

该假设的第一部分源于高技能的企业家更善于创新这一观点，而第二部分（尤其是 $\bar{\gamma} > \underline{\gamma}$）则是基于经验丰富的企业家更善于模仿这一特征。当追求的是基于模仿的增长策略时，经验丰富的企业家不会被替代，结果，更多的技术从世界技术前沿传递过来。该假设的最后部分 $\underline{\gamma} < 1 + g$，仅仅确保了基于模仿的增长不会比世界技术前沿增长得更快。因此，我们可以认为（21.37）式的假设说明基于创新的增长策略推动了世界技术前沿的拓展，这很好理解，因为一个处于世界技术前沿的国家是无法模仿他国的。

图 21.4 描绘了（21.40）式，表明具有长期合同（$R=1$）的经济体可以通过模仿实现较高水平的增长［对于给定 $a(t-1)$ 具有更高的 $a(t)$ 水平］，通过创新只能实现较低水平的增长。该图还说明了哪种制度会最大化该经济体的增长率取决于 $a(t-1)$ 的水平，即该经济体和世界技术前沿的距离。具体而言，对（21.40）式的检验足以证明存在阈值

$$\hat{a} \equiv \frac{\bar{\eta} - \underline{\eta}}{\bar{\gamma} - \underline{\gamma}} \in (0, 1) \tag{21.42}$$

当 $a(t-1) < \hat{a}$ 时，基于模仿的策略（$R=1$）会导致更高的增长，当 $a(t-1) > \hat{a}$ 时，基于创新的策略（$R=0$）会实现更高的增长。因此，如果一个经济体遵循增长最大化的策略序列，它就应该从 $R=1$ 开始，一旦该国足够接近世界技术前沿，再转变为基于创新的策略 $R=0$。在基于模仿的体制中，在位企业家会免于直面年轻企业家的竞争，这使该经济体可以更好地利用年长企业家的经验或者从他们的留存收益中筹措到更多的投资。相反，在基于创新的体制中，对企业家的选择会更严苛，更强调创新的最大化，不惜以经验、模仿和投资为代价。

图 21.4 将经济体的技术运动法则描述为企业（市场）组织（用 R 表示）的函数。它并没有详细说明均衡序列 $\{R(t)\}_{t=0}^{\infty}$ 是什么。为了确定该序列，我们有必要详细说明均衡行为，包括对企业家的选择和信贷市场的功能。受篇幅限制，我们无法在这样一个模型中完整地分析均衡。相反，我简单地介绍了这种分析的一些主要思想。

从概念的角度，我们也许希望区分四种均衡，它们分别对应不同制度条件和参数值下的均衡水平。

1. 增长最大化均衡：第一个而且可能性最大的均衡是增长最大化均衡。具体而言，当市场和企业家将增长最大化视为他们的目标并能够解决代理问题，有

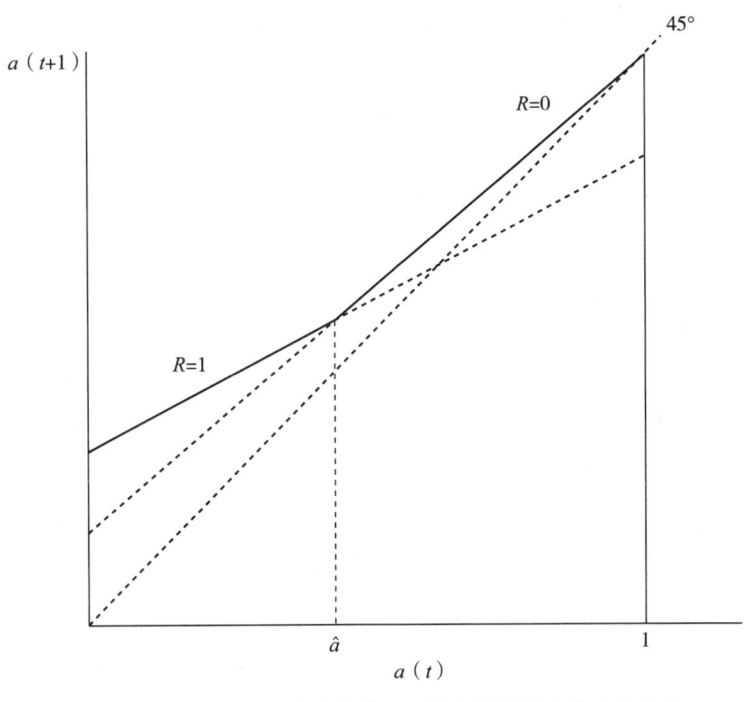

图21.4 在增长最大化均衡中，到技术前沿距离的动态变化

合适的决策区间，同时能够将货币和非货币外部性内部化，就可以达到有效的均衡结果。该均衡采用简单的形式：

$$R(t) = \begin{cases} 1 & \text{如果 } a(t-1) < \hat{a} \\ 0 & \text{如果 } a(t-1) \geq \hat{a} \end{cases}$$

于是该经济体可以到达图21.4中两条实线的包络线位置。在此例中，不可能通过外部干预提高该经济体的增长率。[①] 此外，一个开始于 $a(0) < 1$ 的经济体总是获得大于 g 的增长率，而且最终收敛于世界技术前沿，即 $a(t) \to 1$。在增长最大化均衡中，经济体最早开始于一组特殊的组织或制度，对应于 $R = 1$。接着该经济体经历了结构转型（在此例中，是组织形式视为变化），即从 $R = 1$ 变为 $R = 0$。在我们的简单经济体中，该结构转型采用了如下形式：长期关系消失，取代它们的是更短暂的关系，企业家和企业之间更强的竞争，以及对企业家更严格的选择。

---

① 然而，请回忆增长最大化并不需要和福利最大化相同。增长最大化配置不一定会最大化福利，这取决于模型对偏好和投资的设定。

2. 投资不足均衡：第二种潜在的均衡架构包括以下均衡组织形式：

$$R(t) = \begin{cases} 1 & \text{如果}\, a(t-1) < a_r(\delta) \\ 0 & \text{如果}\, a(t-1) \geqslant a_r(\delta) \end{cases}$$

其中 $a_r(\delta) < \hat{a}$。图 21.5 直观地描述了该均衡，其中加粗的黑线表示与世界技术前沿 a 的距离的均衡移动法则。$a_r(\delta)$ 如何确定？我本人、阿吉翁和齐利博蒂（2006）证明了当投资对创新十分重要而且信贷市场不完全时，（经验丰富的）年长企业家的留存收益使他们能够进行更大的投资。然而，由于垄断竞争的存在，标准独占效应就会出现，这一效应使进行更高投资的企业家并不能获得由该投资产生的所有剩余，其中的某些收益以消费者剩余的形式增加了家庭的收入。独占效应阻碍了投资，在这种情形下，由于更多的投资往往来自更富经验的企业家，该效应也阻碍了基于模仿的策略。这个原因也解释了为何该均衡被称为"投资不足均衡"：在 $a \in (a_r(\delta), \hat{a})$ 的区间，该经济体可以通过选择 $R(t) = 1$ 获得更高的增长率（正如图中所示），但是由于独占效应不鼓励投资，在增长最大化阈值未达到之前会转而出现基于创新的均衡。

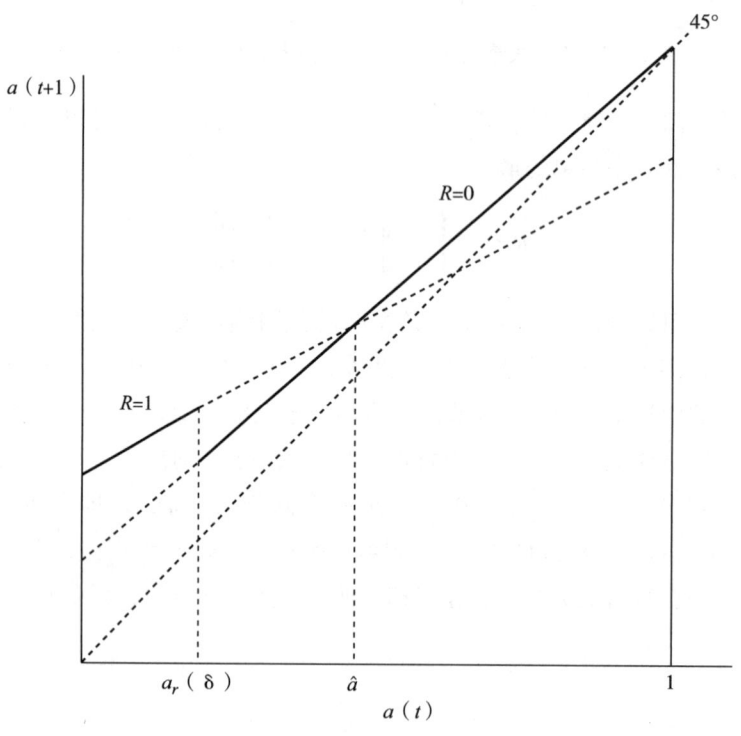

图 21.5　在投资不足均衡中，与技术前沿距离的动态变化

一个需要注意的特征是，尽管投资不足均衡不同于前面的案例，它还是开始于 $R=1$ 并伴随着结构转型，即转向基于创新的体制（$R=0$）。此外，该经济体最终还是会趋近世界技术前沿，即当 $t\to\infty$ 时，$a(t)=1$。唯一的区别在于从 $R=1$ 向 $R=0$ 的结构转型发生得太快，在 $a(t-1)=a_r(\delta)$ 而不是在增长最大化的阈值 $\hat{a}$。

结果，在此例中，短期的政府干预有可能提高该经济体的增长率。"短期"在这里十分重要，因为政府能做的最好举措就是在 $a\in(a_r(\delta),\hat{a})$ 时提高增长率。政府怎样才能做到这一点呢？投资补贴是一种可能的办法。我本人、阿吉翁和齐利博蒂（2006）表明，产品市场的竞争程度对均衡也有直接影响，正如表达式 $a_r(\delta)$ 强调的。具体地，δ 越高，产品市场的竞争度越低（更高的 χ），使 $a_r(\delta)$ 增加，进而缩小了 $a_r(\delta)$ 和 $\hat{a}$ 之间的差距。然而，还要注意的是，减少竞争也会带来其他的静态扭曲（由于更高的加价）。此外更重要的是，我们将在接下来的两种均衡架构中看到，减少竞争对经济增长产生更多不利影响，于是为实现这一目的而使用的任何竞争政策都必须三思而后行。

3. 僵化均衡：第三种可能性是僵化均衡，其中 $a_r(\delta)>\hat{a}$，于是即使生产率较低的在位企业有可能损害经济增长，但仍可以存活。我本人、阿吉翁和齐利博蒂（2006）表明，这种情况也可以在均衡中出现，因为在位企业家的留存收益可以保护他们免受新企业家的破坏性创造力的威胁。结果，富有经验的企业家的留存收益和其他优势都有（社会）收益和成本，二者谁居主导地位取决于参数值。当收益占主导时，均衡可能表现为非常快速地转向基于创新的策略，而当成本占主导时，该经济体在模仿体制下会逐渐变得僵化，过度保护在位企业家。

这种情况下如图 21.6 所示。现在，该经济体未能在 $a\in(\hat{a},a_r(\delta))$ 的区间实现增长率的最大化。在该区间内，基于创新的体制可以实现增长最大化，但是该经济体处在基于模仿的体制中，因为在位企业家的留存收益和力量阻止了该经济体向更高效的组织形式转型。一个有趣的特征是，正如图 21.6 所示，该经济体还遵循与库兹涅茨的观点相一致的模式：开始于一组互不相同的组织，用 $R=1$ 表示，接着转向另一组安排，用 $R=0$ 表示。和前两类均衡一样，该例也具有收敛于世界技术前沿的特征，即 $a=1$。

4. 非收敛陷阱均衡：第四种可能和第三种有关，而且也涉及 $a_r(\delta)>\hat{a}$ 的情况。然而，现在 $a_r(\delta)$ 和 $\hat{a}$ 之间的差距变大了（如图 21.7 所示）并且包括一个 a 的水平 a_{trap}，令

$$a_{\text{trap}} \equiv \frac{\bar{\eta}}{1 + g - \underline{\gamma}}$$

对（21.40）式的检验表明，如果 $a(t-1) = a_{\text{trap}}$ 且 $R(t) = 1$，该经济体保持在 a_{trap} 的水平。在这种情况下，在位企业的留存收益和经验为其提供了非常多的保护，使该经济体永远都不会转型为基于创新的均衡。这种情形不仅在一段时间内延迟了增长，而且将该经济体推入一个非收敛的陷阱之中。具体地，这是一个唯一的均衡模式，其中经济体没能向前沿收敛。在基于模仿的体制中，$R=1$，该经济体的增长没有跨越 a_{trap}，在与前沿的这一差距上，该均衡总是对应于 $R=1$。

因此，该均衡描述了最危险的情况——非收敛。如果鼓励基于模仿的增长，例如支持在位企业，一开始似乎是好政策。但实际上，这种做法或许会使该经济体陷入非收敛的境地。这也是唯一一种由于经济体落入陷阱，向 $R=0$ 的转变以及相关的结构转型都无法实现的情况。从很多方面看，该情形或许都最好地解释了库兹涅茨的观点：这种情况会导致经济体欠发达，部分是因为无法实现经济发展过程所需的结构转型。

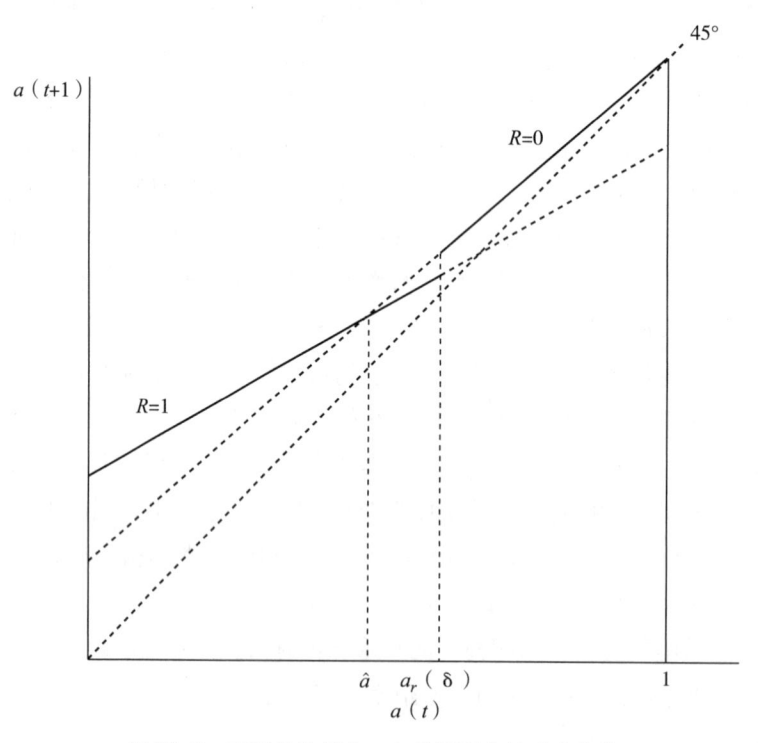

图 21.6　在僵化均衡中，与前沿距离的动态变化

第21章 发展中的结构转型和市场失灵

综上所述，以上四种情形都说明，依据模型的细节，我们不应该假设经济体将会追求高效且增长最大化的增长策略。因此，某种程度的政府干预或许是有用的。然而，第三和第四种情况也强调了政府干预有可能带来意料之外的负面影响。它有可能在有限的时间提高增长率（在第二种情形下，这种情况在 $a \in (a_r(\delta), \hat{a})$ 时发生），但是接着它也有可能如图 21.7 所示，将经济体引入非收敛的陷阱而产生大量的额外成本。

尽管这四种情况对政府干预的含义并不明确，但它们对经济发展过程中组织结构变化的含义却十分清晰：不管适用哪种情形，该经济体开始于一个独立的生产组织，其中长期合同、在位生产商、经验和模仿都十分重要，接着（除了非收敛陷阱均衡）它最终会转型到一个具有更多创造性破坏、短期关系、更年轻的企业家以及更多创新的均衡。这是库兹涅茨强调的作为经济发展过程一部分的结构转型的另一方面。此处介绍的框架，尽管形式比较简单，仍可以被用来研究发展过程中生产组织变化的其他方面（见习题 21.7）。

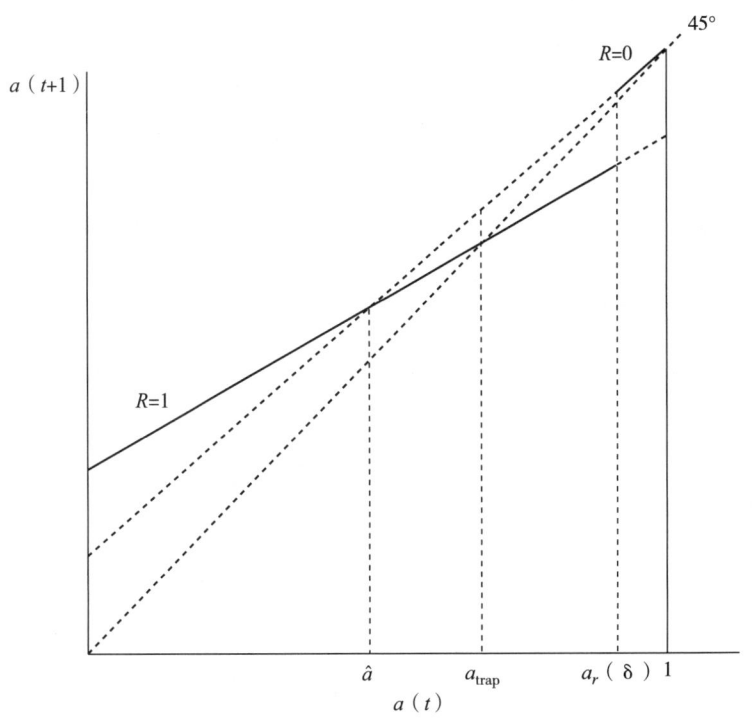

图 21.7 在非收敛陷阱中，与前沿距离的动态变化

注：当该经济体开始于 $a(0) < a_{\text{trap}}$，它不会趋向世界技术前沿，而是趋向 a_{trap}。

21.5 来自总需求外部性和大推进的多重均衡

现在，我将介绍一个简单的多重均衡模型，这里的多重均衡来源于总需求的外部性，并基于墨菲、施莱弗和维什尼（Murphy、Shleifer and Vishny, 1989）的"大推进"模型。该模型将最早由罗森斯坦 - 罗丹（1943）、赫希曼（1958）和纳斯克（1958）提出的思想形式化，罗森斯坦 - 罗丹等人认为，经济发展可以（或者应该）是从一种（帕累托无效率）均衡转变到另一种更有效率的均衡。此外，这些早期的发展经济学家还认为，这种转变需要该经济体中不同个体和企业之间的协调以及大推进。正如第4章已经讨论过的，按照字面意思，多重均衡并不是持续低水平发展的根本原因，因为如果的确存在帕累托改进，即可以使所有个体的福利都得到改善的变化，必要的协调不可能需要几十年甚至几个世纪才能完成。然而，导致多重均衡的力量揭示了一些重要的经济机制，这些机制与减慢甚至阻碍发展过程的市场失灵有关。此外，多重均衡模型的动态版本可以得出多重稳态，于是，一旦经济最终在较低经济活动水平的稳定状态活动，它可能会停滞在那里（而且不可能通过协调使其跳到另外一个稳定状态）。多重稳态模型比多重均衡模型更有助于研究长期发展过程，我们将在下一节讨论。

墨菲、施莱弗和维什尼通过使用基于总需求外部性的多重均衡模型将有关大推进的思想形式化。该经济体有两期，$t=1$ 和 2，而且其代表性家庭有下列偏好

$$U(C(1), C(2)) = \frac{C(1)^{1-\theta}-1}{1-\theta} + \beta \frac{C(2)^{1-\theta}-1}{1-\theta}$$

其中 $C(1)$ 和 $C(2)$ 分别表示两个时期的消费，β 是该家庭的贴现因子，θ 是过去的贴现因子（$1/\theta$ 是跨期替代弹性，并决定了个人在 1 期和 2 期之间进行消费替代的意愿大小）。该代表性家庭的劳动力供给缺乏弹性，总劳动供给用 L 表示。

资源的约束条件为

$$C(1) + I(1) \leq Y(1) \text{ 和 } C(2) \leq Y(2) \qquad (21.43)$$

其中 $I(1)$ 表示 1 期的投资，$Y(t)$ 是 t 期的总产出，只在 1 期有投资的可能。

家庭既可以借入也可以借出资金，因此它们的预算约束可以表示为

$$C(1) + \frac{C(2)}{1+r} \leq w(1) + \pi(1) + \frac{w(2)+\pi(2)}{1+r}$$

其中 π(t) 表示代表性家庭获得的利润，w(t) 是 t 期的工资率。参数 r 是 1 期和 2 期之间的利率，它在均衡中不断调整以使总资源约束（21.43）式成立。

最终产品使用替代弹性不变的差异化中间产品生产，其生产函数为

$$Y(t) = \left(\int_0^1 y(v,t)^{\frac{\varepsilon-1}{\varepsilon}} dv \right)^{\frac{\varepsilon}{\varepsilon-1}}$$

其中 y(v,t) 是中间产品 v 在 t 期的产出水平。和通常情况一样，ε 是中间产品之间的替代弹性，同时我们假设 ε>1。

中间产品在两个时期的生产函数可表示为：

$$y(v,1) = l(v,1)$$
$$y(v,2) = \begin{cases} l(v,2) & \text{使用老技术} \\ \alpha l(v,2) & \text{使用新技术} \end{cases} \quad (21.44)$$

其中 α>1，且 l(v,t) 表示在 t 期投入中间产品 v 生产的劳动力。劳动力市场出清要求

$$\int_0^1 l(v,t) dv \leqslant L \quad (21.45)$$

在 1 期，对于每类中间产品都有一个指定的生产者，我称之为"垄断者"。少数竞争性企业可以进入并以和该指定生产商相同的效率生产每种产品。在 1 期，该指定生产商也可以投资于新技术，该技术的成本 F 用最终产品量衡量。如果实施该投资，且满足（21.44）式表明的 α>1，生产商在 2 期的生产率将会更高。相反，还有一些不愿意从该技术进步中获益的人，因此该指定生产商有一定程度的垄断势力。中间产品生产商的利润自然配置给了代表性家庭。

我们将求得该两期经济体的纯策略型对称子博弈完美均衡（SSPE）（见第 18 章第 18.5 节）。对称子博弈完美均衡通常被定义为在两个时期都对彼此做出最好回应的企业生产投资决策与家庭消费决策的组合。

首先，由于所有产品都是对称的，劳动力市场在 1 期出清是比较简单的，要求

$$l(v,1) = L$$

对于所有 v ∈ [0, 1] 成立，（部门和企业的测度被标准化为 1）。于是我们可得

$$Y(1) = L$$

899

在 2 期，均衡取决于有多少企业已经采用了新技术。由于重点是考虑纯对称战略，这足以考虑下列两种极端配置：所有企业都采用新技术和没有一个企业采用新技术。两种情况下，所有部门的边际生产率都相同，因此劳动力是均等配置的，表示为

$$l(v,2) = L$$

对于所有 $v \in [0,1]$ 成立。因此，当该技术没被采用时，

$$Y(2) = L$$

而当技术被所有企业采用时，

$$Y(2) = \alpha L$$

现在开始讨论定价决策。在第 1 期，指定的企业因为竞争对手的存在没有垄断势力，因此它们制定的价格等于边际成本 $w(1)$，获得零收益（例如，对于所有 $v \in [0,1]$ 有 $p(v,1) = w(1)$ 且 $\pi(v,1) = 0$）。由于总产出为 $Y(1) = L$，这也意味着均衡工资率为 $w(1) = 1$。在第 2 期，如果技术没被采用，均衡和第 1 期的一样，则 $w(2) = 1$，所以利润仍然为零。在这种情况下，还是不存在投资，两个时期的消费等于 L。由于消费的欧拉方程为 $C(1)^{-\theta} = (1+r)\beta C(2)^{-\theta}$，这种情况下的均衡利率为

$$\hat{r} = \beta^{-1} - 1 \tag{21.46}$$

下面考虑一种情况，其中指定的生产商已经对先进技术进行了投资。现在他们可以使用一单位劳动生产 α 单位产品，而一些竞争对手可以使用一单位劳动生产一单位产品。于是，该指定生产商具有一定的垄断势力。该垄断势力的程度取决于 ε 和 α 之间的比较。

让我们首先确定每个企业面临的需求，该需求由以下最终产品部门的利润最大化规划给出：

$$\max_{[y(v,2)]_{v\in[0,1]}} \left[\int_0^1 y(v,2)^{\frac{\varepsilon-1}{\varepsilon}} dv \right]^{\frac{\varepsilon}{\varepsilon-1}} - \int_0^1 p(v,2)y(v,2)dv$$

其中 $p(v,2)$ 是 2 期中间产品 v 的价格。该规划的一阶条件意味着

$$y(v,2) = p(v,2)^{-\varepsilon}Y(2) \text{ 对于每个 } v \in [0,1] \text{ 成立。} \tag{21.47}$$

该表达式有助于对总需求的外部性奠定基础：对中间产品 v 的需求取决于总产出

$Y(2)$ 的量。需求曲线（21.47）式的相似特征在于它是等弹性的。为了进一步推导，首先想象不存在竞争性生产商没有竞争对手的情况。这种情况下，每个指定的生产商像不受约束的垄断者一样行事，按照价格减去边际成本再乘以数量实现其利润最大化，即对于每个 $v \in [0, 1]$，有

$$\pi(v, 2) = \left(p(v, 2) - \frac{w(2)}{\alpha}\right) y(v, 2)$$

将（21.47）式代入，企业的最大化问题变为

$$\max_{p(v,2)} \left(p(v, 2) - \frac{w(2)}{\alpha}\right) p(v, 2)^{-\varepsilon} Y(2)$$

这给出了利润最大化的价格为

$$p(v, 2) = \frac{\varepsilon}{\varepsilon - 1} \frac{w(2)}{\alpha}$$

该方程式是使用了需求弹性对边际成本加成的标准垄断价格表达式。该加成是不变的，因为需求弹性不变。

然而，如果竞争对手不能进入，并以此价格抢占市场而获利，垄断者只能收取该价格。由于竞争对手可以用一单位劳动生产一单位产品，当 $\varepsilon/((\varepsilon-1)\alpha) \le 1$ 时，垄断者只能收取该价格。否则，价格会过高，而且竞争对手会进入。假设 α 并没有高到令垄断者不受约束的程度。换言之，假设

$$\frac{\varepsilon}{\varepsilon - 1} \frac{1}{\alpha} > 1 \tag{21.48}$$

在该假设下，垄断者被迫收取限制性价格。很容易求出该均衡限制性价格为 $p^* = w(2)$。结果，已知（21.48）式，每个垄断者获取的单位利润为

$$w(2) - \frac{w(2)}{\alpha} = \frac{\alpha - 1}{\alpha} w(2)$$

根据（21.47）式获得的总利润为

$$\pi(v, 2) = \frac{\alpha - 1}{\alpha} w(2)^{1-\varepsilon} Y(2) \tag{21.49}$$

工资率可以由收入核算来确定。总产出为 $Y(2) = \alpha L$，该产出要在利润和工资之间分配，可得

$$\frac{\alpha-1}{\alpha}w(2)^{1-\varepsilon}\alpha L + w(2)L = \alpha L$$

其解为 $w(2)=1$，和没有技术投资的情况一模一样。直观地看，该经济体的工资是由竞争对手的需求决定的，因此更大的边际产出并不直接使工人受益。相反，它增加了垄断者的利润。然而，所有这些利润都被分配给了家庭，它们是企业的所有者，于是 $C(2)=\alpha L$。然而，因为在时期1投资于新技术，$C(1)=L-F$。消费的欧拉方程现在要求 $(L-F)^{-\theta}=(1+\tilde{r})\beta(\alpha L)^{-\theta}$，这给出了该情况下的均衡利率

$$\tilde{r}=\beta^{-1}\left(\frac{\alpha L}{L-F}\right)^{\theta}-1>\hat{r}$$

其中 $\hat{r}$ 由（21.46）式给出。这种情况下的利率 $\tilde{r}$ 比 $\hat{r}$ 要高，因为现在要求个人为了时期2的消费而放弃时期1的消费。还要注意，θ 越高，$\tilde{r}$ 就越高，因为当 θ 更高时，跨期替代更少。同样，F 越高则意味着利率越高。

问题是垄断者是否会发现它在时期1承担该投资是有利可图的。均衡有多重可能性的理由是，该问题的答案取决于其他企业是否正在进行投资。我们首先考虑一种情况，其中没有其他企业进行投资，同时考虑唯一的垄断者进行该投资的激励。

在这种情况下，时期2的总产出为 L（因为该企业认为投资是无限小的），市场利率为 $\hat{r}$。此外，根据（21.49）式和 $w(2)=1$ 的事实，对于每个 $v\in[0,1]$ 时期2的利润为

$$\pi^{N}(v,2)=\frac{\alpha-1}{\alpha}L$$

其中，上标 N 表示没有其他企业会从事这项投资。因此，在时期1，该企业的净现值为

$$\Delta\pi^{N}=-F+\frac{1}{1+\hat{r}}\frac{\alpha-1}{\alpha}L=-F+\beta\frac{\alpha-1}{\alpha}L$$

下面，考虑一种情况，其中所有企业都从事该投资。在这种情况下，时期2的利润为，对于每个 $v\in[0,1]$，有

$$\pi^{I}(v,2)=(\alpha-1)L$$

其中，上标 I 表明所有其他企业都从事了该项投资。结果，在时期1进行投

资获得的利润为

$$\Delta \pi^I = -F + \frac{1}{1+\tilde{r}}(\alpha-1)L = -F + \beta\left(\frac{\alpha L}{L-F}\right)^{-\theta}(\alpha-1)L$$

如上所述，墨菲、施莱弗和维什尼（1989）的论文中的观点（类似于很多在他们之前讨论经济发展的经济学家提到的观点）会产生多重均衡，一个和落后对应，另一个与工业化对应。在这里，该结论意味着对于相同的参数值，不论是不投资于新技术还是所有的垄断者都投资于新技术，配置都应该是均衡的。这种可能性的前提条件是

$$\Delta \pi^N < 0 \text{ 和 } \Delta \pi^I > 0 \tag{21.50}$$

即，当没有其他人投资时，投资是不能获利的；当所有其他企业都投资，投资是可以获益的。该结果显然很有可能，因为总需求外部性确保了 $\Delta \pi^I > \Delta \pi^N$：当其他企业投资时，它们会生产更多，总需求越多，来自新技术的利润也越高。当所有企业都投资时，利率会相对较高，这一事实可以抵消上述效果。因此，多重均衡的存在要求利率效应不会太强。例如，在极端情况，偏好是线性的（$\theta=0$），我们得到

$$\Delta \pi^I = -F + \beta(\alpha-1)L > \Delta \pi^N = -F + \beta\frac{\alpha-1}{\alpha}L$$

因此（21.50）式的配置是完全可能的。更一般地说，多重均衡的存在条件是

$$\beta\left(\frac{\alpha L}{L-F}\right)^{-\theta}(\alpha-1)L > F > \beta\frac{\alpha-1}{\alpha}L \tag{21.51}$$

很容易发现当双重均衡存在时，由于（21.51）式意味着所有家庭都随消费水平的上升而得到改善，因此具有投资的均衡帕累托占优于缺乏投资的均衡，从而使有投资的均衡在时期 2 的消费水平更高（见习题 21.8）。因此，该分析说明当满足（21.51）式时，存在两个（纯战略型）对称子博弈完美均衡。在其中一个均衡下，所有企业都在时期 1 投资，家庭的境况得到改善，而在另一个均衡中，不存在对新技术的投资和更大的市场失灵。直观地说，仅当在时期 2 存在充足的总需求时，在时期 1 投资于新技术才是有利可图的；反过来，当所有企业都投资于新技术时，在时期 2 就有充足的需求。在这里，总需求外部性是多重均衡的原因。具体而言，一个企业的投资决策通过提高其产品的需求对其他企业产生了正（经济）外部性。由于垄断加成的存在，这些货币外部性会带来一阶效应：

企业并不会获得生产增加的全部收益，而是给家庭和卖得更多的其他企业创造了一阶收益。

墨菲、施莱弗和维什尼将该结论解释为，不投资于新技术的均衡就是一种"发展陷阱"，在这一陷阱中经济体维持欠发达状态，因为没有企业会投资于新的技术。这种行为表明，使投资能够获益的必要需求并不存在。相反，投资于新技术的均衡被解释为与工业化有关。根据这一解释，能够和投资均衡相协调的社会（既因为个人期望如此，也因为某种形式的政府行动）可以走向工业化并实现经济增长和帕累托改进。因此，该模型将经济学家纳克斯或者罗森斯坦-罗丹描述的大推进式工业化加以形式化。尽管这种大推进和总需求外部性的观点很吸引人，这里的模型仍然有几个明显的缺陷：第一，虽然工业化过程是动态的，但这里的模型是静态的。因此，模型无法从理论上解释社会一开始处于无投资均衡，然后转为投资均衡和工业化的过程。第二，第4章已经讨论过，多重均衡模型并未对发展问题提出令人满意的理论，因为很难想象一个无法协调一些简单行动的社会能够令所有家庭（和企业）都改善。相反，更有可能的是，和总需求外部性有关的想法（或者其他导致多重均衡的潜在力量）是维持或产生多重稳态（不过仍然保持一条唯一的均衡路径）的机制。

21.6　不平等、不完全信贷市场和人力资本

前一节描述了总需求外部性如何导致发展陷阱。不同企业的投资可能需要协调，以实现多重均衡。欠发达或许和处于坏均衡上的协调相关，该发展过程开始于大推进，从而确保了和高水平投资均衡协调一致。在这一节，我将以收入分配影响不完全信贷市场下的人力资本为背景，说明一组相关的问题。和前一节相反，我强调了多重稳态（而非多重均衡）的可能性。此外，尽管我重点关注的是人力资本投资，但是不平等和信贷市场问题不仅影响人力资本投资还影响企业设立、职业选择和生产组织的其他方面。然而，关注于不平等和人力资本之间联系的模型更易于处理，而且是第10章介绍的人力资本投资理论的自然延伸。

21.6.1　无借款的简单情形

当信贷市场不完全时，人力资本投资的一个主要决定因素是收入分配（以及信贷市场的不完全程度）。我从没有借贷的最简单情形开始讨论，其中引入了一种极端形式的信贷市场问题。接着，我将该模型加以扩展，考虑不完全信贷市

场，其中借款成本大于家庭通过储蓄获得的利率。

经济体由许多年代的连续统 1 组成。每个个体存续两期，童年和成年时期，在成年时期获得一个子女。消费只存在于成年时期的末期。偏好表示为

$$(1 - \delta) \log c_i(t) + \delta \log e_i(t)$$

其中 c 是个人生命终期的消费，e 是个体对其后代的教育支出。该预算约束为

$$c_i(t) + e_i(t) \leq w_i(t)$$

其中 w 表示个人的工资收入。请注意此处的偏好具有第 9 章和第 21.2 节的温情脉脉的利他主义特征。具体来说，父母不关心其后代的效用而仅仅关心留给后代的遗赠（这里是教育）。和平常一样，该假设大大简化了分析。

该劳动力市场是竞争性的，而且每个人的工资收入只是其人力资本 $h_i(t)$ 的简单线性函数：

$$w_i(t) = A h_i(t)$$

相反，t 代个体 i 后代的人力资本表示为

$$h_i(t+1) = \begin{cases} e_i(t)^\gamma & \text{当} e_i(t) \geq 1 \\ \bar{h} & \text{当} e_i(t) < 1 \end{cases} \tag{21.52}$$

其中 $\gamma \in (0,1)$，且 $\bar{h} \in (0,1)$ 是个人没有任何教育支出时达到的某个最低人力资本水平。一旦支出超过一定水平（这里设定为 1），个人开始从额外支出获益，并积累了更多的人力资本（不过收益会递减，因为 $\gamma < 1$）。

(21.52) 式给出了不完全信贷市场模型得出多重均衡或者多重稳态必需的关键特征，即人力资本积累技术中的非凸性。习题 21.9 表明该非凸性在这里的结论中起到了举足轻重的作用。

已知上述内容，均衡就很容易描述。每个人选择能够最大化其自身效用的教育支出。这意味着如下用教育表达的"储蓄率"：

$$e_i(t) = \delta w_i(t) = \delta A h_i(t) \tag{21.53}$$

这一规律有一个缺陷（但是对所有结论都不重要）：因为父母通过对其子女的教育支出获取效用，他们即使在 $e_i(t) < 1$ 时也会投资教育；而在此情形中，教育支出被浪费了（该支出并不会令后代拥有更高的人力资本）。

为了获得更明确的结果，我们假设

$$\delta A > 1 > \delta A \bar{h} \tag{21.54}$$

现在，我们观察某个特定年代 i 的人力资本动态情况。在时期 0，$h_i(0) < (\delta A)^{-1}$，于是（21.53）式意味着 $e_i(0) < 1$，于是后代会得到 $h_i(1) = \bar{h}$。已知（21.54）式，$h_i(1) = \bar{h} < (\delta A)^{-1}$，重复这一论证过程，对于所有 t，$h_i(t) = \bar{h} < (\delta A)^{-1}$ 都成立。因此，在开始于 $h_i(0) < (\delta A)^{-1}$ 的年代，从来不会出现大于 $\bar{h}$ 的人力资本水平。

下面，考虑一个 $h_i(0) > (\delta A)^{-1}$ 的年代根据（21.54）式，$h_i(1) = (\delta A h_i(0))^\gamma > 1$，于是该年代逐渐在各代积累了越来越多的人力资本，最终达到 $h^* = (\delta A h^*)^\gamma$ 的稳态，或者

$$h^* = (\delta A)^{\frac{\gamma}{1-\gamma}} > 1$$

自然，这一描述适用于任何 $h_i(0) \in ((\delta A)^{-1}, h^*)$ 的年代。如果 $h_i(0) > h^*$，那么该年代将会有更多的人力资本而且将减少人力资本的积累。

图 21.8 描述了个人人力资本决策的动态过程。它表明存在两个人力资本稳态水平，$\bar{h}$ 和 $h^* > \bar{h}$。一个重要的问题是给定初始条件，经济体（或某个具体的个人）会收敛于多重稳态。现在假设，即使存在多重稳态，均衡仍然是唯一的（表明给定初始条件，存在一个唯一的均衡路径，本节所有模型都讨论了这种情况）。于是，动态均衡由一个有着多重稳态的动态系统表示。每个（局部的）渐进稳态都具有吸引盆①，意思是一些初始条件最终会导致这种特殊的稳态。在这里研究的模型中，两种稳态都是渐近稳定的，图 21.8 描绘了它们的吸引盆。具体地，此图表明稳态 h^* 的吸引盆为 $(0, (\delta A^{-1}))$，即 $h_i(0) > (\delta A)^{-1}$ 的年代倾向于该更高水平的人力资本 $\bar{h}$。

该图还揭示了本模型的动态问题如此简单的原因：单一个体的人力资本动态包含了整个经济的人力资本和收入动态的相关信息。这是因为不存在由这里的均衡决定的价格（例如，人力资本的回报率或者利率）。为此，该类模型的动态问题有时候可以描述为"马尔科夫动态"，因为它们可以用来描述单个个体人力资本行为（没有任何一般均衡的相互影响）的马尔科夫过程加以概括。相比于不平等的动态变化由均衡价格决定的模型，马尔科夫模型要容易处理得多。习题 21.13 给出了这种更复杂模型的例子。

---

① 这是力学词汇，是指像一个汇水盆地一样，把处于山坡上的雨水都集中起来，使之流向盆底。——译者注

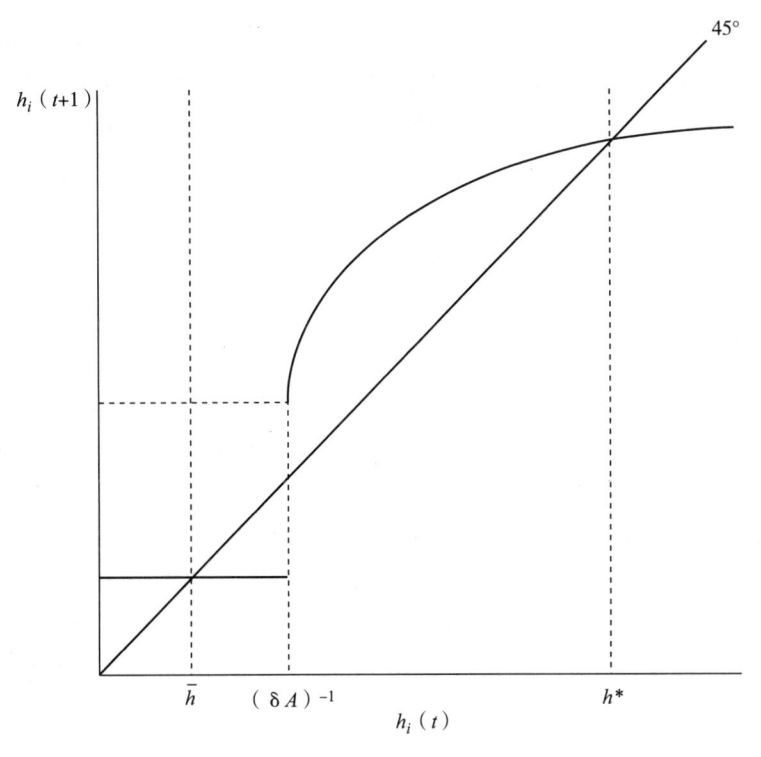

图 21.8　具有非凸性和无借款前提下的动态人力资本

上述分析的最重要含义仍然是贫困陷阱的出现。一个由两群体构成的经济体可以最清晰地阐述这一含义，这两个群体的初始收入水平分别为 h_1 和 $h_2 > h_1$，从而 $(\delta A)^{-1} < h_2$。当不平等（贫困）情况很严重，从而 $h_1 < (\delta A)^{-1}$ 时，大部分人口从不积累人力资本。相反，当不平等不太严重，即有 $h_1 > (\delta A)^{-1}$ 时，所有人都会积累人力资本，最终达到 h^*。该例也表明该经济体中存在着多重稳态。任意比例人口的最终人力资本水平也许会低至 $\bar{h}$，这取决于初始人力资本低于 $(\delta A)^{-1}$ 的年代占多大比例。这个人口比例越高，该经济体就越穷。

这里的多重稳态和前一节模型中强调的多重均衡之间存在着某种一致性。但是，两者的区别更为重要。在第 21.5 节的模型中，一个静态模型可以存在多重均衡。因此，任何因素都无法决定经济体将处于哪个均衡。我们能期待的最多也就是，当每个人都预期该经济会实现更好的均衡时，更好的均衡就真的会实现。我们可以非正式地讨论历史的作用，比如，当一个经济体在一段时间内都处于较低的投资均衡时，它会倾向于停滞不前，但是这个观点有些误入歧途。首先，该模型是一个静态模型，因此关于该经济体的讨论"处于较低均衡状态一段时间"

没什么意义。第二，即使模型让这一状态重复一段时间，使之转为动态模型，该经济体之前几个时期所处的那种均衡对于下一时期多重均衡的存在性也没有影响。具体而言，每个静态均衡在"动态"环境中还是停留在某一个均衡之中，然后，经济体突然从一个均衡跳跃至另一个均衡。因此，多重均衡模型有一定程度的不确定性，在理论和经验上都离现实很远。多重稳态模型则避免了这些棘手的问题。该均衡是唯一的，但是初始条件决定了动态系统最后将结束在何处。因为均衡是唯一的，不存在影响该经济体路径的不确定性和预期。但是因为多重稳态是有可能的，该模型或许有助于考虑潜在的发展陷阱。

该模型还说明了，在一个有着不完全信贷市场（这里是完全没有信贷市场）的经济体中，收入分配是重要的。具体而言，收入分配影响了哪些人不能投资于人力资本积累，从而影响了该经济体的长期收入水平。因此，这类模型有时候被认为暗含着收入分配不平等导致了更低的产出（和增长）。有两类上面的例子似乎支持了这一结论。然而，这并非一个一般解，很有必要强调这类模型并没有就不平等和增长之间的关系做出具体预测。为了描述这一点，再次考虑由两个群体构成的相同经济体，但现在从 $h_1 < h_2 < (\delta A)^{-1}$ 开始。在此例中，两个群体都不积累人力资本，但是会从群体1向群体2再分配资源（从而提高不平等），于是我们将群体2提高至 $h_2 > (\delta A)^{-1}$，这将增加人力资本的积累。该特征是一般性的：在非凸性模型中，关于不平等越严重对经济增长是好是坏没有确定的结论，这取决于更严重的不平等是否将更多人推向低于或是高于关键阈值的区域。在更多的假设下，关于不平等对人力资本积累和发展的影响，我们也许可以得到更清晰的结论。习题21.10介绍了该模型中不平等的参数化，表明更大程度的不平等会导致相对富裕经济体中人力资本和人均产出的降低，而相对贫穷经济体的人力资本投资会增加。

21.6.2 不完全信贷市场中的人力资本投资

现在，我将沿用泽埃拉（Zeira，1993）的模型，在第21.6.1节的环境中引入信贷市场。每个个体仍然存续两期。在年轻时期，他会工作并接受教育。每个个体的效用函数为

$$(1-\delta)\log c_i(t) + \delta \log b_i(t)$$

其中 c 仍然表示该个体在其生命最后的消费。预算约束为

$$c_i(t) + b_i(t) \leq y_i(t)$$

其中 $y_i(t)$ 是个体 i 在 t 期的收入。请注意，偏好仍然采用温情脉脉的利他主义形式，但是父母的效用取决于对后代的货币遗赠 $b_i(t)$，而不是教育支出水平。现在，个人会将货币遗赠给后代用于教育投资。对数表达式仍是为了确保稳定的储蓄率 δ。

教育会带来二元结果，接受教育的工人获取工资 w_s，而缺乏教育的工人获取工资 w_u。变成技能工人所需的教育支出为 h，接受了教育的工人在生命的第一期并没有获得非技能工资 w_u。教育是一种二元决策，这一事实在人力资本投资决策中引入了之前提到的非凸性。①

通过假设存在某种收回贷款的监督方式，构建不完全资本市场的模型。监管成本在借贷利率之间插入一个楔子。具体地，假设存在对所有人开放的线性储蓄技术，该技术将贷款利率固定在不变的水平 r。然而，借款利率为 $i > r$，这是因为监督成本必须能够促使人们还贷（习题 21.12 中有关于这些借款成本的更微观基础的版本）。

再假设

$$w_s - (1+r)h > w_u(2+r) \tag{21.55}$$

这说明当以贷款利率 r 融资时，投资于人力资本是有回报的。

考虑一个拥有财富 x 的个人。如果 $x \geq h$，（21.55）式表明此人投资于教育。当 $x < h$，则投资于教育是否有利取决于此人的财富和借款利率 i。

让我们现在写出此人（当 $x < h$ 时）在两个时期的效用，以及他将留给子女的遗赠。当他投资于教育时，这些遗赠表示为：

$$U_s(x) = \log(w_s + (1+i)(x-h)) + \log(1-\delta)^{1-\delta}\delta^\delta$$
$$b_s(x) = \delta(w_s + (1+i)(x-h))$$

当他不投资于教育时，等式为

$$U_u(x) = \log((1+r)(w_u + x) + w_u) + \log(1-\delta)^{1-\delta}\delta^\delta$$
$$b_u(x) = \delta((1+r)(w_u + x) + w_u)$$

比较这些表达式，显然当且仅当

---

① Galor 和 Moav（2004）提出了人力资本投资非凸性的一个替代，他们提出，当不存在非凸性、信贷市场不完全和更富有年代的人边际储蓄倾向更高时，多重稳态是有可能出现的。该假设由 Kaldor（1957）提出，在本书第 2 章的习题 2.12 中有讨论。

$$x \geqslant f \equiv \frac{(2+r)w_u + (1+i)h - w_s}{i - r}.$$

个体愿意投资于教育。简单地使用不受约束的投资者、受约束的投资者和受约束的非投资者的遗赠，可以获得个人的财富动态。

更具体地，描述动态均衡的这一均衡映射（equilibrium correspondence）可表示为

$$x(t+1) = \begin{cases} b_u(x(t)) = \delta((1+r)(w_u + x(t)) + w_u) & \text{当}\ x(t) < f \\ b_s(x(t)) = \delta(w_s + (1+i)(x(t) - h)) & \text{当}\ h > x(t) \geqslant f \\ b_n(x(t)) = \delta(w_s + (1+r)(x(t) - h)) & \text{当}\ x(t) \geqslant h \end{cases} \quad (21.56)$$

动态均衡可以通过（21.56）式的图进行图解分析，如图21.9所示。在第21.6.1节的模型中强调的，和（21.56）式相对应的曲线同时描述了每个人的财富和经济体的总财富的演化过程。这也是当前模型的马尔科夫特征。

现在将 x^* 定义为均衡映射更为陡峭时，（21.56）式的均衡曲线和45度线的交点。当借款利率 i 足够大且贷款利率 r 不那么大的时候（具体而言，我们要求 $i > (1-\delta)/\delta > r$），该交点存在。假设情况的确如此。接着图21.9清楚地表明（21.56）式和45度线有三个交点：$\bar{x}_U$、x^* 和 $\bar{x}_S$。此外，该图表明 x^* 和一个非稳态相对应，而其他两个交点是局部渐进稳定的。

通过图21.9，我们很容易获得稳态对 $\bar{x}_U$ 和 $\bar{x}_S$ 的吸引盆。具体而言，所有具有 $x(t) < x^*$ 的个体都趋近于贫困陷阱，在某种意义上，具有初始财富的个人（年代）在此期间会趋向 $\bar{x}_U$。收入的初始分配对该经济体的效率和收入水平也有一阶影响。如果大多数个人开始于 $x(t) < x^*$，那么经济体具有低生产率、低人力资本和低财富的特征。因此，该模型将第21.6.1节的无借贷简单模型拓展为更丰富的个人会进行前瞻性人力资本投资的模型。关键之处仍然是信贷市场不完全和不平等之间的相互影响（这里的借款利率比储蓄利率高）。和早期的模型一样，很容易举出不平等加剧会导致或好或坏结果的例子，取决于这种情况是否会使更多的个人陷入较低的稳态吸引盆。

此模型的一个重要特征是，因为它允许个人在金融市场借贷，从而有助于研究金融发展对人力资本投资的影响。在具有更好的金融制度的经济体中，借贷利差更小，i 在给定 r 水平下将会更小。当 i 更小，更多的人会逃离贫困陷阱，而且实际上，贫困陷阱或许根本就不存在［在（21.56）式更为陡峭的区域，或许不

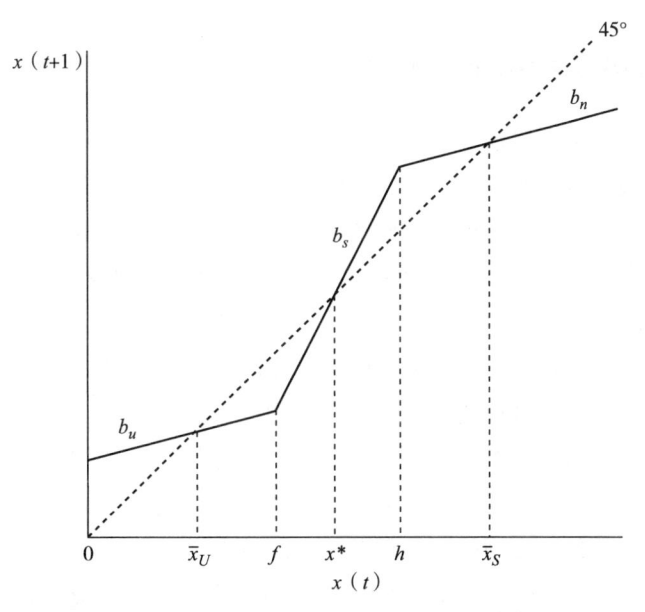

图21.9 盖勒和泽埃拉（Galor and Zeira, 1993）的多重稳态均衡模型

存在（21.56）式和45度线的交点]。因此金融发展不仅改善了风险分担状况（如第21.1节所示），而且通过放松信贷市场约束，还能促进人力资本积累。

尽管本节的模型比第21.6.1节的要复杂，它仍然只是一个局部均衡模型。作为初始人力资本水平（或者财富）的函数，不同的个人可能达到不同的稳态，但是个人动态不会受到总体均衡价格的影响。盖勒和泽埃拉等人（Galor and Zeira, 1993; Banerjee and Newman, 1993; Aghion and Bolton, 1997; Piketty, 1997）考虑了更富裕的情形，其中每个年代（个人）的收入动态都受到总均衡价格（例如，利率或工资率）的影响，而总均衡价格本身是收入不平等的函数。习题21.11表明，由这一模型得出的多重稳态容易受到收入动态方面的干扰因素的影响，与多重稳态不同，长期均衡也许会得到人力资本水平的静态分布，尽管该静态分布可能显得相当持久。① 与此相反，价格由一般均衡决定且影响财富（收入）动态的模型可以产生更稳健的多重稳态。

---

① 请注意，这关系到模型的马尔科夫性质。马尔科夫模型可能产生多重稳态，因为该模型包含的马尔科夫链或马尔科夫过程不具有遍历性（例如，贫穷的个人永远无法积累足够的资金以变得更富有）。较少的干扰因素则确保了这一收入分配的不同部分之间可以"沟通"，从而使马尔科夫过程具有遍历性而且能够排除稳态的多重性。

911

21.7 发展和增长理论能够统一吗?

本章讨论的模型中出现了一个统一的主题。这些模型既强调经济和社会在发展过程中的转型，也强调转型失败的潜在原因。这种转型表现为生产结构的变化，刚起步的工业化进程，更高比例的人口从农村迁移至城市，金融市场变得更发达以及无效率和市场失灵的程度随着时间推移变得不那么明显。在很多情况下，这一过程的推动力因由其引起的结构转型而增强。

本节的目的并不是提供一个发展中的结构转型和市场失灵的统一模型。尝试将发展的许多不同方面打包放入一个单一模型的做法常常会导致研究框架过于复杂，而我相信对现实的相对抽象会更有启发性。此外，（以往的）文献在帮助我们发展统一框架方面并没有提供充分的帮助。相反，我提出了一个简化模型，旨在呈现本章给出的各个模型的一些重要的共同特点。

在本章和前面章节介绍的所有模型中，经济发展和资本深化是相关联的，所谓的资本深化就是指（在生产中）用更多的资本替代劳动力。因此，我们也可以用经济体的资本劳动比 $k(t)$ 的增加近似地表示经济增长过程。这不一定意味着资本积累是经济增长的引擎。实际上，前面的章节已经强调技术变化如何从根本上推动经济增长过程（和经济发展），以及资本深化也许是技术变化的结果。此外，第21.4 节表明，影响发展的关键变量为何可能是某个经济体的技术与世界技术前沿的差距。然而，即使在这些情况下，资本劳动比的提高也可能会沿着均衡路径发生，而且会被用作发展阶段的一个近似表达（不过在这种情况下，我们必须注意不将资本劳动比的提高混淆为确保经济发展）。在明确这一点后，本节将资本劳动比当作发展阶段的近似值，同时为了便于分析，我用索洛模型表示动态的资本劳动比。

具体而言，考虑一个连续时间的经济体，其人均产出表示为

$$y(t) = f(k(t), x(t)) \tag{21.57}$$

其中 $k(t)$ 是资本劳动比，$x(t)$ 是某个社会变量，例如金融发展、城市化、生产结构或者家庭结构。和通常一样，f 对 k 可微、递增且严格为凹。社会变量 x 潜在地影响生产过程的效率，而且是人均生产函数（21.57）式的一部分。作为惯例，假设 x 的增加对应于"结构变化"（例如，从乡村转移到城市）。因此 f 也对 x 递增，而且它对 x 的偏导数是非负的，即有 $f_x \geq 0$。自然，不是所有结构变化都是有益的。然而，为了简便，我着重观察 f 对 x 递增的情况。

假设结构变化可以用以下微分方程表示

$$\dot{x}(t) = g(k(t), x(t)) \tag{21.58}$$

其中 g 是二阶可微的。由于 x 表示和发展相关的结构变化，g 对 k 递增，而且，它对 k 的偏导数严格为正，即有 $g_k > 0$。标准"均值回归"式的推导说明，导数 g_x 为负数的情况是最合理的。如果 x 大于其自然水平，它将下降，如果低于其自然水平，它会上升。受这一推导的启发，我们假设 $g_x < 0$。

根据第 2 章索洛增长模型的资本积累，则

$$\dot{k}(t) = sf(k(t), x(t)) - \delta k(t) \tag{21.59}$$

这里为了简化，我已经假定没有人口增长，而且不存在技术变化。对于一个固定的 x，资本自然会以和基本索洛模型中相同的方式积累。该经济体的结构稍微有点复杂，因为 $x(t)$ 也会变化。

首先考虑 $f_x(k, x) \equiv 0$ 的情况，则社会变量 x 对生产效率没有影响。该例的动态情况如图 21.10 所示。垂直的粗线表示 $\dot{k}(t)/k(t) = 0$ 的轨迹：它表示微分方程（21.59）式的稳态。该轨迹表现为一条垂直线，因为只有唯一的 $k(t)$，k^* 值符合稳态。另一方面，向上倾斜的线和（21.58）式相对应，表示满足 $\dot{x}(t)/x(t) = 0$ 时 k 和 x 值的轨迹。该轨迹是向上倾斜的，因为 g 对 k 递增，对 x 递减。图中箭头表示的运动法则直接来自（21.58）式和（21.59）式。比如，当 $k(t) < k^*$，（21.59）式表明 $k(t)$ 将会递增。简而言之，当 $x(t)$ 高于 $\dot{x}(t)/x(t) = 0$

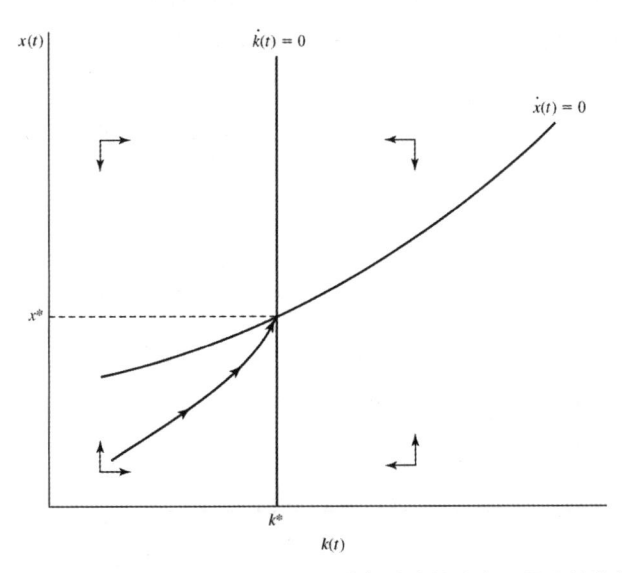

图 21.10 不考虑社会变量 x 对生产效率影响的资本积累和结构转型

的轨迹时，(21.58) 式表明 $x(t)$ 将会递减。已知这些运动法则，很容易发现代表该模型均衡的动态体系是全局稳态的，而且从任意 $k(0)>0$ 和 $x(0)>0$ 开始，该经济体都会朝着唯一的稳态 (k^*, x^*) 运动。现在考虑欠发达经济体的动态情况，即开始于一个较低资本劳动比 $k(0)$ 和一个较低水平的社会变量 $x(0)$。接着，该经济体会伴随着资本的逐步深化和 $x(t)$ 朝着 x^* 的相应增长而发展，这可视为发展诱致型结构变化的简化表达式。

下面，考虑 $f_x(k,x)>0$ 这种更有趣的情况。在这种情况下，$\dot{k}(t)/k(t)=0$ 的轨迹也是向上倾斜的，因为 $f_x>0$，而且根据标准观点，(21.59) 式的右侧相对于 k 递减（具体地，因为 $f(k,x)$ 对 k 严格为凹，因此对于所有 k 和 x，$f(k,x)/k > f_k(k,x)$ 成立；见习题 21.14）。$\dot{k}(t)/k(t)=0$ 和 $\dot{x}(t)/k(t)=0$ 的轨迹的交点又确定了稳态。由于这两条曲线现在都是向上倾斜的，多重稳态的发生是有可能的（图 21.11）。这些多重稳态也许与总需求的外部性和信贷市场不完全导致的多重均衡相对应。较低的稳态 (k', x') 对应于社会变量 x 很低的情况，后者抑制了生产率，并且使经济体以较低的资本劳动比进入稳态。相反，在较高的稳态 (k^*, x^*) 中，较高的 x 支持更高的生产率，并且带来与稳态相符的更高的资本劳动比。可以确定的是，不论是较低还是较高的稳态都是局部稳定的，所以从某一点的附近开始，经济体会趋向稳态并且停留在那里。这个观点强调了历史因素在发展过程中的重要性。当历史因素或者经济体的禀赋处于较低的稳态吸引盆，该经济体会趋向该稳态，陷入发展陷阱。有趣的是，该发展陷阱至少部分是由缺乏结构变化引起的（例如，社会变量 x 的值较小）。

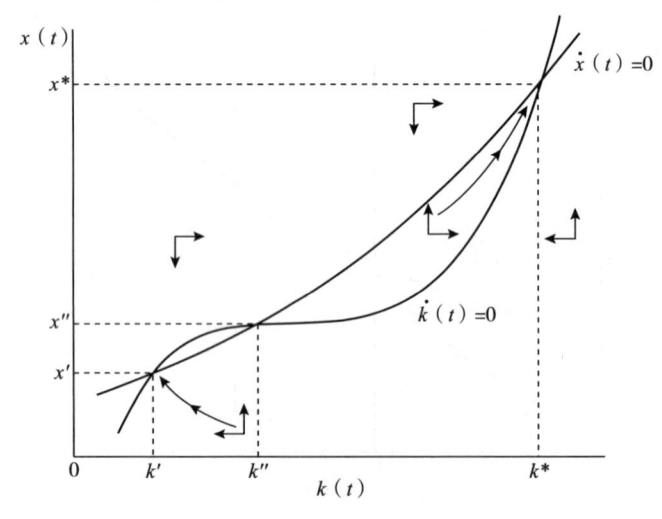

图 21.11　多重稳态下的资本积累和结构转型

图 21.11 清楚地表明，这种多样性要求 $\dot{k}(t)/k(t) = 0$ 的轨迹相对平坦，至少就一定范围内而言。对（21.59）式的检验表明，这种情况发生的前提是 $f_x(k, x)$ 至少在一定范围内较大。直观地说，多重稳态只会在社会变量 x（或者结构变化）对生产率有较大影响时才会出现。

比多重稳态更有趣的也许是这样一种情况，在相同的作用力下，只有唯一的稳态存在。相同的理由说明当 $f_x(k,x)$ 相对较小时，这种情况会出现。在这种情况下，$\dot{k}(t)/k(t) = 0$ 的轨迹在每个地方都比 $\dot{x}(t)/x(t) = 0$ 的轨迹要陡峭。这种情况如图 21.12 所示，其唯一的稳态表示为 (k^*,x^*)。图中表示运动法则的箭头，仍然是根据对微分方程（21.58）式和（21.59）式的检验绘出。该图表明这个唯一稳态是全局稳态的（见习题 21.14 的证明）。再次考虑一个具有较低资本劳动比 $k(0)$ 的欠发达经济体和一个较低的社会变量值 $x(0)$。该例中的动态从性质上说与图 21.10 式中的类似。然而，经济环境有一点差异。资本积累（资本深化）导致 $x(t)$ 和以往一样不断增长，但是现在该结构变化也提高了生产率（正如第 17 章的第 17.6 节中以及第 21.3 节和第 21.1 节中的模型所示）。这种生产率的提高会使资本积累更快且存在发展的自我强化（积累）过程，同时经济增长引起结构变化，这又有利于更进一步的增长。然而，因为 x 对生产率的影响是有限的，这一过程最终使该经济体朝着唯一的稳态趋近。

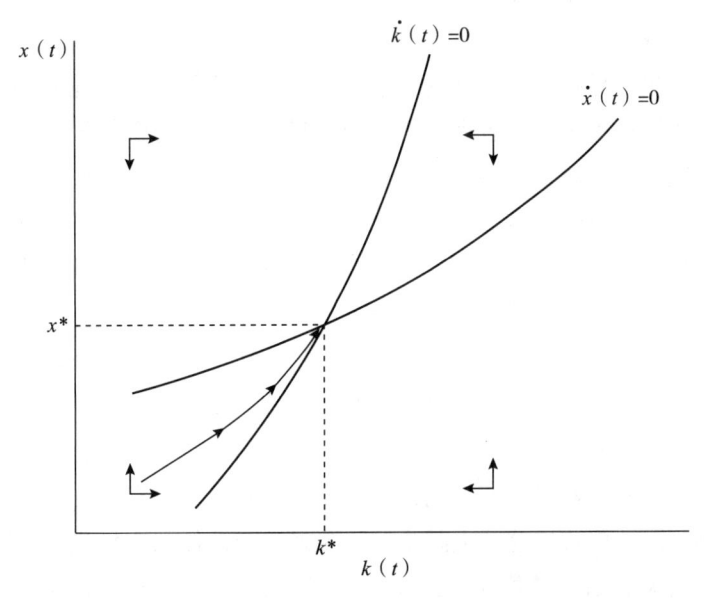

图 21.12 当社会变量 x 影响生产率但存在唯一稳态时的资本积累和结构转型

因此，结构变化的这种简化表达式抓住了本章强调的某些突出特征。这并不意味着它是一个统一的模型；相反，它并没有把结构变化的各个方面都结合在一起，而是给出了一个抽象的表达，强调与资本积累相对应的发展过程如何与结构变化密切相关，这或许反过来会提高生产率并有助于资本的进一步积累。构建真正将经济发展和结构变化统一起来的模型是未来的研究领域之一。

21.8 小结

本章结合与经济发展相伴而行的结构转型，介绍了对结构转型的各个方面予以分析的许多模型。正如前一节强调的，即使这些模型有很多共同点，将各个不同方面统一起来的分析框架也并不存在。前一节试图找到这些共同点，在此，我不再予以重复，而是指出本章涵盖的很多主题都属于当前研究的前沿领域，很多研究都有待完善，并由此得出结论。经济发展与经济增长密切相关，但是对前者的研究可能需要不同的甚至是专门的模型，它们不仅关注均衡增长而且关注新古典和内生技术模型刻画的有序增长行为。这些模型可能需要考虑市场失灵以及这些市场失灵如何随着时间推移变得更加严重。这个观点构建在对经济发展的本质是结构转型（包括金融发展、人口变化、迁徙、城市化、组织变化和其他社会变化）过程这一认识之上。

经济发展的另一个潜在的重要方面是生产组织、信贷市场和产品市场缺乏效率的可能性会最终导致经济发展落入陷阱。这些缺乏效率的情况或许来自总需求外部性导致的协调不足，或者来自不完全信贷市场和人力资本投资之间的相互影响。这些议题不仅强调了理解经济发展过程必须注重的问题，而且引出了在增长分析中居于一线地位的标准经济增长文献并不看重的一系列问题。这些问题主要包括金融市场组织、收入和财富分配、激励问题（例如道德风险问题）、逆向选择以及信贷市场和生产关系中的不完备合同。

分析经济发展需要特别关注这些主题，这一认识在本章还开启了一种发展的经验研究和理论研究之间更富建设性的互动方式。正如已经提及的那样，现在已经有很多关于经济发展的经验文献，它们记录了信贷市场不完全的程度，不平等对人力资本投资和就业选择的影响，社会变化过程以及欠发达国家的各种其他市场失灵问题。总体而言，这些文献是关于欠发达经济体的市场失灵的，有时也会关注这些市场失灵如何被修正。经济增长的标准模型并未考虑这些市场失灵问题。就未来的研究而言，一个成果丰富的领域是把关注市场失灵的经济增长和发展的理论模型与有关市场失灵的发生率、特征及其成本的丰富的经验证据相结合。这种结合兼顾了理论的严谨性和经验基础，也许最重要的是，它可以重点研究经济发展的本质——为什么某些国家是欠发达的，它们如何才能发展得更快，以及它们怎样才能启动经济发展必需的结构转型过程。

21.9 参考文献

本质上，本章已经涵盖了大量的材料。我对主题的选择既是基于自己的兴趣，也是为了使本章不会超出现有的篇幅。

第 21.1 节只是简要介绍了金融发展和经济增长的大量文献。从理论层面看，汤森德等人（Townsend，1979；Greenwood and Jovanovic，1990；Bencivenga and Smith，1991）一方面重点研究了金融发展和风险分散之间的相互作用，另一方面重点研究了资金在不同任务以及不同个人之间的配置。奥布斯菲尔德等人（Obstfeld，1994；Acemoglu and Zilibotti，1997）着重分析了金融发展和风险分散化之间的关系。还有很多经验研究文献探究了金融发展对经济增长的影响。莱文（Levine，2005）很好地综述了这些文献。最著名的经验研究文献来自金和莱文（King and Levine，1993），它论证了金融发展和经济增长之间的跨国相关性，拉詹和津加莱斯（Rajan and Zingales，1998）提出，金融发展不足会给具有更多外部借款需求的部门带来很大的负面影响，同时，贾亚拉特尼和斯特拉汉（Jayaratne and Strahan，1996）分析了放松银行监管在增强美国金融市场竞争的同时，如何导致了美国更快的金融和经济增长。在讨论金融发展的时候，我也提到了关于库兹涅茨曲线的文献。对于库兹涅茨曲线是否存在，学界尚未达成共识。研究历史数据的工作，比如林德特和威廉姆森（Lindert and Williamson，1976）或者布吉尼翁和莫里森（Bourguignon and Morrison，2002）提出了一个和库兹涅茨曲线一致的总体模式，而菲尔茨（Fields，1980）使用二战后各国的面板数据进行研究，但他并未找到和该曲线类似的一致模式。

关于生育、人口迁移和经济增长的文献也很多。利维-巴希（Livi-Bacci，1997）和麦迪森（Maddison，2003）总结了世界人口和人口增长跨国差异的主要趋势。贝克尔（Becker，1981）提出了父母面临子女数量和人力资本之间的权衡问题，也即在数量和质量之间的权衡。利维-巴希（1997）研究的总体模式也和该观点相符，尽管几乎不存在支持这种权衡的微观证据。最近有关微观数据的研究工作（Black、Devereux and Salvanes，2005）围绕着挪威、以色列和中国的数据展开，不过并未有力地支持这种质量和数量权衡。贝克尔和巴罗（Becker and Barro，1988，1989）最早将生育选择引入增长模型。贝克尔及其合作者（Becker、Murphy and Tamura，1990）还首次提出了具有生育选择的内生增长模型。关于人口迁移和从马尔萨斯情形过渡到可持续增长情形的近期研究工作包括古德弗兰德和麦克德莫特等人的研究（Goodfriend and McDermott，1995；Galor and Weil，1996，2000；Hanson and Prescott，2002；Doepke，2004）。克莱姆利-奥斯肯等人（Kalemli-Ozcan，2002；Fernandez-Villaverde，2003）重点研究了增长环境下死亡率下降对生育选择的影响。盖勒和莫维（Galor and Moav，2002，2004）近期的系列文章将生育选择、质量和数量权衡以及自然选择结合起来研究。盖勒（2005）精彩地概述了此类文献。第21.2节介绍的第一个模型是马尔萨斯在其1798年代表作中的经典模型的简化版本，而第二个模型则是贝克尔和巴罗（1988）、盖勒和威尔（2000）的简化版本。

城市化是经济发展过程中的另一个主要方面。贝洛克（Bairoch，1988）概述了城市化的历史。第21.3节的模型建立在刘易斯（1954）的经典研究之上，该模型认为，我们可以将早期发展视为现代部门可以获得剩余劳动力的情形，于是增长受制于资本和技术而不是劳动力。哈里斯和托达罗（Harris and Todaro，1970）著名的文章也强调了人口迁徙的重要性，不过他们的模型以城乡之间自由迁移为特征，而且提出了城市地区的失业是实现均衡的关键变量。

第21.3.2节介绍的第二个模型是基于班纳吉和纽曼（1998）、我本人和齐利博蒂（1999）的研究。班纳吉和纽曼强调了较小的农村社区在降低信贷关系中的道德风险方面拥有优势，并说明了这种优势如何与城市化进程（涉及个人迁移到边际产品更高的地区）相互作用。我和齐利博蒂认为，发展会引致信息积累。特别是，当更多人从事相似的工作，就会发现更多对社会有用的信息，这会导致更复杂的合同关系与生产关系。第21.3.2节还提到欠发达经济体中的社会和经济关系的另一个重要方面：社区执行的重要性。克利福德·格尔茨（Clifford Geertz，1963）强调了社区执行机制的重要性，以及它们有时候可能会与市场发生冲突。第21.4节基于我、阿吉翁和齐利博蒂（2006）的研究。

第21.5节基于墨菲、施莱弗和维什尼（1989）的著名文章为基础，该文将罗森斯坦-罗丹（1943）首次提出的观点形式化。另一类模型证明了垄断竞争模型可能存在多重均衡，这类模型都有非凸性的特征，例如清泷信宏（Kiyotaki，1988）的研究，他在具有内生劳动供给选择和投资决策的模型中得出了类似结论。松山公纪（Matsuyama，1995）对这些模型进行了精彩的概述，并清晰地讨论了为什么在有垄断竞争的前提下，货币外部性可能会导致多重均衡。

克鲁格曼（1991）和松山公纪（1991）讨论了多重均衡和多重稳态之间的区别。这些文章都强调一个观点，在具有多重均衡的模型中，人们的预期决定了哪种均衡会出现，而在多重稳态模型中，只可能（或者通常）有唯一的均衡，且初始条件（历史）决定了该经济体最终会走向何处。

第21.6.2节的模型基于盖勒和泽埃拉（1993）的第一个模型。班纳吉和纽曼（1993）在不平等影响就业选择的环境下研究了类似的观点，阿吉翁和博尔顿（1997），皮凯蒂（1997）则在不平等和企业家的投资相互作用的背景下研究了类似的观点。研究过动态不平等及其与效率之间相互作用的其他学者包括劳里等人（Loury，1981；Tamura，1991；Benabou，1996；Durlauf，1996；Fernandez and Rogerson，1996；Glomm and Ravikumar，1992；Acemoglu，1997b）。

21.10 习题

21.1 分析第21.1节的经济体的均衡，放松每个人要么将其财富全部投资于有风险的节约型技术（saving technology），要么一点也不投资的假设。这种一般性处理是否会影响文中导出的定性结论？

21.2 考虑第21.1节的经济体。

(a) 证明：在（21.5）式中，$K(t+1)$ 在每个地方都对 $K(t)$ 递增，且当 $K(t) > \bar{K}$ 时，存在某个 $\bar{K}$，可令资本存量随时间推移而不断增长。

(b) 该经济体的资本存量有可能存在不止一个稳态水平吗？如果可能，请对这种多重性给出直观解释。

(c) 假定使资本存量 K^* 达到稳态水平的充分条件是唯一的。证明：在这种情况下，当 $K(t) < K^*$ 时，有 $K(t+1) > K(t)$。

21.3 在第21.2.1节的模型中，假定人口增长方程采用 $L(t+1) = \varepsilon(t)(n(t+1)-1)L(t)$ 而非（21.8）式的形式，其中 $\varepsilon(t)$ 是随机变量，取两个值之一，$1-\bar{\varepsilon}$ 或者 $1+\bar{\varepsilon}$，这表明该随机要素会影响人口增长。请描述随机均衡。具体地，描绘表示动态均衡行为的随机映射（stochastic correspondence），并分析外部冲击如何影响人口增长和收入动态。

21.4 完整地描述第21.3.1节的模型中的迁移、城市资本劳动比和工资的动态轨迹（可考虑该节的条件1、条件2和条件3并不全部同时成立的情况)。

21.5 考虑第21.3.2节的模型,假设所有个体在 $t=0$ 期的效用都有标准的 CRRA 偏好。将该节的均衡路径看作已知的,试求使 $t=0$ 期的效用最大化的社区执行优势 ξ。当乡村社区执行的真实比较优势大于该水平时将会怎样?

21.6 考虑(21.31)式的最大化。

(a) 请解释为什么该最大化问题描述了工人对工作任务的均衡配置。什么样的价格体系才能支持这种配置?

(b) 推导(21.32)式的一阶条件。

(c) 试求一个充分条件,使该问题的解包括所有技术工人在技术 $\bar{h}$ 下被雇用。

(d) 试举出一个例子,即使 $A_{\bar{h}} > A_h$ 对所有 $h \in [0, \bar{h}]$ 都成立,也没有工人在技术 $\bar{h}$ 下被雇用。

(e) 有没有可能存在一种解,在均衡状态中至少使用了两种技术?如果存在,请解释这种均衡出现的条件。

21.7 考虑第21.4节中的模型有另一个版本,其中企业必须就组织形式做出决策,具体而言,它们要决定是否垂直一体化。为此,考虑对(21.38)式稍做修正:

$$A(v, t) = \eta \bar{A}(t-1) + \gamma(v, t) A(t-1)$$

其中 $\gamma(v, t) = \underline{\gamma} + \theta(v, t)$。假定企业家的努力会提高 $\theta(v, t)$,而且该企业的内部组织会影响企业家将多少精力投入创新活动。具体地,假定如果存在垂直一体化,则 $\theta(v, t) = 0$,因为该企业家已经超负荷工作,只有有限的时间用于创新活动。相反,如果采用外包,则 $\theta(v, t) = \theta > 0$。然而当存在外包行为时,企业家不得不将 $\beta > 0$ 比例的利润分享给承接了外包业务的那家企业的经理(或所有者)(然而在垂直一体化结构中,企业可以保留全部收益)。

(a) 企业家的利润最大化外包决策是 $a(t)$ 的函数。具体地,证明存在一个阈值 $\bar{a}$,使对于所有 $a(t) \leq \bar{a}$ 都存在垂直一体化,对于所有 $a(t) > \bar{a}$ 则存在外包行为。

(b) 将该均衡行为和企业的增长最大化型内部组织进行比较。

21.8 证明:当第21.5节的模型存在着多重均衡时,有投资行为的均衡帕累托占优于无投资行为的均衡。

21.9 考虑第 21.6.1 节的模型，排除积累方程（21.52）式的非凸性，于是对于任意水平的 $e_i(t)$ 和 $\gamma \in (0,1)$ 而言，个体 i 的后代的人力资本表示为 $h_i(t+1) = e_i(t)^\gamma$。证明：每个年代都会收敛于一个唯一的人力资本水平。基于该结论，请解释非凸性在形成多重稳态时起到的作用。

21.10 考虑第 21.6.1 节的模型，假定初始不平等用一个均匀分布表示，其人力资本均值为 $h(0)$，其支集为 $[h(0) - \lambda, h(0) + \lambda]$。$\lambda$ 的增加表示更大的不平等。

(a) 证明：当 $h(0)$ 足够小，λ 的增加会增加长期平均人力资本和收入，然而当 $h(0)$ 足够大时，λ 的增加会减少平均人力资本和收入。[提示：利用图 21.8 和图 21.9。]

(b) 什么类型的其他分布（除了均匀分布）可以得出相同的结论？

(c) 证明：相同的结论可以推广到第 21.6.2 节的模型中。

(d) 基于这一结论，讨论我们是否应该认为更大的不平等会导致贫穷的社会有更高收入，而富裕社会则收入更低。（如果答案是否定的，则简要说明什么时候这种情况不成立。）

21.11 考虑第 21.6.2 节介绍的模型。做出以下两点修正：第一，效用函数为

$$(1-\delta)^{-(1-\delta)} \delta^{-\delta} c^{1-\delta} b^\delta \tag{21.60}$$

其次，非熟练劳动力的工资为 $w_u + \varepsilon$，其中 ε 表示均值为零的随机冲击。

(a) 假设 ε 分布于集合 $[-\lambda, \lambda]$。证明：如果 λ 足够接近于零，则第 21.6.2 节描述的多重稳态存在，该稳态取决于其初始条件，某些年代的人会变成高技能人口，而其他人则变成低技能人口。

(b) 为什么将文中使用的对数形式的效用函数换成（21.60）式会更方便？

(c) 现在假设 ε 分布于集合 $[-\lambda, \infty]$，其中 $\lambda \leq w_u$。证明：在此情形下，存在唯一遍历性的财富分布，而且没有贫困陷阱。请解释为何这里的结论和问题（a）的结论不同。

(d) 此外，如果熟练劳动力的工资为 $w_s + v$，其中 v 是另一个均值为零的随机冲击，结果会有什么不同？[提示：简要描述分析过程以及均衡结构，不用重复问题（c）的完整分析。]

21.12 (a) 在第21.6.2节的模型中，假定每个人都不用偿还债务，而且如果他这样做，也永远不会被抓住。然而，银行可以按照每单位借贷金额支付监督成本 m，以此防范逃债行为。假定很多银行以伯特兰竞争的方式开展贷款业务。在这些假设下，证明：所有银行的贷款业务都伴随着监督行为，而且贷款利率满足 $i = r + m$。证明：在这种情况下，文中的所有结论都适用。

(b) 下面假设银行支付 M 单位的固定监督成本以防止个人逃债。在和问题（a）相同的假设下，证明：在这种情况下，对借款额为 $x - h$ 的个人收取的利率为 $i = r + M/(x-h)$。已知该假设，试求第21.6.2节模型的均衡。在这种情况下，结论会如何发生变化？

(c) 下面假设没有办法阻止个人的骗贷行为，但是当骗贷行为发生时，此人被抓的概率为 p，而且如果被抓，其收入的 $\lambda \in (0,1)$ 比例会被充公。在该假设下，试求第21.6.2节模型中的动态均衡。这些结论会如何变化？

(d) 现在考虑 w_s 的增加（对于给定的 w_u），则经济体中的技能溢价会增加。问题（a）至问题（c）概述的哪一种情形会对人力资本投资带来最大影响？

21.13 在此习题中，请研究班纳吉和纽曼（1994）的工作机会模型。每个人的效用函数仍是

$$(1-\delta)^{-(1-\delta)}\delta^{-\delta}c^{1-\delta}b^{\delta} - z$$

其中 z 表示不管个人是否努力，他付出的努力被标准化为1。每个人都会选择四种可能职业中的一种。这些职业包括：（1）生活却不工作，这会令劳动力没有收入，而且资产的回报率为 $\hat{r} < 1/\delta$；（2）工作并获得工资 v；（3）自我雇佣，这需要投资 I 加上自己的劳动力；（4）创业，这要求 μI 的投资加上 μ 个雇佣工人，此人将成为老板，监督这些工人（同时并不参与直接的生产活动）。所有职业除了第一种都需要耗费精力。让我们假设企业家和自我雇佣两种职业都能产生比不工作更多的回报率（例如，两种活动的平均回报率为 $\bar{r} > \hat{r}$）。

(a) 推导和上述偏好相关的间接效用函数。证明：没有人会为了小

于 1 的工资而参加工作。

(b) 假定 $\mu[I(\bar{r}-\hat{r})-1]-1 > I(\bar{r}-\hat{r})-1 > 0$。请解释该假设。[提示：这与自己创业和以最小可能工资 1 自我雇佣的概率有关。]

(c) 假定只有拥有 $w \geq w^*$ 财富的人才能借到足够的钱实现自我雇佣，而拥有 $w \geq w^{**} > w^*$ 财富的人才能借到 μI 的资金实现创业。请对这些借款约束给出直观解释。

(d) 现在计算这四种职业的期望间接效用。证明：如果 $v > \bar{v} \equiv (\mu-1)(\bar{r}-\hat{r})I/\mu$，则自我雇佣优于创业。

(e) 假定 t 期的财富分配由 $G_t(w)$ 给出。基于问题（d）的结论，证明该经济体的劳动需求为

$$\begin{aligned} x &= 0 & \text{当 } v > \bar{v} \\ x &\in [0, \mu(1-G_t(w^{**}))] & \text{当 } v = \bar{v} \\ x &= \mu(1-G_t(w^{**})) & \text{当 } v < \bar{v} \end{aligned}$$

(f) 令 $\tilde{v} \equiv (\bar{r}-\hat{r})I > \bar{v}$。证明：劳动力供给为

$$\begin{aligned} s &= 0 & \text{当 } v < 1 \\ s &\in [0, G_t(w^*)] & \text{当 } v = 1 \\ s &= G_t(w^*) & \text{当 } 1 < v < \tilde{v} \\ s &\in [G_t(w^*), 1] & \text{当 } v = \tilde{v} \\ s &= 1 & \text{当 } v > \tilde{v} \end{aligned}$$

(g) 证明：如果 $G_t(w^*) > \mu[1-G_t(w^{**})]$，那么存在超额劳动力供给，且均衡工资率为 $v = 1$。证明：如果 $G_t(w^*) < \mu[1-G_t(w^{**})]$，存在对劳动力的超额需求，且均衡工资率为 $v = \bar{v}$。

(h) 现在根据以下情况推导（具有财富 w 的工人的）财富（遗赠）动态：（1）只生活不工作时：$b(t) = \delta \hat{r} w$；（2）当工人：$b(t) = \delta(\hat{r}w + v)$；（3）自我雇佣：$b(t) = \delta(\bar{r}I + \hat{r}(w-I))$；（4）创业：$b(t) = \delta(\bar{r}\mu I + \hat{r}(w-\mu I) - \mu v)$。请对每个表达式做出直观解释。

(i) 现在使用问题（b）的财富动态，证明：具有不同财富分配和工

作选择的多重稳态是有可能存在的。具体地，证明当工资率为 v 时，工人的稳态财富水平为 $w_w(v) = \delta v/(1 - \delta \hat{r})$，而个人自我雇佣时的稳态财富水平为 $w_{se} = \delta(\bar{r} - \hat{r})I/(1 - \delta \hat{r})$，创业的财富水平为 $w_e(v) = \delta(\bar{r}\mu I - \hat{r}\mu I - \mu v)/(1 - \delta \hat{r})$。现在证明当 $w_w(v = 1) < w^*$ 且 $w_e(v = \bar{v}) > w^{**}$ 时，均衡工资率为 $v = 1$ 的稳态中，工人不会积累充足的财富实现自我雇佣，而创业者积累了足够的财富以维持创业的需要。请解释原因。[提示：这取决于均衡工资率。]

(j) 已知问题 (i) 的结论，证明：如果初始的财富分配使条件 $\mu(1 - G(w^{**})) < G(w^*)$ 成立，稳态的均衡工资就是 $v = 1$ 且没有自我雇佣，而对于 $\mu(1 - G(w^{**})) > G(w^*)$，均衡工资为 $v = \bar{v}$ 且存在自我雇佣。比较这两种稳态的产出水平。

(k) 用产出比较该模型中稳态是否可行？这是否和历史经验相一致？该模型相对于第 21.6.2 节讨论的盖勒－泽埃拉模型具有什么优缺点？

21.14 该习题要求读者更规范地分析第 21.7 节的简化模型的动态。

1. 证明：当 $f_x > 0$ 时，由 (21.58) 式给出的 $\dot{k}/k = 0$ 的轨迹是一条向上倾斜的曲线。

2. 考虑微分方程 (21.58) 式和 (21.59) 式，以及稳态 (k^*, x^*)。将两个围绕着 (k^*, x^*) 的微分方程线性化，以此证明：如果 $f_x(k^*, x^*)$ 足够小，稳态是局部稳定的。

3. 对 $f_x(k, x)$ 设定一个统一的限制 (bound)，则存在一个唯一的稳态。证明：当应用了这一限制后，唯一的稳态是全局稳定的。

4. 构建存在多重稳态的一个参数化例子。求出该例子的必要条件。你认为它们从经济学意义上是否可能？

第八篇　增长的政治经济学

　　本篇将从经济增长的机制转而研究经济增长的潜在原因。迄今为止几乎所有研究过的模型都把经济制度（如产权及各类书面合同）、政策（如税率、扭曲及补贴）和市场结构当作给定的，然后导出经济增长和跨国收入差异的含义。尽管这些模型构成了增长理论的核心，但是第1章和第4章提出的一些关键问题仍然没有答案：为什么有的国家选择抑制增长的制度和政策，而有的国家选择促进增长的制度安排？本篇首次尝试从政治经济学的视角，也就是说，基于以不同方式加总个人偏好导致的制度与政策差异，以及基于社会冲突的本质和类型差异，寻找上述问题的答案。特别是，我强调了几个重要的主题，并试图为这些主题提供易于处理且富有启发性的形式化分析。这几个重要主题包括：

　　1. 不同的制度（政策）产生不同的经济配置。在增长模型中，这可能对应于不同的增长率或者稳态产出水平。然而，制度同时也产生了赢家和输家。因而，一个国家在选择政策和制度类型时，必然存在社会冲突。

　　2. 当社会冲突发生时，两个相关的因素对集体（均衡）选择的影响非常重要：政治制度的形式以及不同群体的政治权力。拥有重大政治权力的个体或群体更有可能影响政策，使政策对自己有利。准确地说，政治权力如何在社会成员之间分配以及个体如何实施自己的政治权利（源于投票、关系以及野蛮暴力）取决于政治制度。例如，把政治权力集中在少数人手中的独裁体制与政治更平等的民主体制相比，政治权力分配差异很大。我们可以预期，不同政治体制会导致不同的经济制度和政策，从而带来不同的经济结果。接下来的两章旨在考察集体决策的过程，以及不同的制度和政策选择对经济增长的含义。

3. 技术、禀赋的性质以及经济中的禀赋和收入分配既影响偏好也影响权力分配。例如，一个大多数土地和资本存量集中在少数个人和家族的社会与资源分配更加平均的社会相比，政治冲突的性质及相应的政治经济均衡显著不同。我们也能预料到，一个主要财产投资于个人人力资本的社会与自然资源如钻石和石油构成主要财产的社会相比，政治运作方式也迥然不同。

本书这一篇提出并解决的这些问题是政治经济学的核心问题。既然这是一本关于经济增长而非政治经济学的教材，我不再详述该领域大量且日渐增多的文献。相反，我只关注我认为对上述问题至关重要的主题和模型。如果可能的话，为了节省篇幅我只关注新古典增长模型（离散时间）而不是本书已经讨论过的含义更加丰富的模型。乍看上去，这是一个奇怪的选择。为什么聚焦不能产生增长的新古典模型（而非外生技术进步模型），以此研究增长的政治经济学？首先，因为新古典增长模型为分析主要政治经济冲突提供了最容易处理的框架。其次，因为在该模型中，竞争均衡是帕累托最优的，政治经济的扭曲作用变得非常清晰。自然，一旦基本的作用力被理解之后，把它们融入内生增长模型或其他更加丰富的模型就变得非常直观。部分习题考虑了这些扩展。最后，全文使用了离散时间模型，这是因为离散时间模型中的策略互动更容易研究。

我把有关增长的政治经济学研究分为两章。第 22 章把政治制度视为给定，关注不同情形中分配冲突的含义。本章说明了为何以及何时分配冲突会导致阻碍增长的扭曲性政策。我也给出了几个互补性框架分析这些问题。接下来的第 23 章研究不同政治制度对经济增长的含义，并简要讨论了政治制度本身如何内生决定。

在呈现这些研究之前，最好是先简要讨论政治制度、经济制度与经济结果之间的关系，以及个体对经济制度和政治制度的偏好是如何形成的。多数政治科学文献假定个体对政治制度（可能也对经济制度）具有（直接）偏好。比如，生活在民主制度中的个体也许能获得效用。尽管这个假设是合理的，迄今为止采用的方法强调了个体具有政治制度偏好的另一个可能同样重要的原因。

经济制度和政策（如税收政策、管制以及前面各章讨论的合同制度）直接作用于经济结果。因而，个体经济制度或政策偏好的一个主要决定因素应当是源于这些制度安排的配置状况。基于这个观点，我始终关注对经济制度的引致型偏好。同样的推理也适用于政治制度。政治制度决定了个体互动的政治规则。例如，在直接民主制中，关键决策由多数票决定。在代议制民主中，多数选民选择议员，接着议员做出政策选择，如果他们的选择与选民的偏好不一致，他们面临被逐出办公室的风险。相反，在非民主制度中，如独裁或专制，一个小群体，如富人寡头或者军政府的将军制定政策。因此，不同的政治制度容易衍生不同的政策和经济制度，不同个体对政治制度具有引致型偏好。

为了强调这个观点，我们把上述因果关系链表示为一个映射的集合。令 $\mathcal{P}$ 代表政治体制或政治制度的集合，$\mathcal{R}$ 代表可行政策或经济制度的集合，$\mathcal{X}$ 代表可行配置的集合（包括整个社会中所有人对所有商品和劳务的不同消费水平）。为了简洁起见，忽略结果的任何不确定性，我们可以设想集合 $\mathcal{P}$ 中的任何政治制度导致集合 $\mathcal{R}$ 中的某些特定经济制度的集合。令这个关系由映射 $\pi(\cdot)$ 表示。类似地，不同经济政策带来不同的配置（在此忽略不确定因素和多重均衡），令这个关系由映射 $\rho(\cdot)$ 表示。我们可以写出如下组合形式

$$\mathcal{P} \xrightarrow{\pi(\cdot)} \mathcal{R} \xrightarrow{\rho(\cdot)} \mathcal{X}$$

现在假定每个个体 i 都有一个效用函数 $u_i:\mathcal{X}\to\mathbb{R}$，表示他对 $\mathcal{X}$ 中可行配置的偏好。同时假定个体是结果主义者，意思是他们除了关心制度对配置的影响之外，不关心经济和政治制度本身。于是他们对某项经济制度的偏好可以简单表示为 $u_i(\rho(R)) \equiv u_i \circ \rho : \mathcal{R} \to \mathbb{R}$。因而这个映射包含了他们对经济制度的引致型偏好（是制度导致的经济配置的函数）。对政治制度的偏好也按照类似方式决定。个体 i 从政治制度 $P \in \mathcal{P}$ 中获得的效用是 $u_i(\rho(\pi(P))) \equiv u_i \circ \rho \circ \pi : \mathcal{P} \to \mathbb{R}$。对政治制度的引致型偏好是非常重要的，因为一个均衡框架应该能够解释作为偏好函数的政治制度的出现和变迁。

因此，这个简要的介绍为接下来的两章奠定了两类基础。首先，正如第 22 章所述，我们必须理解不同的经济制度（和政策）类型如何影响经济结果，包括经济表现以及资源分配——映射 $\rho(\cdot)$。基于这种理解，我们将分析不同群体对经济制度（政策）的偏好并确定不同群体对扭曲的抑制增长的经济安排产生偏好的条件。其次，为了理解政治变迁以及政治变迁与经济决策和经济增长的互动方式，我们需要研究对政治制度的引致型偏好——映射 $\pi(\cdot)$。这是第 23 章的主题。

第 22 章 制度、政治经济学及增长

本章首次尝试回答如下问题：为什么相似的社会选择了不同的制度及政策，从而带来不同的经济增长成果，这个问题构成了大多数已有研究的背景。迄今为止的分析强调资本积累、人力资本及技术在经济增长中的作用。自始至终，我一直强调物质资本的水平、人力资本的层次以及社会的技术水平应该被理解为内生的，也就是对激励的反应。这把我们引领到一个根本问题：为什么不同的社会对企业和工人提供了不同的激励？第 4 章指出制度差异是造成这些激励以及国家之间物质资本、人力资本及技术投资差异的重要决定因素。本章和下一章的目的是构建几个模型，这些模型能够帮助我们理解为什么制度具备这样的效果，以及为什么制度本身在国家之间存在差异。

22.1 制度对长期发展的影响

正如在第 4 章已经强调的，制度很重要，至少当我们审视长期以来的一系列经济和政治制度时。本书的大多数模型体现了这个特征，因为这些模型突出了经济制度和政策对经济配置的各种影响。例如，税收和补贴政策以及市场结构可能影响物质资本积累、人力资本投资及技术进步；协商制度以及信贷市场结构会影响技术选择以及生产效率。可能更重要的是，迄今为止所有研究过的模型都假定市场经济能够相对有效地运行。在这些模型中加入一定程度的产权无保障或者进入壁垒等阻碍企业采取更有效率的行为，意味着重大的无效率。理论和经验研究都证明这些因素是重要的。我们必须承认在美国与非洲撒哈拉以南地区经商是迥然不同的。在美国（或者更准确地说，在任何 OECD 国家）的企业家或商人面临相对有保障的产权以及稳定有序的市场环境。如果个人或公司想开创新业务，面临的壁垒很少。而在世界上大多数其他地区，情况截然不同，例如在撒哈拉以南非洲、加勒比海地区以及中美洲和亚洲的多数地区。类似地，这些地区之间大多数人口的寿命也存在根本差异：在大多数 OECD 国家，多数市民能够享受种类繁

多的公共品，也能够投资于人力资本，然而在多数欠发达国家，情况并非如此。

经济学家通常把这些社会差异归纳为"制度差异"（或制度和政策差异）。这一术语不那么完美，却是文献中广泛使用并被接受的术语。"制度"在不同的语境中代表不同的事物，但是没有一个含义能够准确对应我们的本意。正如第 4 章强调的，制度差异指的是一系列广泛的社会安排方面的差异，包括不仅对普通市民和商人的产权保护，企业和商人签署合同以促进经济交易的能力（合同制度），新企业面临的进入壁垒，个人进行人力资本投资面临的壁垒，以及社会施加约束和政客提供公共品的激励。制度的定义包容性很强。为了在理论和实证方面取得进展，我们更加需要一个狭义的定义。为了达到这一目的，我区分了经济制度（及政策）和政治制度。经济制度对应于税收、产权保护、合同制度、进入壁垒以及其他经济安排。而政治制度对应于影响政治决策的规章制度，包括对总统、首相或独裁者的权力制衡以及把不同的个人观点汇总的方法（如选举法）。根据导论到现在为止介绍的内容，我们用映射 $\rho(\cdot)$ 表示经济制度对经济结果的影响，而用映射 $\pi(\cdot)$ 刻画政治制度对各类经济制度或政策的影响。

需要注意经济制度和政策之间通常并非截然可分，重要的往往是制度和政策的集合，而不是单独的制度或者政策。例如，我们可以把产权保护称为经济制度，但是我们通常不会把税率称为制度。然而，产权完全得不到保障和 100% 的税率有诸多相同之处。其中的一个差异可能是制度比政策更加持久。[①] 因此，在下文中，我对制度和政策这一对概念区分如下：经济制度提供了政策制定的背景框架。然而，当经济制度和政策之间的区分不太重要时，我通常使用"经济制度"代替这两者。

第 4 章给出的证据表明制度差异确实关系到经济增长。这一节的目的不是回顾这些证据，而是在此基础上提出如下问题：如果经济制度对经济增长这么重要，为什么有些国家选择不鼓励经济增长的制度？事实上，基于可获得的历史证据，我们进一步探究为什么有些国家故意选择阻碍技术进步和经济增长的制度和政策？本章其余部分和下一章大部分内容给出了回答这些问题的框架。我将首先非正式地讨论构成答案的基本要素。

政治经济学研究中第一个重要的元素是社会冲突。几乎没有经济变革能使社

[①] 在第 22.9 节，我讨论了另一种税收不同于产权保护政策的原因，该原因涉及税收收入是如何被使用的。

会全体成员受益。因而，每一项制度或政策变革都会创造相对于现状的赢家和输家。举个最简单的例子，移除进入壁垒使之前的垄断市场变成竞争市场。尽管因为更低的价格消费者从中获益，但是原本享受特权地位及高利润的垄断企业成了输家。对工人的影响取决于确切的市场结构。如果劳动力市场是竞争的，工人们会受益，因为随着新企业的进入，用工需求增加。但是，如果劳动市场不完全，垄断企业的雇员原本分享了企业的部分租金，他们也会成为改革的潜在输家。结果，消除进入壁垒永远不会有全体一致的支持，尽管这样做会带来经济增长和产出增加。

这个例子强调了一个一般原理：不同个体对经济制度的偏好是不同的，而且存在冲突，因为不同的制度会诱发不同的分配结构。那么，如果个体对集体选择持不同偏好，整个社会如何决策？政治经济学正是分析集体决策过程。如果在希冀保留进入壁垒的垄断者与愿意解除壁垒的消费者之间存在社会冲突，政治过程的均衡会决定最终结果。在民主社会，这个过程可能很有秩序，而在内战频发的其他政治体制中，这个过程可能无序甚至非常混乱。

不管是民主还是非民主过程引致的均衡政策，有利益冲突的不同党派的政治权力起到了关键作用。简而言之，如果两个人对特定的选择持不同意见，它们的相对权力会决定最终结果。在政治领域，这对应于不同个体或集体的政治权力。例如，在上述垄断案例中，我们预计垄断者拥有政治权力，因为他们已经积聚了收入和财富，能够游说政客。而在法治薄弱的非民主社会，我们甚至能想象到垄断者利用军队或者半军事组织镇压反对力量。另一方面，在民主社会，通过投票或者集结自己的游说群体，消费者可能拥有足够的政治权力战胜垄断者的利益和愿望。

政治经济学方法的第二个关键要素是承诺问题，该问题是无效率的一个根源，并且放大了社会冲突带来的扭曲。每一时期的政治决策是由当时的政治过程决定的（比如，当时拥有政治权力的人）。对未来的经济和政治决策做出承诺是不可能的，除非这些承诺本身恰好是均衡承诺（我们将会看到使用子博弈完美均衡还是马尔科夫完美均衡的概念起到了关键作用）。

在这里，区分抑制增长的政策（扭曲型政策）和帕累托无效率相当重要。许多政治经济学模型不会引致帕累托无效率。这是因为均衡结果可以被表示为加权社会福利函数的解（参考第 22.7 节）。配置结果则是受约束的帕累托边界上的一个点（给定可行的政策工具集）。然而，许多这样的配置会产生扭曲或者抑制增长的政策。[①] 此外，当存在承诺问题时，政治均衡可能也涉及（受约束的）帕累托无效率，因为未来可能存在政策序列能使所有党派得到改善，但均衡中这样的序列无法得到实施。

考虑一种情形，其中政治权力操控在一个特殊群体或个体手中，即政治精英手中。为了简化这个思维试验，我们忽略政治权力实施的任何约束。于是精英可以制定政策，以获得对他们自己最有利的配置，因此政治均衡可以理解为最大化社会福利函数的解，只不过所有权重全部给了精英。即使最后结果可能不是帕累托无效率的，也显然会产生抑制经济增长的政策。关键问题在于：精英在什么条件下实施政治权力会导致这样的扭曲型政策？

我认为，拥有政治权力的人选择扭曲型政策主要有两类原因。第一类原因是攫取收入，换言之，精英试图从其他社会成员那里掠夺资源。对扭曲型政策的这个来源而言，重要的是该社会的两个特征：（1）政治权力（掌握在精英手中）和经济机会（掌握在企业家和工人手中）的分离，（2）有限的财政手段。这两个方面结合起来意味着精英会利用可获得的扭曲型财政工具把资源从社会其他成员手中转移到自己手中。我们在后面也会看到，在没有政治精英但有民主化决策的情况下，同样类型的扭曲政策也会出现（见第22.8节）。在这里，有限的财政工具（如扭曲的线性税收）这一限制条件是重要的。如果存在非扭曲的税收，如一次性总付税，精英就可以从社会其他成员手中转移资源而不会抑制经济增长。但是一次总付税基本不可行，更一般的情形是，大多数形式的再分配都会带来扭曲，因为再分配通过抑制投资降低了工作激励。

精英选择扭曲型政策的第二类原因是他们与其他社会群体存在竞争。竞争可能是经济原因导致的。例如，精英可能从事生产，并且他们认识到对其他企业征税会降低要素需求，因而间接提升他们自己的利润。我把这种现象称为扭曲型政策的"要素价格操纵"动机。精英和其他社会群体的竞争也可能是政治竞争。其他群体变富威胁了精英利用政治权力从中获益的能力，扭曲型税收作为使政治对手变穷的一种手段对精英是有益的。我把这种原因称为扭曲型税收的"政治替代"动机。本章其余部分将详细阐释这几种不同的机制。我列举的模型有一个重大含义：要素价格操纵和政治替代动机通常会导致更大的扭曲，因而比攫取收入动机对社会的潜在增长破坏更大。

[①] 例如，考虑一种配置，其中扎伊尔的独裁者如蒙博托没收了该国所有投资者的财产。改变政策促进投资和增长是有可能的，但是这显然意味着把资源和权力从他手中拿走，使他的状况恶化。

基本的分析框架也澄清了承诺问题引致的另一种无效率。因为精英无法承诺未来的政策，因而可能存在"要挟"（holdup）问题，投资一旦做出，很有可能面临被剥夺或者极高的税率。"要挟"问题可能在很多情形中都非常重要，例如，当相关投资针对的是长期项目，于是投资完成之后才会出台一系列政策。我也使用这个框架证明经济制度如何或者在什么条件下能够制约均衡政策。

在第22.7节和第22.8节，我证明了在异质性更大的模型中如何研究政治经济均衡以及这类社会的分配冲突如何导致扭曲型政策。最后，我强调了政府公共品供给的作用以及政治经济因素如何影响政府的公共品均衡投资，从而结束本章。

22.2 简单社会的分配冲突以及经济增长

在这一节和接下来的四节中，我将讨论，在一个简单社会中，分配冲突对经济增长的影响。在一个简单社会中，个体被永久性地分配到不同的社会群体中（如生产者、土地所有者或者工人），而且主要的分配冲突存在于群体内部。能够确保第二个特征是因为我们假定每个群体内部的不同个体是事前平等的，并限制财政工具集，使之不可能把资源从群体内部的一个成员转移到该群体的另一个成员手中。另一方面，前一个特征排除了将在第23章讨论的职业选择以及社会流动问题。对我们的目的而言，设定一个简单社会，其主要好处在于使不同个体之间的政治偏好加总易于处理。不同个体之间的非退化禀赋（如财富和生产率）分配模型将在第22.8节研究。尽管这些模型比此处研究的简单社会模型丰富得多，但影响政治经济均衡的经济力量是类似的，这也驱使我选择在后续几节详细分析一个简单社会的政治经济均衡。

我们研究的社会包含三个群体。第一个群体的成员是工人，他们无弹性地提供劳动力。第二个群体由企业家组成，他们拥有生产技术并制定投资决策。第三个群体是精英，他们制定政治决策（有时也可能从事企业家生产活动）。首先，我假定政治体系是精英主宰的寡头政治。本章和第23章将以不同方式丰富这个模型，如引入异质性、考虑职业选择以及将不同社会成员之间的政治权力分配内生化。

22.2.1 基本框架

经济中的人口是一个风险中性的连续统 $1 + \theta^e + \theta^m$，每个人都有一个贴现因

子 $\beta \in (0,1)$。唯一不能储备的最终产品记为 Y。个体 i 在 0 期的期望效用由下式决定

$$\mathbb{E}_0 \sum_{t=0}^{\infty} \beta^t C_i(t) \qquad (22.1)$$

其中 $C_i(t) \in \mathbb{R}$ 表示个体 i 在 t 期的消费，而 $\mathbb{E}_t$ 是以 t 期可得信息为条件的期望算子。该偏好最显著的特征是线性的（风险中性）。线性偏好的简洁性足以弥补"一般性"方面的损失，线性偏好省略了转移动态，但是反过来可以让我们完整地刻画政治经济均衡。

工人数量是标准化为 1 的连续统，他们无弹性地供给劳动。精英，用 e 表示，最初拥有政治权力，总数为 θ^e。首先假定精英不参与生产活动（第 22.4 节将进一步讨论）。最后，有数量为 θ^m 的中产阶层，记为 m，他们是经济中的企业家，拥有生产技术。称呼企业家为中产阶层是受到一些历史典故的启发，这些典故将在第 23 章讨论，但在正式分析中不起作用。精英和中产阶层的集合分别标记为 S^e 和 S^m。在不引起混淆的情况下，我都使用 i 表示个体或集体（尽管当表示集体时，i 用作上标，表示个体时，i 用作下标）。个体身份（其社会成员属性）是固定的，不随时间改变。

每个企业家 $i \in S^m$ 拥有如下生产技术生产最终产品：

$$Y_i(t) = F(K_i(t), L_i(t)) \qquad (22.2)$$

其中 $Y_i(t)$ 是企业家 i 生产的最终产品，$K_i(t)$ 和 $L_i(t)$ 分别表示生产中用到的资本和劳动总量。我假定 F 满足假设 1 和第 2 章的假设 2。既然生产函数是规模收益不变的，不用做进一步限制，单一企业就可能雇用所有的劳动力和资本存量。为了保证企业家行为是一个分散的分布，我假定每个企业又有一个最大规模上限（因为每个企业主在管理员工方面只有有限的控制力）。特别地，假定对某个 $\bar{L} > 0$，有 $L_i(t) \in [0, \bar{L}]$。因此，至少超过某一就业水平之后，每个企业额外的资本投资存在收益递减。既然整个经济中的总劳动力等于 1，t 期劳动力市场出清要求

$$\int_{S^m} L_i(t) di \leq 1 \qquad (22.3)$$

其中 $L_i(t) \leq \bar{L}$。和标准的新古典增长模型一样，δ 表示资本折旧的份额。

这个没有税收经济体的竞争均衡（也不考虑政治经济效应）一目了然。和

往常一样，令 $k \equiv K/L$ 表示资本劳动比，$f(k) \equiv F(K/L, 1)$ 表示人均生产函数。标准的论证说明，在没有税收的情形下，任意 t 期，每个企业选择如下资本劳动比

$$k_i(t) = k^* \equiv (f')^{-1}(\beta^{-1} + \delta - 1) \tag{22.4}$$

其中，$(f')^{-1}(\cdot)$ 表示资本边际产量（生产函数的导数）的反函数。(22.4) 式与第 6 章和第 8 章中的标准稳态均衡条件一样，即资本的总边际产出 $f'(k^*) + 1 - \delta$ 等于贴现因子的倒数 β^{-1}（回忆第 6 章的 (6.52) 式）。此处的区别在于因为线性偏好 (22.4) 式适用于所有时间点，而不仅仅是稳态。因而没有转移动态。

该经济体另一个特征是可能无法实现完全就业。请回顾总劳动力人口为 1。然而，因为企业的最大规模限制，(22.5) 式显示了每个雇主雇用的劳动力数量可能严格小于 $1/\theta^m$。在这种情形下，$1 - \theta^m \bar{L}$ 数量的工人处于失业状态因而工资为 0。当劳动力存在过度供给时，每个企业主 $i \in S^m$ 雇用 $\bar{L}$ 数量的工人，因而就业数量少于劳动力总供给。如果没有过度供给，劳动力市场充分就业，工人在企业家之间的配置是随机的（因为所有企业都赚取零利润）。为了简化分析，我不失一般性地假定，即使在这种情形下，所有企业仍雇用相同数量的工人，所以在任何 t 期，对任意企业有

$$L_i(t) = L^* \equiv \min\left\{\bar{L}, \frac{1}{\theta^m}\right\} \tag{22.5}$$

此外，在这一节，我还假定

$$\theta^m \bar{L} > 1 \tag{22.6}$$

这保证了充分就业，因而 $L^* = 1/\theta^m$。在这个假定下，没有税收的竞争经济体的均衡工资率为：对所有 t，有

$$w(t) = w^* \equiv f(k^*) - k^* f'(k^*) \tag{22.7}$$

其中 k^* 由 (22.4) 式决定。我把这种没有政治经济的均衡（资本劳动比 k^* 和工资率 w^*）称为"最优均衡"。

22.2.2 政策与经济均衡

在刻画政治经济均衡之前，我们需要设定可行的财政工具集（政策），然后对于给定的政策序列定义经济均衡。给定政策的经济均衡始终等同于第 6 章和第 8 章描述的竞争均衡。源于不同政策的经济均衡给不同个体带来不同的福利水

平，因而隐含地定义了导致这些经济均衡的政策和经济制度的引致型偏好。政治均衡加总了不同政策序列的偏好。考虑到我们关注的是精英主导的政治，当前的模型把最后一步简化了。

假定社会拥有四种不同的政策工具：产出的线性税率 $\tau(t) \in [0,1]$，以及给三个群体（工人、中产阶级企业主以及精英）的一次性总转移支付（lump-sum transfer），$T^w(t) \geq 0$，$T^m(t) \geq 0$，和 $T^e(t) \geq 0$。由于一次性总转移支付是非负的，它们不能用作非扭曲的一次性总付税。相反，收入只能通过产出的线性税筹集。尽管一次性总付税的征收或许是有可能的，但是个体可以转移到非正规部门或者干脆不工作的可能限制了一次性总付税的使用。然而，简单线性税率的假设有很大的局限性，常常可以发现其他更有效的筹措收入的办法。在政治经济学模型中，这样的限制有时被用来保证均衡的存在性（例如，我们使用中位数投票定理，见第22.7节）。此处施加这样的限制是为了着重说明政治和经济权力的分离与有限的财政工具之间相互作用如何导致了扭曲型政策。

接下来，让我们设定每个时期事件发生的先后顺序。最重要的一点是征税相对于投资的时间先后（这也是离散时间模型稍显便利的主要原因）。首先，假定税收在相关投资决策之前就已设定。特别地，事件的时间顺序如下：在每个时期 t，我们预先设定一个产出税率 $\tau(t)$，以及企业家的资本存量 $[K_i(t)]_{i \in S^m}$。企业家决定雇用多少劳动力 $[L_i(t)]_{i \in S^m}$（在此过程中，劳动市场是出清的）。生产出产品后，比例 $\tau(t)$ 的产出被征税。政治过程（例如，有政治势力的社会群体）决定了转移支付 $T^w(t) \geq 0, T^m(t) \geq 0$，和 $T^e(t) \geq 0$，政府预算约束为

$$T^w(t) + \theta^m T^m(t) + \theta^e T^e(t) \leq \tau(t) \int_{S^m} F(K_i(t), L_i(t)) di \tag{22.8}$$

其中左边表示政府在转移支付上的总支出，而右边表示预先确定的税率乘以产出。接下来，政治过程宣布下一期将采用新的税率 $\tau(t+1)$。观测到税率之后，企业家选择下一期的资本存量 $[K_i(t+1)]_{i \in S^m}$，所以他们确切地知道他们下一期将面临的税率。资本存量在利率之前确定的另一种情形将在第22.5节讨论。现在，我们可以有把握地说，由于要挟问题，后一种情形会导致更大的扭曲。

更正式地，令 $p^t = \{\tau(s), T^w(s), T^m(s), T^e(s)\}_{s=t}^{\infty}$ 表示从 t 期开始的可行（无

限）政策序列。从 t 期开始的经济均衡是给定 p^t 以及 t 期企业家之间资本存量 $[K_i(t)]_{i\in S^m}$ 的一个竞争均衡。该经济均衡规定了每个企业家的资本存量和劳动决策序列 $\{[K_i(s+1), L_i(s)]_{i\in S^m}\}_{s=t}^{\infty}$ 以及工资率序列 $\{w(s)\}_{s=t}^{\infty}$，使给定 $[K_i(t)]_{i\in S^m}$，p^t 和 $w^t \equiv \{w(s)\}_{s=t}^{\infty}$ 时，对每个企业家 $i \in S^m$，$\{K_i(s+1), L_i(s)\}_{s=t}^{\infty}$ 可以最大化企业家 i 的效用，并且给定 $\{[L_i(s)]_{i\in S^m}\}_{s=t}^{\infty}$ 时，劳动力市场出清。①

由于工人无弹性地供应劳动，唯一重要的决策由企业家做出。给定任意可行的政策序列 p^t 以及均衡工资 w^t，在时期 t，资本存量为 $K_i(t)$ 的企业家的效用是这些政策的函数

$$\mathbf{U}_i(\{K_i(s), L_i(s)\}_{s=t}^{\infty} \mid p^t, w^t) = \sum_{s=t}^{\infty} \beta^{s-t}[(1-\tau(s))F(K_i(s), L_i(s))$$
$$- (K_i(s+1) - (1-\delta)K_i(s)) - w(s)L_i(s) + T^m(s)]$$
(22.9)

这个表达式利用了偏好是线性的事实，因而，企业家的效用可以表示为消费水平贴现值的加总。消费仅仅由方括号中的项决定，因为产出在 t 期面临税率 $\tau(t)$，而且上一期资本存量的一个比例 $(1-\delta)$ 被保留下来，因此，下一期需要额外投资 $K_i(t+1) - (1-\delta)K_i(t)$。最后，减掉以当前工资表示的劳动成本，再加上给中产阶层的一次性总转移支付。请注意（22.9）式是对给定政策序列 p^t 的公式化表达。尽管我们对没有未来政策承诺的政治经济均衡感兴趣，但从单个企业家的角度而言，政策序列 p^t 是既定的。②

对资本存量和劳动选择序列最大化（22.9）式，我们得到如下简洁的一阶条件

$$\beta[(1-\tau(t+1))f'(k_i(t+1)) + (1-\delta)] = 1 \qquad (22.10)$$

其中 $k_i(t+1)$ 表示在时期 $t+1$ 给定税率 $\tau(t+1)$，企业家 i 选择的资本劳动比率，而税率在投资决策之前已经宣布。正是有了假设 2 的稻田条件，对任意 $\tau(t$

---

① 此处对于政策的可行性一定要多加小心，因为如果不考虑企业家的行动，我们无法确定一个政策序列是否可行（例如，如果所有企业家选择零资本存量，转移支付为正的任何政策序列都是不可行的）。在当前的模型中，线性偏好再次大大简化了分析，因为只有税率序列对资本重要，并且生产决策和转移支付可以通过满足政府预算约束（22.8）式的剩余条件来确定。

② 这样表达企业家的最大化问题没有说明如果政治过程（此处指的是精英）偏离 p^t，企业家如何反应，因为这可能也与剩余的政策序列的变化有关。然而，线性偏好再次保证了我们无须担心这些问题，因为正如我们马上会看到的，企业家的决策只取决于当前的税收。

$+1) \in [0,1)$,一阶条件以等式形式成立,习题 22.1 证明了永远不会有 100% 的税率。因此,我们不需要互补松弛条件。

(22.10) 式决定了均衡的资本劳动比。既然 $\theta^m \bar{L} > 1$,则就业是充分的,所以总资本存量也由 (22.10) 式决定。

我们很容易验证:如果所有税率都等于 0,(22.10) 式的唯一解将等同于 (22.4) 式的最优资本劳动比。显然,当税率为正,资本劳动比低于 k^*(立即可以证明,因为 $f(\cdot)$ 严格凹,见 (22.12))。

由 (22.10) 式决定的均衡资本劳动比的最显著特征是,因为线性偏好,在 $t+1$ 期,每个企业家选择的资本劳动比仅仅取决于税率 $\tau(t+1)$,而与未来的税率无关。因而我们可以把 t 期的所有企业家的均衡资本劳动比表示为

$$\hat{k}(\tau(t)) \equiv (f')^{-1}\left(\frac{\beta^{-1} + \delta - 1}{1 - \tau(t)}\right) \tag{22.11}$$

为了将来参考,请注意既然 $F(\cdot,\cdot)$ 从而 $f(\cdot)$ 是二阶连续可微的,$\hat{k}(\tau)$ 也是可微的,其导数为

$$\hat{k}'(\tau) = \frac{f'(\hat{k}(\tau))}{(1-\tau)f''(\hat{k}(\tau))} < 0 \tag{22.12}$$

直接对 (22.11) 式求导数即可得到该结果。因为对于所有 k,$f'(k) > 0$ 并且 $f''(k) < 0$(根据假设 1),所以导数是负数。

给定 (22.11) 式中的均衡资本劳动比的表达式以及 (22.6) 式隐含的充分就业条件,t 期的均衡工资由如下常见表达式决定:

$$\hat{w}(\tau(t)) = (1 - \tau(t))[f(\hat{k}(\tau)) - \hat{k}(\tau(t))f'(\hat{k}(\tau))] \tag{22.13}$$

这个表达式与 (22.7) 式类似,只是方括号前出现了税率。

迄今为止的分析证明了如下命题。

命题 22.1 假定 (22.6) 式成立,则对于企业家之间资本存量的任意初始分配 $[K_i(0)]_{i \in S^m}$,以及任意可行的政策序列 $p^t = \{\tau(s), T^w(s), T^m(s), T^e(s)\}_{s=0}^{\infty}$,存在一个唯一的竞争均衡,其中任意企业家的资本劳动比序列是 $\{\hat{k}(\tau(s))\}_{s=0}^{\infty}$,均衡工资序列为 $\{\hat{w}(\tau(s))\}_{s=0}^{\infty}$,其中 $\hat{k}(\tau(t))$ 和 $\hat{w}(\tau(t))$ 分别由 (22.11) 式和 (22.13) 式决定。

这个命题非常便利,不仅因为均衡形式特别简单,而且因为对于任何政策序

列，总量均衡配置是唯一的。①

22.2.3　精英控制的政治经济

此处我们刻画政治经济均衡的任务因为两个特征大大简化。首先，政治权力掌握在精英手中，因而不存在政权更迭或者精英选择安抚选民或其他群体的问题。第二，没有在精英之间再分配收入的财政工具。此处的政治经济选择只涉及选择财政政策，使代表性精英当前的贴现净效用最大化。②

在本节中，特别关注此处描述的动态政治博弈的马尔科夫完美均衡。回想这个均衡概念要求 t 期的政策序列 p^t 只取决于 t 期的与收益相关的变量（马尔科夫完美均衡的正式定义参考附录 C）。在这里，唯一与收益相关的变量就是企业家的资本存量。因此，当前的政策就应该由当前资本存量的分布决定。线性偏好再次简化了分析，隐含着我们不需要把整个资本存量的分布当成相关的状态变量。而且很明显的是精英决不会选择对工人或中产阶层实施再分配，因此，在随后的分析中我们可以把注意力放在对所有时期 t，$T^w(t) = T^m(t) = 0$ 的序列。接下来结合这个事实以及必定以等式形式成立（否则精英可以通过增加转移支付从而提高消费水平和效用）的政府预算约束（22.8）式，可得到如下结果：

$$T^e(t) = \frac{1}{\theta^e}\tau(t)\int_{S^m} F(K_i(t), L_i(t))di$$
$$= \frac{1}{\theta^e}\tau(t)f(\hat{k}(\tau)) \qquad (22.14)$$

其中第一行仅仅利用了政府预算约束（22.8）式，第二行利用了命题 22.1 的均衡刻画以及充分就业条件下总就业人数为 1 的事实。

于是精英的最大化问题可以递归表示为

---

① 请注意这里对符号的使用有点过多，我保证在本章和下一章中：一般来说，均衡不是唯一的，因为资本和劳动在不同的中产阶层企业家之间的配置并不是固定的。对于有固定收益的竞争均衡，只有总量配置和资本劳动比是唯一确定的。在当前的模型中，"唯一"是通过这个假设得到的：在无差异时，所有企业雇用相同数量的劳动力。当本章中再次出现这个问题时，我直接称均衡是"唯一的"，而不是明确地表述均衡隐含的总量配置是唯一的。

② 给定有限的政策选择，我们可以等价地把政治经济选择想象成由精英投票决定或者由随机选择的某个精英代理人决定。

$$V^e(\tau(t), [K_i(t)]_{i \in S^m}) = \max_{\tau(t+1) \in [0,1]} \{T^e(t) + \beta V^e(\tau(t+1), [K_i(t+1)]_{i \in S^m})\}$$

(22.15)

其中，$V^e(\tau(t), [K_i(t)]_{i \in S^m})$ 表示给定上期宣布的当期税率以及企业家的资本存量分布 $[K_i(t)]_{i \in S^m}$ 时，精英的效用水平。当期的人均转移支付作为 $\tau(t)$ 和 $[K_i(t)]_{i \in S^m}$ 的函数由（22.14）式的第一行给出。认识到税率对企业家投资的效应由（22.14）式的第二行决定，精英选择明天的税率 $\tau(t+1)$，以最大化当期的效用水平。这个递归表达式只依赖于和收益相关的状态变量，因此施加了马尔科夫完美均衡的要求。①

为了刻画均衡的税率序列，注意到 $T^e(t)$ 只决定于 t 期的税率。于是精英的效用最大化税率在各期都相同，而且由如下一阶条件的解决定：

$$f(\hat{k}(\hat{\tau})) + \hat{\tau} f'(\hat{k}(\hat{\tau})) \hat{k}'(\tau) = 0$$

税率 $\hat{\tau}$ 最大化了来自中产阶层企业家的税收收入，使精英位于拉弗曲线的顶端。把（22.12）式的 $\hat{k}'(\tau)$ 表达式代入，我们可以得到 $\hat{\tau}$ 的如下表达式：

$$f(\hat{k}(\hat{\tau})) + \frac{\hat{\tau}}{1-\hat{\tau}} \frac{(f'(\hat{k}(\hat{\tau})))^2}{f''(\hat{k}(\hat{\tau}))} = 0 \quad (22.16)$$

直观地看，对精英来说，其效用最大化税率需要权衡税率微小上升带来的收入增加 $f(\hat{k}(\hat{\tau}))$ 以及收入损失 $\hat{\tau} f'(\hat{k}(\hat{\tau})) \hat{k}'(\tau)$，该损失源于税率上升降低了均衡的资本劳动比。税率 $\hat{\tau}$ 总是处于 0 到 1 之间（见习题 22.1）。尽管精英的最大化问题并不一定是凹的，（22.16）式的解可能不止一个。如果是这种情形，$\hat{\tau}$ 总是对应于精英的全局最大化解。②

这些分析到目前为止保证了如下结论。

命题 22.2 假定（22.6）式成立，则对于任意企业家之间资本存量的初始分配 $[K_i(0)]_{i \in S^m}$，存在唯一的马尔科夫完美均衡，其中每一时期 $t = 0, 1, 2, 3\cdots$，精英设定（22.16）式给出的税率 $\hat{\tau} \in (0,1)$，所有企业家选择（22.11）式给定的资本劳动比 $\hat{k}(\hat{\tau})$，均衡工资率 $\hat{w}(\hat{\tau})$ 由（22.13）式给定。我们有如下

---

① 再一次，如果没有线性偏好假设，该最大化问题将变得非常复杂。值函数 V^e 也需要以政策规则为条件，该规则是从资本存量分布到未来政策的映射。结果，最优政策将是该政策规则的函数。于是，一个马尔科夫完美均衡要求最大化问题的解与该政策规则一致。

② 此处我忽略存在多重全局最大值的情形。

结果 $\hat{k}(\hat{\tau}) < k^*$，其中 k^* 由（22.4）式决定，以及 $\hat{w}(\hat{\tau}) < w^*$，其中 w^* 由（22.7）式决定。

这个命题证明了唯一的政治均衡需要精英对企业家征收正税收。因而，资本劳动比、产出水平和工资率严格低于没有税收的经济。习题22.2证明了这个框架如何扩展，从而使政策也能影响均衡增长率。

现在我们回到本章一开始提出的根本问题：为什么一个社会要对商人（企业家）征收扭曲性的税收？这一节的模型给出了一个简单的回答：政治权力掌握在精英手中，而他们愿意剥夺企业家的收入。考虑到可行的税收工具，他们唯一的方式就是强加一个扭曲型税收。因而，该类型经济中"无效率"的根源在于政治当权者的收入攫取动机与有限的财政工具相结合。

尽管目前的分析说明了扭曲型政策如何有可能出现，并使投资和产出水平低于"最优"水平，但是我们也有必要强调此处的均衡并非"帕累托无效率"。事实上，给定了财政政策工具集，均衡配置是社会福利函数最大化的解，只不过该函数的权重全部给了精英阶层。帕累托无效率要求：给定财政政策工具集和信息约束，存在一个可行的替代配置使每个个体要么变得更好要么至少与初始配置一样好。由于线性税率的约束，既能提高企业家和工人的效用水平又不恶化精英的境况是做不到的。① 这一观察意味着当我们明确地将政治经济因素纳入分析之后，"免费午餐"往往就不存在，换言之，没有轻松易得的办法使所有人变得更好。因此，政治经济因素通常涉及赢家和输家的权衡。由于命题22.2的配置涉及扭曲型税收政策并使产出低于最优水平，所以我们可能想把这种结果称为无效率的（尽管不是帕累托无效率的）。事实上，文献常常将这个词用于命题22.2所述的这类配置上，我也依循此惯例。但是，请记住，这里的无效率并非帕累托意义上的无效率，这一点很重要。

作为对我们的探索性问题的初步回答，命题22.2是个有用的出发点。然而，该命题也留下了一些有待回答的重要问题。首先，对于什么时候我们会看到更加扭曲的政策，该命题没有提供有用的比较静态结果。其次，该命题把权力分配视

---

① 在稍做修改的情形中，存在能够带来帕累托改进的机制，尽管这些机制并不能被证明是马尔科夫完美均衡（但可以被支持为子博弈精炼均衡）。例如，如果企业家数量有限，就会存在子博弈精炼均衡，其中每个企业家主动给精英捐款并选择最优的资本劳动比，而精英会避免扭曲性税收（见习题22.4）。这个例子证明该马尔科夫完美均衡很容易导致帕累托无效率均衡，尽管在我们的基本模型中并非如此。这个例子也充分说明了为什么一个有着行为人连续统但帕累托改进机制不可能存在的模型通常更加直观。

为既定。如果政权掌握在中产阶层企业家而非不从事生产的精英手中，财政政策工具将非常不同。第三，该分析将可利用的财政政策工具集视为给定。如果精英能够实施一次性总付税，他们就能够从企业家那儿攫取收入而不创造扭曲。本章和第 23 章将扩展当前的框架以回答这些问题。在此之前，我们首先考虑目前为止分析的经济体的一个特殊版本，其中生产函数是柯布－道格拉斯型的。柯布－道格拉斯型经济因其易处理性，成为第 22.4 节到第 22.6 节的基本框架。习题 22.17 简要讨论了当个体具有凹性偏好时如何扩展这里的方法。

22.3 有分配冲突的标准柯布－道格拉斯模型

考虑上一节分析的经济体的特殊形式，该特殊形式与一般形式有两个差异。首先，每个企业家的生产函数采取以下形式

$$Y_i(t) = \frac{1}{\alpha}(K_i(t))^\alpha (A_i(t)L_i(t))^{1-\alpha} \qquad (22.17)$$

其中，$A_i(t)$ 代表特定集体或个人的劳动扩张型生产率。目前为止，我们设定对所有 $i \in S^m$，$A_i(t) = A^m$ 成立。前面的 $1/\alpha$ 项只是为了方便规范化表述。柯布－道格拉斯形式不仅能够清晰地刻画政治均衡，还能够把均衡税率与资本的产出弹性联系起来。其次，迄今为止的分析证明，对于线性偏好，资本的不完全折旧没有数量意义，因此，我假定完全折旧即 $\delta = 1$，以简化分析。

给定（22.17）式，人均生产函数变成

$$f(k_i) = \frac{1}{\alpha}(A^m)^{1-\alpha}k_i^\alpha$$

把这个生产函数与假定 $\delta = 1$ 结合起来，（22.10）式隐含着在 $t + 1$ 期，每个企业家选择资本劳动比 $k(t + 1)$ 使如下等式成立：

$$k(t+1) = [\beta(1-\tau(t+1))]^{1/(1-\alpha)}A^m \qquad (22.18)$$

精英的效用最大化税收政策仍然由（22.16）式决定，（22.16）式和（22.17）式相结合隐含着精英每一期的效用最大化税收为

$$\hat{\tau} = 1 - \alpha$$

这个公式既简洁又符合经济学直觉。如果 α 较高，生产函数几乎是资本的线性函数。因而资本需求作为有效价格的函数极富弹性。在这么高的资本需求弹性下，

高税率将导致资本存量和税收收入的大幅下降。因此，对精英来说，拉弗曲线的顶点处于一个相对较低的税率水平上。另一方面，如果 α 较低，生产函数是资本存量的凹函数，因而，即使较高的税率也不会导致企业家的均衡资本劳动比大幅下滑。在这种情形下，精英发现征收较高税率更加有利可图.

22.4　分配冲突和竞争

在本节和下一节中，我运用上一节介绍的模型来阐述两个重要问题。首先我要考察的是，与之前讨论的收入攫取动机相比，拥有政权的精英与其他人之间的竞争如何导致明显更扭曲的政策。接下来我运用这个框架推导出一些初步结论，这些结论是关于分配冲突如何能为我们透视均衡经济制度怎样影响政策制定提供了视角。

考虑标准的柯布－道格拉斯模型，与前一节相比有两处差异。首先，精英及中产阶层都可能变成企业家。就生产技术而言，每个中产阶层企业家的生产率为 A^m（对所有 $i \in S^m$，$A_i = A^m$），每个精英企业家的生产率为 A^e（对所有 $i \in S^e$，$A_i = A^e$）。两个群体的生产率可能有差异，例如，他们可能从事不同的经济活动（如农业对应制造业、老产业对应新产业）或者因为他们拥有的人力资本或天赋不同。工人接触不到这些生产函数且无弹性地供应劳动。正如第 22.2 节介绍的，每个企业家最多可以雇用 $\bar{L}$ 个工人，但是不再施加假设（22.6）式。第二，现在纳入群体专有税，所以精英可以选择两个税率：适用于他们自己的税率 $\tau^e(t)$ 以及适用于中产阶层企业家的税率 $\tau^m(t)$。则政府预算约束采取如下形式：

$$T^w(t) + \theta^m T^m(t) + \theta^e T^e(t) \leq \phi \int_{S^m \cup S^e} \tau^i(t) F(K_i(t), L_i(t)) di + R^N \quad (22.19)$$

其中，$\phi \in [0,1]$ 是一个参数，用来刻画税收收入的多大比例用于再分配（剩余部分 $1-\phi$ 被消耗了）。这个参数可以被视为政府能力的指标，较高的值表明政府有能力筹措收入并进行再分配。R^N 代表得自自然资源的租金。在第 22.2 节，我们设定 $\phi = 1$ 以及 $R^N = 0$（回忆（22.8）式）。这些参数对于下文的比较静态练习是有用的。

既然企业家既有来自精英的也有来自中产阶层的，充分就业的条件与（22.6）式不同。特别是，我始终假定 $\theta^e \bar{L} < 1$ 以及 $\theta^m \bar{L} < 1$，所以这两个群体本身都不会产生足够的劳动需求，以雇用劳动力市场的所有劳动力。于是，如下条件决定了精英和中产阶层一起能否创造足够的劳动需求：

条件 22.1 $(\theta^e + \theta^m)\bar{L} > 1$。

这个条件意味着充分就业。这个条件不成立时（意思是 $(\theta^e + \theta^m)\bar{L} < 1$，排除边缘情形 $(\theta^e + \theta^m)\bar{L} = 1$），意味着劳动力需求不足，从而均衡工资为零。这个条件成立与否影响政治均衡的性质。

第 22.2 节的分析，尤其是（22.11）式意味着在 $t+1$ 期，每个企业家 $i \in S^m \cup S^e$ 的资本劳动比选择由下式决定

$$k_i(t+1) = \hat{k}_i(\tau(t+1)) \equiv (\beta(1-\tau(t+1)))^{1/(1-\alpha)} A_i \tag{22.20}$$

上式与（22.11）式相同，只是改编成柯布－道格拉斯生产函数，企业家 i 的劳动扩张型生产率为 A_i。把 $\hat{k}_i(\tau)$ 带入每个企业家的生产函数并减去投资的成本，我们便得到每个工人的净边际产出（盈利性）

$$(1-\alpha)\beta^{\alpha/(1-\alpha)}(1-\tau(t))^{1/(1-\alpha)} A_i/\alpha$$

因次，每个企业的劳动需求采取如下形式

$$L_i(t) \begin{cases} = 0 & \text{如果 } w(t) > (1-\alpha)\beta^{\alpha/(1-\alpha)}(1-\tau(t))^{1/(1-\alpha)} A_i/\alpha, \\ \in [0, \bar{L}] & \text{如果 } w(t) = (1-\alpha)\beta^{\alpha/(1-\alpha)}(1-\tau(t))^{1/(1-\alpha)} A_i/\alpha, \\ = \bar{L} & \text{如果 } w(t) < (1-\alpha)\beta^{\alpha/(1-\alpha)}(1-\tau(t))^{1/(1-\alpha)} A_i/\alpha. \end{cases} \tag{22.21}$$

上式说的是如果工资超出净边际产量，企业家雇用的劳动力是零。如果工资严格小于净边际产出，他将愿意雇用劳动力水平的最大可能值 $\bar{L}$。下一个命题刻画了该情形下的经济均衡。

命题 22.3 假定在 t 期，精英和中产阶层企业家的产出税分别为 $\tau^e(t)$ 和 $\tau^m(t)$。则每个企业家的均衡资本劳动比由（22.20）式唯一决定。此外，如果条件 22.1 成立，则 t 期的均衡工资为

$$w(t) = \min\left\langle \frac{1-\alpha}{\alpha}\beta^{\alpha/(1-\alpha)}(1-\tau^e(t))^{1/(1-\alpha)} A^e, \frac{1-\alpha}{\alpha}\beta^{\alpha/(1-\alpha)}(1-\tau^m(t))^{1/(1-\alpha)} A^m \right\rangle \tag{22.22}$$

如果条件 22.1 不成立，则所有时期都有 $w(t) = 0$。

这个命题唯一需要评论的是（22.22）式中均衡工资的形式。如果条件 22.1 成立，这个不等式表达的是工人工资等于精英和中产阶层企业家净边际产量中较低的那个值。劳动市场出清也隐含着不管哪个群体净边际产出较低，它雇用的劳动力就无法达到上限。

22.4.1 市场中的竞争：要素价格操纵效应

下一个命题是命题22.2的等价形式，只是该命题不要求条件22.1成立。命题22.5适用于该条件成立的情形。

命题22.4 假定条件22.1不成立并且 $\phi > 0$，则唯一的马尔科夫完美均衡意味着对所有 t 都有

$$\tau^m(t) = \tau^{RE} \equiv 1-\alpha \text{ 和 } \tau^e(t) = T^m(t) = T^w(t) = 0 \quad (22.23)$$

且 $T^e(t)$ 由（22.19）式决定，并以等式形式成立。

证明 见习题22.5。

因而，此处的均衡类似于第22.2节的均衡。然而，要注意的是，这个命题是在条件22.1不成立的假设下表述的，对所有时期 t，均衡工资率 $w(t) = 0$。如果不是这种情况，精英也会认识到税收政策对均衡工资的影响。这会使在政策选择中引入竞争动机，也是我们要讨论的下一个重点。接下来的命题陈述了要素价格操纵效应的极端形式。

命题22.5 假定条件22.1成立，且 $\phi = 0$，则唯一的马尔科夫完美均衡的特征为，对所有 t，有 $\tau^m(t) = \tau^{FPM} \equiv 1$ 以及 $\tau^e(t) = T^m(t) = T^w(t) = 0$。

证明 见习题22.6。

这个命题中设定 ϕ 等于零，所以没有收入攫取动机。相反，税收的唯一动机就是影响（22.22）式中的均衡工资。为此，我们显然需要条件22.1成立，否则工资率等于零，精英将没有能力或者欲望操纵要素价格。命题22.5意味着在此情形下的均衡税率 τ^{FPM} 将大于税收动机只是掠夺收入时的税率 τ^{RE}。乍看上去，这很矛盾，然而事实上这非常符合直觉。有了要素价格操纵机制，精英的目标是降低中产阶层的盈利，而对于收入攫取而言，精英希望中产阶层投资从而产生收入。结果是，τ^{RE} 将精英置于拉弗曲线的顶端，而 τ^{FPM} 试图尽可能伤害中产阶层，从而降低劳动需求（进而降低均衡工资）。还有一点值得强调，与纯粹的收入攫取不同，精英制定的税收政策也间接从工人手里攫取了资源，因为工人工资降低了。

在这个框架下，值得再次强调假设 $\phi = 0$ 的作用。对中产阶层以最高税率征税显然是无效率的。为什么不存在一种把资源转移给精英的更有效率的方式？答案再次与精英有限的财政政策工具有关。尤其是，$\phi = 0$ 意味着精英不能使用税收从中产阶层手中攫取资源，所以他们不得不使用无效率的方式提高消费水平，

间接使中产阶层变穷。然而，精英缺乏从中产阶层转移资源的手段，这对于要素价格操纵机制是不重要的。接下来我将结合要素价格操纵动机和收入攫取动机进行阐述（尽管缺乏非扭曲的一次性总付税本质上很重要）。

下一个命题导出了条件22.1成立以及$\phi > 0$的均衡，因此要素价格操纵动机和收入攫取动机都存在。在命题22.5中，要素价格操纵动机本身就会导致极端的结果：尽可能地提供中产阶层的税收。收入攫取尽管是对中产阶层征税的另一个动机，却降低了要素价格操纵效应的作用。原因是高税收也降低了精英可以掠夺的收入（使经济体越过了拉弗曲线的顶端）。为导出此时的政治均衡，首先要注意精英仍然不会对自己征税也不会对其他群体进行收入再分配，也就是说，对所有时期t，$\tau^e(t) = T^m(t) = T^w(t) = 0$。在$t-1$期，精英的最大化问题可以表示如下：

$$\max_{\tau^m(t)} \left[\frac{1-\alpha}{\alpha} \beta^{\alpha/(1-\alpha)} A^e - w(t) \right] L^e(t) \\ + \frac{1}{\theta^e} \left[\frac{\phi}{\alpha} \tau^m(t) (\beta(1-\tau^m(t)))^{\alpha/(1-\alpha)} A^m \theta^m L^m(t) + R^N \right] \quad (22.24)$$

约束条件为（22.22）式，

$$\theta^e L^e(t) + \theta^m L^m(t) = 1 \text{ 及} \quad (22.25)$$

$$\text{如果 } (1-\tau^m(t))^{1/(1-\alpha)} A^m \geq A^e, \text{则 } L^m(t) = \bar{L} \quad (22.26)$$

其中$L^m(t)$表示中产阶层企业家雇用的均衡就业数量，$L^e(t)$表示精英企业家雇用的均衡就业数量。（22.24）式的第一项表示精英的净收入，第二项是他们收到的转移支付。（22.25）式表示劳动市场出清约束，而（22.26）式保证中产阶层企业家能够雇用到他们希望的劳动力数量，假定他们的净生产率比精英生产者的净生产率高。

这个问题的解可能有两种不同的形式，取决于（22.26）式成立与否。如果成立，则$w = (1-\alpha)\beta^{\alpha/(1-\alpha)} A^e/\alpha$。在此情形下，精英赚得零利润，其唯一收入来自转移支付。于是，精英更加愿意让中产阶层进行营利性生产并使税收收入最大化（涉及与命题22.4相同的政策）。另一方面，如果（22.26）式不成立，则精英既可以从自己的生产行为也可以通过对中产阶层征税获得收入。下一个命题关注这种情况。

命题22.6 考虑经典的精英统治政治模型，生产技术为柯布-道格拉斯函数。假定条件22.1成立，$\phi > 0$，并且

$$A^e \geq \phi \alpha^{\alpha/(1-\alpha)} A^m \frac{\theta^m}{\theta^e} \qquad (22.27)$$

则唯一的马尔科夫完美均衡一定意味着对所有 t

$$\tau^m(t) = \tau^{COM} \equiv \frac{\kappa(\bar{L}, \theta^e, \alpha, \phi)}{1 + \kappa(\bar{L}, \theta^e, \alpha, \phi)} \qquad (22.28)$$

其中
$$\kappa(\bar{L}, \theta^e, \alpha, \phi) \equiv \frac{1-\alpha}{\alpha}\left(1 + \frac{\theta^e \bar{L}}{(1-\theta^e \bar{L})\phi}\right) \qquad (22.29)$$

证明 见习题 22.7。

该命题的几个特征值得注意。第一，$\kappa(\bar{L},\theta^e,\alpha,\phi)$ 小于无穷，所以均衡税率总是小于 1。因而，命题 22.26 证明了预料到要从中产阶层筹集收入把精英希望的税率降低到低于 100%，而这是纯粹要素价格操纵适用的税率。另一方面，$\kappa(\bar{L},\theta^e,\alpha,\phi)$ 严格大于 $(1-\alpha)/\alpha$，所以 τ^{COM} 总是大于 $\tau^{RE} \equiv 1-\alpha$，因此，要素价格操纵动机总是把税率提高到纯粹的收入最大化水平之上，超越拉弗曲线的顶端。

第二，既然命题 22.6 既包括了攫取收入的动机也包括了要素价格操纵动机，它自然就包含了我们感兴趣的许多比较静态结果。一个结果是均衡税率是 ϕ 的递减函数，因为随着 ϕ 上升，收入攫取变得更加有效，这对精英的税收偏好有缓和作用。直观上看，这表明了国家能力积极的一面：具备较强的国家能力，精英可以通过税收筹集收入，因此使竞争对手变穷的动机就会减弱（下文我们会看到国家能力的潜在消极的一面）。另一个比较静态的结果是均衡税率随 θ^e 递增。原因仍然是收入攫取与要素价格操纵机制之间的相互作用。当精英生产商更多时，相对筹集收入而言，降低要素价格变得更加重要。这个比较静态结果重新阐释了当要素价格操纵效应更重要时，通常扭曲也会更加严重。第三个重要结果是，基于和纯粹收入攫取情形同样的原因，α 下降抬高了均衡税率：税收带来了更少的扭曲，这提高了收入最大化的税率。最后，作为将来的参考，请注意自然资源的租金，R^N 对均衡政策毫无影响。

22.4.2 政治竞争：政治替代效应

第 22.4.1 节阐述了要素市场的竞争如何诱使精英选择扭曲型政策降低对中产阶层的劳动需求。这一小节我将讨论政治竞争的含义。主要差别是现在政权可以更替。特别是，我们把 t 期政权永久性地从精英转移到中产阶层手中的概率记

为 $\eta(t)$。一旦中产阶层掌权，他们的目标将是追求能够最大化自身效用的政策。运用和第 22.4.1 节同样的分析，我们很容易推导出这些政策的内容（见习题 22.8）。把精英掌权时的效用和中产阶层掌权时的效用分别记为 $V^e(E)$ 和 $V^e(M)$。

如果精英的权力被中产阶层夺走的概率 η 是外生的，第 22.4.1 小节的分析同样适用，而无须作重大改变。当精英丧失权力的概率是内生的，就会出现新的政治经济效应。为了节省篇幅同时又表达出主要观点，我使用一个退化形式的模型，假定精英丧失权力的概率是中产阶层净收入水平的函数：

$$\eta(t) = \eta(\theta^m C^m(t)) \in [0,1] \qquad (22.30)$$

其中 $C^m(t)$ 是代表性中产阶层企业家的净收入，也等于其消费水平。我假定 η 是可微并且严格递增的，其导数 $\eta'(\cdot) > 0$。这个假设意味着当中产阶层变富裕时，他们更加容易获得权力（例如，资源越多，他们越可能成功地解决集体行动问题或者提高他们的军事实力）。

为了简化讨论，我们仅关注条件 22.1 不成立的情形，此时均衡工资等于零因而不存在要素价格操纵动机，因此，如果没有政治替代动机的话，征税的唯一理由就是攫取收入（导致均衡税率 τ^{RE}）。给定这些假设以及 $V^e(E)$ 和 $V^e(M)$ 的定义，我们可以把精英在 $t-1$ 期选择税率 $\tau^m(t)$ 的最大化问题表述为

$$V^e(E) = \max_{\tau^m}\{\beta^{\alpha/(1-\alpha)}A^e\bar{L}/\alpha + [\phi\beta^{\alpha/(1-\alpha)}\tau^m(1-\tau^m)^{\alpha/(1-\alpha)}A^m\theta^m\bar{L}/\alpha + R^N]/\theta^e$$
$$+ \beta[(1-\eta[\tau^m])V^e(E) + \eta[\tau^m]V^e(M)]\}$$

其中我标记为 $\eta[\tau^m]$ 是为了强调政治替代概率取决于对中产阶层征收的税率（尽管不明确地给出 $\eta(\cdot)$ 的自变量节省了符号）。既然 $C^m(t)$ 是 τ^m 的减函数，$\eta[\tau^m]$ 也是随 τ^m 递减的。

税率 τ^m 内点解的一阶条件如下：

$$\frac{\phi(\beta(1-\tau^m(t)))^{\alpha/(1-\alpha)}A^m\theta^m\bar{L}}{\alpha\theta^e}\left(1 - \frac{\alpha}{1-\alpha}\frac{\tau^m(t)}{1-\tau^m(t)}\right)$$

$$-\beta\frac{d\eta[\tau^m]}{d\tau^m}(V^e(E) - V^e(M)) = 0$$

其中第一项对应于收入攫取动机，第二项与政治替代效应相关。仔细审查这个条件可以看出当 $\eta'(\cdot) = 0$，得到 $\tau^m = \tau^{RE} \equiv 1-\alpha$，这和之前的结果一致。然而，当 $\eta'(\cdot) > 0$ 以及 $V^e(E) - V^e(M) > 0$，我们有 $\tau^m(t) = \tau^{PC} > \tau^{RE}$。结果 $V^e(E)$

$-V^e(M)>0$ 可由习题 22.8 直接得到。

此处的重点在于，因为要素价格操纵机制，精英征税超过了拉弗曲线的顶端。现在他们的目标不再是提高当前收入，而是巩固政权（事实上，征税超过拉弗曲线的顶端降低了精英的当前收入）。相反，更高的（扭曲型）税收仍然对精英有利，因为高税收降低了中产阶层的收入，削弱了他们的政治权力。因而，精英有很高的概率在未来保有政权、享受控制政策的好处。

通过分析精英失去政权的概率可以得到几个比较静态结果。首先，随着 R^N 上升，可以直接验证 $V^e(E)$ 和 $V^e(M)$ 之间的差距增大（见习题 22.8）。这转变成对中产阶层征收较高的税率。直观上看，执政党从自然资源获得收入，收入越高，政治赌注（定义为控制政权的价值）越大。结果是，精英更加愿意牺牲税收收入（对中产阶层过度征税）以提高他们保留政权的概率（因为现在保留政权变得更有价值）。这种情形与之前 R^N 对税收没有影响相反。而且，这种情形下，更高的国家能力也会扩大 $V^e(E)$ 和 $V^e(M)$ 之间的差距（因为这会使在位群体提高税收收入；见习题 22.8），并因而产生了高均衡税率的压力。因此，这种效应证实了国家能力带来的潜在黑暗面：如果没有政治竞争，更强的国家能力通过更有效率的转移支付提升了资源配置的效率。相反，如果存在政治竞争，更强的国家能力增加了政治赌注的价值，因而可能带来更加扭曲的政策。

最后，如果中产阶层替代精英的可能性很高（对应于 $\eta(\cdot) \approx 1$）或者很低（$\eta(\cdot) \approx 0$），都会得到结果 $\eta'(\cdot)$ 很低。在这两种情况下，与收入最大化水平相比较，税率只会有限地上升。只有当 η 取中间值并取决于中产阶层的财富水平时，$\eta'(\cdot)$ 才会较高，也只有在此时，政治替代效应才会导致进一步的扭曲型税收。因此，我们有望看到，只有当精英的安全程度为中等水平时〔而不是当他们的政治权力十分安全，即 $\eta(\cdot) \approx 0$，或者确定无疑将被取代，即 $\eta(\cdot) \approx 1$ 时〕，他们才会采取更加扭曲的税收。从这个意义上，此处的政治替代效应和创新环境下的阿罗替代效应是相似的（回顾第 12 章）。

22.5 子博弈完美均衡与马尔科夫完美均衡

迄今为止的均衡概念一直是马尔科夫完美均衡。一个自然的疑问是，当我们转向子博弈完美均衡的概念时，结论是否会有所不同。一般而言，动态博弈中子博弈完美均衡集要大于马尔科夫完美均衡集，有些子博弈完美均衡会带来更有效的资源配置（见附录 C）。接下来我首先证明，在迄今为止的分析框架里，子博弈完美均衡和马尔科夫完美均衡恰好重合。接着我转向模型的两个修改版,其中存在要挟问题,该问题源自征税的时机或者事前的技术采用决策。在这些环境里,承诺问题会引发更大的无效率,子博弈完美均衡可能比马尔科夫完美均衡更有效率,因为它允许精英做出更大的均衡承诺。

22.5.1 没有要挟时的子博弈完美均衡和马尔科夫完美均衡

马尔科夫完美均衡是子博弈完美均衡的子集和,因为后者包括基于历史依赖(history dependence)的惩罚策略均衡。如果不存在这样的历史依赖,则马尔科夫完美均衡恰好也是子博弈完美均衡。在迄今为止分析的模型中,这样的惩罚是不可能的。直观上,在经济领域,每个个体都是微不足道的,按照竞争方式行动(把价格视为给定的)。因此在任何均衡中,(22.20)式和(22.21)式唯一地决定了要素需求。给定要素需求,就可以确定不同政策序列的收益。因而,精英从不同策略得到的收益独立于历史,而且除了上文描述的马尔科夫完美均衡外,不可能是任何子博弈完美均衡。

命题 22.7 命题 22.4—22.6 刻画的马尔科夫完美均衡是唯一的子博弈完美均衡。

证明 见习题 22.10。

习题 22.11 证明了第 22.4.2 节模型中的马尔科夫完美均衡也是唯一的子博弈完美均衡。然而,最后一个结果取决于只可能发生一次权力更替的假设(从精英到中产阶层)。如果存在多次权力更替,潜在的惩罚制度就会建立,子博弈完美均衡集就可能包括非马尔科夫均衡。

22.5.2 缺乏承诺:要挟

迄今为止讨论的模型都以精英对下一期税收做出完全承诺为特征。具体而言,在每个时期末,精英可以对下一期产出的税率做出承诺。借用产业组织的术语,这对应于没有要挟的环境。另一方面,要挟对应于没有税收或政策承诺的环境,所以,一旦企业家做出投资,他们可能受到高税收或者没收财产的"要挟"。这些类型的要挟问题在政治经济中非常普遍,因为对未来政策做出严格承诺异常困难或者根本不可能。某个时点拥有政治权力的人会在那个时点做出相应的决策。而且,如果重要投资是长期的(所以投资一旦做出,就不可逆转),即使存在单期承诺,照样存在要挟问题(因为投资决策一旦做出,投资一旦完成,就可以对投资收益流征税)。

所谓要挟问题就是，中产阶层企业家做出投资决策之前，精英不能够承诺一个特定的税率（因为税收决策发生在投资之后）。一般而言，缺乏承诺的问题会提高征税额、增加扭曲。而且，与迄今为止研究的配置相反（虽有扭曲，却是帕累托有效率的），此时承诺问题的出现导致帕累托无效率。为了解释存在承诺问题时出现的主要问题，我运用的模型和上文一致，只是改变事件发生的时间，使 t 期的产品税在 t 期决定，也就是本期的资本投资已经完成之后。经济均衡基本没变，唯一的差异是现在 τ^m 和 τ^e 指的是期望税收。显然，均衡中期望税收和实际税收是一致的。

不同的是精英设计税收时的考量。之前，他们考虑的是 t 期的高税率会抑制 t 期的生产投资。现在税收的设定是在生产投资完成之后，所以这种效应就不复存在了。结果，在马尔科夫完美均衡中，精英总是征收最高税率，所以，无论什么情形，只存在一个唯一的马尔科夫完美均衡，在所有时期，$\tau^m(t) = 1$。

命题 22.8 如果存在要挟，则对所有时期 t，存在唯一的马尔科夫完美均衡，$\tau^m(t) = \tau^{HP} \equiv 1$。

显然，存在要挟的均衡比上述没有要挟的均衡更加无效率。例如，考虑一种情形，其中条件 22.1 不成立，所以根据事件原来的发生顺序（没有要挟），均衡税率是 $\tau^m(t) = 1 - \alpha$。但在有要挟时，$\tau^m(t) = 1$，中产阶层就会停止生产。这个政策不仅对中产阶层企业家，而且对精英来说也是代价高昂，因为他们失去了所有的税收收入。

该模型中，唯一的马尔科夫完美均衡不再是唯一的子博弈完美均衡，因为不同群体之间可能存在一份隐性合同，其中精英可以确定地承诺 $\tau^{HP} \equiv 1$ 之外的不同税率。现在，马尔科夫均衡是帕累托无效率的，而且掌握相同财政政策工具的社会规划者可以提高经济体中所有人的效用。

为了说明马尔科夫完美均衡和子博弈完美均衡之间的差异（以及与马尔科夫完美均衡相应的帕累托无效率），考虑条件 22.1 不成立的例子。在马尔科夫完美均衡中，精英没有税收收入（因为中产阶层零生产）。请记住，过去的博弈是在那一时点采取的全部行动集合。接下来考虑触发策略（trigger-strategy）的组合：精英设定所有时期的税率 $\tau^m(t) = 1 - \alpha$，只要过去的博弈包含了 $\tau^m(s) = 1 - \alpha$，而且对所有 $s < t$，投资决策与等式（22.20）一致，中产阶层企业家就会按照等式（22.20）进行投资，其中 $\tau^m(t) = 1 - \alpha$。如果过去的博弈中有其他行动，则精英设定税率 $\tau^m = 1$，且中产阶层零投资。这个策略是否构成一个子博弈完美均衡？首先，中产阶层偏离均衡将不会获益，因为在每个时期 t，沿着（22.20）式

隐含的均衡路径，中产阶层选择的是对税收的最优反应。检验精英是否存在可获益的偏离，请注意这个策略组合使他们每期都能够筹集到数量为 $\phi(1-\alpha)\alpha^{\alpha/(1-\alpha)}\beta^{\alpha/(1-\alpha)}A^m\theta^m\bar{L}/\alpha$ 的收入，因而得到了如下数量的转移支付

$$\frac{\phi}{(1-\beta)}(1-\alpha)\alpha^{-(1-2\alpha)/(1-\alpha)}\beta^{\alpha/(1-\alpha)}A^m\theta^m\bar{L} \tag{22.31}$$

反之，如果他们任何时刻偏离该策略，对精英而言，获益最大的偏离就是设定 $\tau^m = 1$，在那一期他们可以把税收收入提高到

$$\phi\alpha^{-(1-2\alpha)/(1-\alpha)}\beta^{\alpha/(1-\alpha)}A^m\theta^m\bar{L} \tag{22.32}$$

遵循这种偏离，考虑一个连续均衡，该均衡转换到唯一的马尔科夫完美均衡，这是该模型中可能最差的连续子博弈完美均衡，因为精英连续得到零效用（见附录C）。因此上述触发策略组合是一个均衡，只要（22.31）式大于或者等于（22.32）式，这要求 $\beta \geq \alpha$。这个论证证明了如下命题。

命题 22.9 考虑要挟博弈，并假定条件 22.1 不成立。则对于 $\beta \geq \alpha$，所有时期都存在一个子博弈完美均衡，其中 $\tau^m(t) = 1 - \alpha$。

证明 见习题 22.12。

该结论的一个重要意义是，如果社会存在重大的要挟问题（如，投资通常需要相对较长的时间期限），那么马尔科夫完美均衡很可能导致帕累托无效率配置，这使精英和其他社会群体有相互协调的空间，以实现子博弈完美均衡，而且这一均衡得到双方之间的隐性协议（触发策略组合）的支持。相对于马尔科夫完美均衡而言，上述子博弈完美均衡能改善所有人的境况。因此，该分析表明，我们在讨论均衡概念时，使用马尔科夫完美均衡还是子博弈完美均衡对于均衡结果及其效率特征有重要意义。尽管均衡概念的使用是建模者的选择，然而不同的均衡概念却模拟了不同的真实情景。例如，如果制度结构、互动频率或者过往历史使协调和互信不太可能实现，马尔科夫完美均衡可能是更合适的概念。反之，如果社会可以在具有利益冲突的不同党派之间建立一定程度的互信，则子博弈完美均衡可能在建模时更有用。

22.5.3 技术采用

另一种类型的要挟问题来自企业家的技术采用决策，实践中，技术采用可能比征税时间更加重要。决策者在制定许多重要的技术采用决策时都有一个长期视野，因此未来的税率对于这些决策至关重要。本书早先的分析强调了技术决策对

经济增长的重要性，因此在这些决策中出现的新型政治经济互动既有现实意义也有理论意义。该分析也证明了动态政治经济模型中，子博弈完美均衡可能也是帕累托无效率的。

我们回到原来的出发点，其中精英在 t 期就设定并承诺了 $t+1$ 期的税率（所以第 22.5.2 节的要挟问题就不存在了）。相反，在 $t=0$ 期，中产阶层在做出任何经济决策或者政策选择之前，可以投资以提高生产率。特别地，假定投资于生产率 A^m 需要成本 $\Gamma(A^m)$。函数 Γ 是非负、可微且严格凸的。投资一旦做出，由此带来的生产率 A^m 一直适用。

一旦做出技术投资，博弈的展开和之前一样。我们关注条件 22.1 不成立的情形。因为 t 期之后技术投资变成已经完成，马尔科夫完美均衡和子博弈精炼均衡是唯一的（见命题 22.7），而且所有时期税率为 $\tau^{RE} \equiv 1-\alpha$。结果，对中产阶层生产者的技术选择内点解来说，其一阶条件为

$$\Gamma'(A^m) = \frac{1-\alpha}{\alpha(1-\beta)} \beta^{\alpha/(1-\alpha)} (1-\tau^{RE})^{1/(1-\alpha)} \bar{L} \tag{22.33}$$

显然，现在的马尔科夫完美均衡和子博弈完美均衡配置是帕累托无效率的。事实上，如果精英在 $t=0$ 期就能承诺一个税率序列，他们会选择更低的税率。为了说明这一点，假定精英在 $t=0$ 期确实可以承诺一个固定税率。于是，精英的最优化行为就是：在表示税收和技术之间关系（22.23）式给定的条件下，最大化税收收入。换言之，精英最大化 $\phi\tau^m(\beta(1-\tau^m))^{\alpha/(1-\alpha)} A^m \theta^m \bar{L}/\alpha$，约束条件为（22.33）式。该约束条件包含了（预期）税收影响技术选择的事实。

内点解的一阶条件可以表示为

$$A^m - \frac{\alpha}{1-\alpha} \frac{\tau^m}{1-\tau^m} A^m + \tau^m \frac{dA^m}{d\tau^m} = 0 \tag{22.34}$$

其中 $dA^m/d\tau^m$ 考虑了未来税收对 $t=0$ 期的技术选择的影响。这个导数表达式可以通过对（22.33）式求导数得到（对 τ^m 而不是 τ^{RE} 求导）：

$$\frac{dA^m}{d\tau^m} = -\frac{(\beta(1-\tau^m))^{\alpha/(1-\alpha)} \bar{L}}{\alpha(1-\beta)\Gamma''(A^m)} < 0$$

因此，（22.34）式的解是某个 $\tau^{TA} < \tau^{RE} \equiv 1-\alpha$。因此，如果有可能的话，精英会承诺将来执行一个更低的税率，鼓励中产阶层生产商促进技术进步。如果精英不承诺更低的税率，就会带来更扭曲的政策（以及帕累托无效率）。下一个命题陈述了这个结果。

命题 22.10 考虑技术采用博弈，假定条件 22.1 不成立，且 $\phi > 0$。则唯一的马尔科夫完美均衡和子博弈完美均衡要求 $\tau^m(t) = \tau^{RE} \equiv 1 - \alpha$ 对所有 t 都成立。如果精英在 $t = 0$ 期能够承诺一项税收政策，他们将愿意在 $t = 0$ 期承诺一个税率水平 $\tau^{TA} < \tau^{RE}$。

在单纯的要挟问题中，子博弈完美均衡能够阻止额外的无效率（当 $\beta \geq \alpha$ 时，回顾命题 22.9），与之相反的是，技术采用博弈中的无效率问题会和子博弈完美均衡继续存在。原因在于中产阶层企业家只在一开始做出技术投资，此后在竞争经济中有唯一的最优策略，因此不可能使用取决于过去的惩罚策略（然而一旦偏离，中产阶层生产商的最优反应就转向零投资或低投资）。这个命题显示了保持低税率的隐性合同对未来政策施加的约束。这种合同不仅要求较高的贴现因子（$\beta \geq \alpha$），也要求中产阶层企业家频繁投资，从而形成可信的威胁，以防止精英偏离其承诺的政策。当这样的隐性合同不可能存在时，限制未来政策的经济制度变得更加重要。

22.6 无效率的经济制度：首次尝试

经济制度为政策制定提供了框架。现在我运用上一节的模型，首次尝试说明：（1）均衡经济制度对扭曲型政策施加约束的条件，（2）什么条件下经济制度会演化到另一个极端，精英利用无效的政策工具降低产出并阻碍经济发展。为了以尽可能简洁的方式表达这些思想，我考虑两种典型的影响精英政策选择的经济制度：

1. 产权保护：可能存在宪法或者其他约束，制约再分配性质的税收和没收私人财产。具体而言，假定设置宪法规定的最高税率 $\bar{\tau}$ 是可行的。而且，假定 $\bar{\tau}$ 的数值在博弈一开始就确定了，此后不能更改。

2. 技术规制：这些制度与直接或间接影响生产率的因素相关。

第 22.5.3 节对要素价格操纵效应的分析部分回答了上面提出的一个问题：为什么政治体系会使用无效的政策工具？完整分析这个问题需要模型的设定包含更加丰富的财政政策工具，如一次性总付税。习题 22.16 提供了初步的分析。命题 22.5 和命题 22.6 给出了初步的回答，因为它们证明了均衡税率将会严格大于和收入最大化对应的税率。我们的第一个任务是从这些观察中推导出精英征税时面临的宪法限制会产生什么影响。

22.6.1 产权保护的出现

该模型的假定和上一节只有一点差异：在 $t=0$ 期在中产阶层企业家做出投资决策之前，精英可以在区间 $[0,1]$ 选择某个 $\bar{\tau}$ 作为宪法规定的最高税率。因而，此后的税率必将小于 $\bar{\tau}$。更低的税率为中产阶层提供了更有力的产权保护。自然，一个关键问题是规定 $\bar{\tau}<1$ 的法律是否可信。此处我并不试图解决这个问题，而仅仅是将之视为给定，即未来征税的宪法限制是可以强制实施的（尽管一定程度上，这个假定违背了不可能对未来政策做出承诺的假设）。我的目的是研究如下问题：如果这样的宪法担保是可行的，精英是否愿意设立，也就是说他们会选择 $\bar{\tau}=1$ 还是 $\bar{\tau}<1$。

命题 22.11 如果不存在要挟和技术采用问题，精英会（弱）偏好 $\bar{\tau}=1$。

证明非常直观：如果不存在要挟和技术采用问题，施加额外的税收限制只会降低精英的效用。这个命题意味着，当经济制度由精英决定（未来精英也将保有政治权力），并且没有要挟问题，那么对未来税收引入宪法制约，精英得不到任何收益，因此也不会引入进一步的产权保护。

如果存在要挟问题，结果大不相同。为了说明这点，让我们首先回到存在要挟的环境（t 期的资本存量确定之后，税率也确定了）。我们集中于马尔科夫完美均衡以及存在收入攫取动机和要素价格操纵动机的一般情形。

命题 22.12 考虑存在要挟的博弈并假定条件 22.1 成立且 $\phi>0$。则唯一的马尔科夫完美均衡要求对所有 t，都有 $\tau^m(t)=\bar{\tau}$。精英偏好在 $t=0$ 期设定税率 $\bar{\tau}=\tau^{COM}<1$。

证明 见习题 22.13。

该命题的直觉非常简单：如存在要挟问题，命题 22.8 证明唯一的马尔科夫完美均衡要求 $\tau^m=1$。然而，这是（帕累托）无效率的；事实上，如果精英能够承诺一个税率 $\bar{\tau}=\tau^{COM}$，他们就能够提高自身的消费水平（从而也提高中产阶层和工人的消费水平）。如果精英能够利用经济制度规范未来的税率，如设立宪法约束，他们可能就希望用这些制度来鼓励投资。通过操控经济制度，精英可以实施他们想要的政策（的确，在这个简单的经济体，他们能够承诺使自身效用最大化的税率）。

该结果表明，在某些条件下，精英可能愿意改变经济制度，给生产者提供产权保护。然而要注意，在这个命题中，马尔科夫完美均衡的限制非常重要。如果我们允许存在依赖历史的惩罚策略并且考察子博弈完美均衡，则精英能够改善命题22.9中的马尔科夫完美均衡配置,并且,视参数不同,他们甚至能够隐含地(可信地)承诺一个均衡,其中每期税率等于τ^{RE}。这种情况下,没有必要改变经济制度以对未来税率施加限制。究竟是马尔科夫完美均衡还是子博弈完美均衡更适合这种环境取决于不同政党的预期以及博弈者之间的协调程度(这通常由历史或其他制度因素决定)。

如果无效率更多来自技术采用而非要挟问题(来自税收的时间安排),即使我们关注子博弈完美均衡,改变经济制度的需要也更迫切。下一个命题陈述了该结论。

命题22.13 考虑技术采用的博弈,并假定条件22.1不成立,且$\phi > 0$。则唯一的马尔科夫完美均衡和子博弈完美均衡要求$\tau^m(t) = \tau^{RE} \equiv 1 - \alpha$,该式由(22.28)式给出。在$t = 0$期,精英更愿意设定命题22.10定义的税率$\bar{\tau} = \tau^{TA} < 1 - \alpha$。

证明。见习题22.14.

这个命题强调的是,即使在长期投资或者技术采用决策非常重要的环境中,命题22.9中的隐性承诺也作用有限。相反,通过经济制度做出明确(可信)的保证,对中产阶层企业家提供激励和保障非常必要,这样能使企业家投资于采用合适的技术。因此,尽管在一些环境中,隐性承诺和其他非正式安排能起到和经济制度同样的作用,但它们能在多大程度上很好地发挥这一角色,却存在诸多限制。结果是,对扭曲型政策和没收财产的宪法约束(如果可行)可能内生地出现在政治均衡,作为对隐性承诺的替代或改善。

22.6.2 阻碍经济发展

第22.6.1节的重点是在$t = 0$期选择经济制度为中产阶层企业家提供更有保障的产权和更好的投资激励。实践中,这些类型的经济制度扮演了很重要的角色,不同社会中对产权保护的各种不同形式很可能部分解释了我们观察到的经济表现差异。然而,产权保护和税收限制只是经济制度的一个方面。在许多社会中,精英试图积极地抑制经济活动而不是鼓励经济活动。为什么精英特地选择无效率的经济政策降低企业家的生产率,阻碍经济发展?

为了尽可能简单地表达基本观点,本小节我按照一个方向扩展基本框架,政府(即精英控制的政权)选择一项影响生产者技术选择的政策,记为$g \in \{0, 1\}$。这项选择可以被理解为投资技术设施或者提供法律和秩序保障($g = 1$对应于创造更好的商业环境)。相反,$g = 0$可能直接对应于精英采取抑制中产阶层企业家技术采用的行动。我们假定在所有未来的时期，$g \in \{0,1\}$ 影响中产阶级层的生产率，特别地，假定 $A^m = A^m(g)$ 以及 $A^m(1) > A^m(0)$。为了简化讨论，进一步假定 $g = 1$ 是无成本的并且毫不影响精英的生产率。关键问题在于精英是否会选择提高中产阶层企业家生产率的 $g = 1$，还是选择阻碍技术采用。

当只有收入攫取机制起作用时，答案是精英希望企业家拥有最好的技术。

命题 22.14 假定条件 22.1 不成立，且 $\phi > 0$。则经济均衡总是要求 $w(t) = 0$，并且在唯一的马尔科夫完美均衡，精英选择 $g = 1$。

这个命题刻画了精英不会阻碍中产阶层企业家的技术采用决策。结论一目了然，因为 $g = 1$ 提高了税收收入同时对精英的消费没有其他影响。于是，精英从中产阶层企业家的产出增加中获益，因此希望企业家生产率越高越好。直观地讲，精英和企业家没有竞争（不管在要素市场还是政治领域），而且中产阶层企业家生产率越高，他们为精英创造的税收收入也越高。

当精英希望操纵要素价格时，情况就不同了。为了阐释这种可能的结果，假定存在一个税率上限 $\bar{\tau} < 1$。

命题 22.15 假定条件 22.1 成立，$\phi = 0$，$\bar{\tau} < 1$ 以及 $(1-\bar{\tau})^{1/(1-\alpha)} < A^e/A^m$。则在任意马尔科夫完美均衡或子博弈完美均衡中，精英的唯一选择是 $g = 0$。

证明 见习题 22.15。

直观上看，如果 $\bar{\tau} < 1$，中产阶层的劳动需求足够多，即使在最高税率点，均衡工资也是正数。因为 $\phi = 0$，税收没有提高精英的收入，且他们的唯一目标是尽可能降低来自中产阶层的劳动需求（和工资）。这使 $g = 0$ 成为他们最偏爱的政策。结果，要素价格操纵机制意味着，在精英的权力范围内，他们选择的经济制度会降低竞争对手（中产阶层）的生产率。命题 22.15 说明了精英如何可以直接采取行动降低其他竞争对手的生产率，从而延缓或者阻碍经济发展。当精英的政治权力受到竞争时，类似的效应也成立（见习题 22.16）。

这一节证明了精英对政策的偏好如何转化成对经济制度的偏好。如果精英更愿意承诺一个低税率，这会促进更好的产权保护制度的出现。另一方面，要素价格操纵效应或者政治替代效应也会诱使精英采取抑制技术采用，或者更一般地，降低竞争群体生产率的制度安排。

22.7 异质性偏好、社会选择以及中间选民[*]

我的下一个目标是放松简单社会的假定，研究社会成员间更加丰富和更加现实的异质性如何影响政策选择。这一研究分两步走。这一节简要论述其成员各不相同的社会如何做出政治经济决策。这种情形下的主要工具是中间选民定理，以及唐斯政策趋同定理（Downsian Policy Convergence Theorem）。我还说明了这两个定理如何共同刻画了行为人存在异质性时的民主政治。第 22.8 节，我运用这些结果证明了第 22.2 节的定量结果可以推广到企业之间存在异质性的模型。第 22.8 节分析得出的结论是异质性社会比第 22.2 节研究的简单社会更普遍地存在扭曲（无效率）型政策的来源。这个来源就是政治体系从一部分人那里攫取收入的欲望。

中间选民定理在经济学研究中由来已久，被应用于许多不同领域。考虑到它在政治经济学模型中的广泛运用，下文第一小节陈述和概括这个定理。尽管该定理简单明了，但是不适用于政策选择无法简化为一维政策选择的情形。我还概括了存在多维决策时的一些加总异质性偏好的替代方法，以此结束本节的讨论。这里的分析也证明了，为什么在许多情形中，政治均衡的决定可以表示为加权社会福利函数的最大化。

22.7.1 基本框架

我们考虑一个由个体集合 $\mathcal{H}$ 组成的抽象经济体。本节中，我把 $\mathcal{H}$ 定义为有限集合，并定义个体的数量为 H，尽管此处的结果可以扩展到 $\mathcal{H}$ 由个体连续统组成的情形。个体 $i \in \mathcal{H}$ 的效用函数为

$$u(x_i, Y(p), p \mid \alpha_i)$$

此处 x_i 是他的行动，其可行的行动集记为 X_i；p 表示政治选择向量（如制度、政策或者其他集体选择），政策集记为 $\mathcal{R}$（因为从本节一开始 $\mathcal{P}$ 就用来表示政治制度的集合）；$Y(p)$ 表示一般均衡变量的集合，如价格或者外部性，该外部性来自全体行为人的行动和政策。我把不同个体偏好的差异用参数 α_i 表示，而不是写成每个个体有不同的效用函数 u_i。这样表示不会损失一般性（仅仅定义 $u_i(\cdot) \equiv u_i(\cdot \mid \alpha_i)$），也对随后的一些分析非常便利。显然，均衡变量，用 $Y(p)$ 表示的价格，对于给定的政策集 p 并不一定是唯一确定的。然而，既然多重均衡不是我们关注的重点，因此这里忽略了此类复杂情形，并假定 $Y(p)$ 是唯一决定的。

同时我也假定个体目标函数是严格拟凹的，所以每个个体只有一个最优行动

$$x_i(p, Y(p), \alpha_i) = \arg\max_{x_i \in X_i} u(x_i, Y(p), p \mid \alpha_i)$$

把个体 i 的最大化选择代入他的效用函数，我们就得到个体 i 的间接效用函数 $U(p;\alpha_i)$，该函数总结了他对政策 $p \in \mathcal{R}$ 的排序。有时候写成如下形式也很方便：当个体 i 对于政策 p 弱偏好于 p'，记为 $p \succeq_i p'$（根据 $U(p;\alpha_i)$）；而当他有严格的偏好时，记为 $p \succ_i p'$。

22.7.2 投票和孔多塞悖论

通过投票或者其他机制加总异质性个体的偏好并不总是容易或者可行的。社会选择理论中的阿罗不可能定理从规范角度强调了这个问题。在投票的场合中，这个问题也会出现，接下来将要讨论的著名的孔多塞悖论最清楚地说明了这个问题。

假设一个社会由三个人和三种选择组成，三个人分别记为 1、2 和 3。个人偏好如下：

$$
\begin{array}{ll}
1 & a \succ c \succ b \\
2 & b \succ a \succ c \\
3 & c \succ b \succ a
\end{array}
$$

进一步，我们使政治机制更加具体，并假定该机制满足如下三个要求，这三条要求共同构成了"公开议程的直接民主"制度。

A1. 直接民主。市民依靠多数投票做出政策选择。

A2. 真诚投票。每轮投票，每个市民根据她的政策偏好 $U(p;\alpha_i)$，投票给能为她带来最大效用的备选方案。下文将讨论每个个体选择效用最大化的投票方案，即策略投票。

A3. 公开议程。市民对若干对政策备选方案投票，使本轮的获胜政策在下一轮不再是新备选方案，并且备选方案的集合包括了所有的可行政策。此后，我把公开议程假设替换为提供政策备选方案的政党，从而把直接民主转向间接民主或者代议制民主。

考虑政策 a 和 b 之间的竞争。行为人 2 和 3 会投票给 b 而非 a，所以 b 是多数赢家。接下来，根据公开议程假设，政策选择 c 与 b 竞选。而现在行为人 1 和 3 偏好 c 甚于 b，从而 c 成了新的多数赢家。接下来 c 遭遇了 a，但是现在行为人 1 和 2 偏好 a，所以 a 又成了多数赢家。因而在这种情形里，不同的政策方案之间循环获胜，换句话说，在这个选择唯一政策结果的投票过程中不存在均衡解。

为了接下来便于参考，现在让我们把孔多塞赢家定义为不会导致循环的政策选择。

定义 22.1 孔多塞赢家是成对投票中能击败所有其他可行政策的一项政策 p^*。

显然，在孔多塞悖论中，没有孔多塞赢家。

22.7.3 单峰偏好

假设政策空间是一维的，所以 p 是一个实数，即 $\mathcal{R} \subset \mathbb{R}$。此时，排除孔多塞悖论的一个简单方法是假定偏好对所有投票人是单峰的。下面我们将会看到把 $\mathcal{R}$ 限制在一维至关重要，而当存在多个政策维度时，单峰偏好通常不具备良好的定义。我们首先定义选民 i 偏好的政策，或者称之为（政治）满足点（bliss point）。为了简化符号，假定偏好是唯一确定的并记为

$$p(\alpha_i) \equiv \arg\max_{p \in \mathcal{R}} U(p; \alpha_i)$$

如果选民 i 对替代方案的偏好顺序是由它们离满足点的相对距离决定的，那么我们就称该选民具有单峰偏好。我们有如下更一般化的定义。

定义 22.2 令 $p(\alpha_i) \in \mathcal{R}$ 是个体 i 在 $\mathcal{R}$ 上的唯一满足点，则当且仅当对于所有 $p'', p' \in \mathcal{R}$，使 $p'' < p' \leq p(\alpha_i)$ 或者 $p'' > p' \geq p(\alpha_i)$ 时，该选民的政策偏好就是单峰的，于是我们有

$$U(p''; \alpha_i) < U(p'; \alpha_i)$$

当 $R \subset \mathbb{R}$，单峰偏好等价于 $U(p'; \alpha_i)$ 的严格凹性。我们可以轻易地证明，在孔多塞悖论中，不是所有行为人都拥有单峰偏好。例如，按照 a、b、c 的顺序，行为人 1 的偏好是 $a \succ c \succ b$，根本就没有单峰偏好（如果把备选方案换个顺序，另两个行为人中就会有人违背单峰偏好假设；见习题 22.18）。

下一个定理证明，在单峰偏好假设下，一定存在孔多塞赢家。在陈述定理之前，我们先定义社会的中间选民。给定每个个体在 $\mathcal{R}$ 上只有一个唯一的满足点，我们可以根据他们的满足点 $p(\alpha_i)$ 排序。同时，为了排除无意义的模糊之处，假定 H 是个奇数。则中间选民就是左右两边的满足点刚好各有 $(H-1)/2$ 的那个人。换言之，他自己的满足点刚好处于满足点分布的中央，我们把这个人记为 α_M，他的满足点（理想政策）记为 p_M。

定理 22.1（中间选民定理） 假定 H 是个奇数，第 22.7.2 节的假设 $A1$ 和假设 $A2$ 成立，并且所有选民对政策备选方案 $\mathcal{R}$ 的给定排序都具有单峰偏好，则孔多塞赢家总是存在并且与排在中位数的满足点 p_M 吻合。而且，在公开议程的

多数规则下，即在假设 A1 到假设 A3 下，p_M 是唯一的均衡政策。

证明 我们分情况来证明。根据选民的满足点 $p(\alpha_i)$ 对个体进行排序，把排在中位数的满足点记为 p_M。根据假设 H 是一个奇数，则 p_M 是唯一定义的（尽管 α_M 不一定是唯一定义的）。假定有一个选择介于 p_M 和某一政策 $p' < p_M$ 之间。根据单峰偏好的定义，对于每个个体 $p_M < p(\alpha_i)$，我们有 $U(p_M;\alpha_i) > U(p';\alpha_i)$。根据假设 A2，这些个体真诚地投票，因而偏好结果 p_M。联合投票也支持 p_M，因此构成了多数。当 $p' > p_M$ 时，论证是相同的。

假设社会由奇数个个体构成，这只是为了简化定理的陈述和证明。习题 22.19 要求你把该定理及证明推广到 H 是偶数的情形。

比社会个体的人数是奇数还是偶数更加重要的假设是真诚投票。显然，理性人可能会不如实汇报他们的偏好（也就是偏离真诚投票），当这么做对他们有利的时候。所以一个显而易见的问题是中间选民定理是否能够扩展到选民投票不真诚的情形？答案是肯定的。为了说明这一点，我们把真诚投票假设修改为策略投票。

A2′ 策略投票。把个体 i 在成对竞争的 p' 和 p'' 之间进行投票的函数定义为 $v_i(p',p'') \in \{p',p''\}$。令社会由 H 个市民组成，其投票规则为：对任意 $p', p'' \in \mathcal{R}$，有 $V: \{p', p''\}^H \to \{p', p''\}$（例如，当 p' 比 p'' 获得更多的投票时，多数投票规则 V^{maj} 选择 p' 而非 p''）。当个体 i 投票给 $v_i(p',p'')$，而其他个体根据向量 $v_{-i}(p', p'')$ 投票时，$V(v_i(p',p''), v_{-i}(p',p''))$ 表示投票规则 V 运用到成对竞争的政策 $\{p', p''\}$ 得到的结果。策略投票要求每个个体的投票行为是对其他个体行为的最优反应，也就是

$$v_i(p', p'') \in \arg\max_{\tilde{v}_i(p', p'')} U(V(\tilde{v}_i(p', p''), v_{-i}(p', p''));\alpha_i)$$

换言之，策略投票意味着给定其他行为人的投票策略，每个个体选择的投票策略能够最大化他自己的效用水平。

最后，请记住个体 i 的弱占优策略是能够比他的其他策略给他带来更高收益的策略，而不管其他参与者的策略组合。

定理 22.2（有策略投票的中间选民定理） 假定 H 是奇数，假设 A1 和假设 A2′ 成立，所有选民对政策备选方案 $\mathcal{R}$ 的给定排序有单峰偏好，则真诚投票对每个参与者来说都是弱占优策略，且存在唯一的弱占优均衡。该均衡的特征是排在中位数的满足点 p_M 成为孔多塞赢家。

证明 在此情况中，（政治体系）投票规则是多数获胜制，记为 V^{maj}。考虑两

项政策 p', $p'' \in \mathcal{R}$ 并确定一个个体 $i \in \mathcal{H}$。不失一般性地假定 $U(p';\alpha_i) \geq U(p'';\alpha_i)$。首先假设对任意 $v_i \in \{p',p''\}$，都有 $V^{\text{maj}}(v_i,v_{-i}(p',p'')) = p'$ 或者 $V^{\text{maj}}(v_i,v_{-i}(p',p'')) = p''$，也就是说，$i$ 不是关键选民（pivotal）。因而 $v_i(p',p'') = p'$ 是个体 i 的最优反应。接下来假定 i 是关键选民，即如果 $v_i(p',p'') = p'$，则 $V^{\text{maj}}(v_i(p',p''),v_{-i}(p',p'')) = p'$ 成立，反之则有 $V^{\text{maj}}(v_i(p',p''),v_{-i}(p',p'')) = p''$ 成立。

此时，行动 $v_i(p',p'') = p'$ 显然是 i 的最优反应。既然这样的论证适用于每个 $i \in \mathcal{H}$，这就证明了真诚投票是弱占优策略，而且该定理的结论可以直接由定理 22.1 得到。证毕。

请注意定理 22.1 中适用于公开议程选举的第二部分，并没有出现在定理 22.2 中。这是因为公开议程假设不会带来定义良好的博弈，所以策略投票的博弈论分析变得不可行。事实上，即使对于单峰偏好而言，并不能保证真诚投票在动态情形下是最优的（见习题 22.20）。

22.7.4 政党竞争和唐斯政策趋同模型

目前为止，我们关注的是两项备选政策之间的投票或者公开议程投票，这可以被看成直接民主的极端形式。当运用到间接民主的场合，也就是当与政党竞争的简单模型相结合的时候，中间选民定理变得更加相关，也更加有力。现在我简单介绍这种情形并推导出唐斯政策趋同定理，该定理是政治经济学中大量应用工作的基础。

假定存在一个孔多塞赢家，两个政党 A 和 B 展开政治竞争。假定两个政党没有意识形态偏见，而且都想角逐权力。特别是，他们都最大化当权的概率，因为比如说，当他们在位时会收到租金或者效用 $Q > 0$。

同时假定两个政党同时宣布他们各自的政策并承诺遵守这些政策，则两个政党的行为可以用对应于如下一对最大化问题的纳什均衡表示：

政党 A： $\max_{p_A} \mathbb{P}(p_A,p_B)Q$，政党 B：$\max_{p_B}(1 - \mathbb{P}(p_A,p_B))Q$

其中 $Q > 0$ 表示在位的租金，$\mathbb{P}(p_A,p_B)$ 是两党的纲领分别为 p_A 和 p_B 时，政党 A 当权的概率。令中间选民的满足点为 p_M，当中间选民定理成立时，可得

$$\mathbb{P}(p_A,p_B = p_M) = 0, \mathbb{P}(p_A = p_M, p_B) = 1, \text{ 和 } \mathbb{P}(p_A = p_M, p_B = p_M) \in [0,1]$$

(22.35)

（22.35）式中的最后一个方程式成立，因为两个政党提供相同的政策，对所有市

民来说，投票给任意党派都是最优反应。然而，文献通常假定随机化。

A4. 随机化：$\mathbb{P}(p_A = p_M, p_B = p_M) = 1/2$。这个假设的合理性可以这样论证：当两个政党政策不同时，选民以相同的概率在两个政党之间选择。

定理 22.3（唐斯政策趋同定理） 假定两个政党角逐权力，假设 A4 成立，所有选民对给定政策备选方案的排序持有单峰偏好，则两党都会选择中位数满足点作为其施政纲领 p_M。

证明 假定结果不成立，则对其中一个政党而言，偏离是有利的。比如，如果 $p^A > p^B > p_M$，其中一个政党可以宣布政策 p_M 从而赢得选举。当 $p^A \neq p_M$ 且 $p^B = p_M$，政党 A 也可以宣布政策 p_M 从而把赢得选举的概率提升至 1/2。

习题 22.21 在没有假设 A4 的条件下将这个定理一般化。

该定理证明两个政党之间的政策趋同，以及政党竞争决定了孔多塞赢家。因此，在中间选民定理成立的情形中，有两党竞争的民主决策过程会产生这样的结果：两个政党选择的施政纲领恰好和中间选民的满足点一致。因此，中间选民定理和唐斯政策趋同定理相结合，使我们不仅可以用简化的方式加总个体对政策的异质性偏好，还能够断定在合适的假设下，民主决策过程可以制定出中间选民偏好的政策。在这样的情形中，唐斯政策趋同模型是有用的，因为该模型比公开议程选举更近似于民主决策过程。

然而，认为定理 22.3 稍微有些令人误解也是有道理的。尽管该定理对两个政党的社会是正确的，但是给人留下所有民主社会都会存在一种普遍趋同的印象。许多民主社会的政党数量多于两个。因而该定理的一个自然推广是考虑三个或四个政党。糟糕的是，正如习题 22.22 证明的，一旦扩展到三个政党，结论将不再成立。因此，在不同的政治制度环境下应用唐斯政策趋同模型须多加小心。当不存在孔多塞赢家时，定理 22.3 也不再适用。特别是，如果我们考虑存在循环的情形，正如在第 22.7.2 节孔多塞悖论的例子一样，政治竞争博弈中通常不存在纯策略均衡。习题 22.22 将进一步展开讨论。

22.7.5 超越单峰偏好

通过确保孔多塞赢家的存在，单峰偏好对证明定理 22.1 的结论起到了重要作用。然而，单峰偏好是非常强的假定，并且在投票涉及多个政策选择时，没有自然的对应概念（见习题 22.25）。当存在多个政策选择（当投票的对象是函数，如非线性税收问题），为了得到均衡政策，需要对投票过程施加更多结构限制。一定程度上放松单峰偏好的假设或者引入多维空间中与单峰比较接近的偏好集合都可能得到均衡。但是第二种选择将使我们偏离重点太远，因而留给习题 22.24 处理。相反，此处我引入单交叉特征（single-crossing property）的概念，这个概念特别有用，能使我们在较弱的假设下证明定理 22.1 的一个版本。

定义 22.3 考虑一个有序的政策空间 $\mathfrak{R}$，并按照选民的 α_i 值排序，当如下陈述成立时，则选民的偏好在政策空间 $\mathfrak{R}$ 上满足单交叉特征：

如果 $p > p'$ 且 $\alpha_{i'} > \alpha_i$ 成立，或者如果 $p < p'$ 且 $\alpha_{i'} < \alpha_i$ 成立，则 $U(p;\alpha_i) > U(p';\alpha_i)$ 意味着 $U(p;\alpha_{i'}) > U(p';\alpha_{i'})$。

例题 22.1 考虑如下例题：

$$
\begin{aligned}
&1 \quad a \succ b \succ c \\
&2 \quad a \succ c \succ b \\
&3 \quad c \succ b \succ a
\end{aligned}
$$

可以证明这些偏好不是单峰的。例如，给定排序 $a \succ b \succ c$，参与者 2 有两个峰值，分别在 a 和 c。为了弄明白为什么这些偏好满足单交叉，取同样的排序，并把参与者排列为 1，2，3，则有

$$\alpha = 2: c \succ b \Longrightarrow \alpha = 3: c \succ b$$

$$\alpha = 2: \begin{matrix} a \succ c \\ a \succ c \end{matrix} \Longrightarrow \alpha = 1: \begin{matrix} a \succ c \\ a \succ b \end{matrix}$$

注意尽管单峰只是偏好的一个特征，单交叉特征指的是定义给定政策空间 $\mathfrak{R}$ 上的一个偏好集合，因而是偏好和政策备选方案的联合特征。如下定理一般化了定理 22.1。

定理 22.4（扩展的中间选民定理） 令假设 A1 和假设 A2 成立，并且偏好满足单交叉特征，则孔多塞赢家始终存在并与中间选民的满足点一致（选民 α_M）。

证明 和定理 22.1 一样，这里也分不同情况来证明。考虑中间选民 α_M 及其满足点 p_M。考虑一项备选政策 $p' > p_M$。显然有 $U(p_M;\alpha_M) > U(p';\alpha_M)$。接着根据单交叉特征，对所有 $\alpha_i > \alpha_M$，都有 $U(p_M;\alpha_i) > U(p';\alpha_i)$。因为 α_M 是中位数，则大多数选民偏好 p_M。对于政策 $p' < p_M$，论证是相同的。证毕。

给定该定理，可以立即得到如下结果。

定理 22.5（扩展的唐斯政策趋同模型） 假定两个政党角逐权力，且假设 A4 成立，所有选民的偏好满足单交叉特征，则两党都会选择中位数满足点作为其施政纲领 p_M。

证明 见习题 22.23。

22.7.6　均衡社会福利函数

中间选民定理和唐斯政策趋同定理（定理 22.1 至定理 22.5）可以用于分析许多政治经济学模型。然而，正如习题 22.25 证实的，这些定理的必要假设适用于很多有趣（甚至简单）的模型。因而，政治经济学文献开发出一系列其他合理的方法来研究民主社会的异质性偏好。完整地分析这些方法超出了本书的范围。然而，考虑到上文讨论的帕累托有效率问题，其中一个特征值得指出。在这些模型的许多简单版本中，就像中间选民定理一样，均衡等价于最大化一个简化的加权社会福利函数，因而得到了（有约束的）帕累托有效率均衡。

为了证实这一点，现在讨论这样一种方法，即概率投票模型。该模型给个体的投票行为增加了噪音（例如，个体关注竞选政党的非政策或意识形态特征）。我的目的是强调，在一系列合理的假设下，该模型如何带来一个易处理的均衡，该均衡可以通过最大化一个（加权）社会福利函数来表示。

令社会由 G 个不同的群体组成，每个群体内的选民是一个连续统，具备同样的经济特征和偏好。正如唐斯模型一样，两个政党 A 和 B 之间存在选举竞争。令 π_J^g 表示群体 g 内给政党 J 投票的选民比例，其中 $J = A, B$，并令 λ^g 表示群体 g 的选民占总选民的比例。显然，$\sum_{g=1}^{G} \lambda^g = 1$。则政党 J 的期望得票比例为

$$\pi_J = \sum_{g=1}^{G} \lambda^g \pi_J^g$$

迄今为止的分析中，群体 g 的所有选民会有相同的投票方式（除非他们认为两个政党无差异），概率投票的思路是通过引入选民投票行为的其他特征平滑这种一致行为。具体而言，假定当政党 J 掌权时，群体 g 中的选民 i 的偏好如下：

$$\tilde{U}_i^g(p, J) = U^g(p) + \tilde{\sigma}_i^g(J) \tag{22.36}$$

其中，p 表示执政党选择的经济政策向量。$\tilde{\sigma}_i^g(J)$ 这一项刻画了如果政党 $J = A, B$ 执政，选民获得的非政策收益。假定 $p \in \Re \subset \mathbb{R}^K$，其中 K 是很可能大于 1 的自然数。因而，$p \equiv (p^1, \cdots, p^K)$ 表示潜在的多维政策向量。函数 $U^g(p)$ 表示群体 g 内选民的间接效用函数（以前对个体 i 表示为 $U(p; \alpha_i)$），该函数也刻画了他们的经济利益。

我们标准化 $\tilde{\sigma}_i^g(A) = 0$，使

$$\tilde{U}_i^g(p, A) = U^g(p), \quad 且 \quad \tilde{U}_i^g(p, B) = U^g(p) + \tilde{\sigma}_i^g \tag{22.37}$$

此时，选民 i 的投票行为可以表示为

$$v_i^g(p_A, p_B) = \begin{cases} 1 & \text{if } U^g(p_A) - U^g(p_B) > \tilde{\sigma}_i^g \\ \frac{1}{2} & \text{if } U^g(p_A) - U^g(p_B) = \tilde{\sigma}_i^g \\ 0 & \text{if } U^g(p_A) - U^g(p_B) < \tilde{\sigma}_i^g \end{cases} \tag{22.38}$$

其中 $v_i^g(p_A, p_B)$ 表示该选民投票给政党 A 的概率，p_A 是政党 A 的施政纲领，p_B 是政党 B 的纲领。如果一个选民对这两个政党无差异（包括意识形态利益），她会随机投票。

现在假设群体 g 内选民 i 的非政策相关收益 $\tilde{\sigma}_i^g$ 的分布由定义在 $(-\infty, +\infty)$ 上的平滑累积分布函数 H^g 决定，其相应的概率密度函数记为 h^g。个体之间获得 $\tilde{\sigma}_i^g$ 的概率是独立的。因此，在群体 g 的成员间，政党 A 的投票比例是

$$\pi_A^g = H^g(U^g(p_A) - U^g(p_B))$$

为了进一步简化表达式，假定政党的目标是最大化其预期得票比例。此时，政党 A 制定政策纲领以最大化

$$\pi_A = \sum_{g=1}^{G} \lambda^g H^g(U^g(p_A) - U^g(p_B)) \tag{22.39}$$

政党 B 面临一个对称的问题，即最大化 π_B，定义类似。具体而言，因为 $\pi_B = 1 - \pi_A$，所以政党 B 的目标是最小化 π_A。于是均衡政策被确定为一个（零和）博弈的纳什均衡，其中两个政党同时宣布政策以最大化选票比例。让我们先看一看，给定政党 B 的政策选择 p_B，政党 A 对其政策选择 p_A 的一阶导数条件。该条件如下

$$\sum_{g=1}^{G} \lambda^g h^g(U^g(p_A) - U^g(p_B)) DU^g(p_A) = 0$$

其中 $DU^g(p_A)$ 是 $U^g(\cdot)$ 的梯度，表示为

$$DU^g(p_A) = \left(\frac{\partial U^g(p_A)}{\partial p_A^1}, \ldots, \frac{\partial U^g(p_A)}{\partial p_A^K} \right)^T$$

其中 p_A^k 对应政策向量 p_A 的第 k 个分量。因为政党 B 的问题是对称的，自然应该

关注纯策略对称均衡。事实上，如果两个政党的最大化问题都是严格凹的，这样的对称均衡是存在的（见习题 22.26）。显然在此情形中，政策趋同至 $p_A = p_B = p^*$，从而 $U^g(p_A) = U^g(p_B)$。结果，对称均衡政策满足

$$\sum_{g=1}^{G} \lambda^g h^g(0) DU^g(p^*) = 0 \tag{22.40}$$

现在很容易看出（22.40）式也对应于如下加权功利主义（也是凹的）社会福利函数的解

$$\sum_{g=1}^{G} \chi^g \lambda^g U^g(p) \tag{22.41}$$

其中 $\chi^g \equiv h^g(0)$ 表示不同群体在社会福利函数中分配到的权重。因而该分析也保证了如下结果。

定理 22.6（概率投票定理） 考虑一个政策选择集合 $\mathcal{R} \subset \mathbb{R}^K$，令 $p \in \mathcal{R}$ 代表政策向量，令偏好由（22.37）式决定，$\tilde{\sigma}_i^g$ 的分布函数记为 H^g。如果纯策略对称均衡存在，则均衡政策由最大化（22.41）式的 p^* 决定。

关于这个结论需要注意的关键点是该结论的一般性：只要政党竞争博弈的纯策略对称均衡存在，则一定对应于一个社会加权福利函数的最大值。然而，该一般性有些言过其实，因为这样的对称均衡不一定存在。保证这种均衡存在的充分条件要严格得多，习题 22.26 对此展开了讨论。

22.8 分配冲突与经济增长：异质性和中间选民

现在返回到第 22.2 节中的模型，并且放宽政治权力掌握在精英手中的这一假设，而是引入行为人的异质性，并应用第 22.7 节中的工具，尤其是中间选民定理和唐斯政策趋同定理（定理 22.1 至定理 22.5），以分析模型的政治经济学均衡。回想一下，这些定理说明，如果政策选择是一维的，并且个体具有单峰偏好（或对政策的偏好满足单交特征），那么政治均衡就与中间选民最偏好的政策相一致。

为了简化分析，这里稍微修改第 22.2 节中的环境。首先，不再有任何精英。相反，经济决策由所有行为人的多数投票决定；其次，为了抽象概括企业家和工人之间的政治冲突，假设没有工人。取而代之的是，经济中自耕农式企业家

（yeoman-entrepreneur）构成连续统 1，每个企业家由 i 表示，得到新古典生产函数如下：

$$Y_i(t) = F(K_i(t), A_i L_i(t))$$

其中，A_i 是不随时间变化的劳动扩张型生产率，是自耕农式企业家异质性的唯一来源。具体来说，F 满足了第 2 章中假设 1 和假设 2 的条件。假定 A_i 在企业家中的分布由 $\mu(A)$ 决定。自耕农式企业家假设意味着每个企业家只能雇用自己作为工人，因此对于所有的 $i \in [0,1]$ 和 t，$L_i(t) = 1$。为简化符号，假定资本折旧率 δ 等于 1。

所有个体都有（22.1）式的线性偏好。正如在第 22.2 节中，在 $t+1$ 期做出的投资决策只取决于 $t+1$ 期已公布的税率。后一个特性在这里尤为重要，因为我们从第 22.7 节得知，中间选民定理并非通用于多维的政策选择。而如果在每个时间点，所有行动都只依赖于单一的政策变量，我们就能够运用中间选民定理。

事件的发生时间与第 22.2 节类似。在每个时期 t，都投票表决关于产出线性税率 $\tau(t+1) \in [0,1]$，该税率将在下一期适用于所有企业家。投票活动在两派之间进行，因此适用定理 22.1 至定理 22.5。税收收入作为一次性总转移支付 $T(t+1) \geq 0$ 在所有行为人之间再分配。我们将关注马尔科夫完美均衡，并首先确认中间选民定理的条件已得到满足。

定义为企业家 i 的有效资本劳动比 $k_i(t) \equiv K_i(t)/A_i$（即资本与有效劳动的比率），p^t 表示从 t 期开始的税收序列。在这一定义下，可以将每个企业家的值函数写成如下递归形式：

$$V_i(k_i(t) \mid p^t) = \max_{k_i(t+1) \geq 0} \{(1 - \tau(t)) A_i f(k_i(t)) - A_i k_i(t+1) + T(t) + \beta V_i(k_i(t+1) \mid p^{t+1})\}$$

(22.42)

上式中，根据 F 的规模报酬不变性质（假设 1），t 期的总产出等于 $A_i f(k_i(t))$。根据定义，投入的资本总额为 $K_i(t+1) = A_i k_i(t+1)$。

最大化问题（22.42）式得到一阶条件：对所有的 i 和 t，有

$$\beta(1 - \tau(t+1)) f'(k_i(t+1)) = 1 \tag{22.43}$$

(22.43) 式中的显著特性是，有效资本劳动比的选择与 A_i 无关。这个直观结果意味着所有企业家不管其生产率如何，都选择了相同的有效资本劳动比。

命题 22.16 假定 $t+1$ 期宣布的税率为 τ，那么在任一马尔科夫完美均衡中，每个企业家 i 为 $t+1$ 期选择的有效资本劳动比率 $\hat{k}(\tau)$ 为：

$$\hat{k}(\tau) = (f')^{-1}((\beta(1-\tau))^{-1}) \tag{22.44}$$

其中 $(f')^{-1}(\cdot)$ 表示资本边际产量的倒数。

根据命题 22.16 的结果,我们可以计算出 $t+1$ 期的总税收,并且政府预算约束中的一次性总转移支付如下:

$$\begin{aligned} T(t+1) &= \int_0^1 \tau(t+1) A_i f(\hat{k}(\tau(t+1))) di \\ &= \tau(t+1) \bar{A} f(\hat{k}(\tau(t+1))) \end{aligned} \tag{22.45}$$

$\bar{A} \equiv \int_0^1 A_i di$ 表示企业家的平均生产率,$\hat{k}(\cdot)$ 由(22.44)式给出。第一行使用了总税收(和人均一次性总转移支付)的定义作为所有企业家缴纳的产出总和(积分);这里也采用了所有企业家都选择有效资本劳动比 $\hat{k}(\tau(t+1))$ 的事实。第二行把不依赖于企业家身份(identity)的部分从积分中提取出来,并使用了平均生产率 $\bar{A}$ 的定义。

接下来决定每个企业家的政治满足点,即他们偏好的税率。为此,需写出他们从 t 期末开始的持续效用(continuation utility)。作为最优反应[即(22.44)式中的有效资本劳动比]的替代,来自(22.42)式的企业家 i 的期望贴现效用可以写成:

$$\tilde{V}_i(\tau' \mid p^{t+1}) = -A_i \hat{k}(\tau') + \beta[(1-\tau')A_i f(\hat{k}(\tau')) + \tau' \bar{A} f(\hat{k}(\tau')) + \tilde{V}_i(p^{t+2})] \tag{22.46}$$

τ' 表示 $t+1$ 期宣布的税率,同时使用符号 $\tilde{V}_i$ 来定义当期税率的值函数以区别于(22.42)式中定义的值函数 V_i。此外,$\tilde{V}_i(p^{t+1})$ 被定义为从 $t+1$ 期末开始的持续价值,用以替代(22.45)式中的 $T(t+1)$。

企业家 i 最偏好的税率可以从表达式 $\tilde{V}_i(\tau' \mid p^{t+1})$ 中得到。容易验证 $\tilde{V}_i(\tau' \mid p^{t+1})$ 对 τ' 并非必然拟凹,因此偏好并不是单峰的,然而,它们满足单交叉条件。

命题 22.17 (22.46)式中 $\tilde{V}_i(\tau' \mid p^{t+1})$ 给出的选民对政策选项 $\tau' \in [0,1]$ 的偏好,满足定义 22.3 中的单交性质。

证明 见习题 22.29。

鉴于命题 22.17,我们可以应用定理 22.4 和定理 22.5,并得出结论:每一期都实施了具有中位数生产率的企业家最偏好的税率。将中位数生产率定义为 A_M,从(22.46)式可知,该税率满足如下具有互补松弛性的一阶条件。

$$(\bar{A} - A_M)f(\hat{k}(\tau_M)) + \tau'\bar{A}\frac{\left(f'(\hat{k}(\tau_M))\right)^2}{(1-\tau^M)f''(\hat{k}(\tau_M))} \leq 0, \quad \text{且} \ \tau_M \geq 0 \quad (22.47)$$

这个表达式利用了（22.44）式中的条件加以简化，并对（22.44）式求导得到导数 $\hat{k}'(\tau_M)$ [与（22.12）式等同]。因此，如第 22.2 节一样，我们容易验证 $\hat{k}'(\tau_M) < 0$，较高的税率会导致较低的资本劳动比和产出。在这里强调（22.47）式中的互补性松弛性很重要，因为中间选民（企业家）最偏好的税率可能不满足一阶等式条件，而是对应于 $\tau = 0$ 的一个角点解。

命题 22.18 考虑上述模型。存在 $\tau_M \in [0,1]$，使得对于所有的 t，唯一的马尔科夫完美均衡意味着 $\tau(t) = \tau_M$。如果企业家之间的生产率分布为 $\mu(A)$ 且 $A_M \geq \bar{A}$，则 $\tau_M = 0$。如果 $A_M < \bar{A}$，则 $\tau_M > 0$，且对于给定的 $\bar{A}$，τ_M 对 A_M 严格递减。

证明 命题之前的论述与定理 22.4 和定理 22.5 相结合，表明具有中位数生产率水平的企业家在每个阶段都会选择最偏好的税率。而且，任何一个企业家都不可能偏好 $\tau' = 1$，因为它会导致零产出和零税收（习题 22.1）。因此，我们可以得出结论：对于所有 t，存在 $\tau_M \in [0,1)$，使得 $\tau(t) = \tau_M$ [其中，τ_M 是（22.47）式的解]。注意该方程可能有不止一个解，在这种情况下，则对应于（22.46）式在生产率取值为 A_M 时的全局最大值。

接下来假定 $A_M = \bar{A}$，此时（22.47）式中的第一项等于 0。对于 $\tau' > 0$，等式左边确定为负；对于 $\tau' = 0$，等式左边则刚好等于 0。在此情形下，取 $\tau_M = 0$，命题成立。另一方面，如果 $A_M > \bar{A}$，则第一项严格为负，（22.47）式的左边也确定为负，则从互补松弛条件可以推出结论 $\tau_M = 0$。

最后，假定 $A_M < \bar{A}$。在这种情况下，第一项严格为正。用反证法，假定 $\tau_M = 0$，则第二项必然为 0，相应地（22.47）式左边严格为正，因而 $\tau_M = 0$ 不能成为一个解。由此，唯一的均衡税率必须是 $\tau_M = 0$。为得到比较静态结果，可以将"隐函数定理"（定理 A.25）应用到（22.47）式，并且由于 τ_M 是全局最大值，故（22.47）式关于 τ_M 的导数应为负值。

这一命题有多个重要结论。首先，它表明，即使个体之间存在着生产率方面的异质性，线性偏好能够保证存在定义良好的马尔科夫完美均衡。

其次，该命题表明，如果中间选民的生产率超过平均水平，将不存在再分配性质的税收。这是一个直观结果。正如（22.47）式中的第一项清楚地表明的，税收的收益与经济中的平均生产率成正比，而成本（对中间选民而言）则与其生产率有关。如果中位数企业家的生产率比平均水平更高，则有两种力量促使他反对税收再分配：他能有效地使自己避开再分配，而且存在（22.47）式第二项刻画的税收扭曲效应。

第三个且最重要的一个结果是，如果中间选民的生产率低于平均水平，在政治均衡中，所有企业家将被征收正的（扭曲型）税收。为了使结果更直观，回想一下 $\tau=0$ 时，税收收入为 0。当 $A_M<\bar{A}$ 时，从 $\tau=0$ 开始，税收的少许增加将引起每个企业家的二阶损失和中间选民的一阶再分配收益。这一结果从某种程度上说很重要，因为真实世界中绝大多数财富和收入的分布都向左边倾斜（中位值低于平均值），所以这种情况可能更符合现实。进一步，这个结果与前几节的结果相比最为有趣，前几节是在非生产性精英掌权的政治环境中推导出正的扭曲性税收；命题 22.18 表明，在中间选民本身是企业家（只不过生产率低于平均水平）的民主政治情形中，也能归纳出相同的定性结论。

最后，命题 22.18 给出了新的比较静态结果。它表明，如果保持平均生产率固定不变，降低中位数企业家（选民）的生产率将导致更多的扭曲税收。由于更高的税收对应于更低的产出，以及平均生产率和中位数生产率之间更大的差距，这可被视为不平等的一个测度。该结果意味着一种政治机制，在它的作用下，更多的不平等可能会转变成更大的扭曲和更低的产出。尽管如此，由于平均值和中位值之间的差距并非不平等的明确测度，在解读最后一个结果时，还是应该多加注意。习题 22.30 给出了例子，即生产率分布的均值保留展型（mean-preserving spread）会缩小平均值和中位值之间的差距。需要警惕的是，文献通常认为，最后一个结果将不平等和扭曲型税收联系起来。习题 22.31 给出了该模型的另一个版本，其中税收影响均衡增长率。

22.9 公共品的提供：弱势国家（政府）和强势国家（政府）

截至目前的分析都强调税收和征敛（expropriation）的扭曲效应，这就说明税收和征敛的程度是导致经济表现不佳的一个主要（政治经济学）因素。虽然税收的抑制作用无疑非常重要，然而税收高低与否只可能是影响经济增长的一个政策维度。例如，在很多内生增长模型中，对研发的补贴也促进了更快速的增长（即使该政策涉及一些对资本和劳动的税收）。更一般地，提供公共品、投资基础设施、提供法律和秩序，是政府的重要职能，无法履行这些职能很可能对经济表现带来显著的负面后果。事实上，现有证据并不支持增长（或高产出）与（官方的）税收强相关的观点。相反，贫穷的经济体通常有较低的税收和政府支出水平。如果我们将 OECD 国家和撒哈拉沙漠以南非洲国家进行比较，这一点是显而易见的。因此增长的政治经济学也必须关注政府是否履行了应尽的职责。对于这个问题，标准的非政治经济学研究方法首先假定有一个仁慈的政府，然后寻求能最大化社会福利的政策组合。一旦我们考虑政治经济因素，就必须认识到政府没有兴趣投资公共品。因此，研究政府在何种情形下会投资公共品、基础设施、法律和秩序，与抑制过高的税收和征敛一样至关重要。

本节将基于我本人（2005）的研究，给出一个最简单的模型，用以阐释政府履责的论题。假设经济由一个控制政府的政治精英和一群能获得生产机会的公民组成。生产率依赖于政府对公共品的投入，政府只从事对政治精英有利的投资。在这种环境中，公共品的提供就取决于政治精英从事这类投资能够获得的未来回报。如此一来，公共品的均衡提供就与弱势国家（政府）和强势国家（政府）相关。如果国家弱势，精英在未来无法提高税收也无法从投资中获益。预见到这一点，他们自然就不愿在公共品上投资。另一方面，如果无法约束精英对人口征税，则国家过于强大，私人投资将会受到抑制。因此，中等实力的国家可能最有助于经济增长。

22.9.1 模型

偏好仍然由（22.1）式给出。人口由一群自耕农式企业家（公民）和政治精英组成，企业家的总量标准化为1。精英并不从事生产但控制政府，尤其决定税收水平和公共品的提供。不失一般性地将政治精英的规模标准化为1。

每个公民 i 可以按照以下柯布－道格拉斯生产函数，生产经济中唯一的最终产品：

$$Y_i(t) = \frac{1}{\alpha} K_i(t)^\alpha (A(t) L_i(t))^{1-\alpha} \tag{22.48}$$

上式与（22.17）式的不同之处只在于 $A(t)$ 随时间变化，并取决于政府对公共品的投资。假设公民对应于自耕农式企业家，则对于所有的 $i \in [0,1]$ 和所有的 t，有 $L_i(t) = 1$。

事件发生的时机与有要挟的基准模型类似，对产出的税收在 t 期决定，而 t 期的资本投资则在 $t-1$ 期决定。假定如第 22.5 节所述，存在最大化税率 $\bar{\tau}$。这里假设这个最大化税率并不是来自宪法对税收的限制，而是源自生产者面对高税收而隐瞒产量（或将其转移到非正规部门）的可能性。举例来说，如果生产者真这样做，他们将失去 $\bar{\tau}$ 部分的产出；如果税率高于 $\bar{\tau}$，那么所有生产者都宁愿转移到非正规部门，则税收收入将等于 0，因此，税率必须始终满足 $\tau(t) \in [0, \bar{\tau}]$。基于这种解释，$\bar{\tau}$ 对应着国家（经济）实力。当 $\bar{\tau}$ 比较高时，我们得到一个能高额征税的强势国家；当 $\bar{\tau}$ 比较低时，我们得到一个无法高额征税的弱势国家。

给定税率 $\tau(t) \in [0, \bar{\tau}]$，则税收为

$$\text{Tax}(t) = \tau(t) \int_0^1 Y_i(t) di = \tau(t) Y(t) \tag{22.49}$$

其中，$Y(t)$ 为总产出。如果税率高于 $\bar{\tau}$，则税收自然等于 0，这是因为所有的生产都转移到非正规经济之中。

政府（政治精英）在 t 期决定下一期公共品的提供数量 $A(t+1)$。假设

$$A(t) = \left(\frac{\alpha \zeta}{1-\alpha} G(t)\right)^{1/\zeta} \tag{22.50}$$

其中，$G(t)$ 代表政府在公共品上的支出，而且 $\zeta > 1$，因此，公共品的生产技术表现出规模报酬递减（ζ 越大，报酬递减越大）。为了便于分析，上式包含一个标准化项 $(\alpha \zeta/(1-\alpha))^{1/\zeta}$。此外，(22.50) 式意味着 $A(t)$ 会完全折旧，从而简化了分析。支出和转移支付之后余下的税收就是精英的消费，即 $C^E(t) = \text{Tax}(t) - G(t)$。

让我们再次关注马尔科夫完美均衡，在这个模型中，它可由元组 $(\tau(A(t)), [k_i(A(t))]_{i \in [0,1]}, G(A(t)))$ 表示。由于每个企业家只能雇用自己，因而每个企业家的资本劳动比和总资本存量都完全相同。与第 22.5 节的论证一样，因为在精英决定税率的时候，投资决策已经无法改变，从而唯一的马尔科夫完美均衡税率为：对所有 t，有

$$\tau(t) = \bar{\tau} \tag{22.51}$$

接下来，(22.18) 式的等价形式再次给出了企业家的资本劳动比：对所有 $i \in [0,1]$ 和 t，有

$$k_i(t) = (\beta(1-\bar{\tau}))^{1/(1-\alpha)} A(t) \tag{22.52}$$

将 (22.52) 式与 (22.48) 式、(22.49) 式联立求解，我们就可得到均衡的税收收入，它是公共品数量的函数：

$$T(A(t)) = \frac{(\beta(1-\bar{\tau}))^{\alpha/(1-\alpha)}\bar{\tau}A(t)}{\alpha} \qquad (22.53)$$

最后，精英选择公共投资 $G(t)$ 以最大化消费。为描述精英的选择，将其贴现后的净现值函数表示如下：

$$V^e(A(t)) = \max_{A(t+1)} \left\{ T(A(t)) - \frac{1-\alpha}{\alpha\zeta}A(t+1)^{\zeta} + \beta V^e(A(t+1)) \right\}, \qquad (22.54)$$

上式是将精英消费 $C^E(t)$ 替换成（22.53）式中的税收减去（22.50）式中的公共品支出之后，以递归方式写出精英的贴现收益而得到的。

第 6 章中的定理 6.3、定理 6.4 和定理 6.6 意味着值函数 $V^e(\cdot)$ 是凹的且可微，因此掌权者选择 $A(t+1)$ 时的一阶条件为：

$$\frac{1-\alpha}{\alpha}A(t+1)^{\zeta-1} = \beta(V^e)'(A(t+1)) \qquad (22.55)$$

上式中，$(V^e)'$ 表示精英值函数的导数。（22.55）式将增加公共品投资的边际成本和边际收益联系起来。为进一步说明，这里使用对（22.54）式求导得到的标准包络条件：

$$(V^e)'(A(t+1)) = T'(A(t)) = \frac{(\beta(1-\bar{\tau}))^{\alpha/(1-\alpha)}\bar{\tau}}{\alpha} \qquad (22.56)$$

对精英而言，更多公共品的价值就是它们产生的额外税收收入，由（22.56）式给出。

结合这些条件，得到精英的唯一马尔科夫完美均衡选择：

$$A(t+1) = A[\bar{\tau}] \equiv \left(\beta^{1/(1-\alpha)}(1-\alpha)^{-1}(1-\bar{\tau})^{\alpha/(1-\alpha)}\bar{\tau} \right)^{\frac{1}{\zeta-1}}. \qquad (22.57)$$

将（22.57）式代入（22.54）式，得到精英值函数的简单形式：

$$V^e(A(t)) = \frac{(\beta(1-\bar{\tau}))^{\alpha/(1-\alpha)}\bar{\tau}A(t)}{\alpha} + \frac{\beta^{1/(1-\alpha)}(\zeta-1)(1-\bar{\tau})^{\alpha/(1-\alpha)}\bar{\tau}}{(1-\beta)\zeta\alpha}A[\bar{\tau}] \qquad (22.58)$$

因（22.57）式中隐含的公共品支出水平等于 $1/\zeta$ 的税收，由此得到（22.58）式中的第二项。精英的值函数自然取决于从前一期接手的公共品 $A(t)$ 的现状，在均衡时投资水平由（22.52）式和（22.57）式决定。

命题 22.19 上述经济体存在唯一的马尔科夫完美均衡。在该均衡中，对于

所有的 A，有 $\tau(A) = \bar{\tau}$；对于所有的 $t > 0$，$A(t)$ 由（22.57）式中的 $A[\bar{\tau}]$ 给出，每个企业家 i 在每个 t 期的资本劳动比由（22.52）式决定。对于所有的 $t > 0$，总产量的均衡水平为

$$Y(t) = Y[\bar{\tau}] \equiv \frac{1}{\alpha}(\beta(1-\bar{\tau}))^{\alpha/(1-\alpha)} A[\bar{\tau}]. \qquad (22.59)$$

证明 见习题 22.32。

22.9.2 弱势国家和强势国家

命题 22.19 最显著的特征就是国家力量发挥的作用。当 $\bar{\tau}$ 很大时，国家（政府）的经济力量强大，公民几无资源对抗高税收。相反，当 $\bar{\tau}$ 较小时，由于国家无法提高税收（即存在有限政府），经济力量较弱。根据这种解释，我们现在可以提出疑问：较强的国家经济力量是否会导致较差的经济结果？答案是不确定的：当 $\bar{\tau} = 0$ 时，精英选择 $G(t) = 0$；而当 $\bar{\tau} = 1$ 时，公民选择零投资。在这两种情况下，产出都等于零。

通过最大化第 1 期之后所有时期的产出 [由（22.59）式给出]，可以直接确定 $\bar{\tau}$ 的水平。习题 22.32 证明这个税率为

$$\bar{\tau}^* \frac{1-\alpha}{1-\alpha+\alpha\zeta} \qquad (22.60)$$

如果国家的经济力量大于 $\bar{\tau}^*$，则意味着国家过于强大，税收高过产出最大化的基准值，这与绝大多数政治经济学模型关注的标准情形相对应。相反，如果国家经济力量小于 $\bar{\tau}^*$，则国家没有强大到能够产生充分的未来租金以诱导精英投资于公共品。这与弱势国家的情形相符，在这些国家中，主要问题是公共品供给不足。

这里有一个与企业理论相似的有趣论断。在企业理论中，所有权和控制权的最优结构为具有更重要投资的当事人提供了事后谈判能力，同样的原理也适用于由参数刻画 $\bar{\tau}^*$ 的经济力量的配置：当公民的投资（这里对应于一个更高的 α 值）更重要时，赋予公民更大的权力是有益的；而当国家的投资对经济发展（即 α 为低值）更重要时，就需要更高的 $\bar{\tau}$。[①]

上述分析的主要结论就是，当国家和公民都进行生产性投资时，限制国家租

---

① 这一讨论集中于参数 $\bar{\tau}$ 的产出最大化价值。习题 22.32 讨论不同的税收对精英和公民的影响。

金收益的增长不一定总是有利于经济表现。相反，在国家和公民之间应该有某种程度的权力平衡。如果掌权的政治精英对未来的租金收益预期过少，他们就没有投资于公共品的激励。其结果就是，同权力和征敛都不受制约的过于强势的国家一样，过于弱势的国家可能也会损害经济发展。

应当注意的是，本节的分析存在许多缺陷。第一个缺陷是，本节的分析依赖于如下假设，即公民对国家的控制能力来源于他们是否有退出到非正规部门的经济选择权，而在现实中，政治控制可能更为重要。第二个缺陷是，只关注马尔科夫完美均衡，没有考虑国家与公民之间达成隐性协议的任何可能性。我此前的研究（Acemoglu，2005）沿着这几个方向把这里给出的结论一般化。我证明了当国家权力面临政治而非经济方面的约束时，可以得出类似的结果。具体而言，我们可以设想如果税收过高则公民可以（随机）取代政府的情形。在这种情形下，当公民政治力量十分强大时，征税程度和公共品的供给数量是有限的。此外，我们可以运用对国家实施可变政治约束的模型，分析子博弈完美均衡。在此均衡下，国家与公民之间可能达成隐性协议，使税收达到一定数量而使公共品的供给相应达到较高的水平。这个均衡构造可被视为两相情愿的强势国家的例子，因为公民允许国家具有强大的经济力量（部分原因是他们相信能够通过选举或其他方式控制国家以及政治精英）。这种两相情愿的强势国家构造或许能够解释，为什么OECD国家的税率和公共品的供给水平比许多欠发达国家都要高。

这种观点也有效地区分了税收和征敛的概念。高税收和征敛对投资和经济表现有相似的影响。然而，征敛和税收之间的一个区别可能就是不确定性，生产者可以确切地知道他们将以什么税率被征税，而征敛就其本质而言是有风险的。在风险规避的情形下，征敛可能比税收代价更高。这里的分析从支出方面（而不是收入方面）对两者做了另一个有益的区分。征敛可能对应于政府从生产者手里拿走一部分产出用于自身消费，而在两相情愿的强势政府均衡中，一部分税收收入则花费在对生产者有益的公共品上。如果这一区别很重要，则征税与征敛根本不同的一个原因可能就在于，征税通常伴随着以公共品的形式将部分税收收入返还给公民。

在本节的分析中，最重要的一点可能是它强调了促增长型制度的不同方面。经济增长不仅需要产权保护和低税收，也需要互补性投资，而政府从事这些投资通常最为有效。法律和秩序的提供、基础设施投资以及公共品都是明显的例子。因此，能够促进增长的制度不仅应该向个体提供一定程度的产权保护，而且应该激励政府进行适度的公共品投资。从这个角度看，过于弱势的政府可能和不受约束的过于强势的政府一样,都有损于经济表现。

22.10 小结

要理解某些国家贫穷而某些国家富裕的原因,我们需要明白为什么一些国家选择促进增长的政策而另一些国家则选择阻碍经济增长的政策。在回答这些问题时,本章重点分析了一些关键主题。首先,必须在不同个人和群体的社会冲突中寻求制度差异的根源和阻碍增长的制度根源。社会冲突意味着无法保证社会将采取促进经济增长的经济制度和政策。这样的社会安排使社会中很多个体受益,但也产生了输家,即那些因新技术引入而利益受损的个人和团体。当社会个体对制度和政策的偏好存在冲突时,社会中的政治权力分配在决定采用什么样的制度和政策(以及是否对阻碍增长的制度进行改革)方面,起着重要的作用。

本章强调了非增长促进型政策出现时,可能并不伴随着明显的帕累托无效率。为了阐述这一点,我首先关注一个简单社会,其中所有个体都属于某个社会群体,利益冲突限于社会群体之间,所有政治权力则落在政治精英的手中。在这样的环境中,结合线性偏好,可以证明即使限制性的马尔科夫完美均衡概念,也能导致受约束的帕累托有效率分配。尽管具备帕累托效率,这些均衡分配也许包含着某些显著的扭曲(作为附带结果,这也暗示着在增长的政治经济学分析中,帕累托效率可能并不是一个需要重点关注的合适概念)。

除了为政策分析提供简单实用的框架外,政治权力掌握在精英手中的模型也能导出一系列的比较静态结果,能够说明何种类型的社会采取促进增长的政策,何种类型的社会则可能阻碍经济增长。一些主要的比较静态结果罗列如下:(1)当企业家对资本的需求无弹性时,税收可能偏高,因为此时(对精英而言)使税收最大化的税率提高了。(2)当要素价格操纵效应相对于税收攫取效应更重要时,税收偏高。(3)当精英的政治权力受到竞争并减少了各竞争性群体的收入水平时,精英将巩固其政治权力,税收会偏高。(4)当长期投资或企业家事前做出的技术采用决策导致要挟问题时,税收会偏高且更加扭曲。(5)在缺乏政治替代效应时,国家能力越强,税收会越少。(6)当政治替代效应非常重要时,则国家能力越强,从自然资源中获得的租金越多,则政治利益(掌握政治权力的价值)就越大,扭曲性政策也就更多。

本章进一步阐释了,我们在精英主导的政治环境中强调的收入攫取机制也存在于更复杂的社会之中。在生产率(偏好)有差异的情况下,如果政治决策由民主方式决定,那么结果通常反映中间选民的政策偏好。当中间选民比社会个体（企业家）的平均水平更贫穷时,他可能想用扭曲型政策向自己转移资源。中间选民实施的这种扭曲型税收攫取方式,虽然出现在有异质性企业家的更一般环境中,但性质上类似于精英对中产阶层企业家的征税。这一分析也导致一个新的比较静态结果：生产率分布的均值与中位值之间的差距越大,征税的动机就越强烈,政策也因此更可能是扭曲的。

最后,我强调了税收并不是影响经济增长的唯一重要政策。以法律和秩序保障的形式体现出来的公共品供给、基础设施投资,甚至适当的监管,也许都是引致高经济增长率的重要因素。国家会提供适当数量和类型的公共品吗？在政治经济学模型中,答案取决于政治力量强大且控制国家的群体是否有足够动机提供公共品。经济或政治精英仅在未来有望获得回报的情况下,才会投资于公共品。这就提出了一个弱势国家与强势国家的问题。对税收的强调表明,约束国家的政治或经济权力应有助于产生更多的增长促进型政策,但弱势国家不愿意投资于公共品,是因为控制国家的人意识到,投资于公共品不会在未来为他们带来税收收入。因此,中等力量的国家（政府）可能最容易采取增长促进型政策。这里更重要的一点是,关于经济制度和政策对经济增长作用的分析应该同时考虑社会个体的投资动机和政府提供公共品的动机。

本章的内容只是介绍增长的政治经济学这一重要且令人兴奋的领域,很多问题还没有涉及。在省略的问题中,以下几个最为重要。第一,除了税收、征敛和公共品,社会能否为各个阶层提供公平竞争的环境也是重要的。例如,广泛的人力资本投资对现代经济增长是重要的,这就要求社会有激励且有能力投资于全体成员,而不仅仅是投资于几个行业。与之类似,对现有企业的产权保护必须与新企业进入的难易程度相平衡。第二,本章的全部分析假设社会中的政治权力分配是外生给定的。但显而易见的是,政治权力的不同分配将产生不同的政策、进而导致相异的增长轨迹。因此,正确地理解政治权力分配和均衡政治制度如何内生地演变,以及这种权力分配如何与经济均衡相互作用,是很重要的。其中的某些问题将在第 23 章中加以讨论。

22.11 参考文献

本章的材料来自大量的政治经济学文献和增长的政治经济学领域的近期研究。我的目的不是为了不偏不倚地综述这些文献,而是旨在强调与各个社会经济制度和政策差异的根源有关的最重要特征，以期解释国家间相差甚远的经济增长表现。我始终将讨论的重点放在新古典增长模型及其各种版本上，以分离出政治经济机制的作用，并使我们的阐述易于处理。

佩尔松和塔贝里尼等人（Persson and Tabellini，2000；Drazen，2001）介绍了政治经济学。埃格特森（Eggertsson，2005）对制度进行了非正式的讨论。

第22.2—22.6节中的材料以及对税收攫取效应和要素价格操纵效应的讨论来自我本人的研究（2007b），但是结构框架有所修正，以与新古典增长模型更为一致。要素价格操纵效应是我早期研究（2007b，2008a）的主题。政治替代效应由我和罗宾逊（2000b）提出，并在我本人的研究（2007b）中进一步探讨。我本人和罗宾逊（2000b）详细分析了政治精英可能阻碍技术创新以增加生存概率的原因，并阐明了相对安全无忧的精英和竞争性政治环境中的精英没有阻碍技术变化的动机，而获得中等保障程度的精英则可能受到新技术的挑战而力图阻止经济发展。带有价格接受者的竞争性经济行为和策略性政治决策的模型最早由查里和基欧（Chari and Kehoe，1990）提出，并被用于分析仁慈政府行为的时间一致性。

第22.7节里的材料则是标准化的。例如，阿罗等人（Arrow，1951；Austin-Smith and Banks，1999）提出"阿罗不可能"定理。"单峰偏好"首先由布莱克（Black，1948）提出。"单交叉性质"最早由罗伯茨（Roberts，1977）提出，并由甘斯和施马特（Gans and Smart，1996）进一步发展。习题22.24中的"中间偏好"概念来自格兰德蒙特（Grandmont，1978）。唐斯政治竞争模型由唐斯（1957）提出，主要基于霍特林的开创性论文（1929）。奥斯汀-史密斯和班克斯（Austen-Smith and Banks，1999）详细探讨了唐斯党派竞争模型。投票概率模型源自林德贝克和韦布尔（Lindbeck and Weibull，1987）以及库格林（Coughlin，1992）。为简化论述，我在这里的阐述假定各个党派只关心选举得票数而不是上台执政的概率。

第22.8节提到的"中间选民定理"最早由罗默（1975）和罗伯茨（1977）应用于线性再分配税收的经济之中。梅尔泽和理查德（Meltzer and Richard，1981）利用罗伯茨-罗默模型将税收与不平等、投票选举权联系起来。自此，有几位学者将罗伯特-罗默模型应用于分析经济增长，其中最著名的例子有阿莱西纳和罗德里克等人（Alesina and Rodrik，1994；Persson and Tabellini，1994；Saint-Paul and Verdier，1994；Benabou，2000）。阿莱西纳和罗德里克（1994）以及佩尔松和塔贝里尼（Persson and Tabellini，1994）的模型与我在第22.8节中阐述的类似，区别在于他们没有刻画有良好定义的马尔科夫完美均衡。他们假设：或者（1）投票从期初（$t=0$）开始，围绕适用未来所有时期的单一税率而进行；或者（2）行为人目光短浅，不考虑未来投票情形（尽管他们考虑自己未来的经济决策）。此外，这些论文关注有内生增长的经济，因此税收差异将导致均衡增长率的差异（见习题 22.31）。阿莱西纳和罗德里克（1994）以及佩尔松和塔贝里尼（2000）都强调了不平等对经济增长的负面影响，将平均值和中位值之间的差距作为不平等的测度。他们还展示了不平等与经济增长负相关的国别证据。然而，由于这种增长回归中忽略了很多变量，而且其他研究者发现在不平等和增长之间有非常不同的关系（例如，参见 Forbes, 2000；Banerjee and Duflo, 2003），因此难以解读这类国别增长证据。另一方面，有学者（Saint - Paul and Verdier, 1993）表明，当税收收入被投资于人力资本积累时，较高程度的不平等反而会导致更快的经济增长。贝纳布（Benabou, 2000）则表明不平等与增长之间的负相关与更高程度的不平等是一致的，这种不平等导致社会减少再分配，由于税收收入被投入到教育之中，更多的再分配可能有助于经济增长。以上这些论文都没有描述动态经济的马尔科夫完美均衡，而只是假设选举或者是短视的，或者只在期初发生一次。克鲁塞尔等人（Krusell、Ríos - Rull, 1996；Hassler et el., 2005）在相关政治环境中提供了马尔科夫完美均衡的特征性描述。

第 22.9 节基于我本人的研究（2005）。弱势国家可能是经济增长的一个重要障碍，该观点在政治科学家和政治社会学家中颇为流行，最重要的表述可参见米戈达尔等人（Migdal, 1988；Wade, 1990；Evans, 1995；Herbst, 2000）。这些文献并没有分析政客或政府的动机。我本人（2005）第一次提出了分析这些问题的正式框架。第 22.9 节的内容将该论文中的基准模型嵌入新古典增长模型之中。

22.12 习题

22.1 证明（22.16）给出的 $\hat{\tau}$ 满足 $\hat{\tau} \in (0, 1)$。

22.2 思考第 22.2 节中的模型，唯一的区别在于生产技术与第 11 章学到的罗默（1986a）模型一样。每个企业家现在能够实现的生产函数为 $Y_i(t) = F(K_i(t), A(t) L_i(t))$，其中

$$A(t) = B \int_0^1 K_i(t) di = BK(t).$$

请描述此情形的马尔科夫完美均衡，并证明由精英征收的扭曲型税收

降低了经济的均衡增长率。[提示：假设精英不考虑税收对资本积累的影响。如果他们考虑了这种影响，结果又会怎样？]

22.3 思考第22.2节中的模型，假设政策由中产阶层决定。证明中产阶层可能偏好于对他们征收正的税收（税收收入作为一次性总转移支付再分配给他们自己）。请给出精准直观的解释，为什么此类税收对于中产阶层企业家可能具有政治经济学意义。如果税收收入作为一次性总转移支付再分配给社会的每个成员（包括工人），还能得出相同的结论吗？如果中产阶层能够获得其他政策工具，相同的结论还适用吗？

22.4 考察第22.2节中的模型，但是假设有 $N<\infty$ 个中产阶层企业家，每个企业家自愿捐赠给一个由精英出资成立的基金，同时放弃中产阶层企业家的竞争性行，请思考这个博弈的子博弈完美均衡。证明如果 β 足够大，则存在一个子博弈完美均衡，在均衡路径上，每个中产阶层企业家对基金都有一笔正的捐赠并且精英将税收设定为0。[提示：寻找具有如下结构的均衡：如果基金的全部捐赠低于某个 $\bar{\tau}>0$，或者精英在任意 $t'<t$ 期设定正的税收，那么对于所有的 $t''\geq t$ 的后续博弈中，税率 $\tau=1-\alpha$，对基金的捐赠为0。]

22.5 证明命题22.4。

22.6 证明命题22.5。

22.7 证明命题22.6。

22.8 思考第22.4节中的模型，并假定中产阶层执政。请描述该情形的马尔科夫完美均衡。请推导出中产阶层控制政权时精英的贴现效用 $V^e(M)$，并将它与精英当权时的贴现效用 $V^e(E)$ 进行比较。

22.9 在第22.4.2节的政治替代模型中，假设 $\eta'(\cdot)<0$，证明在这种情形下，精英偏好的税率小于 $1-\alpha$，如果精英能够阻碍技术的采用，他们也不会做此选择。请对该结果做直观解释。什么类型的体制结构能够导致 $\eta'(\cdot)<0$ 而不是 $\eta'(\cdot)>0$？

22.10 证明命题22.7。

22.11 在第22.4.2节的政治替代模型中，证明唯一的马尔科夫完美均衡同时也是唯一的子博弈完美均衡。

22.12 (a) 证明命题22.9。

(b) 解释如果 $\bar{\tau}<1$，命题22.9需如何修正，并分析该情形（只使用了静态策略）的最优静态子博弈完美均衡。

22.13 证明命题22.12。

22.14 证明命题22.13。

22.15 证明命题22.15。解释为什么条件 $\bar{\tau} < 1$ 和 $(1-\bar{\tau})^{1/(1-\alpha)} < A^e/A^m$ 在该定理中是必需的。

22.16 (a) 思考第22.4.2节中有政治替代的经济体。假定条件22.1不成立，并且 $\phi = 0$。请证明在任何马尔科夫完美均衡或子博弈完美均衡中，精英偏好于阻碍技术，即 $g = 0$。

(b) 假定在该命题中 ϕ 不等于 0，请给出一个例子说明，在马尔科夫完美均衡中，精英仍偏好于 $g = 0$。

(c) 现在假定精英能够向中产阶层企业家征收一次性总付税。请提供一个例子说明：在马尔科夫完美均衡中，精英仍偏好于 $g = 0$。请解释在政治均衡时，为什么即使存在更有效的替代工具，无效率的财政工具还是可能被使用。

22.17 假定经济由精英和生产者两个群体团体组成，并且规模相同。两个群体团体都有瞬时效用 u 和贴现因子 β。生产者获得的生产技术为 $f(k) = Ak^\alpha$，其中 k 代表资本。精英在 t 期征收线性生产税率 $\tau(t)$ 并消费税收收入。在税率宣布后的 $t+1$ 期必须选择 t 期的资本存量，资本全部折旧。

(a) 已知税收序列，请构建企业家的动态最优化问题，并证明资本存量的演化路径为

$$k(t+1) = \alpha\beta(1-\tau(t))Ak(t)^\alpha \quad (22.61)$$

解释为什么 $t+1$ 期的资本存量并不依赖于当期税率而只依赖于过去的税率。[提示：推导出（22.61）式，将企业家动态最优化问题构造成一个动态规划，推断企业家 i 的决策规则采取以下形式：$k_i(t+1) = \kappa y_i(t)$，$y_i(t)$ 为企业家 i 在 t 期的产出。]

(b) 为决定马尔科夫完美均衡的税率，将代表性精英在 $t+1$ 期的值写成税率 $\tau = \tau(t+1)$ 的函数，并考虑企业家在 $t+1$ 期的资本存量 $k = k(t+1)$，它来自（22.61）式。请证明这个值函数可以表示为如下形式：

$$V^e(k) = \max_{\tau \in [0,1]} \{\log(\tau Ak^\alpha) + \beta V^e(\alpha\beta(1-\tau)Ak^\alpha)\} \quad (22.62)$$

利用第 6 章的结果得到推论：V^e 对于 $k > 0$ 严格为凹且可微（以 $(V^e)'$ 表示其导数）。请证明精英的欧拉方程为：

$$\frac{1}{\tau} = \beta^2 \alpha A k^\alpha (V^e)'(k') = \beta \frac{k'(V^e)'(k')}{1-\tau}$$

(c) 推断 $V^e(k) = \eta + \gamma \log k$，并使用包络条件证明 $\gamma = \alpha /(1 - \alpha\beta)$，以及精英的效用最大化策略为

$$\tau(t) = 1 - \alpha\beta \tag{22.63}$$

该式对所有 t 都成立（不考虑该时点的资本存量水平）。请解释对数偏好在（22.63）式中的作用。

(d) 描述这一经济体中资本存量的动态变化。

*22.18 在第 22.7.2 节提到的孔多塞悖论的例子中，请证明 a、b 和 c 三个选择的其他排序也意味着三个个体中至少有一个不是单峰偏好。

*22.19 陈述并证明当 H 为偶数时定理 22.1 的类似定理。

*22.20 考虑具有如下偏好的三个个体：

1   $a \succ b \succ c$
2   $b \succ c \succ a$
3   $c \succ b \succ a$

假定以下动态投票协议是有效的：首先，在 a 和 b 之间投票；这两者之间的胜出者与 c 竞争；然后执行这次竞争的胜出者。请关注投票者在任一阶段都不使用"弱占优"策略的子博弈完美均衡。

(a) 证明这些偏好是单峰的，但真诚投票并不是均衡行为。[提示：假定参与者 1 和 2 真诚投票，请证明参与者 3 偏好于非真诚投票。]

(b) 描述所有参与者进行策略性投票博弈的子博弈完美均衡。

(c) 考虑一个一般化的情形，社会由 H 个个体和有限数量的政策 $\Re = \{p_1, p_2, \cdots, p_M\}$ 组成。为简化起见，假定 H 为奇数。投票需要经过 $M - 1$ 个阶段。第一个阶段，投票在 p_1 和 p_2 之间进行；第二个阶段，在第一阶段胜出者和 p_3 之间进行……一直到与 p_M 之间的最终投票。最终胜出者即为社会的政策选择。请证明如果所有主体均为单峰偏好，则唯一的子博弈完美均衡将实现中间选民的满足点。

*22.21 不使用假设 A4，请修改并证明定理 22.3。

*22.22 该习题回顾唐斯党派竞争，并证明如果存在三个竞争党派，则定理 22.3 并不适用。尤其是，考虑一个由单峰偏好的个体（构成连续统 1）组成的社会中的唐斯党派竞争。政策空间$\mathcal{R}$为区间 $[0,1]$，并假设个体满足点在此空间里呈一致分布。

(a) 首先，假定有两个党派 A 和 B，两者都想最大化执政概率。在这个博弈中，两个党派同时宣布 $p^A \in [0,1]$ 和 $p^B \in [0,1]$，然后选民投票选出其中一个党派，得票最多的党派的施政纲领将付诸实施。请确定该博弈的均衡。如果两个党派都想最大化其得票数而不是执政概率，结果会有什么不同？

(b) 现假设有三个党派同时宣布他们的政策 $p^A \in [0,1]$、$p^B \in [0,1]$ 和 $p^C \in [0,1]$，得票最多的党派的施政纲领将得到实施。假设所有党派都最大化执政概率。请描述所有的纯策略均衡。

(c) 现在假设三个党派都最大化其得票数，请证明此时不存在纯策略均衡。

(d) 描述问题（c）中的混合策略均衡。[提示：假设其中两个党派有相同的对称概率分布，并保证在给定这些分布的情况下，第三个党派对其概率分布之内的每一个政策都是无差异的。]

*22.23 证明定理 22.5。

*22.24 该习题涉及将定理 22.4 中使用的单交叉特性一般化到多维政策空间。中间偏好被证明是表明个体偏好的恰当概念。假设 $\mathcal{R} \subset \mathbb{R}^K$（其中 $K \in \mathbb{N}$），政策 p 属于 $\mathcal{R}$。如果选民的间接效用函数可以写为 $U(p; \alpha_i) = G_1(p) + B(\alpha_i) G_2(p)$，其中 $B(\alpha_i)$ 是 α_i 的单调函数（单调递增或单调递减），并且函数 $G_1(p)$ 和 $G_2(p)$ 对所有选民都相同，那么我们就说选民具有"中间偏好"。假定 A2 成立，且投票者具有中间偏好。最大化个体 i 效用的满足点（向量）为 $p(\alpha_i) \in \mathcal{R}$。请证明当偏好为中间偏好时，孔多塞胜出者始终存在，并与具有 α_i 中位值的选民的满足点一致，即 $p_M = p(\alpha_M)$。

*22.25 考虑由个体 1、2、3 组成的社会，资源规模为 1。这三个人就如何分配资源进行投票，每个人都偏好更多资源，并且不关心其余两人的消费。由于所有资源都将在这三者之间分配殆尽，我们可以将政策

选择表示为 $\{(x_1,x_2):x_1 \geq 0, x_2 \geq 0, 和 x_1+x_2 \leq 1\}$，其中 x_i 表示被个体 i 消耗掉的资源份额。如果政策向量 (x_1,x_2) 得到两份选票，则它将被接受。请证明个体对政策向量的偏好不满足单交叉性质或习题 22.24 中的条件。请证明不存在代表孔多塞胜出者的政策向量。请证明如果两个党派通过承诺施政纲领而竞争上台，那么这个博弈没有纯策略均衡。

*22.26 (a) 证明在定理 22.6 中，在 $p_A = p_B = p^*$ 的情况下，存在纯策略对称均衡的一个必要条件是：矩阵

$$\sum_{g=1}^{G} \lambda^g h^g(0) D^2 U^g(p^*) + \sum_{g=1}^{G} \lambda^g \left| \frac{\partial h^g(0)}{\partial \sigma} \right| (DU^g(p^*)) \cdot (DU^g(p^*))^T$$

为半负定，其中 $D^2 U^g$ 表示 U^g 的雅可比矩阵。请解释这个条件为什么要取 $\partial h^g(0)/\partial \sigma$ 的绝对值。

(b) 推导存在这个对称均衡的充分条件。[提示：区分局部最大值和全局最大值。]

(c) 证明如果对 $U^g(\cdot)$ 没有凹性之外的假设，则只有在所有 H^g 都完全一样时，才能满足对称均衡的充分条件。

22.27 思考下面由行为人的连续统 1 组成的单期经济，其中资本家在所有行为人中占 λ，每个资本家拥有资本 k。其余行为人仅拥有人力资本，人力资本分布为 $\mu(h)$。产品市场完全竞争，总生产函数为：

$$Y = K^{1-\alpha} H^\alpha$$

其中，大写字母代表总供给。假设要素市场是竞争的，市场出清时资本的租用价格为 r，人力资本价格为 w。

假定经济行为人对线性收入税率进行投票。由于税收扭曲，税收总收入为：

$$\text{Tax} = (\tau - v(\tau))\left(\lambda r k + (1-\lambda)w \int h d\mu(h)\right)$$

其中，$v(\tau)$ 严格递增且为凸函数，且 $v(0) = v'(0) = 0$ 和 $v'(1) = \infty$。税收收入进行一次性总付再分配。

(a) 找出每个行为人的理想化税率。找出产生单峰偏好的条件并确定均衡税率。当增长时，均衡税率如何变化？当 λ 增长时，它

又是如何变化的？请直观解释这些结果。

(b) 现在假设行为人对资本和劳动所得税 τ_k 和 τ_h 进行投票，相应的成本为 $v(\tau_k)$ 和 $v(\tau_h)$，得到税收收入为

$$\text{Tax} = (\tau_k - v(\tau_k))\lambda rk + (\tau_h - v(\tau_h))(1-\lambda)w\int h d\mu(h).$$

确定每个行为人最偏好的税率。假定 $\lambda < 1/2$，那么投票均衡存在吗？请解释：与只有单一税收工具的情形相比，结果为何不同？

(c) 在这个具有两种税收的模型中，假定主体首先对资本所得税进行投票，然后在资本所得税给定的情况下，对劳动所得税进行投票。这时存在投票均衡吗？如果存在，均衡税率如何随 k 的增加而变化？又如何随 λ 的增加而变化？

22.28 推导（22.43）式。

22.29 证明（22.46）式中定义的 $\tilde{V}_i(\tau' \mid p^{t+1})$ 并非必然拟凹，但总是满足定义 22.3 中的单交叉性质。

22.30 思考一个由三个群体组成的经济体，其中穷人的占比为 θ_p，每个人的收入都是 y_p；中产阶层的占比为 θ_m，每个人的收入为 $y_m > y_p$；剩余的是富人，占比为 $\theta_r = 1 - \theta_p - \theta_m$，每个人的收入为 $y_r > y_m$。假定 θ_p 和 θ_r 小于 $1/2$，因而具有中位数收入的个体（即中间选民）属于中产阶层。

(a) 在保持社会平均收入水平不变的情况下，构造收入变化，扩大平均收入和中位数收入之间的差距，但不构成收入分布的均值保留展型。

(b) 构建收入分布的均值保留展型，缩小平均收入和中位数收入之间的差距。[提示：增大 y_m，减小 y_p，保持 y_r 不变]

22.31 思考由个体的连续统 1 组成的经济。每个个体 i 有对数瞬时效用函数，即

$$U_i = \sum_{t=0}^{\infty} \beta^t \log C_i(t)$$

且有一单位的无弹性劳动力供给。最终产品由竞争性企业 j 生产，企业从个体那里租赁资本、雇用劳动力。每个企业的生产函数为

$$Y_j(t) = AK_j(t)^{1-\alpha}G(t)^{\alpha}L_j(t)^{\alpha}$$

其中，K_j 和 L_j 分别代表企业 j 使用的资本和劳动力，G 是政府对基础设施的投资。唯一的税收工具就是对全部个体在 t 期持有的资本征收线性税，税率为 $\tau(t)$。政府将所有的税收收入用于基础设施投资，因此有：

$$G(t) = \tau(t)\overline{K}(t) \tag{22.64}$$

其中，$\overline{K}(t)$ 是经济中的平均资本存量。这个设定说明政府对基础设施的供给创造了罗默型的外部效应。$\overline{K}(0)$ 表示经济的初始资本存量。

(a) 描述每期税率 $\tau > 0$ 均为常数的均衡，并证明：在 A 足够大时，经济将获得正的常数增长率。证明经济的增长率独立于初始资本存量在个体之中的分布。[提示：家庭面临的净利率等于资本的边际产出减去税率 τ。]

(b) 在行为人之间分配初始资本存量 $\overline{K}(0)$，份额为 ω_i，则个体 i 的初始资本拥有量为 $K_i(0) = \omega_i \overline{K}(0)$。证明在均衡时，对任何 $t = 1, 2$，都有 $K_i(t) = \omega_i \overline{K}(t)$。

(c) 假定该经济体通过立法在未来各期实施不变税率 τ，这个税率由（从两个竞争党派中）获得大多数选票的党派的政策方案决定。请将个体最偏好的税率确定为他在 $t = 0$ 时的初始资本份额 ω_i 的函数。证明个体都具有单峰偏好。基于这个结果，证明拥有中位数资本份额 ω_M 的个体最偏好的税率将会得以实施。证明当此中位数资本拥有量减少时，资本税率随之增加。这将对经济增长产生什么影响？

(d) 证明问题（c）描述的均衡不是马尔科夫完美均衡，并解释原因。你将如何设定问题，以刻画这一均衡？[提示：仅需描述如何设定问题，不需求解均衡。]

22.32 (a) 证明命题 22.19。

(b) 推导 (22.60) 式中产出最大化的税率。

(c) 对所有 t，令 $\bar{\tau}$ 的几个值 $\bar{\tau}^*$、$\bar{\tau}^{wn}$、$\bar{\tau}^e$ 和 $\bar{\tau}^c$ 分别代表最大化产出、社会福利、精英效用和公民效用的税率。请证明 $0 < \bar{\tau}^c < \bar{\tau}^* < \bar{\tau}^e < 1$ 和 $0 < \bar{\tau}^c < \bar{\tau}^{wn} < \bar{\tau}^e < 1$。

第 23 章 政治制度和经济增长

第 22 章研究了为什么一些社会选择了"无效率"的经济制度和政策。它强调了不同群体之间社会冲突的重要性，同时将不能恪守未来政策视为导致阻碍增长型政策出现的一个主要原因。许多讨论都是基于给定的一套政治制度背景，这些制度塑造了不同个体和群体之间的社会冲突程度和类型，以及什么类型的政策是可能的或者是应该实施的。这种背景下的一个合理推断是，政治制度会影响一个社会对经济制度和政策的选择及其增长轨迹。这一推断引出以下两个问题：特定的政治制度能否更好地调解社会冲突，从而避免阻碍增长型政策的出现？为什么不同的社会选择或者最终建立了不同的政治制度？

本章对这两个问题给出了一些初步解答。首先，我简要总结了不同政治制度影响经济增长的经验证据。第 23.2 节使用第 22.2 节的基本模型表明，一旦我们考虑有冲突的偏好，没有哪种政治制度是完美的，而且每种制度都会产生与社会中的赢家和输家有关的不同成本和收益。一套特定的政治制度是否会导致增长促进型政策，取决于它运行的细节，取决于社会的技术和要素禀赋以及哪些群体会得益于这些制度。接着，第 23.3 节开始讨论不同政体间的动态权衡问题，强调民主政体如何一方面通过避免僵化的结果，另一方面通过创造更大的灵活性来获取长期收益以补偿短期扭曲。这一节还强调了不同的政治制度如何应对创造性破坏过程，正如我们在第 14 章看到的，这是现代经济增长的引擎之一。第 23.3 节的讨论认为，民主可能更有利于发挥创造性破坏的长处。对于政治制度本身如何产生和变化，第 23.4 节将做简要讨论。

23.1 政治制度和经济增长

当考虑政治制度对经济结果和增长的影响时，大多数学者或许会从民主制度和非民主制度的比较着手。但是民主有很多不同的类型和形式。民主通常被定义为一套程序规则，比如，是否存在自由和公平的选举，其中大多数成年人可以参与，以及是否允许党派自由进入政治活动。但是，这种民主的定义并没有包括民主的很多显著的制度性特征。民主可以是议会制，也可以是总统制。它们可以使用不同的选举规则，不同程度地体现少数派的利益。或许更重要的是，存在着不同程度的"自由和公平"以及"大多数成年人"。大部分选举，甚至包括欧洲或者美国的选举，都存在某种程度的欺诈，以及对政党或者候选人的准入存在某种限制。此外，很多个人都被实质上或者有时候被明确剥夺了公民权。类似地，政治学家认为19世纪的英国和美国已经建立了民主制度，尽管只是男人有权投票。很少有人认为20世纪60年代的美国是非民主的，但是很多黑人被剥夺了选举权。这些细节产生了民主的不同形式，这可能影响经济结果。

非民主社会之间的差别或许更加显著。虽然中国也被视为非民主政体，但是它的性质截然不同于1832年的《改革法案》启动民主化进程之前的英国寡头政体。1832年前的英国有首相和议会，尽管他们是由小部分人口推选出来的，那些拥有财富、教育和特权的人，只占到成年总人口的不足10%。当我们考虑基于个人统治的政权和君主政体，前者如扎伊尔的蒙博托政权，后者如沙特阿拉伯沙特家族的统治时，这种差异就更加明显。

然而，非民主国家有一个重要的共性，非民主政体和民主政体之间有一个重要的差异，从而使这些分类有助于我们进行概念和经验方面的分析。除了有各种不完善之处和不同的形式以外，民主政体至少在具备最低功能的时候，比非民主政体提供了更好的政治平等。民主社会中的党派自由进入和一人一票的做法是基础，它确保了每个人的利益都能得到某种程度的体现。当民主社会运行良好时，多数派能够对政策产生某种影响（通常是主要的影响），尽管这些政策本身或许受到宪法的某些约束。相反，非民主政体并不会代表大多数人的愿望，而是代表着少数人的偏好，我把这些少数人称为"精英"。精英的身份在不同的非民主社会各不相同。在皮诺切特统治下的智利，大部分决策由军政府制定，以他们的偏好（或许还包括支持独裁的某些社会富裕阶层的偏好）为准。在1832年《改革法案》之前的英国，少数富裕人口拥有主要的政治影响力。

在认真地比较了民主和非民主社会的差别之后，这两种政治制度之间的主要区别到底是什么呢？第一，我们或许会认为民主和非民主政体有不同的经济增长表现。对此，我们首先可以看二战后时期的差异，其间经济增长方面的数据较多。普热沃尔斯基等人（Przeworski and Limongi, 1993；Barro, 1999）使用跨国回归证据，得到的结论是，民主社会并不会比非民主社会表现得更好。然而，对这一观点并没达成共识。例如，米尼尔（Minier, 1998）给出的研究结果既证明了民主对经济增长的正面影响，也说明了转向非民主对增长的负面影响。不过，大部分现有证据表明，总体而言，民主社会的增长并不比非民主社会的增长快太多（至少在控制了其他决定经济增长的潜在因素之后是如此）。这一结论有些出乎意料，甚至令人困惑。我们可能会认为非民主社会的经济增长会表现得很糟糕，因为这包括一些非常失败的国家，比如萨达姆·侯赛因统治下的伊拉克，蒙博托统治下的扎伊尔和杜瓦利埃统治下的海地。然而，除了这几个政权以外，也有很多不成功的民主政权，例如20世纪90年代之前的印度，以及很多刚刚独立的前殖民地国家，这些国家的民主选举开启了其独立历程（这些政权常常很快陷入政变或者某个强人的个人统治）。同时，也有很多成功的非民主政权，例如李光耀统治下的新加坡，朴正熙将军统治下的韩国。因此，为了了解不同的政治制度如何影响经济决策和经济增长，我们不能只局限于讨论民主和非民主之间的差异。

如果民主和非民主社会之间并不存在明显的增长差异，是否存在其他重要的政策或者分配方面的差异呢？罗德里克（1999）提出，民主社会有更高的劳动力收入份额，并将此解释为民主社会更大的再分配结果。我本人和罗宾逊（2006a）归纳研究了一系列案例，表明民主社会将会追求更多的再分配政策。相反，吉尔、马利根和萨拉－伊－马丁（Gil, Mulligan and Sala-i-Martin, 2004）使用横截面回归，证明了很多政策，尤其是政府总支出和社保支出方面的政策，在民主和独裁社会之间并无差异。因此，文献中并没有就民主社会是否会追求不同的财政政策以及这是否会对社会资源配置产生重要影响的问题达成共识。但是，罗德里克（1999）的证据以及我本人和罗宾逊（2006a）总结的证据表明，至少在某些案例中，民主政体相比非民主政体有更多的再分配政策，我们可以将这些差异作为我们的研究起点（或者至少作为可用假说，working hypothesis）。不过，有必要明确的是，民主和非民主社会之间的政策差异即便存在，也比我们仅凭理论预期的差异要小得多。

基于此还有一点值得注意，对二战后的民主和非民主进行比较或许局限性太强了。当我们从更长的时间跨度观察时，民主社会的经济表现似乎更好。大多数在19世纪实现快速工业化的国家都比当时没有实现工业化的国家有更高程度的民主。美国和南美洲国家之间的比较，或者英国、法国与俄罗斯、奥匈帝国之间的比较在此背景之下都很能说明问题。例如，18世纪末期，美国是当时最民主的社会之一，它并不比极不民主和受压迫的加勒比殖民地更富裕，甚至比它们更加贫穷。然而，在19世纪和20世纪早期，美国经历了快速增长和工业化，而整个加勒比地区和南美洲的其他许多地区都陷入停滞。这一历史片段说明，更民主的社会也许能够更好地利用 19 世纪工业化时代中新的投资和增长机会。英国、法国与俄罗斯、奥匈帝国之间的比较也与此类似。尽管前两个国家在 19 世纪初期比后两个国家更为富裕,但二者的收入差异很小,而政治制度的差异相对要显著得多。英国已经开始变为议会民主政体,而法国也已经完成了 1789 年大革命。英国和法国在 19 世纪的大部分时期都采用了促进经济增长的政策,虽然这对于当时的土地贵族而言成本高昂,而俄罗斯和奥匈帝国则为了保护土地贵族的经济和政治利益明显地阻碍了工业化进程。

长期回归分析,例如第 4 章讨论的内容,也和这种模式一致,说明了各种不同的制度安排对经济增长具有重要影响。尽管我们不能十分确信说这一影响就是政治制度对增长的影响,因为上述制度安排既包含了政治元素也包含了经济元素,不过我们依然可以说如果政治制度未能支持鼓励投资和自由进入的经济政策,那么各种增长促进型制度也将不复存在。

下文将从理论角度研究不同政治制度如何影响经济政策和经济结果这一问题。

23.2　政治制度和增长促进型政策

考虑第 22 章第 22.3 节分析的经典柯布-道格拉斯模型。该模型分析的前提假设是生产者的一个子集,即精英掌握着权力。现在,我将简单讨论相同环境下由中产阶层或者工人阶层掌握权力时的均衡问题,并比较由此导致的配置结果。

23.2.1　中产阶层统治和精英统治的比较

首先,让我们假定中产阶层掌握政治权力,于是这里用中产阶层的统治替代了第 22 章中的精英统治。这里的情况和第 22 章中的情况是对称的,中产阶层和精英交换了位置。具体地,得出命题 22.6 的分析也可以得到以下结论。

命题 23.1　考虑第 22.3 节的情况,区别是中产阶层取代精英掌握政权。假定条件 22.1 成立, $\phi > 0$ 且

$$A^m \geq \phi \alpha^{\alpha/(1-\alpha)} A^e \frac{\theta^e}{\theta^m} \tag{23.1}$$

则唯一的马尔科夫完美均衡具有 $\tau_m(t) = 0$ 的特征且

$$\tau^e(t) = \bar{\tau}^{COM} \equiv \frac{\kappa(\bar{L}, \theta^m, \alpha, \phi)}{1 + \kappa(\bar{L}, \theta^m, \alpha, \phi)}$$

对于所有 t 成立，其中 $\kappa(\bar{L},\theta^e,\alpha,\phi)$ 定义为 (22.29) 式。

证明 见习题 23.1。

该命题表明精英和中产阶层控制下的政治均衡是相同的，唯一不同的是两个群体交换了位置。因此政治制度将影响政策和资源的均衡配置。具体地，在精英控制的社会中，对中产阶层征税既为精英创造了收入也减少了他们的劳动需求。在中产阶层主导的社会中，竞争的生产者群体是不掌握政治权力的精英群体（虽然"精英"这一称呼具有政治权力的含义）。于是，现在精英群体被征税，为中产阶层提供税收收入和创造更有利的劳动力市场条件。精英主导和中产阶层主导型政治制度之间的差异近似于某些著名的历史事件。例如，在欧洲社会的历史发展背景中，政治权力最初掌握在地主手里，他们利用权力将劳动力维系在土地上，并削弱商人和早期实业家的权力和盈利能力。随着中世纪晚期经济和宪法的变化，权力从土地权贵手中逐渐转移到商人和实业家的手中（例如，此处模型中的中产阶层），于是轮到他们实施有利于自身经济利益但不利于土地主利益的政策。

那么，这中产阶层统治和精英统治这两种政治制度中，哪一种更好呢？答案是不能简单地对二者进行比较。首先，正如第 22 章已经强调过的，第 22.4 节的均衡是帕累托最优的：给定财政工具的集合，在改善社会其他成员境况的同时不能不损害精英阶层的利益。同样，当前的资源配置也是帕累托最优的，但是它沿着帕累托最优边界选择了不同的点，该点有利于中产阶层而非精英团体。产出水平的情况如何呢？答案是也不能简单排序。两种社会都有可能达到更高的人均收入水平，这取决于哪一个社会拥有更高生产效率的投资机会。当中产阶层的生产效率更高时，由精英掌权的社会将出现显著的扭曲。相反，如果精英群体有更多有利可图且有利于全社会的生产机会，将政治权力赋予精英则比将统治权赋予中产阶层更有益于经济增长。

以下命题描述了该结论的一个简化版本。

命题 23.2 考虑具有柯布-道格拉斯技术的第 22.3 节的条件。假设条件 22.1 与 (22.27) 式和 (23.1) 式中的不等式成立，且有 $\theta^e = \theta^m$ 以及 $\phi > 0$。则当 $A^m > A^e$，中产阶层的统治将会产生更高的人均收入，而当 $A^e > A^m$ 时，精英群体的独裁统治将会带来更高的人均收入。

证明 见习题 23.2。

该命题给出一个简单的例子，其中导致更好经济表现（以人均收入衡量）的政治制度取决于是否由生产效率更高的群体掌握政治权力。如果政治权力和经济权力是分开的，就会出现更高程度的无效率。这一结果的一个直接含义是，我们在研究"有效率的政治制度"时，必须考虑掌握和运用政治权力的人也会考虑自身的利益目标，同时必须将他们的生产效率和经济活动与其他人的进行全面的比较分析。自然，读者也许认为存在某种政治制度，其表现超越了第 22 章的精英统治政体以及本节的中产阶层统治政体。在这种情况下，关键问题是考虑更现实的政治经济因素和经济的相互作用后，这种政治制度是否可行。当存在政治经济方面的约束时，分析可行的政治制度设计是一个有趣的研究领域，但还处于起步阶段。目前我们能简单地观察到，在大多数情况下，实践中的政治制度选择是从带来扭曲、赢家和输家的各类安排中产生的。

23.2.2 民主或工人专政？

第 23.2.1 节比较了中产阶层和精英群体的专政。第三种可能性是一种更民主的政治体系，其中由大多数人决定采取什么政策。由于在现实中，工人的数量一般多于精英和中产阶层企业家的数量，有利于工人（到目前为止，在此模型中工人的角色都是被动的，仅仅以均衡工资率供给劳动而已）经济利益的政策将得到实施。尽管这种体系在某些方面类似于民主（特别是由于这种体系比精英或中产阶层统治能带来更大程度的政治平等），但它也可以被看作"工人专政"：现在由工人制定政策，就像精英群体或中产阶层专政为自己的利益制定政策一样。① 这再次说明不同的政治制度会产生不同的赢家和输家，取决于哪个群体拥有更大的政治权力。

和以往一样，这种分析简单明了，不过政治均衡的性质将更加取决于条件 22.1 是否成立。

命题 23.3 考虑第 22.3 节的条件，假定工人掌握政治权力。

1. 假定条件 22.1 不成立（因此存在着超额劳动供给），则唯一的马尔科夫完美均衡具有 $\tau^m(t) = \tau^e(t) = \tau^{RE} \equiv 1 - \alpha$ 的特征。

2. 假定条件 22.1 成立（因此不存在超额劳动供给）且 $\theta^e = \theta^m = \theta$。如果还有 $A^m > A^e$，则在唯一的马尔科夫完美均衡中，有 $\tau^e(t) = 0$，且有 $\tau^m(t) = \tau^{Dm}$，其中

$$(1 - \tau^{Dm})^{1/(1-\alpha)} A^m = A^e$$

---

① 区分工人或者穷人阶层专政与真正的"民主"是一个重要的议题，但是超出了我们此处关注的范围。

或者 $\tau^{Dm} = 1 - \alpha$ 且 $\alpha^{1/(1-\alpha)} A^m \geq A^e$。当 $A^m < A^e$ 时，则在唯一的马尔科夫完美均衡中，有 $\tau^m(t) = 0$ 以及 $\tau^e(t) = \tau^{De}$，其中

$$(1 - \tau^{De})^{1/(1-\alpha)} A^e = A^m$$

或者 $\tau^{De} = 1 - \alpha$ 且 $\alpha^{1/(1-\alpha)} A^e \geq A^m$。

证明 见习题 23.3。

该证明最有趣的结论源于对有无超额劳动力供给的情况进行比较。当条件 22.1 不成立时，存在着超额劳动力供给且税收对工资没有影响。考虑到这一点，工人将支持对两个生产者群体征税以增加再分配给自己的收入。这一结果就是民主体制下的政治均衡。显然，该结果导致的扭曲比精英群体或中产阶层专政时都更为扭曲，因为在后两种政治制度下，某一阶层将不会被征税。这一情形与条件 22.1 成立时的情况完全不同。在这种情况下，请回忆精英群体专政和中产阶层专政都会产生显著的扭曲，因为要素价格受到人为干预，具体而言，他们对竞争性生产者征税以维持低工资。相反，工人不喜欢税收，这正是因为他们不喜欢税收给工资带来的不利影响。因此在这种情况下，工人对税收的态度更加温和，民主会带来比精英群体和中产阶层统治时更低的税收。因此，该命题再次强调了哪种政治制度会导致更高的人均收入水平（或者更高的经济增长速度）取决于投资机会和市场结构。当工人（或者在民主社会中具有影响力的一个子群体）可以在不损害自身利益的前提下对企业家征税时，民主会导致更高水平的再分配税收，而且将导致比精英或者中产阶层专政时更低的人均收入。然而，当工人意识到税收对其工资的影响时，民主会带来相对缓和的政治结果。

本节的简单分析给我们提供了一些关于为什么政治体制和经济增长之间并不存在明确关系的线索。当条件 22.1 成立时，扭曲的政策会降低工资，民主会比非民主政体带来更高的总产出和增长率。相反，当条件 22.1 不成立时，民主会因为追求民粹主义政策和更高的征税带来更差的经济表现。自然，这里介绍的模型在很多方面都显得过于简单，条件 22.1 或者它的近似条件可能都不太适于评估民主或其他政治制度哪个更有利于经济增长。然而，这里的分析强调了民主和其他政治制度一样，维护的都是掌握政治权力的群体的利益，最终的配置中也存在各种类型的扭曲。至于这些扭曲是否比其他政治制度下的情况更严重则取决于技术、要素禀赋和该政治体系制定的政策类型。根据目前的分析，这个结果并不令人惊讶，但它的含义却十分重要。特别是这个结果强调了不存在任何先验的理论原因使我们认为民主和增长之间存在着简单的经验关系。

23.3 动态权衡

上一节对比了不同政治制度下的经济配置。尽管隐含的经济环境是无限期界新古典增长模型的简化版本，政治制度之间的权衡还只是静态的。本节在一个包含了企业家才能、社会流动性和创造性破坏的简单框架下展开讨论。在该框架中，我比较了民主和寡头政体，重点放在了这两种政治制度之间的权衡问题上。

23.3.1 基本模型

该模型的经济体由具有无限生命、数量用连续统 1 度量的行为人组成，每个行为人的偏好表示为第 22 章的 (22.1) 式。此外，我假设每个行为人在每个时期死亡的概率很小，用 $\varepsilon > 0$ 表示（这样假设的原因稍后再做解释），新出生的人口表示为 ε（根据通常做法，死后的效用为零，且 $\beta \in (0,1)$ 是包含了死亡概率的贴现因子），做出这些假定的原因将在下文中阐述。在 $\varepsilon \to 0$ 时考虑该经济体的极限问题。

有两种职业：生产工人和企业家。这引入了社会流动的可能性。具体而言，每个行为人既有可能被雇用成为一名工人，也可能成为一名企业家。我假设作为工人的所有行为人有相同的生产率，但作为企业家的行为人有不同的生产率。具体地，行为人 i 在 t 期具有的企业家才能/技能为 $a_i(t) \in \{A^L, A^H\}$，其中 $A^L < A^H$。为了成为一名企业家，行为人如果尚未拥有一家企业，就需要创建一家企业。由于现有企业家设置了进入壁垒，创建一家新企业的成本可能很高。

因此，每个开始于 t 期的人具有的技能水平为 $a_i(t) \in \{A^H, A^L\}$，来自前期投资的资本量为 $k_i(t)$（请记住资本投资仍然要求提前一期进行），另一个状态变量则表示他是否已经拥有了一家企业。我用 $e_i(t) \in \{0,1\}$ 表示这一变量，其中 $e_i(t) = 1$ 表示行为人已经在 $t-1$ 期（为 t 期）选择成为企业家。t 期在任的企业家（如，$e_i(t) = 1$）会发现在 $t+1$ 期继续做企业家的成本要更低，因为企业家的潜在进入壁垒对在位者没有影响。我把具有 $e_i(t) = 1$ 的行为人看作 t 期的"精英"成员，这一方面是因为他避免了进入成本，另一方面是因为在寡头政治中，他将成为一名制定政策的政治精英。

综上所述，在 t 期，每个行为人都会选择 $e_i(t+1) \in \{0,1\}$，当 $e_i(t+1) = 1$ 时，他会成为企业家，而且为下一时期做出投资决策 $k_i(t+1) \in \mathbb{R}_+$；在时期 $t+1$，他决定雇用 $l_i(t+1) \in \mathbb{R}_+$ 数量的劳动力。

在这个社会中，行为人也会做出政策选择。不同行为人的偏好如何在政策中得到体现，取决于政治制度，下文将要讨论这一点。有三种政策选择，其中的两种类似于我们目前看到的政策：对产出按 $\tau(t) \in [0, \bar{\tau}]$ 税率征税，并且对所有人进行一次性总转移支付，表示为 $T(t) \in [0, \infty)$。请注意我已经给出了税收的上限 $\bar{\tau} < 1$。这个上限的设定可能是源于行为人将产出隐藏在非正规部门的能力或者是税收的扭曲效应，在这里被看作已知的。新的政策工具是指新企业家创办一家企业付出的成本 $B(t) \in [0, \infty)$。假设进入壁垒 $B(t)$ 是一种净损耗，例如个人为了开办一家新企业必须通过的那些官僚程序。于是，一次性总转移支付只能通过税收来融资。

一个技能水平为 $a_i(t)$、资本水平为 $k_i(t)$ 且劳动力为 $l_i(t)$ 的企业家可以生产

$$y_i(t) = \frac{1}{\alpha} k_i(t)^\alpha (a_i(t) l_i(t))^{1-\alpha} \tag{23.2}$$

单位最终产品。和第 22.3 节中一样，我假设资本是完全折旧的，因此 $k_i(t)$ 也是企业家 i 在 $t-1$ 期用唯一的最终产品衡量的投资水平。

为了简化分析，我还假设所有企业都具有相同的经营规模 $\bar{L}$，则 $l_i(t) = \bar{L}$（放松该假设会有什么影响可见习题 23.5）。最后，按照通常做法，我还假设企业家本人也可以作为一名工人在自己的企业中工作，这意味着成为一名企业家的机会成本为零。

这里最重要的假设是每个企业家都必须亲自经营这家企业，所以他的生产率 $a_i(t)$ 对产出而言是很关键的。另一种做法是企业家可以将其管理职位以较高的成本委托给其他效率更高的人。在这种情况下，低效率的企业家可能会雇用效率更高的经理。我始终假设委托成本是非常高的。

为了简化表述，我还定义 $b(t) \equiv B(t)/\beta\bar{L}$，代表每名工人进入成本的贴现值（当我们观察不同职业选择的盈利情况时，这是一个重要目标）。t 期的利润（不扣除进入壁垒成本的企业家 i 的回报）则等于

$$\pi_i(t) = (1 - \tau(t)) y_i(t) - w(t) l_i(t) - \frac{1}{\beta} k_i(t)$$

上式考虑了投资成本 $k_i(t)$ 是在前一期产生的，因此投资的机会成本（它实际上是放弃的消费）需要乘以贴现因子的倒数。该利润表达式考虑了当企业家的产出为 $y_i(t)$ 时，需要将产出按比例 $\tau(t)$ 上缴税收，还要支付的工资总额为

$w(t)l_i(t)$。已知税率为 $\tau(t)$，工资率为 $w(t) \geq 0$，利用 $l_i(t) = \bar{L}$ 的事实，企业家才能为 $a_i(t)$ 的企业家在 t 期的净利润为

$$\pi(k_i(t) \mid a_i(t), w(t), \tau(t)) = \frac{1}{\alpha}(1-\tau(t))k_i(t)^\alpha (a_i(t)\bar{L})^{1-\alpha} - w(t)\bar{L} - \frac{1}{\beta}k_i(t) \tag{23.3}$$

给定该表达式，才能为 $z \in \{L, H\}$ 的企业家在 t 期的（瞬时）收益（gain）可表示为税率 $\tau(t)$ 和工资率 $w(t)$ 的函数：

$$\Pi^z(\tau(t), w(t)) = \max_{k_i(t)} \pi(k_i(t) \mid a_i(t) = A^z, w(t), \tau(t)) \tag{23.4}$$

注意，这是企业家才能的净收益，因为他在任何情况下都能获得工资率 $w(t)$（或者作为一名普通工人为其他企业家工作，或者作为一名企业家为他自己工作从而少雇用一名工人）。更重要的是，一名 $e_i(t-1) = 0$ 且才能为 $a_i(t) = A^z$ 的个人成为一名企业家获得的收益为

$$\Pi^z(\tau(t), w(t)) - \frac{1}{\beta}B(t) = \Pi^z(\tau(t), w(t)) - b(t)\bar{L}$$

因为他必须支付进入壁垒带来的额外成本，这类似于投资成本，是在上一期出现的，因此需要除以 β。

劳动力市场出清条件要求劳动总需求不能超过供给。因为企业家本身也是生产工人，劳动供给等于 1，于是

$$\int_0^1 e_i(t)l_i(t)di = \int_{i \in S_t^E} \bar{L}di \leq 1 \tag{23.5}$$

其中 S_t^E 是 t 期企业家的集合。

最后，我假设不同时期的企业家技能之间是不完全相关的。具体地，$a_i(t)$ 满足马尔科夫链

$$a_i(t+1) = \begin{cases} A^H & \text{当 } a_i(t) = A^H \text{ 时，其概率为 } \sigma^H \\ A^H & \text{当 } a_i(t) = A^L \text{ 时，其概率为 } \sigma^L \\ A^L & \text{当 } a_i(t) = A^H \text{ 时，其概率为 } 1-\sigma^H \\ A^L & \text{当 } a_i(t) = A^L \text{ 时，其概率为 } 1-\sigma^L \end{cases} \tag{23.6}$$

其中，$\sigma^H, \sigma^L \in (0, 1)$。这里，$\sigma^H$ 是前一期高技能的行为人在本期也拥有高技能的概率，σ^L 则是从低技能转变为高技能的概率。我们完全可以假设 $\sigma^H \geq \sigma^L > 0$，

则技能是持续存在的而且低技能不是一种吸引人的状态（absorbing state）。$\sigma^H < 1$ 的事实表明不同时期的企业家才能之间存在不完全相关关系。因此，为获得生产效率，企业家的身份必须随时间而变化，随着新企业家代替老企业家，必定要求某种创造性破坏的出现。

$a_i(t)$ 在不同时间的不完全相关可以从三个彼此不同而又互为补充的方面予以解释。第一，我们可以假设一个人的生产率在不同时期是可以变化的，比较优势的变化要求企业家的身份也要发生改变。第二，我们可以把无限期界的行为人看作一代人，$a_i(t)$ 在不同时间的不完全相关性可以理解为父辈和子辈的技能不完全相关。第三，或许最有趣的一点是，每个人在各种活动中都有一种固定的能力，当不同活动的重要性发生变化时，企业家才能的比较优势也随之变化。例如，某些人在工业方面的企业家才能比较突出，而另一些人的企业家才能则体现在农业方面，当工业活动比农业活动变得更有利可图时，具有工业比较优势的人应该成为企业家，而具有农业比较优势的人则应退出。这三点都体现在（23.6）式关于才能的马尔科夫链之中。

该马尔科夫链还表明，在稳态分布中高技能行为人的比例为（见习题23.6）

$$M \equiv \frac{\sigma^L}{1 - \sigma^H + \sigma^L} \in (0,1) \tag{23.7}$$

由于存在着大量（连续统）的行为，在任何时点高技能的行为人占比是 M。我还假设

$$M\bar{L} > 1$$

于是在没有进入壁垒的情况下，高技能企业家会产生对总劳动力的超额需求。此外，假设 M 很小，而 $\bar{L}$ 较大，具体而言，$\bar{L} > 2$，则工人总是占大多数，这可以简化下文讨论的政治经济因素。

事件的发生顺序如下所述。在 t 期的初始阶段，所有人的 $a_i(t)$、$e_i(t)$ 和 $k_i(t)$ 都是他在 $t-1$ 期的决策以及与能力有关的不确定性变成现实后的结果。于是，以下行动序列就会发生：

1. 企业家需要劳动力，劳动力市场出清的工资率为 $w(t)$，开始生产。
2. 确定企业家的税率 $\tau(t) \in [0, \bar{\tau}]$。
3. 每个人在下一时期的技能水平 $a_i(t+1)$ 得以实现。
4. 设定新企业家面临的进入壁垒 $b(t+1)$。
5. 所有人做出下一期的职业选择 $e_i(t+1)$，企业家则做出下一期的投资决

策 $k_i(t+1)$。

在不同的政治制度下，不同行为人按照以下方式设定进入壁垒和税收。注意，税率是在做出投资决策之后设定的。这会引起第 22 章讨论的要挟问题，也是导致无效率的另一个原因。$\tau(t) \leq \bar{\tau} < 1$ 的事实对这些要挟问题施加了一定的限制。个人做出职业选择和投资决策是基于对自身能力水平的认识，也就是说，在做出决策 $e_i(t+1)$ 和 $k_i(t+1)$ 之前，要先明确 $a_i(t)$。还要注意，当一个人不经营自己的企业时，他会丧失"经营资格"，因此当他下一次想创建一家企业的时候，将再次面临进入成本（假设 $l_i(t) = \bar{L}$ 排除了以相对较小的规模经营企业的可能性）。最后，我们需要明确初始条件：我假定社会中的技能分布为稳态分布，而且没有人在一开始就是企业家，于是 $e_i(-1) = 0$ 对于所有 i 成立。给定线性偏好，资本持有量的初始水平并不重要。

让我们再次关注马尔科夫完美均衡，其中策略仅仅是收益相关状态（payoff-relevant state）的函数。对行为人 i 而言，t 期的收益相关状态包括他自己的状态 $(e_i(t), a_i(t), k_i(t), a_i(t+1))$ 和潜在的高技能企业家的比例，[①] 用 $\mu(t)$ 表示，它被定义为

$$\mu(t) = \Pr(a_i(t) = A^H \mid e_i(t) = 1) = \Pr(a_i(t) = A^H \mid i \in S_t^E)$$

对于给定的政策序列 $\{b(t), \tau(t)\}_{t=0,1,\ldots}$，经济均衡仍然是竞争均衡。令 $x_i(t) = (e_i(t+1), k_i(t+1))$ 是行为人 i 在 t 期的选择向量，$x(t) = [x_i(t)]_{i \in [0,1]}$ 表示所有行为人的选择集合，$p(t) = (\tau(t), b(t+1))$ 表示 t 期的政策向量。令 $p^t = \{p(s)\}_{s=t}^{\infty}$ 表示从 t 期开始的无限政策序列，而且类似地用 $w^t = \{w(s)\}_{s=t}^{\infty}$ 和 $x^t = \{x(s)\}_{s=t}^{\infty}$ 分别表示从 t 期开始的工资和选择序列。于是，在给定政策序列 p^t 的条件下，已知 $\hat{w}^t$、p^t 和状态 $(e_i(t-1), a_i(t))$，如果 $x_i(t)$ 最大化了行为人 i 的效用，$\hat{w}(t)$ 可使 t 期的劳动力市场出清（例如，(23.5) 式成立），则 $\hat{w}^t$ 和工资率序列 $\hat{w}^t$ 构成了经济均衡。每个行为人在下一时期的类型 $(e_i(t), a_i(t+1))$ 取决于他在 t 期做出的有关自己是否会成为一名企业家的决策，同时取决于 (23.6) 式所示的运动法则。

现在，我将描述这一均衡。由于 $l_i(t) = \bar{L}$ 对所有 $i \in S_t^E$ 成立（请记住，S_t^E 是 t 期企业家的集合），利润最大化的投资表示为

[①] 这里的 $e_i(t)$ 和 $k_i(t)$ 是行为人在 t 期状态的一部分，因为它们会影响企业家的劳动力需求。此外，$a_i(t+1)$ 在 t 期被确定，会影响他在 $t+1$ 的职业选择和投资决策 $e_i(t+1)$ 和 $k_i(t+1)$，这也是其状态的一部分。

$$k_i(t) = (\beta(1-\tau(t)))^{1/(1-\alpha)} a_i(t) \bar{L}, \qquad (23.8)$$

其中 $\tau(t)$ 是企业家根据均衡路径做出的均衡税率预期。(23.8) 式表明，投资水平随着企业家才能 $a_i(t)$ 和雇用水平 $\bar{L}$ 递增，并随税率 $\tau(t)$ 递减。

现在根据 (23.8) 式，对属于 $z \in \{L, H\}$ 类型（企业家技能水平为 A^L 或者 A^H）的行为人来说，其企业家技能的当期净收益可以表示为

$$\Pi^z(\tau(t), w(t)) = \frac{1-\alpha}{\alpha} \beta^{\alpha/(1-\alpha)} (1-\tau(t))^{1/(1-\alpha)} A^z \bar{L} - w(t)\bar{L} \qquad (23.9)$$

此外，劳动力市场出清条件 (23.5) 式表明，企业家在任意时期的总量为 $\int_{i \in S_t^E} di = 1/\bar{L}$。$t$ 期的税收和人均一次性总转移支付则表示为

$$T(t) = \int_{i \in S_t^E} \tau(t) y_i(t) di = \frac{1}{\alpha} \tau(t) (\beta(1-\tau(t)))^{\alpha/(1-\alpha)} \bar{L} \int_{i \in S_t^E} a_i(t) di \qquad (23.10)$$

为了简化该表达式，现在我们用 $q^t \equiv (p^t, w^t)$ 表示未来政策和均衡工资序列。则当技能水平为 $z \in \{L, H\}$ 的个人在 t 期选择生产工作时，他在 t 期的价值为

$$W^z(q^t) = w(t) + T(t) + \beta CW^z(q^{t+1}) \qquad (23.11)$$

其中 $CW^z(q^{t+1})$ 是 z 类型工人从 $t+1$ 期开始的延拓值，表示为

$$CW^z(q^{t+1}) = \sigma^z \max\{W^H(q^{t+1}); V^H(q^{t+1}) - b(t+1)\bar{L}\}$$
$$+ (1-\sigma^z) \max\{W^L(q^{t+1}); V^L(q^{t+1}) - b(t+1)\bar{L}\} \qquad (23.12)$$

其中 $V^z(q^t)$ 的定义与 $W^z(q^t)$ 类似，而且它是某个具有技能 z 的企业家在 t 期的价值。(23.11) 式和 (23.12) 式都比较直观易懂。一个属于 $z \in \{L, H\}$ 类型的工人获得的工资收入为 $w(t)$（与他的技能无关），转移支付为 $T(t)$ 和延拓值为 $CW^z(q^{t+1})$。该延拓值涵盖了模型中个人面临的主要动态权衡。现在属于 $z \in \{L, H\}$ 类型的工人（其 $e_i(t) = 0$）将在下一期以概率 σ^z 变为高技能类型的工人，而且在这种情况下，他可以选择继续当一名工人，得到的价值为 W^H，或者他也可以付出进入成本 $b(t+1)\bar{L}$ 并成为一名企业家（此时，$e_i(t+1) = 1$），获得一个高技能企业家可以得到的价值 V^H。当他选择 $e_i(t+1) = 1$ 时，不得不支付 $b(t+1)\bar{L}$，其原因是他当前还不是一位企业家，因此他必须支付和进入壁垒相关的成本。(23.12) 式中的最大算子（max operator）确保了个人会做出更高价值的选择。他成为低技能的人，并接受相应价值的概率是 $1 - \sigma^z$。

类似地，企业家的价值函数表示为

$$V^z(q^t) = w(t) + T(t) + \Pi^z(\tau(t), w(t)) + \beta CV^z(q^{t+1}), \quad (23.13)$$

其中 Π^z 由（23.9）式给定，并取决于他的技能水平，$CV^z(q^{t+1})$ 是 z 类型企业家的延拓值：

$$CV^z(q^{t+1}) = \sigma^z \max\{W^H(q^{t+1}); V^H(q^{t+1})\} + (1-\sigma^z) \max\{W^L(q^{t+1}); V^L(q^{t+1})\}. \quad (23.14)$$

具有能力 A^z 的企业家也会获得工资 $w(t)$（为他自己的企业工作）和转移支付 $T(t)$，此外，获得的利润为 $\Pi^z(\tau(t), w(t))$。在下一期，该企业家具有高技能的概率为 σ^z，具有低技能的概率为 $1-\sigma^z$，同时，根据以上结果，他会决定继续做企业家还是成为一名工人。这里有两点需要注意。第一，相对于（23.12）式而言，在（23.14）式中，成为一名企业家没有额外的成本，因为此人已经拥有了自己的企业。第二，当企业家决定成为一名工人的时候，他会获得（23.12）式表示的价值，而如果他想在下一期经营企业，就必须支付进入成本。

对（23.12）式和（23.14）式的检验揭示了个人在 t 期的职业选择取决于由当前职业状态 $e_i(t-1) = \mathbf{e}$ 决定的创业净价值。让我们将该净价值表示为

$$NV(q^t \mid a_i(t) = A^z, e_i(t-1) = \mathbf{e}) = V^z(q^t) - W^z(q^t) - (1-\mathbf{e})b(t)\bar{L}.$$

最后一项是具有 $\mathbf{e} = 0$ 的个人需要支付的进入成本。（23.12）式的最大算子和（23.14）式表明，当某个人的 $NV > 0$，则他会选择成为一个企业家。

该经济体中谁会成为企业家呢？答案取决于 NV 的值。根据第 16 章的标准动态规划观点，结合瞬时收益严格单调的事实，说明 $V^z(q^t)$ 对 $w(t)$，$T(t)$ 以及 $\Pi^z(\tau(t), w(t))$ 是严格单调的，于是 $V^H(q^t) > V^L(q^t)$（见习题23.4）。根据相同的分析我们有，$NV(q^t \mid a_i(t) = A^z, e_i(t-1) = \mathbf{e})$ 也随 $\Pi^z(\tau(t), w(t))$ 递增。于是，对于所有 a 和 $\mathbf{e}$，我们有

$$NV(q^t \mid a_i(t) = A^H, e_i(t-1) = 1) \geqslant NV(q^t \mid a_i(t) = a, e_i(t-1) = \mathbf{e})$$
$$\geqslant NV(q^t \mid a_i(t) = A^L, e_i(t-1) = 0)$$

换句话说，现有高技能企业家的创业净价值是最高的，而现有低技能工人的创业净价值是最低的。然而，$NV(q^t \mid a_i(t) = A^H, e_i(t-1) = 0)$ 和 $NV(q^t \mid a_i(t) = A^L, e_i(t-1) = 1)$ 哪个更大，事前并不清楚；也就是说，对于低技能的在位者和高技能但需要支付进入成本的外部人来说，成为企业家能是否更有利可图并不

确定。

我们因此可以定义两种类型的均衡：

1. 进入均衡，其中所有企业家都有 $a_i(t) = A^H$；
2. 僵化均衡，其中具有 $e_i(t-1) = 1$ 的人无论生产率如何都会维持企业家的职业选择。

进入均衡要求非精英的高技能行为人比低技能精英行为人的创业净价值更高。让我们将 $w^H(t)$ 定义为工资率的阈值，该阈值使非精英的高技能行为人进入或者不进入创业是无差异的。即，$w^H(t)$ 必须使表达式 $NV(q^t \mid a_i(t) = A^H, e_i(t-1) = 0) = 0$ 成立。使用（23.11）式和（23.13）式，该阈值可以表示为

$$w^H(t) \equiv \max\left\{\frac{1-\alpha}{\alpha}\beta^{\alpha/(1-\alpha)}(1-\tau(t))^{1/(1-\alpha)}A^H - b(t) + \frac{\beta(CV^H(q^{t+1}) - CW^H(q^{t+1}))}{\bar{L}}; 0\right\} \tag{23.15}$$

类似地，将 $w^L(t)$ 定义为低技能在位生产者无论是保留还是放弃企业家身份都无差异的工资水平。因此该工资水平 $w^L(t)$ 满足 $NV(q^t \mid a_i(t) = A^L, e_i(t-1) = 1) = 0$，或者

$$w^L(t) \equiv \max\left\{\frac{1-\alpha}{\alpha}\beta^{\alpha/(1-\alpha)}(1-\tau(t))^{1/(1-\alpha)}A^L + \frac{\beta(CV^L(q^{t+1}) - CW^L(q^{t+1}))}{\bar{L}}; 0\right\} \tag{23.16}$$

两个表达式都很好理解。例如，在（23.15）式中，第一项 $(1-\alpha)\beta^{\alpha/(1-\alpha)}(1-\tau(t))^{1/(1-\alpha)}A^H/\alpha$ 是高技能企业家在支付劳动力成本之前获得的劳均利润。这里 $b(t)$ 是单个工人的进入成本（用总成本的贴现值 $\beta^{-1}B(t)$ 除以 $\bar{L}$）。最后，$\beta(CV^H(q^{t+1}) - CW^H(q^{t+1}))$ 这一项是间接（动态）收益，即高技能的行为人从一名工人转变为一名精英成员带来的额外收益。自然地，该收益取决于政策序列，例如，当未来的进入壁垒更高时，该收益就越大。当 $w^L(t) < w^H(t)$ 时，高技能的非精英行为人转变为企业家的总收益将超过其成本。对方程（23.16）式也可以做类似的解释。显然，低于 $w^L(t)$ 和 $w^H(t)$ 的工资率将导致对劳动力的超额需求，而且不能达到均衡。因此，t 期存在进入均衡的条件可以简单地表示为上述两个阈值之间的比较：

$$w^H(t) \geq w^L(t). \tag{23.17}$$

另一方面，当（23.17）式反过来时，则会出现僵化均衡。

此外，在进入均衡中，即，在（23.17）式成立的任意均衡中，我们都能得到 $NV(q^t \mid a_i(t) = A^H, e_i(t-1) = 0) = 0$。如果它严格为正，换句话说，当工资低于 $w^H(t)$ 时，则所有高技能的行为人都非常愿意成为企业家，但这种情况是不可能的，因为根据假设，$M\bar{L} > 1$。以上分析也表明该经济体中企业家的总数为 $1/\bar{L}$。于是，根据（23.9）式、（23.11）式和（23.13）式，均衡工资 $w^E(t)$ 为

$$w^E(t) = w^H(t) \tag{23.18}$$

还要注意，当（23.17）式成立时，有 $NV(q^t \mid a_i(t) = A^L, e_i(t-1) = 1) \leq 0$。于是如果低技能的在位者在 $w^E(t)$ 的工资水平下选择继续做企业家，他的境况会变得更差。

图 23.1 描绘了该经济体的劳动力需求和供给，说明了进入均衡的情况。劳动力供给恒定为 1，而劳动力需求是工资率的递减函数。该图描绘的情况对应于（23.17）式成立的情况，因此存在一个进入均衡。曲线的第一部分表示（那些具有 $e_i(t-1) = 1$ 和 $a_i(t) = A^H$ 的）高才能在位者的支付意愿 $w^H(t) + b(t)$。该结果与直觉相符，因为创业给他们带来的收益与他们作为高技能潜在进入者获得的收益相当，同时他们不需要支付进入成本。曲线的第二部分是高技能潜在进入者（$e_i(t-1) = 0$ 且 $a_i(t) = A^H$）的支付意愿 $w^H(t)$。两个群体一共需要的工人数量为 $M\bar{L} > 1$，这确保了劳动力需求和供给曲线会在（23.18）式给出的工资水平上相交。

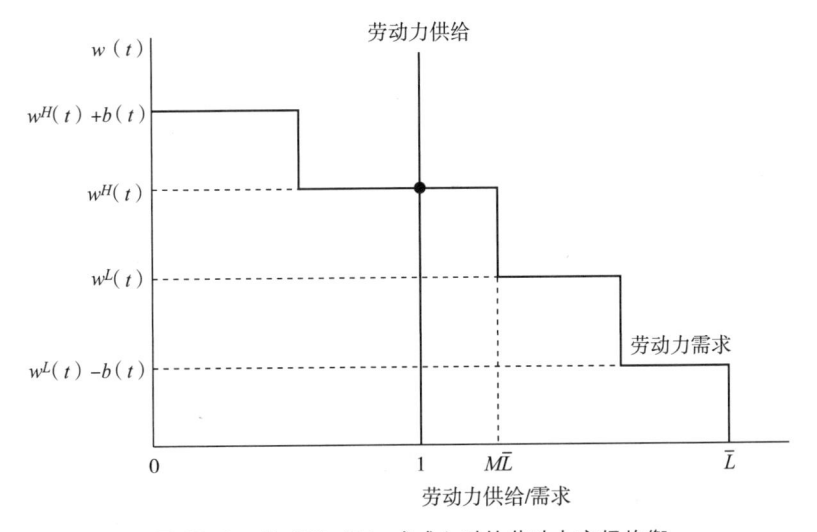

图 23.1 当（23.17）式成立时的劳动力市场均衡

从另一方面看，在僵化均衡中有 $w^H(t) < w^L(t)$，同时低技能在位者将保留企业家的身份，即 $e_i(t) = e_i(t-1)$。当不考虑人口死亡时有 $\varepsilon = 0$，企业家的总人数将为 $1/\bar{L}$，同时对于任意 $w \in [w^H(t), w^L(t)]$，劳动力需求将恰好等于劳动力供给（例如，$1/\bar{L}$ 个个体每人对劳动力的需求恰好等于 $\bar{L}$，劳动力的总供给为1）。于是，这里存在多重均衡工资。相反，当 $\varepsilon > 0$ 时，对所有 $t > 0$ 而言，愿意支付工资 $w^L(t)$ 的企业家总数将小于 $1/\bar{L}$，因此在该工资水平或者说大于该值域下限（lower support of this range）的任意工资水平下存在着超额劳动供给。因此，该均衡工资必定等于该值域的下限 $w^H(t)$，这和（23.18）式给出的工资水平相等。因为具有 $e_i(t-1) = 0$ 和 $a_i(t) = A^H$ 的行为人在该工资水平上对于做企业家还是生产工人是无差异的，在均衡状态，很多人会成为企业家，因此总的劳动力需求等于1。接下来，我将着重分析该经济体在 $\varepsilon \to 0$ 时的极限情况，此时均衡工资为 $w^E(t) = w^H(t)$，甚至当劳动供给和需求在一定工资范围中相等时，也是如此。①

图23.2描述了这种情况。因为（23.17）式并不成立，劳动需求曲线的第二个水平部分表示在给定进入壁垒的前提下，低技能在位者（$e_i(t-1) = 1$ 且 $a_i(t) = A^L$）比高技能潜在进入者有更高的劳动边际产品。

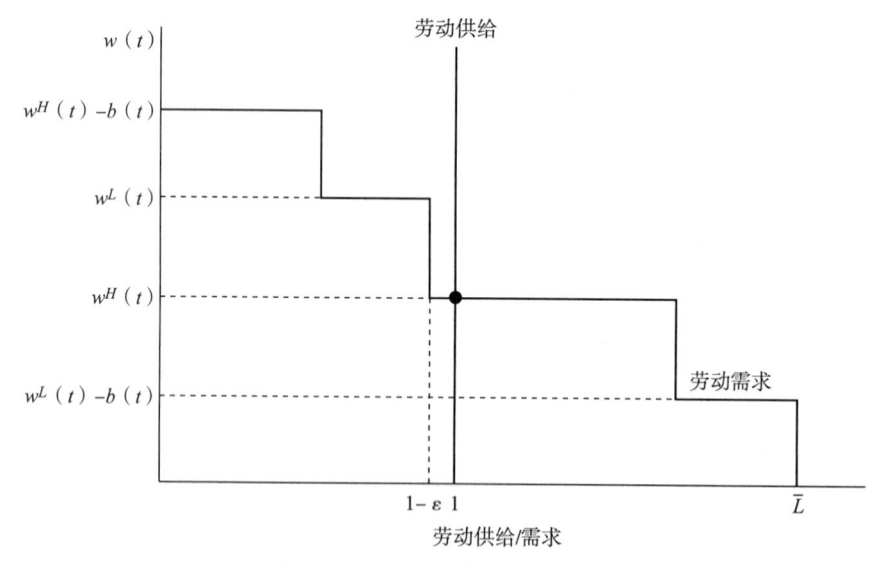

图 23.2 当 (23.17) 式不成立时的劳动力市场均衡

---

① 进入壁垒的动态模型中存在多重均衡工资水平，在应用中，这种情况比两种类型企业家的情况更普遍（见习题23.11）。

这一分析也勾勒出高技能企业家比例的均衡运动法则 $\mu(t)$，表示为

$$\mu(t) = \begin{cases} \sigma^H \mu(t-1) + \sigma^L(1-\mu(t-1)) & \text{如果(23.17)不成立} \\ 1 & \text{如果(23.17)成立} \end{cases} \quad (23.19)$$

其中初始状态为 $\mu(0)$。请记住，因为 $e_i(-1) = 0$ 对于所有 i 成立，任何 $b(0)$ 对所有潜在进入者都是相同的，所以在均衡中我们有 $\mu(0) = 1$。

为了得到完整的政治均衡，我们需要确定政策序列 p^t。这里我考虑两种政治制度：（1）民主政体——政策 $b(t)$ 和 $\tau(t)$ 由大多数人的投票决定，实行一人一票制度；（2）寡头政体——政策 $b(t)$ 和 $\tau(t)$ 在 t 期由精英阶层（在位企业家）的投票决定。

23.3.2 民主

一种民主均衡为马尔科夫完美均衡，其中 $b(t)$ 和 $\tau(t)$ 在 t 期由大多数人的投票决定。事件的发生顺序意味着 t 期的税率 $\tau(t)$ 是在投资决策做出之后决定的，而进入壁垒则是在投资决策之前确定的。假设 $\bar{L} > 2$ 确保了工人（非精英行为人）总是占大多数。在设定税率的时候，投资变为沉没成本，同时行为人已经做出了职业选择。因此，需要将税收设定为实现人均转移支付最大化的水平，表示为

$$\frac{1}{\alpha}\tau(t)k(t)^\alpha \bar{L} \sum_{i \in S_t^E} a_i(t)$$

该表达式考虑到 $k(t)$ 已经由上一期的投资确定了。由于该表达式随着 $\tau(t)$ 递增，且 $\tau(t) \leq \bar{\tau}$，对于所有 t 而言，工人的最优税率为 $\tau(t) = \bar{\tau}$。因此，总税收收入为

$$T^E(t) = \frac{1}{\alpha}\bar{\tau}(\beta(1-\bar{\tau}))^{\alpha/(1-\alpha)}\bar{L} \sum_{i \in S_t^E} a_i(t) \quad (23.20)$$

进入壁垒 $b(t)$ 则于 $t-1$ 期的期末（先于职业选择）设定，进而实现（23.20）式的最大化。低生产率工人（其 $e_i(t-1) = 0$ 且 $a_i(t) = A^L$）知道他们将继续当工人，而且在马尔科夫完美均衡中，t 期的政策选择除了会影响与收益相关的状态变量以外，对未来的策略选择没有影响。因此，已知 $\tau(t) = \bar{\tau}$，具备 $e_i(t-1) = 0$ 和 $a_i(t) = A^L$ 特征的行为人 i 的效用通过均衡工资 $w^E(t)$ 和转移支付 $T^E(t)$ 取决于 $b(t)$。高生产率的工人（具有 $e_i(t-1) = 0$ 和 $a_i(t) = A^H$ 的特征）也许

会成为企业家，但正如以上分析所示，在这种情况下，有 $NV(q^t \mid a_i(t) = A^H, e_i(t-1) = 0) = 0$ 和 $W^H = W^L$，因而他们的效用和低技能工人的一样。结果，所有工人都偏好能够最大化 $w^E(t) + T^E(t)$ 的 $b(t)$。由于所有工人的偏好都是相同的，而且他们占大多数，民主均衡将最大化这些偏好。

因而，（开始于 t 期的）民主均衡是分别由政策 $\hat{p}^t$、工资 $\hat{w}^t$ 和经济决策次序 $\hat{x}^t$ 决定，而且给定 $\hat{p}^t$ 和 $\hat{p}^t = (\bar{\tau}, b(t+1))$，构成一个经济均衡，也可表示为

$$b(t+1) \in \arg\max_{b(t+1) \geq 0} \{w^E(t+1) + T^E(t+1)\}$$

考察（23.18）式和（23.20）式，可知当 $b(t+1) = 0$ 对所有 t 成立时，工资和税收都实现了最大化，于是民主均衡不会产生任何进入壁垒。该结论很容易理解：工人不希望保护在位者，因为这种保护减少了劳动力需求，降低了工资。由于不存在进入壁垒，只有高技能的个体才可成为企业家，也就是说仅当 $a_i(t) = A^H$ 对所有 t 成立时，才有 $e_i(t) = 1$。给定该马尔科夫完美均衡政策的稳态序列，我们可以利用值函数（23.11）式和（23.13）式得到

$$V^H = W^H = W^L = W = \frac{w^D + T^D}{1-\beta}$$

其中 w^D 是民主中的均衡工资，T^D 是转移支付水平（当对所有 t 有 $\tau(t) = \bar{\tau}$ 且 $b(t) = 0$）。（23.15）式表明 $w^D = (1-\alpha)(\beta(1-\bar{\tau}))^{\alpha/(1-\alpha)} A^H / \alpha$。于是很容易得出以下命题。

命题 23.4 存在一个唯一的民主均衡。在该均衡中对所有 t，有 $\tau(t) = \bar{\tau}$ 且 $b(t) = 0$。此外，当且仅当 $a_i(t) = A^H$ 时，$e_i(t) = 1$，于是 $\mu(t) = 1$。均衡工资率为

$$w(t) = w^D \equiv \frac{1-\alpha}{\alpha} \beta^{\alpha/(1-\alpha)} (1-\bar{\tau})^{1/(1-\alpha)} A^H$$

同时，总产出为

$$Y^D(t) = Y^D \equiv \frac{1}{\alpha}(\beta(1-\bar{\tau}))^{\alpha/(1-\alpha)} A^H$$

请注意，总产出在不同时间是恒定的，而且在均衡时存在着恒等关系（因为高技能企业家的超额供给使他得不到任何租金）。这些特征将和寡头政治均衡的情况形成对比。

23.3.3 寡头政治

在寡头政治中，政策通过精英群体的投票决定。[①] 在针对进入壁垒 $b(t)$ 投票的时候，组成精英群体的行为人拥有特征 $e_i(t-1) = 1$；在针对税率 $\tau(t)$ 投票的时候，精英是那些具有特征 $e_i(t) = 1$ 的行为人。下面，让我们先讨论具有特征 $e_i(t) = 1$ 的行为人的税收决策，并假定以下条件。

条件 23.1

$$\bar{L} \geq \frac{1}{2}\frac{A^H}{A^L} + \frac{1}{2}$$

当该条件满足时，无论是高技能企业家还是低技能企业家都偏好于零税率，即 $\tau(t) = 0$。这里将通过假设该条件成立来简化分析。习题 23.9 讨论了相反的情况。直观地看，条件 23.1 要求低技能和高技能精英之间的生产率差距不能太大，以免低技能的精英希望通过对利润征税将高技能企业家的资源转移支付给自己。

当条件 23.1 成立时，寡头政治体制总是会选择 $\tau(t) = 0$。在对进入壁垒做决策的阶段，高技能企业家总是倾向于选择 $b(t)$ 以最大化 V^H，低技能企业家则希望最大化 V^L（两组企业家都预期 $\tau(t) = 0$）。通过设定进入壁垒水平以保障最低水平的均衡工资，这两种表达式都实现了最大化。请记住（23.18）式，在这种情况下，均衡工资仍然由 $w^E(t) = w^H(t)$ 给出，于是他们将通过选择任意

$$b(t) \geq b^E(t) \equiv \frac{1-\alpha}{\alpha}\beta^{\alpha/(1-\alpha)}A^H + \beta\left(\frac{CV^H(q^{t+1}) - CW^H(q^{t+1})}{\bar{L}}\right)$$

把工资最小化为 $w(t) = 0$。让我们不失一般性地假设在这种情况下，他们会将进入壁垒设定为 $b(t) = b^E(t)$。

寡头政治均衡（从 t 期开始）可以被定义为政策序列 $\hat{p}^t$、工资序列 $\hat{w}^t$ 和经济决策 $\hat{x}^t$，从而在给定 $\hat{p}^t$ 时，$\hat{w}^t$ 和 $\hat{x}^t$ 构成经济均衡，而且对所有 $s \geq t$，$\hat{p}^t$ 要求 τ

[①] 请注意，该假设意味着在位企业家掌握着政治权力。正如第一章讨论的，经济权力和政治权力之间常常是分离的，因此由于某种历史原因或其他原因，关键决策由掌握政治权力的人制定。第 22 章和本章第 23.2 节的分析表明，这种分离会导致政策的扭曲。这里的模型讨论了另一种极端情况：将政治权力全部赋予在位企业家，并强调了因此而产生的一些不同的无效率。

$(s) = 0$ 和 $b(s) = b^E(s)$。在寡头政治均衡中不存在再分配税收，而且进入壁垒足够高，以确保存在零工资水平的僵化均衡。

对所有 $s \geq t$ 假定 $w^E(s) = 0$，我们可以根据值函数（23.13）式将高技能企业家和低技能企业家的均衡值分别计算为，

$$\tilde{V}^L = \frac{1}{1-\beta}\left[\frac{(1-\beta\sigma^H)A^L + \beta\sigma^L A^H}{(1-\beta(\sigma^H-\sigma^L))}\frac{1-\alpha}{\alpha}\beta^{\alpha/(1-\alpha)}\bar{L}\right], \text{ 和}$$

$$\tilde{V}^H = \frac{1}{1-\beta}\left[\frac{(1-\beta(1-\sigma^L))A^H + \beta(1-\sigma^H)A^L}{(1-\beta(\sigma^H-\sigma^L))}\frac{1-\alpha}{\alpha}\beta^{\alpha/(1-\alpha)}\bar{L}\right]$$

这些表达式很直观。首先，考虑 $\tilde{V}^L$ 和 $\beta \to 1$ 的情况；接着，从状态 $e(t-1) = L$ 开始，企业家将未来拥有高技能 A^H 的概率为 $\sigma^L/(1-\sigma^H+\sigma^L)$，未来拥有低技能 A^L 的概率为 $(1-\sigma^H)/(1-\sigma^H+\sigma^L)$。当 $\beta < 1$ 时，低技能状态将会更早出现，并获得更大的权重，同时其权重为 $(1-\beta\sigma^H)/(1-\beta(\sigma^H-\sigma^L))$。对 $\tilde{V}^L$ 的直观解释与之类似。

由于均衡工资为零而且没有转移支付，显然对所有工人，有 $W = 0$。因此，对高技能工人，有 $NV = \tilde{V}^L - b$，这意味着

$$b(t) = b^E \equiv \frac{1}{1-\beta}\left[\frac{(1-\beta(1-\sigma^L))A^H + \beta(1-\sigma^H)A^L}{(1-\beta(\sigma^H-\sigma^L))}\frac{1-\alpha}{\alpha}\beta^{\alpha/(1-\alpha)}\right] \quad (23.21)$$

是均衡工资为零的充分条件。

在这种寡头政治均衡中，总产出为

$$Y^E(t) = \frac{1}{\alpha}\beta^{\alpha/(1-\alpha)}[\mu(t)A^H + (1-\mu(t))A^L] \quad (23.22)$$

其中（23.19）式给出了 $\mu(t) = \sigma^H\mu(t-1) + \sigma^L(1-\mu(t-1))$，初始状态为 $\mu(0) = 1$。

请回忆，所有人开始于状态 $e_i(-1) = 0$，因此均衡具有 $\mu(0) = 1$ 的特征。在这种情况下，（事实上对于任意 $\mu(0) > M$），$\mu(t)$ 是收敛于 M 的递减序列，总产出 $Y^E(t)$ 也随时间递减：

$$\lim_{t \to \infty} Y^E(t) = Y^E_\infty \equiv \frac{1}{\alpha}\beta^{\alpha/(1-\alpha)}[A^L + M(A^H - A^L)] \quad (23.23)$$

直观地讲，精英成员在企业家技能方面的比较优势会逐渐消失，因为不同时期的技能是不完全相关的。[①]

寡头政治均衡的另一个重要特征是，存在着较高程度的（收入）不平等。工资等于0，而企业家则获取正利润（实际上，企业家的总收入等于总产出）。这和民主政治中的相对平等形成对比。下一命题总结了该结论。

命题23.5 假设条件23.1成立，则存在唯一的寡头政治均衡。该均衡包含（23.21）式给出的$\tau(t) = 0, b(t) = b^E$，对所有t，存在$w^E(t) = 0$，同时该均衡是僵化均衡。该均衡中高技能企业家的比例为$\mu(t) = \sigma^H \mu(t-1) + \sigma^L(1-\mu(t-1))$，其初始值为$\mu(0) = 1$。总产出由（23.22）式给出，随时间递减，和（23.23）式一样满足$\lim_{t\to\infty} Y^E(t) = Y^E_\infty$。

证明 见习题23.7。

23.3.4 民主和寡头政体之间的比较

因为$\mu(0) = 1$，寡头政治均衡的初期总产出$Y^E(0)$大于民主政治均衡的恒定产出水平Y^D。即，

$$Y^D = \frac{1}{\alpha}(\beta(1-\bar{\tau}))^{\alpha/(1-\alpha)} A^H < Y^E(0) = \frac{1}{\alpha}\beta^{\alpha/(1-\alpha)} A^H$$

因此，寡头政体的初始产出会比民主政体的产出高，因为它会保护企业家的知识产权（而民主政体会对企业家征收扭曲性税收）。然而，分析还表明$Y^E(t)$会随时间递减，而Y^D是不变的。因此，寡头经济体接下来可能会逐渐落后于民主经济体。情况是否会如此取决于（23.23）式给出的Y^D是否大于Y^E_∞。当$(1-\bar{\tau})^{\alpha/(1-\alpha)} A^H > A^L + M(A^H - A^L)$或者以下条件成立时，会出现这种情况。

条件23.2

$$(1-\bar{\tau})^{\alpha/(1-\alpha)} > \frac{A^L}{A^H} + M\left(1 - \frac{A^L}{A^H}\right)$$

当条件23.2成立时，民主社会在某个时点将会超越寡头社会。下一命题描述了这一结果。

[①] 然而，还可以设想社会中存在$\mu(0) < M$，因为在初期还有选择寡头政体的其他过程，该过程和企业家技能负相关。在这种情况下，看似有些矛盾的是，$\mu(t)$和$Y^E(t)$会随时间增加。尽管在理论上很有趣，但这种情况实际上并不重要，此时我们通常认为至少初期会有一些正向选择，因而高技能的个体在$t=0$时更乐于成为企业家，而且$\mu(0) > M$。

命题 23.6 假定条件 23.1 成立。那么在 $t = 0$ 时，寡头社会的总产出会高于民主社会的总产出，即有 $Y^E(0) > Y^D$。当条件 23.2 不成立时，寡头社会的总产出总是高于民主社会，即对于所有 t，有 $Y^E(t) > Y^D$。如果条件 23.2 成立，则存在 t' 可使 $t \leq t'$ 时，$Y^E(t) \geq Y^D$，且对于 $t > t'$，有 $Y^E(t) < Y^D$，于是民主社会超越了寡头社会。当 $\bar{\tau}$、A^L/A^H 和 M 较低时，超越的可能性更大。

证明 见习题 23.8。

该命题表明，一开始寡头社会比民主社会的生产率更高，但随着时间的推移会下降。它还表明长期来看，寡头社会在下列条件下会变得更加低效：

1. 当 $\bar{\tau}$ 较低时，民主社会不能实施将企业家的收入大量用于转移支付的高度民粹主义政策。参数 $\bar{\tau}$ 或者意味着某种限制再分配的制度性障碍，或者更有趣的是，表明该经济体中资产的专用性，专用性越高，税收越低，再分配扭曲可能就不那么重要。

2. 当 A^H 和 A^L 高度相关时，则创造性破坏的过程——选拔高技能行为人成为企业家——对资源的有效配置十分重要。

3. 当 M 较低时，随机选择会选出一小部分高技能行为人，使僵化的寡头体制高度扭曲。此外，当 σ^H 很小的时候，M 也较小，于是寡头社会长期看容易导致低产出，因为资源的有效配置要求企业家不断地有进有出。这类更替是对创造性破坏重要性的另一种度量。

另一方面，如果民主社会的税收较高，而且未将合适的行为人配置到企业家岗位只会产生有限的成本，那么从长期看，寡头社会比民主社会会实现更高的产出。

这些比较静态结果可以用来解释第 23.1 节讨论的内容：为何美国东北部地区在 19 世纪比加勒比种植园经济发展得更好。首先，美国民主并不具有很强的再分配功能，对应此处模型中较低的 $\bar{\tau}$ 值。第二，19 世纪是工商业大发展的时期，因此让高技能的个人成为企业家十分重要，而且实际上只有一小部分人真正具有成为发明家和企业家的潜质。这可以被认为对应着较小的 A^L/A^H 和 M 值。

因而，我们这里的分析再次强调了关于民主或非民主政体是否能够带来更快增长的问题，并不存在清晰一致的理论结论。然而，我们的分析还强调了在不同政体之间权衡的另一个视角，这和两种政体的动态变化有关。尽管民主有可能产生短期的扭曲，它也会因为避免了政治僵化——在位者逐渐掌握政治权力并对新企业家和更优秀的企业家设置进入壁垒——而带来较好的长期表现。该模型还提出了我们已经在第 23.1 节讨论过的现象：虽然我们并不清楚过去 50 年中民主和增长之间具体的因果关系，不过在 19 世纪的关键时期，民主的确有助于实现工业化。实际上，将这种研究框架进行简单的拓展有助于分析为何民主能够成功地避免政治僵化，换言之民主政体比寡头政体更具灵活性。例如，习题 23.10 表明，民主政体通常能够更好地推广新技术，因为不存在维护租金利益的在位者，这些在位者可以成功地阻碍或减慢新技术的引进。这种灵活性或许是民主政体更重要的优点之一。

尽管本节介绍的模型为我们理解民主和非民主政体之间发展经验的异同提供了有益的观点和结论，但和前一节讨论的模型一样，它关注的是民主更强的再分配特点导致的成本。具体而言，它强调民主政体会把富裕人口或是企业家的收入再分配给社会中相对贫穷的部门，从而产生降低人均收入的扭曲效应。民主带来扭曲的另一个原因是，民主政体也许会出现功能失调，即使存在民主制度，精英群体还是会通过腐败或者其他手段行使政治权力。即使社会已经民主化，精英团体仍可能拥有重要的政治权力，他们或许会采取比非民主政体更低效的方式操纵民主议程，例如，通过贪腐而非直接颁布政令。在这种情况下，民主可能会导致更差的经济后果，这并不是因为民主社会如上述模型讨论的那样，实施了民粹主义的再分配政策，而是因为由精英群体对权力的控制导致了政治上的无效率。

23.4 理解内生政治变迁

23.4.1 一般观点

目前的分析主要讨论不同政治制度对经济增长的影响，其经济结果如何塑造不同行为人对这些政治制度的偏好。均衡政治制度是如何产生的？为什么制度会变化？回到第 23.3 节的模型，我们可以想象民主的产生是因为寡头自愿放弃了权力并建立了民主。尽管这在某种特定环境下也许符合寡头的利益，但要他们放弃对政治权力的垄断以及由垄断带来的经济租金，通常来说这种代价太大。因此毫不奇怪，现实中大多数制度变迁都不是自愿发生的，而是产生于社会冲突。

例如，让我们考察大多数西欧国家在 19 世纪和 20 世纪早期的民主化进程，以及 20 世纪拉丁美洲的民主化经历。在这些例子中，民主的实现都不是通过现存的精英团体自愿放弃权力，而是产生于社会冲突过程，在此过程中那些之前被剥夺政治权利的人要求获得政治权利，并在某些情况下实现了对这些权利的保护。然而，这又是如何发生的？一个非民主政体的本质是将政治权力授予一个较小的群体。那些被排除在该群体之外的人，即非精英人口，没有投票权，在集体决策中也不能发出任何声音。那么，他们如何才能影响政治均衡，并引起政治均衡的变化呢？该问题的答案在于区分法定（正式）政治权力和事实政治权力。法定政治权力源于社会政治制度，而且是我们目前为止关注的政治权力类型。政治制度决定了谁有投票权，选民代表如何做出选择，以及社会做出集体决策的一般规则。然而，还有另一种同等重要的政治权力类型在政治均衡的变化中发挥了重要作用。在英国颁布1832年的第一次《改革法案》之前，抗议者针对当时政治制度发动游行示威，他们的政治权力不是法定的。土地法并没有授权他们影响政治活动过程，实际上，他们显然被剥夺了法定政治权力。但是，他们占人口大多数、有能力解决集体行动问题和组织抗议，这使他们得到了另一种权力。这种类型的政治权力，虽存在于政治制度之外，却构成了事实上政治权力。

事实政治权力对推动政治变革起到了重要作用，因为法定政治权力本身只起到维持而不是推动变化的作用。例如，让我们考虑前一节的模型。精英一般对寡头政体比较满意。如果法定权力是唯一的权力来源，只有精英具有社会中的决策制定权，那么他们就不希望将寡头政体转变为民主政体。然而，如果非精英（城市居民或工人）拥有某些权力，就其性质而言通常是事实权力，则政治变迁就有可能实现。也许在某些时期，非精英能够解决他们的集体行动问题并通过对政治体系施加足够压力，迫使某些变化得以发生。极端的情况是，他们能够诱导精英群体放弃寡头政治并转型为民主政体，或者他们自己能够推翻寡头政体。

研究法定政治权力和事实政治权力之间的相互作用是分析均衡政治变迁的最有效方法。此外，当我们在一个动态框架下研究这种相互作用时会更加有趣。这至少有两个原因。第一，我们讨论的大部分问题，比如承诺问题和制度变迁问题的性质都是动态的。第二，事实政治权力的分布是保持不变还是随时间而随机变化，对均衡政治结构有重大影响。当某个（被剥夺法定权力的）群体拥有永久的事实政治权力时，它在每一个时期都可以运用该权力要求拥有法定政治权力的人做出让步。这种情况将使资源朝着有利于该群体的方向再分配，而不一定使制度本身发生变化，因为必要的再分配可以在现行政治制度内部实现。

下面考虑一种情况，其中被剥夺法定权力的群体短暂拥有事实政治权力，他们能够解决集体行动问题并可在当前行使事实政治权力，但是到了将来他们就会丧失这种权力。于是，被剥夺法定政治权力的群体未来就不能诉诸行使事实政治权力要求当权者做出让步。为了使将来的资源也朝着有利于他们的方向再分配，他们不得不利用当前拥有的权力。这种情形通常会涉及政治制度的变革，以此改变法定权力在未来的分配。更明确地说，考虑一种情况，其中某个特定群体被剥夺了法定政治权力，不过现在他们可以使用事实政治权力，将资源以有利于他们的方式进行再分配，但是他们也明白这种事实权力将来会丧失。由于任何有利于这个群体的资源有限转移或者对这个群体的让步，在未来都有可能逆转，所以事实政治权力的这种短暂性会促使这个被剥夺法定政治权力的群体采取行动改变政治制度，以更好地巩固他们的权力，于是，他们会将短暂的事实政治权力转变为更持久的法定政治权力。这种非正式讨论提出了一个独特的角度，从该角度看，事实政治权力和法定政治权力之间的相互作用会导致政治制度中的均衡变化。

23.4.2 一个动态政治制度的研究框架

目前的讨论阐述了我们应该如何使用事实政治权力和法定政治权力之间的相互作用研究政治均衡的变化。关于拥有或者不拥有法定政治权力的不同群体在一个动态博弈中的激励问题，上述讨论已经给出了一些线索，目前尚不清楚的是如何构建模型来分析这些力量，并得出有用的比较静态。现在，我将介绍一种用以讨论事实政治权力和法定政治权力相互作用的一般框架。

想象一个动态模型中有两个状态变量：政治制度和资源分配。比如，$P(t) \in \mathcal{P}$ 表示 t 期的一套特定政治制度，如民主制度或者非民主制度，议会制度或者总统制度，或者不同类型的非民主制度。集合 $\mathcal{P}$ 代表可行政治制度的集合。类似地，令变量 $W(t) \in \mathcal{W}$ 表示 t 期的资源分配。例如，在由贫穷和富裕两个群体组成的社会中，$W(t)$ 代表两个群体的相对收入。在由很多人组成社会中，它表示收入或者财富的分布函数。同样，$\mathcal{W}$ 是资源所有可能分布的集合。最好将 $P(t)$ 和 $W(t)$ 都看作状态变量，有三方面原因。第一，它们变化得比较缓慢，因此和状态变量的松散定义相符。第二，它们通常是和收益相关的马尔科夫状态。第三，这两个变量决定了对理解均衡政治变迁不可缺少的政治权力的两种来源。$P(t)$ 决定了法定政治权力的分布，$J(t) \in \mathcal{J}$ 则决定了谁拥有投票权以及对政客进行约束。另一方面，资源的分配也会影响事实政治权力的分配。事实政治权力通常源于特定群体解决其集体行动问题的能力，或者产生于某些群体拥有雇佣军队、民兵和支持者等资源的时候，或者简单地用钱游说和贿赂。将 t 期社会中的事实政治权力的分布表示为 $F(t) \in \mathcal{F}$。正如第八篇的开头一样，让我们也用 $R(t) \in \mathcal{R}$ 表示经济制度，令 $Y(t) \in \mathcal{Y}$ 表示对经济表现的度量，比如人均收入或增长。

有助于研究政治变迁及其对经济增长影响的动态框架由一个映射 $\varphi: \mathcal{P} \times \mathcal{Z} \to \mathcal{J}$ 组成，该映射决定了 t 期的法定权力分布是 t 期政治制度 $P(t) \in \mathcal{P}$ 的函数，以及某些潜在的随机要素的函数，用 $z(t) \in \mathcal{Z}$ 表示。它还包括一个决定了事实权力均衡分布的映射，具有相似的形式：$\phi: \mathcal{W} \times \mathcal{Z} \to \mathcal{F}$。接着，已知 $J(t) \in \mathcal{J}$ 和 $F(t) \in \mathcal{F}$，另一个映射 $\iota: \mathcal{J} \times \mathcal{F} \to \mathcal{R} \times \mathcal{P}$ 同时决定了当前的经济制度 $R(t) \in \mathcal{R}$ 和将来的政治制度 $P(t+1) \in \mathcal{P}$。换句话说，事实政治权力和法定政治权力的分布决定了哪种经济制度将会出现在均衡中（对应着第八篇开头介绍的映射 π），同时，它们还决定了将来是否存在引起法定权力变化的政治改革（例如，从非民主体制转变为民主体制，使今天掌握了重要的事实权力的公民将来拥有更多的法定权力）。最后，经济均衡映射 $\rho: \mathcal{R} \to \mathcal{Y} \times \mathcal{W}$ 同时决定了经济表现和经济资源的分配。例如，当经济制度包括竞争性市场和产权保护时，该制度会导致较高的总产出，然而，不安全的产权和进入壁垒会导致低产出。这些不同的经济制度也将导致该社会不同的收入和财富分配。图 23.3 总结了这一讨论。

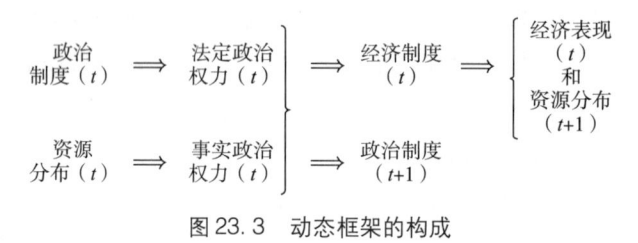

$$\begin{array}{c} \text{政治制度}(t) \\ \text{资源分布}(t) \end{array} \Rightarrow \begin{array}{c} \text{法定政治权力}(t) \\ \text{事实政治权力}(t) \end{array} \Rightarrow \begin{array}{c} \text{经济制度}(t) \\ \text{政治制度}(t+1) \end{array} \Rightarrow \begin{array}{c} \text{经济表现}(t) \\ \text{和} \\ \text{资源分布}(t+1) \end{array}$$

图 23.3 动态框架的构成

该框架既包含了到目前为止我们试图了解的经济制度对经济结果的影响，也包含了政治权力和政治制度的动态变化。当然，就这个层面的一般性而言，这种动态框架有些空洞。只有当我们将更多的内容放到需要考虑的这套政治制度和资源配置中，在坚实的微观基础上从经济的相互作用中推导出映射 φ、ϕ、ι 和 ρ，进而推导出有用的比较静态，这一动态框架才是有用的。这是一个艰巨的任务，而且这类完全动态模型目前根本就不存在。然而，我们可以找到关注政治变化和政治与经济交互作用的模型，可以通过这一框架的视角考察这些模型。类似于这里介绍的抽象框架对澄清重要的研究前沿或许有用，同时对我们需要考虑什么类型的模型才能加深对政治变迁和政治制度与经济增长之间关系的理解也很有用。

23.4.3 案例：民主的诞生

以上讨论的框架建立在我本人和罗宾逊（2000a，2006a）对民主诞生的研究基础之上。该研究强调了制度变迁，尤其是民主的出现是最初掌握法定政治权力的精英和一开始就没有法定政治权力的大众之间发生社会冲突的结果。即使大众没有掌握法定权力，他们有时也可以解决其集体行动问题，并逐渐掌握重要的事实政治权力。考虑19世纪欧洲民主的出现过程。许多欧洲国家在19世纪时都由小规模的精英群体统治。大部分都有选举出来的立法机构，通常源于中世纪的议会，但是选举权严格限于拥有大量资产、高收入或者大量财富的男人。到20世纪，工业革命发生了，那些没有法定政治权力却能行使其事实权力（因为这类人的数量很大）的人开始挑战这种政治垄断，并且参与集体行动以推进政治变革。

精英对这些发展的回应有三种方式。第一种回应是使用镇压手段阻止社会动乱，就像欧洲在1848年的革命浪潮中的许多例子一样。第二种回应方法，由德国的俾斯麦成功使用，是通过经济让步收买或者拉拢部分反对派成员。最后，如果镇压和让步都不能生效，就像英国的情况一样，第三种反应是扩大选举权并将政治权力赋予那些之前被剥夺法定政治权力的人，这就是现代民主制度的早期表现。

在欧洲政治历史背景下，朝着民主发展的第一个重要行动是1832年发生于英国的第一次《改革法案》。该法案去除了旧选举体系下的很多极不公平的规定，并使投票权严格建立在财产和收入的基础上。这一改革是在不断高涨的群众运动以及对英国当时政治状况不满的背景下通过的。到1820年，工业革命正当其时，而且1832年之前的十年还可以看到持续不断的骚乱和群众运动。比较著名的有1811年至1816年的卢德暴乱（Luddite Riots），1816年的温泉场暴动（Spa Fields Riots），1819年的彼得卢大屠杀（Peterloo Massacre）以及1830年的斯温暴动（Swing Riots）。另一种促进改革的因素是1830年发生在巴黎的七月革命。历史学家对1832年改革的动机问题已经达成了共识，即为了避免社会动荡。

1832年的《改革法案》将选民从492 700人提高到了806 000人，这已经占到成年男性人口的14.5%。不过英国的大多数人仍然没有投票权。在1872年的《投票法案》和1883年的《贿赂和非法行为法案》颁布之前，还不断有贿赂和恫吓投票者的情况出现。因此，《改革法案》并没有带来大众民主，而是作为一种策略性妥协得以颁布。结果，议会改革直到19世纪中期也没有实现。随着19世纪后半叶经济周期的出现，经济急转直下陷入衰退，1864年国家改革联盟、1865年改革联盟成立以及1866年7月出现了海德公园骚乱，重要的选举改革再次被鼓动起来。1867年的第二次《改革法案》将选民人数从136万增加至248万，并使工人阶级投票者在所有城市选区中占到大多数。1884年的第三次《改革法案》使选民规模再次翻番，该法案将相同的投票规则从自治镇（城市选区）扩展到郡县（农村选区）。1885年的《再分配法案》取消了选举席位分配中残留的各种不平等，自此开始，英国只有单一成员选区。1884年之后，大约60%的成年男性都拥有了选举权。社会动乱再次成为推动 1884 年颁布第三次《改革法案》的重要因素。

1867 年至 1884 年的各种改革法案是英国历史上的转折点。经济制度也开始发生变化。无论是自由党政府还是保守党政府，都引入了大量的劳动力市场法规，以有利于工人的方式从根本上改变了劳资关系的性质。在 1906 年至 1914 年间，自由党在亨利·阿斯奎斯（Henry Asquith）和戴维德·劳埃德·乔治（David Lloyd George）的领导下，将现代再分配模式引入英国，包括医疗和失业保险，政府筹资的养老金，最低工资和再分配税收的承诺。作为财政政策变化的结果，税收占 GNP 的比重在 1870 年之后 30 年的时间里翻了一倍还多，接着再次翻番，税收不断增加。最后，1870 年的《教育法案》要求政府提供系统的普及教育，于是，大众的受教育程度在这一时期快速提高。作为这些变化的结果，英国的不平等程度在 19 世纪后半叶显著降低了。

总之，英国政治历史中形成的图景清晰明了。从 1832 年开始，当时统治英国的主要是一群相对富裕的土地贵族，在超过 86 年的时间里，他们做了很多策略性的让步。这些让步的目的在于让那些之前被剥夺政治权力的人可以参政议政，因为如果不这样做的话，很可能会发生社会动荡、混乱甚至革命。

然而，当这些精英面临着叛乱和社会混乱的威胁时，他们也试图避免交出手中的政治权力。他们可能转而做出经济让步，比如进行收入再分配或者实施对非精英群体和被剥夺政治权力的群体有利的其他政策。然而，如果威胁只是暂时的，让步的承诺通常是不可信的，这种承诺常常不足以平息社会动荡。民主化则可以看作在未来实施再分配政策的一种可信承诺。它之所以可信，是因为这种制度把法定政治权力从精英群体手中再分配给了大众。在民主社会中，相对贫穷的群体会变得更有权力，而且可以使用法定政治权力，按照他们的利益实施经济制度和政策。因此，民主化是把没有政治权力的穷人的事实权力转变为更持久的法定政治权力的一种方法。

上述这些事件清楚地表明，民主在很多西方社会尤其是在英国，并不是源自开明精英群体的自愿行动。很多情况下，民主虽然是由精英群体推动的，但这不过是因为他们受到了革命的威胁。然而，很多其他国家也面临着相同的压力，政治精英决定镇压那些没有政治权力的人而不是向他们妥协。这在 19 世纪的欧洲时常发生，不过到了 20 世纪之初，大部分西欧国家都已经接受了民主是不可避免的这一事实。镇压行为在很多南部非洲国家持续的时间要长很多，而且依然是缅甸等亚洲国家的政治精英群体青睐的选择。不过，镇压不仅会给被镇压者带来高昂的成本，而且对精英群体本身也是如此。例如，因为这种做法破坏了资产，扰乱了生产而且要投资于镇压技术。因此，在面临民主需求时，政治精英必须进行权衡。在19世纪欧洲（到了第二次《改革法案时》英国的城市化率已经达到70%）的城市化环境中，被剥夺了权力的大众可以更好地组织起来，因此难以进行镇压。此外，工业化导致出现了依赖于物质资本、人力资本的经济体。这些资产很容易因镇压和冲突而受到破坏，使精英群体采取镇压行动的成本不断增加。相反，在以农业为主的社会里，如20世纪初的很多拉丁美洲国家或者现在的缅甸，物质资本和人力资本相对不那么重要，因此镇压相对容易而且成本较低。此外，在这种环境中，不仅镇压的成本较低，民主对于精英群体而言也是更糟糕的选择，因为可以预见到会发生激进的土地改革。因为更难以对物质资本进行再分配，西欧国家的精英发现民主在未来带来的威胁并不是很大。

23.4.4 为民主化建模

目前我从文字上解释了该如何根据第23.4.2节的抽象框架构建一个民主化进程的模型。一旦我们理解了主要观点，就不难构建正式的框架。以下是我本人和罗宾逊（2006a）提出的简化版框架（另见习题23.12）。社会由两个群体构成，精英群体和"大众"群体（穷人或者公民）。政治权力一开始掌握在精英群体手中，但是大众群体的人数更多。因此，当存在民主化时，大众群体会掌握更多的政治权力并决定政策的制定。所有人都生存无限期，而且精英群体比大众群体更富裕。因为社会开始于非民主阶段，法定权力掌握在精英手里。让我们假定唯一的政策选择是再分配税率τ，该税收将用于一次性总付分配。精英群体偏好零税率$\tau = 0$，因为他们更富有而且任何税率水平都会将他们的收入再分配给相对贫穷的大众。

让我们想象一下，尽管非民主社会的法定权力由精英团体掌握，但相对贫穷的群体有时候也具有事实政治权力。具体而言，假定在每个时期，大众能够解决其集体行动问题并用革命的方式威胁精英群体的概率为q。革命对精英群体而言成本高昂，对大众群体而言也只能带来有限的收益。尽管如此，该有限收益也可能要好于生活在非民主社会中，以及非民主社会中存在的资源分配不平等。于是，当大众群体能够解决集体行动问题时，其革命约束条件就会发挥作用。在这种情况下，富裕阶层需要做出妥协以避免革命的发生。

和上面的历史解释一样，要避免革命威胁，精英群体有三种选择。第一种是通过当前的再分配政策做出让步，当q较高时这种方法能够奏效。在极限情况下，即 $q = 1$ 时，每一时期都可能发生革命；因此，精英群体会可信地承诺在每一期都对大众进行再分配，因为如果他们不这样做，大众群体会立刻发动革命。然而，当 q 很小时，相同的策略不能奏效。考虑 $q \to 0$ 的相反情况。在这种情况下，大众群体希望未来再也不要拥有相同类型的事实政治权力。假设某个特定时期精英能够给予大众的再分配数量是有限的，他们将无法通过暂时的让步满足大众群体的要求。在这种情况下，精英群体可能更愿意使用镇压手段。当革命无法很好地组织起来，镇压的方式会十分有效，而且如果实施民主政治会让精英群体遭受很大的损失，那么镇压对精英群体而言是有利可图的。因此，对害怕民主制度下再分配政策的精英群体来说，镇压将成为最佳选择，例如中美洲和缅甸的地主精英群体。但是，在高度城市化和工业化的社会，例如英国，镇压的成本十分高昂，而且精英群体也不是那么害怕民主化，于是第三种选择——授予政治权力，将成为比较吸引人的选择。该选择要求精英群体变革政治体制，向民主体制转型，以有利于大众群体的方式改变法定权力的分配。大众群体行使其新获得的决策制定权，可以在将来选择更平等的资源分配政策，于是他们通常也愿意接受民主制度，而不是对他们而言（对精英群体而言同样）代价高昂的革命运动。

相较于第 23.4.2 节的抽象框架，此处描绘的模型是高度概括的（同时为了节约篇幅，我甚至没有列出方程式，以阐述主要观点）。第一，资源分配不再是一个状态变量（它是不变的而且不会影响政治权力的分配和变迁）。第二，法定政治权力只是政治制度的非随机结果：在非民主社会，由精英群体制定决策；在民主社会，存在一人一票的政策，大众群体依赖其庞大的规模，成为具有决定性作用的选民。最后，存在着有限的经济决策。因此，按照当前形势，该模型对分析政治制度对经济制度的影响或者政治体制和经济增长之间的关系还有欠缺。我本人和罗宾逊（2006a，2008）将经济制度和决策纳入考虑范围，对该方法做了一些拓展。然而，关于政治制度和经济增长之间相互作用的问题还有很多工作需要完成。

23.5 小结

本章简单回顾了政治制度对经济增长影响的问题。根据第 22 章提出的观点，我们可能会认为经济制度的差异和政治制度是密切相关的。例如，当政治权力掌握在反对增长的精英手里时，就不大可能制定出增长促进型政策。第 4 章的经验证据也支持这种观点，因为为广泛的社会群体提供产权保护的各种经济制度，以及对精英和政客施加约束条件的政治制度似乎都有利于经济增长。然而，政治制度和增长之间的关系要复杂得多，其原因如下。第一，经验证据并没有我们一开始认为的那么清楚，尽管存在一些例子，比如民主制度对经济增长具有积极影响的历史案例，但二战后的经验未能有力地支持这种能够约束统治者和政客的民主体制和政治制度总是能带来更快经济增长的观点。第二，政治制度本身是内生的，而且不断地动态变化。这两个因素表明，我们有必要更仔细地研究政治制度如何影响经济表现，而且我们还应该考虑对均衡政治制度建模的问题。这两个领域都是政治经济学的研究前沿，而且在未来经济增长的研究中将起到重要的作用。

我还介绍了一些模型研究方法，用来探讨政治制度和经济增长之间的关系。我强调了理想的（或者完美的）政治制度是不可能存在的，因为不同的政治制度会产生不同的赢家和输家以及不同的扭曲。例如，寡头政体有利于当前的富裕群体，并且为了保护这些既得利益还导致了扭曲。另一方面，民主政治通常通过向富裕群体和商业部门收取更高的税收，对那些相对贫穷的群体进行再分配。通常来说，清晰地判断到底是民主政体还是寡头政体（或者有利于其他群体的另类政治体制）更有益于增长是不可能的。然而，某些观点既可信又和经验数据相符。我要强调的一个方面是民主和其他政体之间的动态权衡也许不同于静态权衡。尽管由于民主具有更大的再分配倾向，并因此可能产生静态扭曲，但是长期看要优于寡头政体，因为它避免了政治僵化，这种僵化源于即使效率要求新的个体和企业应该进入市场并取代在位者，但在位者仍然能够主宰政治体系并设置进入壁垒以保护自己的利益。因此，相比其他政治体制，民主可能更有利于现代资本主义增长中的创造性破坏过程。民主或许也更灵活，能够适应新技术的到来。

最后，我简单概述了当我们试图构建动态政治制度模型时产生的某些问题。第 23.4 节一方面一般化地讨论了有助于进行类似分析的模型，另一方面关于如何构建这些模型给出了例子。同样，这是目前十分活跃的一个研究领域，而这里介绍的内容不过是冰山一角。这是为了鼓励读者从更多的角度来思考政治制度和经济增长之间的关系。

23.6 参考文献

本章涉及很多与政治经济学和政治学有关的文献。因篇幅所限，在此不再做全面的文献综述。第 23.1 节讨论过有关政治制度对经济增长影响的主要文献。

第 23.2 节是以第 22 章介绍的模型为基础。第 23.3 节直接来自我本人（2008a）的研究。其他讨论寡头社会运作的模型包括利墨等人（Leamer, 1998；Bourguignon and Verdier, 2000；Robinson and Nugent, 2001；Sonin, 2003；Galor、Moav and Vollrath, 2005）。科茨沃斯等人（Coatsworth, 1993；Eltis, 1995；Engerman and Sokoloff, 1997；Acemoglu、Johnson and Robbinson, 2002）讨论了 17 世纪和 18 世纪美国相对于加勒比和南美地区的繁荣程度。英国和法国工业化与俄国和奥匈帝国工业化之间的比较借鉴了我本人和罗宾逊（2006b）的研究，其中参考了原始文献。

基于我本人和罗宾逊（2006a）的研究，第 23.4 节简单讨论了有关政治变迁的建模问题。法定和事实政治权力的区别由我本人和罗宾逊（2006a）提出。第 23.4 节最后介绍的模型是基于我本人和罗宾逊（2000a, 2006a）的研究。我本人和罗宾逊（2006a）总结了有关欧洲和拉丁美洲民主化的文献。现代历史文献包括伊万斯等人（Evans, 1996；Lang, 1999；Collier, 2000）。林德特（Lindert, 2000, 2004）记录并讨论了民主化后的财政改革问题，林格（Ringer, 1979）和米奇（Mitch, 1983）讨论了民主化后的教育改革问题。

23.7　习题

23.1　证明命题 23.1。

23.2　(a) 证明命题 23.2。

(b) 将命题 23.2 中的结论推广至 $\theta^e \neq \theta^m$ 的情形。具体地，推导一个不等式，由此可以确定何时精英统治能够比中产阶层统治产生更高的人均产出。

23.3　证明命题 23.3。[提示：为了证明该命题的第二部分，首先要注意均衡工资取决于哪一个群体具有较低的净（税后）生产率。接着，写出两种情况下的工人效用，(1) 当精英具有较低的净生产率时；(2) 当中产阶层拥有较低的净生产率时。为了写出这些表达式，请记住因为条件 22.1 成立，具有较低生产率的群体雇用数量为 $1 - \theta \bar{L}$ 的工人。试推导这两种情况下对工人的最优税率政策，并且比较这些最优政策下的效用。]

23.4　在第 23.3 节的模型中，证明（23.13）式给出的 $V^z(q^t)$ 对 $w(t)$、$T(t)$ 和 $\Pi^z(\tau(t), w(t))$ 是严格单调的，因此有 $V^H(q^t) > V^L(q^t)$。

23.5 在第23.3节的模型中，假设 $l_i(t)$ 是没有上限的。这种条件的放松会带来什么问题？接着假设 $l_i(t)$ 可以是任意小的值。这会给本节的均衡带来什么问题？在 $l_i(t) \in [\underline{L}, \overline{L}]$，其中 $\underline{L} > 0$ 且 $\overline{L} < \infty$ 的条件下，你能将本节的结论一般化吗？

23.6 推导（23.7）式。

23.7 证明命题23.5。

23.8 证明命题23.6。

23.9 假定条件23.1不成立。将命题23.5和命题23.6中的结果一般化。

23.10 考虑第23.3节的模型，初始状态为 $\mu(0) = 1$ 和寡头政体。假设在某个 $t' < \infty$ 的时期产生了一种新技术，该技术的生产效率是旧技术的 ψ 倍，且有 $\psi > 1$。使用该新技术的企业家技能和旧技术下的技能不相关，表示为

$$\hat{a}_i(t+1) = \begin{cases} A^H & \text{当 } \hat{a}_i(t) = A^H, \quad \text{概率为 } \hat{\sigma}^H, \\ A^H & \text{当 } \hat{a}_i(t) = A^L, \quad \text{概率为 } \hat{\sigma}^L, \\ A^L & \text{当 } \hat{a}_i(t) = A^H, \quad \text{概率为 } 1 - \hat{\sigma}^H, \\ A^L & \text{当 } \hat{a}_i(t) = A^L, \quad \text{概率为 } 1 - \hat{\sigma}^L, \end{cases}$$

(a) 证明：存在 $\overline{\psi}$，使当 $\psi > \overline{\psi}$ 时，所有现存企业家都会提高进入壁垒并转向新技术。

(b) 证明：当 $\psi < \overline{\psi}$ 时，进入壁垒也会提高，不过现在只有使用旧技术的具有较低技能的企业家会转向新技术。

(c) 分析民主政体对于相同技术出现的反应。

(d) 比较民主政体和寡头政体在出现新技术后的人均产出，并且解释为什么民主在应对新技术的时候更具灵活性。

23.11 该习题表明，进入壁垒在动态模型中通常会导致多重均衡工资。考虑下列两期模型。生产函数表示为（23.2）式，企业家技能的分布用连续累积分布函数 $G(a)$ 表示。每一时期进入企业家行列成本为 b，每个企业家雇用一名工人（而且他不会作为工人为自己工作）。总人口为1。

(a) 忽略第二时期并描述均衡工资，确定哪个人会成为企业家。证明均衡是唯一的。

(b) 现在考虑第二期，假设所有人未来的贴现率都为 β。证明：在第二期存在多重均衡工资，因此第一期也是多重均衡工资的

情况。

(c) 假设 ε 比例的人死于第二期,并被新的人口替代。新的人口要想成为企业家必须支付进入成本。假定他们的技能分布也由 $G(a)$ 给出。请描述这种情况下的均衡,并证明它是唯一的。

(d) 考虑当 $\varepsilon \to 0$ 时,习题(c)中均衡的极限。试解释为什么在 $\varepsilon = 0$ 时存在多重均衡,而该极限却会导致唯一的均衡。

23.12 考虑一个经济体,富裕人口的数量为 λ,这些人口在初始时期掌握权力,同时数量为 $1 - \lambda$ 的贫穷人口被排除在权力之外,其中 $\lambda < 1/2$。假定所有人都具有无限生命,同时未来的贴现率为 $\beta \in (0, 1)$。每个富人的收入为 θ/λ,而每个穷人的收入为 $(1-\theta)/(1-\lambda)$,其中 $\theta > \lambda$。该政治体制确定了一个线性税率水平 τ,税收将用于一次性总付再分配。每个人都可以将其货币收入隐藏到免税的生产技术中,在此过程中,他会损失收入的 ϕ 部分。假定没有其他税收成本。穷人可以发动革命,而且如果他们这样做,在未来时期,他们将获取该社会总收入的 $\mu(t)$ 部分(也就是说,每个穷人的收入为 $\mu(t)/(1-\lambda)$)。穷人不会反抗民主。富人在革命后只能获得零收益。在每个时期的开始阶段,富人还要决定是否扩大选举权。当选举权扩大后,穷人可以决定未来各期的税率。

(a) 请定义该情形中的马尔科夫完美均衡。

(b) 先假定 $\mu(t) = \mu^l$ 在所有时期成立,再假设 $0 < \mu^l < 1 - \theta$。证明:在马尔科夫完美均衡中,当富人掌权时,不存在税收,而当穷人掌权时,税率为 $\tau = \phi$。证明:沿着均衡路径,不存在选举权的扩大,也不存在税收。

(c) 假设 $\mu^l \in (1-\theta, (1-\phi)(1-\theta) + \phi(1-\lambda))$ 成立。请描述该情形中的马尔科夫完美均衡。解释为什么限制条件 $\mu^l < (1-\phi)(1-\theta) + \phi(1-\lambda)$ 是必要的。

(d) 现在考虑当 $\mu^l > 1 - \theta$ 时,该博弈中的子博弈完美均衡问题。构建一个均衡,其中在均衡路径上存在着选举权的扩大。[提示:为了简化,令 $\beta \to 1$,接着考虑一种策略集,其中富人总是希望未来的税率为 $\tau = 0$。接着证明:在这种情况下,穷人会采取革命行动。还请解释为何富人在未来各期连续采用 $\tau = 0$ 的策略是子博弈完美均衡的一部分。]为什么现在会出现选举权的扩大？当 $\mu^l < 1 - \theta$ 时，能否构建一个类似的非马尔科夫均衡？

(e) 请解释为何马尔科夫完美均衡会导致和非马尔科夫均衡不同的预测。哪个更具有说服力？

(f) 现在假设 $\mu(t) = \mu^l$ 成立的概率为 $1-q$，且 $\mu(t) = \mu^h$ 成立的概率为 q，其中 $\mu^h > 1 - \theta > \mu^l$。构建一个马尔科夫完美均衡，其中富人会扩大选举权，而且从此以后由穷人设置税率。求出使该均衡存在的参数值。试解释为什么选举权的扩大对富人是有用的。

(g) 现在再次考虑非马尔科夫均衡。假设唯一的马尔科夫完美均衡将导致选举权的扩大。当 $\beta \to 1$ 时，你能否构建一个子博弈完美均衡，其中不存在选举权的扩大？

后记　经济增长的机制和原因

作为本书的结尾，在此我将简要讨论我们从本书的模型中学到了哪些内容，以及这些模型如何给出一个关于思考世界增长和跨国收入差异的有益视角，而不是总结迄今为止讨论过的模型和观点。然后，我将简单概述许多尚未讨论过的问题，这些问题有助于我们了解忽略了哪些内容，而这些忽略的问题也是未来研究的潜在主题。

我们学到了什么？

首先总结一下本书中最重要的几方面内容和从中收获的一些启示。

当前收入差异源于增长差异。 就经验层面而言，研究经济增长，不仅对理解增长过程十分重要，而且还因为分析当今国家间的收入差异也需要我们理解为什么有些国家在过去两百多年中经历了快速增长，而有些国家则没有（第1章）。

物质资本、人力资本和技术的作用。 经济表现和经济增长的跨国差异与物质资本、人力资本和技术密切相关。本书的部分内容重点讨论了这些要素对生产和增长的贡献（第2章和第3章）。从中得出的一个结论是，技术对理解经济表现的跨国差异和跨期的差异非常重要。这里的技术指的是生产技术、知识和生产组织总体效率的进步。

内生投资决策。 虽然我们可以将物质资本和人力资本的跨国差异视为给定，并以此推动经验研究，但我们仍然需要将这些投资决策内生化，以便更好地理解跨国收入差异和增长差异的机制与原因。本书中大部分内容的主旨在于理解物质资本和人力资本的积累过程（第8章至第11章）。物质资本和人力资本投资都是前瞻性行为，同时依赖于个体对其投资的期望报酬。因此，理解这些投资差异与理解不同社会之间的报酬结构差异（即不同行为的货币和非货币报酬和激励）以及个体如何对不同报酬结构做出反应密切相关。

内生技术。 我始终强调技术应当被视为内生的，而不是上天的恩赐。有充足的经验和理论上的理由让我们相信，新技术是由那些追逐利润的个人和企业通过研究、开发和改进创造出来的。此外，应用新技术的决策往往对利润激励高度敏感。由于技术看起来是经济增长的一个主要驱动力，同时也是影响跨国经济表现差异的一个重要因素，因此我们必须了解技术如何对要素禀赋、市场结构和报酬结构做出反应。本书的一个主要目标就是构建一个强调技术内生性的概念框架。对内生技术建模需要采用一些特定的思路与工具，这与对物质资本和人力资本投资建模所需的思路和工具有所不同。有三种因素尤为重要。第一，研发新技术的固定成本与技术的非竞争性特征使我们必须应用创新者拥有事后（创新之后）垄断力量的模型。这可能同样适用于企业应用新技术的情况，虽然适用性可能稍差。垄断力量的存在将改变分散化均衡的福利性质，并产生一系列新的交互影响和外部性（第 12 章、第 13 章和第 21 章第 21.5 节）。第二，创新过程是一个隐含的竞争和创造性破坏过程。对内生技术建模需要构建包含更多细节的关于创新的产业组织模型。这些模型将阐明市场结构、竞争、法规和知识产权保护对创新和技术应用的影响（第 12 章和第 14 章）。第三，内生技术意味着不仅技术变化的总体速率对报酬敏感，而且研发的技术类型也对报酬敏感。影响社会研发的技术类型的主要因素依然是报酬结构和要素禀赋。例如，不同要素相对供给的变化很可能会影响将要开发和应用的技术类型（第 15 章）。

不同社会的联系和世界的平衡增长。虽然内生技术和内生增长是我们思考经济增长过程，特别是理解世界经济增长历史的主要因素，但同样重要的是，要认识到大多数国家并不会研发自身需要的技术，而是应用世界前沿技术或者使之与现有技术相适应（第 18 章）。实际上，跨国技术转移可能是在最初的工业化阶段之后融入全球经济的许多国家大多有着相似增长率的一个原因（第 1 章）。因此，对跨国收入差异和世界上大部分国家的经济增长过程建模需要仔细分析技术扩散和国际经济联系。在这种背景下需要对两个主题予以特别关注。第一个主题是合同制度，该制度使上下游企业之间、企业与工人之间、企业与金融机构之间得以订立合同。这些制度安排会影响投资数量，影响企业家和企业的选择，以及不同生产活动在各企业和工人之间的配置效率。不同社会的合同制度有着明显的差异，而这些差异似乎是影响世界经济中技术应用和技术扩散的一个主要因素。合同制度不仅直接影响技术和经济繁荣，同时也将形塑企业的内部组织结构，使之有助于提升生产效率并影响企业的创新水平（参见第 18 章的第 18.5 节）。第二个主题是国际贸易关系。国际贸易不仅能产生经济学家熟知的静态收益，还会影响创新和增长过程。国际劳动分工和产品生命周期即是国际贸易关系促进技术扩散和提高生产专业化程度的两个例子（第 19 章）。

经济起飞和失败。过去 200 年中的世界经济增长与几千年前的情况截然不同。虽然在某些历史阶段、某些地区曾有过间断性的增长，但直到 18 世纪，整个世界经济增长基本处于停滞状态。这种停滞状态有几个方面的特点，包括：生产率低下，社会总体和个人经济活动的成果波动性很高，农村和农业经济占主导，同时伴随着马尔萨斯特征，即产出增长通常伴随着人口增长，因此产出增长对人均收入的影响很小。经济停滞的另一个主要特征是试图实现经济增长的努力以失败告终：许多社会在经历一段时间的增长之后就会陷入萧条和停滞。这种周期在 18 世纪末得以改观。我们将今天的经济繁荣归功于经济活动的起飞，尤其是工业活动的起飞，这起源于英国和西欧，然后扩散到世界其他部分地区，最明显的是扩散到欧洲的西方旁支，比如美国和加拿大。今天富裕的那些国家正是最早实现经济起飞的国家，或者是那些能够迅速应用技术，并将经济增长建立在技术之上的国家，而技术又是经济起飞的基础（第 1 章）。对当今跨国收入差异的研究需要解释为什么有些国家没能很好地利用那些新技术和生产机会。

结构变迁和转型。现代经济增长和发展伴随着一系列根本性的结构变迁和转型。这包括生产和消费构成的变化（从农业转移到工业以及从工业转移到服务业）、城市化、金融行业的发展、收入不平等和机会不平等的变化、社会和生活方式的转型，企业内部组织的变迁，以及人口转型。虽然经济发展是一个包含众多方面的过程，但其实质很大程度上在于整个经济和社会的结构转型（第 17 章的第 17.6 节、第 20 章以及第 21 章）。这些转型本身就是很有意义的研究对象，同时，这些转型对研究持续增长来说也是很重要的因素。缺乏结构转型不仅是经济停滞的表现，而且往往是经济停滞的原因。有些社会可能难以实现经济起飞，同时也不能从现有的技术和投资机会中获益，这部分是由于这些社会未能成功地推动必要的结构转型，因此缺乏有利于应用新技术的金融关系、适宜的技能或者企业类型。

政策、制度和政治经济学。就企业和个人是否投资于那些对经济起飞、工业化和经济增长来说必不可少的新技术和人力资本而言，他们面对的报酬结构起着核心作用。这些报酬结构是由政策和制度决定的。由于多种相互关联的原因（第 4 章），政策和制度还直接影响一个社会能否走上现代经济增长之路。第一，政策和制度直接决定了社会的报酬收益结构，因此决定了对物质资本、人力资本以及技术创新的投资是否有利可图。第二，政策和制度决定了现代经济关系中必需的基础设施和合同安排是否存在。例如，如果合同执行机制、法律与秩序的维护以及至少最低水平的公共基础设施在一定程度上缺失，那么现代经济增长就不可能实现。第三，政策和制度能够影响和规制市场结构，因此决定了创造性破坏的力量能否发挥作用，进而使效率更高的新企业得以取代效率更低的现有企业。第四，制度和政策有时（或者可能时常）会阻碍新技术的应用，以保护那些在政治上拥有强大力量的现有企业，或者巩固现有政治制度。因此，为理解现代经济增长过程，我们必须研究社会的制度和政策选择，进而我们需要研究增长的政治经济学，对哪些个人和群体从经济增长中获益、哪些受损给予特别关注。如果受损失的个人或群体不能得到补偿并拥有足够的政治权力，那么我们就可以预测政治经济均衡将导致并非促进增长的政策和制度。关于增长的基本政治经济学分析使我们能够洞察何种扭曲政策可能会阻碍增长；何时这些扭曲型政策将会被采用；以及技术、市场结构和要素禀赋如何与掌权的社会集团的激励因素相互作用，或者促进经济增长，或者阻碍经济增长（第 22 章）。

内生政治制度。政策和制度对理解长期增长过程和跨国经济表现的差异至关重要。反过来，这些社会选择是在一个社会的政治制度背景下做出的。民主社会和独裁社会一般会做出不同的政策选择，同时产生不同的报酬结构。但政治制度自身并不是外生的。沿着均衡路径，政治制度会发生变化，这种变化源于其自身的动态变化，以及因技术、贸易机会和要素禀赋的变化而产生的激励因素（第 23 章）。因此，为了更好地理解世界经济增长和当前的收入差异，我们需要了解（1）政治制度如何影响政策和经济制度，进而塑造企业和工人的激励机制；（2）政治制度自身是如何演变的，尤其是当政治制度与经济结果和技术相互作用时；（3）为什么政治制度以及相关的经济制度并没有在所有的历史时期都导致持续的经济增长，为什么直到 200 年以前这些制度才导致经济起飞，为什么有些国家会阻碍先进技术的应用，并使经济偏离了增长路径。

以上的总结分析聚焦于与世界经济增长过程和我们今天观察到的跨国收入差异密切相关的一些思想。本书不仅聚焦于这些思想，同时还精心将这些思想用数学模型表达出来，以期获得一致而又严格的理论研究方法。在这里我并没有复述这些思想的理论基础，它们涵盖了基本的消费者理论、生产者理论、一般均衡理论，以及资本积累的动态模型、垄断竞争模型、世界均衡模型和政治经济学的动态模型。但我要再次强调，对这些思想的理论基础进行一番彻底的研究，不仅对很好地理解主要研究问题来说是必要的，而且对找到最好的方式使这些理论基础能够获得经验上的应用也必不可少。

有关过去200年增长和停滞的一个合理视角

上一节总结了本书重点阐述的思想。现在转而讨论如何应用这些思想解释世界经济增长过程和跨国收敛，正是这两个问题从一开始就激发了我们的研究兴趣。核心问题包括：

1. 为什么在1800年以前世界经济没有经历持续的增长？
2. 为什么西欧在1800年前后开始了经济起飞过程？
3. 为什么有些社会致力于从19世纪开始出现的新技术和组织形式中获益，而其他社会则断然拒绝或者未能成功？

接下来我将尝试回答上面三个问题。虽然我在这里阐述的部分原理已经用计量经济学方法进行过研究，其他部分原理则有历史数据予以佐证，但读者还是应该将这部分叙述看作针对这些核心问题，第一次尝试给出前后一致的回答。这些回答中有两点值得注意。第一，这些回答建立在理论洞见的基础之上，而这些理论洞见则源于本书讨论的模型。第二，根据第4章讨论中的精神，这些答案将经济现象的直接原因与根本原因，特别是制度原因联系在一起。我在这里做了简化。虽然第23章强调并不存在完美的政治制度，每一套不同的政治制度安排都会以某些群体的利益为代价有利于另一些群体，为了简化分析，在这部分内容中我将对两种制度安排做一个重要区分，一种制度安排相比另一种更加不利于增长。将第一种制度安排称为威权政治体制，包括君主专制、独裁以及各种类型的寡头政治，寡头政治将权力集中于极少数人手中，同时制定有利于实现这部分人利益的经济政策。威权政体通常依赖某种程度的镇压，因为这种政体寻求的是维持政治权力和经济利益的一种不平等分配。同时威权政体会利用经济制度和经济政策保护现有企业，并为拥有政治权力的那些群体创造租金。第二种政治制度是参与型政体（participatory regimes）。这种政体对统治者和政治家施加了约束，因此得以避免在政治体系中产生专制倾向，并让新的经济利益集团表达其诉求，因此避免了将政治权力和经济利益完全分开的情况。这种政体包括君主立宪（更广泛的社会群体可以参与经济和政治决策的制定）和民主政治（政治参与度要高于非民主政体）。相比威权政体，参与型政体最显著的特征是能够让更广泛的社会群体表达自己的声音，并给予（经济上和政治上的）安全保障。因此，参与型政体对新企业进入市场持更开放的态度，同时提供一个更公平的竞争环境，并为相当广泛的社会群体提供更好的产权保护。因此从某种程度上说，对威权政治体制和参与型政体进行比较，与增长促进型制度和阻碍增长的攫取型制度的比较是联系在一起的，这一点第 4 章已有过讨论。读者应该注意到，有许多术语可以用来代替"威权"和"参与型"这两种说法，同时以上论述的一些细节并不是十分严谨。更重要的是，必须牢记，即便是参与性很强的制度也会伴随着政治权力分配的不平等，那些拥有较多政治权力的群体会利用财政工具和政治手段为自己谋利，同时以损害大多数社会成员的利益为代价。为什么这类行为有时能被成功地约束和限制是当前研究中的一个前沿话题，在这里不再详述。

1800 年以前世界各国为何没有经历持续的经济增长？

虽然持续增长是一个近期才出现的现象，但是增长和生活水平的提高在历史上无疑出现过很多次。人类历史也同样不乏各种重要的技术突破。即使在新石器时代革命之前，也有许多技术创新提高了采集狩猎者的生产率。在大约公元前 9000 年人类过渡到农业社会，这可能是历史上最重要的技术革命：这种过渡导致农业生产率的提高，同时也出现了社会组织和政治都更复杂的社会形态。考古学家也记录了前现代社会中许多经济增长的例子。历史学家估计，在公元前 800 年到公元前 50 年这段古希腊的鼎盛时期，人均消费大概增长了一倍（Morris, 2004）。公元前 400 年之后的罗马共和国和罗马帝国也经历了类似的生活水平提高（Hopkins, 1980），同样还有哥伦布发现美洲大陆之前的南美洲文明，尤其是奥尔梅克文明、玛雅文明、阿兹特克文明，甚至是印加文明都出现了生活水平的提高（Webster, 2002; Mann, 2004）。虽然有关这些古代增长历史的数据十分有限，但现有证据表明，基本的新古典模型，即增长依赖于物质资本积累的模型可以很好地描述这些古代经济体的发展过程（例如参见 Morris, 2004）。

虽然如此，上述增长经历从质的方面说有别于从 18 世纪末和 19 世纪初开始的经济起飞之后的世界经济增长。有四个非常重要的因素使古代经济增长有别于现代经济增长。第一，早期的增长相对来说持续时间非常短暂，或者增长率很低。[①] 在大多数情况下，刚刚出现的迅速增长出于某种原因会很快中断，某种程度上类似于第 17 章第 17.6 节讨论的有关经济起飞失败的模型。第二，与第一点相关，早期的增长从没有建立在持续的技术创新的基础之上，因此与第 13 章至

---

① 例如，Morris（2004）估计在公元前 800 年到公元前 300 年之间，古希腊的人均收入翻了一倍，或者最多翻了两倍，这很大程度上源于从公元前 800 年不同寻常的低人均收入水平上开始的追赶效应。

第15章论述的以技术为基础的增长有着根本区别。第三，在大多数情况下，持续增长必需的经济制度没有建立起来。金融关系通常非常原始，合同制度是非正式的，同时伴随着内部关税，市场受到严格管制，收入和储蓄达不到支撑大规模市场的水平，也达不到对一系列经济活动进行同步投资，进而使之盈利的水平。换句话说，如第21章所述的与经济发展相伴的结构转型并没有出现在早期历史中。第四（同时可能也是最重要的一点，并且是前三个因素的原因），早期增长的历史都是发生在威权政治体制下的，因此增长并不是建立在有利于广泛的社会群体的基础之上。相反，这些都是充分利用现有的比较优势为精英阶层谋利、以精英为主导的增长。因此，生活水平提高影响的不是整个社会而只是极少数人，这也就不足为奇了。

为什么这些早期增长没能转变为经济起飞过程，并最终导致经济的持续增长呢？我的回答基本上源自第23章第23.3节。威权政体下也可能出现增长。企业家和工人可以更有效率，实现更好的劳动分工，并通过逐步改进和干中学来提高工作中使用的技术。此外，那些掌握政治权力的群体及其盟友能够得到必要的产权保护，因此会进行投资活动。同时，偶尔也会出现某些技术上的重大突破。但在威权政体下，增长的一个显著特点是得到保护的是当前精英的利益。因此归根到底，增长只能一直依赖现有技术和生产关系。在这种制度下难以出现创造性破坏过程，新的人才和新企业也难以出现，而这对于将一个国家引入持续增长状态来说必不可少。此外，技术上的约束也可能起到重要作用。例如，19世纪相对快速的经济增长对技能工人产生了需求，而在印刷术出现以前，要让具备必要生产技能的工人数量达到一个临界值需要付出极高的成本。尽管技术知识进步不是一个单调变化的过程（有时候有用的生产技术还会失传），但毫无疑问，18世纪末期的潜在企业家能获得的技术知识要远多于古罗马和古希腊时期。

接下来我将详细阐述起到关键作用的政治经济学因素，并给出几个例子说明威权政体下增长的局限。现有证据表明，1911年以前的历代中国王朝在历史上的许多不同阶段都有技术创新。中国经济的生产力，尤其是长江三角洲地区和其他土壤肥沃地区的生产力都很发达，足以支撑较高的人口密度。但中国经济并未实现持续增长。中国大部分历史时期的经济行为都受到威权政治体制的严格控制。整个社会等级森严，在精英阶层和大众阶层之间有着非常清晰的界线。这种体制不允许新的企业家自由进入商业活动，因此他们无法采用或者开发新技术，创造性破坏的力量也无法释放出来。如果经济增长的前景与政治稳定相冲突，那么精英阶层会选择维护政治稳定，即使这种行为以潜在的经济增长为代价。因此中国对海外贸易和国内贸易实施严格控制，也没有发展起有着广泛基础的产权制度和合同制度，而这对于现代经济增长来说是必不可少的，同时也不允许拥有经济和政治力量的自治中产阶层崛起（Elvin，1973；Mokyr，1990；Wong，1997）。

古希腊和古罗马文明通常被视为最早的民主社会。因此有些人会倾向于将它们视为能够实现持续经济增长的参与型制度。但事实并非如此。首先，如上所述，参与型制度在其他前提条件得不到满足的情况下并不一定能让经济实现持续增长。但更重要的是，古希腊和古罗马只是相对于当时的其他社会来说才是民主社会，它们只代表了一小部分人群。生产依赖于奴隶制和强制劳动。此外，虽然伴随着某些民主实践，但在两个阶层之间存在着明确的界线：一端是少数精英，他们垄断了经济和政治权力；另一端是普通民众，包括自由民和奴隶。古希腊和古罗马的经济增长都不依赖于持续创新，虽然都曾致力于提高农业生产率，但并没有从根本上改变生产的组织方式。古希腊和古罗马都曾短暂受益于各自的军事优势，但其他国家对其军事力量的挑战同样也是它们衰落的重要原因。

奥斯曼帝国是另外一个例子，虽然在一段历史时期内维持了其强盛的地位，但经济从未过渡到持续增长阶段。尤其是在14世纪、15世纪、16世纪，奥斯曼帝国实现了经济上的相对繁荣，并拥有强大的军事力量。大部分地区的农业生产率都比较高，军事上的胜利充盈了国库，并将收入分配给一部分民众。但是作为控制帝国决策制定的精英阶层却从未促进有着广泛基础的经济增长。土地产权缺乏保护，只有与国家目标一致的贸易才能顺利进行，但通常也要受到严格控制，任何可能威胁国家权力的新技术都没有生存空间。如同古代中国、希腊、罗马一样，奥斯曼帝国在经济增长逐渐停滞之后就走向了衰落（Pamuk，2004）。

最后一个例子是君主制的西班牙。在16世纪之初，西班牙王室在国王费迪南德和王后伊莎贝拉的领导下从政治上控制了本国，同时通过其殖民地企业建立了一个庞大的海外帝国。大西班牙的许多地区，包括阿拉贡地区的土地和刚刚从摩尔人手中重新夺回的南部地区，早在15世纪时就已经相当繁荣。16世纪时，西班牙从殖民地获得了大量黄金、白银和其他资源，这些转移到国内的资源使西班牙变得更加富有，但这些财富并没有转化为持续的经济增长。殖民地受制于费迪南德和伊莎贝拉建立的严酷的威权政体，同时大部分利润丰厚的商业活动都被分配给王室的盟友经营。从殖民地获得的更多收入只是王室用来加强对经济和社会其他群体的控制。这样一来，君主专制不仅没有减弱，反而变得更加强大。贸易和工业的发展都受到高度管制，那些不与王室直接联盟的群体被视为可疑分子并受到歧视。这种情况的一个最极端例子是宗教裁判所对犹太教徒的迫害，之后这种迫害继续扩展到其他独立商人身上。在经历了从殖民地转移财富的过程之后，西班牙开始陷入长期的发展停滞，经济和政治都逐渐衰落（Elliott，1963）。

　　同样值得注意的一点是，上述所有国家都没有建立起互补的经济制度。金融制度一直处于初级阶段。在罗马共和国出现了现代企业的前身，同时允许市民之间签订某些合同，但经济繁荣很大程度上建立在传统经济活动的基础之上，因此在生产者之间以及企业和工人之间不需要建立起复杂的关系。正因如此，在这些社会中，与经济增长相伴随的结构转型也就从未出现。大多数人都生活在农村地区，同时社会关系由国家和社会群体的强制力量支配。或许更重要的一点是，除了精英阶层接受几乎对生产率增长没有任何作用的教育之外，几乎不存在对人力资本的投资。在广泛的社会阶层都缺乏人力资本和政治权利的情况下，由于大多数人被排除在创业活动之外，创造性破坏变得更为困难。上述所有例子都验证了这一论断。

　　综上所述，这些例子解释了那些仅仅促进精英阶层生产率提高的社会只能获得一段时间的增长，难以产生创造性破坏。增长与精英阶层的政治统治紧密相连，因此伴随着进入壁垒保护精英阶层的地位和权力。从这一点上说，对"1800年以前世界各国为何没有经历持续的经济增长"这个问题的回答可以分为两方面。第一，在1800年以前没有任何社会进行人力资本投资，也不允许新企业进行新技术创新，因此一般来说创造性破坏的力量也就难以发挥。这种失败可能部分源于没有印刷术使得难以对广泛的社会群体进行人力资本投资，同时通信技术也十分落后。但这种情况也同样与工人和企业的报酬结构和约束条件有关。这种经济增长模式的一个重要结果就是，没有一个社会能够实现根本性的结构转型，而这对于现代经济增长来说是不可或缺的一环（第21章）。第二，由于这些社会都处于威权政治体制的统治之下，因此不能采取使经济实现持续增长的措施。

为什么西欧在1800年前后实现了经济起飞？

　　劳动分工（为亚当·斯密所强调）和资本积累总是能给社会带来增长机会。进一步说，在任何社会环境下，人类都有足够强大的聪明才智实现重要的技术突破，因此在人类社会中总是存在着增长的动力（Jones，1988）。虽然如此，由于增长必须以一定的政治（经济）制度为背景，因此这种增长动力的存在只是一种潜在的可能性。当制度不能促进增长的时候，也就是说，当这些制度不能提供合理的报酬结构，因此对创新给予惩罚而不是奖励的时候，我们就可以预测，增长动力此时不能导致经济的持续增长。即使在这种情况下经济增长也是可能的，正如古代中国、希腊、罗马和其他帝国在其历史的某个阶段出现的情况。但这种短暂的经济繁荣并没有充分利用增长的动力；相反，这种增长发生在特定的政治体制之下，就其本质而言，这些体制必须控制增长动力，因为这种动力最终会瓦解这些体制。

始于 18 世纪末期西欧国家的经济增长则有所不同，这是因为西欧国家自中世纪晚期开始经历了三种重要的结构转型。这些结构转型创造了一种良好的环境，在此环境之下，潜在的增长动力得以转变为经济持续增长的发动机。

第一种结构转型是旧体制的一个重要基础瓦解了，即西欧封建关系的衰落。从 13 世纪开始，尤其是经历 14 世纪中期的黑死病之后，西欧许多地区的封建经济关系崩溃。农奴从封建关系中解放出来，或者是默许的（因为封建关系已经不复存在），或者是逃离到规模正在扩大的城市中心而使自己获得自由（Postan，1966）。这种解放预示了一种重要社会转型的到来：城市化以及社会关系的改变。但更重要的一点可能是导致了在工商业部门中工作的低工资劳动力的出现。这也消除了当前精英阶层和新兴企业家阶层之间最重要的矛盾根源，即在劳动力市场上的竞争（第 22 章）。封建秩序的衰落进一步削弱了欧洲威权体制的权力基础（Pirenne，1937）。

第二种结构转型与第一种密切相关。伴随着 14 世纪人口的下降，欧洲大部分地区的实际收入上升，同时许多城市都为商人进口新商品、企业家销售新产品创造了足够广阔的市场。在中世纪，一系列重要的技术，如冶金技术、武器制造技术、农业以及基础工业（比如纺织业）等技术都已经相当成熟（White，1964；Mokyr，1990）。因此，欧洲经济此时已经具备了一定的技术成熟度，为众多经济领域里的企业家活动搭建了平台，同时收入水平也足以支持对物质资本和技术的投资，进而引领新型生产关系的出现。

第三种也是最重要的一种转型是政治上的变化。中世纪晚期不可避免地开始了专制君主政权的瓦解，以及宪政体制崛起的政治过程。16—17 世纪出现在西欧的宪政政体是最早的参与型政体，因为在宪政政体下，之前没有获得政治权力的群体此时大部分都拥有了一定的政治权力。这些群体包括绅士阶层、小商人、最初的实业家以及海外贸易商和金融家。这些政体向广泛的社会群体提供了产权保护并建立了促进增长的制度。这些制度变化为新投资、技术变化以及持续增长提供了必要的环境，这种情况在 17 世纪英国和荷兰的商业革命以及 18 世纪末英国的工业革命中达到了高潮。到了 19 世纪，工商业发展已经扩展到了西欧大部分地区（参见第 4 章；North and Thomas, 1973）。

需要注意的一点是，按照我们今天的理解，君主立宪制并不是民主制。因为此时不存在一人一票原则，同时富人阶层和穷人阶层之间的界线可以说是泾渭分明。虽然如此，这种体制的出现也是为了回应商人和实业家的诉求。更重要的是，这些宪政政体不仅改革了西欧的政治制度，同时也进行了一系列有利于促进现代资本主义增长的经济改革，内部关税和管制被废除，大大促进了国内商业活动和国际贸易。例如，伴随着英格兰银行的成立和其他金融改革的推行，英国开始了金融发展的过程。

这些宪政政体首先出现在英国和荷兰，然后扩展到法国和西欧其他地区，这为经济持续增长铺平了道路，而这种增长基于对广泛的社会群体提供产权保护、合同执行、法治和自由进入现有商业活动和新型商业活动。根据前面章节中的理论观点，这些条件的改进将导致对物质资本、人力资本和技术的更多投资，而这也确实发生了，现代经济增长过程由此启动。此时的经济关系依赖于对新型工商业活动的投资，以及复杂的企业组织形式和生产关系的形成。增长并没有马上提速，17—18 世纪时虽然存在着经济增长，但是增长速度比较缓慢（Maddison, 2001）。但这些制度变化为即将到来的更高速的经济增长奠定了基础。金融制度得到了发展，城市地区进一步扩张，新技术不断出现，市场成为交易和竞争的主要舞台（North and Thomas, 1973）。到 19 世纪，技术变化过程和投资活动都获得了长足发展，因此被称为"工业革命"（Ashton, 1969；Mokyr, 1993）。工业革命第一阶段之后出现了更新型的技术，更加复杂的组织机构，生产过程更加依赖技能和人力资本，世界经济的全球化程度也得到了提高。到了 19 世纪下半叶，西欧国家已经达到了史无前例的增长水平。

为什么西欧国家在 1800 年左右开始了经济起飞过程？对这个问题的一个完整回答很自然地需要解释如下问题，即宪政政体为什么对 16 世纪晚期和 17 世纪在西欧国家开始出现的现代经济增长如此重要。这些制度源于中世纪晚期在欧洲出现的贵族议会制度，但更重要的是，这些制度是根本性改革的结果，而这些改革又源于欧洲从 16 世纪开始的政治权力平衡的变化（Ertman, 1997）。由于新大陆的发现，以及航海可以绕过好望角，国际贸易出现了增长，欧洲随之在 16 世纪经历了重要的经济转型（Davis, 1973；Acemoglu、Johnson and Robinson, 2005a）。伴随着海外贸易的增长，欧洲的商业活动也更为活跃。这些变化导致生活水平出现了一定程度的提高，同时更重要的是导致新的商人、国际贸易商和实业家阶层获得了更多的经济和政治权力。这些新阶层不再是欧洲君主的传统盟友。因此他们要求政治制度发生改变，同时往往也具备足够的力量实现这一点，以使其产权得到更好的保护，并促使政府采取有利于其经济活动的措施。此时，随着封建秩序的瓦解，中世纪威权政体的基础已经慢慢萎缩。虽然如此，导致宪政政体出现的那些变化却来之不易。为了获得独立并成立共和国，德国人要同哈布斯堡王室的君主进行斗争。英国需要经历内战的洗礼并爆发了光荣革命。法国则需要进行1789年革命。但此时的旧制度无一例外都让位于能代表更多阶层的制度，对绝对权力施加更强的约束，同时伴随着商人、实业家和企业家更多地参与政治过程。关键在于社会变化导致的是一套新政治制度的产生，而不是旧制度简单的让步。这种区别与第23章第23.3节强调的理论观点有关：新兴群体要求对其产权保护提供长期的保证，并能够参与到经济生活中。这种保证可以通过政治制度的变革轻易实现，而不是通过短期的让步实现。

这些变革创造了使上述经济制度得以建立的政治制度。威权政治体制的瓦解和初级参与型政体的出现开启了现代经济增长的大门。

为什么有些社会致力于从新技术中获益而其他社会则未能如此？

经济起飞首先出现在西欧国家，但随后迅速扩展到世界上的某些其他地区。引入西欧经济制度并获得经济增长的最引人注目的例子是美国。作为由定居的殖民者建立的国家，美国打败英国并取得了独立，建立了一个小农场主社会，此时已经建立了参与型政治制度。这是一个由乐于生活在其中的人建立的社会，他们特别愿意建立制衡机制以防止随后可能出现一个在政治上或经济上强势的精英阶层。这种环境对现代经济增长起到了完美的引导作用。不存在政治和经济上强势的精英阶层意味着更加广泛的社会群体可以参与经济活动，从西欧引进技术，并在随后建立起自身的技术优势，进而迅速成为世界上的主要工业强国（Galenson，1996；Engerman and Sokoloff，1997；Keyssar，2000；Acemoglu、Johnson and Robinson，2002）。在这个例子中，从世界技术前沿引进技术的重要性与第18章强调的观点相一致，而不存在设立进入壁垒的精英阶层产生了促进增长的效应，这与第23章第23.3节的观点一致。

类似的历史进程也发生在其他欧洲的西方旁支，例如加拿大。作为实现国防现代化的一部分，世界上的其他一些国家也引进了新技术并实现了经济增长。日本自明治维新（或者可能更早）开始了其经济和政治的现代化进程，而这种现代化进程中的一个核心要素就是新技术的引进。

然而，对待新技术的态度绝非普遍如此。新技术在世界上许多地区都没有得到应用，而是遭遇抵制。这包括东欧大多数国家，例如俄国和奥匈帝国，在这些国家，拥有大量土地的精英阶层将新技术视为其经济利益（因为新技术将导致仍存在于欧洲部分地区的封建关系的消亡）和政治利益的一种威胁，其政治利益依赖于对新型商人权力的限制，以及放缓农民迁移到城市进而成为新的工人阶层的速度（有关证据参见 Freudenberger, 1967; Mosse, 1992; 有关理论观点参见第22章）。与之类似，以前加勒比海地区繁荣的种植园经济对引进新技术以及允许企业家自由进入市场也没有任何兴趣。这些经济仍然依赖大宗农产品的生产。工业化、自由劳动力市场上的竞争，以及工人投资于人力资本都被视为对精英阶层经济和政治权力的潜在威胁。刚刚独立不久的拉丁美洲国家之前也曾由一个政治精英阶层统治，并延续了殖民者的传统，即对工业化没有任何热情。东南亚大部分国家、印度次大陆以及撒哈拉以南非洲的几乎所有地区当时仍是西欧的殖民地，并处于威权和压制性政权的统治之下（通常为处于迅速工业化过程中的西欧国家提供原材料，或者提供贡品）。自由的劳动力市场、要素流动、创造性破坏，以及新技术等都不是这些殖民地国家政治路径中具备的特点（第4章）。

因此在19世纪只有少数几个国家经历了工业化过程。然而到了20世纪之后，越来越多的国家开始引进那些西欧国家开发并使用过的技术。这种技术转移过程使这些国家与全球经济融为一体，并朝着更高的收入水平发展（第19章）。但是这种增长历程并未惠及每一个国家。许多殖民地国家必须首先摆脱宗主国的控制进而实现独立，但即使在实现独立之后，殖民主义的终结也会导致一段时期的不稳定以及未来精英阶层的内部斗争。只有实现一定程度的政治稳定，同时在促进经济增长的经济制度建立之后，这些地方才会开始经济增长。例如，增长首先出现在澳大利亚和新西兰，紧随其后的是中国香港，然后是韩国，随后是东南亚的其他国家，最后是印度。如同第20章和第21章强调的，以上这些国家和地区的增长无一例外地伴随着结构转型。结构转型一旦开始便会促进经济的进一步增长。如第18章和第19章所述，那些与世界经济融为一体的社会将会开始引进技术，并实现与世界技术前沿国家的增长率趋同（同时这些国家在其初始追赶阶段往往有着超过技术前沿国家的增长率）。在大多数情况下，这一过程意味着世界经济中的这些新成员能够实现增长，但并不意味着这些国家与工业化国家之间的收入差距必然会消失。

与此同时，世界上还有许多地区继续饱受政治动荡之苦，政治上的不稳定阻碍了对资本和新技术的投资，甚至出现公开敌视新技术的情况。这包括撒哈拉以南非洲的部分地区，中美洲的许多地区直到最近还处于这种情况之中。回想第 1 章中讨论的部分例子，尼日利亚和危地马拉在其殖民地时期以及独立之后都未能成功地为企业家或者工人提供适当的激励。这两个国家还经历了巨大的政治动荡，以及战后时期内战导致的经济灾难。巴西试图实现一定程度的增长，但其增长基本上建立在受到高度保护的大企业投资的基础之上，并不是建立在持续的技术变迁和创造性破坏过程的基础之上（因此其增长类似于第 23 章第 23.3 节中讨论的有关寡头增长的模型）。在这些例子及其他例子中，未能向新企业家提供产权保护的政策和那些阻碍新技术应用的政策，以及政治不稳定和精英阶层的内部斗争，似乎是这些国家未能与世界经济融为一体并实现增长过程的重要原因。总之，这些地区在 19 世纪时就落后于世界平均水平，在 20 世纪大部分时间中仍旧如此。许多撒哈拉以南非洲国家，如刚果、苏丹、津巴布韦至今依然饱受政治动乱，甚至不能为其企业家和普通民众提供最基本的权利。因此许多国家现在距离世界平均水平越来越远。

其余的许多问题

上一节强调了从 18 世纪开始的技术变化如何改变了世界经济，为什么有些国家很好地利用了这些技术而其他国家则没有。其中的部分论述得到了数据支持。有关工业化对初始经济起飞重要性的证据到今天已经十分充足。保护产权的经济制度、企业进入市场的自由以及新技术引进对 19 世纪的经济增长起到了重要作用，对于确保今天的经济增长仍将继续起到重要作用，关于这一点人们已经达成了广泛共识。而在另一方面，政治不稳定、产权保护不力以及基础设施缺乏阻碍了撒哈拉以南非洲地区的增长，关于这一点人们也形成了普遍共识。但是这种观点仅仅是推测出来的。这些可能是非常重要的因素，但可能难以很好地解释过去两百多年间世界收入分布的演变过程。同时人们关于政治制度在这个过程中起到的作用尚未达成共识。

因此，这里呈现的观点应该以其本来面目来理解：这是一个需要进一步研究的推测性回答。在这里给出这个推测性回答的目的不仅仅是我对这个回答多大程度上与事实相符有疑虑，也是为了展现本书讨论的各种模型如何有助于我们更好地回答有关经济增长的基本问题（以及更一般的经济学和社会科学问题）。需要补充的一点是，进一步考察世界经济由起飞进入持续增长的原因，以及有些国家未能实现这种过程的原因只是许多具有挑战性的问题之一。关于增长的政治经济学之所以重要，是因为它能够让我们提出并回答与经济增长的基本原因有关的许多问题。但是关于增长过程的许多其他方面的问题还需要深入研究。从某种意义上说，经济增长是经济学中相对更加成熟的研究领域之一，在宏观经济学领域，关于哪些模型有益于研究经济的动态变化和经验分析，经济增长无疑也是能够达成广泛一致意见的研究领域。当然还有许多问题我们尚未理解。

作为结束，我将提及几个有着广阔理论和经验研究潜力的方向。第一，虽然在这里的后记中我着重讨论了促进或者阻碍欠发达国家应用技术的众多因素，但要理解技术前沿国家的技术进步速度，我们还有许多工作要做。内生技术变化模型为我们思考利润动机如何引致新技术投资提供了一个基础框架。但是关于创新的产业组织，我们仍知之甚少，比如有关市场结构如何影响经济增长的问题。第12章和第14章强调了不同的市场结构可能为技术变化提供不同的激励。但我们对这些问题的大部分理解都是定性的。例如，在创新经济学的背景下，我们缺乏一个框架，一个类似于分析公共财政中的资本和劳动所得税及间接税之影响的框架，能够用来分析各种管制、知识产权保护政策以及反垄断法律对创新和经济增长的影响。由于世界前沿国家的技术进步速度会直接影响许多国家的经济增长，因此即使发达经济体在创新环境方面的微小改进也会让世界其他国家受益。

除了创新的产业组织问题之外，还有必要进一步研究创新的合同结构。我们生活在一个复杂的社会当中，其中的大多数企业作为供应商或者是下游消费者而相互联系在一起，同时大多数企业还间接地通过与金融市场的关系而与经济中的其他部分联系在一起。这些关系通过各种显性和隐性合同形成。比如，构成大多数企业生产率基础的雇佣关系依赖于雇主和雇员之间的关系。我们知道，在这些合同关系中存在着道德风险问题和要挟问题。但是，这对经济增长过程有多重要呢？合同制度的改进能够促进技术前沿国家的创新和技术升级吗？能够同样促进技术转移吗？这些是尚未得到回答的基本问题。对经济增长的合同基础进行研究还处于初级阶段，仍有许多工作要做。

上一小节强调了一些国家如何通过引进技术开始了经济增长过程，并因此融入全球经济。今天我们生活在一个已日益全球化的经济中。但是关于技术如何从一些企业转移到另外一些企业，以及如何从发达经济转移到欠发达经济，其中仍有许多问题需要我们去理解。第19章中的模型强调了人力资本、技术应用壁垒、适宜技术以及合同问题的重要性。但是大多数模型仍处于定性层次，我们还缺乏一个能定量预测技术扩散速度的框架。我们也没能将许多与技术转移有关的重要概念整合到我们的基础框架当中。这包括与默会知识相关的概念、适宜的技术、国际劳动分工的运行方式、国际知识产权保护的作用，以及贸易与技术扩散之间的相互作用。

读者同样会注意到，相比本书中的其他章节，第 21 章中的内容更缺乏统一性，同时可能有更多的推测性质。虽然这在一定程度上反映了我必须简化许多模型以使它们能够用有限篇幅展现事实，但这种情况大部分可以归结为我们远远没有建立一个令人满意的框架来理解经济发展过程及其包含的结构转型过程。这些结构转型过程的某些方面，如制造业以及随后服务业相对于农业的重要性提高，可以被视为经济增长的副产品。但这个过程中的其他方面，包括金融发展、合同执行制度的变化、城市化进程以及人力资本投资的数量和构成可能都是经济增长和经济发展的促进因素，甚至是前提条件。因此，缺乏实质性的结构转型可能是延误或者阻碍经济增长的一个重要因素。为了理解这些问题，我们需要有更强理论基础的模型，系统化地解决这些相关问题的方法，还需要付出更大的努力，将经济发展模型与经济学家积累的有关欠发达国家经济行为的丰富经验证据联系起来。

最后但同样重要的一点是，鉴于最后一节的阐述以及第 4 章、第 22 章和第 23 章的讨论，我认为许多有关经济增长的观点都基于政治经济学这种看法也就不足为奇了。但是从很多方面来说，了解政治学要难于了解经济学，因为相比之下，政治关系更为复杂。虽然我坚信在过去大约 10 年的时间里，政治经济学和有关增长的文献已经在这一领域取得了重要进展，但仍然有许多工作要做。有关增长的政治经济学研究刚刚起步，随着我们深入研究为什么社会会做出不同的集体决策这一问题，我们将会更好地理解经济增长的过程。

第九篇　数学附录

附录 A　实分析拾零及其在优化中的应用

　　本附录回顾了实分析的基本内容。其主要目的在于使全书内容自成一体，并涵盖正文中某些定理的准确陈述。但这里给出的内容并不是实分析的详尽介绍。因此，这里陈述的许多结论并没有证明，同时还省略了与本书内容无关或者对这里给出的结论并非必要的另一些重要结论。我将某些有用的结论陈述为"事实"的形式（通常将证明留作习题）。这些结论通常用在正文中或者与正文有关。更重要的结论则被陈述为"定理"。

　　本附录部分不能替代任何基本的经济数学评论或教材。西蒙和布鲁姆（Simons and Blume，1994）的教材堪称这方面的优秀著作，我假定读者通晓这方面的大部分内容或者熟悉类似的教材。具体来说，我们假定读者掌握了线性代数、函数、关系、集合论语言、多元微积分，以及基本的证明技巧。

　　若想对本附录内容有更深入的理解，则需要学实分析、泛函分析和一般拓扑学。本附录中的某些内容简单回顾了入门级的实分析，其水平基本相当于阿波斯托尔（Apostol，1975）和鲁丁（Rudin，1976）的经典教材。某些更高深的内容，尤其是拓扑学和无限维空间分析，则可参考凯利等人（Kelley，1955；Kolmogorov and Fomin，1970；Conway，1990；Royden，1994；Aliprantis and Border，1999）。将这些思想应用于优化问题的优秀文献，则可参见伯格（Berge，1963）和龙伯格（Luenberger，1969）。近来，将这其中的某些主题与经济应用相结合可参见相关学者（Ok，2007）的研究。

A.1　距离和度量空间

　　在本附录中，X 始终表示一个集合，$x \in X$ 表示集合 X 中的元素 x，$Y \subset X$ 表示集合 Y 是 X 的子集（包括 $Y = X$ 和 Y 是空集 $\emptyset$ 的情况），$X \setminus Y = \{x : x \in X \text{ 且 } x \notin Y\}$ 表示集合 Y 在 X 中的补集。[1] 且一个集合 X 常被视为一个空间或者一个更大

---

[1] 在所有附录中，我都简单地将定中的"≡"用"="替代。

空间 Z 的子集。

对我们而言，有两类空间尤为重要：（1）有限维欧氏空间，一般记为 $X \subset \mathbb{R}^K$（$K \in \mathbb{N}$）；（2）无穷维空间，如在离散时间的动态优化问题中遇到的序列空间和连续时间的动态优化问题中遇到的函数空间。在应用中，最有用的集合是有度量（metric）的集合，称为度量空间。第 6 章和第 16 章研究动态规划问题时，度量空间起到了主要作用。

定义 A.1 对非空集合 X，称函数 $d: X \times X \to \mathbb{R}_+$ 是一个度量（距离函数），如果满足以下条件：对于 X 中任意 x, y, z 有

1. （正定性）$d(x,y) = 0$ 当且仅当 $x = y$，
2. （对称性）$d(x,y) = d(y,x)$，
3. （三角不等式）$d(x,y) \leq d(x,z) + d(z,y)$。

一个配备了度量 d 的非空集合 X，称为度量空间 (X,d)。

如在所有数学定义中一样，此处"如果"和"当且仅当"相同。这是因为当描述数学概念足够清晰时，概念和描述之间的"当且仅当"的关系是显而易见的。

需要注意的是，同一个集合可以配备不同的度量。很多时候，不同的度量有着相同的结论（这是因为拓扑性质一致）。此时，这两个度量称为等价，具体见定义 A.4。

例 A.1 下面是度量空间的例子。在每个例子中，度量的正定性和对称性是显然的，但三角不等式不是，其验证留作习题 A.2。

1. $X \subset \mathbb{R}^K$，x_i 是 $x \in X$ 的第 i 个分量，则欧氏距离 $d(x,y) = \left(\sum_{i=1}^{K} |x_i - y_i|^2 \right)^{1/2}$ 是一个度量。配备此度量的欧氏向量空间是度量空间，称为 K 维欧氏空间。在此欧氏向量空间上，可构建其他度量，且和欧氏距离等价，如对于 $1 \leq p < \infty$，度量 $d_p(x,y) = \left(\sum_{i=1}^{K} |x_i - y_i|^p \right)^{1/p}$。这些度量的极值元素也定义了有限维欧氏空间的一个等价度量，记为 $d_\infty(x,y) = \sup_i |x_i - y_i|$。

2. 对于任意非空集合 X，我们可以构建一个离散度量如下：如果 $x \neq y$，则 $d(x,y) = 1$；如果 $x = y$，则 $d(x,y) = 0$。此时 (X,d) 就是一个离散度量空间。

3. 令 $X \subset \mathbb{R}^K$，并考虑连续有界（实值）函数 $f: X \to \mathbb{R}$ 的集合，用 $\mathbf{C}(X)$ 表示。$\mathbf{C}(X)$ 的一个自然度量是上确界度量 $d_\infty(f,g) = \sup_{x \in X} |f(x) - g(x)|$，因此 $(\mathbf{C}(X), d_\infty)$ 是度量空间。对有界函数（不必连续）的集合 $\mathbf{B}(X)$，取相同度量，就有度量空间 $(\mathbf{B}(X), d_\infty)$。

4. 令 $\ell \subset \mathbb{R}^\infty$ 为实无穷数列集合。如果对每个 $i = 1, 2, \cdots$ 有 $x_i \in \mathbb{R}$，则序列 $x = (x_1, x_2, x_3, \cdots)$ 为 l 中的元素。如果对所有 $x \in \ell$，满足 $(\sum_{i=i}^\infty |x_i|^p)^{1/p} < \infty$，则度量为 $d_p(x, y) = (\sum_{i=i}^\infty |x_i - y_i|^p)^{1/p}$；如果对所有 $x \in \ell$，满足 $\sup_i |x_i| < \infty$，则度量为 $d_\infty(x, y) = \sup_i |x_i - y_i|$。对任意的 $p \in [1, \infty]$，(ℓ, d_p) 都是一个度量空间，可简写为 ℓ_p。

度量空间使我们可以定义开集和邻域，这两个概念是数学分析的基石，在优化问题的研究中也至关重要。

定义 A.2 已知度量空间 (X, d) 及实数 $\varepsilon > 0$，对于任意的 $x \in X$，
$$\mathcal{N}_\varepsilon(x) = \{y \in X : d(x, y) < \varepsilon\}$$
称为 x 的 ε-邻域。

例 A.2 $X \subset \mathbb{R}$，$x \in X$，取 $d(x, y) = |x - y|$，则此时有
$$\mathcal{N}_\varepsilon(x) = (x - \varepsilon, x + \varepsilon) \cap X$$

定义 A.3 令 (X, d) 为度量空间。集合 $Y \subset X$ 是 X 中的开集，当且仅当对于任意的 $y \in Y$，存在 $\varepsilon > 0$，使 $\mathcal{N}_\varepsilon(y) \subset Y$。$Z \subset X$ 是 X 中的闭集，当且仅当 $X \setminus Z$ 是 X 中的开集。

集合 Y 在空间 X 中的闭包是 $\overline{Y} = \{y \in X : \text{对任意} \varepsilon > 0, \mathcal{N}_\varepsilon(y) \cap Y \neq \emptyset\}$，即 $\overline{Y}$ 中任意一点的任意邻域都至少包含 Y 中的一个点。显然，$Y \subset \overline{Y}$，且当 Y 是闭集时，$Y = \overline{Y}$。集合 Y 在空间 X 中的内点集可定义为 $\text{Int} Y = Y \setminus \overline{(X \setminus Y)}$。如果 Y 是 X 的一个子开集，则 $\overline{(X \setminus Y)} = X \setminus Y$，$\text{Int} Y = Y$。

例 A.3 已知 $X = [0, 1]$，$d(x, y) = |x - y|$。对任意 $x \in (0, 1)$ 和 $\varepsilon > 0$，当 ε 足够小时，因 $[0, 1] \setminus (x - \varepsilon, x + \varepsilon) = [0, x - \varepsilon] \cup [x + \varepsilon, 1]$ 在 X 中是闭集，$(x - \varepsilon, x + \varepsilon)$ 是开集，则 $\text{Int}(x - \varepsilon, x + \varepsilon) = (x - \varepsilon, x + \varepsilon)$。可验证 $\text{Int}([0, 1] \setminus (x - \varepsilon, x + \varepsilon)) = (0, x - \varepsilon) \cup (x + \varepsilon, 1)$，$\overline{(x - \varepsilon, x + \varepsilon)} = [x - \varepsilon, x + \varepsilon]$，$\overline{[0, 1] \setminus (x - \varepsilon, x + \varepsilon)} = [0, x - \varepsilon] \cup [x + \varepsilon, 1]$。

事实 A.1 已知 (X, d) 为度量空间，则集合 X 和 $\emptyset$ 都是既开且闭的集合。

当我们在拓扑空间中刻画开集和闭集时，下述定理的重要性就显而易见。令 $\{X_\alpha\}_{\alpha \in A}$ 表示 X 的集族（即，对任意 $\alpha \in A$，有 $X_\alpha \subset X$，且 A 是一个任意集合）。若 A 有可数（有限）个元素，则 $\{X_\alpha\}_{\alpha \in A}$ 是 X 的可数（有限）集族。我们用 X_α^c 表示 X_α 在集合 X 中的补集，即 $X_\alpha^c = X \setminus X_\alpha$。

定理 A.1（开集和闭集的性质） 令 (X, d) 是一个度量空间，$\{X_\alpha\}_{\alpha \in A}$ 是一

个对任意 $\alpha \in A$，有 $X_\alpha \subset X$ 的集族。则：

1. 如果任意 X_α 均为在 X 中的开集，则 $\cup_{\alpha \in A} X_\alpha$ 也是开集；
2. 如果任意 X_α 均为在 X 中的开集，且 $\{X_\alpha\}_{\alpha \in A}$ 是一个有限集族（也就是说 A 是有限集合），则 $\cap_{\alpha \in A} X_\alpha$ 也是开集；
3. 如果任意 X_α 均为在 X 中的闭集，则 $\cap_{\alpha \in A} X_\alpha$ 也是闭集；
4. 如果任意 X_α 均为在 X 中的闭集，且 $\{X_\alpha\}_{\alpha \in A}$ 是一个有限集族，则 $\cup_{\alpha \in A} X_\alpha$ 也是闭集。

证明（第 1 部分） 令 $\{X_\alpha\}_{\alpha \in A}$ 为 X 中的任意开集族。若 $\cup_{\alpha \in A} X_\alpha$ 为空，根据事实 A.1 可得它是开集。若 $\cup_{\alpha \in A} X_\alpha$ 不为空，对于任意 $x \in \cup_{\alpha \in A} X_\alpha$，必存在一个 $\alpha' \in A$ 使得 $x \in X_{\alpha'}$。因 $X_{\alpha'}$ 是开集，有 $\varepsilon > 0$ 使得 $\mathcal{N}_\varepsilon(x) \subset X_{\alpha'} \subset \cup_{\alpha \in A} X_\alpha$，由此证明对任意 $x \in \cup_{\alpha \in A} X_\alpha$，都存在 x 的 ε-邻域属于 $\cup_{\alpha \in A} X_\alpha$，从而 $\cup_{\alpha \in A} X_\alpha$ 是开集。

（第 2 部分） 令 $\{X_\alpha\}_{\alpha \in A}$ 为 X 的有限开集族（取 $\alpha = 1, 2 \cdots N$）。若 $\cap_{\alpha \in A} X_\alpha$ 为空，根据事实 A.1 可得它是开集。若 $\cap_{\alpha \in A} X_\alpha$ 不为空，任取 $x \in \cap_{\alpha \in A} X_\alpha$，则对于任意的 $\alpha = 1, 2 \cdots N$，有 $x \in X_\alpha$。由于 X_α 是开集，根据定义，对任意 $\alpha = 1, 2, \cdots, N$，存在 $\varepsilon_\alpha > 0$ 使 $\mathcal{N}_{\varepsilon_\alpha}(x) \subset X_\alpha$。令 $\varepsilon = \min\{\varepsilon_1, \varepsilon_2, \cdots, \varepsilon_N\}$，显然 $\varepsilon > 0$。此外，根据构造，对于任意 $\alpha = 1, 2, \cdots, N$，有 $\mathcal{N}_\varepsilon(x) \subset \mathcal{N}_{\varepsilon_\alpha}(x) \subset X_\alpha$，从而 $\mathcal{N}_\varepsilon(x) \subset \cap_{\alpha \in A} X_\alpha$，命题得证。

（第 3 部分和第 4 部分） 这些结论可直接由德·摩根定律（De Morgan's Law）

$$\left(\bigcup_{\alpha \in A} X_\alpha\right)^c = \bigcap_{\alpha \in A} X_\alpha^c$$

在定理 A.1 中的第 2 部分，有限集族是重要的限制条件。考虑以下例证。

例 A.4 令 $X = \mathbb{R}$，且有欧氏度量 $d(x, y) = |x - y|$。对取 X 的子集 $X_\alpha = (0, 1 + \alpha^{-1})$，并考虑有限交集 $\cap_{\alpha \in \mathbb{N}} X_\alpha$。可以证明 $\cap_{\alpha \in \mathbb{N}} X_\alpha = (0, 1]$，它不是开集。一个更简单的例子是子集 $X_\alpha = (-1/\alpha, 1/\alpha)$，其中 $\cap_{\alpha \in \mathbb{N}} X_\alpha = \{0\}$ 不是开集。

定义 A.4 X 上的两个度量 d 和 d' 是等价的，当且仅当它们在 X 中生成同样的开集族。或者令 $\mathcal{N}_\varepsilon$ 和 $\mathcal{N}'_\varepsilon$ 为这两个度量定义的开邻域。当且仅当对任意 $x \in X$ 和 $\varepsilon > 0$，存在 $\delta, \delta' > 0$ 使得 $\mathcal{N}'_\varepsilon(x) \subset \mathcal{N}_\delta(x)$ 且 $\mathcal{N}_\varepsilon(x) \subset \mathcal{N}'_{\delta'}(x)$，则度量 d 和 d' 是等价的。

由习题 A.4 证明了定义 A.4 的两个部分是等价的。

定义 A.5 令 (X, d) 为度量空间。$Y \subset X$ 有界，当且仅当存在 $x \in X, \delta \in (0,$

$+\infty$) 使得 $Y \subset \mathcal{N}_\delta(x)$。如果说 $Y \subset X$ 不是有界的，则它就是无界的。

例 A.5 令 $X = \mathbb{R}$，$d(x,y) = |x-y|$。子集 $(0,1)$ 和 $[0,1]$ 是有界的，而子集 $\mathbb{R}_+ = [0, +\infty)$ 是无界的。

A.2 映射、函数、序列、网以及连续性

从 X 到 Y 的映射 ϕ 是 $X \times Y$ 的一个子集，使得对于任意 $x \in X$，均存在 $y \in Y$，其中 $(x,y) \in \phi$，约定俗成地，记为 $\phi: X \to Y$。在全书中，映射 $\phi: X \to Y$ 都表示对于任意 $x \in X$，$\phi(x)$ 有定义。我还采用了如下惯例，即映射 ϕ 将集合 Y 中的一个元素指派给 $x \in X$，因此我将 $\phi(x)$ 写成集合 Y 中的一个元素，即 $\phi(x) \in Y$ [根据上面的定义，若 $(x,y) \in \phi$ 且 $(x,z) \in \phi$，则 $y = z$]。这样做不失一般性，因为空间 Y 并没有限制。例如，给定一个集合 Z，取 $Y = \mathcal{P}(Z)$ [请记住，$\mathcal{P}(Z)$ 是指由 Z 的所有子集构成的集合]，则 Y 的元素是 Z 的子集。此时，对 $x \in X$，我们既可以写成 $\phi(x) \in Y$，也可写成 $\phi(x) \subset Z$。对于某个 $X' \subset X$，我还用符号 $\phi(X')$ 表示集合 X' 的象集（image set），定义为

$$\phi(X') = \{y \in Y : \exists x \in X' \text{ 且 } \phi(x) = y\}$$

对于映射 $\phi: X \to Y$，X 也指映射 ϕ 的定义域，而 Y 是其值域。有时我们用"值域"这个词指代，使 $Y' = \phi(X)$，但对我们这里的目的来说，这一区别意义不大。

ϕ^{-1} 是映射 ϕ 的逆。要注意的是，即使 ϕ 是单值的，ϕ^{-1} 也不一定是单值的，这是因为 X 中不止一个 x 可能在 Y 中有相同的象。对于 $Y' \subset Y$，令

$$\phi^{-1}(Y') = \{x \in X : \exists y \in Y' \text{ 且 } \phi(x) = y\}$$

我通常用函数 f 指实值映射（也即对任意集合 X，有 $f: X \to \mathbb{R}$），用小写字母表示；用"对应"（correspondence）这个词表示集值映射，即对于某个集合 Z，有 $F: X \to \mathcal{P}(Z)$。因此，映射 F 将 Z 的一个子集指派给每一个元素 x。我用大写字母表示对应。由于它们在下文中发挥重要作用，用共同符号 $F: X \rightrightarrows Z$ 表示。当对应的值域是实数时，我们自然有 $F: X \rightrightarrows \mathbb{R}$。

定义 A.6 令 (X,d) 为度量空间。序列 $\{x_n\}_{n=1}^{\infty}$（或简单地用 $\{x_n\}$ 表示）是一个映射 ϕ，其定义域由自然数 $\mathbb{N}$ 给出，其值域由 X 给出。

因为映射 ϕ 的定义域是 $\mathbb{N}$，所以 $\{x_n\}_{n=1}^{\infty}$ 是可数（有限）序列。我们可将序列的概念一般化为网的概念，在连续时间的优化问题中，网这个概念十分有用。集合 A 为有向集，当且仅当存在一个自反和传递的关系（$\succeq$），使得对于任意

$a_1, a_2 \in A$,存在 $a \in A$,使 $a \succeq a_1$ 和 $a \succeq a_2$。例如,实数就构成一个具有大于或等于关系($\geqslant$)的有向集。

定义 A.7 令 (X, d) 为度量空间,A 为有向集。网 $\{x_\alpha\}_{\alpha \in A}$ 是一个映射,其定义域由 A 给出,其值域由 X 给出。

当序列和网取实值时,度量空间为 $(\mathbb{R}, d)$,d 为欧氏距离 $d(x, y) = |x - y| = \sqrt{|x-y|^2}$。

例 A.6 $\{x_n\}_{n=1}^\infty$ 使对任意 $n \in \mathbb{N}$,有 $x_n = 1/n$,则 $\{x_n\}_{n=1}^\infty$ 是序列;$\{x_\alpha\}_{\alpha \in A}$ 使得对于任意 $\alpha \in (0, 1]$,有 $x_\alpha = 1/\alpha$,则 $\{x_\alpha\}_{\alpha \in A}$ 是网。

定义 A.8 考虑递增正自然数序列 $\{n_k\}_{k=1}^\infty$(使得当 $k > k'$ 时,有 $n_k > n_{k'}$),则一个给定序列 $\{x_{n_k}\}$ 是序列 $\{x_n\}_{n=1}^\infty$ 的子序列。

类似地,可以得到子网的定义。

定义 A.9 令 (X, d) 为度量空间。序列 $\{x_n\}_{n=1}^\infty$ 在 X 中是收敛的,并有极限点 x,当且仅当对于任意 $\varepsilon > 0$ 存在 $N(\varepsilon) \in \mathbb{N}$,使得对任意 $n \geqslant N(\varepsilon)$,有 $d(x_n, x) < \varepsilon$。记为 $\lim_{n \to \infty} x_n = \lim x_n = x$ 或简单记为 $\{x_n\}_{n=1}^\infty \to x$。

定义 A.10 令 $\{x_\alpha\}_{\alpha \in A}$ 为度量空间 (X, d) 中的一个网。如果对于任意 $\varepsilon > 0$ 存在 $\bar{\alpha}$,使得对任意 $\alpha \geqslant \bar{\alpha}$,有 $x_\alpha \in \mathcal{N}_\varepsilon(x)$,则网 $\{x_\alpha\}_{\alpha \in A}$ 是收敛的,并有极限点 x。

事实 A.2 若序列 $\{x_n\}_{n=1}^\infty$ 或网 $\{x_\alpha\}_{\alpha \in A}$ 在度量空间 X 中是收敛的,则仅有一个极限点 $x \in X$。

证明 见习题 A.6。

事实 A.3 序列 $\{x_n\}_{n=1}^\infty$ 在 X 中是收敛的,当且仅当 $\{x_n\}_{n=1}^\infty$ 的任意子序列在 X 中是收敛的。

证明 见习题 A.7。

例 A.7 需要注意的是,序列的子序列(或者网的子网)收敛不能保证原序列或者原网收敛。考虑序列 $\{x_n\}_{n=1}^\infty$,使 $x_n = (-1)^n$。显然,这个序列不是收敛的。但是,取 $\{n_k\}_{n=1}^\infty$ 为偶数,则我们可以构建一个收敛序列 $\{x_{nk}\}$,极限点为 1。

令 $\overline{\mathbb{R}}$ 表示拓展后的实数域,即 $\overline{\mathbb{R}} = \mathbb{R} \cup \{-\infty\} \cup \{+\infty\}$。不难验证 $(\overline{\mathbb{R}}, \bar{d})$ 是度量空间,其中 $\bar{d}(x, y) = d(x, y)/(1 + d(x, y))$ 表示标准的欧氏度量,且允许取值到无穷[通常,如果 $d(x, y) = \infty$,则 $\bar{d}(x, y) = 1$]。

事实 A.4 令 $\{x_n\}$ 为 $\overline{\mathbb{R}}$(度量为 $\bar{d}$)中的序列或者网。如果 $\{x_n\}$ 是单调(递增或者递减)的,则收敛。

证明 见习题 A.8。

定义 A.11 令 $X \subset \mathbb{R}$，使得对于所有 $x \in X$，有 $\bar{x} \geqslant x$ 的最小 $\bar{x} \in \bar{\mathbb{R}}$ 是 X 的上确界，记为 $\sup X$。如果 $\bar{x} \notin \mathbb{R}$，则 $\sup X = \infty$。同样，使得对于所有 $x \in X$，有 $\underline{x} \leqslant x$ 的最大 $\underline{x} \in \bar{\mathbb{R}}$ 是 X 的下确界，记为 $\inf X$，其中有可能出现 $\underline{x} = -\infty$。若 $\bar{x} = \sup X \in X$，则我们称 $\bar{x}$ 是 X 的最大值，记为 $\bar{x} = \max X$；类似地，如果 $\underline{x} = \inf X \in X$，则 $\underline{x}$ 是 X 的最小值，记为 $\underline{x} = \min X$。

由于 X 本身可以看作一个数列，则数列的上确界和下确界是有定义的。特别是，对于 $\mathbb{R}$ 中的数列 $\{x_n\}_{n=1}^{\infty}$，构建子列 $\{x'_n\}_{n=1}^{\infty}$ 和 $\{x''_n\}_{n=1}^{\infty}$，使得 $x'_n = \sup_{k \geqslant n}\{x_k\}$ 和 $x''_n = \inf_{k \geqslant n}\{x_k\}$。显然，$\{x'_n\}_{n=1}^{\infty}$ 是单调递增的，$\{x''_n\}_{n=1}^{\infty}$ 是单调递减的。由事实 A.4 可知，$\lim_{n \to \infty} x'_n$ 存在，记为 $\limsup x_n$；$\lim_{n \to \infty} x''_n$ 存在，记为 $\liminf x_n$。同样的构建对于网也适用。

事实 A.5 令 $\{x_n\}$ 为 $\bar{\mathbb{R}}$ 中的序列或者网。

1. $\inf_n x_n$、$\liminf x_n$、$\limsup x_n$、$\sup_n x_n$ 存在且满足
$$\inf_n x_n \leqslant \liminf x_n \leqslant \limsup x_n \leqslant \sup_n x_n$$

2. $\{x_n\}$ 是收敛的，当且仅当
$$\liminf x_n = \limsup x_n$$
此时可记为 $\lim x_n = x$；

3. 令 $\{y_n\}$ 为满足对所有 n 有 $x_n \leqslant y_n$ 的序列，则
$$\liminf x_n \leqslant \liminf y_n, \quad 且 \quad \limsup x_n \leqslant \limsup y_n$$
进一步地，当序列极限均存在时，有
$$\lim x_n \leqslant \lim y_n$$

4. 若 $\lim x_n y_n = 0$，则
$$\lim x_n |y_n| = \lim |x_n| y_n = \lim |x_n| |y_n| = 0$$
且有 $\lim x_n = 0$ 或 $\lim y_n = 0$。

5. 则
$$\liminf (x_n + y_n) \geqslant \liminf x_n + \liminf y_n$$
$$\liminf (x_n - y_n) \geqslant \liminf x_n - \limsup y_n$$

证明 见习题 A.12。

下面介绍两个有用的事实。

事实 A.6 令 $\{x_n\}$ 为 $\overline{\mathbb{R}}$ 中的序列或者网，若 $\{x_n\}$ 的所有收敛子序列或者收敛子网 $\{x_{n_k}\}$ 都收敛于同一个点 $x^* \in \overline{\mathbb{R}}$，则 $\{x_n\}$ 也收敛于 x^*。

证明 如果所有的收敛子序列或者子网都收敛于 x^*，则 $\liminf x_n = \limsup x_n = x^*$。这一结果可以由事实 A.5(2) 得出。证毕。

事实 A.7 令 $\{x_n\}$ 为 $\mathbb{R}$ 中的序列，将序列 $\{y_n\}$ 定义为，$y_n = \sum_{j=0}^{n} z_n$。当且仅当 $\{\bar{y}_n\} = \sum_{j=0}^{n} |z_n|$ 收敛于 $\bar{y}^* \in \mathbb{R}$ 时，$\{y_n\}$ 称为绝对收敛。若 $\{y_n\}$ 绝对收敛，则 $\{y_n\}$ 收敛；且存在一个 $y^* \in \mathbb{R}$，使 $\{y_n\} \to y^*$。

定义 A.12 令 (X,d) 为度量空间。X 中的序列 $\{x_n\}_{n=1}^{\infty}$ 是柯西序列，当且仅当对于任意 $\varepsilon > 0$，存在 $M(\varepsilon) \in \mathbb{N}$，使得对于任意 $n,m \geq M(\varepsilon)$，有 $d(x_n, x_m) \leq \varepsilon$。

引理 A.1 令 (X,d) 为度量空间且序列 $\{x_n\}_{n=1}^{\infty}$ 在 X 中收敛，则必为柯西序列。

证明 设 $\varepsilon > 0$。因序列 $\{x_n\}_{n=1}^{\infty}$ 收敛，则 $\lim_{n \to \infty} x_n = x$ 存在。由三角不等式可知，对于任意 x_n, x_m，可得到

$$d(x_n, x_m) \leq d(x_n, x) + d(x_m, x) \tag{A.1}$$

由于 $\lim_{n \to \infty} x_n = x$，由定义 A.9 可知，存在 $M(\varepsilon) \in \mathbb{N}$，使得对于任意 $n \geq M(\varepsilon)$，有 $d(x_n, x) < \varepsilon/2$。将这一结果与（A.1）式相结合，命题得证。

上述引理的反命题不成立，下面给出了例证。

例 A.8 令 $X = (0, 1]$，$d(x,y) = |x - y|$。考虑序列 $x_n = 1/n$，它是柯西序列，但不收敛于 X 中的任意一点，因此不是收敛的。

定义 A.13 度量空间 (X,d) 是完备的，当且仅当 (X,d) 中的任意柯西序列均收敛。

完备度量空间的例子包括欧氏空间中的任意闭子集，以及例 A.1 中介绍的具有上确界度量的连续有界实值函数的度量空间 $[\mathbf{C}(X), d_{\infty}$，见习题 A.9]。第 6 章第 6.4 节中给出的压缩映射定理（定理 6.7）说明了完备度量空间的重要性。

事实 A.8 令 (X,d) 为一个完备度量空间。X 的任意闭子集 X' 也是完备的。

下面简述了度量空间中的连续映射和连续函数。

定义 A.14 令 (X, d_X) 和 (Y, d_Y) 均是度量空间，映射 $\phi: X \to Y$ 在 $x \in X$ 点连续，当且仅当对于任何 $\varepsilon > 0$ 存在 $\delta > 0$，使得当 $d_X(x, x') < \delta$ 时，$d_Y(\phi(x),$

$\phi(x')) < \varepsilon$。若 ϕ 在任意 $x \in X$ 上连续，则 ϕ 在 X 上连续。

事实 A.9 相应地，如果对于任意 $\{x_n\}_{n=1}^{\infty} \to x$，有 $\{\phi(x_n)\}_{n=1}^{\infty} \to \phi(x)$，则 ϕ 在 x 上连续。

事实 A.10 已知 (X, d_X)、(Y, d_Y) 和 (Z, d_Z) 均为度量空间，考虑映射 $\phi: X \to Y$ 和 $\gamma: Y \to Z$。如果 ϕ 在 x' 连续，映射 γ 在 $\phi(x')$ 连续，则 $\gamma \circ \phi = \gamma(\phi(x))$ 在 x' 连续。

证明 见习题 A.13。

类似地，连续函数的和与积均连续，只要分母不为 0，连续实值函数之比也连续。

以下定理就其本身而言是一个重要定理，也激发了下一节关于函数连续性的更一般化处理

定理 A.2（开集和连续性 I） 令 (X, d_X) 和 (Y, d_Y) 是度量空间，则映射 $\phi: X \to Y$ 连续，当且仅当对于任意在 Y 中是开集的 $Y' \subset Y$，$\phi^{-1}(Y')$ 是 X 中的开集。

证明 ($\Rightarrow$) 假设 ϕ 连续，Y' 为 Y 中的开集，则任取 $x \in \phi^{-1}(Y')$，由于 Y' 是开集，存在 $\varepsilon > 0$，使得满足 $d_Y(\phi(x), y) < \varepsilon$ 的 y 均在 Y' 中。由于 ϕ 在 x 连续，对 $\varepsilon > 0$，存在 $\delta > 0$，使得满足 $d_X(x, x') < \delta$ 的任意点 x'，有 $d_Y(\phi(x), \phi(x')) < \varepsilon$，从而 $\phi(x') \in Y'$，$\phi^{-1}(Y')$ 是 X 中开集。

($\Leftarrow$) 假设对于 Y 中的任意开集 Y'，$\phi^{-1}(Y')$ 是 X 中的开集。对于给定的 $x \in X$ 和 $\varepsilon > 0$，令 $Y' = \mathcal{N}_\varepsilon(\phi(x))$ [也即 $Y' = \{y \in Y : d_Y(\phi(x), y) < \varepsilon\}$]，这显然是开集，因此 $\phi^{-1}(Y')$ 是 X 中的开集。于是存在 $\delta > 0$，使若 $d_X(x, x') < \delta$，则有 $x' \in \phi^{-1}(Y')$。$x' \in \phi^{-1}(Y')$ 意味着 $\phi(x') \in Y'$，因此 $d_Y(\phi(x), \phi(x')) < \varepsilon$。命题得证。

定理 A.3（中值定理） 令 $f: [a, b] \to \mathbb{R}$ 是连续函数。假定 $f(a) \neq f(b)$，则若 c 在 $f(a)$ 和 $f(b)$ 之间（例如如果 $f(a) < f(b)$，有 $c \in (f(a), f(b))$），则存在 $x^* \in (a, b)$，使 $f(x^*) = c$。

证明 在连续函数 f 下，区间 $[a, b]$ 的象集 $f([a, b])$ 是连通集，即 $f([a, b])$ 不是两个不相交开集 W 和 W' 的并集（也即对任何 W，有 $f([a, b]) \neq W \cup W'$，W' 是开集且满足 $W \cap W' = \emptyset$）。否则，存在两个不相交的开集 V 和 V'，使 $f([a, b]) \subset V \cup V'$。由定理 A.2 可知，这意味着 $f^{-1}(V)$ 和 $f^{-1}(V')$ 都是 $[a, b]$ 中的开集。因 $f([a, b]) \subset V \cup V'$，故有 $[a, b] \subset f^{-1}(V) \cup f^{-1}(V')$，这意味着 $[a, b]$ 是不连通的，与 $f[a, b]$ 连通相矛盾。由于 $f([a, b])$ 是连通的，因此包含了 $f(a)$ 和 $f(b)$ 之间的任何值，于是，定理 A.3 直接得证。

中值定理是经济学家使用的最简单的不动点定理（更一般的不动点定理参见

定理 A. 18 和定理 A. 19）。不动点定理给出了条件，使给定一个映射 $\phi: X \to X$，存在 $x^* \in X$，其中 $x^* = \phi(x^*)$。因许多均衡问题可阐述为不动点问题，其重要性不言而喻。而且一个不动点是一个略有不同的映射的零点。具体地，定义 $\tilde{\phi}(x) = \phi(x) - x$，则 ϕ 的不动点即为 $\tilde{\phi}$ 的零点。也许，中值定理最有用的应用就是 $\tilde{\phi}(a) < 0$ 和 $\tilde{\phi}(b) > 0$ [或者 $\tilde{\phi}(a) > 0$ 和 $\tilde{\phi}(b) < 0$] 的情形。在这一情形中，中值定理表明，连续函数 $\tilde{\phi}$ 在区间 $[a,b]$ 有一个零点，也就是说，存在某个值 $x^* \in (a,b)$，使 $\tilde{\phi}(x^*) = 0$。因此，ϕ 有一个不动点。

A.3 拓扑学摘要：连续性和紧性

由定理 A.2 可知映射的连续性仅与开集的结构有关。这恰是我们简要介绍拓扑的动机，拓扑学研究的是开集及其性质。我们引介拓扑学概念的主要兴趣是为了讨论紧性。虽然讨论紧性时只需要用到与度量空间相关的一些概念，但在研究无穷维空间中的优化问题时，我们需要对紧性做更一般的处理。

定义 A.15 在一个非空子集 X 上的拓扑 $\tau = \{V_\alpha\}_{\alpha \in A}$ 是 X 的子集族 $\{V_\alpha\}_{\alpha \in A}$，使得

1. $\emptyset \in \tau, X \in \tau$；
2. 对于任意的 $A' \subset A$，有 $\cup_{\alpha \in A'} V_\alpha \in \tau$
3. 对于任意有限的 $A' \subset A$，有 $\cap_{\alpha \in A'} V_\alpha \in \tau$。

给定集合 X 上的拓扑，如果 $V \in \tau$，则 V 是 X 中的开集；如果 $X \setminus V \in \tau$，则 V 是 X 中的一个闭集。我们称 (X, τ) 为一个拓扑空间。

显然，这一定义类似于定理 A.1 给出的开集之并集和交集的性质。有时，描述拓扑往往不给出所有的开集，而是做简化处理。下面给出两种简便的方法。第一种方法是从一个度量空间中推导出一个拓扑空间。具体地，由于拓扑空间 (X, τ) 用一个开集族定义，而度量空间 (X, d) 定义了空间 X 中的开集族，所以它也定义了拓扑空间，其中拓扑 τ 推导自度量 d。第二种方法不是用所有开集的集族描述，而是用称为基的较小集族描述。

定义 A.16 给定一个拓扑空间 (X, τ)。集族 $\{W_\alpha\}_{\alpha \in A'}$ 为 (X, τ) 的基，当且仅当对任何 $V \in \tau$ 存在 $A'' \subset A'$，使得 $V = \cup_{\alpha \in A''} W_\alpha$。

若集族 $\{W_\alpha\}_{\alpha \in A'}$ 是 (X, τ) 的基，则拓扑 τ 产生自 $\{W_\alpha\}_{\alpha \in A'}$。

例 A.9

1. 对任何 $X \subset \mathbb{R}^K$，根据度量族 $d_p(x,y) = \left(\sum_{i=i}^{K} |x_i - y_i|^p\right)^{1/p}$ ($1 \leq p < \infty$)

和 $d_\infty(x,y) = \max_{i=1,\ldots,K} |x_i - y_i|$ 定义一个开集族（在定义 A.3 的意义上），记为 τ_p（$p \in [1,\infty]$），则 (X,τ_p) 是拓扑空间。(X,τ_2) 有时被称为欧氏拓扑。由于其他的度量也是等价的（见习题 A.11），所以任何 (X,τ_p) 都可以称为欧氏拓扑。

2. 任何非空集 X 上的离散拓扑可用两种等价的方式定义：用例 A.1 中的离散度量，或者令 X 的所有子集为开集。

3. 集合 X 上的平凡拓扑 τ' 仅含有作为开集的空集 $\emptyset$ 与集合 X 本身。

4. 考虑具有上确界的所有连续有界实值函数的度量空间 $(\mathbf{C}(X),d_\infty)$。根据 d_∞ 用 τ_∞ 定义 $\mathbf{C}(X)$ 上的开集族，则 $(\mathbf{C}(X),\tau_\infty)$ 是一个拓扑空间。

5. 考虑实数 $\ell \subset \mathbb{R}^\infty$ 的无穷数列集合和这个集合的度量族，而该度量族由满足 $1 \leq p < \infty$ 的 $d_p(x,y) = \left(\sum_{i=i}^\infty |x_i - y_i|^p\right)^{1/p}$ 和 $d_\infty(x,y) = \sup_i |x_i - y_i|$ 给出 [仍然假定在第一种情形下，对所有 $x \in \ell$，有 $\left(\sum_{i=i}^\infty |x_i|^p\right)^{1/p} < \infty$，在第二种情形下，有 $\sup_i |x_i| < \infty$]。对任意 $p \in [1,\infty]$，d_p 可定义一个拓扑 τ_p，且 (ℓ,τ_p) 是一个拓扑空间，有时也可以记为 ℓ_p，这个符号也用于表示对应的度量空间。

如上例所示，我们讨论的许多拓扑空间都可从度量空间推导而来。此时，我们说拓扑空间是可度量的，实际上，我们可以将可度量拓扑空间视为度量空间。

定义 A.17 拓扑空间 (X,τ) 是可度量的，当且仅当在集合 X 上存在一个度量 d 使得 $V \in \tau$ 时，V 在度量空间 (X,d) 中也是开集（根据定义 A.3）。

事实 A.11 若拓扑空间 (X,τ) 是可度量的，且有某个度量 d，则它定义的连续和收敛概念与度量空间 (X,d) 定义的相同。

证明 由于拓扑空间 (X,τ) 和度量空间 (X,d) 有一样的开集族，命题得证。

并非所有的拓扑空间都有度量空间的良好特性。幸运的是，这对我们这里关注的与连续性和紧性相关的拓扑空间的性质来说不是问题。但需要指出的是，与一般拓扑空间极为相关的特性是豪斯多夫（Hausdorff）特性，它要求拓扑空间 (X,τ) 中的任意两个不同的点 x,y 是分离的，也就是说，在一个有着豪斯多夫特性的拓扑空间中，存在 $V_x, Y_y \in \tau$，使得 $x \in V_x, y \in V_y$ 和 $V_x \cap V_y = \emptyset$。显然，每个度量空间均有豪斯多夫特性（见习题 A.14）。本书中，豪斯多夫特性不是必要的。

回到一般拓扑空间，序列、子序列、网、子网的收敛概念可以表述为一般拓扑空间。在这里，我只给出了序列和网的收敛定义（子序列和子网的收敛定义可类似地给出）。

定义 A.18 令 (X,τ) 是一个拓扑空间。序列 $\{x_n\}_{n=1}^\infty$ [网 $\{x_\alpha\}_{\alpha \in A}$] 在 X 中是收敛的，并有极限点 $x \in X$，当且仅当对于有的任意 $V \in \tau$，存在 $N \in \mathbb{N}$（存在

某个 $\bar{a} \in A$），使得对于所有 $n \geq N$，有 $x_n \in V$（对所有 $\alpha \geq \bar{\alpha}$，均有 $x_a \in V$）。我们将此记为 $\lim_{n \to \infty} x_n = \lim x_n = x$ 或 $\{x_n\}_{n=1}^{\infty} \to x$。类似地，我们可以定义连续性。

定义 A.19 令 (X, τ_X) 和 (Y, τ_Y) 是拓扑空间，考虑映射 $\phi: X \to Y$。映射 ϕ 在 $x \in X$ 点连续，当且仅当对每个满足 $\phi(x) \in U$ 的 $U \in \tau_Y$，存在满足 $x \in V$ 的 $V \in \tau_X$，使得 $\phi(V) \subset U$。如果 ϕ 在每个 $x \in X$ 上连续，则 ϕ 在 X 上连续。

显然，这一定义类似于定义 A.14 描述的度量空间的连续性。这带来了如下定理。

定理 A.4（开集和连续性 II） 令 (X, τ_X) 和 (Y, τ_Y) 是拓扑空间，并考虑映射 $\phi: X \to Y$。ϕ 是连续的，当且仅当对每个在 Y 中的开集 Y'，$\phi^{-1}(Y')$ 是 X 中的开集。

这一定理的证明类似于定理 A.2 的证明，故略去。

在一般拓扑空间中，序列收敛不是映射连续的充分条件，但是网收敛是映射连续的充分条件。

定理 A.5（网的连续性和收敛性） 令 (X, τ_X) 和 (Y, τ_Y) 是拓扑空间。映射 $\phi: X \to Y$ 在 $x \in X$ 点连续，当且仅当对任意网 $\{x_\alpha\}_{\alpha \in A} \to x$，有 $\{\phi(x_\alpha)\}_{\alpha \in A} \to \phi(x)$。

证明 ($\Rightarrow$) 设映射 ϕ 在 x 点连续，并考虑网 $\{x_\alpha\}_{\alpha \in A} \to x$。取 $U \in \tau_Y$，满足 $\phi(x) \in U, \phi^{-1}(U) \in \tau_X$，以及 $x \in \phi^{-1}(U)$。于是，对某个 $\bar{\alpha} \in A$，我们有 $\alpha \geq \bar{\alpha}$，它意味着，对所有 $\alpha \geq \bar{\alpha}$，均有 $\phi(x_a) \in U$，由此证明 $\{\phi(x_\alpha)\}_{\alpha \in A} \to \phi(x)$。

($\Leftarrow$) 设映射 ϕ 在 x 点不连续，则存在满足 $\phi(x) \in U$ 的 $U \in \tau_Y$，使得 $\phi^{-1}(U) \notin \tau_X$。令 $V = \mathcal{N}(x)$ 表示 X 中的一个邻域 x，也即满足 $V \in \tau_X$，其中 $x \in V$。由于存在 $U \in \tau_Y$，使得 $\phi(x) \in U$ 和 $\phi^{-1}(U) \notin \tau_X$，所以对任意 $V \in \mathcal{N}(x)$，存在 $x_V \in V$，使得 $\phi(x_V) \notin U$。在 $\mathcal{N}(x)$ 中根据包含关系（也即 $V' \geq V$，当且仅当 $V' \subset V$）对 V 排序。根据构造，$\{x_V\}_{V \in \mathcal{N}(x)}$ 是收敛于 x 的网，但 $\{\phi(x_V)\}_{V \in \mathcal{N}(x)} \not\to \phi(x)$。证毕。

事实 A.12 考虑函数 $f: X \to \mathbb{R}$，并设 X 为离散拓扑，则函数 f 一定连续。

证明 因离散拓扑中 X' 的任意子集都是 X 中的开集，命题得证。

定义 A.20 已知拓扑空间 (X, τ) 中 $\tau = \{V_\alpha\}_{\alpha \in A}$ 及集合 $X' \subset X$，则对某个 $A' \subset A$，开集族 $\{V_\alpha\}_{\alpha \in A'}$ 是集合 X' 的开覆盖，当且仅当 $X' \subset \bigcup_{\alpha \in A'} V_\alpha$。

事实 A.13 任意集合 $X' \subset X$ 都存在开覆盖。

证明 根据定义 A.15，$X \in \tau$，从而 $\{X\}$ 是 X' 的开覆盖。

定义 A.21 拓扑空间 (X, τ) 的子集 X'（其中 $X' = X$）是紧的，当且仅当 X' 的任意开覆盖都存在一个有限的子覆盖，也即对 X' 的任何一个开覆盖 $\{V_\alpha\}_{\alpha \in A'}$，

都存在有限集合 $A'' \subset A'$ 使得 $X' \subset \bigcup_{\alpha \in A''} V_\alpha$。

紧性是一个重要的特性，因为紧集有很多良好的性质，下文用到了其中的一些特性。在欧氏空间中，紧性有一个非常简单的含义，它由如下著名定理给出。

定理 A.6［海涅－波雷尔（Heine－Borel）定理］令 $X \subset \mathbb{R}^K$ 为一个（有欧氏度量或拓扑的）欧氏空间，则 $X' \subset X$ 是紧集，当且仅当 X' 是 $\mathbb{R}^K$ 中的一个有界闭集。

此定理的证明可在任何实分析的教科书中找到，我不在这里重复。对我们来说，这一定理的主要含义是任何满足 $a_i, b_i \in \mathbb{R}$ 和 $a_i \leq b_i$ 的 K 维分段 $\Pi_{i=1}^K [a_i, b_i]$ 是紧集。[①] 如以下例子表明的，X 是一个欧氏空间这一假设对定理 A.6 来说很重要。

例 A.10 考虑拓扑空间 (ℓ, τ)，其中 ℓ 是无限序列空间，τ 是由离散度量引致的离散拓扑。定义 $\ell' = \{x \in \{0,1\}^\infty : \sum_{i=1}^\infty x_i^2 = 1\}$。显然，$\ell'$ 是 ℓ 的一个有界闭集，但 ℓ' 的每个开覆盖并非都是有限的子覆盖。尤其是，请注意 ℓ' 中的每个元素都有如下形式：$v_1 = (1,0,0,0,\cdots)$，$v_2 = (0,1,0,0,0,\cdots)$，$v_3 = (0,0,1,0,0,\cdots,)$ 以此类推。因 τ 是离散拓扑，故而对每个 n 有 $v_n \in \tau$，而且集族 $\bigcup_{n \in \mathbb{N}} v_n$ 是 ℓ' 的一个开覆盖。但是这个开覆盖没有有限子覆盖。类似地，如果我们取 ℓ_2 的一个子集 $\ell_2' = \{x \in [0,1]^\infty : \sum_{i=1}^\infty x_i^2 \leq 1\}$，它是满足度量 $d_2(x,y) = (\sum_{i=1}^\infty |x_i - y_i|^2)^{1/2}$ 的无限序列空间，则序列 $\{v_n\}_{n=1}^\infty$ 没有收敛的子序列。同样的构造也可作为非紧性有界闭集的例子。这一子集是有界闭集。但上面的 v_1、v_2 和 v_3 是 ℓ_2 的元素，序列 $\{v_n\}_{n=1}^\infty$ 不是收敛的。

虽然如此，紧集和闭集之间依旧有重要的联系。

引理 A.2 令 (X, τ) 是拓扑空间，并设集合 $x' \subset X$ 是紧集，则：

1. 任意闭集 $X'' \subset X'$ 都是紧集（因此 X' 本身是紧集），
2. 对于任意闭集 $X'' \subset X$，$X'' \cap X'$ 也是紧集。

证明 见习题 A.15。

紧性的一个重要含义就是下面的定理。

定理 A.7［波尔扎诺－威尔斯特拉斯（Bolzano－Weierstrass）定理］ 令 (X, τ) 为拓扑空间，$\{x_n\}_{n=1}^\infty$ 是 X 中的一个序列。若 X 是紧的，则 $\{x_n\}_{n=1}^\infty$ 存在一个收敛子序列。

证明 为了使用反证法，设这样的收敛子集不存在，则每个 $x \in X$ 必须有邻

[①] 我们用 $\Pi_i [a_i, b_i]$ 代替 $X_i [a_i, b_i]$ 表示子集的乘积。

域 V_x，该邻域最多包含子序列 $\{x_n\}_{n=1}^{\infty}$ 的一个元素。显然，$\{V_x\}_{x \in X}$ 是 X 的一个开覆盖，且有无限个子覆盖，这与紧性矛盾。定理得证。

我们可以对网和集合陈述一个与定理 A.7 对应的定理，但这一结论对我们的论述来说并非必要。读者也可以思考与定理 A.7 对应的定理是否适用于一般拓扑空间。不幸的是，并不适用（但适用于有豪斯多夫特性以及可数基的拓扑空间）（参见 Kelley，1955）。

定理 A.8（连续性和紧象集） 令 (X, τ_X) 和 (Y, τ_Y) 是拓扑空间，并考虑映射 $\phi: X \to Y$。若 ϕ 是连续的，且集合 $X' \subset X$ 是紧集，则 $\phi(X')$ 也是紧集。

证明 令 $\{V_\alpha\}_{\alpha \in A'}$ 是 $\phi(X')$ 的一个开覆盖。由于 ϕ 是连续的，定理 A.4 意味着对任意 $\alpha \in A'$，$\phi^{-1}(V_\alpha)$ 都是开集。由于 X' 是紧集，每一个开覆盖都有一个有限的子覆盖，因而存在一个有限的 $A'' \subset A'$，使得 $X' \subset \cup_{\alpha \in A''} \phi^{-1}(V_\alpha)$。根据定义，对任何 $Y''' \subset Y$，都有 $\phi(\phi^{-1}(Y''')) \subset Y'''$，于是我们有

$$\phi(X') \subset \bigcup_{\alpha \in A''}(V_\alpha)$$

从而 $\{V_\alpha\}_{\alpha \in A''}$ 是 $\{V_\alpha\}_{\alpha \in A'}$ 的一个有限子覆盖。证毕。

定理 A.8 看似简单，但有很多重要应用。最重要的便是威尔斯特拉斯定理。[1] 请记住，对一个实值函数 $f: X \to \mathbb{R}$，最大值 $\max_{x \in X} f(x)$ 和最小值为 $\min_{x \in X} f(x)$ 是该函数在集合 X 上的最大值和最小值。它们不一定存在。如果它们存在，我们也可以定义如下非空集合：$\arg\max_{x \in X} f(x) = \{X' \in X : f(X') = \max_{x \in X} f(x)\}$ 和 $\arg\min_{x \in X} f(x) = \{X' \in X : f(x') = \min_{x \in X} f(x)\}$。

定理 A.9（威尔斯特拉斯定理） 给定拓扑空间 (X, τ) 与函数 $f: X \to \mathbb{R}$。若 X' 是 (X, τ) 的一个紧子集，则 $\max_{x \in X'} f(x)$ 和 $\min_{x \in X'} f(x)$ 存在，且 $\arg\max_{x \in X'} f(x)$ 和 $\arg\min_{x \in X'} f(x)$ 非空。

证明 根据定理 A.8，$f(X')$ 是紧集。$\mathbb{R}$ 的紧子集包含一个最小值和一个最大值，因此 $\max_{x \in X'} f(x)$ 和 $\min_{x \in X'} f(x)$ 存在。由此可以直接得出 $\arg\max_{x \in X'} f(x)$ 和 $\arg\min_{x \in X'} f(x)$ 的非空性。

这个定理意味着，如果我们能够将最大化问题表述为最大化一个实值函数，其约束条件为拓扑空间的一个紧子集，则可确保存在最大值集合的解和非空性。

---

[1] 我们要注意到很多定理冠名以威尔斯特拉斯定理，除了下面给出的定理，还有一个关于函数的一致收敛定理，以及一个利用多项式逼近紧集上的连续函数定理。但是在经济学中，我们经常使用的是下面这个定理，因此以后提及威尔斯特拉斯定理基本是指下述定理。

一个直接的推论也对许多应用颇为有益。实值函数 $f:X \to \mathbb{R}$ 在集合 X 上是有界的，当且仅当对于任意的 $x \in X$，存在 $M < \infty$，使得 $|f(x)| < M$。

推论 A.1 考虑拓扑空间 (X,τ)。如果函数 $f:X \to \mathbb{R}$ 在 X 上连续，且 X 是紧的，则 f 在 X 上是有界的。

最后，实值函数连续性的更严格定义有时也颇为有用（例如第 7 章的定理 7.15）。

定义 A.22 令 (X,d) 是一个度量空间。函数 $f:X \to \mathbb{R}$ 在 X 上是一致连续的，当且仅当对任何 $\varepsilon > 0$，存在 $\delta > 0$，使得对于满足 $d(x_1,x_2) < \delta$ 的任何 $x_1, x_2 \in X$，有 $|f(x_1) - f(x_2)| < \varepsilon$。

请注意，在某个点 $x \in X$（例如定义 A.14）的连续性与一致连续性之间是有差别的。在前者中，δ 可以随 x 变化，而在一致连续性的情况中，对所有 $x \in X$，δ 都必须一样。

定理 A.10（紧集上的一致连续性） 令 (X,d_X) 和 (Y,d_Y) 是度量空间。若 (X,d_X) 是紧空间且 f 在 X 上是连续的，则 f 在 X 上是一致连续的。

证明 为了使用反证法，设映射 f 在紧度量空间 (X,d_X) 上是连续的，但不是一致连续的，则对某个 $\varepsilon > 0$ 和任意 $n = 1, 2, \cdots$，存在 $x_n, x'_n \in X$ 使得

$$d_X(x_n, x'_n) < \frac{1}{n} \tag{A.2}$$

$$d_Y(f(x_n), f(x'_n)) \geqslant \varepsilon \tag{A.3}$$

现在考虑 X 中的序列 $\{x_n\}_{n=1}^{\infty}$，由定理 A.7 可知，存在一个序列 $\{x_{n_k}\}$ 收敛于 $x \in X$，同时由（A.2）可知，对应序列 $\{x'_n\}_{n=1}^{\infty}$，$\{x'_{n_k}\}$ 收敛于同一点 x。从（A.3）可知，对于每个 n_k，有

$$\varepsilon \leqslant d_Y(f(x_{n_k}), f(x'_{n_k})) \leqslant d_Y(f(x), f(x'_{n_k})) + d_Y(f(x), f(x_{n_k}))$$

其中第二个不等式使用了三角不等式。因此要么 $d_Y(f(x), f(x_{n_k})) \geqslant \varepsilon/2$，要么 $d_Y(f(x), f(x'_{n_k})) \geqslant \varepsilon/2$，或者两者同时成立。但这与 f 在 X 上连续是相矛盾的。这一矛盾证明了 f 在 X 上是一致连续的。证毕。

这个定理的逆命题显然成立，因为每一个一致连续的函数都一定是连续的。

A.4 乘积拓扑*

介绍拓扑空间而不仅仅是度量空间的一个主要原因是为了引入乘积拓扑。在

处理无穷维优化时，乘积拓扑尤其有用，因为我们可以将序列空间 ℓ 视为 $\mathbb{R}$ 的无穷乘积，即 $\mathbb{R}^\infty$。那么乘积空间有什么拓扑性质呢？答案就是著名的吉洪诺夫（Tychonoff）定理。在陈述该定理之前，有必要介绍若干概念。首先，我们需要根据拓扑的"强弱"关系，对它们进行排序。

定义 A.23 令 τ 和 τ' 是给定集合 X 上的两个不同拓扑。拓扑 τ 弱于拓扑 τ'（或者拓扑 τ' 强于拓扑 τ），当且仅当 V_α 既是 τ 中的开集也是 τ' 中的开集。

定义 A.24 令 $\{(X_\alpha, \tau_\alpha)\}_{\alpha \in A}$ 是拓扑空间族，则乘积拓扑 $\tau = \Pi_{\alpha \in A} \tau_\alpha$ 是最强的拓扑，使得形式为 $\cup_{j \in J} V^j$ 的所有集合都是开集，其中 $V^j = \Pi_{\alpha \in A} V_\alpha^j$，并且对有限多的所有 α，有 $V_\alpha^j \in \tau_\alpha$ 和 $V_\alpha^j = X_\alpha$。

陈述这一定义的另一种方法是形式为 $V^j = \Pi_{\alpha \in A} V_\alpha^j$ 的集合，并且对有限多的所有 α，有 $V_\alpha^j \in \tau_\alpha$ 和 $V_\alpha^j = X_\alpha$，该集合是乘积拓扑的基（请回忆定义 A.16）。

乘积拓扑非常有用，因为它保证了投影映射（projection map）的连续性（对任何一个合理的拓扑来说，这是最低要求），又不会引入太多开集。

定义 A.25 令集合 $X = \Pi_{\alpha \in A} X_\alpha$，对任意的 α，投影映射可定义为 $P_\alpha: X \to X_\alpha$，使 $P(x) = x_\alpha$。

定理 A.11（投影映射和乘积拓扑） 乘积拓扑是使一切投影映射 P_α 连续的最弱拓扑。

证明 令 τ 为乘积拓扑，τ' 是使一切投影映射连续的其他拓扑。对于任意 $\alpha \in A$，如果 $V_\alpha \in X_\alpha$ 在 X_α 中是开集，则根据 τ'（也即 $P_\alpha^{-1}(V_\alpha) \in \tau'$），形式为 $P_\alpha^{-1}(V_\alpha)$ 的所有集合都是开集。但是形式为 $P_\alpha^{-1}(V_\alpha)$ 的所有集合的有限交集是 τ' 的成员，所以乘积拓扑 τ 中的所有开集都属于 τ'。于是，τ' 一定强于 τ，这一论证证明了乘积拓扑是使一切投影映射连续的最弱拓扑。证毕。

因为下述事实，我们也称乘积拓扑为逐点收敛的拓扑。

事实 A.14 集合 $X = \Pi_{\alpha \in A} X_\alpha$ 中的序列 $\{x_n\}_{n=1}^\infty$ 或网 $\{x_j\}_{j \in J}$ 收敛于某个 $\bar{x}$，当且仅当对于任意 $\alpha \in A$，$P_\alpha(x_n)$ 或 $P_\alpha(x_j)$ 收敛于 $P_\alpha(\bar{x})$。

乘积拓扑常被用来分析无穷序列的收敛性。可替代乘积拓扑的是箱拓扑。箱拓扑的定义与乘积拓扑类似，只是它没有最低要求"对于有限的多个 α，有 $V_\alpha^j = X_\alpha$"。因此，箱拓扑有更多的开集，也比乘积拓扑更强。相应地，箱拓扑更难实现紧性。习题 A.16 进一步研究了这一问题。

定理 A.11 告诉我们，对任意 $\alpha \in A$，如果映射 $P_\alpha \circ \phi: Y \to X_\alpha$ 是连续的，则根据乘积拓扑，映射 $\phi: Y \to \Pi_{\alpha \in A} X_\alpha$ 也是连续的。由于下述定理，乘积拓扑在离

散时间的动态优化问题中尤其有用。

定理 A.12（乘积拓扑中的连续性） 设函数 $f_n:X_n\to\mathbb{R}$ 连续，对任意 $n\in\mathbb{N}$，X_n 是紧度量空间，函数族 $\{f_n\}_{n\in\mathbb{N}}$ 一致有界（即存在正实数 $M\in\mathbb{R}$，使得对于任意 $x_n\in X_n$，$n\in\mathbb{N}$，有 $|f_n(x_n)|\leqslant M$），且 $\beta<1$，则函数 $f=\sum_{n=1}^{\infty}\beta^n f_n:\Pi_{n\in\mathbb{N}}X_n\to\mathbb{R}$ 在乘积拓扑中是连续的。

证明 首先，请注意函数 $\{f_n\}_{n\in\mathbb{N}}$ 一致有界性确保了 f 对所有 $x\in\Pi_{n\in\mathbb{N}}X_n$ 有良好的定义。由定理 A.5 可知，f 在乘积拓扑中是连续的，当且仅当对于任何 $x^\infty\in\Pi_{n\in N}X_n$，以及对乘积拓扑中满足 $\{x_\alpha\}_{\alpha\in A}\to x^\infty$ 的任何网 $\{x_j\}_{j\in J}\in\Pi_{n\in\mathbb{N}}X_n$，有 $\{f(x_j)\}_{j\in J}\to f(x^\infty)$。现在取网 $\{x_j\}_{j\in J}\to x^\infty$。根据事实 A.14，$\{x^j\}_{j\in J}\to x^\infty$ 在拓扑乘积中，当且仅当对于任意 $n\in\mathbb{N}$，有 $\{x_n^j\}_{j\in J}\to x_n^\infty$。根据任意函数 f_n 的连续性，有 $\{f_n(x_n^j)\}_{j\in J}\to f(x_n^\infty)$。设 $\varepsilon>0$，并取 $\bar{n}$ 使 $2M\beta^{\bar{n}}/(1-\beta)<\varepsilon/2$。当 $n<\bar{n}$ 时，有 $\{f_n(x_n^j)\}_{j\in J}\to f(x_n^\infty)$，从而存在 $\bar{j}\in J$，使得对于任意 $n<\bar{n}$ 和 $j\geqslant\bar{j}$，有

$$|f_n(x_n^j)-f(x_n^\infty)|\leqslant\varepsilon(1-\beta)/2$$

进而对于使 $j\geqslant\bar{j}$ 的任意 $\bar{j}\in J$，有

$$\left|\sum_{n=1}^{\infty}\beta^n f_n(x_n^j)-\sum_{n=1}^{\infty}\beta^n f_n(x_n^\infty)\right|\leqslant\sum_{n=1}^{\bar{n}-1}\beta^n\left|f_n(x_n^j)-f(x_n^\infty)\right|+2M\sum_{n=\bar{n}}^{\infty}\beta^n$$

$$\leqslant\sum_{n=1}^{\bar{n}-1}\beta^n\frac{\varepsilon(1-\beta)}{2}+\frac{\varepsilon}{2}<\varepsilon$$

其中第一行使用了三角不等式和 $\{f_n\}_{n\in\mathbb{N}}$ 一致有界的事实，第二行使用了 $\bar{j}$ 的定义。这一不等式证明了 $\{f(x^j)\}_{j\in J}\to f(x^\infty)$ 和 f 的连续性。

在上面这个定理中，贴现是重要的。下例解释了为什么。

例 A.11 若函数 $f_n:X\to\mathbb{R}$ 连续，且 X 是紧度量空间，取函数 $f=\sum_{n=1}^{\infty}f_n:X^\infty\to\mathbb{R}$，给定序列 $\{x^j\}_{j=1}^{\infty}\to x^*$ 和 $\varepsilon>0$，若对一切 n 有 $f_n(x^n)>\varepsilon$，则 f 取值到无穷，故不连续。

定理 A.13（吉洪诺夫定理） 已知拓扑空间族 $\{(X_a,\tau_a)\}_{a\in A}$，其中 $A\subset\mathbb{R}$。若任意拓扑空间 X_a 是紧空间，则乘积空间 $X=\Pi_{\alpha\in A}X_\alpha$ 在乘积拓扑下也是紧空间。即当 $\tau=\Pi_{\alpha\in A}\tau_a$ 时，(X,τ) 也是紧的。

定理证明可见凯利（1955）或罗伊登（Royden, 1994）。

结合定理 A.12，吉洪诺夫定理意味着在标准动态经济环境中，与贴现效用

最大化有关的问题在乘积拓扑中都有一个连续函数。然后，我们可以利用吉洪诺夫定理证明相关的约束集（也在乘积拓扑下）是紧集。定理 A.12 和吉洪诺夫定理相结合使我们能够运用威尔斯特拉斯定理（即定理 A.9）证明解的存在性（参见第 6 章和第 16 章）。

A.5 绝对连续和等度连续*

本节将介绍更高阶的一些结论，它们有助于证明第 7 章第 7.6 节关于最优控制问题的解的存在性。本节给出的一些结论通常在测度论分析的背景下得到阐述。但是由于我在本书中始终避免使用测度论的概念，这里也将延续该做法。

定义 A.26　令 $X \subset \mathbb{R}$。则函数 $f: X \to \mathbb{R}$ 是绝对连续，当且仅当对于任意 $\varepsilon > 0$ 存在 $\delta > 0$，使得对于 $\sum_{k=1}^{n}(b_k - a_k) < \delta$ 时的任意两两不相交区间 (a_k, b_k)，有

$$\sum_{k=1}^{n} |f(b_k) - f(a_k)| < \varepsilon$$

上述定义中，允许 $X = \mathbb{R}$，也即一个函数可以在全实数域上都是绝对连续的。（勒贝格）积分情形自然会产生绝对连续。尤其是，下述事实简单明了，并且说明了绝对连续性发挥重要作用的情形。

事实 A.15　对所有 $x \in X$，令 $f(x) = \int_0^x g(s)ds$，若 $g(s)$ 在 X 上分段连续，则 f 在 X 上绝对连续。

此处积分可以是标准的黎曼积分（参见附录 B），但是，当 $g(s)$ 是勒贝格可积函数，且积分取勒贝格积分（不是分段连续）时，结论依旧成立。

事实 A.16　若函数 $f: X \to \mathbb{R}$ 在 X 上绝对连续，则它在 X 上一致连续（因此连续）。

事实 A.17　若函数 $f: X \to \mathbb{R}$ 在 X 上可微，则它在 X 上绝对连续。

我将引入几个概念，它们有助于证明 $C(X)$ 的子集是紧集。回忆 $C(X)$ 是定义在 X 上的有界连续实值函数，在下文中，我取 X 为紧欧氏空间（欧氏空间的一个紧子集）。

定义 A.27　令 (X, d) 为度量空间。对于任意 $\varepsilon > 0$，$A \subset X$ 是 $X' \subset X$ 的 ε 网，当且仅当对任意 $x \in X'$，存在 $a \in A$ 使得 $d(a, x) \leq \varepsilon$。

定义 A.28　令 (X, d) 为度量空间。X 的子集合 X' 是全有界集，当且仅当对任意 $\varepsilon > 0$，存在一个有限集 $A_\varepsilon \subset X$，它也是 X' 的一个 ε 网（有限 ε 网）。

上述定义中，我们可以不失一般性地设 $A_\varepsilon \subset X'$。作为它自身的子集 X 也可以是全有界的，并有相同的定义。

我没有给出证明的下述定理可视为对紧性的另一种描述（具体证明请参阅 Kolmogorov and Fomin，1970，第 100—102 页）。

定理 A.14（全有界性和紧空间） 度量空间 (X,d) 是紧空间，当且仅当它是全有界且完备的。

定义 A.29 令 X 为一个紧欧氏空间。$\mathbf{C}(X)$ 的子集 $\mathcal{F}$ 是一致有界的，当且仅当对任意 $x \in X$ 和任意 $f \in \mathcal{F}$，存在 $K > 0$，使得 $|f(x)| < K$。

定义 A.30 令 X 为一个紧欧氏空间。$\mathbf{C}(X)$ 的子集 $\mathcal{F}$ 是等度连续的，当且仅当对任意 $\varepsilon > 0$，任取 $x_1, x_2 \in X$，存在 $\delta > 0$，使得对于满足 $|x_1 - x_2| < \delta$ 的任何和任何 $f \in \mathcal{F}$，有

$$|f(x_1) - f(x_2)| < \varepsilon$$

定理 A.15 [阿泽拉－阿斯科利（Arzela–Ascoli）定理] 令 X 为一个紧欧氏空间，$\mathcal{F}$ 是 $\mathbf{C}(X)$ 的子集，则 $\mathcal{F}$ 的闭包 $\overline{\mathcal{F}}$ 是紧集，当且仅当 $\mathcal{F}$ 是一致有界且等度连续的。也就是说，若 $\mathcal{F}$ 是一致有界且等度连续的，且对于 $n = 1, 2, \cdots$，均有 $f^n \in \mathcal{F}$，则存在 $\{f^n\}_{n=1}^{\infty}$ 的子序列 $\{f^{n_k}\}$，使得 $\{f^{n_k}\} \to f \in \overline{\mathcal{F}}$。

证明 ($\Leftarrow$) 设 $\overline{\mathcal{F}}$ 是 $\mathbf{C}(X)$ 中的紧集，则由定理 A.14 和定义 A.28 可知，对于任意 $\varepsilon > 0$，$\mathcal{F}$ 有一个有限 ($\varepsilon/3$) 网 $\{f_1, \cdots, f_n\}$。因此，对于任意 $f \in \mathcal{F}$，存在 $i \in \{1, \cdots, n\}$，使得

$$\sup_{x \in X} |f(x) - f_i(x)| \leqslant \frac{\varepsilon}{3} \tag{A.4}$$

进一步地，因为 f_i 在紧集 X 上连续，所以每个 f_i 都是有界的（推论 A.1）。于是，对任意 $i \in 1, \cdots, n$，有 $K_i < \infty$，使得对任意 $x \in X$，有

$$|f_i(x)| \leqslant K_i$$

令 $K = \max\{K_1, \cdots, K_n\} + \varepsilon/3$，利用三角不等式，(A.4) 式可改写成：对所有 $x \in X$，有

$$|f(x)| \leqslant |f_i(x)| + \frac{\varepsilon}{3} \leqslant K_i + \frac{\varepsilon}{3} \leqslant K$$

这就证明了 $\mathcal{F}$ 是一致有界的。因为每个 f_i 都是连续的，且 X 是紧空间，由定理 A.10 可知，$f_1, \cdots, f_n$ 都是一致连续的，从而对任意 $i = 1, \cdots, n$ 和任意 $\varepsilon > 0$，有

$\delta_i > 0$，使得当 $|x - x'| < \delta_i$ 时，对所有的 $x, x' \in X$，均有 $|f_i(x) - f_i(x')| \leq \frac{\varepsilon}{3}$。取 $\delta = \max_i \{\delta_1, \cdots, \delta_n\}$，则对任何 $f \in \mathcal{F}$，选取 $i \in \{1, \cdots, n\}$ 使（A.4）式成立，再次利用三角不等式，对满足 $|x - x'| < \delta$ 的任意 $x, x' \in X$，有

$$|f(x) - f(x')| \leq |f(x) - f_i(x)| + |f_i(x) - f_i(x')| + |f_i(x') - f(x')|$$
$$< \frac{\varepsilon}{3} + \frac{\varepsilon}{3} + \frac{\varepsilon}{3} = \varepsilon$$

这意味着 $\mathcal{F}$ 等度连续的。

（$\Rightarrow$）取 $\varepsilon > 0$。由于 $\mathcal{F}$ 是等度连续的，对任意 $x \in X$，存在 $\delta > 0$，使得当 $x' \in \mathcal{N}_\delta(x)$（$x$ 的开 δ 邻域）时，对任意 $f \in \mathcal{F}$，有

$$|f(x) - f(x')| < \frac{\varepsilon}{4}$$

由于 X 是紧的，所以有一个有限子覆盖（定义 A.21），从而我们可以选取 $X' = \{x_1, \ldots, x_n\}$，使得 $X = \bigcup_{x_i \in X'} \mathcal{N}_\delta(x_i)$。又因任意 $f \in \mathcal{F}$ 都是有界的（推论 A.1），集合 $\{f(x_i): f \in \mathcal{F}$ 和 $i = 1, \ldots, n\}$ 是 $\mathbf{C}(X)$ 的全有界子集。由定义 A.28 可知，对任何 $X'' = \{f(x_1), \ldots, f(x_n)\}$，存在一个有限的 $(\varepsilon/4)$ 网 $A = \{g_1, \ldots, g_m\} \subset \mathcal{F}$。现在考虑函数集 F_A，并使 $F_A = \{f: X' \to A\}$。由于 X' 和 A 都是有限的，集合 F_A 也是有限的。令

$$\mathcal{F}_\phi = \left\{ f \in \mathcal{F}: |f(x_i) - \phi(x_i)| < \frac{\varepsilon}{4} \text{ for } i = 1, \ldots, n \right\}$$

由于 A 是 X'' 的一个 $(\varepsilon/4)$ 网，故 $\bigcup_{\phi \in F_A} \mathcal{F}_\phi = \mathcal{F}$。对某个 $\phi \in F_A$ 取 $f, g \in \mathcal{F}_\phi$，可观察到，利用三角不等式，对于 $x_i \in X'$，我们有

$$|f(x_i) - g(x_i)| \leq |f(x_i) - \phi(x_i)| + |\phi(x_i) - g(x_i)|$$
$$\leq \frac{\varepsilon}{4} + \frac{\varepsilon}{4} = \frac{\varepsilon}{2}$$

由于 $X = \bigcup_{x_i \in X'} \mathcal{N}_\delta(x_i)$，对于任意 $x \in X$，有 $i \in \{1, \cdots, n\}$ 的 $\mathcal{N}_\delta(x_i)$，因此对于任意 $x \in X$，有

$$|f(x) - g(x)| \leq |f(x) - f(x_i)| + |f(x_i) - g(x_i)| + |g(x_i) - g(x)|$$
$$< \frac{\varepsilon}{4} + \frac{\varepsilon}{2} + \frac{\varepsilon}{4} = \varepsilon.$$

因此 $\mathcal{F}$ 是全有界的。而且，由于 $\mathbf{C}(X)$ 是完备的，$\overline{\mathcal{F}}$ 也是完备的（事实 A.8），从

而$\mathcal{F}$是$\mathbf{C}(X)$中的紧集,由此证明这是定理A.15的充分条件。

最后,这一充分条件表明,若$f^n \in \mathcal{F}$,其中$n=1, 2, \ldots$,则$\{f^n\}$有一个子序列$\{f^{n_k}\}$使$\{f^{n_k}\} \to f \in \overline{\mathcal{F}}$。

推论 A.2 令X为紧欧氏空间,$\mathbf{C}(X)$的子集$\mathcal{F}$构成在X上定义的绝对连续函数族。设$\mathcal{F}$是一致有界且等度连续的,则对任意$n \in 1, 2, \cdots$,有$f^n \in \mathcal{F}$,此时$\{f^n\}_{n=1}^{\infty}$有一个子序列$\{f^{n_k}\}$,使得$\{f^{n_k}\} \to f \in \overline{\mathcal{F}}$。

A.6 对应和伯奇最大值定理

本节将阐述伯奇最大值定理,这是数理经济分析中最重要的定理之一。它不仅对动态优化至关重要,而且在一般均衡理论、博弈论、政治经济学、公共财政和产业组织理论中都起到了主要作用。实际上,很难想象这个定理作用不显著的经济学领域。虽然这个定理无比重要,但很多基本的经济数学课程和教材都把它略而不论。这促使我在此略做具体介绍。证明这一定理的第一步是简要回顾上文提到的对应这一概念.

本节和下一节将聚焦于度量空间。请记住,F是度量空间(X, d_X)到(Y, d_Y)的对应,当且仅当对任意$x \in X$,F属于Y的子集,可记为

$$F: X \rightrightarrows Y \text{ 或 } F: X \to \mathcal{P}(Y) \setminus \emptyset$$

其中$\mathcal{P}(Y)$是Y的幂集,去掉空集$\emptyset$使对应不是空值。我们关注对应这一概念,基于以下三个根本原因。首先,即使实值映射是一个性状良好的函数$f: X \to \mathbb{R}$,其逆函数f^{-1}通常还是集值函数,因此它是一个对应。其次,我们关注的大多数经济问题往往与上文定义的"arg max"集合相关,这类集合是某个集合X中使函数最大化的值的子集合。这相当于简单经济问题中的使效用最大化的消费、投资或者价格水平。最后,在表达伯奇最大值定理(定理A.16)中的最大值的特性时,也需要用到对应。

如同函数一样,对于一个对应$F: X \rightrightarrows Y$,我用$F(X')$表示对应F下的集合X'的象集,从而$F(X')$可定义为$F(X') = \{y \in Y : \exists x \in X', \text{有} y \in F(x)\}$。

定义 A.31 令(X, d_X)和(Y, d_Y)是度量空间,考虑对应$F: X \rightrightarrows Y$。令$\mathcal{N}_\varepsilon(x)$为$(X, d_X)$中的邻域,则

1. 若对于满足$F(x) \subset Y'$的任意Y中的开集Y',存在$\varepsilon > 0$,使$F(\mathcal{N}_\varepsilon(x)) \subset Y'$,则称$F$在$x \in X$上是上半连续的(若对于任意$x \in X$,$F$均上半连

续，则 F 在 X 上是上半连续的）。

2. 若对于满足 $F(x) \cap Y' \neq \emptyset$ 的任意 Y 中的开集 Y'，存在一个 $\varepsilon > 0$，使得对于任意 $x' \in \mathcal{N}_\varepsilon(x)$，有 $F(x') \cap Y' \neq \emptyset$，则 F 在 $x \in X$ 上是下半连续的（若对任意 $x \in X$，F 均下半连续，则 F 在 X 上是下半连续的）。

3. F 在 $x \in X$ 上是连续的，当且仅当它在 $x \in X$ 上是上半连续且下半连续的（若对任意 $x \in X$，F 均连续，则 F 在 X 上是连续的）。

如果我们将空间限制为欧氏空间，这些概念就会更容易理解一些。首先，如果对于任意 $x, F(x)$ 是 Y 中的紧闭集，对应 $F:X \rightrightarrows Y$ 就是闭值（紧值）。对于欧氏空间，以下定义等价于定义 A.31，更一般地，它隐含了定义 A.31（见习题 A.18 和事实 A.18）。

定义 A.32 令 $X \subset \mathbb{R}^{K_X}$，$Y \subset \mathbb{R}^{K_Y}$，其中 $K_X, K_Y \in \mathbb{N}$，考虑紧值对应 $F: X \rightrightarrows Y$，则

1. 若对于任意序列 $\{x_n\}_{n=1}^\infty \to x$ 和每个 n 满足 $y_n \in F(x_n)$ 的序列 $\{y_n\}_{n=1}^\infty$，存在 $y_n \in F(x_n)$ 的收敛子序列 $\{y_{n_k}\}$，使得 $\{y_{n_k}\} \to y \in F(x)$；以及

2. 若 $F(x)$ 是非空实值函数，且对于任意 $y \in F(x)$ 和任意序列 $\{x_n\}_{n=1}^\infty \to x$，使得对 $n \geq N$ 和 $\{y_n\}_{n=1}^\infty \to y$，存在 $N \in \mathbb{N}$ 以及满足 $y_n \in F(x_n)$ 的序列 $\{y_n\}_{n=1}^\infty$。

图 A.1 以图形的形式说明了上述概念。在该图中，对应 $F(x)$ 在 x_1 点是上半连续和下半连续的，因此是连续的；在 x_2 点仅上半连续，在 x_3 点仅下半连续。

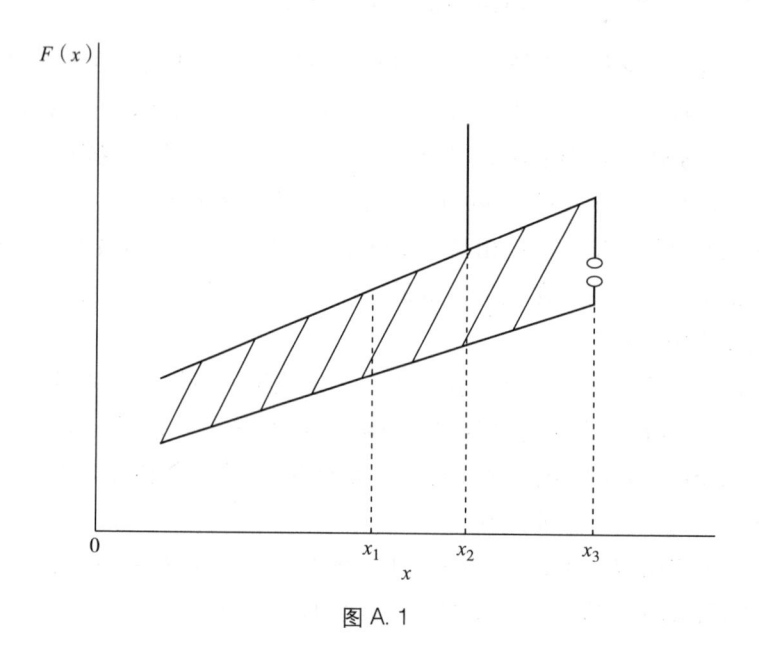

图 A.1

根据定义 A.32 的上半连续和下半连续可推知定义 A.31 中针对一般度量空间的对应概念。

事实 A.18　令 (X,d_X) 和 (Y,d_Y) 是度量空间，考虑对应 $F:X\rightrightarrows Y$。若 F 如定义 A.32 那样在 $x\in X$ 上是上半连续（下半连续）的，则它必定如定义 A.31 那样是上半连续（下半连续）的。

证明　为了运用反证法，设定义 A.32 的第一部分在 x 上成立，但 F 在 x 上不是上半连续的，则存在一个开集 $Y'\subset Y$，使得 $F(x)\subset Y'$，但是对于任意 $\varepsilon>0$，$F(\mathcal{N}_\varepsilon(x))$ 不是 Y' 的子集，从而对任意 $\varepsilon>0$，存在 $x_\varepsilon\in\mathcal{N}_\varepsilon(x)$ 和 $y_\varepsilon\in F(x_\varepsilon)$，使得 $y_\varepsilon\notin Y'$。构造序列 $\{(x_n,y_n)\}_{n=1}^\infty$，使 (x_n,y_n) 满足 $\varepsilon=1/n$。显然，$\{x_n\}_{n=1}^\infty\to x$。于是，根据假设可知，存在一个收敛子序列 $\{y_{n_k}\}\to y\in F(x)$。因为 Y' 是开集，所以 $Y\setminus Y'$ 是闭集，又因为对每个 n_k 有 $y_{n_k}\in Y\setminus Y'$，所以极限点 y 必定在闭集 $Y\setminus Y'$ 中。但是 $y\in Y\setminus Y'$ 和 $y\in F(x)$ 一起得出了与 $F(x)\subset Y'$ 矛盾的结论，事实的第一部分由此得证。

为了运用反证法，设定义 A.32 的第二部分在 x 上成立，但 F 在 x 上不是下半连续的，则存在一个开集 $Y'\subset Y$，使 $F(x)\cap Y'\neq\emptyset$，但对于任何 $\varepsilon>0$，存在 $x_\varepsilon\in F(\mathcal{N}_\varepsilon(x))$，使得 $F(x_\varepsilon)\cap Y'=\emptyset$。考虑 $x_n\to x$ 时的序列 $\{x_n\}_{n=1}^\infty$，令 $\varepsilon=1/n$，并设这一序列满足上述特性［即对于任何 $\varepsilon>0$，存在 $x_\varepsilon\in F(\mathcal{N}_\varepsilon(x))$，使 $F(x_\varepsilon)\cap Y'=\emptyset$］。再令 $y\in F(x)\cap Y'$，根据定义 A.32 第二部分，存在序列 $\{y_n\}_{n=1}^\infty$ 和某个 $N\geqslant 1$，使得对于所有 $n\geqslant N$ 和 $\{y_n\}_{n=1}^\infty\to y$，有 $y_n\in F(x_n)$。但是，根据序列 $\{x_n\}_{n=1}^\infty$ 的构造，有 $y_n\notin Y'$。由于 $Y\setminus Y'$ 是闭集，所以极限点 y 必定位于 $Y\setminus Y'$ 中。这与 $y\in F(x)\cap Y'$ 矛盾，事实的第二部分由此得证。

定义 A.33　令 (X,d_X) 和 (Y,d_Y) 是度量空间，考虑对应 $F:X\rightrightarrows Y$，它是上半连续的。F 在 $x\in X$ 有一个闭图（closed graph），当且仅当每个 n，有 $y_n\in F(x_n)$ 的任意序列 $\{(x_n,y_n)\}_{n=1}^\infty\to(x,y)$ 使得 $y_n\in F(x_n)$。此外，如果 F 在 $x\in X$ 是闭的，则它在集合 X 上又一个闭图。

下述事实是定义 A.32 的简单推论。

事实 A.19　令 $X\subset\mathbb{R}^{K_X}$，$Y\subset\mathbb{R}^{K_Y}$，其中 $K_X,K_Y\in\mathbb{N}$，考虑上半连续的对应 $F:X\rightrightarrows Y$。若对任意 $x\in X$，$F(X)$ 是 Y 的闭集（也即 F 是闭值的），则 F 有一个闭图。

证明　见习题 A.20。

有限维空间上，当满足一些简单的有界条件之后，有闭图的对应也必然是上半连续的。

事实 A. 20 令 $X \subset \mathbb{R}^{K_X}$，$Y \subset \mathbb{R}^{K_Y}$，其中 $K_X, K_Y \in \mathbb{N}$，并考虑在 x 点有闭图对应 $F:X \rightrightarrows Y$。设 F 在 $x \in X$ 有闭图，并存在 x 的邻域 V_X，使得 $F(V_X)$ 是有界的，则对应 F 在 x 点是上半连续的。

证明 考虑使得对于任意 n 有 $y_n \in F(x_n)$ 的任意序列 $\{x_n\}_{n=1}^{\infty}$ 和 $\{y_n\}_{n=1}^{\infty}$。设 $\{x_n\}_{n=1}^{\infty} \to x$。根据定义，存在 $N \in \mathbb{N}$，使得对于所有 $n \geq N$，有 $x_n \in V_X$，其中 V_X 是事实 A.20 中设定的领域，它满足 $F(V_X)$ 有界的特性。由于 Y 是欧氏空间，则 V_X 的闭包 $\overline{F(V_X)}$ 是紧集。由定理 A.7 可知，$\{y_n\}_{n=1}^{\infty}$ 存在子序列 $\{y_{n_k}\}$，它包含某个 $y \in Y$。因此，子序列 $\{(x_{n_k}, y_{n_k})\}$ 收敛于 (x, y)。又因为对应 F 在 x 点有闭图 $y \in F(x)$，这就证明了根据定义 A.32，F 在 $x \in X$ 上是上半连续的。由事实 A.18 可知，根据定义 A.31，F 在 $x \in X$ 上是上半连续的。证毕。

在这一结论中，不能去掉"存在一个邻域 V_X 使得 $F(V_X)$ 有界"的假设。以下例子可以证明这一点。

例 A. 12 考虑对应 $F:[0,1] \to \mathbb{R}$，如果 $x=0$，则 $F(x)=\{0\}$，如果 $x \in (0,1]$，则 $F(x)=\{\log x, 0\}$。在 $x=0$ 时，F 有一个闭图，但不是上半连续的。可以验证，当 $x=0$ 时，F 不满足存在一个邻域 V_X 使 $F(V_X)$ 有界的假设。

下述事实有助于在优化问题中使用连续对应。

事实 A. 21 令 (X, d_X) 是度量空间，并考虑连续凹函数 $g:Y \to \mathbb{R}$，则集值映射 $G(x) = \{y \in Y: y \leq g(x)\}$ 定义了一个连续对应 $G:X \rightrightarrows Y$。

证明 见习题 A.21。

定理 A. 16（伯奇最大值定理） 令 (X, d_X) 和 (Y, d_Y) 是度量空间，考虑最大化问题

$$\sup_{y \in Y} f(x, y)$$

约束条件为 $y \in G(x)$

其中 $G:X \rightrightarrows Y$，$f:X \times Y \to \mathbb{R}$。设 f 是连续的，G 在 x 点是连续且紧值的。则有

1. $M(x) = \max_{y \in Y}\{f(x,y): y \in G(x)\}$ 存在且在 x 点连续；

2. $\Pi(x) = \arg\max_{y \in Y}\{f(x,y): y \in G(x)\}$ 在 x 点既是非空值的，又是紧值和上半连续的，且有闭图。

证明 基于事实 A.18，我们运用定义 A.32。由定理 A.9 可推出，对所有 $x \in X$，$M(x)$ 存在，且 $\Pi(x)$ 是非空值的。考虑序列 $\{y_n\}_{n=1}^{\infty} \to y$，使得对于每个 n，所以有 $y_n \in \Pi(x)$。因为 $G(x)$ 是闭集，所以有 $y \in G(x)$。而且对于每个 n，有

$f(x,y_n) = M(x)$。因为 f 是连续的,所以有 $f(x,y) = M(x)$。因此 $y \in \Pi(x)$ 是闭集,$\Pi(x)$ 也是闭集。由于 $\Pi(x)$ 是紧集 $G(x)$ 的闭子集,运用引理 A.2,我们可以得出 $\Pi(x)$ 是紧值的。

现在,我们再次取 $\{x_n\}_{n=1}^{\infty} \to x$,$\{y_n\}_{n=1}^{\infty}$,使得对于所有 n,有 $y_n \in G(x_n)$,以及一个收敛子序列 $\{y_{n_k}\} \to y$。由于 $G(x)$ 是上半连续的,所以有 $y \in G(x)$。取任意 $z \in G(x)$。由于 $G(x)$ 是连续的而且是下半连续的,所以存在 $\{z_{n_k}\} \to z$,使得对于所有 n_k,有 $z_{n_k} \in G(x_{n_k})$。由于 $y_{n_k} \in \Pi(x_{n_k})$,所以有 $M(x_{n_k}) = f(x_{n_k}, y_{n_k}) \geq f(x_{n_k}, z_{n_k})$。又因为 f 是连续的,根据事实 A.5,可得 $M(x) = f(x,y) \geq f(x,z)$。由于这对所有 $z \in G(x)$ 都成立,所以有 $y \in \Pi(x)$,从而 $\Pi(x)$ 是上半连续的。再次运用事实 A.19,可知 $\Pi(x)$ 也有闭图。

最后,我们需要证明 $M(x)$ 在 x 点是连续的。这可以从 $\Pi(x)$ 是上半连续的事实中推导出来。取 $\{x_n\}_{n=1}^{\infty} \to x$,并考虑 $\{y_n\}_{n=1}^{\infty}$,使得对于每个 n,有 $y_n \in \Pi(x_n)$。由于 $\Pi(x)$ 是上半连续的,所以定义 A.32 意味着存在一个序列 $\{y_{n_k}\}$,它包含 $y \in F(x)$。f 的连续性不仅意味着 $M(x_{n_k}) = f(x_{n_k}, y_{n_k}) \to f(x,y) = M(x)$,而且证明了 $M(x)$ 在 x 点是连续的。证毕。

请注意,在求最大值时,我们写为 $\sup_{y \in Y}$,而不是 $\max_{y \in Y}$。使用后一种写法也不失一般性,因为由定理 A.16 可知最大值是存在的。不过,在我们最初考虑这个问题时,由于并不知道最大值是否存在,所以采用前一种写法更合适一些。

A.7 凸性、凹性、拟凹性和不动点

定理 A.16 说明,我们如何在经济分析中确保各种最大化问题的解集具备一些合意的特性。但是,这仍不足以保证解的唯一性及解集的连续性(我们可以证明解集的上半连续性)。这一节将证明当目标函数是凹函数以及约束集是凸集时,这些结论如何得到强化;然后,我将简要说明如何使用这些更强的结论。在本附录的其余内容中,令 V 为向量空间(或线性空间),若任意 $x, y \in V$ 和 λ 都是实数,则 $x + y \in V$,$\lambda x \in V$。在第 A.10 节会进一步讨论向量空间的性质。

定义 A.34 集合 X 是凸集,当且仅当对于任意的 $x, y \in X$,$\lambda \in [0,1]$,$\lambda x + (1-\lambda) y \in X$。

定义 A.35 对应 $G: X \rightrightarrows Y$ 在 x 点是凸值对应,当且仅当对任意 x,$G(x)$ 均是 Y 中的凸集。

定义 A.36 令 X 是凸集,$f: X \to \mathbb{R}$ 是实值函数,以及 $\lambda \in (0,1)$。若 $f(x)$,

$f(y)$ 和 $f(\lambda x+(1-\lambda)y)$ 都有定义，则

1. f 是凹函数，当且仅当对所有 $x,y \in X$，$\lambda \in (0,1)$，有 $f(\lambda x+(1-\lambda)y) \geq \lambda f(x)+(1-\lambda)f(y)$（若对任何 $x \neq y$，不等式严格成立，则 f 严格为凹）。

2. f 是凸函数，当且仅当对所有 $x,y \in X$，$\lambda \in (0,1)$ 有 $f(\lambda x+(1-\lambda)y) \leq \lambda f(x)+(1-\lambda)f(y)$（若对任何 $x \neq y$，不等式严格成立，则 f 严格为凸）。

3. f 是拟凹函数，当且仅当对所有 $x,y \in X$，$\lambda \in (0,1)$，有 $f(\lambda x+(1-\lambda)y) \geq \max\{f(x),f(y)\}$（若对任何 $x \neq y$，不等式严格成立，则 f 严格拟凹）。

4. f 是拟凸函数，当且仅当对所有 $x,y \in X$，$\lambda \in (0,1)$，有 $f(\lambda x+(1-\lambda)y) \leq \min\{f(x),f(y)\}$（若对任何 $x \neq y$，不等式严格成立，则 f 严格拟凸）。

因为函数 f 可能只在定义域的子集 X' 上是凸的或者凹的，故可仅对 X 的某子集 X' 定义如上概念。下面的结论强化了定理 A.16。

定理 A.17 考虑最大化问题：

$$\sup_{y \in Y} f(x,y)$$

约束条件为 $y \in G(x)$，

其中 $G:X \rightrightarrows Y$，$f:X \times Y \to \mathbb{R}$。设 f 是连续的，而 G 在 x 点是连续的、凸值的，并且是紧值的，则

1. 若 f 是拟凹的，则 $\Pi(x) = \arg\max_{y \in Y}\{f(x,y):y \in G(x)\}$ 是非空紧值的、上半连续的，同时在 x 点有闭图像且是凸值的。

2. 若 f 在 x 点的某个邻域上是严格拟凹的，则 $\Pi(x)$ 是个单点集。

3. 若 f 在 X 都是严格拟凹的，则 $\Pi(x)$ 是 X 上的连续单值函数。

证明 （1）这里的大多数阐述来自定理 A.16。我们只需证明 $\Pi(x)$ 是凸值的。为了使用反证法，设情况与此相反，则在 $\Pi(x)$ 中存在 y 和 $y' \neq y$，使得对于某个 $\lambda \in (0,1)$，我们有 $y'' = \lambda y+(1-\lambda)y' \notin \Pi(x)$。但是，由于 $G(x)$ 是凸值的，所以 $y'' \in G(x)$。又由于 f 是拟凹的，所以 $f(\lambda y+(1-\lambda)y') \geq \min\{f(y),f(y')\}$。但是，由于 $y,y' \in \Pi(x)$，所以有 $f(y) = f(y')$，从而有 $f(\lambda y+(1-\lambda)y') \geq f(y) = f(y')$，这意味着 $y'' = \lambda y+(1-\lambda)y' \in \Pi(x)$，与前面的结论矛盾，由此证明了 $\Pi(x)$ 是凸值的。

（2）为了使用反证法，设在 $\Pi(x)$ 中存在 y 和 $y' \neq y$。由于 $G(x)$ 是凸值的，所以对于任意 $\lambda \in (0,1)$，有 $y'' = \lambda y + (1-\lambda)y' \in G(x)$，由于 f 是严格拟凹的，所以我们有 $f(\lambda y + (1-\lambda)y') > \lambda f(y) + (1-\lambda)f(y')$。又因为 $y, y' \in \Pi(x)$，所以有 $f(y) = f(y')$，从而有 $f(\lambda y + (1-\lambda)y') > f(y) = f(y')$，这与 $y, y' \in \Pi(x)$ 矛盾，命题得证。

（3）由（2）可知，$\Pi(x)$ 在每一点都是单值函数，由（1）可知，$\Pi(x)$ 是上半连续的。根据定义 A.31，对任意序列 $\{x_n\}_{n=1}^{\infty} \to x$ 以及对于每个 n 有 $y_n = \Pi(x_n)$ 的序列 $\{y_n\}_{n=1}^{\infty}$，存在一个 $\{y_n\}_{n=1}^{\infty}$ 的收敛子序列 $\{y_{n_k}\}$，使得 $\{y_{n_k}\} \to y = \Pi(x)$。当 $\Pi(x)$ 是单值时，意味着在 x 点连续（请回忆事实 A.9）。证毕。

显然，将定理 A.16 和定理 A.17 简单应用于 $-f$，我们便可以将这些结论推广到（用拟凹替代拟凸的）最小化问题。

下述著名的重要定理说明了为什么凸值是重要的。

定理 A.18 [角谷静夫（Kakutani）不动点定理] 已知 $X \subset \mathbb{R}^K$（其中 $K \in \mathbb{N}$）是非空的紧凸集，$F: X \rightrightarrows X$ 是非空凸值的上半连续对应，则 F 在 X 中有一个不动点，也就是说，存在 $x^* \in X$ 使得 $x^* \in F(x^*)$。

上述定理的证明参见伯奇等人（Berge, 1963; Aliprantis and Border, 1999; Ok, 2007）。习题 A.22 解释了为什么凸值是重要的，而习题 A.23 给出将定理 A.18 应用于正则博弈（normal-form game）中的纯策略纳什均衡的存在性。

角谷静夫不动点定理的一些证明是从较为简单的布劳沃（Brouwer）不动点定理开始的，给定定理 A.18，布劳沃不动点定理可视为角谷静夫不动点定理的一个简单推论。

定理 A.19（布劳沃不动点定理） 已知 $X \subset \mathbb{R}^K$（其中 $K \in \mathbb{N}$）是非空的紧凸集，令 $\phi: X \to X$ 是连续映射。则 ϕ 在 X 中存在一个为不动点，也就是说存在 $x^* \in X$，使 $x^* = \phi(x^*)$。

证明 由定理 A.17（3）可知，一个连续映射必然是一个非空值的、凸值的和上半连续的对应，结合定理 A.18 可直接得出定理 A.19。证毕。

A.8 微分、泰勒级数和微分中值定理

本节和下节将简要介绍微分及其相关的一些重要结论。因为读者可能对本节内容比较熟悉，所以这里的论述要比本附录的其他各节更言简意赅。本节关注的对象主要是单变量实值函数 $f: \mathbb{R} \to \mathbb{R}$，多元函数和向量值函数将在下节讨论。

读者也许还记得函数 $f: \mathbb{R} \to \mathbb{R}$ 有一个简单的微分定义。在 f 的定义域 开集 X' 内取一点 x，若极限存在（而且是有限的），则 f 在 x 处的微分可定义为

$$f'(x) = \lim_{h \to 0} \frac{f(x+h) - f(x)}{h} \qquad (A.5)$$

显然，因为 x 在定义域开集 X' 中，则当 h 足够小时，$f(x+h)$ 是有定义的。更进一步地，仅当函数 f 在 $x \in X$ 上是连续时，x 点的微分才存在。这一特性更具一般性：可微性意味着连续性（见事实 A.22）。利用极限的基本性质，（A.5）可改写为

$$\lim_{h \to 0} \frac{f(x+h) - f(x) - L(x)h}{h} = 0 \qquad (A.6)$$

其中 $L(x) = f'(x)$。这一表达式充分说明我们可以将函数 $f(x)$ 的微分 $f'(x)$ 视为线性算子。事实上，我们可以将 $f'(x)$ 精确地定义为满足（A.6）式的线性算子 $L(x)$。请注意，$f'(x)$ 是在 h 中是线性的，而在 x 中则不是线性的。一般来说，它不是 x 的线性函数，但是它定义了从 X'（定义了 f 的开集 X 的子集）到 $\mathbb{R}$ 的线性函数，对于任意 h，存在函数值 $f'(x)h$，使 $x + h \in X'$。这个视角在下一节中尤其有用。

定义 A.37 若 $f'(x)$ 在 x 处存在，则 f 在 x 处可微。如果 $f'(x)$ 在某个子集 $X'' \subset X$ 内的所有 x 上均存在，则称 f 在整个 X'' 上可微。另外，若 f' 在 X'' 上是 x 的连续函数，则 f 是连续可微的。

若 X' 是闭集，则 f 在 X' 上连续可微等价于 f 在 X' 的内点集上连续可微，且可将其导数延拓到 X' 边界上。一个可以保证 f 在 X' 上是（连续）可微的略严格一些的条件就是，存在一个开集 $X'' \supset X'$，使 f 在 X'' 上是（连续）可微的。当 f 在 x 处不可微时（也即 $f'(x)$ 不存在），依旧可能有方向导数，这里特指左导数或者右导数。这些导数定义如下：

$$f^-(x) = \lim_{h \uparrow 0} [f(x+h) - f(x)]/h \text{ 和 } f^+(x) = \lim_{h \downarrow 0} [f(x+h) - f(x)]/h$$

显然，即使（A.5）式不成立，上述方向导数仍可能是有定义的。第 6 章定理 6.6 的第二种证明用到了方向导数，下面的例子说明了有左导数和右导数的简单函数也可能不是可微的。

例 A.13 将 f 定义为如下：$x \geq 0$ 时，$f(x) = x$，$x < 0$ 时，$f(x) = -x$，则在 0 点处，f 有左导数和右导数，但是根据（A.5）式，f 不可微，因为不存在唯一的 $f'(x)$。

可微性是比连续性更强的条件。

事实 A.22 令 $X \subset \mathbb{R}$，且函数 $f: X \to \mathbb{R}$。若函数 f 在 $x \in X$ 上可微，则在 x 点连续。

证明 参见习题 A.24。

需要注意的是，某个集合 X' 上的可微不能推知集合 X' 上的连续可微性。下面给出了例证。

例 A.14 考虑函数 f，使得对于所有 $x \neq 0$ 和 $f(0) = 0$，有 $f(x) = x^2 \sin(1/x)$。可验证 f 是连续且可微的，且有导数 $f'(x) = 2x\sin(1/x) - \cos(1/x)$，$f'(0) = 0$。但显然，$\lim_{x \downarrow 0} f'(x) \neq 0$。

类似地，我们可以定义高阶导数。假设实值函数 f 有连续导数 $f'(x)$。在某个开集 X' 中取 x 点，其中 $f'(X')$ 是有定义的，则 f 的二阶导数 $f''(x)$ 可定义如下：

$$f''(x) = \lim_{h \to 0} \frac{f'(x+h) - f'(x)}{h}$$

类似地，我们可以定义更高阶的导数。如果实值函数 f 在某个集合 X' 上有 n 阶连续导数，则称它在集合 X' 上是 $\mathcal{C}^n$ 的。如果函数 f 是 $\mathcal{C}^1$ 的，则称它为连续可微。一个函数是 $\mathcal{C}^\infty$ 的，当且仅当其有任意阶的连续导数（在某些层面可能是常数，比如多项式的情形）。

下述简单的事实解释了一阶导数和二阶导数与凹凸性之间的关系。

事实 A.23 已知 $X \subset \mathbb{R}$，函数 $f: X \to \mathbb{R}$ 可微的，则

1. f 在 X 上是凹的，当且仅当对任意 $x, y \in X$，有

$$f(y) - f(x) \leq f'(x)(y - x) \tag{A.7}$$

2. f 在 X 上是凹的，当且仅当对任意 $x \in X$，$f'(x)$ 是非递增的。

3. 此外，若 f 是二次可微的，则 f 在 X 上是凹的，当且仅当对任意 $x \in X$，有 $f''(x) \leq 0$。

证明 （1）首先设 f 是凹的，不失一般性地取 $y > x$，则对任意 $\lambda \in (0, 1)$，有 $f(\lambda y + (1 - \lambda)x) \geq \lambda f(y) + (1 - \lambda)f(x)$。可将该表达式重写为

$$f(y) - f(x) \leq \frac{f(x + \lambda(y - x)) - f(x)}{\lambda(y - x)}(y - x)$$

令 $\varepsilon = \lambda(y - x)$，请注意，上式对任意的 $\lambda \in (0, 1)$ 均成立，从而对 0 的邻域中的所有 $\varepsilon \geq 0$ 也成立。于是，我们有

$$f(y) - f(x) \leq \frac{f(x+\varepsilon) - f(x)}{\varepsilon}(y - x) \leq f'(x)(y - x)$$

取极限 $\varepsilon \downarrow 0$，并利用如下事实，即 f 的可微性可以推知极限唯一地定义了 $f'(x)$，由此可以得到上式的第二行。

反之，若（A.7）式成立，则对任何 $\lambda \in (0,1)$，可得到

$$f(y) - f(\lambda y + (1-\lambda)x) \leq (1-\lambda)f'(\lambda y + (1-\lambda)x)(y-x) \text{ 且}$$

$$f(x) - f(\lambda y + (1-\lambda)x) \leq -\lambda f'(\lambda y + (1-\lambda)x)(y-x)$$

对第一个不等式乘以 λ，对第二个不等式乘以 $(1-\lambda)$，然后相加，我们可以得到：对任意 $\lambda \in (0,1)$，有

$$f(\lambda y + (1-\lambda)x) \geq \lambda f(y) + (1-\lambda)f(x)$$

（2）若函数 f 是凹的（或（A.7）式成立），则对 $y > x$，我们有

$$f'(x) \geq \frac{f(y) - f(x)}{y - x}$$

$$= \frac{f(x) - f(y)}{x - y}$$

$$\geq f'(y)$$

其中最后一个不等式使用了 $x - y < 0$ 的事实。

反之，如果 $y > x$ 且 $f'(x) < f'(y)$，则上述不等式意味着要么 $f'(x)(y-x) < f(y) - f(x)$，要么 $f'(y)(x-y) > f(x) - f(y)$，这就与（A.7）式矛盾。

（3）当函数二阶可微时，可从（2）中直接得出结论。

下面三个结论在各类应用中都十分有用。第一个结论将中值定理（定理 A.3）推广到导数上。

定理 A.20（微分中值定理） 假设 $f:[a,b] \to \mathbb{R}$ 在 $[a,b]$ 上连续可微，则存在 $x^* \in [a,b]$，使得 $f'(x^*) = \frac{f(b) - f(a)}{b - a}$。此外，若 $f'(a) \neq f'(b)$，则对于 $f'(a)$ 和 $f'(b)$ 之间的任何中间点 c，存在 $x^{**} \in (a,b)$ 使得 $f'(x^{**}) = c$。

证明 见习题 A.25。

在估计极限 $\lim_{x \to x^*} f(x)/g(x)$（其中 f,g 都是连续实值函数）的时候，我们通常会遇到的特殊困难是 $f(x^*) = 0$ 和 $g(x^*) = 0$。下面的结论被称为洛必达法则，它给出了估计此类极限的一种方法。

定理 A.21（洛必达法则） 假设函数 $f:[a,b]\to\mathbb{R}$ 和 $g:[a,b]\to\mathbb{R}$ 都在 $[a,b]$ 上连续可微，假设对 $x\in(a,b)$，有 $g'(x)\neq 0$，并令 $c\in[a,b]$。若

$$\lim_{x\uparrow c}\frac{f'(x)}{g'(x)}$$

存在，且有

$$\lim_{x\uparrow c}f(x)=\lim_{x\uparrow c}g(x)=0，\text{或者}\lim_{x\uparrow c}f(x)=\lim_{x\uparrow c}g(x)=\infty,$$

则有

$$\lim_{x\uparrow c}\frac{f(x)}{g(x)}=\lim_{x\uparrow c}\frac{f'(x)}{g'(x)}$$

对于 $\lim_{x\downarrow c}$ 有类似结论。

证明 见习题 A.26。

本节的最后一个结论是泰勒定理以及由此得出的逼近可微实值函数的泰勒级数。在这个定理中，$f^{(n)}$ 表示函数 f 的 n 阶导数（例如，$f'=f^{(1)}$，如此等等）。

定理 A.22（泰勒定理 I） 假设 $f:[a,b]\to\mathbb{R}$ 是 $\mathcal{C}^{n-1}$ 函数，且对任意 $x\in(a,b)$，$f^{(n)}(x)$ 存在，则当 $[a,b]$ 上的任意 x 和 $y\neq x$ 时，x,y 之间存在一个 z，使得

$$f(y)=f(x)+\sum_{k=1}^{n-1}\frac{f^{(k)}(x)}{k!}(y-x)^k+\frac{f^{(n)}(z)}{n!}(y-x)^n$$

证明 不妨设 $y>x$，则上述命题需要证明存在 $z\in(x,y)$，使得

$$f^{(n)}(z)=n!(y-x)^{-n}\left(f(y)-f(x)-\sum_{k=1}^{n-1}\frac{f^{(k)}(x)}{k!}(y-x)^k\right)$$

令

$$g(t)=f(t)-f(x)-\sum_{k=1}^{n-1}\frac{f^{(k)}(x)}{k!}(t-x)^k$$
$$-\frac{(t-x)^n}{(y-x)^n}\left(f(y)-f(x)-\sum_{k=1}^{n-1}\frac{f^{(k)}(x)}{k!}(y-x)^k\right).$$

显然，g 是 n 阶可微的。因此这一定理的证明等价于证明存在一个 $z\in(x,y)$，使得 $g^{(n)}(z)=0$。我们可以验证，当 $k=0,1,\cdots,n-1$ 时，$g^{(k)}(x)=0$，以及 $g(x)=g(y)=0$。由定理 A.20 可知，存在 $z_1\in(x,y)$，使得 $g^{(1)}(z_1)=0$，类似地，

存在 $z_2 \in (x, z_1)$，使得 $g^{(2)}(z_2) = 0$，再迭代 $n-2$ 步后，存在 $z \in (x, y)$，使得 $g^{(n)}(z) = 0$。

推论 A.3

1. 假设 $f:[a,b] \to \mathbb{R}$ 是一个 $\mathcal{C}^n$ 函数，则

$$f(y) = f(x) + \sum_{k=0}^{n} \frac{f^{(k)}(x)}{k!}(y-x)^k + o(|y-x|^n)$$

其中当 $k \to 0$ 时，$o(k)/k \to 0$。

2. 假设 $f:[a,b] \to \mathbb{R}$ 是 $\mathcal{C}^\infty$ 函数，且 $\lim_{n\to\infty} \sum_{k=0}^{n} \frac{f^{(k)}(x)}{k!}(y-x)^k$ 存在，则

$$f(y) = f(x) + \lim_{n\to\infty} \sum_{k=0}^{n} \frac{f^{(k)}(x)}{k!}(y-x)^k$$

证明 见习题 A.27。

推论 A.4 已知 $f:[a,b] \to \mathbb{R}$ 是二次可微的凹函数，则对于任意 $x, y \in [a, b]$，有 $f(y) \leq f(x) + f'(x)(y-x)$。

证明 由定理 A.22 可知，对于 x 和 y 之间的某个 z，有 $f(y) = f(x) + f'(x)(y-x) + f''(z)(y-x)^2/2$。由于事实 A.23 可知，对任意凹函数，有 $f''(z) \leq 0$，命题得证。

A.9 多元函数、反函数定理和隐函数定理

本节只讨论欧氏空间内的微分，也就是说，我们感兴趣的是映射

$$\phi: X \to Y,$$

其中 $X \subset \mathbb{R}^{K_X}$，$Y \subset \mathbb{R}^{K_Y}$，且 $K_X, K_Y \in \mathbb{N}$。在这里，当这种映射出现时，我将 ϕ 作为一个向量函数或者向量值函数，这是因为对于任意 $x \in X$，有 $\phi(x) \in \mathbb{R}^{K_Y}$。

微分理论和我在这里给出的结论也适用于比欧氏空间更一般的空间。比如说，龙伯格（Luenberger, 1969）给出了当 X, Y 均为巴拿赫（Banach）空间时一般优化问题的经典处理（巴拿赫空间即完备的赋范向量空间，其空间结构便于我们定义线性算子，参见 A.10 节）。不过，就这里给出的结论而言，仅关注欧氏空间，既不去一般性，也可以简化记号，避免不必要的复杂性。

上一节讨论了情形 $K_X = K_Y = 1$。在上一节的结论和直观认识的基础上，现在我们考虑更一般的映射。对于映射 $\phi: X \to Y$（其中 $X \subset \mathbb{R}^{K_X}, Y \subset \mathbb{R}^{K_Y}$），导数对应的是某个特定的线性算子 $J(x): X \to Y$。特别地，类似于（A.6）式，我们可以得出下述可微性定义。[①] 令 $h \in X$ 是一个向量，$\|h\|$ 表示其欧几里得范数，则对于 $x \in X'$，其中 X' 是开集且有 $\phi(X') \subset Y$ 有定义，则如果以下极限

$$\lim_{h \to 0} \frac{\|\phi(x+h) - \phi(x) - J(x)h\|}{\|h\|} = 0 \tag{A.8}$$

在 x 点存在且定义了一个唯一的线性算子 $J(x)$（从 $\mathbb{R}^{K_X}$ 映射到 $\mathbb{R}^{K_Y}$），则称 ϕ 是可微的。此时，记 $J(x)$ 为 $\phi(x)$ 的微分。$J(x)$ 是线性算子，因为它给任何向量 h 赋值 $J(x)h$，使得 $x + h \in X'$。

我们称 $J(x)$ 为 ϕ 在 x 处的雅可比矩阵，常用 $D\phi(x)$ 表示。后者较之于 $J(x)$ 更便捷，因为它表示我们所说的函数。下文会指出若雅可比矩阵存在，它等于 ϕ 的偏导数矩阵，记 ϕ 的偏导数矩阵为 $D_{x_1}\phi(x_1, x_2)$，其中 $x_1 \in \mathbb{R}^{K_1}, x_2 \in \mathbb{R}^{K_2}$，并且 $K_1, K_2 \in \mathbb{N}$。

事实 A.24 令 $X \subset \mathbb{R}^{K_X}, Y \subset \mathbb{R}^{K_Y}$（其中 $K_X, K_Y \in \mathbb{N}$）和映射 $\phi: X \to \mathbb{Y}$。如果 ϕ 在 $x \in X$ 处可微，则 ϕ 在 x 处连续。

接下来，取 $X \subset \mathbb{R}^{K_X}$ 并考虑映射 $\phi: X \to \mathbb{R}$，它也被称为多元函数。该函数对于 X 中各个元素的偏导数可类似地定义为（其他变量保持不变时的）单变量函数的导数。令 $x = (x_1 \cdots x_{K_X})$，并假设 ϕ 对其第 k 个元素是可微的，则 ϕ 的第 k 个偏导数记为

$$\frac{\partial \phi(x_1, \ldots, x_{K_X})}{\partial x_k} = \phi_k(x)$$

其中

$$\phi_k(x) = \lim_{h \to 0} \frac{\phi(x_1, \ldots, x_{k-1}, x_k + h, x_{k+1}, \ldots, x_{K_X}) - \phi(x_1, \ldots, x_{k-1}, x_k, x_{k+1}, \ldots, x_{K_X})}{h}$$

现在假定对于 $k = 1, \cdots, K_X$，ϕ 对每个 x_k 均有偏导数，在这种情况下，雅可比矩阵就是一个简单的行向量 $J(x) = (\phi_1(x) \cdots \phi_{K_X}(x))$。

[①] 更准确地说，这里的可微性定义是 Frechet 可微，一个常用的要求较弱的替代选择是 Gateaux 可微（见 Luenberger，1969）。因为在有限维空间中，这两个定义是等价的，所以对我们而言，没有必要区分这两者。

$Y \subset \mathbb{R}^{K_Y}$ 的一般映射 $\phi: X \to Y$ 可被视为由 K_Y 个多元实值函数 $\phi^1(x), \cdots,$ $\phi^{K_Y}(x)$ 构成的集合。我们以相同的方式定义这些函数的偏导数，并记为 $\phi_k^j(x)$，则雅可比矩阵可写为

$$J(x) = \begin{pmatrix} \phi_1^1(x) & \cdot & \cdot & \cdot & \phi_{K_X}^1(x) \\ \cdot & & & & \cdot \\ \cdot & & & & \cdot \\ \cdot & & & & \cdot \\ \phi_1^{K_Y}(x) & \cdot & \cdot & \cdot & \phi_{K_X}^{K_Y}(x) \end{pmatrix}$$

高阶微分也可以用类似的方式定义。当 $\phi: X \to X$ 时，$J(x)$ 是一个 $K_X \times K_X$ 的矩阵，此时，我们可以判断它是否可逆（即在 x 点逆矩阵 $J^{-1}(x)$ 是否存在）。这个性质在后面的反函数定理和隐函数定理中将起到重要作用。

当偏导数矩阵存在时，我们往往称它为"雅可比矩阵"，但这并不能确保 ϕ 在 x 点是可微的。下面给出了例证。

例 A.15 考虑在整个 $\mathbb{R}^2$ 中有多元函数 $\phi(x_1, x_2)$，使得当 $x_1 = x_2 = 0$ 时，有 $\phi(x_1, x_2) = 0$；否则

$$\phi(x_1, x_2) = \frac{x_1 x_2}{x_1 + x_2}$$

这一函数的偏导数为

$$\frac{\partial \phi(x_1, x_2)}{\partial x_1} = \frac{x_1^2 x_2^2 + 2 x_1 x_2^3}{(x_1 + x_2)^2}, \quad \frac{\partial \phi(x_1, x_2)}{\partial x_2} = \frac{x_1^2 x_2^2 + 2 x_1^3 x_2}{(x_1 + x_2)^2}$$

我们可以验证，这些偏导数在 $\mathbb{R}^2$ 的每一处都存在，尤其是 $\partial \phi(0,0) / \partial x_1 = \partial \phi(0,0) / \partial x_2 = 0$。但是，$\phi$ 在 $x_1 = x_2 = 0$ 显然不是连续的（令 $x = x_1 = x_2$，运用洛必达法则估计极限 $x \to 0$ 为 $\lim_{x \to 0} \phi(x,x) = 2$）。因此，根据事实 A.24，$\phi$ 不是可微的。直接用上文所述的可微性定义，也可以证明 ϕ 不是可微的。

我们需要记住，例 A.15 所示的情形极为重要，它意味着一个有良好定义的偏导数矩阵并不能保证可微性。因此，我们需要区分由偏导数矩阵 $D\phi(x)$ 构成的雅可比矩阵和线性算子 $J(x)$。不过，本书并没有做这一区分，而是始终将 $D\phi(x)$ 视为雅可比矩阵（也就说偏导数矩阵）。

连续可微也可以类似地界定为一维的情形。

定义 A. 38 如果映射 ϕ 有 n 阶连续导数，则它是某个集合 X' 上的类（class）$\mathcal{C}^n$（n 阶连续可微）。

事实 A. 25 映射 $\phi:X\to Y$ 是 X 上的类 $\mathcal{C}^1$，有 $X\subset\mathbb{R}^{K_X}$，$Y\subset\mathbb{R}^{K_Y}$（其中 K_X，$K_Y\in\mathbb{N}$）且 X 是开集，当且仅当对 $k=1,\cdots,K_X$ 和 $j=1,\cdots,K_Y$，偏导数 $\phi_k^j(x)$ 存在且对任意 $x\in X$ 是连续函数。

不失一般性地，我们假定效用函数或者生产函数是连续可微（类 $\mathcal{C}^1$）的，或者有更强的条件，比如二阶可微的。

特别地，泰勒定理及其推论均可推广适用于这里讨论的映射。我将这一结论推广到有 $X\subset\mathbb{R}^{K_X}$ 的映射 $\phi:X\to\mathbb{R}$。用 $D\phi(x)$ 和 $D^2\phi$ 分别表示映射 ϕ 的一阶导数向量和雅可比矩阵。记 $\|y-x\|$ 为 K_X 维向量 $y-x$ 的欧氏范数，z^T 为向量 z 的转置。下面给出了对应于推论 A.3 的泰勒定理的一个简单版本，其证明类似定理 A.22，故略去。

定理 A. 23（泰勒定理 II） 设 $\phi:X\to\mathbb{R}$ 是一个 $\mathcal{C}^1$ 函数，且对于任意 $x\in X$，二阶导数 $D^2\phi(x)$ 均存在，从而对于 X 中任意 x 及 $y\neq x$，有

$$\phi(y)=\phi(x)+D\phi(x)^T(y-x)+o(\|y-x\|)$$

若 $\phi:X\to\mathbb{R}$ 是 $\mathcal{C}^2$ 函数，且对于任意 $x\in X$，三阶导数 $D^3\phi(x)$ 均存在，从而对于 X 中的任意 x 及 $y\neq x$，有

$$\phi(y)=\phi(x)+D\phi(x)^T(y-x)+(y-x)^TD^2\phi(x)(y-x)+o(\|y-x\|^2)$$

下面两个定理是经济学中比较静态分析的理论基石，因此它们是经济学分析中最重要的两个数学结论。考虑对 $X\subset\mathbb{R}^{K_X}$ 的映射 $\phi:X\to X$。一个关键的问题是这一映射是否有逆映射 $\phi^{-1}:X\to X$。若对 X 的子集 X'，ϕ 是单值的，且有一个逆映射 ϕ^{-1}（逆映射 ϕ^{-1} 也是单值的），则称 ϕ 是一一对应的映射。

定理 A. 24（反函数定理） 设对于 $X\subset\mathbb{R}^{K_X}$，有 $\mathcal{C}^1$ 映射 $\phi:X\to X$。若在 X 的某内点 x^* 上，映射 ϕ 的雅可比矩阵 $J(x)$ 是可逆的，则在 X 中有开集 X' 和 X'，使得 $x^*\in X'$，$\phi(x^*)\in X''$，且 ϕ 在 X' 上是一一对应的。而且，对 X' 上的任意点 x，有 $\phi^{-1}(\phi(x))=x$，且 ϕ^{-1} 也是 $\mathcal{C}^1$ 映射。

该定理的证明可在任意实分析的著作中找到，故省略。

定理 A. 25（隐函数定理） 考虑有 $X\subset\mathbb{R}^{K_X}$，$Y\subset\mathbb{R}^{K_Y}$ 的 $\mathcal{C}^1$ 映射 $\phi:X\times Y\to Y$。设 $(x^*,y^*)\in X\times Y$，$\phi(x^*,y^*)=0$，且在 $D_{(x,y)}\phi(x^*,y^*)$ 点处，映射 ϕ 对于 (x,y) 的雅可比矩阵的所有元素都是有限的，且 $D_y\phi(x^*,y^*)$ 是可逆的，则

存在一个含有 x^* 的开集 X' 和一个唯一的 C^1 映射 $\gamma:X'\to Y$，使得对于所有 $x\in X'$，均有 $\gamma(x^*)=y^*$ 和

$$\phi(x,\gamma(x))=0 \tag{A.9}$$

此定理被称为隐函数定理，这是因为函数 γ 不是显式定义的。第 6 章的习题 6.5 给出了该定理在特殊情况下的证明，更一般情形的证明也与此习题类似。另一种证明的思路是利用反函数定理。因为第一种证法已介绍，后一种证明可参阅实分析教材，故证明略去不表。

这一定理的主要用处来自如下事实：因为 ϕ 和 γ 都是 C^1 映射且（A.9）式对 x^* 的某个开邻域也成立，从而可对（A.9）式求关于 x 的微分，获得一个表达式，表示方程组满足 $\phi(x,y)=0$ 的解 y 是 x 的函数。如果我们将 x 视为一组参数，将 y 视为内生变量且由（A.9）式概括的经济关系决定，从中我们可知内生经济变量是如何随参数 x 刻画的环境变化而变化。我在全书中反复使用了这一方法。

A.10 分离定理*

本节将简要讨论如何利用线性函数（或超平面）分离两个不相交的凸集。这些结论是第二福利经济学定理（定理5.7）的基础，同时也为有约束的最优化问题（见 A.11）中的许多重要结论提供了基础。

为了本节的讨论，设 X 是一个向量空间（线性空间），线性意味着如果 $x,y\in X$，且 λ 是一个实数，则有 $x+y\in X$，$\lambda x\in X$（参见第 A.7 节）。X 中的元素被记为 θ，且有这样的特性，即对于所有 $\lambda\in\mathbb{R}$，有 $x=\lambda x$。

定义 A.39 非负实值函数 $\|\cdot\|:X\to\mathbb{R}_+$ 是向量空间 X 上的范数，这意味着对于任意 $x,y\in X$ 和 $\lambda\in\mathbb{R}$，均有

1. （**正定性**）$\|x\|\geq 0$，且 $\|x\|=0$，当且仅当 $x=\theta$，
2. （**线性**）$\|\lambda x\|=|\lambda|\|x\|$，以及
3. （**三角不等式**）$\|x+y\|\leq\|x\|+\|y\|$

有范数的向量空间是一个赋范向量空间。一个完备赋范向量空间是一个巴拿赫空间。

若函数 $p:X\to\mathbb{R}_+$ 满足正定性和三角不等式，但不满足线性条件，则称为半范数。

例 A.1 中给出的许多度量空间也是有合适范数的赋范向量空间。实际上，在很多时候，获得范数的一个简单方法就是取距离函数 d，求范数 $\|x\| = d(x,\theta)$。需要注意的是，因为度量（即距离函数）并不一定满足定义 A.39 中的线性条件，所以上述方法并不总是适用的。

例 A.16 下列空间中，前四个是赋范向量空间，但第五个不是。

1. 对于任意的 $X \subset \mathbb{R}^K$，x_i 是 $x \in X$ 的第 i 个元素，则 K 维欧氏空间是一个赋范向量空间，其范数为 $\|x\| = \left(\sum_{i=1}^K |x_i|^2\right)^{1/2}$。

2. 令 $X \subset \mathbb{R}^K$，并考虑有界连续实值函数 $f: X \to \mathbb{R}$ 构成的集合 $\mathbf{C}(X)$，则 $\mathbf{C}(X)$ 是赋范向量空间，其范数为 $\|f\| = \sup_{x \in X} |f(x)|$。

3. 令 $\ell \subset \mathbb{R}^\infty$ 为由实无穷数列构成的集合，它是赋范向量空间，有范数 $\|x\|_p = \left(\sum_{i=1}^\infty |x_i|^p\right)^{1/p}$，其中 $1 \le p < \infty$，还有范数 $\|x\|_\infty = \sup_i |x_i|$，其对应的赋范向量空间表示为 ℓ_p。我们最感兴趣的是 ℓ_∞。

4. 令 $\mathbf{c} \subset \mathbb{R}^\infty$ 是在某个点（例如 $x_1, \cdots, x_M, 0, 0, \cdots$）后均为零的实无穷数列构成的集合，其中 $M \in \mathbb{N}$。令 $\mathbf{c}$ 上界范数为 $\|x\|_\infty = \sup_i |x_i|$，则有上界范数的 $\mathbf{c}$ 是一个赋范向量空间。

5. 对任意非空 X，考虑如下离散度量：如果 $x \neq y, d(x,y) = 1$；如果 $x = y$，$d(x,y) = 0$，则度量空间 (X, d) 不是一个赋范向量空间。

若范数是已知的，则我所说的 X 就是赋范向量空间。

定义 A.40 令 X 是赋范向量空间，则 $\phi: X \to \mathbb{R}$ 是 X 上的线性泛函，当且仅当对于任意 $x, y \in X$，和任意实数 λ 和 μ，有

$$\phi(\lambda x + \mu y) = \lambda \phi(x) + \mu \phi(y)$$

赋范向量空间中的线性泛函有很多良好的性质。比如说，当 $X \subset \mathbb{R}^K$ 时，X 上的任意线性泛函可以表达成 x 和另一个 K 维向量 η 的内积，即

$$\phi(x) = \eta \cdot x = \sum_{i=1}^K \eta_i x_i$$

其中 $\eta = (\eta_1 \cdots \eta_K) \in \mathbb{R}^K$。因此在欧氏空间中，线性泛函和内积之间有着一一对应的关系。而下述结论给出了一般情形下的线性泛函的良好性质。

定理 A.26（线性泛函的连续性） 已知赋范向量空间 X，则

1. 线性泛函 $\phi: X \to \mathbb{R}$ 在 X 上连续，当且仅当它在 θ 连续；

2. 线性泛函 $\phi: X \to \mathbb{R}$ 在 X 上连续，当且仅当它是有界的，即存在 $M \in \mathbb{R}$，使对于任意的 $x \in X$，有 $|\phi(x)| \leq M\|x\|$。

证明 （1）我们仅需证明，当线性泛函 ϕ 在 θ 连续时，它在 X 上连续。对任意 $x \in X$，考虑 X 收敛到 x 的一个序列 $\{x_n\}$。根据 ϕ 的线性特征，则有

$$|\phi(x_n) - \phi(x)| = |\phi(x_n - x + \theta) - \phi(\theta)|$$

又由于 $x_n \to x$，从而有 $x_n - x + \theta \to \theta$。由于 ϕ 在 θ 连续，我们有 $\phi(x_n - x + \theta) \to \phi(\theta)$，从而 $|\phi(x_n) - \phi(x)| \to 0$，由此证明 ϕ 在 x 连续。

（2）先证明"当且"，设 ϕ 是有界的。考虑一个收敛到 θ 的序列 $\{x_n\}$。因此 $|\phi(x_n)| \leq M\|x_n\|$。又因为 $x_n \to \theta$，我们有 $|\phi(x_n)| \to 0$，由此证明 ϕ 在 θ 连续。根据证明（1），可得在 X 上连续。

然后证明"仅当"，设 ϕ 在 θ 上连续。令 $\varepsilon > 0$，则存在 $\delta > 0$，使得当 $\|x\| \leq \delta$ 时，有 $|\phi(x)| \leq \varepsilon$。注意到当 $x \neq \theta$ 时，向量 $\delta x/\|x\|$ 的范数等于 δ，从而

$$\begin{aligned}|\phi(x)| &= \left|\phi\left(\frac{\delta x}{\|x\|}\right)\right| \cdot \frac{\|x\|}{\delta} \\ &\leq \varepsilon \cdot \frac{\|x\|}{\delta} \\ &= M\|x\|\end{aligned}$$

其中 $M = \varepsilon/\delta$。命题得证。

M 的最小值满足对于任意的 $x \in X$，有 $|\phi(x)| \leq M\|x\|$，它可以被定义为线性泛函 ϕ 的范数，用 $\|\phi\|$ 表示。因此，定理 A.26 意味着连续线性泛函有一个有限的范数。

定义 A.41 令 X 是赋范向量空间。所有连续线性泛函在 X 上的空间是 X 的赋范对偶空间，记为 X^*。

对偶空间有许多良好的性质。

事实 A.26 已知赋范向量空间 X，则其对偶空间 X^* 是一个巴拿赫空间。

下述例子给出了一些常见空间的对偶空间（见习题 A.29）。

例 A.17

1. 对于任意的 $K \in \mathbb{N}$，$\mathbb{R}^K$ 的对偶空间还是 $\mathbb{R}^K$。
2. 对任意的 $p \in (1, \infty)$，ℓ_p 的对偶空间是 ℓ_q，其中 $p^{-1} + q^{-1} = 1$。

下面给出了一个不太直观的事实。令 $\mathbf{c} = \{x = (x_1, x_2, \ldots) \in \ell_\infty : \lim_{n \to \infty} x_n = 0\}$。

事实 A.27

1. ℓ_∞ 的对偶空间包含但不是 ℓ_1；
2. $\mathbf{c}$ 的对偶空间是 ℓ_1。

在经济学中，对偶空间是极有用的概念，因为当 X 是商品空间时，其对偶空间即为商品 X 的"价格泛函"的空间。比如，$X \subset \mathbb{R}^K$ 的对偶空间 $X^* \subset \mathbb{R}^K$ 是由形式为 $\phi(x) = \sum_{i=1}^{K} \eta_i x_i$ 的泛函构成的空间。不严格地讲，我们可将 η_i 视为与商品向量 x 相对应的价格，从而 $\phi(x)$ 是在价格向量 η 上的成本。在经济学中，这种结构的效用函数来自以下著名定理。如果定义在 X 上的一个线性泛函 ϕ 对于任意 $x \in X$ 不全都等于零，则它是非零的。

定理 A.27 ［哈恩-巴拿赫（Hahn-Banach）定理］ 令 X 是赋范向量空间，且 $X^1, X^2 \subset X$。若 X^1 和 X^2 是凸的，$\text{Int } X^1 \neq \emptyset$，$X^2 \cap \text{Int } X^1 = \emptyset$，则在 X 上有一个非零的线性连续泛函 ϕ，使得对于任意 $x^1 \in X^1$，$x^2 \in X^2$ 和某些 $c \in \mathbb{R}$，有

$$\phi(x^1) \leq c \leq \phi(x^2)$$

这一定理来自哈恩-巴拿赫定理。哈恩-巴拿赫定理表明，若 ϕ 是定义在赋范向量空间 X 的子空间 M 上的连续线性泛函，且存在半范数 $p(x)$（也即对任意 $x \in M$，$f(x) \leq p(x)$），则可将 ϕ 延拓成赋范向量空间 X 上的连续线性泛函 Φ，而且对于任意 $x \in M$，有 $\Phi(x) = \phi(x)$，对任意 $x \in X$，有 $\Phi(x) \leq p(x)$。因此，这一定理证明了在赋范线性空间中，有"足够多"的连续线性泛函。该定理的证明对我们这里的讨论意义不大，故略去（可参见 Luenberger, 1969; Kolmogorov and Fomin, 1970; Conway, 1990）。

请注意，该定理有一个隐含条件，即 $\text{Int } X^1 \neq \emptyset$，这意味着 X^1 应该有一个内点。当 X 是欧氏空间的一个子集时，这不是一个严格的条件（实际上，这一条件在那样的情形中甚至是不必要的）。但是，如果我们关注有经济含义的子空间 ℓ_p^+，常见的无穷维赋范向量空间，比如，$p < \infty$ 时的 ℓ_p，并不包含内点，因为子空间 ℓ_p^+ 要求所有序列都由非负实数构成（这并不是显而易见的，习题 A.30 说明了原因）。如果我们希望对一个无穷期界经济中的资源配置（例如消费水平或资本存量序列）作为 ℓ_p^+ 的元素建模，那么无内点这一局限可能就会成为一个问题。不过，如果我们关注经济上更正常的空间，即由资源配置 ℓ_∞ 的序列构成的空间，则上述局限就不会成为问题，因为 ℓ_∞^+ 有内点（参见习题 A.31）。使用 ℓ_∞

带来的唯一复杂性就是，并不是所有在 ℓ_∞ 上的连续线性泛函都有内积表达式，从而不能一一对应于有经济含义的价格空间。但是，对效用和技术做出更严格的假设使 ℓ_∞ 上相应的线性泛函有我们期望的内积表达式，不对应的问题就能得到解决。这也是第二福利经济学定理（定理5.7）对效用和技术施加更多条件的原因。

记住定理 A.27 的下述直接推论也是有用的。

定理 A.28（超平面分离定理） 令 $X \subset \mathbb{R}^K$，X^1，$X^2 \subset X$。设 X^1，X^2 是凸的，且 $X^2 \cap \text{Int } X^1 = \emptyset$，存在一个超平面

$$H = \left\{ x \in X : \sum_{i=1}^{K} \eta_i x_i = c \text{ 对 } \eta \in \mathbb{R} \text{ 和 } \eta \neq 0 \right\}$$

它使 X^1 和 X^2 相分离，也就是说，对于任意 $x^1 \in X^1$，$x^2 \in X^2$，有

$$\eta \cdot x^1 \leq c \leq \eta \cdot x^2,$$

其中 $\eta \cdot x = \sum_{i=1}^{K} \eta_i x_i$。

请注意，由于 X^1 和 X^2 是欧氏空间中的子集，上述定理的陈述去掉了条件 $\text{Int } X^1 \neq \emptyset$。同时，这一定理并没有添加超平面非零（对应于定理 A.27 中的连续线性泛函非零）的限制条件，因为超平面的定义包含了这一条件。

A.11 有约束的最优化问题

我们在本书中碰到的很多问题都可以表达成有约束的最优化问题，第6章、第7章和第16章都介绍了处理有约束的动态（无限维）最优化问题的方法。运用上一节的分离定理可以得到对这些问题的补充见解。我将着重于有限维最优化问题，以此来说明上述论点。考虑下述求最大值问题

$$\sup_{x \in X} f(x) \tag{A.10}$$

约束条件为

$$g(x) \leq 0,$$

其中，X 是 $\mathbb{R}^K$ 的开子集，且 $f: X \to \mathbb{R}$，$g: X \to \mathbb{R}^N$，$K, N \in \mathbb{N}$。

有约束的最大值问题（A.10）式满足斯莱特条件（Slater condition），当且仅当存在 $x' \in X$ 使 $g(x') < 0$（即映射 g 的每一个元素都是负值）。这一条件等价于

集合 $G = \{x : g(x) \leq 0\}$ 有一个内点。若 g 的任意元素作为一个函数都是凸的，则我们称映射 g 是凸的。因此，集合 G 也是凸的（但是反之则未必，参见习题 A.32）。我们照例将拉格朗日函数定义如下：

$$\mathcal{L}(x, \lambda) = f(x) - \lambda \cdot g(x)$$

其中 $\lambda \in \mathbb{R}_+^N$。向量 λ 称为拉格朗日乘子，$\lambda \cdot g(x)$ 是两个向量（即 λ 和向量值函数 $g(\cdot)$ 在 x 处取值）的内积，因此 $\lambda \cdot g(x)$ 是实数。下面给出了有约束的最大值问题的核心定理。

定理 A.29（鞍轨定理） 设在（A.10）式中，f 是凹函数，g 是凸的，且满足斯莱特条件，则

1. 若 x^* 是问题（A.10）式的一个解，则存在 $\lambda^* \in \mathbb{R}_+^N$，使得对于任意 $x \in X$ 和 $\lambda \in \mathbb{R}_+^N$，有

$$\mathcal{L}(x, \lambda^*) \leq \mathcal{L}(x^*, \lambda^*) \leq \mathcal{L}(x^*, \lambda) \tag{A.11}$$

此时，(x^*, λ^*) 满足互补松弛条件：

$$\lambda^* \cdot g(x^*) = 0 \text{。} \tag{A.12}$$

2. 若 $(x^*, \lambda^*) \in X \times \mathbb{R}_+^N$ 使得 $g(x^*) \leq 0$ 且（A.11）式成立，则 x^* 是问题（A.10）式的一个解。

证明 （1）考虑空间 $Y = \mathbb{R}^{N+1}$，并有子集如下：

$$Y^1 = \{(a, b) \in Y : a > f(x^*) \text{ 且 } b < 0\},$$
$$Y^2 = \{(a, b) \in Y : \exists x \in X, \text{并有} a \leq f(x) \text{ 且 } b \geq g(x)\}$$

其中 $a \in \mathbb{R}$，$b \in \mathbb{R}^N$，而且 $b < 0$ 意味着 N 维向量 b 的任意元素均是负的。Y^1 显然是凸的，更进一步地，f 的凹性和 g 的凸性确保了 Y^2 也是凸的。

由 x^* 是问题（A.10）式的一个解这一假设可知，上述两个集合不相交。定理 A.28 意味着存在一个超平面使 Y^1 和 Y^2 相分离。换言之，存在一个非零的向量 $\eta \in \mathbb{R}^{N+1}$，使得对于任意 $y^1 \in Y^1$，$y^2 \in Y^2$，有

$$\eta \cdot y^1 \leq c \leq \eta \cdot y^2$$

更进一步地，上式对于任意 $y^1 \in \overline{Y^1}$，$y^2 \in \overline{Y^2}$ 也成立。令 $\eta = (\rho, \lambda)$，且有 $\rho \in \mathbb{R}$ 和 $\lambda \in \mathbb{R}^N$，于是对于任意 $(a^1, b^1) \in \overline{Y^1}$，$(a^2, b^2) \in \overline{Y^2}$，有

$$\rho a^1 + \lambda \cdot b^1 \leq \rho a^2 + \lambda \cdot b^2 \text{。} \tag{A.13}$$

因为 $(f(x^*),0) \in \overline{Y}^2$，则对于任意 $(a^1,b^1) \in \overline{Y}^1$，我们有

$$\rho a^1 + \lambda \cdot b^1 \leq \rho f(x^*) \qquad (A.14)$$

现取 $a^1 = f(x^*)$，$b^1 < 0$，则有 $\lambda \geq 0$〔相反，设向量 λ 有一个负分量，则取 b^1 使 λ 除了那个分量外，其余每一个分量都等于零，其结论和（A.14）矛盾〕。类似地，取 $b^1 = 0$，$a^1 > f(x^*)$，则 $\rho \leq 0$。更进一步地，由超平面定义可知，要么 ρ 是负的，要么 λ 的某个分量必定严格为正。

接着，x^* 的最优性意味着，对于任意 $x \in X$，均有 $(f(x),g(x)) \in \overline{Y}^2$。由于 $(f(x^*),0) \in \overline{Y}^1$，所以（A.13）式意味着，对于任意的 $x \in X$，均有

$$\rho f(x^*) \leq \rho f(x) + \lambda \cdot g(x) \qquad (A.15)$$

现在我们利用反证法进行证明，设 $\rho = 0$。由斯莱特条件可知存在 $g(x') < 0$，使得对于任何非零向量 λ，有 $\lambda \cdot g(x') < 0$，这与（A.15）式矛盾。因此 $\lambda = 0$。这与分离超平面是非零的事实相矛盾（从而我们不可能同时有 $\rho = 0$ 和 $\lambda = 0$）。因此 $\rho < 0$。现在定义

$$\lambda^* = -\frac{\lambda}{\rho} \geq 0$$

于是，从（A.15）式可直接得到互补松弛条件。特别地，在（A.15）式右边取 $x^* \in X$，则有 $\lambda \cdot g(x^*) \geq 0$。由于 $\lambda \geq 0$ 和 $g(x^*) \leq 0$，我们必定有

$$\lambda \cdot g(x^*) = -\rho(\lambda^* \cdot g(x^*)) = 0$$

现在利用互补性松弛条件和（A.15）式以及 $\rho < 0$，可得到对于任意 $x \in X$，有

$$\mathcal{L}(x,\lambda^*) = f(x) - \lambda^* \cdot g(x) \leq f(x^*) = \mathcal{L}(x^*,\lambda^*)$$

这就证明了（A.11）式中的第一个不等式。为了证明第二个不等式，再次使用互补松弛条件和 $g(x^*) \leq 0$ 的事实，可得到对于所有 $\lambda \in \mathbb{R}_+^N$，有

$$\mathcal{L}(x^*,\lambda^*) = f(x^*) \leq f(x^*) - \lambda \cdot g(x^*) = \mathcal{L}(x^*,\lambda)$$

定理得证。

（2）为了利用反证法，设（A.11）式成立，但 x^* 不是问题（A.10）式的一个解。因此存在一个 $x' \in X$，使得 $g(x') \leq 0$，$f(x') > f(x^*)$，于是有

$$f(x') - \lambda^* \cdot g(x') > f(x^*) - \lambda^* \cdot g(x^*)$$

这里利用了 $\lambda^* \cdot g(x^*) = 0$ 和 $\lambda^* \cdot g(x') \leq 0$（因为 $\lambda^* \geq 0, g(x') \leq 0$），但

上式与（A.11）式矛盾。定理得证。

正如定理 A.29 一样，我们经常将 F 是凹的，g 是凸的最大值问题视为凹问题。

习题 A.33 表明，在定理 A.29 中，必须有斯莱特条件。虽然斯莱特条件或下一个定理中的线性独立条件这类约束条件是重要的，但在经济应用中我们往往不做明确的陈述，这是因为在大多数问题中，它们都是自然能够得到满足的。但我们需要注意，这些条件是必需的，忽略它们有时会导致错误的结果。

（A.11）式中第一个不等式的一个直接推论是，如果 $x^* \in \text{Int} X$，且 f, g 是可微的，则有

$$D_x f(x^*) = \lambda^* \cdot D_x g(x^*) \tag{A.16}$$

$D_x f$ 和 $D_x g$ 是 f 和 g 的雅可比矩阵。（A.16）式是求解有约束的内点最大值解的常用一阶必要条件。在这里，因为最大值问题是一个凹问题，则有（A.16）式及 $g(x^*) \leq 0$ 是最大值解的充分条件。

下面是著名的库恩-塔克（Kuhn-Tucker）定理，由它可知（如果 f, g 可微），即使凸性和凹性的假设均不成立，（A.16）式依旧是存在内点最大值解的必要条件。

定理 A.30（库恩-塔克定理） 考虑有约束的最大值问题

$$\sup_{x \in \mathbb{R}^K} f(x)$$

约束条件为

$$g(x) \leq 0, \quad h(x) = 0$$

其中 $f: x \in X \to \mathbb{R}$，$g: x \in X \to \mathbb{R}^N$，$h: x \in X \to \mathbb{R}^M$（$K, N, M \in \mathbb{N}$）。令 $x^* \in \text{Int} X$ 为此最大值问题的一个解，设不等式约束 $N_1 \leq N$ 是有效的（即在 x^* 点处，等式成立）。定义 $\bar{h}: X \to \mathbb{R}^{M+N_1}$ 是有 N_1 个有效约束 $h(x)$ [从而 $\bar{h}(x^*) = 0$] 的映射。假设下列约束条件成立，即雅可比矩阵 $D_x(\bar{h}(x^*))$ 的秩为 $N_1 + M$，则以下库恩-塔克条件成立，也即存在拉格朗日乘子 $\lambda^* \in \mathbb{R}_+^N$，$\mu^* \in \mathbb{R}^M$，使得

$$D_x f(x^*) - \lambda^* \cdot D_x g(x^*) - \mu^* \cdot D_x h(x^*) = 0 \tag{A.17}$$

和互补性松弛条件

$$\lambda^* \cdot g(x^*) = 0$$

成立。

证明（概要）约束限制条件（constraint qualification condition）确保在 x^* 上存在一个 $(N_1 + M)$ 维的流形，由等式和有效不等式约束定义。由于 g 和 h 是可微的，所以在 x^* 上的流形也是可微的。对于小的 $\varepsilon \in \mathbb{R}^K$，令 $v_\varepsilon(x)$ 表示 $N_1 + M$ 维流形的一个可行方向，尤其是让 $x^* \pm \varepsilon v_\varepsilon(x^* + \varepsilon)$ 保持在流形上，从而满足 $D_x \bar{h}(x^*) \cdot \varepsilon v_\varepsilon(x^* + \varepsilon) = 0$。由于 ε 足够小，$N - N_1$ 的凹性约束仍然成立，所以 $x^* \pm \varepsilon v_\varepsilon(x^* + \varepsilon)$ 是可行的。如果 $D_x f(x^*) \cdot \varepsilon v_\varepsilon(x^* + \varepsilon) \ne 0$，则

$$f(x^* + \varepsilon v_\varepsilon(x^* + \varepsilon)) > f(x^*), \text{ 或者 } f(x^* + \varepsilon v_\varepsilon(x^* + \varepsilon)) > f(x^*)$$

这意味着 x^* 不是局部（而是全局）最大值。接下来考虑 $(M + N_1 + 1 \times K)$ 维矩阵 A，其中第一行是 $D_x f(x^*)^T$，其余为 $D_x(\bar{h}(x^*))$。前面的论证意味着对于所有非零 $\varepsilon \in \mathbb{R}^K$，有 $D_x \bar{h}(x^*) \cdot \varepsilon v_\varepsilon(x^* + \varepsilon) = 0$ 和 $A \cdot (\varepsilon + v_\varepsilon(x^* + \varepsilon)) = 0$。因此，$D_x \bar{h}(x^*)$ 和 A 有相同的秩，根据约束条件，这个秩等于 $M + N_1$。由于矩阵 A 有 $M + N_1 + 1$ 行，它的第一行必定是其余 $M + N_1$ 行的线性组合，这相当于意味着存在一个 $(M + N_1)$ 维的向量 $\bar{\mu}$，使 $D_x f(x^*) = \bar{\mu} D_x \bar{h}(x^*)$。将零乘子指派给所有非凹约束，这一结论等价于（A.17）式。因为所有非凹约束都有零乘子以及对这些有效约束来说有 $g_j(x^*) = 0$，所以可直接推出互补松弛条件。证毕。

约束限制条件要求有效约束应当是线性独立的，其作用与定理 A.29 中的斯莱特条件类似。习题 A.34 证明了这一约束限制条件必须不能省略（尽管可以用较弱的条件替代满秩条件）。

定理 A.30 中的互补松弛条件是一个关键结果，并被反复用作最大值问题的必要条件。

现在，让我们用极其有用的著名包络定理结束本附录。

定理 A.31（包络定理） 考虑如下最大值问题

$$v(p) = \max_{x \in X} f(x, p)$$

约束条件为

$$g(x, p) \le 0, \ h(x, p) = 0$$

其中 $X \in \mathbb{R}^K, p \in \mathbb{R}, f: X \times \mathbb{R} \to \mathbb{R}, g: X \times \mathbb{R} \to \mathbb{R}^N$ 以及 $h: X \times \mathbb{R} \to \mathbb{R}^M (K, N, M \in \mathbb{N})$ 均可微。令 $x^*(p) \in \text{Int} X$ 为这一最大值问题的解。与不等式和等式约束相关的朗格朗日乘子表示为 $\lambda^* \in \mathbb{R}_+^N$ 和 $\mu^* \in \mathbb{R}^M$。若 $v(\cdot)$ 在 $\bar{p}$ 处可微，则有

$$\frac{\partial v(\bar{p})}{\partial p} = \frac{\partial f(x^*(\bar{p}), \bar{p})}{\partial p} - \lambda^* \cdot D_p g(x^*(\bar{p}), \bar{p}) - \mu^* \cdot D_p(x^*(\bar{p}), \bar{p}) \quad \text{(A.18)}$$

证明 因 $x^*(p)$ 是最大值问题的解,从而有

$$v(\bar{p}) = f(x^*(\bar{p}), \bar{p}) \quad \text{(A.19)}$$

根据假设, $v(\cdot)$ 在 $\bar{p}$ 处可微,因此 $\partial v(\bar{p})/\partial p$ 存在。更进一步,将隐函数定理应用于定理 A.30 中的最大值问题的必要条件,则 $x^*(\cdot)$ 在 $\bar{p}$ 处也是可微的。故而,从 (A.19) 式,我们可以得出

$$\frac{\partial v(\bar{p})}{\partial p} = \frac{\partial f(x^*(\bar{p}), \bar{p})}{\partial p} + D_x f(x^*(\bar{p}), \bar{p}) \cdot D_p x^*(\bar{p}) \quad \text{(A.20)}$$

其中 $D_x f(x^*(\bar{p}), \bar{p}) \cdot D_p x^*(p)$ 仍然是内积,因此是一个实数。令 $\tilde{g}: X \times \mathbb{R} \to \mathbb{R}^{N_1}$ 表示有效不等式约束 $N_1 \leq N$。让有效不等式约束和等式约束对 p 求导,我们有

$$-D_p \tilde{g}(x^*(\bar{p}), \bar{p}) = D_x \tilde{g}(x^*(\bar{p}), \bar{p}) \cdot D_p x^*(\bar{p}), \text{ 和}$$
$$-D_p h(x^*(\bar{p}), \bar{p}) = D_x h(x^*(\bar{p}), \bar{p}) \cdot D_p x^*(\bar{p}).$$

表示这一问题的 (A.17) 式(请回忆定理 A.30)意味着

$$D_x f(x^*(\bar{p}), \bar{p}) - \lambda^* \cdot D_x g(x^*(\bar{p}), \bar{p}) - \mu^* \cdot D_x(x^*(\bar{p}), \bar{p}) = 0$$

将这一表达式和前两个等式相结合,并注意有效约束的拉格朗日乘子等于零,可以得到

$$D_x f(x^*(\bar{p}), \bar{p}) \cdot D_p x^*(\bar{p}) = -\lambda^* \cdot D_p g(x^*(\bar{p}), \bar{p}) - \mu^* \cdot D_x(x^*(\bar{p}), \bar{p})$$

将此代入 (A.20) 式,可得到 (A.18) 式。证毕。

当问题是无约束最大化时,这个结果的一个特殊情况适用。在这种情形下,我们有

$$\frac{\partial v(\bar{p})}{\partial p} = \frac{\partial f(x^*(\bar{p}), \bar{p})}{\partial p}$$

A.12 习题

*A.1 (a) 证明闵可夫斯基不等式 (Minkowski inequality):对于任意 $x = (x_1,$

$x_2, \cdots, x_k) \in \mathbb{R}^K$，$y = (y_1, y_2, \cdots, y_k) \in \mathbb{R}^K$，$K \in \mathbb{N}$，以及任意 $p \in [1, \infty)$，我们有

$$\left(\sum_{k=1}^{K} |x_k + y_k|^p\right)^{1/p} \leqslant \left(\sum_{k=1}^{K} |x_k|^p\right)^{1/p} + \left(\sum_{k=1}^{K} |y_k|^p\right)^{1/p}$$

(b) 写出 $K = \infty$ 这一不等式对应的一般形式，并证明之。

A.2 利用闵可夫斯基不等式（习题 A.1）证明例 A.1（1）中的度量空间满足三角不等式。

A.3 证明例 A.1 中 $\mathbf{C}(X)$ 上的上界度量 $d_\infty(f, g) = \sup_{x \in X} |f(x) - g(x)|$ 满足三角不等式。

A.4 利用定义 A.4 中给出的等价度量的定义，证明如果 d 和 d' 是 X 上的等价度量，而且 X 的子集 X' 是与从度量 d 中得到的邻域族相对应的开集，则它也是与从度量 d' 中得到的邻域族相对应的开集。

A.5 证明 $X' \subset X$ 是闭集，当且仅当 X' 中的每一个收敛序列 $\{x_n\}_{n=1}^{\infty}$ 都有一个极限点 $x \in X'$。

A.6 证明事实 A.2。

A.7 证明事实 A.3。

A.8 证明事实 A.4 [提示：利用定理 A.7。]

A.9 证明 A.1 中引入的度量空间 $(\mathbf{C}(X), d_\infty)$ 是完备的。

A.10 利用类似定理 A.3 的论证过程，证明如果 (X, d) 是度量空间而且 $\phi: X \to Y$ 是连续映射，则对于 X 的任意连通子集，$f(X')$ 也是连通子集。

A.11 根据定义 A.4，证明例 A.1 欧式空间中定义的度量族 d_p 的所有度量均等价。

A.12 证明事实 A.5。

A.13 证明事实 A.10。

A.14 证明任意度量空间均有豪斯多夫性质。

A.15 证明引理 A.2。

A.16 (a) 证明如果 $X = \prod_{\alpha=1}^{k} X_\alpha$（也即如果 X 是有限维乘积），则箱拓扑和乘积拓扑等价，因为它们都定义了同样的开集（请回忆定义 A.4 的度量等价，它也适应于拓扑等价）。

(b) 证明若 X 不是有限维的，则箱拓扑和乘积拓扑不等价。

(c) 证明投影映射在箱拓扑中总是连续的。

*A.17 假设对任意 $\alpha \in A$，X_α 是一个度量空间。证明有乘积拓扑的空间 $X = \Pi_{\alpha \in A} X_\alpha$ 满足豪斯多夫性质。

A.18 证明当 X,Y 是欧氏空间时，从定义 A.31 的上半连续和下半连续的性质中可推出定义 A.32 的性质。

A.19 (a) 证明 $G(x,y) = \{(x,y) \in \mathbb{R}^2 : xy \leq 0\}$ 不是一个连续的对应。

(b) 证明如果 $G_1(x)$ 和 $G_2(x)$ 是连续的，它们的非空交集 $G_1(x) \cap G_2(x)$ 可能不是连续的。[提示：考虑 $G_1(x) = (-\infty, x]$ 以及对某些 $a \neq b, G_2(x) = \{a,b\}$。]

A.20 证明事实 A.19。

A.21 证明事实 A.21。

A.22 给出一个从 $[0,1]$ 到 $[0,1]$ 的上半连续性的对应，使其不是凸值的且不包含固定点。

A.23 考虑一个 N 人的正则博弈，参与者 i 的策略可表示为 $a_i \in A_i$，其收益函数由实值函数 $u_i(a_1, \cdots, a_N)$ 给出。

(a) 用定理 A.16、定理 A.17 和定理 A.18 证明，如果每个 A_i 是非空紧凸集，且对于每个 u_i，当 $i \neq j$ 时在 a_i 上连续且拟凹，则存在一个策略组合 $(a_1^*, \cdots, a_N^*)$ 构成一个纯策略纳什均衡。

(b) 给出一些相反的例子说明为什么以下每个假设都无法省略：(1) A_i 的紧性，(2) A_i 的凸性，(3) u_i 的连续性，以及 (4) 在每个自身策略中 u_i 的拟凹性。

A.24 证明事实 A.22。

A.25 证明定理 A.20。

A.26 证明定理 A.21。[提示：利用定理 A.20。]

A.27 证明推论 A.3。

A.28 证明例 A.16 中给出的前四个空间是赋范向量空间，而第五个不是。[提示：在每一种情况下，证明三角不等式和线性条件成立]。

A.29 证明例 A.17 中的论断。

A.30 考虑子空间 ℓ_p 和 ℓ_p^+，其中序列的所有元素都是非负的。设 $1 \leq p < +\infty$。现在考虑 $x \in \ell_p^+$ 及 x 的 ε 邻域 $\mathcal{N}_\varepsilon(x)$。证明对于任意 $x \in \ell_p^+$ 和任意 $\varepsilon > 0$，有 $\mathcal{N}_\varepsilon(x) \nsubseteq \ell_p^+$。[提示：对 $\varepsilon > 0$ 及 $x = (x_1, x_2, \cdots) \in \ell_p^+$。因为 $x \in \ell_p$，对任意 $\varepsilon > 0$，存在 $N \in \mathbb{N}$，使得对于所有 $n \geq N$，有

$|x_n| < \varepsilon/2$。然后，定义 z，使得对于所有 $n \neq N$ 和 $z_N = x_N - \varepsilon/2$，有 $z_n = x_n$。证明 $z \in \mathcal{N}_\varepsilon(x)$，但 $z \notin \ell_p^+$。]

A.31 证明 $x = (1.1, 1, \cdots,)$ 是 ℓ_∞^+ 的内点。[提示：考虑 $z_\varepsilon = (1+\varepsilon, 1+\varepsilon, \cdots)$，并证明 $z \in \mathcal{N}_\varepsilon(x) \subset \ell_\infty^+$。]

A.32 对某些 $X \subset \mathbb{R}^k$，有映射 $g: X \to \mathbb{R}^N$，构造集合 $G = \{x: g(x) \leq 0\}$。证明即使 g 的任意元素不是凸函数，G 也可能是凸集。

A.33 考虑约束条件为 $x^2 \leq 0$ 的最大化 x 问题，证明这一问题存在一个唯一的解，但是不存在拉格朗日乘子。证明这是因为斯莱特条件不成立。

A.34 考虑有约束的最大值问题 $\max_{x_1, x_2} -x_1$，约束条件为 $x_1^2 \leq x_2$，$x_2 = 0$。证明 $(x_1, x_2) = (0, 0)$ 为唯一解。证明在 $(0, 0)$ 处不存在满足 (A.17) 式的拉格朗日乘子，即向量 (λ, μ)。解释这如何与约束限制条件得不到满足有关。

附录 B 常微分方程综述

在本附录中，笔者将简述微分方程的一些基本结论，并附带说明差分方程的若干结论。关于上述结论，这里之所以做选择性介绍，主要是为服务于本书实体部分的应用。尤其是，书中给出并广泛应用了下文将阐述的主要的稳定性定理，包括定理 2.2、定理 2.3、定理 2.4、定理 2.5、定理 7.18 和定理 7.19。我还提供了关于微分方程解的存在性、唯一性和连续性的基本定理。这里的大部分内容都能在基础的微分方程教材中找到，比如博伊斯和迪普里玛（Boyce and DiPrima, 1977）的著作。龙伯格（Luenberger, 1979）的教材是很好的参考，因为它同时介绍了微分方程和差分方程。一些更加高阶的书籍，比如沃尔特（Walt, 1991）或佩尔科（Perko, 2001）的论著，对解的存在性、唯一性和连续性进行了说明。在介绍微分方程的结果之前，本附录将简述特征值、特征向量和一些基本的积分结果。同样地，这里假设读者对矩阵代数和微积分有基本了解。

B.1 特征值和特征向量

令 $\mathbf{A}$ 是一个 $n \times n$ 的实矩阵（方阵），其中的每个元素都是实数。在一个 $n \times n$ 的矩阵 $\mathbf{D}$ 中，如果对角线以外的所有元素都是 0，我们称其为对角矩阵，即

$$\mathbf{D} = \begin{pmatrix} d_1 & 0 & \cdot & 0 \\ 0 & d_2 & \cdot & \cdot \\ \cdot & \cdot & \cdot & 0 \\ 0 & \cdot & 0 & d_n \end{pmatrix}$$

$n \times n$ 单位矩阵 $\mathbf{I}$ 是对角矩阵，其对角线上元素为 1：

$$\mathbf{I} = \begin{pmatrix} 1 & 0 & \cdot & 0 \\ 0 & 1 & \cdot & \cdot \\ \cdot & \cdot & 1 & 0 \\ 0 & \cdot & 0 & 1 \end{pmatrix}$$

本附录用黑体字母表示向量和矩阵，所以 **0** 表示零向量或零矩阵，而 0 则单纯地表示数字零。

令实数行列式 **A** 是方阵 **A** 的行列式。如果行列式 **A** ≠ 0，矩阵 **A** 是非奇异的或不可逆，换言之，如果只有 $n \times 1$ 列的向量 **v** 是

$$\mathbf{Av} = \mathbf{0}$$

的一个解，则该解是一个零向量 $\mathbf{v} = (0, \cdots, 0)^T$。如果矩阵 **A** 是不可逆的，则存在 $\mathbf{A}^{-1}$，使得

$$\mathbf{A}^{-1}\mathbf{A} = \mathbf{I}$$

相反，如果存在一个非零解 **v**，或者如果行列式 **A** = 0，那么矩阵 **A** 是奇异的，并且不可逆。

令 $a, b \in \mathbb{R}$，并定义虚数 i 使得 $i^2 = -1$，于是 $i = \pm\sqrt{-1}$。在本附录中，我们不是一般性地取 $i = \sqrt{-1}$，则 $\chi = a + bi$ 是一个复数。如果行列式

$$\det(\mathbf{A} - \xi\mathbf{I}) = 0$$

则附复数 ξ 是矩阵 **A** 的特征值。如果 **A** 是可逆矩阵，那么其特征值都不等于 0。给定矩阵 **A** 的特征值 ξ，如果有

$$(\mathbf{A} - \xi\mathbf{I})\mathbf{v}_\xi = 0$$

则 $n \times 1$ 非零列向量 $\mathbf{v}_\xi$ 是矩阵 **A** 的特征。显然，如果 $\mathbf{v}_\xi$ 满足 $(\mathbf{A} - \xi\mathbf{I})\mathbf{v}_\xi = 0$，那么对于任意 $\lambda \in \mathbb{R}$，$\lambda\mathbf{v}_\xi$ 同样满足 $(\mathbf{A} - \xi\mathbf{I})\mathbf{v}_\xi = 0$。线性空间 $\mathbf{V} = \{\mathbf{v} : (\mathbf{A} - \xi\mathbf{I})\mathbf{v} = 0\}$ 有时被称为矩阵 **A** 的特征空间。特征值和特征向量的一个主要应用是将非对角方阵对角化。具体来说，假设 $n \times n$ 矩阵 **A** 有一个不同的特征值，那么矩阵代数的一个标准结果意味着

$$\mathbf{P}^{-1}\mathbf{AP} = \mathbf{D}$$

其中 **D** 是对角矩阵，其对角线上的特征值为 $\xi_1, \cdots, \xi_n$，而 $\mathbf{P} = (\mathbf{v}_{\xi_1}, \cdots, \mathbf{v}_{\xi_n})$ 表示对应于特征值的特征向量矩阵。这一结果将用于证明下面的定理 B.5 和 B.14。

需要注意的是，实数矩阵 **A** 的特征值可能为复数（对应于行列式 $(\mathbf{A} - \xi\mathbf{I}) = 0$ 的复数根）。此外，多项式可能有重根，这些可能性矩阵的对角化面临一系列困难。大多数线性代数、矩阵代数和微分方程的教材都讨论了这些困难，此处不再赘述。

B.2 关于积分的一些基本结论

在讨论微分方程之前，我们有必要回顾一下关于积分的一些基本结论。这一节将专注于黎曼积分。具体地，对于实数 $b>a$，令 $f:[a,b]\to\mathbb{R}$ 为连续函数。然后，函数 f 在 a 到 b 之间的黎曼积分表示为 $\int_a^b f(x)dx$，并定义如下。首先，对区间 $[a,b]$ 进行分割；也就是说，分成 N 个子区间，其形式为 $[a,x_1],[x_1,x_2],\cdots,[x_{N-1},b]$，并约定 $a=x_0$ 和 $b=x_n$。另外，分别从每一个子区间中取一个值，我们得到 N 个数 $\xi_1, \xi_2, \cdots, \xi_N$。以上数字的向量可表示为 $X_N=(x_1,x_2,\cdots,x_{N-1},\xi_1,\xi_2,\cdots,\xi_N)$。我们定义 X_N 给出的黎曼和为

$$\mathbf{R}(X_N) = \sum_{j=0}^{N-1} f(\xi_j)(x_{j-1}-x_j)$$

随着我们对区间 $[a,b]$ 的分割越来越细，也就是说，增大 N 的值，考虑与前述表达式相对应的极限，即 $\lim_{N\to\infty}\mathbf{R}(X_N)$。如果极限存在并且独立于区间分割 X_N，它就定义了黎曼积分，记作

$$\int_a^b f(x)dx \tag{B.1}$$

例如，如果极限存在，则黎曼积分将等于式等分区间 $[a,b]$ 得到的黎曼和，即

$$\int_a^b f(x)dx = \lim_{N\to\infty} \frac{b-a}{N}\sum_{j=0}^{N-1} f\left(a+j\frac{b-a}{N}\right)$$

对于定义良好的黎曼积分，函数连续性的假设并不是必要的（例如，单调非连续函数同样存在黎曼积分）。但是对于很多函数，黎曼积分并非定义良好的。因此，使用更一般化的积分通常更加便利，比如勒贝格积分。尽管书中引用了勒贝格积分，但此处为了讨论方便，笔者将专注于黎曼积分。如果黎曼积分和勒贝格积分都存在，那么它们是等价的。如果函数在区间 $[a,b]$ 上具有定义良好的黎曼积分，我们可以说它在 $[a,b]$ 上黎曼可积。

下面的四个基本结论对我们的分析很有用。标准实分析教材或微积分教材对这四个结论都有证明，在此不再赘述。

定理 B.1（微积分基本定理 1） 令 $f:[a,b]\to\mathbb{R}$ 为区间 $[a,b]$ 上的黎曼积

分。对于任意 $x \in [a,b]$，定义

$$F(x) = \int_a^x f(t)dt$$

那么函数 $F:[a,b] \to \mathbb{R}$ 在 $[a,b]$ 上连续。如果 f 在某个点 $x_0 \in [a,b]$ 上连续，则 $F(x)$ 在 x_0 可微，其导数为

$$F'(x_0) = f(x_0)$$

定理 B.2（微积分基本定理 2）　令 $f:[a,b] \to \mathbb{R}$ 在区间 $[a,b]$ 上连续，那么在 $[a,b]$ 上存在一个可微函数 $F:[a,b] \to \mathbb{R}$（或者在 a 处只有右导数，在 b 处只有左导数），使得对于所有的 $x \in [a,b]$，存在 $F'(x) = f(x)$。更进一步，对于所有这类函数，总有

$$\int_a^b f(x)dx = F(b) - F(a)$$

定理 B.3（分步积分法）　令 $f:[a,b] \to \mathbb{R}$ 和 $g:[a,b] \to \mathbb{R}$ 都是连续函数，并且令 $F:[a,b] \to \mathbb{R}$ 和 $G:[a,b] \to \mathbb{R}$ 都是可微函数，使得对于所有的 $x \in [a,b]$，有 $F'(x) = f(x)$ 和 $G'(x) = g(x)$，则（积）函数 Fg 和 Gf 可积，且有

$$\int_a^b F(x)g(x)dx = F(b)G(b) - F(a)G(a) - \int_a^b G(x)f(x)dx.$$

定理 B.4（莱布尼茨法则）　令 $f(x,y)$ 在 $[a,b]$ 上关于 x 连续，在 y_0 处关于 y 可导，并且假设函数 $a(y)$ 和 $b(y)$ 在处均可微，其导数分别表示为 a' 和 b'。于是有

$$\left. \frac{d}{dy} \int_{a(y)}^{b(y)} f(x,y)dx \right|_{y=y_0}$$
$$= \int_{a(y_0)}^{b(y_0)} \frac{\partial f(x,y_0)}{\partial y} dx + b'(y_0)f(b(y_0), y_0) - a'(y_0)f(a(y_0), y_0).$$

在（B.1）式中，黎曼积分具有确定的区间下限和上限，我们称之为定积分。我们也可以定义不定积分 $\int f(x)dx$，它简单地表示函数 $F(x)$ 的集合有 $F'(x) = f(x)$ 的性质〔因为如果 $F(x)$ 满足这一性质，它就是一个函数集，$F(x)$

+ c 也是如此，其中 c 是常数]。基于此，不定积分 $\int f(x)dx$ 有时也被称为原函数。如果极限值是有限的，我们也可以在 $a = -\infty$ 和/或 $b = \infty$ 的情形下定义定积分。

B.3 线性微分方程

请回忆我们第 2 章的动态经济模型中考虑微分方程的目的。具体来说，考虑函数 $x: \mathcal{T} \to \mathbb{R}$，其中 $\mathcal{T}$ 是实数集 $\mathbb{R}$ 上的一个区间。设给定实数 Δt，我们可以得到

$$x(t + \Delta t) - x(t) = G(x(t), t, \Delta t)$$

其中 $G(x(t), t, \Delta t)$ 是一个实值函数。现在方程两侧同时除以 Δt，并取极限 $\Delta t \to 0$。假设极限值 $\lim_{\Delta t \to 0} G(x(t), t, \Delta t)/\Delta t$ 存在，并令

$$g(x(t), t) \equiv \lim_{\Delta t \to 0} \frac{G(x(t), t, \Delta t)}{\Delta t}$$

我们可以利用这一极限，得到下面的微分方程

$$\frac{dx(t)}{dt} \equiv \dot{x}(t) = g(x(t), t) \tag{B.2}$$

这是一个显式的一阶微分方程。其中"显式"一词表明与其他项可分离。与此相对应的是隐式一阶微分方程，其形式如下：

$$H(\dot{x}(t), x(t), t) = 0$$

就我们的分析而言，使用显式方程已经绰绰有余。

如果一个微分方程可以写成如下形式，

$$\dot{x}(t) = g(x(t))$$

或者在没有时间参数的情况下，简化为

$$\dot{x} = g(x)$$

我们称之为自治方程。反之，如果不能写成以上形式，我们称之为非自治方程。除了一阶微分方程，我们还可以考虑二阶或者 n 阶微分方程，比如，

$$\frac{d^2 x(t)}{dt^2} = g\left(\frac{dx(t)}{dt}, x(t), t\right)$$

或者

$$\frac{d^n x(t)}{dt^n} = g\left(\frac{d^{n-1}x(t)}{dt^{n-1}}, \ldots, \frac{dx(t)}{dt}, x(t), t\right) \qquad (B.3)$$

由于高阶微分方程必定可以转化成一阶微分方程组（见习题 B.3），所以这里只讨论一阶形式。

微分方程最普遍的形式是初值问题。对于这种情形，类似（B.2）式的微分方程通常被指定一个初始条件。本书中有很多初值问题的例子。然而，由于一些边界条件被设定为横截性条件 $x(0) = x_0$，也就是说，解的终值 $x(t)$ 有时在 $T < \infty$ 上，有时在 $T = \infty$ 上，所以许多重要的经济问题并非初值问题。

假设对于所有 $t \in \mathcal{D}$，其中 $\mathcal{D}$ 是实数集 $\mathbb{R}$ 的一个子区间，则我们可以定义一阶微分方程（B.2）式，且给定其初值 $x(0) = x_0$。这个初值问题的解由对于所有 $t \in \mathcal{D}$ 都满足（B.2）式的函数 $x: \mathcal{D} \to \mathbb{R}$ 给出，且有 $x(0) = x_0$。当函数族 $\mathcal{X} = x:$ $\mathcal{D} \to \mathbb{R}$ 使得对于所有 $t \in \mathcal{D}$，x 都满足（B.2）式时，它被称为通解，而 $\mathcal{X}$ 中满足边界条件的元素则被称为特解。[①]

B.4 线性一阶微分方程的解

下面，我们首先考察线性一阶微分方程。这是一个好的起点，一方面是因为这类方程在经济学中比较常用，另一方面是它们的解相对简单。线性一阶微分方程的一般形式如下：

$$\dot{x}(t) = a(t)x(t) + b(t) \qquad (B.4)$$

此外，如果（B.4）式被称为齐次方程，而且 $a(t) = a, b(t) = 0$，则（B.4）式为常系数方程。

我们从最简单的形式——常系数齐次线性方程开始：

$$\dot{x}(t) = ax(t) \qquad (B.5)$$

这个方程的解比较容易求得。我们可以简单地猜测解的形式，然后验证它是否满足微分方程（B.5）式。或者等式两边同除以 $x(t)$，然后对 t 求积分，从而对于

[①] 由于通解和特解在其他语境下有不同的含义，所以这一术语有些令人困惑。然而本书中不会引入其他解释，因此也就不会造成混淆。

$x(t) \neq 0$，有

$$\int \frac{\dot{x}(t)}{x(t)} dt = \log |x(t)| + c_0$$

和

$$\int a dt = at + c_1$$

其中 c_0 和 c_1 是积分中的常量。现在方程两边取指数，就可得到（B.5）式的通解

$$x(t) = c \exp(at)$$

其中 c 是包含了 c_0 和 c_1 的积分常数［事实上，$c = \pm \exp(c_1 - c_0)$］。对（B.6）式求导数，我们可以轻松地得到（B.5）式，并证明（B.6）式确是（B.5）式的通解。如果（B.5）式被设定为初值问题，我们还需要一个边界条件：不失一般性地，我们可以将它设定为 $t = 0$ 时的 $x(0) = x_0$。这个边界条件确定了积分常数的唯一值。具体来说，因为 $\exp(a \times 0) = 1, c = x_0$。因此，这一初始值下的特解是

$$x(t) = x_0 \exp(at)$$

下面考虑一个更一般的方程——变系数齐次方程：

$$\dot{x}(t) = a(t) x(t)$$

这个方程定义在 $t \geq 0$ 上，且有初始条件 $x(0) = x_0$。同样地，等式两边同时除以 $x(t)$，求积分并最终取指数，我们可以得到

$$x(t) = c \exp\left(\int_0^t a(s) ds\right) \tag{B.8}$$

因为右侧有界函数 $a(t)$ 的积分是 $\int_0^t a(s) ds + c_1$，所以可得到（B.8）式。由于

$$\lim_{t \to 0} \int_0^t a(s) ds = \int_0^0 a(s) ds = 0$$

积分常数再次由初始条件确定，即 $c = x_0$。根据定理 B.1 或定理 B.4，我们可以通过对（B.8）式求导，证得（B.8）式是（B.7）式的一个解。

下面考虑一个自治但非齐次的一阶线性微分方程：

$$\dot{x}(t) = ax(t) + b \tag{B.9}$$

通过类似的分析，我们得出通解为

$$x(t) = -\frac{b}{a} + c\exp(at) \tag{B.10}$$

（B.10）式的推导：为了求解，我们对变量做如下简单变换。令

$$y(t) = x(t) + b/a$$

显然，$\dot{y}(t) = \dot{x}(t)$（方程两侧对 t 简单求导）。然后用 $y(t)$ 将（B.9）式改写成如下

$$\dot{y}(t) = ay(t)$$

现在使用上面求得的（B.5）式的通解，可求得 $y(t) = c\exp(at)$，其中 c 是适当的积分常数。再把这个方程还原成 $x(t)$，我们就能得到（B.9）式的通解（B.10）式。

最后，注意积分常数必须是 $c = x_0 + b/a$，这样才能保证 $x(0) = x_0$。因此满足边界条件的特解为

$$x(t) = -\frac{b}{a} + \left(x_0 + \frac{b}{a}\right)\exp(at) \tag{B.11}$$

另外，这个方程还能帮助我们简单探讨解的稳定性。试回想，正文中提到，如果（B.9）式的稳态是指如下状态，那么对于所有 t，有 $\dot{x}(t) = 0$。此时

$$x(t) = x^* \equiv -\frac{b}{a}$$

是唯一的稳态。考察（B.11）式，我们可以直接证明，如果 $a<0$，则 $x(t)$ 随着 t 的增加而趋近稳态值 x^*；相反，如果 $a>0$，则随着 t 的增加偏离稳态值。我们可以从定理2.4中顺理成章地得出这一结果，因为该定理表明如果 $a<0$，稳态是渐进稳定的。

最后，我们来考察（B.4）式给出的一阶线性微分方程的最一般情形。（B.4）式的通解是

$$x(t) = \left[c + \int_0^t b(s)\left(\exp\int_0^s a(v)dv\right)^{-1}ds\right]\exp\left(\int_0^t a(s)ds\right) \tag{B.12}$$

使用定理 B.4 对上式微分，可证得（B.12）式是（B.4）式的通解（习题 B.4）。根据初值 $x(0) = x_0$ 可得到积分常数 $c = x_0$。然而，需要注意的是，在这种情形下，（B.4）式中 $\dot{x}(t) = 0$ 的稳态值 x^* 可能不存在，这是因为 $\dot{x}(t) = 0$ 意味着 $x(t) = -b(t)/a(t)$，而后者一般不是常数。

（B.12）式的推导：为了推导（B.4）式的解（B.12）式，我们使用的方法与上面的特殊情形稍有不同。把（B.4）式改写成 $\dot{x}(t) - a(t)x(t) = b(t)$，然后两边同乘以积分因子 $\exp\left(-\int_0^t a(s)ds\right)$，我们可得到

$$\dot{x}(t)\exp\left(-\int_0^t a(s)ds\right) - a(t)x(t)\exp\left(-\int_0^t a(s)ds\right) = b(t)\exp\left(-\int_0^t a(s)ds\right)$$

我们可以证明上式左侧是 $x(t)\exp\left(-\int_0^t a(s)ds\right)$ 的导数。因此，对这个表达式两边同时求积分，我们得到

$$x(t)\exp\left(-\int_0^t a(s)ds\right) = \int_0^t b(s)\exp\left(-\int_0^s a(v)dv\right)ds + c$$

其中 c 是积分常数。等式两边同除以 $\exp\left(-\int_0^t a(s)ds\right)$，我们得到了（B.12）式。

这个显式推导的一个附带结果是，我们也证明了线性微分方程的唯一解集。这正是下文中定理 B.8 的特殊情形。

B.5 线性微分方程组

对于一阶线性微分方程来说，解的存在性和显式表达可以扩展到微分方程组。在一般性地描述定理 B.6 之前，我们有必要考虑下面相对简单的情形——常系数一阶微分方程组：

$$\dot{\mathbf{x}}(t) = \mathbf{A}\mathbf{x}(t) \tag{B.13}$$

其中 $\mathbf{x}(t) \in \mathbb{R}^n, n \in \mathbb{N}$，并且 $\mathbf{A}$ 是一个 $n \times n$ 矩阵。边界条件再次取初值形式，即 $\mathbf{x}(0) = \mathbf{x}_0 \in \mathbb{R}^n$。由于这个方程组不存在常数项，所以稳态值 $\mathbf{x}^* = \mathbf{0}$。这是一个简单的标准化处理：正如我们在上文看到的，常系数非齐次微分方程可以简单变换成齐次形式。这类微分方程组总会有唯一解（这一结果可由定理 B.6 或定理

B.10 证得；见习题 B.5）。然而，如果 **A** 有两两不同的实特征值，（B.13）式的解就可以取高度简化的形式。这种情况将在下一结论中论述。

定理 B.5（常系数线性微分方程组的解） 假设 **A** 有 n 个不同的实特征值 $\xi_1, \cdots, \xi_n$。在初值为 $\mathbf{x}(0) = \mathbf{x}_0$ 的情况下，（B.13）式的唯一解具有如下形式

$$\mathbf{x}(t) = \sum_{j=1}^{n} c_j \exp(\xi_j t) \mathbf{v}_{\xi_j},$$

其中，$\mathbf{v}_{\xi_1}, \cdots, \mathbf{v}_{\xi_n}$ 表示分别对应于特征值 $\xi_1, \cdots \xi_n$ 的特征向量，而 $c_1, \cdots, c_n$ 表示积分常数。

证明：首先，我们需要将矩阵对角化。具体来说，由于 **A** 有 n 个不同的实特征值，我们有 $\mathbf{P}^{-1}\mathbf{A}\mathbf{P} = \mathbf{D}$，其中 **D** 是对角元素为特征值的对角矩阵，$\mathbf{P} = (\mathbf{v}_{\xi_1}, \cdots, \mathbf{v}_{\xi_n})$ 表示对应于特征值的特征向量的矩阵。令 $\mathbf{z}(t) \equiv \mathbf{P}^{-1}\mathbf{x}(t)$，这也意味着

$$\begin{aligned}
\dot{\mathbf{z}}(t) &= \mathbf{P}^{-1}\dot{\mathbf{x}}(t) \\
&= \mathbf{P}^{-1}\mathbf{A}\mathbf{x}(t) \\
&= \mathbf{P}^{-1}\mathbf{A}\mathbf{P}\mathbf{z}(t) \\
&= \mathbf{D}\mathbf{z}(t)
\end{aligned} \quad (B.14)$$

由于 **D** 是对角矩阵，可得 $\mathbf{z}(t) = (z_1(t), \cdots, z_n(t))$，从而（B.14）式意味着 $z_1(t) = c_1 \exp(\xi_1 t), \cdots, z_n(t) = c_n \exp(\xi_n t)$，其中 $c_1, \cdots, c_n$ 为积分常数。又因为 $\mathbf{x}(t) = \mathbf{P}\mathbf{z}(t)$，所以用解 $\mathbf{z}(t)$ 的向量乘以矩阵 $(\mathbf{v}_{\xi_1}, \cdots, \mathbf{v}_{\xi_n})$，即可得到上述结果。

当矩阵 **A** 有重复根或者复数根时，显式解同样可求，但会稍显复杂。因此，在下面的定理 B.6 中，笔者选择研究更加一般化的结果。定理 B.5 对书中的定理 2.4 和定理 7.18 有重要影响。尤其是，定理 B.5 表明，只有在特征值都是负数的情况下，稳态值（在这里是 $\mathbf{x}^* = \mathbf{0}$）才是稳定的。相反，如果有 $m < n$ 负特征值，那么将存在一个 m 维空间，使只有以该子空间内的点作为初值的解才能趋向稳态。

现在考虑线性微分方程组的最一般形式：

$$\dot{\mathbf{x}}(t) = \mathbf{A}(t)\mathbf{x}(t) + \mathbf{B}(t) \quad (B.15)$$

其中 $\mathbf{x}(t) \in \mathbb{R}^n$，$n \in \mathbb{N}$，并且对于任意 t，$\mathbf{A}(t)$ 和 $\mathbf{B}(t)$ 都是 $n \times n$ 阶矩阵。我

们假设 $\mathbf{A}(t)$ 和 $\mathbf{B}(t)$ 中的每一个元素都是可积的。

下面，笔者将分两步求解（B.15）式。首先，我们引入一个状态转化矩阵 $\mathbf{\Phi}(t,s)$，并作为对应于 $\mathbf{A}(t)$ 的 $n \times n$ 阶矩阵函数，该矩阵函数关于其首个参数可导，且拥有唯一的定义式如下：对于所有的 t 和 s，

$$\frac{d}{dt}\mathbf{\Phi}(t,s) = \mathbf{A}(t)\mathbf{\Phi}(t,s), \text{ 和 } \mathbf{\Phi}(t,t) = \mathbf{I} \tag{B.16}$$

状态转化矩阵之所以有用，是因为它有助于求解齐次方程组的解，进而利用（B.15）式对应的齐次方程组的解推导其自身的解。具体来说，如果 $\hat{\mathbf{x}}(t)$ 是齐次方程组

$$\dot{\mathbf{x}}(t) = \mathbf{A}(t)\mathbf{x}(t) \tag{B.17}$$

的解，则可直接证得（见习题 B.6），对于所有 t 和 s，有

$$\hat{\mathbf{x}}(t) = \mathbf{\Phi}(t,s)\hat{\mathbf{x}}(s) \tag{B.18}$$

接下来，我们定义（B.17）式的基本解集。如果在 $n \times n$ 阶矩阵 $\mathbf{X}(t)$ 的各列 $\mathbf{x}^1(t)$，$\mathbf{x}^2(t)$，$\cdots$，$\mathbf{x}^n(t)$ 中，含有方程（B.17）式的解，且这些向量值函数两两之间线性无关，那么 $\mathbf{X}(t)$ 是（B.17）式的基本解集。显然，这种情况下有

$$\dot{\mathbf{X}}(t) = \mathbf{A}(t)\mathbf{X}(t)$$

然后，我们可以证得（见习题 B.7）

$$\mathbf{\Phi}(t,s) = \mathbf{X}(t)\mathbf{X}(s)^{-1} \tag{B.19}$$

现在我们可以给出（B.15）式中一般线性方程组的唯一解的形式。

定理 B.6（一般线性微分方程组的解） 在初始条件为 $\mathbf{x}(0) = \mathbf{x}_0$ 的情况下，（B.15）式的解为

$$\hat{\mathbf{x}}(t) = \mathbf{\Phi}(t,0)\mathbf{x}_0 + \int_0^t \mathbf{\Phi}(t,s)\mathbf{B}(s)ds \tag{B.20}$$

其中 $\mathbf{\Phi}(t,s)$ 是对应于 $\mathbf{A}(t)$ 的状态转换矩阵。

证明：我们只需证明（B.20）式中 $\hat{\mathbf{x}}(t)$ 的是（B.15）式的解。对（B.20）式关于时间求导，并应用定理 B.4，我们得到

$$\frac{d}{dt}\hat{\mathbf{x}}(t) = \frac{d}{dt}\mathbf{\Phi}(t,0)\mathbf{x}_0 + \int_0^t \frac{d}{dt}\mathbf{\Phi}(t,s)\mathbf{B}(s)ds + \mathbf{\Phi}(t,t)\mathbf{B}(t)$$

根据（B.16）式中状态转换矩阵 $\Phi(t,t) = \mathbf{I}$ 的定义，且有

$$\frac{d}{dt}\Phi(t,s) = \mathbf{A}(t)\Phi(t,s)$$

可得，

$$\frac{d}{dt}\hat{\mathbf{x}}(t) = \mathbf{A}(t)\Phi(t,0)\mathbf{x}_0 + \mathbf{A}(t)\int_0^t \Phi(t,s)\mathbf{B}(s)ds + \mathbf{B}(t)$$
$$= \mathbf{A}(t)\hat{\mathbf{x}}(t) + \mathbf{B}(t)$$

由此我们证明了在初始条件为 $\hat{\mathbf{x}}(0) = \mathbf{x}_0$ 的情况下，（B.20）式是（B.15）式的解。

B.6 非线性微分方程的局部分析和稳定性

我们可以在稳态值的邻域中运用泰勒定理（定理 A.23）分析非线性微分方程组。具体来说，考虑非线性的自治微分方程组

$$\dot{\mathbf{x}}(t) = \mathbf{G}(\mathbf{x}(t)) \tag{B.21}$$

其中 $\mathbf{x}(t) \in \mathbb{R}^n$，$n \in \mathbb{N}$，而且 $G: \mathbb{R}^n \to \mathbb{R}^n$ 是连续可微的映射。假设这一微分方程组有一稳态值 $\mathbf{x}^* \in \mathbb{R}^n$，并考虑 $\mathbf{x}^*$ 附近的 $\mathbf{x}(t)$。然后根据泰勒定理，我们得到

$$\dot{\mathbf{x}}(t) = D\mathbf{G}(\mathbf{x}^*)(\mathbf{x}(t) - \mathbf{x}^*) + o(\|\mathbf{x}(t) - \mathbf{x}^*\|^2)$$

其中，已知如果

$$o(\|\mathbf{x}(t) - \mathbf{x}^*\|^2)/\|\mathbf{x}(t) - \mathbf{x}^*\|^2 \to \mathbf{0} \text{ as } \|\mathbf{x}(t) - \mathbf{x}^*\| \to 0$$

如果矩阵没有零特征值（或者实部为零的复数特征值），我们就说 $\mathbf{x}^*$ 是双曲稳态值。只要是双曲稳态值，就可以用线性微分方程组近似地刻画 $\mathbf{x}^*$ 附近的 $\mathbf{x}(t)$

$$\dot{\mathbf{x}}(t) = D\mathbf{G}(\mathbf{x}^*)(\mathbf{x}(t) - \mathbf{x}^*)$$

这一结论是定理 2.5 和定理 7.19 的基础。下面的定理 B.7 证明了该结论，并且同样隐含着定理 2.5 和定理 7.19。更严格的证明见沃尔特（1991，第 305—317 页）。

定理 B.7 [格罗布曼—哈特曼定理] 令 $\mathbf{x}^*$ 为（B.21）式的稳态值，并假设 $G: \mathbb{R}^n \to \mathbb{R}^n$ 是连续可微的映射。如果 $\mathbf{x}^*$ 是双曲稳态，那么在 $\mathbf{x}^*$ 周围有

(B.21) 式的轨迹的开集和线性方程组 $\dot{\mathbf{x}}(t) = D\mathbf{G}(\mathbf{x}^*)(\mathbf{x}(t) - \mathbf{x}^*)$ 的轨迹的开集，使存在一个一对一的连续函数 $h: U \to V$，它保持了 U 和 V 中轨迹的方向。

图 B.1 说明了定理 B.7 的含义。在图中，N_c 和 N_d 分别对应一个有稳态值 (x^*, y^*) 的二维非线性方程组的收敛和发散流形。E_c 和 E_d 则分别对应线性方程组的收敛和发散子空间。

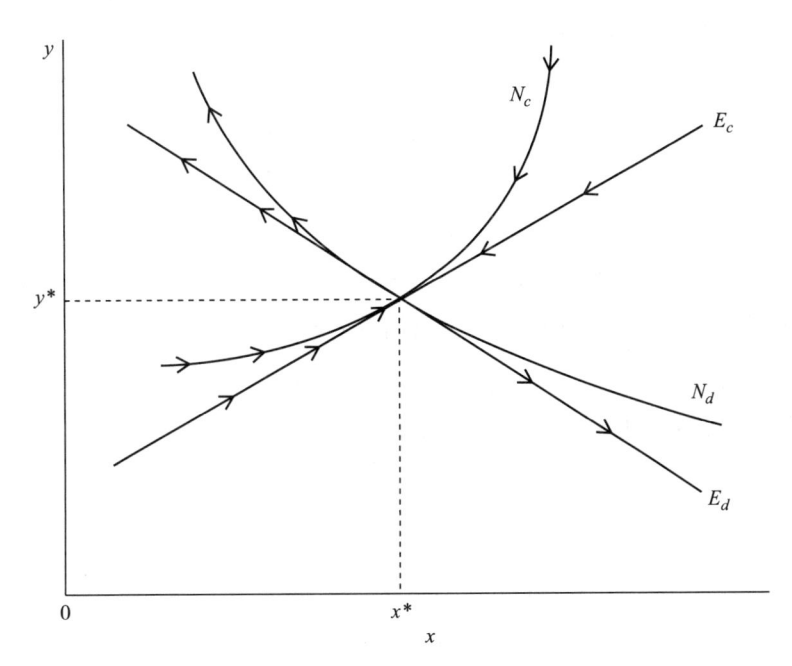

图 B.1　非线性和线性方程组的收敛与发散流形的关系

B.7　分离式微分方程与正合式微分方程

作为两种特殊类型的微分方程，分离式微分方程与正合式微分方程通常具有显式解。如果函数 g 可以表示成

$$\dot{x}(t) = g(x(t), t) \tag{B.22}$$

则微分方程

$$g(x,t) \equiv f(x)h(t)$$

是可分离的。在这种情况下，(B.22) 式可以变换为

$$\frac{dx(t)}{f(x(t))} = h(t)dt$$

等式两边同时求积分，我们得到

$$\int \frac{dx}{f(x)} = \int h(t)dt$$

这是一个典型的具有显式解的方程。下面的例子将给出一个具体应用。

例 B.1　乍看之下，初值为 $x(0) = 1$ 的微分方程

$$\dot{x}(t) = \frac{4t^3 + 3t^2 + 2t + 1}{2x(t)}$$

求解比较困难。然而，一旦我们发现它是可分离的，并改写为 $2x \cdot dx = (4t^3 + 3t^2 + 2t + 1)dt$，然后对其积分得到 $x^2(t) = t^4 + t^3 + t^2 + t + c$，其中 c 是两个积分常数的组合。为了满足初值条件，我们令 $c = 1$。因此，这个初值问题的解为 $x(t) = \sqrt{t^4 + t^3 + t^2 + t + 1}$，由于二次根式的负根不满足初值条件，所以我们将它舍掉。习题 B.9 提供了一个经济方面的重要应用。

接下来，再次考虑一个（B.22）式的微分方程，并且假设函数 g 可以表示成

$$g(x(t), t) \equiv \frac{G_1(x(t), t)}{G_2(x(t), t)}$$

其中，

$$G_1(x(t), t) = \frac{\partial F(x(t), t)}{\partial t} \text{ 且 } G_2(x(t), t) = -\frac{\partial F(x(t), t)}{\partial x}$$

这样，（B.22）式就定义了一个正合式微分方程。具体来说，在这种情况下，方程变为

$$\dot{x}(t) = \frac{G_1(x(t), t)}{G_2(x(t), t)} = -\frac{\partial F(x(t), t)/\partial t}{\partial F(x(t), t)/\partial x}$$

或者

$$\dot{x}(t)\frac{\partial F(x(t), t)}{\partial x} + \frac{\partial F(x(t), t)}{\partial t} = 0$$

令 $\hat{x}(t)$ 为以上方程的一个解。然后我们可以得到等价的形式

$$\frac{d}{dt}F(\hat{x}(t),t) = 0 \tag{B.23}$$

其中 d/dt 表示函数的总导数。于是（B.23）式意味着

$$F(\hat{x}(t),t) = c \tag{B.24}$$

其中 c 为积分常数。（B.24）式是解的隐式定义。

正合式微分方程一旦得到确认，就可以直接求解。下面是一个简单的例子。

例 B.2 考虑微分方程

$$\dot{x}(t) = -\frac{2x(t)\log x(t)}{t}$$

其初值为 $x(1) = \exp(1)$。尽管这个方程乍看起来较难求解，可一旦我们发觉存在如下变换

$$\dot{x}(t) = -\frac{2t\log x(t)}{t^2/x(t)} = -\frac{\partial(t^2\log(x(t)))/\partial t}{\partial(t^2\log(x(t)))/\partial x}$$

它就可以被看作正合式微分方程。因此，该方程的解 $\hat{x}(t)$ 由 $t^2\log(\hat{x}(t)) = c$ 给出，这意味着 $\hat{x}(t) = \exp(ct^{-2})$ 是通解。这一初始条件决定了积分常数为 $c = 1$。

B.8 解的存在性和唯一性

初值问题通常可以在较弱的条件下，帮助我们确定解的存在性和唯一性。实际上，相关的存在性定理还有许多。这里将介绍最基础的存在性定理，该定理扩展了最早由皮卡德提出的定理。考虑一个一阶微分方程

$$\dot{x}(t) = g(x(t),t) \tag{B.25}$$

该方程定义在某个区间 $\mathcal{D} \subset \mathbb{R}$ 上（即定义内所有的 $t \in \mathcal{D}$）。在本节中，我们假设 0 在 $\mathcal{D}$ 的内部。接下来，首先介绍李普希茨条件（Lipschitz condition）。

定义 B.1 对于所有 $x, x' \in \mathcal{X}$ 和所有 $t \in \mathcal{D}$，如果存在一个实数 $L < \infty$，使

$$|g(x,t) - g(x',t)| \leq L|x - x'|$$

我们说一阶线性微分方程（B.25），在带形区域 $S = \mathcal{X} \times \mathcal{D}$ 上满足李普希茨条件。

容易证明，如果函数 $g: S \to \mathbb{R}$ 满足李普希茨条件，那么它是连续的（见习题 B.8）。

定理 B.8（皮卡德定理 1） 假设函数 $g: \mathcal{X} \times \mathcal{D} \to \mathbb{R}$ 关于两个参数都连续，并且满足定义 B.1 中的李普希茨条件。那么存在 $\delta > 0$，使得（B.25）式中定义的初值问题［初值为 $x(0) = x_0 \in \mathcal{X}$］在区间 $[-\delta, \delta] \subset \mathcal{D}$ 上有唯一的解。

这个定理只能保证唯一解在初值 x_0 附近的存在性。如果区间 $\mathcal{D}$ 是紧的，该定理更严格的形式成立。

定理 B.9（紧集中解的存在性和唯一性定理 1） 假设函数 g 关于两个参数都连续，并满足定义 B.1 中的李普希茨条件，而且区间 $\mathcal{D}$ 是紧的，那么（B.25）式中定义的且初值为 $x(0) = x_0$ 的初值问题在整个区间 $\mathcal{D}$ 上有唯一解 $x(t)$。

上述定理的证明方法有多种。第 6 章的例 6.3 和习题 6.4，分别使用收缩映射定理（Contraction Mapping Theorem，即定理 6.7）证明了以上两个结论。

我们可以轻松地将以上定理扩展到一阶微分方程组。假设 $\mathbf{x}(t) \in \mathcal{X} \subset \mathbb{R}^n$，其中 $n \in \mathbb{N}$。令 $\mathcal{D} \subset \mathbb{R}$ 和 $\mathbf{G}: \mathcal{X} \times \mathcal{D} \to \mathcal{X}$，并考虑一阶微分方程组

$$\dot{\mathbf{x}}(t) = \mathbf{G}(\mathbf{x}(t), t) \tag{B.26}$$

定义 B.2 对于所有 $\mathbf{x}, \mathbf{x}' \in \mathcal{X}$ 和所有 $t \in \mathcal{D}$，如果存在一个实数 $L < \infty$，使得

$$\|\mathbf{G}(\mathbf{x}, t) - \mathbf{G}(\mathbf{x}', t)\| \leq L \|\mathbf{x} - \mathbf{x}'\|$$

我们说一阶线性微分方程组（B.26）在带形区域 $S = \mathcal{X} \times \mathcal{D}$ 上满足李普希茨条件。

定理 B.10（皮卡德定理 2） 设 $\mathbf{G}$ 关于其所有参数连续，并且满足定义 B.2 中的李普希茨条件。那么存在 $\delta > 0$，使得由（B.26）式中微分方程组定义的初值问题（初值为 $\mathbf{x}(0) = \mathbf{x}_0$）在区间 $[-\delta, \delta] \subset \mathcal{D}$ 上有唯一的解。

定理 B.11（紧集中解的存在性和唯一性定理 2） 设 $\mathbf{G}$ 关于其所有参数连续，并满足定义 B.2 中的李普希茨条件，而且区间 $\mathcal{D}$ 是紧的，则（B.26）式中定义的初值问题［初值为 $\mathbf{x}(0) = \mathbf{x}_0$］在整个区间 $\mathcal{D}$ 上有唯一解 $x(t)$。

上述定理的证明见沃尔特（Walter 1991，第 108—111 页）。

B.9 解的连续性和可微性

另外一个我们感兴趣的问题是：当微分方程的某个参数或者初始条件发生微小变动时，它的解是否也会出现相应的小幅调整。下面的定理列出了上述命题为真的条件（证明见 Walter，1991，第 145—146 页）。

定理 B.12（微分方程解的连续性） 假设函数 $g: \mathcal{X} \times \mathcal{D} \to \mathbb{R}$ 关于两个参数

都连续，并且区间 $\mathcal{D}$ 是紧的。令 $x(t)$ 为（B.26）式的一个解，其初始条件为 $x(0)=x_0$。对于任意 $\varepsilon>0$，$x_0\in\mathcal{X}$，以及连续函数 $\tilde{g}:\mathcal{X}\times\mathcal{D}\to\mathbb{R}$，存在 $\delta>0$，使得如果对所有 $(x,t)\in\mathcal{X}\times\mathcal{D}$，有

$$|\tilde{g}(x,t)-g(x,t)|<\delta \text{ 和 } |\tilde{x}_0-x_0|<\delta$$

那么受到扰动且初值为 $x(0)=\tilde{x}_0$ 的初值问题 $\dot{x}(t)=\tilde{g}(x(t),t)$ 的每一个解 $\tilde{x}(t)$ 都满足以下条件，即对于所有 $t\in\mathcal{D}$，有

$$|\tilde{x}(t)-x(t)|<\varepsilon$$

这一定理同样可以扩展到微分方程组。最后，在略微更严格的假设下，方程组的解是初始值和参数的平滑函数（见 Walter，1991，第 148—156 页）。

定理 B.13（微分方程解的可微性） 假设函数 $g:\mathcal{X}\times\mathcal{D}\to\mathbb{R}$ 关于两个参数都连续，并且区间是紧的。令 $x(t)$ 为（B.26）式的一个解，其初始条件为 $x(0)=x_0$。对于任意 $\varepsilon>0$ 和 $x_0\in\mathcal{X}$，存在 $\delta>0$，使得如果对所有 $(x,t)\in\mathcal{X}\times\mathcal{D}$，有

$$|x'_0-x_0|<\delta$$

那么初值为 $x(0)=x'_0$ 且受到扰动的初值问题 $\dot{x}(t)=\tilde{g}(x(t),t)$ 的每一个解都满足以下条件：对所有 $t\in\mathcal{D}$，有

$$|\dot{x}'(t)-\dot{x}(t)|<\varepsilon$$

B.10 差分方程

类似于一阶微分方程，一级差分方程的定义为

$$x(t+1)=g(x(t),t)$$

其中 $g:\mathbb{R}\times\mathbb{R}\to\mathbb{R}$。另外，高阶差分方程和差分方程组的定义与此相仿。

差分方程的解与微分方程的解有许多相同之处。例如，简单的一阶差分方程

$$x(t+1)=ax(t)+b$$

具有类似于常系数一阶线性微分方程的解。具体来说，如果我们设初始条件 $x(0)=x_0$，那么迭代形式为

$$x(1) = ax_0 + b$$
$$x(2) = a^2 x_0 + ab + b$$

以此类推。通过使用归纳法，我们得到这一方程的通解为

$$x(t) = \begin{cases} x_0 + bt & \text{如果 } a = 1 \\ a^t\left(x_0 - \dfrac{b}{1-a}\right) + \dfrac{b}{1-a} & \text{如果 } a \neq 1 \end{cases}$$

读者可以识别出稳态值为 $x^* \equiv b/(1-a)$（如果 $a \neq 1$），并且通解清楚地表明，如果 $|a| < 1$，第一项趋近于 0 且随着 $t \to \infty$，有 $x(t) \to x^*$，这正是书中稳定性结果的实质。相反，如果 $|a| > 1$，方程的解偏离 x^*。

下面考虑一阶线性差分方程组

$$\mathbf{x}(t+1) = \mathbf{A}\mathbf{x}(t) \tag{B.27}$$

其中 $\mathbf{x}(t) \in \mathbb{R}^n$，$n \in \mathbb{N}$，并且 $\mathbf{A}$ 是一个 $n \times n$ 实矩阵。如果 $\mathbf{A}$ 有 n 个不同的特征值，那么方程组的解与定理 B.5 给出的结果非常相似。

定理 B.14（常系数线性差分方程的解） 假设 $\mathbf{A}$ 具有 n 个相异的特征根 $\xi_1, \ldots, \xi_n$，则在初值为 $\mathbf{x}(0) = \mathbf{x}_0$ 的情况下，（B.27）式的唯一解具有如下形式：

$$\mathbf{x}(t) = \sum_{j=1}^{n} c_j \xi_j^t \mathbf{v}_{\xi_j}$$

其中 $\mathbf{v}_{\xi_1}, \cdots, \mathbf{v}_{\xi_n}$ 表示对应于特征值 $\xi_1, \cdots, \xi_n$ 的特征向量而 $c_1, \cdots, c_n$ 表示初始条件决定的积分常数。

证明： 对该定理的证明同样需要将矩阵 $\mathbf{A}$ 对角化。试回想，由于 $\mathbf{A}$ 有个 n 个不同的实特征值，所以我们有 $\mathbf{P}^{-1}\mathbf{A}\mathbf{P} = \mathbf{D}$，其中 $\mathbf{D}$ 是对角元素为特征值 $\xi_1, \cdots, \xi_n$ 的对角矩阵，而且 $\mathbf{P} = (\mathbf{v}_{\xi_1}, \cdots, \mathbf{v}_{\xi_n})$ 是对应于特征值的特征向量矩阵。令 $\mathbf{z}(t) \equiv \mathbf{P}^{-1}\mathbf{x}(t)$，且有

$$\begin{aligned}
\mathbf{z}(t+1) &= \mathbf{P}^{-1}\mathbf{x}(t+1) \\
&= \mathbf{P}^{-1}\mathbf{A}\mathbf{x}(t) \\
&= \mathbf{P}^{-1}\mathbf{A}\mathbf{P}\mathbf{z}(t) \\
&= \mathbf{D}\mathbf{z}(t)
\end{aligned} \tag{B.28}$$

由于 $\mathbf{D}$ 是一个对角矩阵，我们可以得到 $\mathbf{z}(t) = (z_1(t), \cdots, z_n(t))$，（B.28）式意味着 $z_1(t) = c_1 \xi_1^t, \cdots, z_n(t) = c_n \xi_n^t$。由于 $\mathbf{x}(t) = \mathbf{P}\mathbf{z}(t)$，所以对矩阵 $(\mathbf{v}_{\xi_1}, \cdots,$

$\mathbf{v}_{\xi_n}$）乘以解 $\mathbf{z}(t)$ 的向量，就可得上面的结论。证毕。

对定理 B.6 的推理同样适用于其他差分方程。对于差分方程来说，基本解的矩阵 $\mathbf{X}(t)$ 与微分方程的基本解的矩阵具有类似的定义。此外，状态转移矩阵再次满足 $\Phi(t,s) = \mathbf{X}(t)\mathbf{X}(s)^{-1}$ 和 $\Phi(t,t) = \mathbf{I}$。现在考虑一阶差分方程组，

$$\mathbf{x}(t+1) = \mathbf{A}(t)\mathbf{x}(t) + \mathbf{B}(t) \tag{B.29}$$

这一差分方程组可以通过如下定理求解。

定理 B.15（线性差分方程组的通解） 在初始条件为 $\mathbf{x}(0) = \mathbf{x}_0$ 的情况下，方程（B.29）的解可以写成，

$$\mathbf{x}(t) = \Phi(t,0)\mathbf{x}_0 + \sum_{s=0}^{t-1} \Phi(t,s+1)\mathbf{B}(s)$$

证明 详见习题 B.10。

对非线性差分方程做线性化变化，可以推导出类似定理 B.7 的结论。最后，对于差分方程来说，证明解的存在性和唯一性都比较简单。

定理 B.16（差分方程解的存在性和唯一性） 考虑如下一阶非线性差分方程，

$$\mathbf{x}(t+1) = \mathbf{G}(\mathbf{x}(t)) \tag{B.30}$$

其中 $\mathbf{x}(t) \in \mathbb{R}^n$，$n \in \mathbb{N}$，并且 $\mathbf{G}: \mathbb{R}^n \to \mathbb{R}^n$ 是一个任意映射。假设初始条件为 $\mathbf{x}(0) = \mathbf{x}_0$，那么（B.30）式对所有 $t \in \mathbb{N}$ 有唯一解。

证明： 给定 $\mathbf{x}_0$，$\mathbf{x}(1)$ 唯一可定义成 $\mathbf{G}(\mathbf{x}_0)$。通过迭代，我们能够确定唯一的 $\mathbf{x}(t)$ 对于所有 $t \in \mathbb{N}$ 都满足（B.30）式。证毕。

使用了类似于将高阶微分方程转化为一阶微分方程组的方法（见习题 B.3），这一定理也确保了在设定适当初值的情况下，高阶差分方程解的存在性和唯一性（见习题 B.11）。

B.11 习题

B.1 使用定理 B.3 中的分步积分，求 $\int_a^b \log x \, dx$ 的值。

B.2 考虑一个家庭的偏好如下：

$$U(0) = \int_0^\infty \exp(-\rho t) \log C(t) dt$$

假定 $C(0) = C_0$，并且 $C(t)$ 以一个恒定的比率 g 增长（即 $C(t) = \exp(gt)C(0)$）。推导 $U(0)$ 的表达式。

B.3 证明（B.3）式中的 n 阶差分方程可改写成包含 n 个一阶差分方程的方程组。[提示：令 $z_j(t) = d^j x(t)/dt^j$ 对所有 $j = 1,\cdots,n$ 成立。]

B.4 证明（B.12）式是一阶微分方程（B.4）式的通解。

B.5 证明线性微分方程组（B.13）式满足定理 B.10 的条件。

B.6 证明（B.18）式。

B.7 证明（B.19）式。

B.8 证明如果函数 $g: \mathbb{R} \times \mathbb{R} \to \mathbb{R}$ 满足定义 B.1 中的李普希茨条件，则 $g(x,t)$ 在 x 上连续。

B.9 本题要求使用求解可分离微分方程的方法，求解相对风险厌恶系数恒定的家庭效用函数。具体地，已知一个二阶可导的效用函数 u 的（阿罗－普拉特）相对风险厌恶系数由下式给出：

$$\mathcal{R}_u(c) = -\frac{u''(c)c}{u'(c)}$$

假设 $\mathcal{R}_u(c) = r > 0$，并令 $v(c) = u'(c)$，可得到

$$\frac{v'(c)}{v(c)} = -\frac{r}{c}$$

使用这一方程，求解相对风险厌恶系数不变的家庭效用函数。

B.10 证明定理 B.15。

B.11 考虑如下阶差分方程：

$$x(t+n) = H(x(t+n-1),\cdots,x(t),t)$$

其中 $H: \mathbb{R}^n \to \mathbb{R}$。证明如果初值 $x(0), x(1), \cdots, x(n-1)$ 是给定的，该方程对于任意 t 有唯一解。

附录 C 动态博弈简介

本附录给出了无穷期界动态博弈的基本定义、结论和符号。假设读者熟悉基本的博弈论以及纳什均衡和子博弈精炼（纳什）完美均衡的概念。这些概念以及此处涵盖的大多数内容可以参见标准的研究生博弈论教材，如迈尔森（Myerson, 1991）、弗登伯格和梯若尔（Fudenberg and Tirole, 1994）和奥斯本和鲁宾斯坦（Osborne and Rubinstein, 1994）。本章仅介绍完全信息博弈（即完美可监控的博弈），第 14 章第 14.4 节、第 22 章和第 23 章中用到了这些博弈。

C.1 基本定义

考虑如下的无穷期界动态博弈。用 $\mathbb{N}$ 表示参与者集合，这个集合可以是有限的，也可以是无限的（尤其是不可数的）。为使博弈更易处理，可对其施加更多的结构限制，因此下述各定理的变种也是适用的。尤其是，在很多应用中（如第 22 章、第 23 章），有一个博弈参与者的连续统，但被分成有限多组，从而博弈就可被视为组之间的博弈。因此，这里仅讨论当 $\mathbb{N}$ 有限时的情况，其中有 N 个参与者，每个参与者 $i \in \mathbb{N}$ 在每个时间均有策略集 $A_i(k) \subset \mathbb{R}^{n_i}$（其中 $n_i \in \mathbb{N}$），而且 $k \in K \subset \mathbb{R}^n$ 是一个状态向量（其中 $n \in \mathbb{N}$），在 t 期的取值为 $k(t)$。在 t 期，策略集 $A_i(k)$ 中的一般元素记为 $a_i(t)$，$a(t) = (a_1(t), \cdots, a_N(t))$ 表示 t 期的行为组合（action profile）：

$$a(t) \in A(k(t)) = \prod_{i=1}^{N} A_i(k(t))$$

$a_{-i}(t) = (a_1(t), \cdots, a_{i-1}(t), a_{i+1}(t), \cdots, a_N(t))$ 表示行为向量，其中不包括参与者 i 的行为。虽然有点滥用符号的嫌疑，我们还是可以写出如下表达式：$a(t) = (a_i(t), a_{-i}(t))$。与正文中分析的各类模型相一致，每个参与者的行为集 $A_i(k)$ 只是状态 k 的函数，而不是时间的函数。

每个参与者都有一个瞬时效用函数 $u_i(k(t),a(t))$，其中 $u_i: K \times A \to \mathbb{R}$ 是连续和有界的。这个概念刻画了参与者的收益取决于即期的整个行为组合（但与过去的行为无关）和状态变量构成的向量 $k(t)$。过去的行为仅仅通过状态变量的向量影响现在的收益。

照例，参与者在时间 t 的目标是最大化贴现收益

$$U_i[t] = \mathbb{E}_t \sum_{s=0}^{\infty} \beta^s u_i(k(t+s), a(t+s)) \tag{C.1}$$

其中 $\beta \in (0,1)$ 是贴现因子，$\mathbb{E}_t$ 是在 t 期给定可得信息下的期望算子。这里关注的博弈包含了状态变量在未来演化存在不确定性以及因策略导致策略上的不确定性。这些博弈并不具备不对称信息的特征，因为本书不涉及不完全信息或不对称信息的动态博弈问题。因而这里的期望算子 $\mathbb{E}_t$ 不是根据 i 做标记。

向量 $k(t)$ 的运动法则由下述马尔科夫转移函数给出：

$$q(k(t+1) \mid k(t), a(t)) \tag{C.2}$$

这给出了当 t 期的状态向量为 $k(t) \in K$，而且所有参与者采取的行为组合为 $a(t) \in A(k(t))$ 时，下一期的状态向量为 $k(t+1)$ 的概率。称转移函数（C.2）是马尔科夫函数，因为它只赖于现期的行为组合和状态。显然，对所有 $k(t) \in K$ 和 $a(t) \in A(k(t))$，有

$$\int_{-\infty}^{\infty} q(k \mid k(t), a(t)) dk = 1$$

接下来，我们需要设定参与者的信息结构。我们关注完美可观测的或者完美可监控的博弈，从而参与者可以观测到所有过去行为的实现值。对于所有参与者而言，在时间 t 观测到的公共历史信息均为 $h^t = (a(0), k(0), \cdots, a(t), k(t))$。在混合策略博弈中，公共历史信息只包括所有已实现的混合策略，而不是实际策略。时间 t 的所有可能的历史信息集记为 H^t，显然在任意时间 t，H^t 中任意元素 h^t 对应一个子博弈。[①]

令参与者 i 在时间 t 的纯策略为

[①] 有时要区分时间 t 和阶段博弈中的节点。在这种情况下，使用 h^t 表示到时间 t 为止观测到的历史信息，然后其他变量，比如 $j^t \in J^t$ 概括了在时间 t 的阶段博弈中的行为，在这种情况下，时间 t 的历史信息是集合 $H^t \times J^t$ 中的元素。不过，对我们这里的讨论来说，这种区分并不必要。

$$\sigma_i(t):H^{t-1}\times K\to A_i$$

也就是说，这是一个映射，它决定了当已知全部历史信息 h^{t-1} 和状态变量的当期值 $k(t)\in K$ 后，参与者采取的行为。这也是给定 $k(t)$ 和 h^{t-1} 能完全决定一个子博弈时，行为人在 t 期采取一个策略的自然设定（natural specification）。

参与者 i 在 t 期的混合策略可记为映射

$$\sigma_i(t):H^{t-1}\times K\to\Delta(A_i)$$

其中 $\Delta(A_i)$ 是 A_i 上一切概率分布的集合，为了少用符号，这里采用了同样的符号 σ 表示纯策略和混合策略。令 $\sigma=(\sigma_1,\cdots,\sigma_N)$ 为无穷博弈中的策略组合，由时间 t 以后的策略组合引致的策略组合称为后续策略组合 $\sigma(t)=(\sigma_1(t),\cdots,\sigma_N(t))$。令 S_i 表示在无穷博弈中参与者 i 的可行策略集，则 $S=\prod_{i=1}^N S_i$ 是无穷博弈的可行策略组合集。同时，使用 $S_i(t)$ 表示无穷博弈的参与者 i 在 t 期以后的后续策略集。我们以常用的方式定义集合 $S(t)=\prod_{i=1}^N S_i(t)$ 和 $S_{-i}(t)=\prod_{j\neq i}^N S_j(t)$。

根据惯例，我们将最优反应的对应定义为：

$BR(\sigma_{-i}(t)\mid h^{t-1},k(t))=\{$给定 $\sigma_{-i}(t)\in S_{-i}(t),\sigma_i(t)\in S_i(t):\sigma_i(t)$ 使得 $(C.1)$ 式最大化$\}$。

定义 C.1 子博弈完美均衡是一个策略组合 $\sigma^*=(\sigma_1^*,\cdots,\sigma_N^*)\in S$，使得对于所有的 $i\in\mathbb{N}$ 和 $t=0,1\cdots$，以及对于所有的 $(h^{t-1},k(t))\in H^{t-1}\times K$，有 $\sigma_i^*(t)\in BR(\sigma_{-i}^*(t)\mid h^{t-1},k(t))$。

因此，给定所有可能的历史信息，子博弈完美均衡就是博弈者相互之间的最优反应，这是最低的要求。子博弈完美均衡的强定义（或弱定义，取决于不同的视角）就是从全部历史信息到策略的映射。所以，在许多无限重复博弈中有多个子博弈完美均衡。这种多重性使人们关注均衡解的子集。一种可能是寻找稳定的子博弈完美均衡（即收益不依赖于时间）。另一种可能是寻找最优子博弈完美均衡（即在帕累托边界上的解）。

对于动态博弈而言，另一种最常用的均衡概念是马尔科夫完美均衡（MPE）。马尔科夫完美均衡和子博弈完美均衡的区别体现在，前者取决于和收益相关的博弈状态。这源于动态规划，如第 6 章和第 16 章所述，在动态规划中，最优规划就是从状态向量到控制向量的映射。我们可以将马尔科夫均衡视为这一推理在博弈论情景中的推广。相比于子博弈完美均衡，马尔科夫完美均衡的优点是，在许多的无限博弈中，马尔科夫完美均衡解通常少于子博弈完美均衡解。它的缺点是当我们关注马尔科夫完美均衡时，会遗漏一些有经济含义的子博弈完美均衡。

我们可以将 t 期的与收益相关的历史信息定义为历史信息 H^t 的一个最小（最粗略）部分，使 $\mathcal{P}^t$ 中的任意两个不同元素必定会导致至少一个参与者的收益或者策略集合发生变化，但其余参与者的收益和策略集合均不变。

此时若给定马尔科夫转移函数（C.2），则与收益相关的状态就是 $k(t) \in K$。于是，我们可以将纯马尔科夫策略定义为

$$\hat{\sigma}_i : K \to A_i$$

将混合马尔科夫策略定义为

$$\hat{\sigma}_i : K \to \Delta(A_i)$$

将参与者 i 的马尔科夫策略集定义为 $\hat{S}_i$，自然地，$\hat{S} = \prod_{i=1}^{N} \hat{S}_i$。

需要指出的是，上述定义中我省略了时间变量 t，这是因为时间不是与收益相关的博弈状态的组成部分。这是无限期界博弈的一个特征。在有限期界博弈中，时间必定是与收益相关的博弈状态的组成部分。当然，在更一般的无穷期界博弈中，收益函数可写作 $u_i(k(t), a(t), t)$，因为时间是与收益相关的博弈状态的组成部分。

请注意，$\hat{\sigma}_i$ 和 σ_i 的维度是不同的。具体而言，$\hat{\sigma}_i$ 则给每个状态 $k \in K$ 分配一个行为（或行为的概率分布），而 σ_i 为每个子博弈，也就是说，为所有时间 t 的所有 $(h^{t-1}, k(t)) \in H^{t-1} \times K$ 分配一个行为。为了比较马尔科夫策略和非马尔科夫策略（如有非马尔科夫偏离的策略），可以考虑将马尔科夫策略扩展为与 σ_i 有相同维度的策略。具体而言，令 $\hat{\sigma}_i'$ 是 $\hat{\sigma}_i$ 的扩展，使

$$\hat{\sigma}_i' : K \times H^{t-1} \to \Delta(A_i)$$

其中对所有 $k(t) \in K$, $h^{t-1} \in H^{t-1}$，有 $\hat{\sigma}_i'(k, h^{t-1}) = \hat{\sigma}_i(k)$。将参与者 i 的扩展马尔科夫策略集定义为 $\hat{S}_i'$ 和 $\hat{S}_i' \prod_{i=1}^{N} \hat{S}_i'$。更进一步，如前文一样，令 $\hat{\sigma}_i'(t)$ 为 t 期以后由 $\hat{\sigma}_i'$ 引致的参与者 i 的后续策略，$\hat{\sigma}_{-i}'(t)$ 为所有其他参与者的马尔科夫策略 $\hat{\sigma}_{-i}'$ 引致的后续策略组合。这里将 $\hat{\sigma}_i$ 及其扩展 $\hat{\sigma}_i'$ 都称为马尔科夫策略。

定义 C.2 马尔科夫完美均衡是一个马尔科夫策略组合 $\hat{\sigma}^* = (\hat{\sigma}_1^*, \cdots, \hat{\sigma}_N^*) \in \hat{S}$，使扩展的马尔科夫策略满足如下条件：对于所有的 $i \in \mathcal{N}$ 和 $t = 0, 1 \cdots$，以及对于所有的 $(h^{t-1}, k(t)) \in H^{t-1} \times K$，有 $\hat{\sigma}_i'^*(t) \in BR(\hat{\sigma}_{-i}'^*(t) \mid h^{t-1}, k(t))$。

因此，马尔科夫完美均衡和子博弈完美均衡的唯一区别是，前者限制在马尔科夫策略中。请注意，偏离并不是马尔科夫式的。扩展的马尔科夫策略 $\hat{\sigma}_i'^* \in \hat{S}_i'$ 和 $\hat{\sigma}_i'^*(t) \in BR(\hat{\sigma}_{-i}'^*(t) \mid h^{t-1}, k(t))$（取决于历史信息 h'）都充分说明了这一点。尤其是，对马尔科夫完美均衡来说，在 t 期可获得的所有策略 $\sigma_i(t): H^{t-1} \times K \to \Delta(A_i)$ 中，马尔科夫策略 $\hat{\sigma}_i^*$ 必定是对 $\hat{\sigma}_{-i}^*$ 的最优反应。

需要说明的是，马尔科夫完美均衡一定是子博弈完美均衡，因为扩展的马尔科夫策略满足 $\hat{\sigma}_i'^*(t) \in BR(\hat{\sigma}_{-i}'^*(t) \mid h^{t-1}, k(t))$，这保证了在所有子博弈中，也就是说对于所有 t 和 $(h^{t-1}, k(t)) \in H^{t-1} \times K$，$\hat{\sigma}_i'^*$ 都是对 $\hat{\sigma}_{-i}'^*$ 的最优反应。

C.2 一些基本结论

回顾 $\sigma(t) = (\sigma_1(t), \cdots, \sigma_N(t))$ 表示 t 期以后参与者 i 的后续博弈，因此 $\sigma_i(t) = (a_i(t), \sigma_i^\square(t+1))$ 表示 t 期的行为 $a_i(t)$ 以及由策略 $\sigma_i^\square(t+1)$ 给出的后续博弈。

定理 C.1（一阶段偏离原则） 设每个参与者的瞬时收益函数都是一致有界的，也就是说，存在 $M < \infty$，使得对于所有的 $i \in \mathcal{N}$，有

$$\sup_{k \in K, a \in A(k)} u_i(a, k) < M$$

因此策略组合 $\sigma^* = (\sigma_1^*, \cdots, \sigma_N^*) \in S$ 是一个子博弈完美均衡 $[\hat{\sigma}^* = (\hat{\sigma}_1^*, \ldots, \hat{\sigma}_N^*) \in \hat{S}$ 是马尔科夫完美均衡]，当且仅当对于所有 t，$(h^{t-1}, k(t)) \in H^{t-1} \times K$，所有参与者 $i \in \mathcal{N}$，以及所有 $a(t) \in A(k(t))$，有

$$\sigma_i^*(t) = (a_i(t), \sigma_i^*(t+1))$$

对参与者 i 而言，$[\hat{\sigma}_i'(t) = (a_{it}, \hat{\sigma}_i'^*(t+1))]$ 的收益不会大于 $\hat{\sigma}_i^*(t)$ $[\hat{\sigma}_i'^*(t)]$ 的收益。

证明（概要） 固定住其他参与者的策略，则参与者 i 的问题等价于动态最优化问题。因为对所有 $\{k(t+s), a(t+s)\}_{s=0}^T$ 和所有 t，有

$$\lim_{T \to \infty} \sum_{s=T}^{\infty} \beta^s u_i(k(t+s), a(t+s)) = 0$$

给定瞬时收益函数是一致有界的且贴现因子 $\beta < 1$，可适用最优化原理（即定理 16.2）。尤其是，在一致有界的假设下，证明最优化原理的论据意味着，给

定其他所有参与者的策略组合，某个参与者的最优规划对下一阶段的后续博弈而言也必定是最优的。进而言之，任何非最优规划在某个点上必定违反最优化原理。

上述定理意味着，我们要检验某一策略是不是对其他参与者的策略组合的最优反应，仅须考察一阶偏离并使偏离最优的参与者的其余策略保持不变。我们可以弱化一致有界假设，以要求无穷远处的连续性，而这实际上意味着贴现收益在任何历史信息上都收敛于零。

引理 C.1 若 $\hat{\sigma}_{-i}^{\prime*}$ 是马尔科夫策略（即它是 $\hat{\sigma}_{-i}^*$ 的马尔科夫策略的拓展），且对于 $h^{t-1} \in H^{t-1}$ 及 $k(t) \in K$，有 $BR(\hat{\sigma}_{-i}^{\prime*} \mid h^{t-1}, k(t)) \neq \emptyset$，则存在 $\hat{\sigma}_i^{\prime*} \in BR(\hat{\sigma}_{-i}^{\prime*} \mid k(t), h^{t-1})$ 是马尔科夫策略。

证明 假设 $\hat{\sigma}_{-i}^{\prime*}$ 是马尔科夫策略，利用反证法，假设存在一个非马尔科夫策略 σ_i^*，它在给定 $\hat{\sigma}_{-i}^{\prime*}$ 时严格优于所有马尔科夫策略。则由定理 C.1 可知，存在 t，$\tilde{t} > t$，$k \in K$，$h^{t-1} \in H^{t-1}$ 且 $\tilde{h}^{t-1} \in \tilde{H}^{t-1}$，使得对于给定的 $k \in K$，两个历史信息之后的后续博弈不一致，即

$$\sigma_i^*[t](k, h^{t-1}) \in BR(\hat{\sigma}_{-i}^{\prime*} \mid k, h^{t-1}), \sigma_i^*[\tilde{t}](k, \tilde{h}^{\tilde{t}-1}) \in BR(\hat{\sigma}_{-i}^{\prime*} \mid k, \tilde{h}^{\tilde{t}-1}),\text{ 且}$$

$$\sigma_i^*[t](k, h^{t-1}) \neq \sigma_i^*[\tilde{t}](k, \tilde{h}^{\tilde{t}-1}),$$

其中 $\sigma_i^*[t](k, h^{t-1})$ 表示参与者 i 在给定状态向量 k 和历史信息 h^{t-1} 的 t 期开始的后续策略。现在构造后续策略 $\hat{\sigma}_i^{\prime*}[t]$，使 $\hat{\sigma}_i^{\prime*}[t](k, h^{t-1}) = \sigma_i^*[t](k, h^{t-1})$。因为 $\hat{\sigma}_{-i}^{\prime*}$ 是马尔科夫策略，所以 $\hat{\sigma}_{-i}^{\prime*}[t]$ 独立于历史信息 h^{t-1} 和 $\tilde{h}^{t-1}$，从而有

$$\hat{\sigma}_i^{\prime*}[t](k, h^{t-1}) = \hat{\sigma}_i^{\prime*}[t](k, \tilde{h}^{\tilde{t}-1}) \in BR(\hat{\sigma}_{-i}^{\prime*} \mid k, h^{t-1}) \cap BR(\hat{\sigma}_{-i}^{\prime*} \mid k, \tilde{h}^{\tilde{t}-1})$$

在 σ_i^* 不是马尔科夫策略的所有情形中重复上述论证过程，就可证明一个马尔科夫策略 $\hat{\sigma}_i^{\prime*}$ 是对 $\hat{\sigma}_{-i}^{\prime*}$ 的最优反应。

上述引理说明，当所有其他参与者采取马尔科夫策略时，则存在一个最优反应，它对每个参与者来说都是马尔科夫策略。这并不是说没有其他最优反应，但是因为存在马尔科夫式的最优反应，所以上述引理隐含着马尔科夫完美均衡存在的可能性。

定理 C.2（马尔科夫完美均衡的存在性） 让 K 和 $A_i(k)$ 对于任意 $k \in K$ 均是有限集合，则存在马尔科夫完美均衡 $\hat{\sigma}^* = (\hat{\sigma}_1^*, \cdots, \hat{\sigma}_N^*)$。

证明（概要） 考虑一个扩展博弈，其中参与者是集合 $\mathbb{N} \times K$ 的元素

(i,k)，收益函数由始于状态 k 的参与者 i 的原始收益函数（C.1）式和策略集 $A_i(k)$ 给出。因为集合 $\mathcal{N} \times K$ 是有限的，且 $A_i(k)$ 也是有限的，所以对于参与者 (i,k) 而言，其混合策略集 $\Delta(A_i(k))$ 是 $A_i(k)$ 上的一个单形（simplex）。在扩展博弈中，利用角谷静夫不动点定理（定理 A.18），仿照纳什均衡存在性定理，可知在此拓展博弈中存在均衡 $(\hat{\sigma}^*_{(i,k)})_{(i,k) \in \mathcal{N} \times K}$。

现在回到原来的博弈，对每个参与者 $i \in \mathcal{N}$ 构造策略 $\hat{\sigma}_i^*$，使 $\hat{\sigma}_i^*(k) = \hat{\sigma}^*_{(i,k)}$，也就是说，$\hat{\sigma}_i^*: K \to \Delta(A_i)$。这是马尔科夫策略组合 $\hat{\sigma}^*$。考虑 $\hat{\sigma}^*$ 的扩展 $\hat{\sigma}'^*$，即 $\hat{\sigma}_i'^*(k, h^{t-1}) = \hat{\sigma}_i^*(k)$ 对于任意 $h^{t-1} \in H^{t-1}$，任意 $k(t) \in K$，任意参与者 $i \in \mathcal{N}$ 以及任意 t 均成立。于是，根据构造，在给定 $\hat{\sigma}_{-i}^*$ 的情况下，在任意 $k \in K$ 上，有可能通过偏离改进 $\hat{\sigma}_i^*$。定理 C.1 意味着，对所有参与者 $i \in \mathcal{N}$ 而言，在所有马尔科夫策略中，$\hat{\sigma}_i'^*$ 是对 $\hat{\sigma}_{-i}'^*$ 的最优反应。由引理 C.1 可知，不存在严格优于 $\hat{\sigma}_i'^*$ 的非马尔科夫策略。这就证明了 $\hat{\sigma}^*$ 是马尔科夫完美均衡型策略组合。

类似的存在性结论也适用于可数的无限集合 K、$A_i(k)$ 和不可数的无限集合，但在后一情形中，必须有一些额外条件，而且这些条件的技术性相当强。由于它们在接下来的内容中并不重要，故略去不表。

对于下一个结论，令 $\hat{\Sigma} = \{\hat{\sigma}^* \in \hat{S}: \hat{\sigma}^*$ 是一个马尔科夫完美均衡$\}$ 是马尔科夫完美均衡型策略组合集，$\Sigma^* = \{\sigma \in S: \sigma^*$ 是子博弈完美均衡$\}$ 是子博弈完美均衡型策略集。$\hat{\Sigma}'$ 是在给定历史信息条件下 $\hat{\Sigma}$ 的扩展策略组合。特别地，回顾 $\hat{\sigma}_i': K \times H^{t-1} \to \Delta(A_i)$，使得对于所有 $h^{t-1} \in H^{t-1}$ 和 $k(t) \in K$，有 $\hat{\sigma}_i'(k, h^{t-1}) = \hat{\sigma}_i(k)$。令

$$\hat{\Sigma}' = \left\{ \hat{\sigma}' \in S: \hat{\sigma}_i'(k, h^{t-1}) = \hat{\sigma}_i(k) \begin{array}{l} \text{对于所有 } h^{t-1} \in H^{t-1}, k(t) \in K, \\ \text{且 } i \in \mathcal{N}, \text{ 和 } \hat{\sigma} \text{ 是子博弈完美均衡} \end{array} \right\}$$

定理 C.3（马尔科夫完美均衡与子博弈完美均衡） $\hat{\Sigma}' \subset \Sigma^*$。

证明 由于 $\hat{\sigma}^*$ 是马尔科夫完美均衡型策略组合，则其扩展策略组合 $\hat{\sigma}'^*$ 使得对于所有 $h^{t-1} \in H^{t-1}, k(t) \in K$，以及所有参与者 $i \in \mathcal{N}$，$\hat{\sigma}_i'^*$ 均为对 $\hat{\sigma}_{-i}'^*$ 的最优反应，所以也是子博弈完美均衡。

这一定理意味着，每个马尔科夫完美均衡型策略组合对应一个子博弈完美均衡型策略组合，任何由马尔科夫完美均衡支持的均衡路径博弈也由子博弈完美均衡支持。

定理 C.4（子博弈完美均衡的存在性） 若 K 和 $A_i(k)$ 对于任意 $k \in K$，均

为有限集合，则存在子博弈完美均衡 $\sigma^* = (\sigma_1^*, \cdots, \sigma_N^*)$。

证明 由定理 C.2 可知，存在马尔科夫完美均衡，由于马尔科夫完美均衡是子博弈完美均衡（定理 C.3），所以可得出子博弈完美均衡存在。

当 K 和 $A_i(k)$ 是不可数集合时，纯策略子博弈完美均衡的存在不仅要求 K 和 $A_i(k)$ 是紧凸集，而且要求对于所有参与者 $i \in \mathbb{N}$，$\sigma_i[t]$ 和 $U_i[t]$ 都是拟凹的（还有上述连续性假设），若 K 和 $A_i(k)$ 不是凸集或者 $U_i[t]$ 不是拟凹的，在某些较弱的额外假设下，仍可保证混合策略均衡的存在。

最后，重复博弈中的子博弈完美均衡的一个著名定理还可推广适用于动态博弈。令 $p(a|\sigma)$ 是由策略组合 σ 引致的均衡路径行为的概率分布，而且对任意 $\sigma \in S$，$\int_{a \in A} p(a|\sigma) da = 1$，其中 A 是可行策略组合集。虽然有滥用术语之嫌，我们仍称 $p(a|\sigma)$ 为"由策略 σ 引致的均衡路径行为"。令

$$U_i^M(k) = \min_{\sigma_{-i} \in \Sigma_{-i}} \max_{\sigma_i \in \Sigma_i} \mathbb{E} \sum_{s=0}^{\infty} \beta^s u_i(k(t+s), a(t+s))$$

是参与者 i 在 $k(t) = k$ 而且 $k(t+s)$ 由（C.2）给出时的最大收益。令

$$U_i^N(k) = \min_{\sigma \in \Sigma} \mathbb{E} \sum_{s=0}^{\infty} \beta^s u_i(k(t+s), a(t+s)) \tag{C.3}$$

是参与者 i 面对状态 $k \in K$ 时的最小子博弈完美均衡收益。换言之，（C.3）式是参与者 i 在均衡时选择的最小收益。

定理 C.5（最劣均衡的惩罚） 设 $\sigma^* \in S$ 是纯策略子博弈完美均衡，均衡路径行为的概率分布为 $p(a|\sigma^*)$，则存在一个子博弈完美均衡 $\sigma^{**} \in S$，使得 $p(a|\sigma^*) = p(a|\sigma^{**})$，而且如果参与者 i 在得到历史信息 $h^{t-1} \in H^{t-1}$ 之后的 t 期且下一期的状态为 $k(t+1) = k$ 时第一次偏离 σ^{**}，则 σ^{**} 包含了该参与者的后续收益 $U_i^N(k)$。

证明 因 σ^* 是子博弈完美均衡，从而没有参与者愿意偏离 σ^*。设参与者 i 在知道历史信息 h^{t-1} 后的 t 期且 $k(t) = k$ 时偏离 σ^*。$U_i^d[t](k(t), h^{t-1}|\sigma^*)$ 表示参与者 i 从 t 期开始的后续收益，其中历史信息为 h^{t-1}，博弈状态为 $k(t)$。$U_i^e[t](k(t), h^{t-1}|\sigma^*)$ 表示参与者 i 在策略 σ^* 下的均衡收益。于是 σ^* 为子博弈完美均衡，当且仅当

$$U_i^c[t](k(t), h^{t-1} | \sigma^*) \geq$$
$$\max_{a_i(t) \in A_i(k)} \mathbb{E}\left\{u_i(a_i(t), a_{-i}(\sigma_{-i}^*) | k(t), h^{t-1}) + \beta U_i^d[t+1](k(t+1), h^t | \sigma^*)\right\}$$

其中 $u_i(a_i(t), a_{-i}(\sigma_{-i}^*) | k(t), h^{t-1}, \sigma^*)$ 是参与者 i 在历史信息 h^{t-1} 和状态 $k(t)$ 时选择行为 $a_i(t)$，而其他参与者根据策略 σ_{-i}^* 选择（可能是混合策略）行为组合 $a_{-i}(\sigma_{-i}^*)$）时的瞬时收益。由于 $U_i^d[t+1](k(t+1), h^t | \sigma^*)$ 是参与者偏离均衡的后续收益，其中 $k(t+1)$ 推导自转移函数 $q(k(t+1) | k(t), a_i(t), a_{-i}(\sigma_{-i}^*))$，而历史信息 h^t 包含了行为 $a_i(t), a_{-i}(\sigma_{-i}^*)$。偏离之后的后续行为对应于子博弈完美均衡，因为对参与者 i 之外的所有其他参与者来说，σ_{-i}^* 是所有子博弈中的一个子博弈完美均衡行为，相应地，参与者 i 的最优反应是采取均衡策略。

根据子博弈完美均衡的定义以及（C.3）式定义的参与者 i 的最小均衡收益，有

$$U_i^d[t+1](k(t+1), h^t | \sigma^*) \geq U_i^N(k(t+1))$$

由上述两个不等式可知：

$$U_i^c[t](k(t), h^{t-1} | \sigma^*) \geq \max_{a_i(t) \in A_i(k)} \mathbb{E}\left\{u_i(a_i(t), a_{-i}(\sigma_{-i}^*) | k(t), h^{t-1}) + \beta U_i^N(k(t))\right\}$$

因此我们可以构造 σ^{**}，它类似于 σ^*，不同之处在于用 $U_i^d[t+1](k(t+1), h^t | \sigma^*)$ 替代了参与者 i 在获得历史信息 h^{t-1} 之后的 t 期偏离 σ^* 后的收益 $U_i^N(k(t+1))$。因为 $U_i^N(k(t+1))$ 是子博弈完美均衡收益，所以 σ^{**} 也是一个子博弈完美均衡。

上述定理说明，在刻画子博弈完美均衡时的可持续收益集时，我们可以只考虑那些在均衡时有着最严格惩罚的子博弈完美均衡型策略组合。下面是上述定理的一个强化版。

定理 C.6（有最小最大收益的惩罚） 设 $\sigma^* \in S$ 是一个纯策略子博弈完美均衡，均衡路径行为的概率分布为 $p(a | \sigma^*)$。当贴现因子 β 足够靠近 1 时，存在一个子博弈完美均衡 $\sigma^{**} \in S$（可能等于 σ^*），其中 $p(a | \sigma^*) = p(a | \sigma^{**})$，而且如果参与者 i 在得到历史信息 $h^{t-1} \in H^{t-1}$ 之后的 t 期且下一期的状态为 $k(t) = k$ 时第一次偏离 σ^{**}，则 σ^{**} 包含了该参与者的后续收益 $U_i^M(k)$。

证明 此定理的证明除去用 $U_i^M(k)$ 代替 $U_i^N(k)$ 外，和定理 C.5 几乎是一样

的。当 β 足够高时,我们可以证明参与者 i 的最小最大收益 $U_i^M(k)$ 是子博弈完美均衡的一部分(参见 Abreu,1988;Fudenberg and Tirole,1994)。

C.3 应用:完全可观察的重复博弈

对完全可观察的重复博弈来说,子博弈完美均衡和马尔科夫完美均衡都是易于刻画的。假设同一个阶段的博弈被重复了无穷次,则

$$U_i[t] = \mathbb{E}_t \sum_{s=0}^{\infty} \beta^s u_i(a(t+s))$$

上式与(C.1)式的唯一区别在于它并不依赖于状态变量 $k(t)$。我们称博弈 $\{u_i(a), a \in A\}$ 为阶段博弈。定义 $m_i = \min_{a_{-i}} \max_{a_i} u_i(a_i)$ 为参与者 i 在阶段博弈中的最小最大收益。令 $V \in \mathbb{R}^N$ 为每个时期 N 个参与者可获得的收益集,其中 v_i 是参与者 i 获得的收益(从而贴现收益等于 $v_i/(1-\beta)$)。

定理 C.7(重复博弈的无名氏定理) 设 $\{A_i\}_{i \in \mathcal{N}}$ 是紧的,如果任意 $v \in V$ 使得 $v_i > m_i$ 对任意 $i \in \mathcal{N}$ 都成立,则存在 $\bar{\beta} \in [0, 1)$ 使得对任意 $\beta > \bar{\beta}$,v 是某个子博弈完美均衡的收益组合。

证明(概要) 为任意偏离构造一个如下惩罚策略:第一个参与者 i 偏离均衡策略时,使他只能获得最大最小收益 m_i(这可以是一个子博弈完美均衡)。则任意偏离 $a \in A_i$ 带来的收益是 $D_i(a_i \mid \beta) \le d_i + \beta m_i/(1-\beta)$,其中 d_i 是参与者 i 偏离后可以获得的最高收益,它是有限的,因为 u_i 是连续有界的,且 A_i 是紧集。如果

$$\frac{v_i}{1-\beta} \ge d_i + \beta \frac{m_i}{1-\beta}$$

就可得到 v_i。因为 d_i 是有限的,而且 $v_i > m_i$,所以存在 $\bar{\beta}_i \in [0, 1)$ 使对于任意 $\beta \ge \bar{\beta}_i$ 上述不等式成立。令 $\bar{\beta} = \max_{i \in \mathcal{N}} \bar{\beta}_i$,定理得证。

定理 C.8(重复博弈中马尔科夫完美均衡的唯一性) 假设重复博弈的阶段博弈仅有唯一的均衡 a^*,则存在唯一的马尔科夫完美均衡,使每个博弈阶段均重复取 a^*。

证明 因为 K 是一个单点集,且阶段收益是唯一的均衡,所以可直接推出上述定理。

这最后一个定理不但显而易见,而且十分重要。在重复博弈中,因不存在状

态向量，所以策略并不依赖于任何条件。其结果是，我们在马尔科夫完美均衡中寻找的策略就是阶段博弈中的最优反应。

例 C.1（囚徒困境） 考虑在政治经济学中有许多应用的如下基本囚徒困境博弈：

	D	C
D	(0, 0)	(4,-1)
C	(-1, 4)	(2, 2)

这个阶段博弈只有一个均衡 (D,D)。假设此博弈重复无穷次，且两个行为人的贴现因子都是 β。其唯一的马尔科夫完美均衡就是在每个时期重复的 (D,D)。

但是当贴现因子 $\beta \geq 1/2$ 时，每个时期均选择 (C,C) 也是一个子博弈完美均衡。为了说明这一点，我们仅需要考虑一个最小最大惩罚即可，此处为 $(0,0)$。选择 (C,C) 产生的收益为 $2/(1-\beta)$，而最后偏离导致的最大现期收益为 4，后续收益为 0。因此，$\beta \geq 1/2$ 就足以确保参与者在每一期执行触发策略组合将 (C,C)，也就是说对两个参与者而言，如果历史信息中只包含 (C,C)，其策略就是选择 C，否则选 D。

我们很容易证明为什么触发策略组合不是马尔科夫均衡。这一策略组合取决于其中一个参与者在过去某个时点是否采取过背叛行为。给定另一个参与者的行为组合时，这一历史信息与未来博弈的收益不相关。

C.4 习题

C.1 本附录思想的一个简单应用是公共池塘博弈。考虑一个社会，其中有 $N+1 < \infty$ 个参与者，且每个人在 t 期的收益函数均为 $\sum_{s=0}^{\infty} \beta^s \log c_i(t+s)$，其中贴现因子 $\beta \in (0,1)$，$c_i(t)$ 是参与者 $i \in \mathcal{N}$ 在 t 期的消费。该社会有一种公共资源 $K(t)$，它可以是该社会在 t 期的资本存量。这一资本存量遵循以下运动法则：

$$K(t+1) = AK(t) - \sum_{i \in \mathcal{N}} c_i(t)$$

其中 $A > 0$，$K(0)$ 是给定的，而且在每一期有 $K(t) \geq 0$。阶段博弈如下：在每一期所有参与者同时宣布其消费为 $\{c_i(t)\}_{i \in \mathcal{N}}$。若 $\sum_{i \in \mathcal{N}} c_i(t) \leq AK(t)$，则每个参与者消费 $c_i(t)$。若 $\sum_{i \in \mathcal{N}} c_i(t) >$

$AK(t)$，则 $AK(t)$ 均分给 $N+1$ 个参与者。

(a) 首先，假设一个仁慈的社会规划者选择 $\{c_i(t)\}_{i\in N}$，以使所有人的贴现收益最大化：

$$\sum_{i\in N}\sum_{s=0}^{\infty}\beta^s\log(c_i(t+s))$$

将此问题构建为一个动态规划问题，并证明当给定资本存量 K 给定时，规划者的值函数 $V(K)$ 是唯一确定的、连续且凹的，并在 $S\in(0,AK)$ 时可微。证明储蓄水平是资本存量 K 的函数 $\pi(K)=\beta AK$，并据此推导值函数的显式表达。

(b) 现在考虑这个博弈的马尔科夫完美均衡。首先证明所有参与者宣布的消费 $c_i(0)=AK(0)$ 是一个马尔科夫完美均衡。其次考虑连续且对称的马尔科夫完美均衡，其中当资本存量为 K 时，每个参与者采取的消费策略为 $c^N(K)$。由对称性可知，当所有其他参与者采取消费策略 $c^N(K)$，两参与者 i 采取消费策略 c 时，总储蓄为 $S=AK-Nc^N(K)-c$。据此证明某个参与者的值函数：

$$V^N(K)=\max_{S\leq AK-Nc^N(K)}\left\{\log(AK-Nc^N(K)-S)+\beta V^N(S)\right\} \quad (\text{C.4})$$

假定上式可微，推导出上述最大化问题的一阶条件，并证明当存在一个对称均衡的时候，经济中的均衡总储蓄水平可由下式给出：

$$\pi(K)=\frac{\beta A}{1+N-\beta N}K$$

证明这是（C.4）式的唯一解。当 N 增长时，对经济有何影响？

(c) 证明如果 $\beta A>1>\beta A/(1+N-\beta N)$，则单人决策问题（single-person decision problem）可能会影响长期经济增长，而马尔科夫均衡可能导致资源随时间减少。

(d) 接下来证明这个博弈始终存在子博弈完美均衡，对于任意 $\beta>0$ 的值，它们都是单人决策问题的解。请解释这个结论。

(e) 假设 $\beta A=1$，并关注马尔科夫完美均衡。假设这个博弈开始时的资本存量为 $K(0)$，考虑如下非连续的马尔科夫策略组合：

$$c_i(K)=\begin{cases}\frac{\beta AK}{1+N} & \text{如果} \geq K(0)\\ K & \text{如果} < K(0)\end{cases}$$

证明如果除参与者 i' 之外的所有其他参与者均采取此策略，则对于参与者 i' 来说，其最优反应也是采取此策略，而且沿着此均衡路径，可得到单人决策问题的解。证明当 $\beta A \neq 1$ 时，得不到上述结论，并解释为什么？

定理目录

该附录罗列书中各章的定理作为参考。其中许多定理指的是书中不同部分用的数学结论。其中一些属于经济结果，这些结论相比我称之为"命题"的结论更具一般性且应用更广泛。为了节省空间，我不再列举以引理、推论和事实形式给出的其他数学结论。

第 2 章

2.1 欧拉定理

2.2 线性差分方程组的稳定性

2.3 非线性差分方程组的局部稳定性

2.4 线性微分方程组的稳定性

2.5 非线性微分方程组的局部稳定性

2.6 宇泽弘文定理 I

2.7 宇泽弘文第二定理 II

第 5 章

5.1 德布鲁 – 曼特尔 – 索南夏因定理

5.2 高曼加总定理

5.3 规范代表性家庭的存在性

5.4 代表性企业定理

5.5 第一福利定理 I：家庭数量有限的经济体

5.6 第一福利定理 II：家庭数量无限的经济体

5.7 第二福利定理

5.8 序贯交易与具有阿罗证券的非序贯交易的等价性

第 6 章

6.1 序列表达和递归表达的等价性

6.2 动态规划的最优性原理

6.3 动态规划解的存在性

6.4 值函数的凹性

6.5 值函数的单调性

6.6 值函数的可微性

6.7 压缩映射定理

6.8 压缩映射的应用

6.9 压缩的布莱克韦尔充分条件

6.10 欧拉方程组和横截性条件

6.11 非稳定问题解的存在性

6.12 非稳定问题中的欧拉方程和横截性条件

第 7 章

7.1 自由端点问题内部最优值的必要条件

7.2 固定端点问题内部最优值的必要条件 Ⅱ

7.3 不等式约束端点问题内部最优值的必要条件 Ⅲ

7.4 庞特里亚金最大值原理的简化版本

7.5 最优值的曼格萨林充分条件

7.6 最优值的阿罗充分条件

7.7 多变量问题的庞特里亚金最大值原理

7.8 多变量问题的充分条件

7.9 庞特里亚金无限期界最大值原理

7.10 汉密尔顿－雅克布－贝尔曼方程

7.11 无限期界最优控制的充分条件

7.12 无限期界问题的横截性条件

7.13 贴现的无限期界问题的最大值原理

7.14 贴现的无限期界问题的充分条件

7.15 最优控制解的存在性

7.16 最优控制中值函数的凹性

7.17 最优控制中值函数的可微性

7.18 线性微分方程组的鞍轨稳定性

7.19 非线性微分方程组的鞍轨稳定性

第 10 章

10.1 人力资本投资中的分离定理

第 16 章

16.1 序列表达和递归表达的等价性

16.2 随机动态规划的最优性原理

16.3 随机动态规划解的存在性

16.4 值函数的凹性

16.5 值函数对状态变量的单调性

16.6 值函数的可微性

16.7 值函数对随机状态变量的单调性

16.8 欧拉方程组和横截性条件

16.9 伴随马尔科夫过程的解的存在性

16.10 伴随马尔科夫过程的值函数的连续性

16.11 伴随马尔科夫过程的值函数的凹性

16.12 伴随马尔科夫过程的值函数的单调性

16.13 伴随马尔科夫过程的值函数的可微性

第 22 章

22.1 中间选民定理

22.2 策略投票的中间选民定理

22.3 唐斯政策趋同模型

22.4 扩展的中间选民定理

22.5 扩展的唐斯政策趋同模型

22.6 概率投票定理

附录 A

A.1 度量空间中开集和闭集的特征

A.2 度量空间中的开集及连续性

A.3 中值定理

A.4 拓扑空间中的开集及连续性

A.5 拓扑空间中网的连续性和收敛性

A.6 海涅－波雷尔定理

A.7 波尔扎诺－威尔斯特拉斯定理

A.8 拓扑空间中的连续性与紧像

A.9 威尔斯特拉斯定理

A.10 紧集合上的一致连续性

A. 11　投影映射与积空间

A. 12　积空间中贴现效用的连续性

A. 13　吉洪诺夫定理

A. 14　完全有界与紧空间

A. 15　阿泽拉 – 阿斯科利定理

A. 16　伯奇最大值定理

A. 17　拟凹性下最大值的特征

A. 18　角谷静夫不动点定理

A. 19　布劳沃不动点定理

A. 20　均值定理

A. 21　洛必达法则

A. 22　泰勒定理 I

A. 23　泰勒定理 II：多变量函数

A. 24　反函数定理

A. 25　隐函数定理

A. 26　赋范向量空间中线性泛函的连续性

A. 27　几何中的哈恩 – 巴纳赫定理

A. 28　分离超平面定理

A. 29　鞍点定理

A. 30　库恩 – 塔克定理

A. 31　包络定理

附录 B

B. 1　微积分基本定理 I

B. 2　微积分基本定理 II

B. 3　分部积分

B. 4　莱布尼茨法则

B. 5　常系数线性微分方程组的解

B. 6　一般线性微分方程组的解

B. 7　格罗曼 – 哈特曼定理：非线性微分方程组的稳定性

B. 8　皮卡德定理 I：微分方程的存在性和唯一性

B. 9　紧集合上微分方程的存在性和唯一性 I

B. 10　皮卡德定理 II：关于微分方程组的存在性和唯一性

- B.11 紧集合上微分方程组的存在性和唯一性 II
- B.12 微分方程解的连续性
- B.13 微分方程解的可微性
- B.14 常系数线性差分方程组的解
- B.15 常系数线性差微分方程组的通解
- B.16 差分方程解的存在性和唯一性

附录 C

- C.1 一阶段偏离原理
- C.2 有限动态博弈中马尔科夫完美均衡的存在性
- C.3 马尔科夫完美均衡与子博弈完美均衡
- C.4 有限动态博弈中子博弈完美均衡的存在性
- C.5 最差均衡的惩罚
- C.6 最小最大支付的惩罚
- C.7 重复博弈的无名氏定理
- C.8 重复博弈的唯一马尔科夫均衡

参考文献

Abernathy, William J. (1978) *The Productivity Dilemma: Roadblock to Innovation in the Automotiv Industry*. Baltimore: Johns Hopkins University Press.
Abraham, Kathrine G., and Jon Haltiwanger (1995) "Real Wages and the Business Cycle." *Journal c Economic Literature* 33: 1215–1264.
Abramowitz, Moses (1957) "Resources on Output Trends in the United States since 1870." *America Economic Review* 46: 5–23.
Abreu, Dilip (1988) "On the Theory of Infinitely Repeated Games with Discounting." *Econometrica* 5(383–396.
Acemoglu, Daron (1995) "Reward Structures and the Allocation of Talent." *European Economic Reviev* 39: 17–33.
——— (1996) "A Microfoundation for Social Increasing Returns in Human Capital Accumulation. *Quarterly Journal of Economics* 111: 779–804.
——— (1997a) "Training and Innovation in an Imperfect Labor Market." *Review of Economic Studie* 64(2): 445–464.
——— (1997b) "Matching, Heterogeneity and the Evolution of Income Distribution."*Journal of Eco nomic Growth* 2(1): 61–92.
——— (1998) "Why Do New Technologies Complement Skills? Directed Technical Change and Wag Inequality." *Quarterly Journal of Economics* 113: 1055–1090.
——— (2002a) "Directed Technical Change." *Review of Economic Studies* 69: 781–809.
——— (2002b) "Technical Change, Inequality and the Labor Market." *Journal of Economic Literatur* 40(1): 7–72.
——— (2003a) "Patterns of Skill Premia." *Review of Economic Studies* 70: 199–230.
——— (2003b) "Labor- and Capital-Augmenting Technical Change." *Journal of European Economi Association* 1(1): 1–37.
——— (2003c) "Why Not a Political Coase Theorem?" *Journal of Comparative Economics* 31: 620–65:
——— (2005) "Politics and Economics in Weak and Strong States."*Journal of Monetary Economics* 52 1199–1226.
——— (2007a) "Equilibrium Bias of Technology." *Econometrica* 75(5): 1371–1410.
——— (2007b) "Modeling Inefficient Institutions." In *Advances in Economic Theory, Proceedings c World Congress 2005*, Richard Blundell, Whitney Newey, and Torsten Persson (editors). Cambridge Cambridge University Press, pp. 341–380.
——— (2008a) "Oligarchic versus Democratic Societies." *Journal of the European Economic Associa tion* 6: 1–44.
——— (2008b) "Innovation by Incumbents and Entrants." MIT Economics Department Working Pape Massachusetts Institute of Technology.
Acemoglu, Daron, and Ufuk Akcigit (2006) "State Dependent IPR Policy." NBER Working Paper 1277: National Bureau of Economic Research.
Acemoglu, Daron, and Joshua D. Angrist (2000) "How Large Are Human Capital Externalities? Evidenc from Compulsory Schooling Laws." *NBER Macroeconomics Annual* 2000: 9–59.

Acemoglu, Daron, and Veronica Guerrieri (2008) "Capital Deepening and Non-Balanced Economic Growth." *Journal of Political Economy* 116: 467–498.

Acemoglu, Daron, and Simon Johnson (2005) "Unbundling Institutions." *Journal of Political Economy* 113: 949–995.

——— (2007) "Disease and Development." *Journal of Political Economy* 115: 925–985.

Acemoglu, Daron, and Joshua Linn (2004) "Market Size in Innovation: Theory and Evidence from the Pharmaceutical Industry." *Quarterly Journal of Economics* 119: 1049–1090.

Acemoglu, Daron, and James A. Robinson (2000a) "Why Did the West Extend the Franchise? Democracy, Inequality and Growth in Historical Perspective." *Quarterly Journal of Economics* 115: 1167–1199.

——— (2000b) "Political Losers as a Barrier to Economic Development." *American Economic Review* 90: 126–130.

——— (2006a) *Economic Origins of Dictatorship and Democracy*. New York: Cambridge University Press.

——— (2006b) "Economic Backwardness in Political Perspective." *American Political Science Review* 100: 115–131.

——— (2008) "Persistence of Power, Elites and Institutions." NBER Working Paper 12108. National Bureau of Economics Research. Forthcoming in *American Economic Review* 98: 267–293.

Acemoglu, Daron, and Jaume Ventura (2002) "The World Income Distribution." *Quarterly Journal of Economics* 117: 659–694.

Acemoglu, Daron, and Fabrizio Zilibotti (1997) "Was Prometheus Unbound by Chance? Risk, Diversification and Growth." *Journal of Political Economy* 105: 709–751.

——— (1999) "Information Accumulation in Development." *Journal of Economic Growth* 1999(4): 5–38.

——— (2001) "Productivity Differences." *Quarterly Journal of Economics* 116: 563–606.

Acemoglu, Daron, Philippe Aghion, and Fabrizio Zilibotti (2006) "Distance to Frontier, Selection, and Economic Growth." *Journal of the European Economic Association* 4(1): 37–74.

Acemoglu, Daron, Pol Antras, and Elhanan Helpman (2007) "Contracts and Technology Adoption." *American Economic Review* 97: 916–943.

Acemoglu, Daron, Simon Johnson, and James A. Robinson (2001) "The Colonial Origins of Comparative Development: An Empirical Investigation." *American Economic Review* 91: 1369–1401.

——— (2002) "Reversal of Fortune: Geography and Institutions in the Making of the Modern World Income Distribution." *Quarterly Journal of Economics* 117: 1231–1294.

——— (2005a) "Institutions as a Fundamental Cause of Long-Run Growth." In *Handbook of Economic Growth,* Philippe Aghion and Steven N. Durlauf (editors). Amsterdam: North-Holland, pp. 384–473.

——— (2005b) "The Rise of Europe: Atlantic Trade, Institutional Change and Growth." *American Economic Review* 95: 546–579.

Aczel, J. (1966) *Lectures on Functional Equations and Their Applications*. New York: Academic Press.

Aghion, Philippe, and Patrick Bolton (1997) "A Theory of Trickle-Down Growth and Development." *Review of Economic Studies* 64: 151–172.

Aghion, Philippe, and Peter Howitt (1992) "A Model of Growth through Creative Destruction." *Econometrica* 60: 323–351.

——— (1994) "Growth and Unemployment." *Review of Economic Studies* 61: 477–494.

——— (1998) *Endogenous Growth Theory*. Cambridge, Mass.: MIT Press.

——— (2008) *The Economics of Growth*. Cambridge, Mass: MIT Press, forthcoming.

Aghion, Philippe, Peter Howitt, and Gianluca Violante (2004) "General Purpose Technology and Wage Inequality." *Journal of Economic Growth* 7: 315–345.

Aghion, Philippe, Christopher Harris, Peter Howitt, and John Vickers (2001) "Competition, Imitation, and Growth with Step-by-Step Innovation." *Review of Economic Studies* 68: 467–492.

Aghion, Philippe, Nick Bloom, Richard Blundell, Rachel Griffith, and Peter Howitt (2005) "Competition and Innovation: An Inverted-U Relationship." *Quarterly Journal of Economics* 120: 701–728.

Aiyagari, S. Rao (1993) "Uninsured Indiosyncratic Risk and Aggregate Saving." Federal Reserve Bank of Minneapolis Working Paper 502.

——— (1994) "Uninsured Indiosyncratic Risk and Aggregate Saving." *Quarterly Journal of Economics* 109: 659–684.

Alesina, Alberto, and Dani Rodrik (1994) "Distributive Politics and Economic Growth." *Quarterly Journal of Economics* 109: 465–490.

Alfaro, Laura, Sebnem Kalemli-Ozcan, and Vadym Volosovych (2005) "Why Doesn't Capital Flow from Rich to Poor Countries? An Empirical Investigation." University of Houston, mimeo.

Aliprantis, Charalambos, and Kim Border (1999) *Infinite Dimensional Analysis: A Hitchhiker's Guide.* New York: Springer-Verlag.

Allen, Franklin, and Douglas Gale (1991) "Arbitrage, Short Sales and Financial Innovation." *Econometrica* 59: 1041–1068.

Allen, Robert C. (2004) "Agriculture during the Industrial Revolution: 1700–1850." In *Cambridge Economic History of Modern Britain,* Roderick Floud and Paul A. Johnson (editors). Cambridge: Cambridge University Press, pp. 96–116.

Andreoni, James (1989) "Giving with Impure Altruism: Applications to Charity and Ricardian Equivalence." *Journal of Political Economy* 97: 1447–1458.

Angrist, Joshua D. (1995) "The Economic Returns to Schooling in the West Bank and Gaza Strip." *American Economic Review* 85: 1065–1087.

Angrist, Joshua D., Victor Lavy, and Analia Schlosser (2006) "New Evidence on the Causal Link between the Quantity and Quality of Children." Massachusetts Institute of Technology, mimeo.

Antras, Pol (2005) "Incomplete Contracts and the Product Cycle." *American Economic Review* 95: 1054–1073.

Apostol, Tom M. (1975) *Mathematical Analysis,* 2nd edition. Reading, Mass: Addison-Wesley.

Araujo, A., and Jose A. Scheinkman (1983) "Maximum Principle and Transversality Condition for Concave Infinite Horizon Economic Models." *Journal of Economic Theory* 30: 1–16.

Armington, Paul S. (1969) "A Theory of Demand for Products Distinguished by Place and Production." *International Monetary Fund Staff Papers* 16: 159–178.

Arrow, Kenneth J. (1951) *Social Choice and Individual Values.* New York: Wiley.

——— (1962) "The Economic Implications of Learning by Doing." *Review of Economic Studies* 29: 155–173.

——— (1964) "The Role of Security in Optimal Allocation of Risk Bearing." *Review of Economic Studies* 31: 91–96.

——— (1968) "Applications of Control Theory to Economic Growth." In *Mathematics of Decision Sciences,* George B. Dantzig and Arthur F. Veinott (editors). Providence, R.I.: American Mathematical Society.

Arrow, Kenneth J., and Mordecai Kurz (1970) *Public Investment, the Rate of Return, and Optimal Fiscal Policy.* Baltimore: Johns Hopkins University Press.

Arrow, Kenneth J., Hollis B. Chenery, Bagicha S. Minhas, and Robert Solow (1961) "Capital-Labor Substitution and Economic Efficiency." *Review of Economics and Statistics* 43: 225–250.

Ashton, Thomas Southcliffe (1969) *The Industrial Revolution: 1760–1830.* Oxford: Oxford University Press.

Atkeson, Andrew (1991) "International Lending with Moral Hazard and Risk of Repudiation." *Econometrica* 59: 1069–1089.

Atkeson, Andrew, and Ariel Burstein (2007) "Innovation, Firm Dynamics and International Trade."

University of California, Los Angeles, mimeo.

Atkeson, Andrew, and Patrick Kehoe (2002) "Paths of Development for Early and Late Boomers in a Dynamic Heckscher-Ohlin Model." Federal Reserve Bank of Minneapolis, mimeo.

Atkinson, Anthony, and Joseph Stiglitz (1969) "A New View of Technological Change." *Economic Journal* 79: 573–578.

Aumann, Robert J., and Lloyd S. Shapley (1974) *Values of Non-Atomic Games*. Princeton, N.J.: Princeton University Press.

Austen-Smith, David, and Jeffrey S. Banks (1999) *Positive Political Theory I: Collective Preference*. Ann Arbor: University of Michigan Press.

Autor, David, Lawrence Katz, and Alan Krueger (1998) "Computing Inequality: Have Computers Changed the Labor Market?" *Quarterly Journal of Economics* 113: 1169–1214.

Azariadis, Costas (1993) *Intertemporal Macroeconomics*. London: Blackwell.

Azariadis, Costas, and Allan Drazen (1990) "Threshold Externalities in Economic Development." *Quarterly Journal of Economics* 105: 501–526.

Backus, David, Patrick J. Kehoe, and Timothy J. Kehoe (1992) "In Search of Scale Effects in Trade and Growth." *Journal of Economic Theory* 58: 377–409.

Baily, Martin N., Charles Hulten, and David Campbell (1992) "The Distribution of Productivity in Manufacturing Plants." *Brookings Papers on Economic Activity: Microeconomics* 187–249.

Bairoch, Paul (1988) *Cities and Economic Development: From the Dawn of History to the Present*, translated by Christopher Braider. Chicago: University of Chicago Press.

Bairoch, Paul, Jean Batou, and Pierre Chèvre (1988) *La Population des villes Européennes de 800 a 1850: Banque de Données et Analyse Sommaire des Résultats*. Geneva: Centre d'histoire économique Internationale de l'Universite de Genève, Libraire Droz.

Banerjee, Abhijit V., and Esther Duflo (2003) "Inequality and Growth: What Can the Data Say?" *Journal of Economic Growth* 8: 267–299.

——— (2005) "Economic Growth through the Lenses of Development Economics." In *Handbook of Economic Growth,* Philippe Aghion and Steven N. Durlauf (editors). Amsterdam: North-Holland, pp. 384–473.

Banerjee, Abhijit V., and Andrew Newman (1991) "Risk Bearing and the Theory of Income Distribution." *Review of Economic Studies* 58: 211–235.

——— (1993) "Occupational Choice and the Process of Development." *Journal of Political Economy* 101: 274–298.

——— (1998) "Information, the Dual Economy and Development." *Review of Economic Studies* 65: 631–653.

Banfield, Edward C. (1958) *The Moral Basis of a Backward Society*. Chicago: University of Chicago Press.

Barro, Robert J. (1974) "Are Government Bonds Net Wealth?" *Journal of Political Economy* 81: 1095–1117.

——— (1991) "Economic Growth in a Cross Section of Countries." *Quarterly Journal of Economics* 106: 407–443.

——— (1997) *Determinants of Economic Growth: A Cross Country Empirical Study*. Cambridge, Mass.: MIT Press.

——— (1999) "Determinants of Democracy." *Journal of Political Economy* 107: S158–S183.

Barro, Robert J., and Gary S. Becker (1989) "Fertility Choice in a Model of Economic Growth." *Econometrica* 57: 481–501.

Barro, Robert J., and Jong-Wha Lee (2001) "International Data on Educational Attainment: Updates and Implications." *Oxford Economic Papers* 53: 541–563.

Barro, Robert J., and Rachel McCleary (2003) "Religion and Economic Growth." NBER Working Paper

9682. National Bureau of Economics Research.

Barro, Robert J. and Xavier Sala-i-Martin (1991) "Convergence across States and Regions." *Brookings Papers on Economic Activity* 1: 107–182.

——— (1992) "Convergence." *Journal of Political Economy* 100: 223–251.

——— (2004) *Economic Growth.* Cambridge, Mass.: MIT Press.

Bartelsman, Eric J., and Mark Doms (2000) "Understanding Productivity: Lessons from Longitudinal Microdata." *Journal of Economic Literature* 38: 569–594.

Basu, Susanto, and David Weil (1998) "Appropriate Technology and Growth." *Quarterly Journal of Economics* 113: 1025–1054.

Baum, R. F. (1976) "Existence Theorems for Lagrange Control Problems with Unbounded Time Domain." *Journal of Optimization Theory and Applications* 19: 89–116.

Baumol, William J. (1967) "Macroeconomics of Unbalanced Growth: The Anatomy of Urban Crisis." *American Economic Review* 57: 415–426.

——— (1986) "Productivity Growth, Convergence, and Welfare: What the Long-Run Data Show." *American Economic Review* 76: 1072–1085.

Baxter, Marianne, and Mario J. Crucini (1993) "Explaining Saving-Investment Correlations." *American Economic Review* 83: 416–436.

Becker, Gary S. (1965) "A Theory of the Allocation of Time." *Economic Journal* 75: 493–517.

——— (1981) *A Treatise on the Family.* Cambridge, Mass.: Harvard University Press.

Becker, Gary S., and Robert J. Barro (1988) "A Reformulation of the Economic Theory of Fertility." *Quarterly Journal of Economics* 103: 1–25.

Becker, Robert, and John Harvey Boyd (1997) *Capital Theory, Equilibrium Analysis and Recursive Utility.* Oxford: Blackwell.

Becker, Gary S., Kevin M. Murphy, and Robert Tamura (1990) "Human Capital, Fertility, and Economic Growth." *Journal of Political Economy* 98(part 2): S12–S37.

Bellman, Richard (1957) *Dynamic Programming.* Princeton, N.J.: Princeton University Press.

Benabou, Roland (1996) "Heterogeneity, Stratification, and Growth: Macroeconomic Implications of Community Structure and School Finance." *American Economic Review* 86: 584–609.

——— (2000) "Unequal Societies: Income Distribution and the Social Contract." *American Economic Review* 90: 96–129.

——— (2005) "Inequality, Technology and the Social Contract" In *Handbook of Economic Growth,* Philippe Aghion and Steven N. Durlauf (editors). Amsterdam: North-Holland, pp. 1595–1638.

Bencivenga, Valerie, and Bruce Smith (1991) "Financial Intermediation and Endogenous Growth." *Review of Economic Studies* 58: 195–209.

Benhabib, Jess, and Mark M. Spiegel (1994). "The Role of Human Capital in Economic Development: Evidence from Aggregate Cross-Country Data." *Journal of Monetary Economics* 34: 143–173.

Ben-Porath, Yoram (1967) "The Production of Human Capital and the Life Cycle of Earnings." *Journal of Political Economy* 75: 352–365.

Benveniste, Lawrence M., and Jose A. Scheinkman (1979) "On the Differentiability of the Value Function in Dynamic Models of Economics." *Econometrica* 47: 727–732.

——— (1982) "Duality Theory for Dynamic Organization Models of Economics: The Continuous Time Case." *Journal of Economic Theory* 27: 1–19.

Berge, Claude (1963) *Topological Spaces.* New York: MacMillan.

Bernard, Andrew, and Bradford Jensen (2004) "Why Some Firms Export." *Review of Economics and Statistics* 86: 561–569.

Bernard, Andrew, Jonathan Eaton, Bradford Jensen, and Samuel Kortum (2003) "Plants and Productivity in International Trade." *American Economic Review* 93: 1268–1290.

Bewley, Truman F. (1977) "The Permanent Income Hypothesis: A Theoretical Formulation." *Journal of Economic Theory* 16: 252–292.

——— (1980) "The Optimum Quantity of Money." In *Models of Monetary Economies,* John H. Kareken and Neil Wallace (editors). Minneapolis, Minn., Federal Reserve Bank of Minneapolis, pp. 169–210.

——— (2007) *General Equilibrium, Overlapping Generations Models, and Optimal Growth Theory.* Cambridge, Mass.: Harvard University Press.

Billingsley, Patrick (1995) *Probability and Measure,* 3rd edition. New York: Wiley.

Bils, Mark J. (1985) "Real Wages over the Business Cycle: Evidence from Panel Data." *Journal of Political Economy* 93: 666–689.

Black, Duncan (1948) *The Theory of Committees and Elections.* London: Cambridge University Press.

Black, Sandra E., and Lisa Lynch (2005) "Measuring Organizational Capital in the New Economy." University of California, Los Angeles, mimeo.

Black, Sandra E., Paul J. Devereux, and Kjell Salvanes (2005) "The More the Merrier? The Effect of Family Size and Birth Order on Education." *Quarterly Journal of Economics* 120: 669–700.

Blackwell, David (1965) "Discounted Dynamic Programming."*Annals of Mathematical Statistics* 36: 226–235.

Blanchard, Olivier J. (1979) "Speculative Bubbles, Crashes and Rational Expectations." *Economics Letters* 3: 387–389

——— (1985) "Debt, Deficits, and Finite Horizons." *Journal of Political Economy* 93: 223–247.

——— (1997) "The Medium Run" *Brookings Papers on Economic Activity* 2: 89–158.

Blanchard, Olivier J., and Stanley Fischer (1989) *Lectures on Macroeconomics.* Cambridge, Mass.: MIT Press.

Bloom, David E., and Jeffrey D. Sachs (1998) "Geography, Demography, and Economic Growth in Africa." *Brookings Papers on Economic Activity* 2: 207–295.

Blundell, Richard, Rachel Griffith, and Jon Van Reenen (1999) "Marketshare, Market Value, and Innovation in a Panel of British Manufacturing Firms." *Review of Economic Studies* 56: 529–554.

Boldrin, Michele, and David K. Levine (2003) "Innovation and the Size of the Market." University of Minnesota and University of California, Los Angeles, mimeo.

Boserup, Ester (1965) *The Conditions of Agricultural Progress.* Chicago: Aldine.

Bourguignon, François, and Christian Morrison (2002) "Inequality among World Citizens: 1820–1992." *American Economic Review* 92: 727–744.

Bourguignon, François, and Thierry Verdier (2000) "Oligarchy, Democracy, Inequality and Growth." *Journal of Development Economics* 62: 285–313.

Boyce, William E., and Richard C. DiPrima (1977) *Elementary Differential Equations and Boundary Value Problems,* 3rd edition. New York: Wiley.

Braudel, Fernand (1973). *Capitalism and Material Life: 1400–1800* translated by Miriam Kochan. New York: Harper and Row.

Broadberry, Stephen, and Bishnupriya Gupta (2006) "The Early Modern Great Divergence: Wages, Prices and Economic Development in Europe and Asia 1500–1800." CEPR Discussion Paper 4947. Centre for Economic Policy Research.

Brock, William A., and Leonard J. Mirman (1972) "Optimal Economic Growth under Uncertainty: Discounted Case." *Journal of Economic Theory* 4: 479–513.

Browning, Martin, and Thomas F. Crossley (2001) "The Lifecycle Model of Consumption and Saving." *Journal of Economic Perspectives* 15: 3–22.

Bryant, Victor (1985) *Metric Spaces, Iteration and Application.* Cambridge: Cambridge University Press.

Buera, Francisco, and Joseph Kaboski (2006) "The Rise of the Service Economy." Northwestern University, mimeo.

Bulow, Jeremy I., and Kenneth Rogoff (1989a) "A Constant Recontracting Model of Sovereign Debt." *Journal of Political Economy* 97: 155–178.

——— (1989b) "Sovereign Debt: Is to Forgive to Forget?" *American Economic Review* 79: 43–50.

Caballero, Ricardo J. (1990) "Consumption Puzzles and Precautionary Savings." *Journal of Monetary Economics* 25: 113–136.

——— (1999) "Aggregate Investment." In *Handbook of Macroeconomics,* volume 1, John B. Taylor and Michael Woodford (editors). Amsterdam: North-Holland, pp. 813–862.

Caballero, Ricardo J., and Mohammad Hammour (1999) "Jobless Growth: Appropriability, Factor Substitution and Unemployment." *Carnegie-Rochester Conference Proceedings* 48: 51–94.

Caputo, Michael (2005) *Foundations of Dynamic Economic Analysis: Optimal Control Theory and Applications.* Cambridge: Cambridge University Press.

Card, David (1999) "The Causal Effect of Education on Earnings." In *Handbook of Labor Economics,* volume 3A, Orley Ashenfelter and David Card (editors). Amsterdam: North-Holland, pp. 1801–1863.

Carter, Susan B., Scott Sigmund Gartner, Michael R. Haines, Alan L. Olmstead, Richard Sutch, and Gavin Wright, editors (2006) *Historical Statistics of the United States Earliest Times to the Present: Millennial Edition.* New York: Cambridge University Press.

Caselli, Francesco (1999) "Technological Revolutions." *American Economic Review* 87: 78–102.

——— (2005) "Accounting for Cross-Country Income Differences." In *Handbook of Economic Growth,* Philippe Aghion and Steven N. Durlauf (editors). Amsterdam: North-Holland, pp. 680–743.

Caselli, Francesco, and Wilbur John Coleman (2001a) "Cross-Country Technology Diffusion: The Case of Computers." *American Economic Review* 91: 328–335.

——— (2001b) "The U.S. Structural Transformation and Regional Convergence: A Reinterpretation." *Journal of Political Economy* 109: 584–616.

——— (2005) "The World Technology Frontier." *American Economic Review* 96: 499–522.

Caselli, Francesco, and James Feyrer (2007) "The Marginal Product of Capital." *Quarterly Journal of Economics* 123: 535–568.

Caselli, Francesco, and Jaume Ventura (2000) "A Representative Household Theory of Distribution." *American Economic Review* 90: 909–926.

Caselli, Francesco, Gerard Esquivel, and Fernando Lefort (1996) "Reopening the Convergence Debate: A New Look at Cross-Country Growth Empirics." *Journal of Economic Growth* 40: 363–389.

Cass, David (1965) "Optimum Growth in an Aggregate Model of Capital Accumulation." *Review of Economic Studies* 32: 233–240.

——— (1972) "On Capital Overaccumulation in the Aggregate Neoclassical Model of Economic Growth: A Complete Characterization." *Journal of Economic Theory* 4: 200–223.

Ceruzzi, Paul E. (2003) *A History of Modern Computing.* Cambridge, Mass.: MIT Press.

Cesari, Lamberto (1966) "Existence Theorems for Weak and Usual Optimal Solutions in Lagrange Problems with Unilateral Constraints. I." *Transactions of the American Mathematical Society* 124: 369–412.

Chamberlain, Gary, and Charles A. Wilson (2000) "Optimal Intertemporal Consumption under Uncertainty." *Review of Economic Dynamics* 3: 365–395.

Chamberlin, Edward (1933) *The Theory on Monopolistic Competition.* Cambridge, Mass.: Harvard University Press.

Chandler, Tertius (1987) *Four Thousand Years of Urban Growth: An Historical Census.* Lewiston, N.Y.: St. David's University Press.

Chari, V. V., and Patrick J. Kehoe (1990) "Sustainable Plans." *Journal of Political Economy* 98: 783–802.

Chari, V. V., Patrick J. Kehoe and Ellen McGrattan (1997) "The Poverty of Nations: A Quantitative Exploration." Federal Reserve Bank of Minneapolis, mimeo.

Chenery, Hollis (1960) "Patterns of Industrial Growth," *American Economic Review* 5: 624–654.

Chiang, Alpha C. (1992) *Elements of Dynamic Optimization.* New York: McGraw-Hill.

Chirinko, Robert S., and Debdulal Mallick (2007) "The Marginal Product of Capital: A Persistent International Puzzle." Camry University, mimeo.

Ciccone, Antonio, and Giovanni Peri (2006) "Identifying Human Capital Externalities: Theory with Applications." *Review of Economic Studies* 73: 381–412.

Coatsworth, John H. (1993) "Notes on the Comparative Economic History of Latin America and the United States." In *Development and Underdevelopment in America: Contrasts in Economic Growth in North and Latin America in Historical Perpsective,* Walter L. Bernecker and Hans Werner Tobler (editors). New York: Walter de Gruyter.

Collier, Ruth B. (2000) *Paths towards Democracy: The Working Class and Elites in Western Europe and South America.* New York: Cambridge University Press.

Conrad, Jon M. (1999) *Resource Economics.* Cambridge: Cambridge University Press.

Conway, John B. (1990) *A Course in Functional Analysis,* 2nd edition. New York: Springer-Verlag.

Cooley, Thomas F., editor (1995) *Frontiers of Business Cycle Research.* Princeton N.J.: Princeton University Press,

Coughlin, Peter J. (1992) *Probabilistic Voting Theory.* New York: Cambridge University Press.

Cunat, Alejandro, and Marco Maffezoli (2001) "Growth and Interdependence under Complete Specialization." Universita Bocconi, mimeo.

Curtin, Philip D. (1989) *Death by Migration: Europe's Encounter with the Tropical World in the Nineteenth Century.* New York: Cambridge University Press.

——— (1998) *Disease and Empire: The Health of European Troops in the Conquest of Africa.* New York: Cambridge University Press.

Dasgupta, Partha, and Geoffrey Heal (1979) *Economic Theory and Exhaustible Resources.* Cambridge: Cambridge University Press.

Dasgupta, Partha, and Joseph Stiglitz (1980) "Uncertainty, Industrial Structure, and the Speed of R&D." *Bell Journal of Economics* 11: 1–28.

David, Paul A. (1975) *Technical Choice, Innovation and Economic Growth: Essays on American and British Experience in the Nineteenth Century.* London: Cambridge University Press.

Davis, Ralph (1973) *The Rise of the Atlantic Economies.* Ithaca, N.Y.: Cornell University Press.

Davis, Steven, and John Haltiwanger (1991) "Wage Dispersion between and within U.S. Manufacturing Plants, 1963–86." *Brookings Papers on Economic Activity: Microeconomics* 115–200.

Davis, Y. Donald, and David E. Weinstein (2001) "An Account of Global Factor Trade." *American Economic Review* 91: 1423–1453.

Deaton, Angus S. (1992) *Understanding Consumption.* New York: Oxford University Press.

——— (2005) "Measuring Poverty in a Growing World (or Measuring Growth in a Poor World)." *Review of Economics and Statistics* 87: 1–19.

Deaton, Angus S., and John Muellbauer (1980) *Economics and Consumer Behavior.* Cambridge: Cambridge University Press.

Debreu, Gerard (1954) "Valuation Equilibrium and Pareto Optimum." *Proceedings of the National Academy of Sciences,* USA 40: 588–592.

——— (1959) *Theory of Value.* New York: Wiley.

——— (1974) "Excess Demand Functions." *Journal of Mathematical Economics* 1: 15–23.

De La Croix, David, and Philippe Michel (2002) *A Theory of Economic Growth: Dynamics and Policy in Overlapping Generations.* Cambridge, Mass.: Cambridge University Press.

Denardo, Eric V. (1967) "Contraction Mappings in the Theory Underlying Dynamic Programming." *SIAM Review* 9: 165–177.

Diamond, Jared M. (1997) *Guns, Germs and Steel: The Fate of Human Societies.* New York: W. W. Norton.

Diamond, Peter (1965) "National Debt in a Neoclassical Growth Model." *American Economic Review* 55: 1126–1150.

Dinopoulos, Elias, and Peter Thompson (1998) "Schumpterian Growth without Scale Effects." *Journal of Economic Growth* 3: 313–335.

Dixit, Avinash K., (2004) *Lawlessness and Economics: Alternative Modes of Economic Governance.* Gorman Lectures. Princeton, N.J.: Princeton University Press,

Dixit, Avinash K., and Victor Norman (1980) *Theory of International Trade: A Dual, General Equilibrium Approach.* Cambridge: Cambridge University Press.

Dixit, Avinash K., and Robert S. Pindyck (1994) *Investment under Uncertainty.* Princeton, N.J.: Princeton University Press.

Dixit, Avinash K., and Joseph E. Stiglitz (1977) "Monopolistic Competition and Optimum Product Diversity." *American Economic Review* 67: 297–308.

Doepke, Matthias (2004) "Accounting for the Fertility Decline during the Transition to Growth." *Journal of Economic Growth* 9: 347–383.

Dollar, David (1992) "Outward-Oriented Developing Economies Really Do Grow More Rapidly: Evidence from 95 LDCs, 1976–1985." *Economic Development and Cultural Change* 40: 523–544.

Domar, Evsey D. (1946) "Capital Expansion, Rate of Growth and Employment." *Econometrica* 14: 137–147.

Doms, Mark, and Timothy Dunne, and Kenneth Troske (1997) "Workers, Wages and Technology." *Quarterly Journal of Economics* 112: 253–290.

Dorfman, Robert (1969) "An Economic Interpretation of Optimal Control Theory." *American Economic Review* 64: 817–831.

Downs, Anthony (1957) *An Economic Theory of Democracy.* New York: Harper & Row.

Drandakis, E., and Edmund Phelps (1965) "A Model of Induced Invention, Growth and Distribution." *Economic Journal* 76: 823–840.

Drazen, Allan (2001) *Political Economy in Macroeconomics.* Princeton N.J.: Princeton University Press.

Duflo, Esther (2004) "Medium-Run Effects of Educational Expansion: Evidence from a Large School Construction Program in Indonesia." *Journal of Development Economics* 74: 163–197.

Duranton, Gilles (2004) "Economics of Productive Systems: Segmentations and Skill Biased Change." *European Economic Review* 48: 307–336.

Durlauf, Steven N. (1996) "A Theory of Persistent Income Inequality." *Journal of Economic Growth* 1: 75–94.

Durlauf, Steven N., and Marcel Fafchamps (2005) "Empirical Studies of Social Capital: A Critical Survey." In *Handbook of Economic Growth,* Philippe Aghion and Steven N. Durlauf (editors). Amsterdam: North-Holland, pp. 1639–1699.

Durlauf, Steven N., and Danny Quah (1999) "The New Empirics of Economic Growth." In *The Handbook of Macroeconomics,* John Taylor and Michael Woodruff (editors). Amsterdam: North-Holland and Elsevier, pp. 235–308.

Durlauf, Steven N., Paul A. Johnson, and Jonathan R. W. Temple (2005) "Growth Econometrics." In *Handbook of Economic Growth,* Philippe Aghion and Steven Durlauf (editors). Amsterdam: North-Holland, pp. 555–678.

Echevarria, Cristina (1997) "Changes in Sectoral Composition Associated with Economic Growth." *International Economic Review* 38: 431–452.

Eggertsson, Thrainn (2005) *Imperfect Institutions: Possibilities and Limits of Reform.* Ann Arbor: University of Michigan Press.

Eggimann, Gilbert (1999) *La Population des Villes des Tiers-Mondes, 1500–1950.* Geneva: Centre d'Histoire Economique Internationale de l'Université de Genève, Librairie Droz.

Ekeland, Ivar, and Jose A. Scheinkman (1986) "Transversality Condition for Some Infinite Horizon Discrete Time Optimization Problems." *Mathematics of Operations Research* 11: 216–229.

Elliott, John H. (1963) *Imperial Spain 1469–1716*. New York: St. Martin Press.
Eltis, David (1995) "The Total Product of Barbados, 1664–1701."*Journal of Economic History* 55: 321–336.
Elvin, Mark (1973) *The Pattern of the Chinese Past*. Stanford, Calif.: Stanford University Press.
Engerman, Stanley L., and Kenneth Sokoloff (1997) "Factor Endowments, Institutions, and Differential Paths of Growth among New World Economics: A View from Economic Historians of the United States." In *How Latin America Fell Behind*, Stephen Haber (editor). Stanford, Calif.: Stanford University Press.
Epifani, Paolo, and Gino Gancia (2006) "The Skill Bias of World Trade." Universitat Pompano Fabra, mimeo.
Epstein, Larry G., and Stanley E. Zin (1989) "Substitution, Risk Aversion, and the Temporal Behavior of Consumption and Asset Returns: A Theoretical Framework." *Econometrica* 57: 937–969.
Ertman, Thomas (1997) *Birth of the Leviathan: Building States and Regimes in Medieval and Early Modern Europe*. New York: Cambridge University Press.
Ethier, Stewart, and Thomas Kurtz (1986) *Markov Processes: Characterization and Convergence*. Hoboken, N.J.: Wiley.
Evans, Eric J. (1996) *The Forging of the Modern State: Early Industrial Britain: 1783–1870*, 2nd edition. New York: Longman.
Evans, Peter (1995) *Embedded Autonomy: States and Industrial Transformation*. Princeton N.J.: Princeton University Press.
Feinstein, Charles (2005) *An Economic History of South Africa*. Cambridge: Cambridge University Press.
Feldstein, Martin, and Charles Horioka (1980) "Domestic Savings and International Capital Flows." *Economic Journal* 90: 314–329.
Fernandez, Raquel, and Roger Rogerson (1996) "Income Distribution, Communities and the Quality of Public Education." *Quarterly Journal of Economics* 111: 135–164.
Fernandez-Villaverde, Jesus (2003) "Was Malthus Right? Economic Growth and Population Dynamics." University of Pennsylvania, mimeo.
Fields, Gary (1980) *Poverty, Inequality and Development*. Cambridge: Cambridge University Press.
Finkelstein, Amy (2004) "Static and Dynamic Effects of Health Policy: Evidence from the Vaccine Industry." *Quarterly Journal of Economics* 119: 527–564.
Fisher, Irving (1930) *The Theory of Interests*. New York: Macmillan.
Fleming, Wendell H., and Raymond W. Rishel (1975) *Deterministic and Stochastic Optimal Control*. New York: Springer-Verlag.
Foellmi, Reto, and Josef Zweimuller (2002) "Structural Change and the Kaldor Facts of Economic Growth." CEPR Discussion Paper 3300. Centre for Economic Policy Research.
Forbes, Kristen J. (2000) "A Reassessment of the Relationship between Inequality and Growth." *American Economic Review* 90: 869–887.
Foster, Andrew, and Mark Rosenzweig (1995) "Learning by Doing and Learning from Others: Human Capital and Technical Change in Agriculture." *Journal of Political Economy* 103: 1176–1209.
Foster, Lucia, John Haltiwanger, and Cornell J. Krizan (2000) "Aggregate Productivity Growth: Lessons from Microeconomic Evidence." NBER Working Paper 6803. National Bureau of Economic Research.
François, Patrick, and Joanne Roberts (2003) "Contracting Productivity Growth." *Review of Economic Studies* 70: 59–85.
Frankel, Jeffrey, and David Romer (1999) "Does Trade Cause Growth?" *American Economic Review* 89: 379–399.
Freeman, Christopher (1982) *The Economics of Industrial Innovation*. Cambridge, Mass.: MIT Press.

Freudenberger, Herman (1967) "State Intervention as an Obstacle to Economic Growth in the Hapsburg Monarchy." *Journal of Economic History* 27: 493–509.

Friedman, Milton (1957) *A Theory of the Consumption Function.* Princeton N.J.: Princeton University Press.

Fudenberg, Drew, and Jean Tirole (1994) *Game Theory.* Cambridge, Mass.: MIT Press.

Funk, Peter (2002) "Induced Innovation Revisited."*Economica* 69: 155–171.

Futia, Carl A. (1982) "Invariant Distributions and Limiting Behavioral Markovian Economic Models." *Econometrica* 50: 377–408.

Gabaix, Xavier (2000) "The Factor Content of Trade: A Rejection of the Heckscher-Ohlin-Leontief Hypothesis." Massachusetts Institute of Technology, mimeo.

Galenson, David W. (1996) "The Settlement and Growth of the Colonies: Population, Labor and Economic Development." In *The Cambridge Economic History of the United States,* Volume I, The Colonial Era, Stanley L. Engerman and Robert E. Gallman (editors). New York: Cambridge University Press.

Gallup, John Luke, and Jeffrey D. Sachs (2001) "The Economic Burden of Malaria." *American Journal of Tropical Medicine and Hygiene* 64: 85–96.

Galor, Oded (1996) "Convergence? Inference from Theoretical Models." *Economic Journal* 106: 1056–1069.

—— (2005) "From Stagnation to Growth: Unified Growth Theory." In *Handbook of Economic Growth,* Philippe Aghion and Steven N. Durlauf (editors). Amsterdam: North-Holland, pp. 171–293.

Galor, Oded, and Omer Moav (2000) "Ability Biased Technology Transition, Wage Inequality and Growth." *Quarterly Journal of Economics* 115: 469–498.

—— (2002) "Natural Selection and the Origin of Economic Growth." *Quarterly Journal of Economics* 117: 1133–1192.

—— (2004) "From Physical to Human Capital Accumulation: Inequality in the Process of Development."*Review of Economic Studies* 71: 1101–1026.

Galor, Oded, and Andrew Mountford (2008) "Trading Population for Productivity: Theory and Evidence." *Review of Economic Studies*, forthcoming.

Galor, Oded, and Harl E. Ryder (1989) "Existence, Uniqueness and Stability of Equilibrium in an Overlapping-Generations Model with Productive Capital." *Journal of Economic Theory* 49: 360–375.

Galor, Oded, and Daniel Tsiddon (1997) "Tecnological Progress, Mobility, and Growth." *American Economic Review* 87: 363–382.

Galor, Oded, and David N. Weil (1996) "The Gender Gap, Fertility, and Economic Growth." *American Economic Review* 86: 374–387.

—— (2000) "Population, Technology, and Growth: From Malthusian Stagnation to the Demographic Transition and Beyond." *American Economic Review* 90: 806–828.

Galor, Oded, and Joseph Zeira (1993) "Income Distribution and Macroeconomics." *Review of Economic Studies* 60: 35–52.

Galor, Oded, Omer Moav, and Dietrich Vollrath (2005) "Land Inequality and the Origin of Divergence in Overtaking in the Growth Process: Theory and Evidence." Brown University, mimeo.

Gancia, Gino (2003) "Globalization, Divergence and Stagnation." University of Pompeu Fabra, working paper.

Gancia, Gino, and Fabrizio Zilibotti (2005) "Horizontal Innovation in the Theory of Growth and Development." In *Handbook of Economic Growth,* Philippe Aghion and Steven N. Durlauf (editors). Amsterdam: North-Holland, pp. 111–170.

Gans, Joshua S., and Michael Smart (1996) "Majority Voting with Single-Crossing Preferences." *Journal of Public Economics* 59: 219–237.

Geary, Robert C. (1950) "A Note on a Constant Utility Index of the Cost of Living." *Review of Economic Studies* 18: 65–66.

Geertz, Clifford (1963) *Peddlers and Princes.* Chicago: University of Chicago Press.

Gelfand I. M., and Sergei V. Fomin (2000) *Calculus of Variation,* translated by Richard A. Silverman. New York: Dover Publications.

Gerschenkron, Alexander (1962) "Economic Backwardness in Political Perspective." In *The Progress of Underdeveloped Areas,* Bert Hoselitz (editor). Chicago: University of Chicago Press.

Gikhman, I. I., and A. V. Skorohod (1974) *The Theory of Stochastic Processes,* volume I, translated by Samuel Kotz. New York: Springer-Verlag.

Gil, Richard, Casey Mulligan, and Xavier Sala-i-Martin (2004) "Do Democracies Have Different Public Policies than Nondemocracies?" *Journal of Economic Perspectives* 18: 51–74.

Gilles, Christian, and Stephen F. LeRoy (1992) "Bubbles and Charges." *International Economic Review* 33: 323–339.

Glomm, Gerhard, and B. Ravikumar (1992) "Public vs. Private Investment in Human Capital: Endogenous Growth and Income Inequality." *Journal of Political Economy* 100: 818–834.

Goldin, Claudia, and Lawrence F. Katz (1998) "The Origins of Technology-Skill Complementarity." *Quarterly Journal of Economics* 113: 693–732.

Gollin, Douglas, Stephen Parente, and Richard Rogerson (2002) "Structural Transformation and Cross-Country Income Differences." University of Illinois, Urbana-Champaign, mimeo.

Gomez-Galvarriato, Aurora (1998) "The Evolution of Prices and Real Wages in Mexico from the Porfiriato to the Revolution." In *Latin America and the World Economy since 1800,* John H. Coatsworth and Alan M. Taylor (editors). Cambridge, Mass.: Harvard University Press.

Goodfriend, Marvin, and John McDermott (1995) "Early Development." *American Economic Review* 85: 116–133.

Gordon, Robert J. (1990) *The Measurement of Durable Goods Prices.* Chicago: University of Chicago Press.

Gorman, W. M. (1953) "Community Preference Fields." *Econometrica* 21: 63–80.

——— (1959) "Separable Utility and Aggregation." *Econometrica* 71: 469–481.

——— (1976) "Tricks with Utility Functions." In *Essays in Economic Analysis,* Michael Artis and A. R. Nobay (editors). Cambridge: Cambridge University Press, pp. 212–243.

——— (1980) "Some Engel Curves." In *Essays in Theory and Measurement of Consumer Behavior,* Angus S. Deaton (editor). Cambridge: Cambridge University Press, pp. 7–29.

Gourinchas, Pierre-Olivier, and Olivier Jeanne (2006) "The Elusive Gains from International Financial Integration." *Review of Economic Studies* 73: 715–741.

Grandmont, Jean-Michel (1978) "Intermediate Preferences and Majority Rule." *Econometrica* 46: 317–330.

Greenwood, Jeremy, and Boyan Jovanovic (1990) "Financial Development, Growth and the Distribution of Income." *Journal of Political Economy* 98: 1076–1107.

Greenwood, Jeremy, and Mehmet Yorukoglu (1997) "1974." *Carnegie-Rochester Conference Series on Public Policy* 46: 49–95.

Greenwood, Jeremy, Zvi Hercowitz, and Per Krusell (1997) "Long-Run Implications of Investment-Specific Technological Change." *American Economic Review* 87: 342–362.

Greif, Avner (1994) "Cultural Beliefs and the Organization of Society: A Historical and Theoretical Reflection on Collectivist and Individualist Societies." *Journal of Political Economy* 102: 912–950.

Griliches, Zvi (1957) "Hybrid Corn: An Exploration in the Economics of Technological Change." *Econometrica* 25: 501–522.

——— (1969) "Capital-Skill Complementarity." *Review of Economics and Statistics* 51: 465–468.

Griliches, Zvi, and Jacob Schmookler (1963) "Inventing and Maximizing." *American Economic Review* 53: 725–729.

Grossman, Gene M., and Elhanan Helpman (1991a) "Quality Ladders in the Theory of Growth." *Review of Economic Studies* 68: 43–61.

——— (1991b) *Innovation and Growth in the Global Economy*. Cambridge, Mass.: MIT Press.

Grossman, Herschel, and Minseong Kim (1995) "Swords or Ploughshares? A Theory of the Security of Claims to Property Rights." *Journal of Political Economy* 103: 1275–1288.

——— (1996) "Predation and Accumulation," *Journal of Economic Growth* 1: 333–350.

Guiso, Luigi, Paola Sapienza, and Luigi Zingales (2004) "Does Culture Affect Economic Outcomes?" CEPR working paper. Centre for Economic Policy Research.

Gutierrez, Hector (1986) "La Mortalite des Eveques Latino-Americains aux XVIIe et XVIII Siecles." *Annales de Demographie Historique* 53(2): 29–39.

Guvenen, Fatih, and Burhanettin Kuruscu (2006) "Understanding Wage Inequality: Ben-Porath Meets Skill Biased Technical Change." University of Texas, Austin, mimeo.

Habakkuk, H. J., (1962) *American and British Technology in the Nineteenth Century: Search for Labor-Saving Inventions*. Cambridge: Cambridge University Press.

Hakenes Hendrik, and Andreas Irmen (2006) "Something Out of Nothing: Neoclassical Growth and the Trivial Steady State." University of Heidelberg, mimeo.

Halkin, Hubert (1974) "Necessary Conditions for Optimal Control Problems with Infinite Horizons." *Econometrica* 42: 267–272.

Hall, Robert E. (1978) "Stochastic Implications of the Life-Cycle–Permanent Income Hypothesis: Theory and Evidence." *Journal of Political Economy* 86: 971–988. (Reprinted in Sargent, Thomas J., and Robert E. Lucas Jr., editors (1981) *Rational Expectations and Econometric Practice*. Minneapolis, Minn.: University of Minnesota Press.)

Hall, Robert E., and Charles I. Jones (1999) "Why Do Some Countries Produce So Much More Output per Worker than Others?" *Quarterly Journal of Economics* 114: 83–116.

Haltiwanger, John C., Julia I. Lane, and James R. Spletzer (1999) "Productivity Differences across Employers: The Roles of Employer Size, Age and Human Capital." *American Economic Review* 89: 94–98.

Hammermesh, Daniel (1993) *Labor Demand*. Princeton, N.J.: Princeton University Press.

Hansen, Gary D., and Edward C. Prescott (2002) "Malthus to Solow." *American Economic Review* 92: 1205–1217.

Harris, John, and Michael Todaro (1970) "Migration, Unemployment and Development: A Two-Sector Analysis." *American Economic Review* 60: 126–142.

Harrison, Lawrence E., and Samuel P. Huntington, editors (2000) *Culture Matters: How Values Shape Human Progress*. New York: Basic Books.

Harrod, Roy (1939) "An Essay in Dynamic Theory." *Economic Journal* 49: 14–33.

Hart, Oliver D. (1979) "On Shareholder Unanimity in Large Stockmarket Economies." *Econometrica* 47: 1057–1084.

Hassler, John, Sevi Mora, Kjetil Storesletten, and Fabrizio Zilibotti (2003) "Survival of the Welfare State." *American Economic Review* 93: 87–112.

Hassler, John, Per Krusell, Kjetil Storesletten, and Fabrizio Zilibotti (2005) "The Dynamics of Government: A Positive Analysis." *Journal of Monetary Economics* 52: 1331–1358.

Hayashi, Fumia (1982) "Tobin's Marginal q and Average q: A Neoclassical Interpretation." *Econometrica* 50: 213–234.

Heckman, James, Lance Lochner, and Christopher Taber (1998) "Tax Policy and Human Capital Formation." *American Economic Review Papers and Proceedings* 88: 293–297.

Hellwig, Martin, and Andreas Irmen (2001) "Endogenous Technical Change in a Competitive Economy." *Journal of Economic Theory* 101: 1–139.

Helpman, Elhanan (2005) *Mystery of Economic Growth*. Cambridge, Mass.: Harvard University Press.

Herbst, Jeffery I. (2000) *States and Power in Africa: Comparative Lessons in Authority and Control.* Princeton, N.J.: Princeton University Press.

Heston, Allen, Robert Summers, and Bettina Aten (2002) *Penn World Tables Version 6.1.* Downloadable Data Set. Philadelphia: Center for International Comparisons at the University of Pennsylvania.

Hicks, John (1932) *The Theory of Wages.* London: Macmillan.

Hildenbrand, Werner, and Alan Kirman (1988) *Equilibrium Analysis: Variations on Themes by Edgeworth and Walras.* Amsterdam: Elsevier.

Hirschman, Albert (1958) *The Strategy of Economic Development.* New Haven, Conn.: Yale University Press.

Hirshleifer, Jack (2001) *The Dark Side of the Force: Economic Foundations of Conflict Theory.* New York: Cambridge University Press.

Homer, Sydney, and Richard Sylla (1991) *A History of Interest Rates.* New Brunswick, N.J.: Rutgers University Press.

Hopkins, Keith (1980) "Taxes and Trade in the Roman Empire (200 B.C.–A.D. 400)." *Journal of Roman Studies* 70: 101–125.

Hotelling, Harold (1929) "Stability in Competition." *Economic Journal* 39: 41–57.

——— (1931) "The Economics of Exhaustible Resources." *Journal of Political Economy* 31: 137–175.

Houthakker, Hendrik S. (1955) "The Pareto Distribution and the Cobb-Douglas Production Function in Activity Analysis."*Review of Economic Studies* 23: 27–31.

Howard, Ronald A. (1960) *Dynamic Programming and Markov Processes.* Cambridge, Mass.: MIT Press.

Howitt, Peter (1999) "Steady Endogenous Growth with Population and R&D Inputs Growing." *Journal of Political Economy* 107: 715–730.

——— (2000) "Endogenous Growth and Cross–Country Income Differences." *American Economic Review* 90: 829–846.

Hsieh, Chang-Tai (2002) "What Explains the Industrial Revolution in East Asia? Evidence from the Factor Markets." *American Economic Review* 92: 502–526.

Hsieh, Chang-Tai, and Peter J. Klenow (2006) "Relative Prices and Relative Prosperity." *American Economic Review* 97: 562–585.

Imbs, Jean, and Romain Wacziarg (2003) "Stages of Diversification." *American Economic Review* 93: 63–86.

Inada, Ken-Ichi (1963) "On a Two-Sector Model of Economic Growth: Comments and a Generalization." *Review of Economic Studies* 30: 119–127.

Jacobs, Jane (1970) *The Economy of Cities.* New York: Vintage Books.

James, John A., and Jonathan S. Skinner (1985) "The Resolution of the Labor-Scarcity Paradox." *Journal of Economic History* 45: 513–540.

Jayaratne, Jay, and Philip Strahan (1996) "The Finance-Growth Nexus: Evidence from Bank Branch Deregulation." *Quarterly Journal of Economics* 111: 639–670.

Jones, Benjamin F., and Benjamin A. Olken (2005) "Do Leaders Matter? National Leadership and Growth since World War II." *Quarterly Journal of Economics* 120: 835–864.

Jones, Charles I. (1995) "R&D-Based Models of Economic Growth." *Journal of Political Economics* 103: 759–784.

——— (1997) "On the Evolution of the World Income Distribution." *Journal of Economic Perspectives* 11: 19–36.

——— (1998) *Introduction to Economic Growth.* New York: W. W. Norton.

——— (1999) "Growth: With or without Scale Effects." *American Economic Review* 89: 139–144.

——— (2005) "The Shape of Production Functions and the Direction of Technical Change." *Quarterly Journal of Economics* 2: 517–549.

Jones, Charles I., and Dean Scrimgeour (2006) "The Steady-State Growth Theorem: Understanding Uzawa (1961)." University of California, Berkeley, mimeo.

Jones, Eric (1988) *Growth Recurring.* Oxford: Oxford University Press.

Jones, Larry, and Rodolfo Manuelli (1990) "A Convex Model of Equilibrium Growth: Theory and Policy Indications." *Journal of Political Economy* 98: 1008–1038.

Jorgensen, Dale (2005) "Accounting for Growth in the Information Age." In *Handbook of Economic Growth,* Philippe Aghion and Steven N. Durlauf (editors). Amsterdam: North-Holland, pp. 744–815.

Jorgensen, Dale, F. M. Gollop, and Barbara Fraumeni (1987) *Productivity and U.S. Economic Growth.* Cambridge, Mass.: Harvard University Press.

Judd, Kenneth (1985) "On the Performance of Patents." *Econometrica* 53: 567–585.

———— (1998) *Numerical Methods in Economics.* Cambridge, Mass.: MIT Press.

Kaldor, Nicholas (1957) "Alternative Theories of Distribution." *Review of Economic Studies* 23: 83–100.

———— (1963) "Capital Accumulation and Economic Growth." In *Proceedings of a Conference Held by the International Economics Association,* Friedrich A. Lutz and Douglas C. Hague (editors). London: Macmillan.

Kalemli-Ozcan, Sebnem (2002) "Does Mortality Decline Promote Economic Growth?" *Journal of Economic Growth* 7: 411–439.

Kamien, Morton, and Nancy Schwartz (1981) *Dynamic Optimization: The Calculus of Variations and Optimal Control in Economics and Management.* Amsterdam: Elsevier.

Kamihigashi, Takashi (2001) "Necessity of Transversality Conditions for Infinite Horizon Problems." *Econometrica* 69: 995–1012.

———— (2003) "Necessity of Transversality Conditions for Stochastic Problems." *Journal of Economic Theory* 109: 140–149.

Karlin, Samuel (1955) "The Structure of Dynamic Programming Models." *Naval Research Logistics Quarterly* 2: 285–294.

Katz, Lawrence, and David Autor (2000) "Changes in the Wage Structure and Earnings Inequality." In *The Handbook of Labor Economics,* volume III, Orley Ashenfelter and David Card (editors). Amsterdam: North-Holland.

Katz, Lawrence F., and Kevin M. Murphy (1992), "Changes in Relative Wages, 1963–1987: Supply and Demand Factors." *Quarterly Journal of Economics* 107: 35–78.

Kehoe, Patrick J., and Fabrizio Perri (2002) "International Business Cycles with Endogenous Incomplete Markets." *Econometrica* 70: 907–928.

Kelley, John (1955) *General Topology.* New York: Van Nostrand.

Kennedy, Charles (1964) "Induced Bias in Innovation and the Theory of Distribution." *Economic Journal* 74: 541–547.

Keyssar, Alexander (2000) *The Right to Vote: The Contested History of Democracy in the United States.* New York: Basic Books.

Kiley, Michael (1999 "The Supply of Skilled Labor and Skill-Biased Technological Progress." *Economics Journal* 109: 708–724.

King, Robert G., and Ross Levine (1993) "Finance, Entrepreneurship, and Growth: Theory and Evidence." *Journal of Monetary Economics* 32: 513–542.

King, Robert G. and Sergio Rebelo (1999) "Resuscitating Real Business Cycles." In *Handbook of Macroeconomics,* volume 1, John B. Taylor and Michael Woodford (editors). Amsterdam: North-Holland, pp. 927–1007.

Kiyotaki, Nobuhiro (1988) "Multiple Expectational Equilibria under Monopolistic Competition." *Quarterly Journal of Economics* 103: 695–713.

Klenow, Peter J., and Andres Rodriguez (1997) "The Neoclassical Revival in Growth Economics: Has It Gone Too Far?"*NBER Macroeconomics Annual* 1997: 73–103.

Klepper, Steven (1996) "Entry, Exit, Growth and Innovation over the Product Life Cycle." *American Economic Review* 86: 562–583.
Klette, Tor Jacob, and Samuel Kortum (2004) "Innovating Firms and Aggregate Innovation."*Journal of Political Economy* 112: 986–1018.
Knack, Stephen, and Philip Keefer (1995) "Insititutions and Economic Performance: Cross-Country Tests Using Alternative Institutional Measures." *Economics and Politics* 7: 207–228.
——— (1997) "Does Social Capital Have an Economic Impact? A Cross-Country Investigation." *Quarterly Journal of Economics* 112: 1252–1288.
Kolmogorov, Andrei, and Sergei V. Fomin (1970) *Introductory Reak Analysis.* New York: Dover Press.
Kongsamut, Piyabha, Sergio Rebelo, and Danyang Xie (2001) "Beyond Balanced Growth." *Review of Economic Studies* 48: 869–882.
Koopmans, Tjalling C. (1965) "On the Concept of Optimal Economic Growth." In *The Econometric Approach to Development Planning,* Amsterdam: North-Holland, pp. 225–295.
Koren, Miklos, and Silvana Tenreyro (2007) "Volatility and Growth." *Quarterly Journal of Economics* 122: 243–287.
Kortum, Samuel (1997) "Research, Patenting and Technological Change." *Econometrica* 55: 1389–1431.
Kraay, Aart, and Jaume Ventura (2007) "Comparative Advantage and the Cross-Section of the Business Cycle." *Journal of the European Economic Association* 6: 1300–1333.
Kremer, Michael (1993) "Population Growth and Technological Change: One Million B.C. to 1990." *Quarterly Journal of Economics* 108: 681–716.
Kreps, David (1988) *Notes on the Theory of Choice.* Boulder, Colo.: Westview Press.
Kreyszig, Erwin (1978) *Introductory Functional Analysis with Applications.* New York: Wiley.
Krueger, Alan, and Mikael Lindahl (2001) "Education for Growth: Why and for Whom?" *Journal of Economic Literature* 39: 1101–1136.
Krugman, Paul (1979) "A Model of Innovation, Technology Transfer, and the World Distribution of Income." *Journal of Political Economy* 87: 253–266.
——— (1991) "History versus Expectations." *Quarterly Journal of Economics* 106: 651–667.
Krusell, Per, and José-Víctor Ríos-Rull (1996) "Vested Interests in a Theory of Stagnation and Growth." *Review of Economic Studies* 63: 301–330.
——— (1999) "On the Size of Government: Political Economy in the Neoclassical Growth Model." *American Economic Review* 89: 1156–1181.
Krusell, Per, and Anthony Smith (1998) "Income and Wealth Heterogeneity in the Macroeconomy." *Journal of Political Economy* 106: 867–896.
——— (2005) "Income and Wealth Heterogeneity, Portfolio Choice and Equilibrium Asset Returns." *Macroeconomic Dynamics* 1: 387–422.
Krusell, Per, Lee Ohanian, Victor Rios-Rull, and Giovanni Violante (1999) "Capital-Skill Complementarity and Inequality." *Econometrica* 58: 1029–1053.
Kupperman, Karen O. (1993) *Providence Island: 1630–1641: The Other Puritan Colony.* New York: Cambridge University Press.
Kuznets, Simon (1957) "Quantitative Aspects of the Economic Growth of Nations: II. Industrial Distribution of National Product and Labour Force." *Economic Development and Cultural Change* 5 (supplement): 1–111.
——— (1966) *Modern Economic Growth.* New Haven, Conn.: Yale University Press.
——— (1973) "Modern Economic Growth: Findings and Reflections." *American Economic Review* 53: 829–846.
Kydland, Finn E., and Edward C. Prescott (1982) "Time to Build and Aggregate Fluctuations." *Econometrica* 50: 1345–1370.
Lagos, Ricardo (2001) "A Model of TFP." New York University, working paper.

Laitner, John (2000) "Structural Change and Economic Growth." *Review of Economic Studies* 57: 545–561.

Landes, David S. (1998) *The Wealth and Poverty of Nations: Why Some Are So Rich and Some So Poor.* New York: W. W. Norton.

Lang, Sean (1999) *Parliamentary Reform: 1785–1928.* New York: Routledge.

Leamer, Edward (1998) "Does Natural Resource Abundance Increase Latin American Income Inequality?" *Journal of Development Economics* 59: 3–42.

Leonard, Daniel, and Ngo Van Long (1992) *Optimal Control Theory and Static Optimization in Economics.* Cambridge: Cambridge University Press.

Levchenko, Andrei (2007) "Institutional Quality and International Trade." *Review of Economic Studies* 74: 791–819.

Levine, Ross (2005) "Finance and Growth," In *The Handbook of Economic Growth,* Philippe Aghion and Steven N. Durlauf (editors). Amsterdam: North-Holland.

Lewis, William Arthur (1954) "Economic Development with Unlimited Supplies of Labor." *Manchester School of Economics and Social Studies* 22: 139–191.

Lindbeck, Assar, and Jörgen Weibull (1987) "Balanced-Budget Redistribution as the Outcome of Political Competition." *Public Choice* 12: 272–297.

Lindert, Peter H. (2000) "Three Centuries of Inequality in Britain and America." In *Handbook of Income Distribution,* Anthony B. Atkinson and François Bourguignon (editors). Amsterdam: North-Holland, pp. 167–216.

——— (2004) *Growing Public: Social Spending and Economics Growth since the Eighteenth Century.* Cambridge: Cambridge University Press.

Lindert, Peter H., and Jeffrey Williamson (1976) "Three Centuries of American Inequality." *Research in Economic History* 1: 69–123.

Livi-Bacci, Massimo (1997) *A Concise History of World Population.* Oxford: Blackwell.

Ljungqvist, Lars, and Thomas J. Sargent (2005) *Recursive Macroeconomic Theory.* Cambridge, Mass.: MIT Press.

Long, John B., and Charles I. Plosser (1983) "Real Business Cycles." *Journal of Political Economy* 91: 39–69.

López-Alonso, Moramay, and Raúl Porras Condey (2004) "The Ups and Downs of Mexican Economic Growth: The Biological Standard of Living in Inequality: 1870–1950." *Economics and Human Biology* 1: 169–186.

Loury, Glenn (1981) "Intergenerational Transfers and the Distribution of Earnings." *Econometrica* 49: 834–867.

Lucas, Robert E. (1978) "Asset Prices in an Exchange Economy." *Econometrica* 46: 1426–1445.

Lucas, Robert E. (1988) "On the Mechanics of Economic Development." *Journal of Monetary Economics* 22: 3–42.

——— (1990) "Why Doesn't Capital Flow from Rich to Poor Countries?" *American Economic Review* 80: 92–96.

Lucas, Robert E., and Edward C. Prescott (1971) "Investment under Uncertainty." *Econometrica* 39: 659–681.

Luenberger, David (1969) *Optimization by Vector Space Methods.* New York: Wiley.

——— (1979) *Introduction to Dynamic Systems: Theory, Models and Applications.* New York: Wiley.

Maddison, Angus (1991) *Dynamic Forces in Capitalist Development: A Long-Run Comparative View.* New York: Oxford University Press.

——— (2001) *The World Economy: A Millennial Perspective.* Paris: Development Centre.

——— (2003) *The World Economy: Historical Statistics.* CD-ROM. Paris: Organisation for Economic Co-operation and Development.

Magill, Michael J. P. (1981) "Infinite Horizon Programs." *Econometrica* 49: 679–712.

Makowski, Louis (1980)"Perfect Competition, the Profit Criterion and the Organization of Economic Activity."*Journal of Economic Theory* 22: 222–242.

Malthus, Thomas R. (1798) *An Essay on the Principle of Population*. London: W. Pickering.

Mangasarian, O. O. (1966) "Sufficient Conditions for the Optimal Control of Nonlinear Systems." *SIAM Journal of Control* 4: 139–152.

Mankiw, N. Gregory, David Romer, and David N. Weil (1992) "A Contribution to the Empirics of Economic Growth." *Quarterly Journal of Economics* 107: 407–437.

Mann, Charles C. (2004) *1491: New Revelations of the Americas before Columbus*. New York: Vintage Books.

Mantel, Rolf R. (1976) "Homothetic Preferences and Community Excess Demand Function." *Journal of Economic Theory* 12: 197–201.

Manuelli, Rodolfo, and Anant Seshadri (2006) "Human Capital and the Wealth of Nations." University of Wisconsin, mimeo.

Marris, Robin (1982) "How Much of the Slowdown Was Catch-Up?" In *Slower Growth in the Western World,* Ruth C. O. Matthews (editor). London: Heinemann.

Marshall, Alfred [1890] (1949) *Principles of Economics*. London: Macmillan.

Martimort, David, and Thierry Verdier (2004) "Agency Costs of Internal Collusion and Schumpeterian Growth." *Review of Economic Studies* 71: 1119–1141.

Mas-Colell, Andreu, Michael D. Whinston, and Jerry R. Green (1995) *Microeconomic Theory*. New York: Oxford University Press.

Matsuyama, Kiminori (1991) "Increasing Returns, Industrialization, and the Indeterminacy of Equilibrium." *Quarterly Journal of Economics* 106: 617–650.

——— (1992) "Agricultural Productivity, Comparative Advantage and Economic Growth." *Journal of Economic Theory* 58: 317–334.

——— (1995) "Complementarities and Cumulative Processes in Models of Monopolistic Competition." *Journal of Economic Literature* 33: 701–729.

——— (1999) "Growing through Cycles." *Econometrica* 67: 335–348.

——— (2002) "The Rise of Mass Consumption Societies." *Journal of Political Economy* 110: 1035–1070.

——— (2004) "Financial Market Globalization, Symmetry-Breaking and Endogenous Inequality of Nations." *Econometrica* 72: 853–882.

Mauro, Paolo (1995) "Corruption and Growth." *Quarterly Journal of Economics* 110: 681–712.

McCall, John (1970) "Economics of Information and Job Search." *Quarterly Journal of Economics* 84: 113–126.

McCandless, George T., and Neil Wallace (1991) *Introduction to Dynamic Macroeconomic Theory: An Overlapping Generations Approach*. Cambridge, Mass.: Harvard University Press.

McEvedy, Colin, and Richard Jones (1978) *Atlas of World Population History*. New York: Facts on File.

Melitz, Mark (2003) "The Impact of Trade on Intra-Industry Reallocations and Aggregate Industry Productivity." *Econometrica* 71: 1695–1725.

Meltzer, Allan H., and Scott Richard (1981) "A Rational Theory of the Size of Government." *Journal of Political Economy* 89: 914–927.

Michel, Philippe (1982) "On the Transversality Condition in Infinite Horizon Optimal Problems." *Econometrica* 50: 975–985.

Migdal, Joel (1988) *Strong Societies and Weak States: State-Society Relations and State Capabilities in the Third World*. Princeton, N.J.: Princeton University Press.

Mincer, Jacob (1974) *Schooling, Experience, and Earnings*. New York: National Bureau of Economic Research.

Minier, Jenny A. (1998) "Democracy and Growth: Alternative Approaches." *Journal of Economic Growth* 3: 241–266.

Mirman, Leonard J., and Itzak Zilcha (1975) "On Optimal Growth under Uncertainty." *Journal of Economic Theory* 11: 329–339.

Mitch, David (1983) "The Role of Human Capital in the First Industrial Revolution." In *The British Industrial Revolution: An Economic Perspective,* Joel Mokyr (editor). San Francisco: Westview Press.

Mokyr, Joel (1990) *The Lever of Riches: Technological Creativity and Economic Progress.* New York: Oxford University Press.

——— (1993) "Introduction." In *The British Industrial Revolution,* Joel Mokyr (editor). Boulder, Colo.: Westview Press, pp. 1–129.

Montesquieu, Charles de Secondat [1748] (1989) *The Spirit of the Laws.* New York: Cambridge University Press.

Moretti, Enrico (2004) "Estimating the External Return to Education: Evidence from Repeated Cross-Sectional and Longitudinal Data." *Journal of Econometrics* 121: 175–212.

Morris, Ian (2004) "Economic Growth in Ancient Greece." *Journal of Institutional and Theoretical Economics* 160: 709–742.

Mosse, W. E. (1992) *An Economic History of Russia, 1856–1914.* London: I. B. Taurus Press.

Mundlak, Yair (2000) *Agriculture and Economic Growth: Theory and Measurement.* Cambridge, Mass.: Harvard University Press.

Murphy, Kevin M., Andrei Shleifer, and Robert W. Vishny (1989) "Industrialization and the Big Push." *Quarterly Journal of Economics* 106: 503–530.

Myerson, Rogerson (1991) *Game Theory.* Cambridge, Mass.: Harvard University Press.

Myrdal, Gunnar (1968) *Asian Drama: An Inquiry into the Poverty of Nations,* 3 volumes. New York: Twentieth Century Fund.

Nelson, Richard R., and Edmund S. Phelps (1966) "Investment in Humans, Technological Diffusion, and Economic Growth." *American Economic Review* 56: 69–75.

Newell, Richard, Adam Jaffee, and Robert Stavins (1999) "The Induced Innovation Hypothesis and Energy-Saving Technological Change." *Quarterly Journal of Economics* 114: 907–940.

Ngai, Rachel, and Christopher Pissarides (2006) "Structural Change in a Multi-Sector Model of Growth." London School of Economics, mimeo.

Nickell, Stephen (1996) "Competition and Corporate Performance." *Journal of Political Economy* 104: 724–746.

North, Douglass C. (1990) *Institutions, Institutional Change, and Economic Performance.* New York: Cambridge University Press.

North, Douglass C., and Robert Thomas (1973) *The Rise of the Western World: A New Economic History.* Cambridge: Cambridge University Press.

North, Douglass C., William Summerhill, and Barry R. Weingast (2000) "Order, Disorder, and Economic Change: Latin America versus North America." In *Governing for Prosperity,* Bruce Bueno de Mesquita and Hilton L. Root (editors). New Haven, Conn.: Yale University Press, pp. 17–58.

Nunn, Nathan (2006) "Relationship-Specificity, Incomplete Contracts and the Pattern of Trade." *Quarterly Journal of Economics* 123: 569–600.

Nurske, Ragnar (1958) *Problems of Capital Formation in Underdeveloped Countries.* New York: Oxford University Press.

Obstfeld, Maurice (1994) "Risk-Taking, Global Diversification, and Growth." *American Economic Review* 84: 1310–1329.

Obstfeld, Maurice, and Kenneth Rogoff (1996) *Foundations of International Macroeconomics.* Cambridge, Mass.: MIT Press.

Obstfeld, Maurice, and Alan M. Taylor (2002) "Globalization and Capital Markets." NBER Working

Paper 8846. National Bureau of Economic Research.

Ok, Efe (2007) *Real Analysis with Economic Applications*. Princeton, N.J.: Princeton University Press.

Osborne, Martin, and Ariel Rubinstein (1994) *A Course in Game Theory*. Cambridge, Mass.: MIT Press.

Overton, Mark (1996) *Agricultural Revolution in England: The Transformation of the Agrarian Economy, 1500–1850*. New York: Cambridge University Press.

Pamuk, Sevket (2004) "Institutional Change and the Longevity of the Ottoman Empire: 1500–1800." *Journal of Interdisciplinary History* 35: 225–247.

Parente, Stephen L., and Edward C. Prescott (1994) "Barriers to Technology Adoption and Development." *Journal of Political Economy* 102: 298–321.

Pavcnik, Nina (2002) "Trade Liberalization, Exit, and Productivity Improvements: Evidence from Chilean Plants." *Review of Economic Studies* 69: 245–276.

Perko, Lawrence (2001) *Differential Equations and Dynamical System*, 3rd edition. New York: Springer Verlag.

Persson, Torsten, and Guido Tabellini (1994) "Is Inequality Harmful for Growth? Theory and Evidence." *American Economic Review* 84: 600–621.

——— (2000) *Political Economics: Explaining Economic Policy*. Cambridge, Mass.: MIT Press.

Phelps, Edmund S. (1966) *Golden Rules of Economic Growth*. New York: W. W. Norton.

Piketty, Thomas (1997) "The Dynamics of Wealth Distribution and the Interest Rate with Credit Rationing." *Review of Economic Studies* 64: 173–190.

Piketty, Thomas, and Emmanuel Saez (2003) "Income Inequality in the United States, 1913–1998." *Quarterly Journal of Economics* 118: 1–39.

Pirenne, Henri (1937) *Economic and Social History of Medieval Europe*. New York: Routledge.

Pissarides, Christopher (2000) *Equilibrium Unemployment Theory*, 2nd edition. Cambridge, Mass.: MIT Press.

Pollak, Richard (1971) "Additive Utility Functions and Linear Engel Curves." *Review of Economic Studies* 38: 401–413.

Pomeranz, Kenneth (2000) *The Great Divergence: China, Europe and the Making of the Modern World Economy*. Princeton, N.J.: Princeton University Press.

Pontryagin, Lev S., Vladimir Boltyanskii, Kevac Giamkelidze, and Eugene Mischenko (1962) *The Mathematical Theory of Optimal Processes*. New York: Interscience.

Popp, David (2002) "Induced Innovation and Energy Prices." *American Economic Review* 92: 160–180.

Postan, M. M. (1966) "Medieval Agrarian Society in its Prime: England." In *The Cambridge Economic History of Europe*, M. M. Postan (editor). London: Cambridge University Press, pp. 168–300.

Prescott, Edward C. (1986) "Theory Ahead of Business Cycle Measurement." *Federal Reserve Bank of Minneapolis Quarterly Review* 10: 1–22.

Pritchett, Lant (1997) "Divergence, Big Time." *Journal of Economic Perspectives* 11: 3–18.

Przeworski, Adam, and Fernando Limongi (1993) "Political Regimes and Economic Growth." *Journal of Economic Perspectives* 7: 51–69.

Puterman, Martin L. (1994) *Markov Decision Processes: Discrete Stochastic Dynamic Programming*. New York: Wiley.

Putnam, Robert, with Robert Leonardi, and Raffaella Y. Nanetti (1993) *Making Democracy Work: Civic Traditions in Modern Italy*. Princeton, N.J.: Princeton University Press.

Qian, Nancy (2007) "Quantity-Quality: The Positive Effect of Family Size on School Enrollment in China." Brown University, mimeo.

Quah, Danny (1993) "Galton's Fallacy and Tests of the Convergence Hypothesis." *Scandinavian Journal of Economics* 95: 427–443.

——— (1997) "Empirics for Growth and Distribution: Stratification, Polarization and Convergence Clubs." *Journal of Economic Growth* 2: 27–60.

Ragot, Xavier (2003) "Technical Change and the Dynamics of the Division of Labor." DELTA Working Papers 2003–09. DELTA.

Rajan, Raghuram, and Luigi Zingales (1998) "Financial Dependence and Growth." *American Economic Review* 88: 559–586.

Ramey, Garey, and Valerie Ramey (1995) "Cross-Country Evidence of the Link between Volatility and Growth." *American Economic Review* 88: 1138–1151.

Ramsey, Frank (1928) "A Mathematical Theory of Saving." *Economic Journal* 38: 543–559.

Rauch, James E. (1993), "Productivity Gains from Geographic Concentration of Human Capital: Evidence from the Cities." *Journal of Urban Economics* 34: 380–400.

Rebelo, Sergio (1991) "Long-Run Policy Analysis and Long-Run Growth." *Journal of Political Economy* 99: 500–521.

Reinganum, Jennifer (1981) "Dynamic Games of Innovation." *Journal of Economic Theory* 25: 21–24.

——— (1985) "Innovation and Industry Evolution." *Quarterly Journal of Economics* 100: 81–100.

Ringer, Fritz (1979) *Education and Society in Modern Europe.* Bloomington: University of Indiana Press.

Rivera-Batiz, Luis A., and Paul M. Romer (1991) "Economic Integration and Endogenous Growth." *Quarterly Journal of Economics* 106: 531–555.

Roberts, Kevin W. S. (1977) "Voting over Income Tax Schedules."*Journal of Public Economics* 8: 329–340.

Robinson, James, and Jeffrey Nugent (2001) "Are Endowments Fate?" University of California, Berkeley, mimeo.

Rockefeller, Tyrell R. (1971) "Existence in Duality Theorems for Convex Problems of Bolza." *Transactions of the American Mathematical Society* 159: 1–40.

Rodriguez, Francisco, and Dani Rodrik (2000) "Trade Policy and Economic Growth: A Skeptic's Guide to the Cross-National Evidence." *NBER Macroeconomics Annual* 2000: 261–325.

Rodrik, Dani (1999) "Democracies Pay Higher Wages." *Quarterly Journal of Economics* 114: 707–738.

Rogerson, Richard, Robert Shimer, and Randall Wright (2004) "Search-Theoretic Models of the Labor Market: A Survey." *Journal of Economic Literature* 43: 959–988.

Romer, David (2006) *Advanced Macroeconomics.* New York: McGraw-Hill.

Romer, Paul M. (1986a) "Increasing Returns and Long-Run Growth." *Journal of Political Economy* 94: 1002–1037.

——— (1986b) "Cake Eating, Chattering, and Jumps: Existence Results for Variational Problems." *Econometrica* 54: 897–908.

——— (1987) "Growth Based on Increasing Returns Due to Specialization." *American Economic Review* 77: 56–62.

——— (1990) "Endogenous Technological Change." *Journal of Political Economy* 98(part I): S71–S102.

——— (1993) "Idea Gaps and Object Gaps in Economic Development." *Journal of Monetary Economics* 32: 543–573.

Romer, Thomas (1975) "Individual Welfare, Majority Voting and the Properties of a Linear Income Tax." *Journal of Public Economics* 7: 163–168.

Rosenberg, Nathan (1976) *Perspectives on Technology.* Cambridge: Cambridge University Press.

Rosenstein-Rodan, Paul (1943) "Problems of Industrialization of Eastern and Southeastern Europe." *Economic Journal* 53: 202–211.

Rostow, Walt Whitman (1960) *The Stages of Economic Growth: A Non-Communist Manifetso.* Cambridge, Mass.: Cambridge University Press.

Royden, Halsey (1994) *Real Analysis.* New York: Macmillan.

Rudin, Walter (1976) *Introduction to Mathematical Analysis.* New York: McGraw-Hill.

Sachs, Jeffrey (2001) "Tropical Underdevelopment." NBER Working Paper 8119. National Bureau of Economic Research.

Sachs, Jeffrey, and Andrew Warner (1995) "Economic Reform in the Process of Global Integration." *Brookings Papers on Economic Activity* 1: 1–118.
Saint-Paul, Gilles, and Thierry Verdier (1993) "Education, Democracy, and Growth." *Journal of Development Economics* 42: 399–407.
Sala-i-Martin, Xavier (2005) "World Distribution of Income: Falling Poverty and . . . Convergence, Period." *Quarterly Journal of Economics* 121: 351–398.
Salop, Steven (1979) "Monopolistic Competition with Outside Goods." *Bell Journal of Economics* 10: 141–156.
Salter, W.E.G. (1960) *Productivity and Technical Change,* 2nd edition. Cambridge: Cambridge University Press.
Samuelson, Paul A. (1958) "An Exact Consumption-Loan Model of Interest with or without the Social Contrivance of Money." *Journal of Political Economy* 66: 467–482.
——— (1965) "A Theory of Induced Innovation along Kennedy-Weisäcker Lines." *Review of Economics and Statistics* 47: 343–356.
——— (1975) "Optimum Social Security in a Life–Cycle Growth Model." *International Economic Review* 16: 539–544.
Scherer, Frederick M. (1984) *Innovation and Growth: Schumpeterian Perspectives.* Cambridge, Mass.: MIT Press.
Schlicht, Ekkehart (2006) "A Variant of Uzawa's Theorem." *Economics Bulletin* 6: 1–5.
Schmookler, Jacob (1966) *Invention and Economic Growth.* Cambridge, Mass.: Harvard University Press.
Schultz, Theodore (1964) *Transforming Traditional Agriculture.* New Haven, Conn.: Yale University Press.
——— (1975) "The Value of the Ability to Deal with Disequilibria." *Journal of Economic Literature* 8: 827–846.
Schumpeter, Joseph A. (1934) *The Theory of Economic Development.* Cambridge, Mass.: Harvard University Press.
——— (1942) *Capitalism, Socialism and Democracy.* London: Harper & Brothers.
Scotchmer, Suzanne (2005) *Innovations and Incentives.* Cambridge, Mass.: MIT Press.
Segerstrom, Paul S. (1998) "Endogenous Growth without Scale Effects." *American Economic Review* 88: 1290–1310.
Segerstrom, Paul S., T. C. A. Anant, and Elias Dinopoulos (1990) "A Schumpterian Model of the Product Life Cycle." *American Economic Review* 80: 1077–1091.
Seierstad, Atle, and Knut Sydsaeter (1977) "Sufficient Conditions in Optimal Control Theory." *International Economic Review* 18: 367–391.
——— (1987) *Optimal Control Theory with Economic Applications.* Amsterdam: Elsevier.
Shapley, Lloyd (1953) "A Value for *n*-Person Games." In *Contributions to the Theory of Games,* Kuhn, H. and A. Tucker, (editors). Princeton, N.J.: Princeton University Press.
Shell, Karl (1971) "Notes on the Economics of Infinity." *Journal of Political Economy* 79: 1002–1011.
Simon, Carl, and Lawrence Blume (1994) *Mathematics for Economists.* New York: W. W. Norton.
Simon, Julian (1977) *The Economics of Population Growth.* Princeton, N.J.: Princeton University Press.
Skaperdas, Stergios (1992) "Cooperation, Conflict, and Power in the Absence of Property Rights." *American Economic Review* 82: 720–739.
Solon, Gary, Robert Barsky, and Jonathan A. Parker (1994) "Measuring the Cyclicality of Real Wages: How Important Is Composition Bias?" *Quarterly Journal of Economics* 109:1–25.
Solow, Robert M. (1956) "A Contribution to the Theory of Economic Growth." *Quarterly Journal of Economics* 70: 65–94.
——— (1957) "Technical Change and the Aggregate Production Function." *Review of Economics and Statistics* 39: 312–320.

—— (1970) *Growth Theory: An Exposition.* Oxford: Clarendon Press.

Sonin, Konstantin (2003) "Why the Rich May Favor Poor Protection of Property Rights." *Journal of Comparative Economics* 31: 715–731.

Sonnenschein, Hugo (1972) "Market Excess Demand Functions." *Econometrica* 40: 549–563.

Spence, Michael (1976) "Product Selection, Fixed Costs, and Monopolistic Competition." *Review of Economic Studies* 43: 217–235.

Stewart, Frances (1977). *Technology and Underdevelopment.* London: Macmillan Press.

Stiglitz, Joseph E. (1969) "Distribution of Income and Wealth among Individuals." *Econometrica* 37: 382–397.

—— (1971) "Factor Price Equalization in a Dynamic Economy." *Journal of Political Economy* 78: 456–488.

Stokey, Nancy (1988) "Learning by Doing and the Introduction of New Goods." *Journal of Political Economy* 96: 701–717.

Stokey, Nancy, and Robert E. Lucas, with Edward C. Prescott (1989) *Recursive Methods in Economic Dynamics.* Cambridge, Mass.: Harvard University Press.

Stone, Richard (1954) "Linear Expenditure Systems and Demand Analysis: An Application to the Pattern of British Demand." *Economic Journal* 64: 511–527.

Summers, Lawrence H. (1986) "Some Skeptical Observations on the Real Business Cycle Theory." *Federal Reserve Bank of Minneapolis Quarterly Review* 10: 23–27.

Summers, Robert, and Alan Heston (1991). "The Penn World Table (Mark 5): An Expanded Set of International Comparisons, 1950–1988." *Quarterly Journal of Economics* 106: 327–368.

Summers, Robert, Alan Heston, and Bettina Aten (2006) "Penn World Table Version 6.2." Center for International Comparisons of Production, Income and Prices, University of Pennsylvania.

Sundaram, Rangarajan (1996) *A First Course in Optimization Theory.* Cambridge: Cambridge University Press.

Swan, Trevor W. (1956) "Economic Growth and Capital Accumulation." *Economic Record* 32: 334–361.

Tabellini, Guido (2007) "Culture and Institutions: Economic Development in the Regions of Europe." University of Bocconi, mimeo.

Tamura, Robert (1991) "Income Convergence in an Endogeous Growth Model." *Journal of Political Economy* 99: 522–540.

Taylor, Alan M. (1994) "Domestic Savings and International Capital Flows." NBER Working Paper 4892. National Bureau of Economic Research.

Thoenig, Matthias, and Thierry Verdier (2003) "Trade-Induced Technical Bias and Wage Inequalities: A Theory of Defensive Innovations." *American Economic Review* 93: 709–728.

Tirole, Jean (1982) "On the Possibility of Speculation on the Rational Expectations." *Econometrica* 50: 1163–1181.

—— (1985) "Asset Bubbles and Overlapping Generations." *Econometrica* 53: 1499–1528.

—— (1988) *The Theory of Industrial Organization.* Cambridge, Mass.: MIT Press.

Tobin, James (1969) "A General Equilibrium Approach to Monetary Theory." *Journal of Money, Credit, and Banking* 1: 15–29.

Tornell, Aaron, and Andés Velasco (1992) "Why Does Capital Flow from Poor to Rich Countries? The Tragedy of the Commons and Economic Growth." *Journal of Political Economy* 100: 1208–1231.

Townsend, Robert (1979) "Optimal Contracts and Competitive Markets with Costly State Verification." *Journal of Economic Theory* 21: 265–293.

Trefler, Daniel (1993) "International Factor Price Differences: Leontief Was Right!" *Journal of Political Economy* 101: 961–987.

Uhlig, Harald (1996) "A Law of Large Numbers for Large Economies." *Economic Theory* 8: 41–50.

Uzawa, Hirofumi (1961) "Neutral Inventions and the Stability of Growth Equilibrium!" *Review of Economic Studies* 28: 117–124.

——— (1964) "Optimal Growth in a Two-Sector Model of Capital Accumulation." *Review of Economic Studies* 31: 1–24.

Véliz, Claudio (1994) *The New World of the Gothic Fox: Culture and Economy in English and Spanish America*. Berkeley: University of California Press.

Ventura, Jaume (1997) "Growth and Independence." *Quarterly Journal of Economics* 112: 57–84.

——— (2002) "Bubbles and Capital Flows." NBER Working Paper 9304. National Bureau of Economic Research.

——— (2005) "A Global View of Economic Growth." In *Handbook of Economic Growth*, Philippe Aghion and Steven N. Durlauf (editors). Amsterdam: North-Holland, pp. 1419–1498.

Vernon, Raymond (1966) "International Investment and International Trade in Product-Cycle." *Quarterly Journal of Economics* 80: 190–207.

Vogel, Ezra (2006) *Four Little Dragons: The Spread of Industrialization in East Asia*. Cambridge, Mass.: Harvard University Press.

Von Neumann, John (1945) "A Model of General Equilibrium." *Review of Economic Studies* 13: 1–9.

Wade, Robert (1990) *Governing the Market: Economic Theory and the Role of Government in East Asian Industrialization*. Princeton, N.J.: Princeton University Press.

Wallace, Neil (1980) "The Overlapping Generations Model of Fiat Money." In *Models of Monetary Economics*, John Karaken and Neil Wallace (editors). Minneapolis, Minn.: Federal Reserve Bank of Minneapolis.

Walter, Wolfgang (1991) *Ordinary Differential Equations*. New York: Springer-Verlag.

Wan, Henry, Jr. (1971) *Economic Growth*. New York: Harbrace.

Weber, Max (1930) *The Protestant Ethic and the Spirit of Capitalism*. London: Allen and Unwin.

——— (1958) *The Religion of India*. Glencoe: Free Press.

Webster, David L. (2002) *The Fall of the Ancient Maya: Solving the Mystery of the Maya Collapse*. New York: Thames & Hudson.

Weil, David N. (2005) *Economic Growth*. Boston: Addison-Wesley.

——— (2007) "Accounting for the Effect of Health on Growth." *Quarterly Journal of Economics* 122: 1265–1306.

Weil, Philippe (1987) "Confidence and the Real Value of Money in Overlapping Generation Models." *Quarterly Journal of Economics* 102: 1–22.

——— (1989) "Overlapping Families of Infinitely-Lived Agents." *Journal of Public Economics* 38: 183–198.

Weitzman, Martin L. (2003) *Income, Wealth, and the Maximum Principle*. Cambridge, Mass.: Harvard University Press.

White, Lynn T. (1964) *Medieval Technology and Social Change*. New York: Oxford University Press.

Wiarda, Howard J. (2001) *The Soul of Latin America: The Cultural and Political Tradition*. New Haven, Conn.: Yale University Press.

Williams, David (1991) *Probability with Martingales*. Cambridge: Cambridge University Press.

Wilson, Francis (1972) *Labour in the South African Gold Mines, 1911–1969*. Cambridge: Cambridge University Press.

Wong, R. Bin (1997) *China Transformed: Historical Change and the Limits of European Experience*. Ithaca, N.Y.: Cornell University Press.

Wooldridge, Jeffery M. (2002) *Econometric Analysis of Cross Section and Panel Data*. Cambridge, Mass.: MIT Press.

Xu, Bin (2001) "Endogenous Technology Bias, International Trade and Relative Wages." University of Florida, mimeo.

Yaari, Menahem E. (1965) "Uncertain Lifetime, Life Insurance, and the Theory of the Consumer." *Review of Economic Studies* 32: 137–150.

Young, Alwyn (1991) "Learning by Doing and the Dynamic Effects of International Trade." *Quarterly Journal of Economics* 106: 369–405.

——— (1992) "A Tale of Two Cities: Factor Accumulation and Technical Change in Hong Kong and Singapore." In *NBER Macroeconomics Annual* 1992: 13–54.

——— (1995) "The Tyranny of Numbers." *Quarterly Journal of Economics* 110: 641–680.

——— (1998) "Growth without Scale Effects." *Journal of Political Economy* 106: 41–63.

——— (2005) "The Gift of the Dying: The Tragedy of AIDS and the Welfare of Future African Generations." *Quarterly Journal of Economics* 120: 423–466.

Zeldes, Stephen P. (1989) "Consumption and Liquidity Constraints: An Empirical Investigation." *Journal of Political Economy* 97: 305–346.

Zilcha, Itzak (1978) "Transversality Condition in a Multisector Economy under Uncertainty." *Econometrica* 46: 515–525.

Zuleta, Hernando, and Andrew Young (2006) "Labor's Shares–Aggregate and Industry: Accounting for Both in a Model with Induced Innovation." University of Mississippi, mimeo.

译者简介

唐志军，经济学博士，湖南科技大学商学院副教授，永州人。其主要研究方向为地方政府竞争、权利经济学和中国经济发展转型。

谌莹，经济学博士，湖南商学院教师，暨南大学博士后，长沙人。其主要研究方向为国际贸易和环境经济学。

徐浩庆，中国社会科学院经济研究所当代西方经济理论研究室助理研究员，中国社会科学院大学经济学院副教授。其主要从事宏观经济理论、微观经济理论与数理经济学的研究与教学工作。